유원총보역주 2

類苑叢寶譯注

서울대학교 규장각한국학연구원 한국학자료총서 14-2

유원총보역주 2

펴낸곳 서울대학교출판문화원
펴낸이 오연천
지은이 김육
역주자 허성도 김창환 강성위

초판 1쇄 인쇄 2010년 12월 15일
초판 1쇄 발행 2010년 12월 20일
출판등록 제15-3호

주소 서울 관악구 관악로 599 우편번호 151-742
대표전화 02-880-5252 팩스 02-888-4148
마케팅팀(주문상담) 02-889-4424, 02-880-7995
이메일 snubook@snu.ac.kr
홈페이지 www.snupress.com
영문홈페이지 eng.snupress.com

ISBN 978-89-521-1006-0 94000
978-89-521-1026-8(세트)

서울대학교 규장각한국학연구원 한국학자료총서 14-2

유원총보역주 2

類苑叢寶譯注

김육 지음

허성도 김창환 강성위 역주

서울대학교출판문화원

Yuwonchongbo

Translated and Annotated by

Seong-Do Heo
Chang-Hwan Kim
Sung-Wee Kang

Seoul National University Press

머리말

인류(人類)는 문자를 발명한 이후, 접하는 대상이나 현상에 대해 사고하고 분석한 것들을 기록으로 남겼다. 이것이 우리에게 전승된 문화이다. 유서(類書)는 이런 기록들을 대상으로, 그 내용을 항목별로 분류하고 해당 사항들을 발췌하여 '부류별로 정리한 책'이다.

중국에서 당대(唐代)에 《예문유취(藝文類聚)》가 나오면서 그 형식이 확립된 유서는, 송대(宋代) 이후로 양적으로나 질적으로 발전을 거듭하면서 동양적 백과사전으로서의 위상을 확고히 하였다. 송대에 나온 《사문유취(事文類聚)》는 유서의 전범(典範)으로 자리잡게 되었다.

우리나라의 경우, 고려 때 처음으로 유서를 수입하였고 조선시대에 이르러 마침내 독자적으로 제작하기 시작하였다. 현재까지 확인된 유서 가운데 가장 오래된 것으로 1554년[명종(明宗) 9년]에 어숙권(魚叔權)이 편찬한 《고사촬요(攷事撮要)》를 들 수 있다. 그러나 이 책은 사대교린(事大交隣)에 관한 문제와 일상생활에 필요한 제반사항을 모아 2권 2책의 분량으로 간략하게 엮은 것으로, 비망록의 범주를 벗어나지 않는다.

조선(朝鮮) 인조(仁祖) 때의 문신이자 학자인 김육(金堉: 1580-1658)이 엮은 《유원총보(類苑叢寶)》는 내용이나 분량 면에서 우리나라 최초의 본격적인 유서라고 할 만하다. 김육은 《유원총보》 자서(自序)에서 이 책을 엮게 된 경위와 그 명칭을 붙이게 된 내력을 다음과 같이 말하였다.

> 지난날의 자취를 두루 살피는 데에는 송(宋) 축목(祝穆)이 편찬한 《사문유취》만한 것이 없는데, 학사(學士)와 대부(大夫) 가운데 이 책을 가지고 있는 사람이 적으니 하물며 먼 지방의 선비들이겠는가.
>
> 작년 여름에 내가 한가한 부서(府署)에 있으면서 비로소 이 책을 초록(抄錄)하면서 번잡스럽고 쓸데없는 것들을 빼버리고 그 요지(要旨)만을 남긴 뒤, 아울러 《예문유취》, 《당유함(唐類函)》, 《천중기(天中記)》, 《산당사고(山堂肆考)》, 《운부군옥(韻府群玉)》 등의 여러 책을 가져다 표제(標題)에 따라 더하거나 빼고, 빠진 것을 보충하여 문장을 다듬었다. 한 질(帙)의 책 안에 수백 권의 정수(精粹)를 포괄하여, 책 이름을 《유원총보》라고 하였다.

잦은 전란으로 인하여 도서의 구득은 물론 보관조차 여의치 못하던 때에, 편자의 식견과 판단에 따라 중국의 주요 유서에서 정수를 취사선택하여 편찬한 이 책은, 글쓰기를 위한 참고서로뿐 아니라 교학(教學)의 텍스트로도 중요한 역할을 담당하였다.

이 《유원총보》는 우리나라 최초의 본격적인 유서라는 역사적 의의뿐만이 아니라, 형식이나 내용 면에서도 대표성을 지니고 있다. 따라서 이 책은 오늘날의 국학 연구자들에게 요긴한 공구서로서의 역할을 할 수 있을 것이다. 동일한 주제어 아래에 다양한 층차의 유사어 및 관련어의 실례를 모았기 때문에, 일차적으로는 한자(漢字)로 씌어진 텍스트를 해석할 때 수시로 부딪히게 되는 의미 변별의 문제를 해결할 수 있어 보다 정확하고 심도 있는 번역을 가능하게 한다. 다음으로, 이 책은 그 자체로서 문화학(文化學) 텍스트로서의 기능을 지니고 있어 국학 관련 연구에 종사하는 연구자들에게 한문(漢文)에 대한 소양을 심화시킬 수 있는 텍스트로 활용될 수도 있을 것이다.

이 책은 규장각한국학연구원 한국학연구사업위원회의 지원을 받았다. 방대하면서도 시장성을 확보할 수 없는 학술공구서의 번역과 출판에 전폭적인 지원과 관심을 아끼지 않은 규장각한국학연구원과 편집과 조판의 어려움을 무릅쓰고 좋은 책으로 펴낸 서울대학교출판문화원에 대하여 이 자리를 빌려 깊은 감사를 드린다.

2010년 11월

역주자 일동

유원총보서

우리 동방은 본디 문헌(文獻)이 증거하기에 충분한 나라로 칭해졌으며, 또 대대로 중국과 교통(交通)하여 문장(文章)의 성대함이 중국과 어깨를 견줄 만하였다. 그러나 불행하게도 수십 년 이래로 전란이 계속해서 일어나, 서책은 실어 나르는 소를 땀나게 하지 못하고 재주는 말에 기대어 글을 짓는 이가 없게 되었으니, 어찌 깊이 개탄하지 않을 수 있겠는가.

지난날의 자취를 두루 살피는 데에는 송(宋) 축목(祝穆)이 편찬한《사문유취》만한 것이 없는데, 학사(學士)와 대부(大夫) 가운데 이 책을 가지고 있는 사람이 적으니 하물며 먼 지방의 선비들이겠는가.

작년 여름에 내가 한가한 부서(府署)에 있으면서 비로소 이 책을 초록(抄錄)하면서 번잡스럽고 쓸데없는 것들을 빼버리고 그 요지(要旨)만을 남긴 뒤, 아울러《예문유취》,《당유함(唐類函)》,《천중기(天中記)》,《산당사고(山堂肆考)》,《운부군옥(韻府群玉)》 등의 여러 책을 가져다 표제(標題)에 따라 더하거나 빼고, 빠진 것을 보충하여 문장을 다듬었다. 한 질(帙)의 책 안에 수백 권의 정수(精粹)를 포괄하여, 책 이름을《유원총보》라 하였으니 모두 46편(篇)이다. 금년 가을에 이르러 책이 완성되었는데, 호남(湖南) 감사인 남선(南銑)이 나와 뜻을 같이 하는 선비로서 나를 위해 이 책을 간행하였다.

아아, 내가 어찌 좋아서 이 일을 하였겠는가. 사고(四庫)의 서책이 병란의 재로 타서 다 없어졌고, 천금(千金)을 주고 사오던 일도 연경(燕京)의 시장에서 길이 끊겼다. 내가 참람스러움도 잊고 감히 찾아 모은 것은, 그 뜻이 있는 곳이 있으니 마음이 진실로 슬프다.

취하고 버림과 더하고 빼는 데에 반드시 잘못된 것이 많을 것이고, 또 판(板)을 새기는 데 다급하여 정밀하게 교정하지 못하였으니, 안목을 갖춘 노숙한 이들에게 비웃음 받기를 면치 못할 것을 잘 알고 있지만, 나는 정말 그런 것을 돌아볼 겨를이 없고 또 감히 사양할 수도 없었다. 이것이 진실로 공자(孔子)께서 이른바, '나를 알아주는 것과 나를 죄주는 것'*의 뜻이니, 훗날의 여러 군자들이 나를 혹 조금은 용서해 줄 수 있을 것이다.

계미년(1643, 인조 21) 만추(晩秋) 하순(下旬)에, 청풍 김육이 서문(序文)을 쓴다.

*《맹자(孟子)·등문공하(滕文公下)》, "春秋, 天子之事也. 是故孔子曰, 知我者, 其惟春秋乎, 罪我者, 其惟春秋乎."

吾東素稱文獻之足徵, 且歷世通中國, 文章之盛, 方駕於華夏. 不幸數十年來, 兵火繼起, 書不汗牛, 才無倚馬, 安得不爲之深嘅也.

博攷往蹟, 無過於祝氏事文, 而學士大夫有此書者尙少, 況遐遠之縫掖乎.

去年夏, 餘在閑局, 始抄此書, 刻去繁冗, 存其旨要, 兼取藝文類聚, 唐類函, 天中記, 山堂肆考, 韻府群玉等諸書, 因其標題而增損之, 補其闕漏而潤色之. 一帙之中, 包括數百卷之精粹, 名之曰類苑叢寶, 凡四十六篇. 迄今秋而書成, 湖南伯南公銑, 同志之士也, 爲餘刊而行之.

嗚呼, 餘豈樂爲此哉. 四庫之書, 燒盡於秦灰, 千金之易, 路絶於燕市. 余所以忘其僭越, 敢爲搜輯者, 其意有在, 其情誠可悲也.

其取舍增減, 必多謬戾, 又急於剞劂, 未及精校, 固知未免爲具眼老所嗤, 而余固不暇恤也, 亦不敢辭也. 此誠夫子所謂知我罪我之意也, 後來諸君子, 倘肯少恕乎我哉.

時昭陽協洽杪秋下浣, 淸風金堉序.

범례

一. 이 책은 전적으로 《사문유취(事文類聚)》를 본떠, 대제목(大題目)의 아래에 먼저 여러 책들의 중요한 말을 쓰고 다음으로 고금(古今)의 사실(事實)을 언급하였다. 시대의 전후는 한결같이 순서대로 할 수가 없어서 혹은 위에, 혹은 아래에 기술하였다.

一. 此書, 專倣事文類聚, 大題目之下, 先以群書要語書之, 次及古今事實. 世代前後, 不能一依次序, 或上或下書之.

一. 고금의 사실 또한 제목으로 삼았는데 매 제목마다 행(行)을 달리하면 책의 분량이 많아지기 때문에, 제목을 음각자(陰刻字)로 새기고 다음에 한 글자를 띄우고 이어 적어, 열람에 편리하도록 하였다.

一. 古今事實, 亦爲題目, 而每題別行, 則簡秩積多, 故題目以陰字刻之, 仍爲間一字連書, 以便閱覽.

一. 고금의 문집(文集)에는 혹 대가의 전집(全集)도 있고, 혹 긴요하게 감상하지 않아도 될 것도 있는데 모두 수록하지 않았다. 다만 드물게 보이는 기문(奇文)은 취했는데, 동약(僮約)·축빈(逐貧)·풍우대(風雨對)·취향기(醉鄉記)와 같은 것들이 그것이다.

一. 古今文集, 或有大家全集, 或有不緊吟味者, 竝不錄. 只取罕見奇文, 如僮約·逐貧·風雨對·醉鄉記之類, 是也.

一. 한 가지 일이 혹 다른 제목에도 보이는 것은 두 군데에 적었다. 간혹 "아무개 문에 보인다(見於某題門)"라고 적어 서로 참고하도록 하였다.

一. 一事或見於他題者, 兩書之. 或以見於某題門書, 互相備也.

一. 공허하고 황당한 말은 이치에 맞지 않아 의당 취하지 말아야 하지만, 월계(月桂)·기석(機石)·선가(仙家)·석가(釋家)·도가(道家)와 같은 것들은 예로부터 유전되어 시인들이 시로 읊는 자료가 되었기 때문에 모두 그대로 보존하였다.

一. 浮虛誕妄之說, 不近於理, 所當不取, 而如月桂·機石·仙·釋·道家之類, 自古流傳, 以爲詩人吟詠之資, 故竝仍存之.

차례

유원총보 전체 차례

※ ( )를 친 항목은 판본에 따라 異同이 있거나 出入이 있는 항목임.

【第十九卷 吏部】: 入仕 遷除 濫官 同官 交承 薦擧 閑退 致仕 休假 貶謫 科擧 主試 登第 狀元 下第 同年

【第二十卷 戶部】: 戶口 田制 賦稅 役民 勸課 復除 賑邺 興利 鹽鐵 貢獻 漕運

【第二十一卷 禮部】: 禮 冠 昏 祭 喪 居喪 起復 弔慰 祭奠 賻贈 壽藏 碑銘 挽歌 制謚

【第二十二卷 禮部】: 樂 歌 舞 琴 瑟 琵琶 笙 簫 等 笛 鍾 磬 鼓 箜篌 笳 角

【第二十三卷 兵部】: 將帥 女將 兵 謀策 征伐 號令 講武 火攻 水戰 守城 器械 間諜 戍卒 烽燧 斥候 糧餉 陣 從軍 發兵 勝捷 受降 救援 敗軍 馬政

【第二十四卷 刑部】: 刑法 酷刑 獄囚 聽訟 赦 治盜

【第二十五卷 人倫門】: 君臣 父子 母子 (乳母) 孝子 祖父母 外祖孫女

【第二十六卷 人倫門】: 子婦 女壻 伯叔父母 姑 姨 姊妹 兄弟 內外兄弟 夫妻 嫂叔 舅甥 宗族 世家 姓(氏)名(諱) 稱呼

【第二十七卷 人倫門】: 師 交友 父執 門客 賓主 姬妾 奴婢

【第二十八卷 人道門】: 始生 生日 同庚 幼悟 老壽 年齒 肖貌 眠睡 夢 言語 疾病 魂魄 喜怒 笑 哭

【第二十九卷 人事門】: 聖 賢 德量 志氣 公正 剛直 恭敬 淸廉 儉約 名譽 知人 義士 俠客 勇士

【第三十卷 人事門】: 隱逸 神仙 道士 釋敎

【第三十一卷 人事門】: 農 蠶 商賈 工匠 漁(釣) 獵 醫 卜(筮) 相(人) 談命 巫 畵 射 投壺 棋 博塞 射覆 算數 倡優

【第三十二卷 人事門】: 富貴 貧賤 禍福 謁見 餞別 報恩 報讎 陰報 奸邪 讒毁 奢侈 貪濁 吝嗇 僭踰

【第三十三卷 文學門】: 御製 宸翰 學術 著書 藏書 博識 不學

【第三十四卷 文學門】: 文章 詩 書簡 書法

【第三十四卷 筆墨門】: 筆 墨 紙 硯

【第三十四卷 璽印門】: 玉璽 印 符 節

【第三十五卷 珍寶門】: 金 銀 銅鐵 錢 珠 玉 琉璃 珊瑚 瑪瑙 水精 貝 玳瑁 琥珀 雜寶

【第三十五卷 布帛門】: 帛 布 絲 綿絮 錦繡 綾羅

【第三十六卷 器用門】: 舟 車 蓋 弓 弩 矢 劍 旌旗 甲 盾 几杖 扇 鏡 屛 簾 床榻 枕 釵釧 針 麈尾 囊 酒器 香爐 香 燈檠 燭

【第三十七卷 飮食門】: 飯 粥 羹 餠 食物 鹽醬 油 蜜 酒 茶

【第三十八卷 冠服門】: 冕 冠 巾帽 笏 帶 衣服 靴履

【第三十八卷 米穀門】: 穀 禾 黍 粟 稷 豆麥 米 麻 蔬菜

【第三十九卷 草木門】: 芝 蘭 菊 瓜 蔗 葛蒲 萍 芋 芭蕉 芙蕖 菱 苔 雜草 藥草

【第四十卷 草木門】: 松 桂 栢 桑 槐 柿楓 檜 梧桐 楊柳 竹 梅 櫻桃 桃 李柰 石榴 枸杞 海棠 棗 梨 杏 栗 橘柑 荔支 葡萄 牧丹 芍藥 衆木

【第四十一卷 鳥獸門】: 鳥 鳳 翡翠 鷺 鶴 孔雀 鴻雁 鵝 鴨 鷄 雉 鷗

【第四十二卷 鳥獸門】: 杜鵑 燕 雀 鷹 鴿 鸚鵡 鸜鵒 烏 鵲 鴒 鳩 鶯 鴛鴦 秦吉了 (布穀) 諸禽

【第四十三卷 鳥獸門】: 麒麟 騶虞 獅(子) 犀 象 (兕) 虎 熊 鹿 猿猴 狐狸 豺狼 獺 馬

【第四十四卷 鳥獸門】: 牛 羊 狗 豕 驢騾 猫 鼠 駱駝 免 貂 群獸

【第四十五卷 蟲魚門】: 龍 龜 魚 (黿) 鱉 蟹 蚌蛤 螺 鰕

일러두기

一. 원문 검토:

1. 경서류(經書類)나 자서류(子書類)에서 인용한 원문은 해당 원서와의 이동(異同)을 살핀다. 다만 원서에서 확인되지 않는 부득이한 경우에는 글자의 출입이 비교적 적은 유서류와 비교하도록 한다.
2. 출처를 명시하지 않은 항목에 대해서는 [사고전서]본의 원서를 참고하여 비교한다. 이 경우에도 원서에서 확인되지 않는 내용은 유서류와 비교하도록 한다.

二. 출처 표시:

1. [사고전서]에 수록된 해당 원서의 서명(書名)과 편명(篇名)을 제시한다. 편명이 없고 권수(卷數)만 있는 경우는 서명과 권수를 제시한다.
2. [사고전서]의 원서에서 확인되지 않고 유서류에 문장이 보이는 경우에는, 글자의 출입이 적은 유서류를 우선적으로 제시한다.

三. 주석 표시:

1. 원서의 원문 소개: 《유원총보》의 원문이 원서의 원문과 일치하거나 편자가 편집 목적에 따라 의도적으로 문장을 재구성한 경우에는 원서의 원문을 소개하지 않는 것을 원칙으로 하나, 문장의 이해에 필요한 경우에는 소개한다.
2. 글자의 출입 표시: 원서의 원문과 글자의 출입이 있을 경우, 《유원총보》의 명백한 오류인 경우에는 원서의 원문에 있는 글자를 소개하고, 재구성 과정에서 의도적으로 바꾼 글자는 필요에 따라 소개한다. 통용되는 글자[예: 於와 于 등]나 어조사는 그대로 둔다.
3. 인명(人名), 지명(地名), 도서명(圖書名)의 소개: 문장의 이해에 필요하다고 판단되는 경우에 주를 달고, 세인(世人)이 주지(周知)하는 명칭이나, 반대로 편벽되어 소개의 필요성이 없는 명칭은 설명을 생략한다.

四. 교감 문제:

1. 《유원총보》의 각종 판본에 따른 글자의 출입을 정밀하게 검토해본 결과 판본간의 출입이 극히 적으며, 그 출입도 애초에 《유원총보》가 저본으로 삼은 원문의 출입 범위 안에 있는 것들이다. 이는 판각을 위한 원고를 검토하던 이가 자신의 기억에 따라 몇몇 글자를 수정한 때문으로 풀이된다. 본 연구 작업에서는 이에 굳이 판본을 명시하지 않고 '甲'자가 '乙'로 된 판본도 있다는 식으로만 밝힌다.

五. 역주의 참여자들이 책임지고 분담한 업무는 다음과 같다.

1. 전체 교열 : 허성도
2. 권 05, 07 책임 번역 : 김창환
3. 권 06, 08 책임 번역 : 강성위

【유원총보 권 05】

지도문(地道門)

땅 地

• 《춘추원명포(春秋元命苞)》의 기록이다. 땅[지(地)]이라는 것은 '바뀌는 것[역(易)]'이다. 만물을 기르고 잉태하며, 바뀌고 변화하며, 머금고 내뱉어 절기에 맞는 것이다. 그래서 그 글자가 이루어진 모습은 토(土)와, 을(乙)에 력(力)으로 된 것이 지(地)이다.

春秋元命苞. 地者, 易也. 言養物, 懷任, 交易, 變化, 含吐, 應節. 故其立字, 土力於乙者, 爲地.[1]

• 땅이 오른쪽으로 도는 것은 기(氣)가 탁하고 정수(精粹)가 적으며, 음(陰)을 머금어 일어남이 느리기 때문이다. 그래서 오른쪽으로 돌면서, 하늘을 맞이하여 그 도를 돕는다.

地, 所以右轉者, 氣濁精少, 含陰而起遲. 故轉右,[2] 迎天, 佐其道.[3]

• 《이아(爾雅)》의 기록이다. 동쪽으로는 태원(泰遠)에까지 이르고, 서쪽으로는 빈국(邠國)에까지 이르고, 남쪽으로는 복연(濮鉛)에까지 이르고, 북쪽으로는 축률(祝栗)에까지 이르는데, 이를 일러 '사극(四極)'이라 한다. 고죽(孤竹)[4], 북호(北戶)[5], 서왕모(西王母)가 있는 곳, 일하(日下)를 '사황(四荒)'이라 한다.[6] 구이(九夷)[7], 팔적(八狄)[8], 칠융(七戎)[9], 육만(六蠻)[10]을 사해(四海)[11]라 한다.

爾雅. 東至泰遠, 西至邠國, 南至濮鉛, 北至[12]祝栗, 謂之四極. 孤竹·北戶·西王母·日下, 謂之四荒. 九夷·八狄·七戎·六蠻, 謂之四海.[13]

• 《악성의(樂聲儀)》의 기록이다. 하원(下元)[14]이라는 것은 땅의 원기(元氣)이다. 만물의 시원이 되어, 생육(生育)하고 길러주며 덮고 간직하는 것을 주관한다.

樂聲儀.[15] 下元者, 地氣也. 爲始萬物, 生育·長養·蓋藏之主也.[16]

• 〈효경원신계(孝經援神契)〉[17]의 기록이다. 구주(九

---

1. 《고미서(古微書)·춘추원명포(春秋元命苞)》
2. '轉右'는, 《고미서(古微書)·춘추원명포(春秋元命苞)》에는 '右轉'으로 되어 있다.
3. 《고미서(古微書)·춘추원명포(春秋元命苞)》
4. 고죽(孤竹): 상(商)·주(周) 시대에 존재하던 나라 이름으로, 지금의 하북성(河北省) 노룡현(盧龍縣) 지역이다.
5. 북호(北戶): 남방의 가장 먼 곳에 있었던, 옛 나라 이름이다.
6. 송(宋) 정초(鄭樵), 《이아주(爾雅注)·석지(釋地)》에서 "觚竹在北, 北戶在南, 西王母在西, 日下在東, 皆四遠荒昧之國. 疑日下, 即今日本"이라고 하였다.
7. 구이(九夷): "九夷在東, 風俗通云, 一曰玄菟, 二曰樂浪, 三曰高驪, 四曰滿飾, 五曰鳧更, 六曰索家, 七曰東屠, 八曰倭人, 九曰天鄙."(《이아주(爾雅注)·석지(釋地)》)
8. 팔적(八狄): "八狄在北, 風俗通云, 一曰天竺, 二曰咳首, 三曰僬僥, 四曰跛踵, 五曰穿胷, 六曰口耳, 七曰狗軹, 八曰旁春."(《이아주(爾雅注)·석지(釋地)》)
9. 칠융(七戎): "七戎在西, 風俗通云六戎, 一曰僥夷, 二曰戎英, 三曰老白, 四曰耆羌, 五曰鼻息, 六曰天剛."(《이아주(爾雅注)·석지(釋地)》)
10. 육만(六蠻): "六蠻在南, 風俗通云五蠻, 一曰月支, 二曰穢貊, 三曰匈奴, 四曰單于, 五曰白屋據."(《이아주(爾雅注)·석지(釋地)》)
11. 사해(四海): "此四夷, 皆際海. 故謂之四海. … 風俗通所記, 不必皆實. 聊備之耳."(《이아주(爾雅注)·석지(釋地)》)
12. 네 개의 '至'는 모두, 《이아(爾雅)·석지(釋地)》에는 '至於'로 되어 있다.
13. 《이아(爾雅)·석지(釋地)》
14. 하원(下元): 천(天), 인(人), 지(地)의 삼원(三元) 가운데, 지(地)의 원기(元氣)를 가리킨다.
15. '樂聲儀'는, 《고미서(古微書)·악동성의(樂動聲儀)》에는 '樂動聲儀'로 되어 있다.
16. 《고미서(古微書)·악동성의(樂動聲儀)》
17. 〈효경원신계(孝經援神契)〉: 《효경(孝經)》의 위서(緯書) 가운데 하나인 《효경위(孝經緯)》의 편명(篇名)이다.

州)의 각 지역을 계산하고 산릉(山陵)의 큰 것을 포함하면, 연못과 강물이 모이는 곳, 초목이 생겨 자라는 곳, 새와 짐승이 모이는 곳이 911만 8,024경(頃)이고, 메마르고 자갈이 많은 땅으로 개간하지 않은 곳이 1,500만 3,000경이다.

孝經援神契. 計九州之別, 壤[18]山陵之大, 澤川所注, 萊亘所生, 鳥獸所聚, 九百一十一萬八千二十四頃, 磽确不墾者, 千五百萬三千頃.[19]

• 《공자가어(孔子家語)》의 기록이다. 자하(子夏)가 (공자에게) 말하기를, "제가 들으니, 《산서(山書)》에서, '땅은 동서(東西)가 위(緯)이고 남북(南北)이 경(經)이다'라고 하였습니다. 《주례(周禮)》에서는 또한, '동서(東西)가 광(廣)이고 남북(南北)이 윤(輪)이다'라고 하였습니다. '산(山)은 덕(德)이 쌓인 것이고, 내[천(川)]는 형벌(刑罰)이 쌓인 것이다. 높은 것은 살아 있는 것이고, 낮은 것은 죽은 것이다. 구릉(丘陵)은 수컷이고 계곡(谿谷)은 암컷이다'라고 하였습니다"라고 하였다.

家語. 子夏曰, 商聞, 山書曰, 地東西爲緯, 南北爲經. 周禮又云, 東西爲廣, 南北爲輪.[20] 山爲積德, 川爲積形,[21] 高者爲生, 下者爲死, 丘陵爲牝, 谿谷爲牡.[22, 23]

• 《묵자(墨子)》의 기록이다. 금자(禽子)가, "하늘과 땅은 어느 것이 인(仁)합니까"라고 묻자 묵자가 대답하였다. "나는 땅이 인(仁)하다고 생각합니다. 태산(太山)의 위는 거기에서 봉선(封禪)을 하고, 작은 산 옆에는 송백(松栢)이 자랍니다. 그 아래에는 기장의 싹과 왕골이 나고, 물에는 자라·악어·거북이·물고기가 자랍니다. 백성들은 그곳에서 옷을 해 입고, 밥을 얻고, 집을 짓고, 죽습니다. 땅은 끝내 덕 보인 것을 요구하지 않습니다. 그래서 나는 땅이 인(仁)하다고 생각합니다."

墨子. 禽子問, 天與地孰仁. 墨子曰. 翟以地爲仁. 太山之上, 則封禪焉, 培塿之側, 則生松栢. 下生黍苗莞蒲, 水生黿鼉龜魚. 民衣焉, 食焉, 家焉, 死焉. 地終不責德焉. 故翟以地爲仁.[24]

• 《포박자(抱朴子)》의 기록이다. 태극(太極)[25]이 처음으로 얽어지고, 청탁(淸濁)이 비로소 나뉘었다. 그래서 하늘이 먼저 이루어지고 땅이 뒤에 정해졌다.

抱朴子. 太極初搆, 淸濁始分. 故天先成, 而地後定.[26]

• 《백호통(白虎通)》의 기록이다. 땅이라는 것은 원기(元氣)가 나오는 곳으로, 만물의 시조(始祖)이다. 땅은 '베풂[시(施)]'이며, '살핌[체(諦)]'이다. 베풂에 응하여 변화하고, 살핌을 신중히 하며 잘못되지 않는다. 그래서 '땅[지(地)]'이라고 한다.

白虎通. 地者, 元氣之所生, 萬物之祖. 地, 施也, 諦也. 應施變化, 審諦不誤. 故謂之地也.[27]

---

18. '壤'은, 《고미서(古微書)·효경위(孝經緯)》에는 '懷'로 되어 있다.
19. 《고미서(古微書)·효경위(孝經緯)》
20. 《주례(周禮)·지관(地官)·대사도(大司徒)》에, "以天下土地之圖, 周知九州之地域廣輪之數"라고 하였고, '廣輪之數'에 대해서 마융(馬融)이 "東西爲廣, 南北爲輪"이라고 주를 단 것인데, "周禮又云, 東西爲廣, 南北爲輪"은 《공자가어(孔子家語)·집비(執轡)》의 내용 중간에 끼어든 것이다.
21. '形'은, 《공자가어(孔子家語)·집비(執轡)》에는 '刑'으로 되어 있다.
22. "丘陵爲牝, 谿谷爲牡"는, 《공자가어(孔子家語)·집비(執轡)》에는 "丘陵爲牡, 谿谷爲牝"으로 되어 있다.
23. 《공자가어(孔子家語)·집비(執轡)》
24. 《묵자(墨子)》에는 위의 기록이 보이지 않고, 《예문유취(藝文類聚)·지부(地部)》에 보인다.
25. 태극(太極): 천지가 나뉘기 전의 혼합된 원기(元氣)를 가리킨다. 《주역(周易)·계사상(繫辭上)》, "易有太極, 是生兩儀, 兩儀生四象, 四象生八卦"의 구절에 대해, 공영달(孔穎達)이, "太極謂天地未分之前, 元氣混而爲一, 即是太初·太一也"라고 풀이하였다.
26. 《포박자(抱朴子)》에는 위의 기록이 보이지 않고, 《태평어람(太平御覽)·지부(地部)》에 보인다.
27. 《태평어람(太平御覽)·지부(地部)》

•《문자(文子)》의 기록이다. 땅은 하늘을 받들기 때문에 안정적이다. 땅은 안정적이라서 만물이 드러나며, 땅은 넓고 두터워서 만물이 모인다. 안정적이라서 실어 주지 않는 것이 없고, 넓고 두터워서 받아들이지 않는 것이 없다. 땅의 형세는 깊고 두꺼워, 물과 샘이 들어가 모인다. 땅의 이치는 반듯하고 넓어서 오래 갈 수 있다.

文子. 地承天, 故定寧. 地定寧, 萬物形, 地廣厚, 萬物聚. 定寧無不載, 廣厚無不容. 地勢深厚, 水泉入聚. 地道方廣, 故能久長.28

•《물리론(物理論)》의 기록이다. 땅이라는 것은 '이르는 것[저(底)]'이다. '이르는 것[저(底)]'의 말뜻은 '정착함[착(著)]'이니, 음(陰)의 본체(本體)가 아래로 정착하는 것이다. 그 신(神)을 '기(祇)'라고 하는데, 기(祇)는 '완성함[성(成)]'이다. 누르기를 오악(五嶽)으로 하고, 쌓기를 구릉(丘陵)으로 하며, 퍼뜨리기를 사독(四瀆)으로 하고, 흐르게 하기를 백천(百川)으로 한다. 이는 기의 자연스런 모습으로, 서북(西北)이 높고 동남이 낮으며, 동서(東西)가 길고 남북(南北)이 짧다.

物理論. 地者, 底也. 底之言, 著也, 陰體下著也. 其神曰祇, 祇, 成也. 鎭之以五嶽, 積之以丘陵, 播之以四瀆, 流之以百川. 蓋氣, 自然之體也, 西北高, 而東南下, 東西長, 而南北短.29

•《설원(說苑)》의 기록이다. 자공(子貢)이 공자에게, "제가 남의 아랫사람이면서도, 아직 아랫사람 노릇 하는 도리를 모르고 있습니다"라고 말하였다. 공자가 이르기를, "남의 아랫사람 노릇 하는 것은, 아마도 흙[토(土)]과 같을 것이다. 그곳에 씨를 뿌리면 오곡이 자라나고, 그곳을 파면 맛좋은 샘물이 솟아난다. 초목이 그곳에서 심어지고 금수(禽獸)가 그곳에서 길러지며, 산 사람이 그곳에서 서고 죽은 사람이 그곳으로 들어간다. 그 공이 많으면서도 말을 하지 않으니, 남의 아랫사람 노릇 하는 것은 아마도 흙과 같을 것이다"라고 하였다.

說苑. 子貢問孔子曰, 賜爲人下, 未知所以爲人下之道也. 孔子曰, 爲人下者, 其猶土乎. 種之, 則五穀生焉, 掘之, 則甘泉出焉. 草木植焉, 禽獸育焉, 生人立焉, 死人入焉. 多其功, 而不言, 爲人下者, 其猶土乎.30

•《설문해자(說文解字)》의 기록이다. 땅이라는 것은 '비스듬함[이(迤)]'이다. 비스듬하며 높은 것이 산악(山嶽)과 구릉(丘陵)이고, 물가와 평지이다. 비스듬하며 낮은 것이 언덕과 습지이고, 도랑과 웅덩이이다. 그래서 땅에는 두 가지 모습이 있다고 하니, 높게 평평한 것과 낮게 평평한 것이다.

說文. 地者, 迤也. 迤而高也, 山嶽·丘陵·墳衍. 迤而卑也, 皐·隰·汙·潢. 故曰, 地有二形, 高下平也.31

•《논형(論衡)》의 기록이다. 하늘에는 해와 달과 별들이 있어, 이를 일러 '문(文)[천문(天文)]'이라고 한다. 땅에는 산과 내와 구릉과 계곡이 있어, 이를 일러 '이(理)[지리(地理)]'라고 한다.

論衡. 天有日月星辰, 謂之文. 地有山川陵谷, 謂之理.32

•《신자(申子)》의 기록이다. 사해(四海)의 안, 육합(六合)33의 사이에서 무엇이 귀하다고 하겠는가. 흙을 귀하게 여긴다. 흙은 먹을 것의 근본이기 때문이다.

申子. 四海之內, 六合之間, 曰奚貴. 曰貴土. 土, 食

28. 《문자(文子)·상덕(上德)》
29. 《천중기(天中記)·지(地)》의 내용을 재구성한 것이다.
30. 《설원(說苑)·신술(臣術)》
31. 《설문해자(說文解字)》에서, "元氣初分, 輕淸爲天, 重濁爲地, 萬物所陳列也"라 하였고, 《유원총보》의 본문은 이 구절의 주이다.
32. 《논형(論衡)》에는 위의 기록이 보이지 않고, 《천중기(天中記)·지(地)》에 보인다.
33. 육합(六合): 천지(天地)와 동서남북(東西南北)의 사방을 일컫는다.

之本也.[34]

- 땅의 도(道)는 작위(作爲)하지 않기 때문에 항상 고요하다. 땅의 도(道)는 항상 고요하기 때문에 바르고 반듯하다.

  地道不作, 是以常靜. 地道常靜, 是以正方.[35]

- 《만기론(萬機論)》의 기록이다. 토지(土地)라는 것은 백성들이 밟는 곳이다. '지(地)'라고 하는 것이 원래의 이름이고, '토(土)'라는 것은 작은 것들의 호칭이다.

  萬機論. 夫土地者, 百姓之所蹈也. 地云者, 都大之名, 土者, 細屬之號.[36]

- 공조(孔晁)가 말하였다. 백곡(百穀)을 토해낼 수 있어서 '토(土)'라 한다.

  孔晁云. 能吐生百穀, 謂之土.[37]

- 《관령내전(關令內傳)》[38]의 기록이다. 땅은 산을 그 보좌로 삼고 돌을 그 뼈로 삼으며, 내를 그 맥(脈)으로 삼고 초목을 그 터럭으로 삼으며, 흙을 살로 삼는다. 땅의 두께는 만 리이고 그 아래에는 태공(太空)이 있다. 태공(太空)의 네 모서리 아래에는 저절로 이루어진 금 기둥이 있는데, 둘레가 5,000리이다.

  關令內傳. 地以山爲之輔佐, 石爲之骨, 川爲之脈, 草木爲其毛, 土爲其肉. 地厚萬里, 其下得太空. 太空四角下, 有自然金柱, 方圓五千里.[39]

- 《영헌(靈憲)》의 기록이다. 하늘은 밖에서 이루어졌고, 땅은 안에서 정해졌다. 하늘은 양(陽)에서 형체를 이루었기 때문에 둥그렇고 움직이며, 땅은 음(陰)에서 형체를 이루었기 때문에 평평하고 고요하다. 지극히 큰 것은 하늘만한 것이 없고 지극히 두터운 것은 땅만한 것이 없으며, 지극히 많은 것은 물만한 것이 없고 지극히 빈 것은 흙만한 것이 없다. 지극히 화려한 것은 나무만한 것이 없고, 지극히 가득한 것은 쇠[금(金)]만한 것이 없으며, 지극히 없는 것은 불[화(火)]만한 것이 없다.

  靈憲. 天成於外, 地定於內. 天體於陽, 故圓以動, 地體於陰, 故平以靜. 至大莫如天, 至厚莫若地, 至多莫若水, 至空莫若土. 至華莫若木, 至實莫若金, 至無莫若火.[40]

- 추연(鄒衍)이 말하였다. 유학자(儒學者)들이 말하는 중국이라는 것은, 천하에서 81부분으로 나눈 것 가운데 단지 그 한 부분을 차지할 뿐이다. 중국은 이름이 적현신주(赤縣神州)인데, 적현신주 안에는 자체에 9개의 주가 있다. 우(禹)임금이 9주로 차례를 매긴 것이 이것인데, 주(州)로 셀 만한 것이 못 된다. 중국 밖에 적현신주와 같은 것이 9개인데 그것이 바로 구주이다. 거기에는 작은 바다가 그것들을 둘러싸고 있는데, 사람과 새, 짐승들이 서로 통할 수 없다. 이와 같은 것이 9개로, 바로 큰 바다가 그 밖을 둘러싸고 있으니, 하늘과 땅의 끝이다.

  鄒衍曰. 儒者所謂中國者, 於天下, 乃八十一分, 居其一分耳. 中國, 名曰赤縣神州, 赤縣神州內, 自有九州. 禹之序九州, 是也, 不得爲州數. 中國外, 如赤縣神州者九, 乃所謂九州也. 於是, 有裨海環之, 人民禽獸, 莫能相通. 如此者九, 乃有大瀛海環其外, 天地之際焉.[41]

---

34. 《천중기(天中記)·지(地)》
35. 《천중기(天中記)·지(地)》
36. 《천중기(天中記)·지(地)》의 내용을 재구성한 것이다.
37. 《천중기(天中記)·지(地)》
38. 《관령내전(關令內傳)》: 《수서(隋書)·경적지(經籍志)》에, "鬼谷先生撰"으로 되어 있는데, 내력은 자세하지 않다.
39. 《천중기(天中記)·지(地)》
40. 《천중기(天中記)·지(地)》의 내용을 재구성한 것이다.
41. 《시기(史記)·맹자순경열전(孟子荀卿列傳)》

• 장자방(張子房) 《적정경(赤霆經)》의 기록이다. 곤륜산(崑崙山)이 하늘을 받치고 있고, 모든 산맥은 이로부터 시작된다. 서북쪽에서 연이어지는데, 아득하고 추워서 다가갈 수가 없다. (이 산맥들이) 등이 되고 목덜미가 되며, 척추가 되고 털이 된다. 아래는 둔부가 되고 위는 발제(髮際)[42]가 된다. 앞쪽으로 진주(秦州)와 옹주(雍州)가 위치하여 이목구비가 되고, 유주(幽州)와 기주(冀州), 사천(四川)의 촉주(蜀州)가 나뉘어 좌우의 등이 되니, 심장이 달려 있고 가슴이 연결되어 있으며, 복부(腹部)는 낙수(洛水)와 예수(汭水)로 드리워져 있다. 위장(胃臟)은 안과 밖으로 견수(汧水)와 위수(渭水)이며, 황하와 양자강은 경락(經絡)[43]과 영위(榮衛)[44]이다. 대장(大腸)과 방광(膀胱)은 진택(震澤)[45]과 탑수(漯水), 제수(濟水)이고, 청주(青州)와 서주(徐州) 아래로는 사타구니와 넓적다리가 된다. 새는 곳은 미려(尾閭)[46]인데 아득하여 끝이 없다. 해주(海州)의 여러 나라는 분뇨와 찌끼이다. 중원(中原)은 수컷으로 뛰어나고 위대하며, 강남(江南)은 암컷으로 맑고 아름다우니, 사람과 사물을 잉태하는 모습을 말한 것이다.

張子房赤霆經. 崐崘柱天, 萬脈由起. 西北綿亘, 幽寒莫詣. 爲背爲項, 爲脊爲毳. 下爲獒臀, 上爲髮際. 面居秦雍, 耳目口鼻, 幽冀川蜀, 分左右背, 懸心關胸, 腹垂洛汭. 胃脘出納, 爲汧爲渭, 大河大江, 經絡榮衛. 大腸膀胱, 震澤漯濟, 青徐以降, 是爲髖髀. 泄爲尾閭, 茫洋無際. 海州萬國, 糞滓塵穢. 中原爲雄, 魁傑奇偉, 江南爲雌, 淸楚嬌麗, 言其孕人物然也.[47]

• 유향(劉向) 《별록(別錄)》의 기록이다. 산을 파고 돌을 구멍 뚫으면 땅이 아파하며, 백성이 많은 것은 벼룩이나 이와 같으니, 벼룩이나 이가 너무 많으면 땅이 가려워한다.

劉向別錄. 鑿山鑽石, 則地痛, 人民多, 若蚤虱, 蚤虱衆多, 則地癢.[48]

• 《회남자(淮南子)》의 기록이다. 구주(九州)[49]의 밖에 팔인(八寅)[50]이 있고, 팔인(八寅)의 밖에 팔굉(八紘)[51]이 있고, 팔굉(八紘)의 밖에 팔극(八極)[52]이 있다.

淮南子. 九州之外, 乃有八寅,[53] 八寅之外, 乃有八紘, 八紘之外, 乃有八極.[54]

---

42. 발제(髮際): 두피에서 머리카락이 나는 끝 부분.
43. 경락(經絡): 경맥(經脈)과 낙맥(絡脈)을 일컫는다. 인체 내에서 안으로는 장기와 연결되어 있고, 밖으로는 관절과 연결되어 있는데, 경맥(經脈)은 세로로 연결된 간선(幹線)이고 낙맥(絡脈)은 가로로 연결된 지선(支線)이다.
44. 영위(榮衛): 몸을 유지하게 하는 혈기(血氣)의 작용을 일컫는다. 영(榮)은 동맥혈(動脈血)이고, 위(衛)는 정맥혈(靜脈血)이라고 한다.
45. 진택(震澤): 호수의 이름으로, 지금의 강소성(江蘇省) 태호(太湖)를 가리킨다.
46. 미려(尾閭): 고대(古代)의 신화(神話)나 전설(傳說)에서 일컫는, 바닷물이 빠져나가는 곳이다.
47. 《천중기(天中記) · 지(地)》
48. 《천중기(天中記) · 지(地)》
49. 구주(九州): "何謂九州. 東南神州, 曰農土. 正南次州, 曰沃土. 西南戎州, 曰滔土. 正西弇州, 曰幷土. 正中冀州, 曰中土. 西北台州, 曰肥土. 正北濟州, 曰成土. 東北薄州, 曰隱土. 正東陽州, 曰申土."《회남자(淮南子) · 지형훈(墜形訓)》
50. 팔인(八寅): "自東北方, 曰大澤, 曰無通. 東方曰大渚, 曰少海. 東南方曰具區, 曰元澤. 南方曰大夢, 曰浩澤. 西南方曰渚資, 曰丹澤. 西方曰九區, 曰泉澤. 西北方曰大夏, 曰海澤. 北方曰大冥, 曰寒澤. 凡八殥, 八澤之雲."《회남자(淮南子) · 지형훈(墜形訓)》
51. 팔굉(八紘): "自東北方, 曰和丘, 曰荒土. 東方曰棘林, 曰桑野. 東南方曰大窮, 曰衆女. 南方曰都廣, 曰反戶. 西南方曰焦僥, 曰炎土. 西方曰金丘, 曰沃野. 西北方曰一目, 曰沙所. 北方曰積冰, 曰委羽. 凡八紘之氣, 是出寒暑, 以合八正, 必以風雨."《회남자(淮南子) · 지형훈(墜形訓)》
52. 팔극(八極): "自東北方, 曰方土之山, 曰蒼門. 東方曰東極之山, 曰開明之門. 東南方曰, 波母之山, 曰陽門. 南方曰南極之山, 曰暑門. 西南方曰編駒之山, 曰白門. 西方曰西極之山, 曰閶闔之門. 西北方曰不周之山, 曰幽都之門. 北方曰北極之山, 曰寒門. 凡八極之雲, 是雨天下."《회남자(淮南子) · 지형훈(墜形訓)》

• 우(禹)임금이 이에 대장(大章)[55]으로 하여금 동쪽의 끝에서부터 서쪽의 끝까지 보수(步數)를 재도록 하였는데, 2억 3만 3,500리(里) 75보(步)였다. 수해(竪亥)[56]로 하여금 북쪽의 끝에서부터 남쪽의 끝까지 보수(步數)를 재도록 하였는데, 2억 3만 3,500리 75보였다.

禹, 乃使大章, 步自東極, 至于西極, 二億三萬三千五百里七十五步. 使竪亥, 步自北極, 至于南極, 二億三萬三千五百里七十五步.[57]

• 《하도괄지상도(河圖括地象圖)》의 기록이다. 팔극(八極)의 폭은 동서로 2억 3만 3,000리이고, 남북으로 2억 3만 1,500리이다. 하(夏)의 우(禹)임금이 다스린 사해(四海) 안의 땅은 동서로 2만 8,000리이고, 남북으로 2만 6,000리이다.

括地象. 八極之廣, 東西二億三萬三千里, 南北二億三萬一千五百里. 夏禹所治, 四海內地, 東西二萬八千里, 南北二萬六千里.[58]

• 《통전(通典)》[59]의 기록이다. 진(秦)나라의 땅은, 서쪽으로는 조수(洮水)에 이르고 북쪽으로는 사막이며, 동쪽으로는 얽혀 있고 서쪽으로는 둘려 있는데, 모두 대해(大海)에 접해 있다. 한(漢)나라가 일어난 뒤, 땅은 동서로 9,302리였고 남북으로 만 3,368리였다. 이것은 한(漢)나라가 가장 흥성했을 때로, 동쪽으로는 낙랑군(樂浪郡), 서쪽으로는 돈황군(燉煌郡), 남쪽으로는 일남군(日南郡), 북쪽으로는 안문군(雁門郡), 서남쪽으로는 영창군(永昌郡)이었다.

通典. 秦地, 則西臨洮, 北沙漠, 東縈西帶, 皆臨大海. 漢興, 地, 東西九千三百二里, 南北萬三千三百六十八里. 此漢之極盛也, 東樂浪, 西燉煌, 南日南, 北雁門, 西南永昌.[60]

• 숭산(嵩山), 태산(泰山), 형산(衡山), 화산(華山), 항산(恒山)을 '오악(五嶽)'이라고 한다. 강수(江水), 하수(河水), 회수(淮水), 제수(濟水)를 '사독(四瀆)'이라고 한다. 상등(上等), 중등(中等), 하등(下等)을 '삼양(三壤)'[61]이라고 한다. 산림(山林), 내와 못, 구릉(丘陵), 물가와 평지, 언덕과 습지를 '오토(五土)'라고 한다.《찬요(纂要)》

嵩·泰·衡·華·恒, 謂之五嶽. 江·河·淮·濟, 謂之四瀆. 上·中·下, 謂之三壤. 山林·川澤·丘陵·墳衍·原隰, 謂之五土.〈纂要〉[62]

• 《시자(尸子)》[63]에서 말하였다. 하늘은 좌측으로 펼쳐지면서 견우성(牽牛星)에서 시작되고, 땅은 우측으로 열리면서 필성(畢星)과 묘성(昴星)에서 시작된다.

尸子曰. 天左舒, 而起牽牛, 地右闢, 而起畢昴.[64]

• 《하도괄지상도(河圖括地象圖)》의 기록이다.[65] 땅은 항상 움직이면서 멈춰 있지 않다. 마치 사람이

53. '寅'은,《회남자(淮南子)·지형훈(墬形訓)》에는 '殯'으로 되어 있다.
54. 《회남자(淮南子)·지형훈(墬形訓)》의 내용을 재구성한 것이다.
55. 대장(大章): 우(禹)임금의 신하로, 걸음을 잘 걸었던 사람이라고 한다.
56. 수해(竪亥): 역시 우(禹)임금의 신하로, 걸음을 잘 걸었던 사람이라고 한다.
57. 《회남자(淮南子)·지형훈(墬形訓)》
58. 《고미서(古微書)·하도괄지상도(河圖括地象圖)》
59. 《통전(通典)》: 당대(唐代)의 두우(杜佑: 733-812)가 기술한 책으로, 태고에서부터 당대까지의 전장제도(典章制度)의 변천을 기술하였다.
60. 《통전(通典)·주군(州郡)》의 내용을 재구성한 것이다.
61. 삼양(三壤): 토질(土質)의 비척(肥瘠)에 따라 구분한 것이다.
62. 《고금사문유취(古今事文類聚)·지리부(地理部)》
63. 《시자(尸子)》: 주대(周代) 사람인 시교(尸佼)가 지은 책으로, 도가(道家)와 법가(法家)의 사상이 뒤섞여 있다.
64. 《태평어람(太平御覽)·지부(地部)》
65. 《하도괄지상도(河圖括地象圖)》에는 위의 기록이 보이지 않고《상서고령요(尚書考靈曜)》에 보인다.

배 안에서 창문을 닫고 앉아 있으면, 배가 가는데도 사람이 깨닫지 못하는 것과 같다.

河圖括地象. 地常動不止. 如人在舟中, 開[66]牖而坐, 舟行, 人不覺也.[67]

- 《회남자(淮南子)》의 기록이다. 산 기운으로는 남자가 많이 태어나고, 연못 기운으로는 여자가 많이 태어나며, 장기(障氣)[68]로는 벙어리가 많이 태어나고 남기(嵐氣)[69]로는 귀머거리가 많이 태어난다. 숲 기운으로는 들피병자가 많고 나무 기운으로는 꼽추가 많으며, 언덕 아래의 기운으로는 피부병자가 많고 돌 기운으로는 힘센 자가 많으며, 험준한 기운으로는 혹이 있는 자가 많다. 더운 기운으로는 일찍 죽는 자가 많고, 추운 기운으로는 장수하는 자가 많으며, 계곡 기운으로는 마비되는 자가 많고 언덕 기운으로는 미치는 자가 많다. 평지의 기운으로는 어진 자가 많고 구릉의 기운으로는 탐욕스러운 자가 많으며, 가벼운 흙에는 예리한 자가 많고 무거운 흙에는 지둔(遲鈍)한 자가 많다. 맑은 물은 소리가 작고 흐린 물은 소리가 크며, 급류 주변의 사람은 경망되고 느린 물 주변의 사람은 신중하며, 중원의 땅에는 성인이 많다. 모두 그 기운을 본받고, 모두 그 종류에 상응하는 것이다.

淮南子. 山氣多男, 澤氣多女, 障氣多喑, 嵐氣多聾. 林氣多癃, 木氣多傴, 岸下氣多腫, 石氣多力, 險阻氣多癭. 暑氣多夭, 寒氣多壽, 谷氣多痺, 丘氣多狂. 衍氣多仁, 陵氣多貪, 輕土多利, 重土多遲. 淸水音小, 濁水音大, 湍水人輕, 遲水人重, 中土多聖人. 皆象其氣, 皆應其類.[70]

지맥(地脈)을 축소시키다[축지맥(縮地脈)] 비장방(費長房)이 호공(壺公)을 만났는데, 신술(神術)이 있어 지맥(地脈)을 축소시킬 수 있었다. 천리(千里)가 눈앞에 모이더니 풀어 놓으니 다시 전과 같았다.

費長房, 遇壺公, 有神術, 能縮地脈. 千里聚在目前, 放之復如舊.[71]

흙을 먹다[식토(食土)] 개원(開元)[72] 말엽에 회주(懷州)의 무덕(武德), 무척(武陟), 수무(脩武) 세 현에서 사람들이 까닭 없이 흙을 먹고는 말하기를, "맛이 좋아 다른 것들과는 다르다"라고 하였다. 이보다 앞서 무덕(武德) 기성촌(期城村)에서 부녀자들이 모여 말하기를, "요즈음 쌀이 귀해 사람들이 굶주리고 생활이 어렵다"라고 하자, 자주색 옷에 흰 말을 탄 노인이 나타났다. 열 명의 사람을 따르게 하고서 그곳에 들러 부녀자들에게 말하기를, "어찌 먹을 것이 없는 것을 걱정하는가. 이 도랑의 물가의 흙은 매우 좋아서 먹을 수 있다. 그대들은 한 번 맛을 보거라"라고 하였다. 부녀자들이 집어서 먹어보니 맛이 자못 특이하였다. 이윽고 노인은 보이지 않았고, 그 흙을 가져다가 집에 가서 밀가루와 반죽하여 떡을 만드니 떡이 맛이 아주 좋았다. 이때부터 원근에서 다투어 가져가서 도랑의 동서로 5리(里), 남북으로 10여 보(步)에 걸쳐 흙이 모두 없어졌다.

開元末, 懷州, 武德·武陟·脩武三縣, 人無故食土, 云, 味美, 異於他. 先是, 武德期城村, 婦人相聚言曰, 今米貴人飢, 難爲生活. 有老父, 紫衣白馬. 從十人來, 過之, 謂婦人曰, 何憂無食. 此渠水傍土, 甚佳可食. 女試嘗之. 婦人取食, 味頗異. 遂失老父, 乃取其土, 至家, 伴其麵爲餠, 餠甚美. 由是, 遠近競取之, 渠東

66. '開'는, 《고미서(古微書)·상서고령요(尚書考靈曜)》에는 '閉'로 되어 있다.
67. 《고미서(古微書)·상서고령요(尚書考靈曜)》
68. 장기(障氣): 장기(瘴氣)와 같은 뜻으로, 뜨겁고 습한 지역에서 올라오는 독한 기운이다.
69. 남기(嵐氣): 산의 안개 기운을 일컫는다.
70. 《회남자(淮南子)·지형훈(墬形訓)》
71. 《고금사문유취(古今事文類聚)·지리부(地理部)》
72. 개원(開元): 당(唐) 현종(玄宗)의 연호(713-741)이다.

西五里, 南北十餘步, 土幷盡.[73]

땅을 파다[천지(穿地)] 강사도(姜師度)[74]는 봇도랑 파는 것을 너무 좋아하여, 부임하는 곳마다 반드시 대중을 동원하여 파고 뚫었다. 비록 어쩌다 순조롭지 못한 경우도 있었지만 성공하는 경우도 많았다. 이보다 앞서 태사령(太史令) 부효충(傅孝忠)은 별자리 점을 잘 쳤다. 사람들은 그들에 대해 말하기를, "부효충(傅孝忠)은 두 눈으로 하늘을 보고, 강사도(姜師度)는 한마음으로 땅을 판다"라고 말을 옮기면서 이야깃거리로 삼았다.

姜師度, 旣好溝洫, 所在必發衆穿鑿. 雖時有不利, 而成功亦多. 先是, 太史令傅孝忠, 善占星緯. 人爲之語曰, 傅孝忠兩眼看天, 姜師度一心穿地. 傳之以爲口實.[75]

땅 욕심[지벽(地癖)] 이징(李憕)은 재산이 많아, 이천(伊川)의 기름진 물가와 육지에, 상등(上等)의 논과 별장이 마주 보였다. 이부시랑(吏部侍郞)인 이팽년(李彭年)과 함께 모두가 땅 욕심이 있었다.

李憕, 豐於産業, 伊川膏腴水陸, 上田別業相望. 與吏部侍郞李彭年, 皆有地癖.[76]

푸른 소를 탄 여인[청우구(靑牛嫗)] 요(遼) 황후(皇后) 술률씨(述律氏)가 일찍이 요토(遼土)에 갔었다. 두 강이 만나는 곳에서 어떤 여자가 푸른 소가 끄는 수레를 타고 가다가, 갑자기 길을 비키더니 홀연 보이지 않았다. 얼마 지나지 않아 동요(童謠)가 불리는데, "푸른 소를 탄 여인이 일찍이 길을 비켰다네"라고 하였다. 대개 속어(俗語)로 이르기를, 땅의 신이 푸른 소를 탄 여인이라고 하였다.

遼皇后述律氏, 嘗至遼土. 二河之會, 有女子, 乘靑牛車, 倉卒避路, 忽不見. 未幾, 童謠曰, 靑牛嫗, 曾避路. 蓋言[77]謂, 地祇爲靑牛嫗.[78]

황금(黃金)의 어머니[황금모(黃金母)[79]] 분진(汾晉)의 촌간에 일컬어지는 말에, "천 곳간의 주인이 되려면, 황금모(黃金母)를 얻는 것을 물어라"라고 하였다. 그 뜻은, 농사를 많이 지어 저축을 많이 하는 것은 밭갈이에서 비롯됨을 이르는 것이다.《청이록(淸異錄)》

汾晉村野間語曰, 欲作千箱主, 問取黃金母. 意謂, 多稼厚畜, 田耕[80]所致也.〈淸異錄〉[81]

청동(靑銅)의 바다[청동해(靑銅海)[82]] 《변노포기(汴老圃紀)》의 기록이다. 호미 하나로 살면서 30명의 식구를 감쌌는데, 병이 심해지자 자손들을 불러 훈계하기를, "이 20무의 땅이 바로 청동(靑銅)의 바다이다"라고 하였다.

汴老圃紀. 生一鉏, 庇三十口, 病篤, 呼子孫戒曰, 此二十畝地, 便是靑銅海也.[83]

---

73. 《천중기(天中記)·지(地)》
74 강사도(姜師度): 당대(唐代) 위(魏) 지역 출신으로, 하중윤(河中尹), 동주자사(東州刺史), 장작대장(將作大匠) 등을 역임하였다.
75. 《구당서(舊唐書)·강사도전(姜師度傳)》
76. 《구당서(舊唐書)·이징전(李憕傳)》의 내용을 재구성한 것이다.
77. '言'은, 《요사(遼史)·후비열전(后妃列傳)》에는 '諺'으로 되어 있다.
78. 《요사(遼史)·후비열전(后妃列傳)》
79. 황금모(黃金母): 농사를 일컫는 말이다.
80. '田耕'은, 《청이록(淸異錄)·지리(地理)》에는 '由耕耘'으로 되어 있다.
81. 송(宋) 도곡(陶穀), 《청이록(淸異錄)·지리(地理)》
82. 청동해(靑銅海): 전답(田畓)을 일컫는 말이다.
83. 《청이록(淸異錄)·지리(地理)》

지진 地震

세 하천의 지진[삼천진(三川[84]震)] 주(周) 유왕(幽王) 2년, 세 하천[삼천(三川)]에 모두 지진이 있었다. 주(周) 태사(太史) 백양보(伯陽甫)가 말하기를, "주(周)나라는 장차 망할 것입니다. 양(陽)이 잠복되어 나오지 못하고 음(陰)이 (양을) 누르면서 솟아오르지 못해, 이에 지진이 생깁니다. 지금 세 하천에 실제로 지진이 있었으니, 이는 양기가 제자리를 잃고 음기에 눌린 것입니다(음기에 의해 눌리다). 수원이 반드시 막힐 것이며, 수원이 막히면 나라는 반드시 망합니다. 옛날에 이수(伊水)와 낙수(雒水)가 마르자 하나라가 망했고, 황하가 마르자 상나라가 망했습니다. 지금 주나라의 덕이 하나라나 상나라의 말기와 같은데, 그 수원까지 또한 막혔습니다. 막혔으니 반드시 마를 것이고, 하천이 마르면 산은 반드시 무너집니다. 산이 무너지고 하천이 마르는 것은 망할 징조입니다. 만약 나라가 망한다면 10년을 넘기지 못할 것입니다. (10이란) 숫자의 한 단위이기 때문입니다"라고 하였다. 이해에 세 하천이 말랐고, 기산(岐山)이 무너졌다. 유왕(幽王)의 패망은 여자가 그 안을 어지럽히고, 이민족이 그 밖을 공격한 결과이다.

周幽王二年, 三川皆震. 周太史伯陽甫曰, 周將亡矣. 陽伏而不能出, 陰迫而不能升, 於是有地震. 今三川實震, 是陽失其所, 而塡陰也(爲陰所塡). 原必塞, 原塞, 國必亡. 昔伊雒竭, 而夏亡, 河竭, 而商亡. 今周德, 如二代之季, 其原又塞. 塞必竭, 川竭, 山必崩. 山崩川竭, 亡之徵也. 若國亡, 不過十年. 數之紀也. 是歲, 三川竭, 岐山崩.[85] 幽王之敗, 女亂其內, 夷攻其外.[86]

신하가 강성하여 해악을 저지르다[신강위해(臣强爲害)] 문공(文公) 9년 9월, 지진이 있었다. 하늘이, "신하 중에 강성한 자가 장차 움직여서 해악을 저지를 것이다"라고 경계하는 듯하였다. 뒤에 송(宋), 노(魯), 진(晉), 거(莒), 정(鄭), 진(陳), 제(齊)에서, 모두 임금을 시해하였다.

文公九年九月, 地震. 天戒若曰, 臣下强盛者, 將動爲害. 後, 宋·魯·晉·莒·鄭·陳·齊, 皆弑君.[87]

양공(襄公) 16년 5월, 지진이 있었다. 그 뒤에 최저(崔杼)[88]가 제(齊)나라를 제멋대로 하였고 난영(欒盈)[89]이 진(晉)나라를 어지럽혔으며, 양소(良霄)[90]가 정(鄭)나라를 기울게 하였고 문지기가 오왕(吳王)을 죽였다.[91] 연(燕)나라에서는 그 임금을 몰아내고 초(楚)나라는 진(陳)과 채(蔡)를 멸망시켰다.

襄十六年五月, 地震. 其後, 崔氏專齊, 欒盈亂晉, 良霄傾鄭, 閽殺吳子. 燕逐其君, 楚滅陳蔡.[92]

공동(空桐)의 지진[공동진(空桐震)] 정정왕(貞定王)[93] 3년, 진(晉)의 공동(空桐)에서 7일 동안 지진이 나서, 누대와 가옥이 모두 파괴되고 사람이 많이 죽었다.

84 삼천(三川): 경수(涇水), 위수(渭水), 낙수(洛水)를 가리킨다.
85.《사기(史記)·주본기(周本紀)》의 내용을 재구성한 것이다.
86.《전한서(前漢書)·오행지(五行志)》
87.《전한서(前漢書)·오행지(五行志)》의 내용을 재구성한 것이다.
88. 최저(崔杼: ?-B.C. 546): 제(齊)의 대부(大夫)로, 제(齊) 장공(莊公)을 즉위시켰다가 그를 시해하였다.
89. 난영(欒盈): 진(晉)의 대부(大夫)인 난환자(欒桓子)의 아들 난회자(欒懷子)이다(《전한서(前漢書)》 안사고(顔師古) 주).
90. 양소(良霄): 정(鄭)의 대부(大夫)인 백유(伯有)이다(《전한서(前漢書)》 안사고(顔師古) 주).
91. 오왕(吳王)은 이름이 여제(餘祭)이다. 오(吳)가 월(越)을 치고 잡아 온 포로를 문지기로 삼았는데, 그가 오왕을 살해하였다(《전한서(前漢書)》 안사고(顔師古) 주).
92.《전한서(前漢書)·오행지(五行志)》의 내용을 재구성한 것이다.
93. 정정왕(貞定王): 주(周) 제28대 왕이다.

貞定王三年, 晉空桐震七日, 臺舍皆壞, 人多死.[94]

조상의 종묘(宗廟)를 파괴하다[괴조종묘(壞祖宗廟)] 한(漢) 선제(宣帝) 본시(本始)[95] 2년 8월, 지진이 나서 조상의 종묘(宗廟)와 성곽(城郭)을 파괴하였고, 6,000여 명이 죽었다.

漢宣帝本始二[96]年八月, 地震, 壞祖宗廟·城郭, 殺六千餘人.[97]

원제(元帝) 초원(初元)[98] 2년 2월, 농서군(隴西郡)에서 지진이 있었다. 태상황묘(太上皇廟) 전각의 벽과 나무 장식을 무너뜨리고, 성곽(城郭)과 관청, 백성의 가옥을 파괴하였으며 깔려 죽은 자가 많았다.

元帝初元二年二月, 地震隴西郡. 毁落太上皇廟殿壁木飾, 壞敗城郭·宮寺·及民室廬, 壓殺人衆.[99]

만이(蠻夷)가 노략질을 하다[만이위구(蠻夷爲寇)] 건무(建武)[100] 22년 9월, 군국(郡國) 42곳에서 지진이 있었다. 그 뒤에 무계(武谿)[101]의 만이(蠻夷)가 반란을 일으켜 노략질을 하면서 남군(南郡)에까지 이르렀다. 무위장군(武威將軍) 유상(劉尙)을 보내 그들을 치게 하였으나, 결국 몰살을 당하였다.

建武二十二年九月, 郡國四十二地震. 其後, 武谿蠻夷反, 爲寇害, 至南郡. 遣武威將軍劉尙, 擊之, 遂爲所沒.[102]

여주(女主)가 극성하다[여주성(女主盛)] 화제(和帝) 영원(永元)[103] 4년 6월, 군국(郡國) 13곳에서 지진이 있었다. 《춘추한함자(春秋漢含孶)》[104]에서 이르기를, "여주(女主)가 극성하고 신하가 전제를 하면, 땅이 움직인다"라고 하였다.[105] 이때에 두태후(竇太后)가 섭정(攝政)을 하였고 두헌(竇憲)이 권력을 독점하였다.

和帝永元四年六月, 郡國十三地震. 春秋漢含孶曰, 女主盛, 臣制,[106] 則地動. 是時, 竇太后攝政, 竇憲專權.[107]

안제(安帝) 영초(永初)[108] 원년(元年), 군국(郡國) 18곳에서 지진이 있었다. 이고(李固)가 말하기를, "땅이라는 것은 음(陰)으로, 이치상 안정(安靜)적이어야 한다. 지금 음(陰)의 직분을 넘어서서 양(陽)의 정사를 독점하고 있기 때문에 지진으로 보응하는 것이다"라고 하였다. 이때에 등태후(鄧太后)가 섭정(攝政)을 하였고, 서쪽의 강족(羌族)이 중원을 어지럽힌 것이 10여 년 동안 이어졌다.

安帝永初元年, 郡國十八地震. 李固曰, 地者, 陰也, 法當安靜. 今乃越陰之職, 專陽之政, 故應以震動. 是時, 鄧太后攝政, 西羌亂夏, 連十餘年.[109]

참언(讖言)을 믿고 살피지 않다[신참불찰(信讖不

---

94. 《문헌통고(文獻通考)·물이고(物異考)》
95. 본시(本始): 한(漢) 선제(宣帝)의 연호(B.C. 73-B.C. 70)이다.
96. '二'는, 《전한서(前漢書)·오행지(五行志)》에는 '四'로 되어 있다.
97. 《전한서(前漢書)·오행지(五行志)》
98. 초원(初元): 한(漢) 원제(元帝)의 연호(B.C. 48-B.C. 44)이다.
99. 《전한서(前漢書)·원제기(元帝紀)》의 내용을 재구성한 것이다.
100. 건무(建武): 후한(後漢) 광무제(光武帝)의 연호(25-55)이다.
101. 무계(武谿): 내의 이름으로, 호남성(湖南省) 건성현(乾城縣)의 서무산(西武山)에서 발원한다.
102. 《후한서(後漢書)·오행지(五行志)》에, "… 遣武威將軍劉尙, 擊之, 爲夷所圍. 復發兵赴之, 尙遂爲所沒"이라고 하였다.
103. 영원(永元): 후한(後漢) 화제(和帝)의 연호(89-104)이다.
104. 《춘추한함자(春秋漢含孶)》: 《춘추(春秋)》의 위서(緯書) 가운데 하나이다.
105. 《고미서(古微書)·춘추한함자(春秋漢含孶)》
106. '制'는, 《고미서(古微書)·춘추한함자(春秋漢含孶)》에는 '制命'으로 되어 있다.
107. 《후한서(後漢書)·오행지(五行志)》의 내용을 재구성한 것이다.
108. 영초(永初): 후한(後漢) 안제(安帝)의 연호(107-113)이다.
109. 《후한서(後漢書)·오행지(五行志)》의 내용을 재구성한 것이다.

察)] 건광(建光)[110] 원년(元年) 9월, 군국(郡國)의 35곳에서 지진이 있었다. 어느 곳은 땅이 갈라지고 성곽과 가옥이 파괴되어 사람들이 깔려 죽었다. 이때에 안제(安帝)가 밝게 살피지 못하고 궁인(宮人)의 참언(讒言)을 믿어, 등태후(鄧太后)의 집을 파괴하고 태위(太尉) 양진(楊震)을 면직시켰으며, 태자(太子)를 폐위하였다.

建光元年九月, 郡國三十五地震. 或地折裂, 壞城郭室屋, 壓殺人. 是時, 帝不能明察, 信宮人讒, 破壞鄧太后家, 免太尉楊震, 廢太子.[111]

산의 계곡이 갈라지다[산곡절렬(山谷折裂)] 건강(建康)[112] 원년, 양주(涼州)의 도시와 군(郡) 6곳에서 지진이 있었다. 지난해 9월 이래로 (이해) 4월까지 모두 180일 동안 지진이 있었다. 산의 계곡이 갈라지고 성곽과 관사가 파괴되었으며 사람과 재물이 손상되었다. 3월에 호강교위(護羌校尉) 조충(趙沖)이 반란을 일으켰으나 오랑캐에게 살해되었다.

建康元年, 涼州都郡六地震. 從去年九月以來, 至四月, 凡百八十日震. 山谷折裂, 壞敗城寺, 傷害人物. 三月, 護羌校尉趙沖, 爲叛, 胡所殺.[113]

환관(宦官)이 권력을 독점하다[환인전권(宦人專權)] 후주(後主) 염흥(炎興)[114] 원년(元年), 촉(蜀)에 지진이 있었다. 당시에 환관(宦官) 황호(黃皓)가 권력을 독점하였다. 사마표(司馬彪)[115]의 말을 살피건대, "환관은 양(陽)이 없어, 행사함이 부인(婦人)과 같다"라고 하였다. 이해 겨울에 촉(蜀)이 망하였다.

後主炎興元年, 蜀地震. 時, 宦人黃皓, 專權. 按司馬彪說, 閹宦無陽, 施猶婦人也. 是冬, 蜀亡.[116]

봄에 지진이 있으면 기근(飢饉)이 든다[춘동기근(春動飢饉)] 중대통(中大通)[117] 5년(年) 정월(正月), 건강(建康)에 지진이 있었다. 《역비후(易飛候)》에 이르기를, "땅이 봄에 지진이 있으면, 그해 농사가 잘 되지 않는다"라고 하였다. 이해에 홍수가 나서 백성들이 굶주렸다.

中大通五年正月, 建康地震. 易飛候曰, 地以春動, 歲不昌. 是歲大水, 百姓飢饉.[118]

여름에 지진이 있으면 (백성들이) 유랑한다[하동류망(夏動流亡)] 개황(開皇)[119] 14년 정월, 도성에 지진이 있었다. 《역비후(易飛候)》에 이르기를, "땅이 여름에 지진이 있으면, 백성들이 유랑한다"라고 하였다. 이해에 관중(關中)에 기근이 들어, 백성들이 관동(關東)에 가서 양식을 얻었다.

開皇十四年正月, 京師地震. 易飛候曰, 地動以夏, 人流亡. 是歲關中饑, 百姓[120]就糧於關東.[121]

음(陰)이 극성하여 상도(常道)를 뒤집다[음성반상(陰盛反常)] 무덕(武德)[122] 2년 10월, 도성에 지진이 있었다. 음(陰)이 극성하여 상도(常道)를 뒤집으면 지진이 있다. 그러므로 그 점괘(占卦)는, 신하가

110. 건광(建光): 후한(後漢) 안제(安帝)의 연호(121)이다.
111. 《후한서(後漢書)·오행지(五行志)》의 내용을 재구성한 것이다.
112. 건강(建康): 후한(後漢) 순제(順帝)의 연호(144)이다.
113. 《후한서(後漢書)·오행지(五行志)》
114. 염흥(炎興): 촉(蜀) 후주(後主)의 연호(263)이다.
115. 사마표(司馬彪: ?-약 306): 서진(西晉)의 학자로, 자가 소통(紹統)이다. 박학하였으며, 《속한서(續漢書)》, 《구주춘추(九州春秋)》 등을 편찬하였다.
116. 《진서(晉書)·오행지(五行志)》의 내용을 재구성한 것이다.
117. 중대통(中大通): 양(梁) 무제(武帝)의 연호(529-534)이다.
118. 《수서(隋書)·오행지(五行志)》
119. 개황(開皇): 수(隋) 문제(文帝)의 연호(581-600)이다.
120. 《수서(隋書)·오행지(五行志)》에는, '百姓' 앞에 '帝令'이 있다.
121. 《수서(隋書)·오행지(五行志)》의 내용을 재구성한 것이다.
122. 무덕(武德): 당(唐) 고조(高祖)의 연호(618-626)이다.

강성함이고 후비(后妃)가 제멋대로 함이며, 이적(夷狄)이 중국을 범함이고 소인(小人)의 도(道)가 뻗어나감이며, 도적이 이르는 것이고 배반하는 신하이다.

武德二年十月, 京師地震. 陰盛反常, 則地震. 故其占, 爲臣强, 爲后妃專恣, 爲夷犯華, 爲小人道長, 爲寇至, 爲叛臣.[123]

사람들이 모두 노숙(露宿)하다[인개로처(人皆露處)] 정원(貞元)[124] 4년 정월 초하루, 도성에 지진이 나서 20여 일 동안 계속되었다. 금주(金州)와 방주(房州)의 두 주가 특히 심했는데, 강물이 넘치고 산이 갈라졌으며, 가옥이 많이 파괴되어 사람들이 모두 노숙(露宿)하였다.

貞元四年正月朔, 京師地震, 連二十餘日. 金房二州, 尤甚, 江溢山裂, 屋宇多壞, 人皆露處.[125]

바다 밑에서 소리가 나다[해저유성(海底有聲)] 경력(慶曆)[126] 3년 5월, 흔주(忻州)에 큰 지진이 있었다. 6년 3월에는, 등주(登州)에 지진이 나서 거우산(岠嵎山)이 무너졌다. 매번 지진이 있을 때마다 바다 밑에서 소리가 나는데, 우레와 같았다. 논자(論者)들이 말하기를, "땅의 도(道)는 고요함을 귀하게 여긴다. 지금 자주 지진이 나서 흔드는 것은, 전쟁이 일어나고 백성들이 힘들 상징이다"라고 하였다.

慶曆三年五月, 忻州地大震. 六年三月, 登州地震, 岠嵎山摧. 每震, 海底有聲, 如雷. 說者曰, 地道貴靜. 今數震搖, 兵興民勞之象也.[127]

땅이 갈라지다[지렬(地裂)] 한(漢) 화제(和帝) 영원(永元)[128] 7년, 조국(趙國)의 역양(易陽)에서 땅이 갈라졌다. 《역전(易傳)》에 이르기를, "땅이 갈라지면 신하가 이반(離叛)하여 따르지 않으려 한다"라고 하였다.

漢和帝永元七年, 趙國易陽, 地裂. 易傳曰, 地裂者, 臣下分離, 不肯相從也.[129]

안제(安帝) 원초(元初)[130] 원년(元年), 일남(日南)에서 땅이 갈라졌는데 길이가 182(里)리였다.

安帝元初元年, 日南地坼, 長百八十二里.[131]

환제(桓帝) 건화(建和)[132] 3년, 군국(郡國)의 6곳에서 땅이 갈라져, 물이 솟아오르고 관사와 가옥이 무너졌으며 사람이 죽었다. 당시에 양기(梁冀)가 이고(李固)와 두교(杜喬)를 억울하게 죽였다.

桓帝建和三年,[133] 郡國六地裂, 水湧出, 壞寺屋, 殺人. 時梁冀枉殺李固·杜喬.[134]

영제(靈帝) 건녕(建寧)[135] 4년, 하동(河東)에서 땅이 갈라졌다. 12곳이 갈라졌는데 합한 길이는 10리(里) 170보(步)이고 넓이는 30여 보(步)였으며, 깊이는 바닥이 보이지 않았다.

靈帝建寧四年, 河東地裂. 十二處裂, 各[136]長十里百七十步, 廣三十餘步, 深不見底.[137]

진(晉) 태강(太康)[138] 8년 7월에, 큰비가 내려 궁

123. 《신당서(新唐書)·오행지(五行志)》
124. 정원(貞元): 당(唐) 덕종(德宗)의 연호(785-805)이다.
125. 《신당서(新唐書)·오행지(五行志)》의 내용을 재구성한 것이다.
126. 경력(慶曆): 북송(北宋) 인종(仁宗)의 연호(1041-1048)이다.
127. 《송사(宋史)·오행지(五行志)》
128. 영원(永元): 후한(後漢) 화제(和帝)의 연호(89-104)이다.
129. 《후한서(後漢書)·오행지(五行志)》
130. 원초(元初): 후한(後漢) 안제(安帝)의 연호(114-119)이다.
131. 《후한서(後漢書)·오행지(五行志)》
132. 건화(建和): 후한(後漢) 환제(桓帝)의 연호(147-149)이다.
133. '三年'은, 《후한서(後漢書)·오행지(五行志)》에는 '元年'으로 되어 있다.
134. 《후한서(後漢書)·오행지(五行志)》의 내용을 재구성한 것이다.
135. 건녕(建寧): 후한(後漢) 영제(靈帝)의 연호(168-171)이다.
136. '各'은, 《후한서(後漢書)·오행지(五行志)》에는 '合'으로 되어 있다.

전 앞의 땅이 가라앉았다. 사방 5척(尺)이고 깊이는 몇 장(丈)이 되었는데, 안에 부서진 배가 있었다.
晉太康八年七月, 大雨, 殿前地陷. 方五尺, 深數丈, 中有破船.[139]

후위(後魏) 효정제(孝靜帝) 시절에, 서하(西河)에서 땅이 가라앉고 불이 솟았다. 경방(京房)의 《역점(易占)》에 이르기를, "땅이 저절로 가라앉으면, 그 나라의 임금이 죽는다"라고 하였다.
後魏孝靜帝時, 西河地陷, 有火出. 京房易占曰, 地自陷, 其君亡.[140]

영가(永嘉)[141] 원년(元年), 낙양(洛陽)에서 땅이 가라앉고 회백색의 거위가 나왔다.
永嘉元年, 洛陽地陷, 有蒼白鵝出.[142]

산이 무너지다[산붕(山崩)] 진(晉) 무제(武帝) 태시(泰始)[143] 4년에, 태산(泰山)이 3리(里)가 무너졌다. 《역전(易傳)》에 이르기를, "위에서부터 내려오는 것을 붕(崩)이라 한다. 태산(泰山)의 돌이 쏟아져 내려오면, 임금이 포로가 된다"라고 하였다. 회제(懷帝)와 민제(愍帝)가 모두 오랑캐의 조정에서 모욕을 당했으니, 이것이 그 보응이다.
晉武帝泰始四年, 泰山崩墜三里. 易傳曰, 自上下者, 爲崩. 泰山之石, 顚而下, 人君虜. 懷·愍俱辱虜庭, 此其應也.[144]

정관(貞觀)[145] 8년, 농우(隴右)에서 산이 무너졌다. 산이라는 것은 높고 험한 것으로, (산이 무너지는 것은) 위로부터 무너지는 것을 상징한다.
貞觀八年, 隴右山摧. 山者, 高峻, 自上而隕之象也.[146]

수공(垂拱)[147] 2년, 옹주(雍州) 신풍현(新豐縣)에 크게 바람이 불고 비가 내리면서 천둥과 번개가 쳤다. 산이 솟아올랐는데 높이가 20장이 되었고, 연못이 생겼는데 넓이가 300무(畝)가 되었다. 연못 가운데에 용(龍), 봉(鳳)의 형상과 벼, 보리의 기이함이 있자, 측천무후(測天武后)가 아름다운 징조로 여겨 '경산(慶山)'이라 이름을 붙였다. 형주(荊州) 사람인 유문준(兪文俊)이 아뢰기를, "하늘의 기운이 조화롭지 못하면 추위와 더위가 틈이 생기고, 사람의 기운이 조화롭지 못하면 혹과 사마귀가 나며, 땅의 기운이 조화롭지 못하면 언덕이 솟는 것입니다. 지금 폐하는 여제로서 양(陽)의 자리에 계시니, 강(剛)과 유(柔)를 뒤바꾼 것입니다. 그래서 땅의 기운이 틈이 생기고 막힌 것입니다. 산이 변하여 재앙이 될 것인데, 폐하께서 경산(慶山)이라 하시니, 제가 보기에는 경사가 아니라고 생각합니다"라고 하였다. 무후(武后)가 화가 나서 영남(嶺南)에 유배시켰다.
垂拱二年, 雍州新豐縣, 大風雨·震電. 有山湧出, 高一[148]十丈, 有池, 周三百畝. 池中, 有龍鳳之形, 禾麥之異, 武后以爲休應, 名曰慶山. 荊州人兪文俊, 上言, 天氣不和, 而寒暑隔, 人氣不和, 而贅疣生, 地氣不和, 而堆阜出. 今陛下, 以女主居陽位, 反易剛柔. 故地氣隔塞. 山變爲災, 陛下以爲慶山, 臣以爲非慶也. 后怒,

137. 《후한서(後漢書)·오행지(五行志)》
138. 태강(太康): 진(晉) 무제(武帝)의 연호(280-289)이다.
139. 《진서(晉書)·오행지(五行志)》
140. 《수서(隋書)·오행지(五行志)》의 내용을 재구성한 것이다.
141. 영가(永嘉): 진(晉) 회제(懷帝)의 연호(307-313)이다.
142. 《문헌통고(文獻通考)·물이고(物異考)》
143. 태시(泰始): 진(晉) 무제(武帝)의 연호(265-274)이다.
144. 《진서(晉書)·오행지(五行志)》의 내용을 재구성한 것이다.
145. 정관(貞觀): 당(唐) 태종(太宗)의 연호(627-649)이다.
146. 《신당서(新唐書)·오행지(五行志)》
147. 수공(垂拱): 당(唐) 예종(睿宗)의 연호(685-688)이다.
148. '一'은, 《신당서(新唐書)·오행지(五行志)》에는 '二'로 되어 있다.

流于嶺南.[149]

개원(開元)[150] 17년, 남전산(藍田山)이 무너져 100여 보(步)가 갈라졌는데, 기내(畿內)의 산이다. 점을 치니, "임금의 덕이 없어지고 정사가 변하면 그렇다"라고 하였다. 천보(天寶)[151] 11년, 여와묘(女媧墓)가 큰비가 오고 어두워지면서 있던 곳에서 사라졌다. 건원(乾元)[152] 2년에 이르러 황하 가에 사는 사람이 바람과 우렛소리가 나는 것을 들었는데, 새벽에 보니 그 묘(墓)가 솟아나와 있었다. 아래에는 큰 돌이 있고 위에는 두 그루의 버드나무가 있는데, 각각의 길이는 1장(丈) 남짓 하였다. 당시에 이를 '풍릉퇴(風陵堆)'라 하였다. 점을 치니, "무덤이 저절로 옮겨 가면 천하가 무너진다"라고 하였다.

開元十七年, 藍田山摧, 裂百餘步, 畿內山也. 占曰, 人君, 德消政易, 則然. 天寶十一載, 女媧墓, 因大雨晦冥, 失所在. 至乾元二年, 瀕河人, 聞有風雷, 曉見其墓湧出. 下有巨石, 上有雙柳, 各長丈餘. 時號風陵堆. 占曰, 塚墓自移, 天下破.[153]

송(宋) 경원(慶元)[154] 2년, 태주(台州) 황석현(黃石縣)에서 산이 저절로 50리(里) 남짓 옮겨 갔는데, 소리가 우레 치는 것 같았다. 초목(草木)과 무덤들도 모두 전과 같았고, 산이 있던 자리는 연못이 되었다. 당시에 임해현(臨海縣)의 청담산(淸潭山)도 저절로 옮겨 갔다. 《신당서(新唐書)·오행지(五行志)》에 이르기를, "산이 옮겨 가는 것은 임금이 도를 따르지 않고 복록이 공실(公室)을 떠났으며, 상벌(賞罰)이 임금으로부터 말미암지 않고 아첨하는 사람이 정사를 주관하기 때문이다"라고 하였다. 이것은 한탁주(韓侂胄)가 조정을 제멋대로 한 보응이다.

宋慶元二年, 台州黃石縣, 有山自徙五十里餘, 聲如雷. 草木·塚墓, 皆如初, 而故址爲淵潭. 時臨海縣淸潭山, 亦自移. 唐志曰, 山徙者, 君不用道, 祿去公室, 賞罰不由君, 佞[155]人執政也. 此韓侂胄擅朝之應.[156]

희령(熙寧)[157] 원년(元年), 담주(潭州)에서 산이 갈라졌는데 쌀 10만 곡(斛)이 나왔다. 불을 때서 밥을 하니 비린내가 나서 먹을 수가 없었다. 도성에 가지고 왔는데 진짜 쌀이었다. 다만 색이 숯처럼 검었다.

熙寧元年, 潭州, 山裂, 出米十萬斛. 炊之成飯, 而腥不可食. 至京師, 信米也. 但色黑如炭.[158]

산 山

• 양예(楊乂)의 《주역괘서론(周易卦序論)》[159]의 기록이다. 험준하며 멈춰 있는 것은 산이고, 험준하며 움직이는 것이 산이다. 움직이는 것과 고요한 것이 모두 험준함을 덮어쓰고 있기 때문에 산이라 한다.

楊文[160]易卦序. 險而止, 山也, 險而動, 山也. 動靜

149. 《신당서(新唐書)·오행지(五行志)》의 내용을 재구성한 것이다.
150. 개원(開元): 당(唐) 현종(玄宗)의 연호(713-741)이다.
151. 천보(天寶): 당(唐) 현종(玄宗)의 연호(742-756)이다.
152. 건원(乾元): 당(唐) 숙종(肅宗)의 연호(758-760)이다.
153. 《신당서(新唐書)·오행지(五行志)》의 내용을 재구성한 것이다.
154. 경원(慶元): 남송(南宋) 영종(寧宗)의 연호(1195-1200)이다.
155. '侫'는, 《신당서(新唐書)·오행지(五行志)》에는 '佞'으로 되어 있다.
156. 《문헌통고(文獻通考)·물이고(物異考)》의 내용을 재구성한 것이다.
157. 희령(熙寧): 북송(北宋) 신종(神宗)의 연호(1068-1077)이다.
158. 《송사(宋史)·오행지(五行志)》의 내용을 재구성한 것이다.
159. 《주역괘서론(周易卦序論)》: 진(晉) 양예(楊乂)의 저술이다(《수서(隋書)·경적지(經籍志)》).

皆蒙險, 故曰山.[161]

- 《춘추설제사(春秋說題辭)》의 기록이다. 산의 말뜻은 '펴는 것[선(宣)]'이다. 윤택함을 머금고 기운을 펴며, 온갖 신(神)들을 조정한다.

  春秋說題辭. 山之爲言, 宣也. 含澤布氣調百神也.[162]

- 〈선장변(仙掌辨)〉[163]의 기록이다. 산의 모양이 날카로우면서 솟은 것은 '호아(虎牙)'라 하고, 뾰족하면서 등진 것은 '웅이(熊耳)'라 하며, 각 지고 가파른 것은 '오수(午首)'라 하고, 갓이 있으며 험한 것은 '계두(鷄頭)'라 한다.

  仙掌辨. 山形, 銳而出者, 爲虎牙, 尖而背者, 爲熊耳, 角而巘者, 爲午首, 冠而峭者, 爲鷄頭.[164]

- 왕자(王子) 진(晉)[165]이 말하였다. 옛날에 백성을 다스리던 이들은 산을 무너뜨리지 않았습니다. 산은 흙이 모인 것이기 때문입니다.

  王子[166]晉曰. 古之長民者, 不墮山. 山, 土之聚也.[167]

- 《순자(荀子)》의 기록이다. 흙이 쌓여 산이 이루어지면, 비바람이 거기에서 일어난다.

  荀子. 積土成山, 風雨興焉.[168]

- 《석명(釋名)》의 기록이다. 산(山)은 '생산함[산(産)]'이다. 만물을 생산한다.

  釋名. 山, 産也. 産萬物也.[169]

- 《이아(爾雅)》의 기록이다. 산의 정상(頂上)을 '총(冢)'이라 하는데, 또한 '전(巓)'이라고도 하며, '초(椒)'라고도 한다. 산의 등성이를 '강(岡)'이라 한다. 산이 크면서 높은 것을 '숭(嵩)'이라 하고, 작으면서 높은 것을 '잠(岑)'이라 하며, 날카로우면서 높은 것을 '교(嶠)'라 하고, 낮으면서 큰 것을 '호(扈)'라 한다. 작으면서 많은 것을 '귀(巋)'라 하고, 위가 크고 아래가 작은 것을 '헌(巘)'이라 한다. 산에 초목이 있는 것을 '호(岵)'라 하고, 초목이 없는 것을 '해(峐)'라 한다. 돌 위에 흙이 있는 것을 '저(岨)'라 하고, 흙 위에 돌이 있는 것을 '최외(崔嵬)'라 한다. 산의 동쪽을 '조양(朝陽)'이라 하고, 산의 서쪽을 '석양(夕陽)'이라 한다. 산의 발치를 '록(麓)'이라 하고, 산의 구멍을 '수(岫)'라 한다. 산의 주변을 '애(崖)'라 하고, 산이 솟아오른 것을 '봉(峯)'이라 하고, 산모퉁이가 높은 것을 '절(岊)'이라 하며, 산비탈을 '판(坂)'이라 한다. 산이 가운데가 잘려 있는 것을 '형(陘)'이라 하고, 산이 이어져 있는 것을 '역(嶧)'이라 하며, 좁으면서 높은 것을 '만(巒)'이라고 한다. 흙산을 '부(阜)'라 하고, 구부러진 흙산을 '아(阿)'라 하며, 큰 흙산을 '릉(陵)'이라 하고, 작은 릉을 '구(丘)'라고 한다. 산의 정령(精靈)을 '기(夔)'라 하는데, 또한 '운양(雲陽)'[170]이라고도 한다. 산에 제사 지내는 것을 '기(庪)'라 한다.

  爾雅. 山頂曰冢, 亦曰巓, 亦日椒. 山脊曰岡. 山大而高曰嵩, 小而高曰岑, 銳而高曰嶠, 卑而大曰扈. 小

---

160. '文'은, 《수서(隋書) · 경적지(經籍志)》에는 '乂'로 되어 있다.
161. 《태평어람(太平御覽) · 지부(地部)》
162. 《고미서(古微書) · 춘추설제사(春秋說題辭)》
163. 〈선장변(仙掌辨)〉: 당(唐) 왕애(王涯: ?-835)의 글이다.
164. 《산당사고(山堂肆考) · 지리(地理)》
165. 진(晉): 동주(東周) 제11대 천자인 영왕(靈王)의 태자였으나, 일찍 죽어 즉위하지 못했다.
166. '王子'는, 《국어(國語) · 주어(周語)》에는 '太子'로 되어 있다.
167. 《국어(國語) · 주어(周語)》에 "靈王二十二年, 穀洛鬭, 將毁王宮, 王欲壅之. 太子晉諫曰, 不可. 晉聞, 古之長民者, 不墮山, 不崇藪, 不防川, 不竇澤. 夫山, 土之聚也. 藪, 物之歸也. 川, 氣之導也. 澤, 水之鍾也"라고 한 것을 재구성한 것이다.
168. 《순자(荀子) · 권학(勸學)》
169. 《석명(釋名) · 석산(釋山)》
170. 운양(雲陽): 《포박자(抱朴子) · 등척(登陟)》에서는, 운양(雲陽)을 나무의 정령(精靈)이라 하였다("山中有大樹, 有能語者, 非樹能語也. 其精名曰, 雲陽, 呼之則吉").

而衆曰巋, 上大下小曰巘. 山有草木曰岵, 無草木曰峐. 石戴土曰岨, 土戴石曰崔嵬. 山東曰朝陽, 山西曰夕陽. 山足曰麓, 山穴曰岫. 山邊曰崖, 上秀者曰峯, 陬隅高曰岊, 山坡曰坂. 山中絶曰陘, 山屬曰嶧, 狹而高曰巒. 土山曰阜, 曲阜曰阿, 大阜曰陵, 小陵曰丘. 山精曰夔, 亦曰雲陽. 祭山曰庪.171

- 곽희(郭熙)172가 말하기를, "봄 산은 담백하게 꾸민 것이 웃는 것 같고, 여름 산은 푸른빛이 물방울지는 듯하며, 가을 산은 밝고 맑기가 화장한 듯하고, 겨울 산은 애처로워 자는 듯하다"라고 하였다.

  郭熙曰, 春山淡冶如笑, 夏山蒼翠如滴, 秋山明淨如粧, 冬山慘淡如睡.173

- 공씨(鞏氏)174《이목지(耳目志)》의 기록이다. 바닷가의 산은 희미하여 사라졌다가 나타났다 하고, 강가의 산은 험준하여 깎아지른 듯하며, 계곡의 산은 고요하여 심원하고, 변방의 산은 부드럽게 솟아 언덕을 이룬다.

  鞏氏耳目志. 海山微茫而隱見, 江山嚴厲而峭卓, 溪山窈窕而幽深, 塞山童穎而堆阜.175

- 《설원(說苑)》의 기록이다. 어진 사람은 어째서 산을 좋아하는가. 산이라는 것은 만물이 우러러보는 것으로, 초목이 거기에서 나고, 뭇 존재가 거기에서 존립하며, 새들이 거기에 모이고, 짐승들이 거기에서 쉰다. 귀중한 자원이 거기에서 자라고, 이인(異人)들이 거기에서 쉰다. 많은 것들을 기르면서 지치지 않고, 사방에서 서로 취해 가도 제한하지 않는다. 구름을 내고 바람을 안내하면서 천지간에 우뚝 솟아 있다. 천지는 이것으로 완성되고, 국가는 이것으로 편안하니, 어진 사람, 뜻 있는 선비와 비슷한 점이 있다. 이것이 어진 사람이 산을 좋아하는 까닭이다.

  說苑. 仁者, 何以樂山. 山者, 萬物之所瞻仰, 草木生焉, 衆物立焉, 飛禽萃焉, 走獸休焉, 寶藏殖焉, 奇夫息焉. 育群物而不倦焉, 四方竝取而不限焉. 出雲導風, 嵸乎天地之間. 天地以成, 國家以寧, 有似夫仁人·志士. 是仁者所以樂山也.176

- 공자가 이르기를, "산이란 재물을 내면서도 사사로이 작위하지 않고, 사방에서 모두 베어 가도 사사로이 주지는 않으며, 구름과 비를 내어 천지간에 통하게 한다. 만물은 이것으로 완성되고, 백성들은 이것으로 누린다. 이것이 어진 사람이 산을 좋아하는 까닭이다"라고 하였다.

  孔子曰, 夫山生材用, 無私爲焉, 四方皆伐, 無私與焉, 出雲雨, 以通乎天地之間. 萬物以成, 百姓以饗, 此仁者之樂乎山也.177

- 《관자(管子)》의 기록이다. 무릇 천하의 명산은 5,370개인데, 철(鐵)이 나는 산은 3,609개이다. 위에 단사(丹砂)가 있으면 아래에 황금(黃金)이 있고, 위에 자석(磁石)이 있으면 아래에 구리가 있으며, 위에 녹색 돌이 있으면 아래에 연석(鉛錫)이 있고, 위에 붉은 흙이 있으면 아래에 철(鐵)이 있다.

  管子. 凡天下名山, 五千三百七十, 出鐵之山, 三千六百有九. 上有丹砂, 下有黃金, 上有磁石, 下有銅金, 上有綠石, 下有鉛錫, 上有赭, 下有鐵.178

171. 《이아(爾雅)·석산(釋山)》의 내용과 그 주소(注疏)를 조합하여 재구성한 것이다.
172. 곽희(郭熙: 1023-약 1085): 북송(北宋)시대의 화가(畵家)로, 자는 순부(淳夫)이다. 어화원예학(御畵院藝學)을 지냈는데, 특히 산수화(山水畵)에 뛰어났다. 많은 작품과 화론(畵論)을 남겼다.
173. 《산당사고(山堂肆考)·지리(地理)》
174. 공씨(鞏氏): 주자(朱子)의 문인(門人)인 공풍(鞏豊)이다.
175. 《산당사고(山堂肆考)·지리(地理)》
176. 《설원(說苑)·잡언(雜言)》의 내용을 재구성한 것이다.
177. 《상서대전(尚書大傳)·하서(夏書)》의 내용을 재구성한 것이다.
178. 《관자(管子)·지수(地數)》의 내용을 재구성한 것이다.

• 《유양잡조(酉陽雜俎)》의 기록이다. 산 위에 파[총(蔥)]가 있으면 아래에 은(銀)이 있고, 산 위에 염교가 있으면 아래에 금(金)이 있다. 산 위에 생강이 있으면 아래에 구리와 주석이 있고, 산 위에 귀한 옥이 있으면 나무의 곁가지가 모두 아래로 드리워진다.

雜俎. 山上有蔥, 下有銀, 山上有薤, 下有金. 山上有薑, 下有銅錫, 山有寶玉, 木旁枝, 皆下垂.[179]

• 《관령내전(關令內傳)》[180]의 기록이다. 500년마다 천하의 명산이 하나씩 열릴 때, 금옥(金玉)의 정기(精氣)가 솟아 나온다.

關令內傳. 八[181]百歲, 天下名山, 一開開時, 金玉之精, 涌出.[182]

• 《해록쇄사(海錄碎事)》의 기록이다. 방장(方丈)[183]산의 서북쪽에 음(陰)으로 이루어진 큰 산이 있고, 창랑주(滄浪洲)[184]의 서쪽에 양(陽)으로 이루어진 큰 산이 있다. 이 두 산은 양구(陽九)의 106역수(曆數)[185]의 표지이다. 106역수(曆數)의 운(運)이 장차 이르려 하면, 양(陽)으로 이루어진 산의 물은 마르고 음(陰)으로 이루어진 산의 물은 넘치며, 양구(陽九)의 운(運)이 장차 이르려 하면, 음(陰)으로 이루어진 산의 물은 마르고 양(陽)으로 이루어진 산의 물은 넘친다.

海錄. 方丈之西北, 有陰成大山, 滄浪之西, 有陽長大山. 此二山, 是陽九百六曆數之標揭也. 百六之運, 將至, 則陽長水竭, 陰成水架, 陽九之運, 將至, 則陰成水竭, 陽長水架.[186]

태산(泰山) 동악(東嶽)으로, 연주(兗州) 봉부현(奉符縣)에 있다. 이름을 '봉현태공동천(蓬玄太空洞天)'이라고 한다.

東嶽也, 在兗州奉符縣. 名蓬玄太空洞天.[187]

박물지(博物志)의 기록이다. 태산은 다른 이름으로 '천손(天孫)'이라 하는데, 천제(天帝)의 손자라는 말이다. 사람의 혼(魂)을 부르는 것을 주관한다. 동방(東方)은 만물이 처음으로 이루어지는 곳이라서, 사람의 목숨의 장단(長短)을 맡는다.

博物志. 泰山一名天孫, 言爲天帝孫也. 主召人魂, 東方, 萬物始成, 故知人生命之長短.[188]

《풍속통(風俗通)》의 기록이다. 다른 이름으로 '대종(岱宗)'이라 하는데, 대(岱)는 '시작[시(始)]'이고, 종(宗)은 '으뜸[장(長)]'이다. 만물의 시작으로 음양(陰陽)이 교대된다. 그래서 오악(五岳)의 으뜸이 된다. 천자가 천명을 받으면 항상 이곳에 봉선(封禪)을 한다.

風俗通. 一曰岱宗, 岱, 始也, 宗, 長也. 萬物之始, 陰

179. 《유양잡조(酉陽雜俎)·광동식(廣動植)》

180. 《관령내전(關令內傳)》: 《수서(隋書)·경적지(經籍志)》에, "關令內傳一卷, 鬼谷先生撰"이라고 하였다.

181. '八'은, 《태평어람(太平御覽)·지부(地部)》, 《천중기(天中記)·산(山)》 등에는 모두 '五'로 되어 있다.

182. 《태평어람(太平御覽)·지부(地部)》

183. 방장(方丈): 고대(古代) 전설(傳說)에 보이는, 바다에 있다는 삼신산(三神山) 가운데 하나이다.[《사기(史記)·진시황본기(秦始皇本紀)》, "齊人徐市等上書, 言海中有三神山, 名曰, 蓬萊, 方丈, 瀛洲."]

184. 창랑주(滄浪洲): 고대(古代) 전설(傳說)에 보이는, 신선(神仙)들이 사는 바다의 섬이다.

185. 양구(陽九)의 106역수(曆數): 고대(古代)의 술수가(术数家)들이 제시한 이론이다. 4,617년이 1원(元)인데, 처음 원(元)이 시작된 뒤로 106년 동안 가뭄이 9년 있다. 이것이 '양구(陽九)'이다. 다음에 '음구(阴九)', '음칠(阴七)', '양칠(阳七)', '음오(阴五)', '양오(阳五)', '음삼(阴三)', '양삼(阳三)'으로 이어진다. '양(阳)'은 가뭄이고, 음(阴)은 홍수이다.[《한서(漢書)·율력지(律历志)》, "易九戹曰, 初入元, 百六, 陽九. 次三百七十四, 陰九. 次四百八十, 陽九. 次七百二十, 陰七. 次七百二十, 陽七. 次六百, 陰五. 次六百, 陽五. 次四百八十, 陰三. 次四百八十, 陽三. 凡四千六百一十七歲, 與一元終. 經歲四千五百六十, 災歲五十七."]

186. 송(宋) 섭정규(葉庭珪), 《해록쇄사(海錄碎事)·지부(地部)》

187. 《산당사고(山堂肆考)·지리(地理)》

188. 《박물지(博物志)·지(地)》

陽交代. 故爲五岳長. 王者受命, 恒封禪之.[189]

《백호통(白虎通)》의 기록이다. 천자가 천명을 받으면 반드시 봉선(封禪)을 한다. 봉(封)이라는 것은 '높은 것을 더하는 것'이다. 선(禪)이라는 것은 '두터운 곳을 넓히는 것'이다. 모두 돌을 새겨 호칭을 기록하는데, 자기의 공적을 밝혀 스스로를 드러내는 것이다. 하늘은 높은 것을 존귀함으로 여기고, 땅은 두터운 것을 덕으로 여긴다. 그래서 태산(泰山)의 높은 것을 더하여 하늘에 보고하고, 양보(梁父)의 터를 넓게 깎아 땅에 보고하는 것이다.

白虎通. 王者受命, 必封禪. 封者, 增高也, 禪者, 廣厚也. 皆刻石紀號, 著己之功績, 以自效也. 天以高爲尊, 地以厚爲德, 故增泰山之高, 以報天, 禪梁父之阯, 以報地.[190]

구름이 천문(天門)에서 궁궐의 모습을 하다[운궐천문(雲闕天門)] 후한(後漢) 광무제(光武帝)가 태산(泰山)에 봉선을 하자, 구름이 궁궐의 모습을 이루었다.

漢光武, 封泰山, 雲氣成宮闕.[191]

《한관의(漢官儀)》의 기록이다. 태산(泰山)의 굽이진 길은 돌면서 오르는데, 모두 50여 차례 굽이진다. 소천문(小天門)과 대천문(大天門)을 지나 천문(天門)을 올려다보면, 마치 굴 속에서 하늘의 창을 보는 것 같다. 산 정상의 서쪽 바위가 선인석려(仙人石閭)이고, 동쪽 바위가 개구(介丘)이다. 동남쪽 바위는 이름이 일관(日觀)이다. 또 동남쪽을 진관(秦觀)이라 이르는데, 진관(秦觀)이라는 것은 멀리 장안(長安)을 바라본다는 것이다.

漢官儀. 泰山盤道, 屈曲而上, 凡五十餘盤. 經小天門·大天門, 仰視天門, 如從穴中, 視天牕. 山頂西巖, 爲仙人石閭, 東巖爲介丘, 東南巖名日觀, 又東南名秦觀, 秦門[192]者, 望見長安.[193]

진(秦)의 소나무와 한(漢)의 측백나무[진송한백(秦松漢栢)] 《태산기(泰山記)》의 기록이다. 진시황(秦始皇)이 태산에 올라 소나무를 오대부(五大夫)[관직명이다]에 봉했다.[194] 태산의 남쪽에 사당이 있는데, 측백나무 천 그루가 심어져 있다. 큰 것은 15·6아름이 되는데, 전해지는 말로는, 한(漢) 무제(武帝)가 심은 것이라고 한다.

泰山記. 始皇上泰山, 封松爲五大夫.〈官名〉 泰山南有廟, 種栢樹千株. 大者, 十五六圍, 相傳云, 漢武所種.[195]

문서를 살피다[탐책(探策)] 《풍속통(風俗通)》의 기록이다. 대종(岱宗)의 위에는 금 상자에 옥으로 된 문서가 있는데, 사람의 수명의 장단(長短)을 알 수 있었다. 한(漢) 무제(武帝)가 문서를 살피다가, 18을 그대로 뒤집어서 80으로 읽었다. 그 뒤에 과연 80세까지 장수하였다.

風俗通. 岱宗上, 有金篋玉策, 能知人壽脩短. 漢武探策, 十八因倒讀曰八十. 其後, 果壽長八十.[196]

산 아래의 누런 환약[산하황환(山下黃丸)] 《열선전(列仙傳)》의 기록이다. 최문자(崔文子)는 태산의 산인(山人)이었다. 산 아래에서 숨어 살면서 누런 환약을 만들어서 팔았다. 전염병에 걸린 자가 이 약을

189. 《풍속통(風俗通)·오악(五嶽)》의 내용을 재구성한 것이다.
190. 《백호통(白虎通)·봉선(封禪)》의 내용을 재구성한 것이다.
191. 《산당사고(山堂肆考)·지리(地理)》
192. '門'은, 《태평어람(太平御覽)·지부(地部)》, 《산당사고(山堂肆考)·지리(地理)》 등에는 모두 '觀'으로 되어 있다.
193. 《태평어람(太平御覽)·지부(地部)》
194. 《산당사고(山堂肆考)·지리(地理)》에, "泰山記, 秦始皇上泰山, 風雨暴至, 休於松樹下, 封松爲五大夫. 按五大夫, 官名"이라고 하였다.
195. 《산당사고(山堂肆考)·지리(地理)》
196. 《풍속통의(風俗通義)·정실(正失)》에, "俗說, 岱宗上, 有金篋玉策, 能知人年壽修短. 武帝探策, 得十八, 因讀曰, 八十. 其後, 果用耆長"이라고 하였다.

먹으면 바로 나았다.

列仙傳. 崔文子, 泰山山人. 潛居山下, 作黃丸賣藥. 有疫氣者, 飮藥卽愈.[197]

거문고를 안고 와서 배알하다[옹금이배(擁琴而拜)] 《열선전(列仙傳)》의 기록이다. 직구군(稷丘君)이라는 사람은 태산 아래에 사는 도사였다. 한(漢) 무제(武帝)가 동쪽으로 태산을 순수하자 거문고를 안고 와서 배알하였다.

列仙傳. 稷丘君者, 泰山下道士. 漢武東巡泰山, 乃擁琴而拜.[198]

돌을 파서 솥으로 삼다[착석위부(鑿石爲釜)] 《전진록(前秦錄)》의 기록이다. 처사 장충(張忠)은 태산에 은거하였다. 돌 밑에 살고 계곡 물을 마시며, 도인(導引), 양생(養生)의 도를 닦았는데, 돌을 파서 솥으로 삼았다.

前秦錄. 處士張忠, 隱於泰山. 巖棲谷飮, 修導養之法, 鑿石爲釜.[199]

머리에서 흰빛이 나오다[두생백광(頭生白光)] 《신선전(神仙傳)》의 기록이다. 태산 아래에 한 노인이 있었는데, 그 성씨와 이름은 전해지지 않는다. 한(漢) 무제(武帝)가 동쪽으로 순수할 때, 노인이 길가에서 김을 매는데 머리에서 흰빛이 나오는 것이 보였다.

神仙傳. 泰山下有老父者, 失其姓名. 漢武東遊, 見老父鉏于道間, 頭上生白光.[200]

삼궁동천(三宮洞天) 《모군내전(茅君內傳)》의 기록이다. 선가(仙家)에는 모두 36동천(洞天)[201]이 있는데, 대종(岱宗)의 동천은 둘레가 3,000리(里)이고, 이름을 '삼궁공동지천(三宮空洞之天)'이라 한다.

茅君內傳. 仙家, 凡有三十六洞天, 岱宗之洞, 周圍三千里, 名曰三宮空洞之天.[202]

금으로 된 침상과 옥으로 된 안석[금상옥궤(金床玉几)] 마명(馬明)이라는 사람은 제(齊)나라 임치(臨淄) 사람이다. 본래 성(姓)은 화(和)씨였고 자(字)는 군현(君賢)인데, 현(縣)의 아전이 되어 도적을 잡다가 상해를 당하였다. 당시에 거의 죽게 되었는데, 한참이 지나 홀연 길에서 한 여인을 만났다. 팔꿈치 뒤에서 대롱 속에 든 팥만한 크기의 환약(丸藥)을 꺼내 그에게 주면서 먹도록 하였다. 이에 바로 치유되어 피가 멎고 상처가 아물었다. 신녀(神女)를 따라 대종(岱宗)으로 들어갔는데, 집이 위아래로 절벽이고 중첩된 바위에 깊이 감춰져 있는 것이, 땅에서 1,000여 장(丈)이나 떨어져 있었다. 그 안에 금으로 된 침상과 옥으로 된 안석이 있는데, 사람의 발자취가 이를 수 없는 곳이었다.

馬明[203]者, 齊國臨淄人也. 本姓和, 字君賢, 爲縣吏, 捕賊爲所傷. 當時殆死, 良久忽於道間, 見一女. 以肘後管中一丸藥, 大如小豆, 與明服之. 於是卽愈, 血絶瘡合. 隨神女, 還岱宗, 室中上下懸絶, 重巖深隱, 去地千餘丈. 其中, 金床玉几, 乃人跡所不能至.[204]

화산(華山) 서악(西嶽)으로, 화주(華州) 화음현(華陰縣)에 있다. 이름을 '태극총선동천(太極總仙洞天)'이라 한다. 산의 높이는 5,000인(仞)이고, 부용(芙蓉), 명성(明星), 옥녀(玉女)의 세 봉우리와, 창룡령

197. 《열선전(列仙傳)·최문자(崔文子)》의 내용을 재구성한 것이다.
198. 《열선전(列仙傳)·직구군(稷丘君)》의 내용을 재구성한 것이다.
199. 《진서(晉書)·은일전(隱逸傳)》의 내용을 재구성한 것이다.
200. 《신선전(神仙傳)·태산노부(太山老父)》
201. 36동천(洞天): 도가(道家)에서 말하는, 신선(神仙)들이 사는 인간세계의 명산(名山) 36곳을 가리킨다. 남조(南朝) 양(梁) 임방(任昉)의 《술이기(術異記)》 권하에, "人間三十六洞天, 知名者十耳. 餘二十六天, 出《九微志》, 不行於世也"라고 하였다.
202. 《산당사고(山堂肆考)·지리(地理)》
203. '馬明'은, 《운급칠첨(雲笈七籤)·마명생진인전(馬明生真人傳)》에는 '馬明生'으로 되어 있다.
204. 《운급칠첨(雲笈七籤)·마명생진인전(馬明生真人傳)》의 내용을 재구성한 것이다.

(蒼龍嶺), 흑룡담(黑龍潭), 백련지(百蓮池), 일월애(日月崖), 그리고 선장(仙掌), 석월(石月) 등의 승지(勝地)가 있다. 연못에는 천 잎의 연꽃이 자라는데, 이것을 먹으면 신선이 된다. 이 때문에 화산(華山)이라 한다.

西嶽也, 在華州華陰縣. 名太極総仙洞天. 山高, 五千仞, 有芙蓉·明星·玉女三峯, 蒼龍嶺·黑龍潭·百蓮池·日月崖, 及仙掌·石月之勝. 池生千葉蓮花, 服之羽化. 因曰華山.205

화산(華山)은 하동(河東)의 수양산(首陽山)을 마주 대해 있고, 황하(黃河)가 두 산 사이를 흐른다. 옛말에 이르기를, "이들은 본디 하나의 산으로 황하를 대하고 있었으며, 황하가 그것을 지나면서 굽이져 흘렀다. 황하의 신인 거령(巨靈)206이 손으로 쪼개어 그 윗부분을 가르고, 발로 밟아 그 아랫부분을 나눔으로써, 가운데가 나뉘어 둘이 되었고 황하의 물길을 통하게 하였다"라고 하였다.

華山, 對河東首陽山, 黃河, 流於二山之間. 古語云, 此本一山當河, 河水過之, 而曲行. 河神巨靈, 以手擘開其上, 以足蹈離其下, 中分爲兩, 以通河流.207

화산에는 세 봉우리가 있어 위로 삼광(三光)208과 연결되어 있고, 가운데에는 돌 연못이 28곳이 있어 위로 28수(宿)에 대응한다.

華山有三峯, 上接三光, 中有石池二十八所, 上應二十八宿.209

화산은 고문(古文)에서 말한 돈물산(敦物山)이다.

華山, 古文之敦物山也.210

명성(明星)과 옥녀(玉女)라는 이들은 화산에 살면서 옥장(玉漿)211을 마시고 대낮에 하늘로 올랐다. 사당 앞에는 5개의 돌절구가 있는데, '옥녀(玉女)가 머리를 감던 대야[옥녀세두분(玉女洗頭盆)]'라 부른다. 사당 안에는 옥녀마(玉女馬) 한 필이 있는데, 그 말은 보통 말과 다르다. 밤에 우는 소리가 들리고, 정상에서 은자들이 항상 그것을 보았다.《산지(山志)》

明星玉女者, 居華山, 服玉漿, 白日昇天. 祠前有五石臼, 號曰, 玉女洗頭盆. 祠內有玉女馬一匹, 其馬異常. 夜聞嘶噉之聲, 頂上隱者常見之.〈山志〉212

산신(山神)이 벽옥(璧玉)을 주다[산신수벽(山神授璧)] 진(秦)나라 사람 정객(鄭客)이, 진시황의 사신이 되어 관동(關東)에서 출발하여 화음(華陰)에 이르렀는데, 멀리에 흰 수레와 흰말이 산 위에서 내려오는 것이 보였다. 그것이 사람의 것이 아님을 알고 멈추어 기다리니, 이윽고 벽옥(璧玉)을 정객에게 주면서 말하기를, "올해에 조룡(祖龍)213이 죽을 것이다"라고 하였다. 정객이 그 까닭을 물었으나 갑자기 보이지 않았다.

秦人鄭客, 爲始皇使, 從關東來, 至華陰, 望見素車·白馬, 從山上下. 知其非人, 止而待之, 遂持璧與鄭客, 曰, 今年, 祖龍死. 鄭客問其故, 忽不見.214

사냥꾼이 여인을 만나다[엽사견녀(獵師見女)] 《열선전(列仙傳)》의 기록이다. 털이 난 여인[모녀(毛女)]이 화음(華陰)의 산중에 있어, 산 사람[산객(山客)]이나 사냥꾼이 시대마다 만났는데, 몸에 털이

205.《산당사고(山堂肆考)·지리(地理)》의 내용을 재구성한 것이다.
206. 거령(巨靈): 고대(古代)의 신화(神話)에 등장하는 하수(河水)의 신의 이름이다.
207.《태평어람(太平御覽)·지부(地部)》
208. 삼광(三光): 해, 달, 별을 가리킨다.
209.《천중기(天中記)·화산(華山)》
210.《천중기(天中記)·화산(華山)》
211. 옥장(玉漿): 고대(古代)의 신화(神話)에 나오는, 신선들이 마시는 음료를 일컫는다.
212.《천중기(天中記)·화산(華山)》의 내용을 재구성한 것이다.
213. 조룡(祖龍): 이 글에서 유래하여 진시황(秦始皇)을 가리키는 말인데, 후에는 일반적으로 제왕(帝王)을 가리킨다.
214.《사기(史記)·진시황본기(秦始皇本紀)》의 내용을 재구성한 것이다.

나 있었다. 스스로 말하기를, 진시황(秦始皇)의 궁녀였다고 하였다.

列仙傳. 毛女在華陰山中, 山客·獵師, 世世見之, 體生毛. 自言, 秦始皇宮人.[215]

공중을 날며 사슴 수레를 타다[승허가록(乘虛駕鹿)] 《신선전(神仙傳)》의 기록이다. 위숙경(衛叔卿)은 항상 공중을 날며 흰 사슴 수레를 타고 다녔다. 한(漢) 무제(武帝)를 만났는데, 무제가 그를 신하로 삼으려 하자 위숙경은 말도 하지 않고 떠났다. 무제는 후회하면서 그의 아들 위도세(衛度世)를 찾아 자신의 아버지를 쫓아가게 하였다. 위도세가 화악(華嶽)에 올라서 돌 위에서 쌍륙(雙六)을 하고 있는 그의 아버지와 몇 사람을 만났는데, 위도세를 타일러 돌아가도록 하였다.

神仙傳. 衛叔卿, 常乘虛駕白鹿. 見漢武帝, 帝將臣之, 叔卿不言而去. 帝悔, 求得其子度世, 令追其父. 度世登華嶽, 見其父與數人, 博於石上, 勅度世令還.[216]

각자 띠풀로 엮은 개를 타다[각기모구(各騎茅狗)] 《열선전(列仙傳)》의 기록이다. 호자선(呼子先)이란 사람은 한중(漢中)의 관문 아래에서 점을 치는 사람이었다. 나이가 100여 살이었는데, 떠나면서 술집의 노파를 불러 서둘러 행장을 꾸리도록 하였다. 어떤 선인(仙人)이 띠풀로 엮은 개 두 개를 가지고 와서, 하나는 호자선에게 주고 하나는 술집 노파에게 주었다. 각자 그것을 올라타니, 바로 용(龍)이었고 화음산(華陰山)으로 올라갔다.

列仙傳. 呼子先者, 漢中關下卜師. 壽百餘歲, 臨去, 呼酒家嫗, 令急裝. 有仙人, 持二茅狗來, 一與子先, 一與酒嫗. 因各騎之, 乃龍也, 上華陰山.[217]

연못에 쇠로 만든 배가 있다[지유철주(池有鐵舟)] 《화산기(華山記)》의 기록이다. 왕현중(王玄仲)이 연화봉(蓮花峯)에 오르려 하면서, 절의 스님과 약속하기를, 봉우리의 정상에 오르면 연기를 피워 신호를 보내겠다고 하였다. 다음날 불을 들고 올랐고, 스님이 기다리는데 과연 연기가 올랐다. 20일을 머물고 내려왔는데, 스님이 물으니 대답하기를, "봉우리의 정상에 연못이 있는데, 연꽃이 성대히 피어 있고 그 안에는 또한 쇠로 만든 부서진 배가 있었습니다"라고 하였다.

華山記. 王玄仲, 欲登蓮花峯, 約寺僧云, 到峯頂, 當起烟爲信. 翌曰持火而登, 僧候之, 果有烟起. 留二旬乃下, 僧問之, 云, 峯頂有池, 菡萏盛開, 其中又有破鐵舟存焉.[218]

돌 북[석고(石鼓)] 《화산기(華山記)》의 기록이다. 산에 영이(靈異)로운 샘 두 곳이 있는데, 하나는 포지천(蒲池泉)이라 하고 하나는 태상천(太上泉)이라 한다. 못의 북쪽에는 돌 북이 있는데, 노인들의 전하는 말에 의하면 그 소리를 들은 자가 있었다고 한다.

華山記. 山有靈泉二所, 一名蒲池泉, 一名太上泉. 池北有石鼓, 父老相傳, 嘗有聞其鳴者.[219]

신령스런 말[신마(神馬)] 화산(華山)에서 나온 신령스런 말이 있었다. 황제가 궁내의 마구간에 두도록 하였는데, 말이 한참 만에 없어졌다. 사람을 시켜 찾게 하니 이 산의 계곡에 있는 석탑 아래에서 발견하였다. 그래서 '장마곡(藏馬谷)', '장마감(藏馬龕)'이라 이름 붙이게 되었다. 동북쪽 계곡의 돌 위에 말 발자국이 아직도 남아 있다.

有神馬, 自華山出. 帝令置內棧, 馬久不留. 令人尋之, 見在此山谷中石龕下. 故名藏馬谷·藏馬龕. 東北澗中石上, 馬跡尙存焉.[220]

215. 《열선전(列仙傳)·모녀(毛女)》
216. 《신선전(神仙傳)·위숙경(衛叔卿)》의 내용을 재구성한 것이다.
217. 《열선전(列仙傳)·호자선(呼子先)》의 내용을 재구성한 것이다.
218. 《산당사고(山堂肆考)·지리(地理)》
219. 《산당사고(山堂肆考)·지리(地理)》
220. 《천중기(天中記)·화산(華山)》

소령궁(素靈宮)의 관리[소령궁관(素靈宮官)] 마주(馬周)라는 이는 치평(茌平) 사람이다. 풍진(風塵) 세상에 빠진 채, 20년 동안을 술에 절어 살았다. 원천강(袁天綱)이 그가 장차 죽을 것을 보고, 소를 탄 노인을 따라 산에 들어가도록 하였다. 노인이 돌아보며, "너는 본디 소령궁(素靈宮)의 선관(仙官)이었다. 지금 태화(太華)의 선왕(仙王)이 너를 부르신다"라 말하고, 즉시 궁궐로 데리고 갔다. 공식적으로 그를 책망하는 자가 있었는데, 별원(別院) 안으로 들여보내니, 그곳에 (그의) 성명(姓名)이 있었다. 다섯 사람이 앞에 서 있다가 말하기를, "우리는 모두 그대의 오장(五臟)의 신입니다. 그대가 술에 빠져 방탕하면서, 몸을 더럽히고 모욕을 주어 우리는 오래전에 이곳에 돌아와 있었습니다. 그러나 눈을 감으면 장차 신령스런 집으로 돌아갈 것입니다"라고 하였다. 마주가 눈을 감으니 잠시 후에 갑자기 마음과 지혜가 밝아지는 것을 느꼈다. 아울러 지난 일들이 기억나는데, 20년이 단지 10일의 기간과 같았다. 정관(貞觀)221 연간에 거듭 큰 임무를 맡았는데, 어느날 여러 신선들이 그의 집에 내려와 말하기를, "나라를 도와 공적이 이루어졌으니, 물러날 만하다"라고 하였다. 다음날 병도 없는데 죽었다.《선전습유(仙傳拾遺)》

馬周者, 茌平人也. 汨沒風塵間, 沈湎於酒, 二十年. 袁天綱, 相其將死, 敎之隨騎牛老叟入山. 叟顧見曰, 汝本素靈宮仙官. 今太華仙王召汝. 卽引入宮闕, 有宣言責之者, 送別院中, 則姓名在焉. 五人立於前, 曰我皆先生五臟之神也. 先生酣酒流蕩, 濁辱於身, 我等久歸此矣. 但閉目, 將復於神室也. 周瞑目, 頃之, 忽覺心智明悟, 併憶前事, 二十年若旬日之間耳. 貞觀中, 累居大任, 一朝, 群仙降其室曰, 佐國功成, 可以退矣. 翌日, 無疾而終.〈仙傳拾遺〉222

머리가 흰 노인을 꿈꾸다[몽백두옹(夢白頭翁)] 배적(裴寂)223이 전에 가난하여 매번 걸어서 도성에 갔다. 화악묘(華岳廟)를 지나면서 제사를 드리고 축원하기를, "부귀를 기대할 수 있다면, 길몽(吉夢)을 내려 주십시오"라 하고는 재배(再拜)하고 떠나갔다. 밤에 꿈을 꾸는데 머리가 흰 노인이 말하기를, "30세 이후에 바야흐로 뜻을 얻을 수 있을 것이다"라고 하였다. 결국 지위를 얻어 신하로서 최고의 자리에 올랐다.

裴寂初貧, 每徒步詣京. 經華岳廟, 祭而祝曰, 若富貴可期, 當降吉夢. 再拜而去. 夜夢白頭翁謂曰, 三十已後, 方可得志. 終當位, 極人臣耳.224

관직을 알려 주기를 청하다[청고관위(請告官位)] 이정(李靖)225이 빈천으로 고생하였는데, 화산묘(華山廟)를 지나다가 신에게 하소연하였고, 또 관직으로 도달할 지위를 알려 줄 것을 청하였다. 사당 문을 나서 100여 보(步)쯤 갔을 때, 뒤에서 큰 소리로 "이복야(李僕射)는 잘 가시오"라고 하는 소리가 들렸다. 돌아보았으나 사람은 보이지 않았다.

李靖, 困於貧賤, 因過華山廟, 訴於神, 且請告以官位所至. 出廟門百許步, 聞後大聲曰, 李僕射好去. 顧之, 不見人.226

금천왕(金天王) 현종(玄宗)은 을유(乙酉)년 생이다. 화악(華岳)이 본명(本命)227에 해당한다고 여겨, 선천(先天)228 2년에 화악(華岳)의 신(神)을 금천왕

221. 정관(貞觀): 당(唐) 태종(太宗)의 연호(627-649)이다.

222. 《천중기(天中記)·화산(華山)》의 내용을 재구성한 것이다.

223. 배적(裴寂: 570-629): 당대(唐代) 사람으로, 자가 현진(玄眞)이다. 이연(李淵)과 친구로서 그에게 기병(起兵)을 권했다. 이연이 등극한 뒤에 신임을 받았고, 상서우복야(尙書右僕射), 상서좌복야(尙書左僕射) 등을 역임하였다.

224. 《구당서(舊唐書)·배적전(裴寂傳)》의 내용을 재구성한 것이다.

225. 이정(李靖: 571-649): 당대(唐代) 사람으로, 본명이 약사(藥師)이다. 이세민(李世民)의 막부에서 일하였고, 상서우복야(尙書右僕射)를 역임하였다.

226. 《천중기(天中記)·화산(華山)》

(金天王)에 봉하였다.

玄宗, 乙酉歲生. 以華岳當本命, 先天二年, 封華岳神, 爲金天王.[229]

금을 캐서 나라를 부유하게 하다[채금부국(采金富國)] 이임보(李林甫)가 이적지(李適之)에게 말하기를, "화산(華山)에는 금이 나니, 나라를 부유하게 할 수 있습니다. 그러나 폐하께서는 아직 그것을 모르고 계십니다"라고 하였다. 이적지가 조용히 황제에게 그것을 말하자, 황제는 좋아하면서 이임보에게 물었다. (이임보가) 대답하기를, "신은 그것을 안 지가 오래되었습니다. 그러나 화산은 폐하의 본명(本命)에 해당하는 산으로, 왕기(王氣)가 머무는 곳이라서 파면 안 됩니다. 그래서 감히 아뢰지 못했습니다"라고 하였다. 황제는 이임보가 자신을 아낀다고 생각하고, 이적지를 박대하였다.

李林甫謂李適之曰, 華山生金, 可以富國. 顧上未之知. 適之從容爲帝道之, 帝喜以問林甫. 對曰, 臣知之舊矣. 顧華山, 陛下本命, 王氣之舍, 不可以穿治. 故不敢以聞. 帝以林甫爲愛已, 而薄適之.[230]

산에 절하다[배산(拜山)] 동이(東夷)에 산을 잘 아는 자가 있어 오악(五嶽)을 두루 참배하면서, 한 번씩 절을 하고 물러났다. 화산(華山)을 멀리서 보고는, 관(關)의 서문(西門)에서부터 배례(拜禮)를 하면서 산 아래에 이르렀다. 7일 동안 우러러보다가 감탄하고 떠나면서 말하기를, "도성에 선비와 문물이 성한 것은, 여기에서 말미암아 초래된 것이로다"라고 하였다.《당어림(唐語林)》

東夷有識山者, 徧拜五嶽, 一拜而退. 望華山, 自關西門拜禮, 至山下. 仰望七日, 嘆咤而去, 謂京師衣冠·文物之盛, 由此而致.〈語林〉[231]

낙안봉(落雁峯)에 오르다[등락안봉(登落雁峯)] 이백(李白)이 화산의 낙안봉(落雁峯)에 올라 말하기를, "이 산의 가장 높은 곳에서, 호흡(呼吸)하는 기운이 상제(上帝)가 계신 곳과 통하기를 바란다. 한스러운 것은 사조(謝朓)[232]의, 사람을 놀라게 하는 시를 가져오지 않아, 머리를 긁적이며 하늘에 하소연하는 것이로다"라고 하였다.

李白, 登華山落雁峯曰, 此山最高, 呼吸之氣, 想通帝座矣. 恨不携謝眺驚人詩來, 搔首問天.[233]

화산(華山)에 오른 뜻[등화지(登華旨)] [심안(沈顔)의 글이다.] 일찍이 이조(李肇)의 《당국사보(唐國史補)》를 읽어 보니, 한문공(韓文公)이 화악(華嶽)의 꼭대기에 올라 그 험준함을 돌아보고, 두려워서 내려가지 못하겠다고 여겨 발광하면서 통곡을 하였고, 유서(遺書)를 남겨 영결을 하려 하였다고 한다.[234] 또한 기이(奇異)함를 좋아한 것이 지나침을 비판한 것이 이와 같다. 심안(沈顔)은 말하건대, "아! 이는 한문공의 뜻을 깨닫지 못한 것이다. 공자가 기린을 슬퍼한 것[235]은 슬퍼함이 기린에 있었던 것이 아니었고, 묵적(墨翟)이 실을 보고 울었던 것[236]은

227. 본명(本命): 태어난 해의 간지(干支)를 일컫는다.
228. 선천(先天): 당(唐) 예종(睿宗)의 연호(712-713)이다.
229. 《구당서(舊唐書)·예의지(禮儀志)》의 내용을 재구성한 것이다.
230. 《신당서(新唐書)·종실재상열전(宗室宰相列傳)》
231. 《당어림(唐語林)·기선(企羡)》의 내용을 재구성한 것이다.
232. 사조(謝朓: 464-499): 남조(南朝) 제(齊) 시절의 시인으로, 자는 현휘(玄暉)이다. 사령운(謝靈運)과 대비하여 '소사(小謝)'라고도 불리는데, 청신한 풍격의 시를 많이 썼다. 이백(李白)이 그를 매우 흠모했다고 한다.
233. 《산당사고(山堂肆考)·지리(地理)》
234. 당(唐) 이조(李肇), 《당국사보(唐國史補)》 권중(卷中)에는, "韓愈好奇, 與客登華山絶, 度不可返, 乃作遺書, 發狂慟哭, 華陰令百計取之, 乃下"라고 하였다.
235. 춘추(春秋)시대 노(魯)나라 애공(哀公) 14년에 기린(麒麟)이 잡혔는데, 공자가 슬퍼하였다. 공자는 《춘추(春秋)》를 지으면서 이 기록에서 끝냈다. 《춘추(春秋)·애공(哀公)·14년》에, "春, 西狩獲麟"이라고 하였고, 두예(杜预)의 주(注)에, "麟

울음이 실에 있었던 것이 아니었다. 또 완적(阮籍)이 막다른 길에서 수레를 놓고 번번이 통곡한 것[237]이 어찌 처음부터 이르지 못할 것을 염려해서 그랬던 것인가. 모두가 일을 빌려 당시를 풍자함으로써, 이런 것으로 뜻을 전한 것일 뿐이다. 전현(前賢)과 후현(後賢)이 도가 어찌 서로 멀겠는가. 한문공은 영화(榮華)를 좇고 지위를 탐하는 자들이, 마치 절벽에 올라 위험한데도 그치지를 못해 자신을 위태롭게 하듯이 넘어진 뒤에야 탄식하고 멈출 곳을 알지 못하는 것을 안타까워한 것이니, 어찌 미칠 수 있겠는가. 슬프다. 한문공의 뜻이 은미하여, 심안(沈顔)은 거의 알아채지 못하겠도다.

〈沈顔〉嘗讀李肇國史補, 韓文公登華嶽之巓, 顧視其險絶, 恐慄度不可下, 乃發狂慟哭, 而欲縋遺書爲訣. 且譏好奇之過也, 如是. 沈子曰, 吁. 是不論文公之旨耶. 夫仲尼之悲麟, 悲不在麟也, 墨翟之泣絲, 泣不在絲也. 且阮籍縱車於途窮, 輒慟, 豈始慮不至耶. 蓋假事諷時, 致意於此爾. 前賢·後賢, 道豈相遠. 文公憤趣榮貪位者之若陟懸崖, 險不能止, 俾至身危, 踣蹶然後嘆, 不知稅駕之所, 焉可及矣. 悲夫. 文公之旨微, 沈子幾晦乎.[238]

《은거시화(隱居詩話)》의 기록이다. 내가 한퇴지가 장철(張徹)에게 준 시를 보니, "낙읍(洛邑)에서 휴가를 얻고, 화산(華山)에서 절벽을 올랐네. 발광하여 소리치고 손짓했던 일, 훈계를 남겨 새겼던 일들이 후회되는구나"라고 하였다. (이것으로 보건대) 이조(李肇)의 기록이 믿을 만하고, 심안(沈顔)이 함부로 변론한 것임을 알겠다.

隱居詩話. 余觀退之贈張籍詩[239]云, 洛邑得休告, 華山窮絶陘. 悔狂已咋指, 垂誡仍鐫銘. 則知肇記爲信然, 沈顔爲妄辨也.[240]

숭산(嵩山) 중악(中嶽)으로, 낙양(洛陽) 왕옥현(王屋縣)에 있다. 이름을 '상제사진동천(上帝司眞洞天)'이라 한다.

中嶽也, 在洛京王屋縣. 名上帝司眞洞天.[241]

《백호통(白虎通)》의 기록이다. 중악(中岳)이 '고(高)'자와 같은 것은, 산이 사방의 중앙에 있고 높이 솟았기 때문이다. 그래서 '숭고(嵩高)'[242]라 한다.

白虎通. 中岳如高字者, 蓋山在四方之中, 而高. 故曰嵩高.[243]

《서정기(西征記)》의 기록이다. 숭산(嵩山)은 36개의 봉우리이다. 동쪽을 '태실(太室)'이라 하고, 서쪽을 '소실(少室)'이라 하는데, 서로 떨어진 것이 17리(里)이다. '숭(嵩)'은 전체의 이름이다. '실(室)'이라 이르는 것은 아래에 석실(石室)이 있기 때문이다. 소실은 높이가 860장(丈)이고, 위는 사방 10리로, 태실과 서로 비슷하지만 작을 뿐이다. 한(漢) 무제(武帝)가 일찍이 태실의 산중에 등선대(登仙臺)와 만세정(萬歲亭)을 지었다.

西征記. 嵩山, 三十六峯. 東曰太室, 西曰少室, 相去

者仁獸, 聖王之嘉瑞也. 時無明王出而遇獲, 仲尼傷周道之不興, 感嘉瑞之無應. 故因《魯春秋》而脩中興之教, 絶筆於'獲麟'之一句, 所感而作, 固所以爲終也"라고 하였다.

236. 묵적(墨翟)이 실을 염색하는 것을 보고 울었다고 한다.[묵적읍사(墨翟泣絲)] 염료에 따라 실의 색이 정해지듯이 사람의 선악도 습관에 따라 정해짐을 탄식한 것이다. 《회남자(淮南子)·설림훈(說林訓)》에, "墨子見練絲而泣之, 爲其可以黃, 可以黑"이라고 하였다.

237. 《진서(晉書)·완적전(阮籍傳)》에, "時率意獨駕, 不由徑路, 車跡所窮, 輒慟哭而反"이라고 하였다.

238. 《고금사문유취(古今事文類聚)·지리부(地理部)》

239. '贈張籍詩'는, 《임한은거시화(臨漢隱居詩話)》에는 '贈張詩'로 되어 있는데, 《전당시(全唐詩)》에 보면 시제(詩題)는 '〈答張徹〉'로 되어 있다.

240. 송(宋) 위태(魏泰), 《임한은거시화(臨漢隱居詩話)》의 내용을 재구성한 것이다.

241. 《산당사고(山堂肆考)·지리(地理)》

242. 숭고(嵩高): 숭산(嵩山)의 다른 이름이다.

243. 《태평어람(太平御覽)·지부(地部)》

十七里. 嵩, 其総名也. 謂之室者, 下有石室也. 少室, 高八百六十丈, 上方十里, 與太室相埒, 但小耳. 漢武帝, 嘗於太室山中, 作登仙臺·萬歲亭.244

산의 서북쪽에 있는 한 봉우리를 '망도정(望都亭)'이라 한다. 날씨가 맑고 따뜻하면 멀리 낙양(洛陽)이 보이는데, 희미한 것이 수레 덮개의 모습과 같다.《백공육첩(白孔六帖)》245의 기록이다. 산의 동북쪽에 있는 한 봉우리를 '계명봉(鷄鳴峯)'이라 한다. 오경(五更) 초가 되면 바로 일출(日出)이 보인다.

岳之西北一峯, 號望都亭. 天氣晴暖, 卽望見洛陽, 隱隱如車蓋之狀. 〈六帖〉. 岳之東北一峯, 號鷄鳴峯. 五更初, 便見日出.246

비단을 다듬이질하는 돌[도백석(擣帛石)] 숭산(嵩山)의 위에는 '옥녀가 비단을 다듬이질하는 돌[옥녀도백석(玉女擣帛石)]'이 있다. 밝고 맑으며 빛나고 깨끗하여 사람으로는 헤아릴 수 있는 이가 없다. 산 아래의 사람들이 말하기를, "입추(立秋) 하루 전 한밤중에, 항상 다듬이소리가 들린다"라고 하였다.

嵩山之上, 有玉女擣帛石. 瑩澈光潔, 人莫能測. 岳下人云, 立秋前一日中夜, 常聞杵聲.247

허유산(許由山) 동룡문(東龍門)의 남쪽에 허유산(許由山)이 있는데, 높고 크며 사방이 절벽이다. 그 북쪽에 영수(穎水)가 있는데, 바로 요(堯)임금이 허유(許由)를 방문했던 곳으로 아직도 그곳에 제단터가 있다.

東龍門之南, 有許由山, 高大四絶. 其北, 有穎水, 乃堯聘許由處, 猶有壇墠在焉.248

동쪽 바위에서 책을 주다[동암수서(東岩授書)] 백구년(白龜年)은 백락천(白樂天)249의 아들이다. 하루는 숭산(嵩山)의 동쪽 바위 아래에서 이백(李白)을 만났는데 말하기를, "나와 너의 아버지는 모두 신선이 되었다"라고 하였다. 흰 책 한 축(軸)을 그에게 주면서 말하기를, "이것을 읽으면 온 하늘[구천(九天)250]의 날짐승의 말과, 온 땅[구지(九地)251]의 들짐승의 말을 알아들을 수 있다"라고 하였다. 백구년이 하루는 노주(潞州)를 들렀는데, 참새 두 마리가 짹짹거리고 있었다. 주(州) 태수(太守)의 뜰을 들르자 태수가 묻기를, "저들이 무어라 하는가?"라고 하였다. 백구년이 말하기를, "'성(城)의 서쪽 인가(人家)에 곡식이 있으니, 같이 먹을 수 있겠다'고 합니다"라고 하였다. 확인해 보니 과연 그러하였다.

白龜年, 樂天子也. 一日, 於嵩山東巖下, 遇李白, 曰, 吾與汝父, 皆仙矣. 出素書一軸, 授之曰, 讀此, 可辨九天禽語·九252地獸言. 龜年, 一日過潞州, 二雀啾唧. 過州太守庭, 守曰, 彼何言. 龜年曰, 言城西人家有粟, 可共食之. 驗之果然.253

244.《산당사고(山堂肆考)·지리(地理)》
245. 당(唐) 백거이(白居易),《백공육첩(白孔六帖)·산(山)》
246.《산당사고(山堂肆考)·지리(地理)》
247.《산당사고(山堂肆考)·지리(地理)》
248.《산당사고(山堂肆考)·지리(地理)》
249. 백락천(白樂天: 772-846): 당대(唐代)의 시인이자 정치가로, 이름이 거이(居易)이고 낙천(樂天)은 자이다. 강주사마(江州司馬), 항주자사(杭州刺史), 소주자사(蘇州刺史) 등을 역임하였으나 만년에는 낙양(洛陽)의 향산(香山)에 은거하여 시와 술로 소일했다. 자호를 향산거사(香山居士)라 하였다.
250. 구천(九天): 하늘의 중앙과 팔방(八方)을 가리킨다. 한(漢) 양웅(揚雄)의《태현(太玄)·태현수(太玄数)》에서는, "九天, 一爲中天, 二爲羡天, 三爲從天, 四爲更天, 五爲睟天, 六爲廓天, 七爲減天, 八爲沈天, 九爲成天"이라고 하였고,《여씨춘추(吕氏春秋)·유시(有始)》에서는, "天有九野, 中央曰鈞天, 東方曰蒼天, 東北曰變天, 北方曰玄天, 西北曰幽天, 西方曰顥天, 西南曰朱天, 南方曰炎天, 東南曰陽天"이라고 하였다.
251. 구지(九地): 구주(九州)의 땅을 가리킨다.
252. '九'는, 송(宋) 증조(曾慥)의《유설(類説)·기문담(紀聞談)》, 명(明) 주영(周嬰)의《치림(巵林)·해조수어(解鳥獸語)》등에는 '大'로 되어 있다.
253.《산당사고(山堂肆考)·지리(地理)》

숭산(嵩山)의 동요(童謠)[숭산요(嵩山謠)] 당(唐) 고종(高宗)이 숭산(嵩山)에서 봉선(封禪)을 하려고 하다가, 마침 돌궐(突厥)이 반란을 일으켜 그만두었다. 동요(童謠)에 이르기를, "숭산이 모두 몇 층이던가? (오르다가) 오르지 못하는 것이 두려운 것아 아니고, 다만 오를 수 없는 것이 두렵네. 세 차례나 병마(兵馬)를 징집하느라, 길가에는 딱따기 치는 소리 울리네"라고 하였다.

唐高宗, 欲封嵩山, 屬突厥叛而止. 童謠曰, 嵩山凡幾層. 不畏登不得, 但恐不得登. 三度徵兵馬, 傍道打騰騰.[254]

숭산(嵩山)이 만세(萬歲)를 부르다[숭호만세(嵩呼萬歲)] 한(漢) 무제(武帝)가 알리기를, "나는 화산(華山)에서 일을 보았으니[용사(用事)[255]], 중악(中岳)에 이르러 박포(駮麃)[256]를 잡고, 하후계모석(夏后啓母石)[257]을 보겠다"라고 하였다. 다음날 숭산(嵩山)에 올랐고 어사(御史)와 참승(驂乘), 속관(屬官)들이 사당의 옆에 있는데 관리와 병사들이 모두 만세(萬歲)를 세 번 부르는 것을 들었다. 예(禮)를 올리고 보답받지 않음이 없자 사당의 관리에게 명하여 태실사(太室祠)를 증설하게 하고 초목을 베지 말도록 금지하고는, 산 아래 300호(戶)를 그의 봉읍(奉邑)으로 삼아 주고 이름을 '숭고(嵩高)'라 하였다.

漢武帝詔曰, 朕用事華山, 至于中岳, 獲駮鹿,[258] 見夏后啓母石. 翌日登嵩高, 御史乘屬車,[259] 在廟旁, 吏卒咸聞呼萬歲者三. 登禮罔不答, 其令祠官, 加增太室祠, 禁無伐其草木, 目山下戶三百戶,[260] 爲之奉邑, 名曰嵩高.[261]

잘못하여 큰 동굴에 떨어지다[오추대혈(誤墜大穴)] 숭고산 북쪽에 큰 동굴이 있는데 그 깊이를 헤아릴 수 없다. 백성들은 명절이면 항상 그 위에서 놀면서 구경하였다. 진(晉)나라 초엽에 어떤 사람이 잘못하여 그 동굴 속으로 떨어졌다. 동료들이 그가 혹 죽지 않았기를 바라면서 동굴 속으로 먹을 것을 던져 주었다. 떨어진 사람은 그것을 얻어 구멍을 찾아 나갈 계책을 세웠다. 10여 일을 가니 갑자기 트이며 빛이 보였다. 또 초가집이 있었고 그 안에서 두 사람이 마주 앉아 바둑을 두고 있었으며, 아래에는 흰색의 음료 한 잔이 있었다. 떨어진 사람이 배고프고 목마르다고 하자, 바둑을 두던 사람이 먹어도 좋다고 하였다. 떨어진 사람이 그것을 마시니 기력이 10배나 솟았다. 반년여 만에 마침내 나오게 되었다. 촉에서 낙양(洛陽)으로 돌아와 장화(張華)에게 물었더니 장화가 말하기를, "그곳은 선관(仙館)입니다. 마신 것은 옥장(玉漿)이고, 먹은 것은 용혈(龍穴)[262]의 종유석입니다"라고 하였다.[유의경(劉義慶), 세설신어(世說新語)]

嵩高山北, 有大穴, 莫測其深. 百姓, 歲時每遊觀其上. 晉初, 嘗有一人誤墜穴中. 同輩冀其儻不死, 投食於穴中. 墜者得之, 爲尋穴而行計. 可十許日, 忽曠然見明. 又有草屋, 中有二人對坐圍棋局, 下有一杯白飮. 墜者, 告以饑渴, 棋者曰, 可飮. 此墜者飮之, 氣力十倍. 半年許, 乃出. 自蜀中, 歸洛下, 問張華, 華曰, 此, 仙館. 所飮者, 玉漿也, 所食者, 龍穴石髓也.〈劉義慶世

254. 《신당서(新唐書) · 오행지(五行志)》의 내용을 재구성한 것이다.
255. 용사(用事): 여기서는 제사(祭祀) 지낸 것을 가리킨다.
256. 박포(駮麃): 얼룩점이 있는 고라니이다.
257. 하후계모석(夏后啓母石): 우(禹)임금의 아들인 하후계(夏后啓)는, 어머니 도산씨(塗山氏)가 잉태하고 숭고산(嵩高山)에서 돌이 된 뒤에 태어났다고 한다(《전한서(前漢書) · 무제기(武帝紀)》, 안사고(顔師古) 주).
258. '鹿'은, 《전한서(前漢書) · 무제기(武帝紀)》에는 '麃'로 되어 있다.
259. '車'는, 《전한서(前漢書) · 무제기(武帝紀)》에는 없는 글자이다.
260. '戶'는, 《전한서(前漢書) · 무제기(武帝紀)》에는 없는 글자이다.
261. 《전한서(前漢書) · 무제기(武帝紀)》
262. 용혈(龍穴): 용(龍)이 사는 굴.

說〉263

숭산기행(嵩山紀行) 사마광(司馬光)이 낙양(洛陽)에 있을 때, 한 번은 범진(范鎭)[264]과 함께 한성(韓城)[265]현을 방문하고 등봉(登封)[266]현에 이르렀다가, 험준한 곳에 있는 말사(末寺)에서 쉬고 높은 정상(頂上)에 올라 숭복궁(崇福宮)과 회선사(會善寺)를 들렀다. 환원(轘轅)[267]산에서 길을 따라 용문(龍門)에 이르렀고, 광애사(廣愛寺), 봉선사(奉先寺) 등 여러 절을 유람하였다. 화엄각(華嚴閣)과 천불암(千佛巖)에 오르고 고공당(高公堂)을 찾았으며, 잠계(潛溪)를 건너서 경화사(慶化寺)에 들어가 당곽(唐郭)의 분양당(汾陽堂)에 있는 철 불상(佛像)을 관람하였다. 이수(伊水)를 건너 향산(香山)의 황감원(皇龕院)에 이르렀고 석루(石樓)에서 쉬었다. 팔절탄(八節灘)에 이르렀고 백공영당(白公影堂)을 들렀다. 지나는 모든 곳에서 시를 많이 남겼다. 공은 가마를 좋아하지 않아 산중에서도 말을 탔으며, 길이 험하면 지팡이를 짚고 걸었다. 그래서 숭산(嵩山)에 글자를 남기기를, "등산에는 방법이 있으니, 천천히 가면 피곤하지 않고, 평탄한 곳에 발을 디디면 넘어지지 않는다"라고 하였으니, 그 뜻이 심원하다.《문견록(聞見錄)》

司馬公居洛, 嘗同范景仁, 過韓城, 抵登封, 憩峻極下院, 登高頂, 入崇福宮·會善寺. 由轘轅, 道至龍門, 遊廣愛·奉先諸寺. 上華嚴閣·千佛巖, 尋高公堂, 渡潛溪. 入慶化寺, 觀唐郭汾陽鐵像. 涉伊水, 至香山皇龕, 憩石樓. 臨八節灘, 過白公影堂. 凡所經從, 多有詩. 公不喜肩輿, 山中亦乘馬, 路險, 策杖以行. 故嵩山題字曰, 登山有道, 徐行則不困, 措足於平穩之地, 則不跌, 其旨遠矣.〈聞見錄〉268

초연사(焦鍊師) 이백(李白)이 말하였다. 숭산(嵩山)에 초연사(焦鍊師)라고 하는 신인(神人)이 있는데, 어느 곳의 여인인지를 알지 못한다. 제(齊)·양(梁) 시대에 태어났지만, 그 나이와 모습은 5, 60세 정도라고 할 만하였다. 항상 태식(胎息)[269] 호흡을 하고 곡기(穀氣)를 끊었으며, 거처하는 바는 집이 없었고 다니는 것은 나는 듯하여 홀연 만 리를 갔다. 세상에 간혹 전해지기를, 그녀가 동해(東海)로 가서 봉래(蓬萊)에 올랐다고 하는데, 끝내 그녀가 간 곳을 알 수 있는 이가 없었다.

李白云, 嵩山有神人焦鍊師者, 不知何許婦人也. 生於齊梁時, 其年貌, 可稱五六十. 常胎息絶穀, 居無室廬, 遊行若飛, 倏忽萬里. 世或傳, 其入東海, 登蓬萊, 竟不[270]能測其往也.[271]

형산(衡山) 남악(南岳)이다. 형주부(衡州府) 형산현(衡山縣)에 있다. 이름을 '주릉태허동천(朱陵太虛洞天)'이라고 한다.

南岳也. 在衡州府衡山縣. 名朱陵太虛洞天.[272]

산에는 세 봉우리가 있는데 매우 빼어나다. 첫째는 자개(紫蓋)로, 항상 두 마리의 흰 학이 그 위에서

263. 청(淸) 섭덕휘(葉德輝), 《세설신어(世說新語)·집록일문(輯錄佚文)》
264. 범진(范鎭: 1008-1089): 북송(北宋) 사람으로 자가 경인(景仁)이다. 지제고(知制誥), 한림학사(翰林學士) 등을 역임하였고, 촉군공(蜀郡公)에 봉해졌다.
265. 한성(韓城): 현(縣) 이름으로, 지금의 섬서성(陝西省) 대려현(大荔縣)의 동북 지역이다.
266. 등봉(登封): 현(縣) 이름으로, 지금의 하남성(河南省) 임여현(臨汝縣)의 동북 지역이다.
267. 환원(轘轅): 산 이름으로, 지금의 하남성(河南省) 언사현(偃師縣))의 동남에 있다.
268. 송(宋) 소백온(邵伯溫), 《문견록(聞見錄)》 권11.
269. 태식(胎息): 도가(道家)에서 수련법의 하나로 행하는 호흡법이다. 진(晋) 갈홍(葛洪)의 《포박자(抱朴子)·석체(释滞)》에서, "得胎息者, 能不以鼻口噓吸, 如坐胞胎之中, 則道成矣"라고 하였다.
270. '不'은, 《이태백집(李太白集)》에는 '莫'으로 되어 있다.
271. 당(唐) 이백(李白), 《이태백집(李太白集)·〈증숭산초련사(贈嵩山焦鍊師)〉서(序)》
272. 《산당사고(山堂肆考)·지리(地理)》

돌면서 나는 것이 보인다. 둘째는 석균(石菌)으로, 그 아래에 석실(石室)이 있다. 셋째는 부용(芙蓉)으로, 가장 높고 빼어나 맑게 갠 아침이 아니면 보이지 않는다. 봉우리 위에는 폭포가 있는데, 마치 한 폭의 비단과 같아 푸른 숲을 나누어 비치면서 곧장 산 아래로 쏟아진다.

山有三峯, 極秀. 一曰紫蓋, 每見雙白鶴, 回翔其上. 二曰石菌, 下有石室. 三曰芙蓉, 最爲竦傑, 非淸霽之朝, 不可見. 峯上有飛泉, 如一幅練, 分映青林, 直注山下.[273]

《백공육첩(白孔六帖)》의 기록이다. 이름은 오악(五岳)에 갖추어지고, 지위는 삼공(三公)에 나열된다. 《설원(說苑)》의 기록이다. 오악은 어째서 삼공에 비유되는가. 크게 비바람을 펼칠 수 있고 크게 비바람을 거둘 수 있으며, 돌에 접촉되어 나오고 모여드는 구름이 합한다. 아침이 끝나기도 전에 천하에 비를 내려 덕을 베푸는 것이 넓고 크다. 그래서 삼공에 비유된다.

六帖. 名備五岳, 位列三公.[274] 說苑. 五岳, 何以視三公. 能大布雲雨焉, 能大斂雲雨焉, 觸石而出, 膚寸而合. 不崇朝而雨天下, 施德博大. 故視三公.[275]

《춘추공양전(春秋公羊傳)》의 기록이다. 하(河), 해(海), 산(山), 천(川)은 백리(百里)를 윤택하게 할 수 있는 것이다. 천자(天子)는 차례대로 제사 지낸다.

公羊傳. 河海山川, 有能闊[276]乎百里者. 天子秩而祭之.[277]

《환우기(寰宇記)》의 기록이다. 형산(衡山)은 800리(里)를 빙 둘러싸고 있으며, 72봉(峯), 10동(洞), 15암(岩), 38천(泉), 25계(溪), 9담(潭), 9지(池), 9정(井)이 있다. 봉우리 가운데 가장 큰 것이 다섯이니, 축융(祝融), 자개(紫蓋), 부용(芙蓉), 석름(石廩), 천주(天柱)이다.

寰宇記. 衡山盤繞八百里, 有七十二峯 · 十洞 · 十五巖 · 三十八泉 · 二十五溪 · 九潭 · 九池 · 九井. 而峯之最大者五, 曰, 祝融 · 紫蓋 · 芙蓉 · 石廩 · 天柱.[278]

남악(南岳)에 관한 글이다. 주릉(朱陵)[279] 동천(洞天)의 영대(靈臺)[280]이자, 우주(宇宙) 가운데 귀중한 동천(洞天)이다. 적제(赤帝)[281]가 그 산마루에 집을 지었고, 축융(祝融)[282]이 그 남쪽에 묻혔다.

南岳文. 朱陵之靈臺, 太虛之寶洞. 赤帝館其嶺, 祝融宅其陽.[283]

《상중기(湘中記)》의 기록이다. 별자리는 진수(軫宿)와 익수(翼宿)에 해당하고, 도수(度數)는 북두칠성[기형(機衡)[284]]에 맞는다. 그래서 '형산(衡山)'이라고 하였다. 산에는 아름다운 돌이 있는데, 찬란히 문채를 이룬다.

273. 《고금사문유취(古今事文類聚) · 지리부(地理部)》
274. 《백공육첩(白孔六帖)》 권5.
275. 《설원(說苑) · 변물(辨物)》
276. '闊'은, 《춘추공양전(春秋公羊傳) · 희공(僖公) · 31년》에는 '潤'으로 되어 있다.
277. 《춘추공양전(春秋公羊傳) · 희공(僖公) · 31년》의 내용을 재구성한 것이다.
278. 《산당사고(山堂肆考) · 지리(地理)》
279. 주릉(朱陵): 주릉동천(朱陵洞天)으로, 도가(道家)에서 말하는 36동천(洞天) 가운데 하나이다.
280. 영대(靈臺): 천문(天文)과 재이(災異)를 살피는 누대이다.
281. 적제(赤帝): 염제(炎帝) 신농씨(神农氏)를 가리킨다.
282. 축융(祝融): 고대(古代)의 신화(神話)에 등장하는 인물로, 제곡(帝嚳)의 신하로서 불을 관리하였다. 죽은 뒤에 형산(衡山)에 묻혀 그 봉우리 이름이 축융봉(祝融峯)이 되었다.
283. 당(唐) 이길보(李吉甫), 《원화군현지(元和郡縣志) · 형산(衡山)》에, "南嶽記曰, 衡山者, 朱陽之靈臺, 太虛之寶洞. 又云, 赤帝館其嶺, 祝融託其陽"이라고 하였다.
284. 기형(機衡): 선기옥형(璇璣玉衡)의 준말로, 북두칠성을 가리킨다. 선기(璇璣)는 북두칠성의 머리 부분 4개의 별이고, 옥형(玉衡)은 자루 부분 3개의 별이다(《진서(晉書) · 천문지(天文志)》, "北斗魁四星, 爲璇璣, 杓三星, 爲玉衡").

湘中記. 宿當軫翼, 度應機衡. 故曰衡山. 山有錦石, 斐然成文.[285]

《산해경(山海經)》의 기록이다. 형산(衡山)은 속명(俗名)이 구루(岣嶁)이다.

山海經. 衡山, 俗名岣嶁.[286]

《비아(埤雅)》의 기록이다. 기러기가 남쪽으로 날다가 형산(衡山)을 넘지 못해서, 형산의 옆에 회안봉(迴雁峯)이 있다. 어떤 이는 말하기를, "봉우리의 모습이 기러기가 도는 것과 같아서 이름이 붙은 것이다"라고 하였다.

埤雅. 鴻雁南翔, 不過衡山, 衡山之旁, 有迴雁峯.[287] 或曰, 峯勢, 如雁之回, 故名.[288]

《삼례의종(三禮義宗)》의 기록이다. 남악(南岳)을 '곽(霍)'이라고 하는데, '곽(霍)'이라는 것은 '보호함[호(護)]'이다. 양기(陽氣)가 힘을 써, 한여름에 만물을 보호하고 기른다. 그래서 호칭으로 삼은 것이다.

三禮義宗. 南岳謂之霍, 霍者, 護也. 言陽氣用事, 盛夏之日, 護養萬物, 故以爲稱.[289]

금쪽에 옥으로 써진 글자[금간옥자(金簡玉字)] 《오월춘추(吳越春秋)》의 기록이다. 우(禹)임금이 부친의 공이 이루어지지 않은 것을 가슴아파하여, 동쪽으로 순수하여 형산(衡山)에 올라 흰말의 피를 내어 제사하였다. 하늘을 우러러 부르짖다가 홀연히 잠이 들었는데, 붉은 수로 무늬를 놓은 옷을 입은 남자를 꿈꾸었다. 자칭 창수(蒼水)의 사자(使者)라고 하면서 말하기를, "우리 산신(山神)의 글을 얻고 싶으면 황제(黃帝)의 산에서 재계를 하시오"라고 하였다. 우임금이 물러나 3일을 재계하고 위완산(委宛山)에 제사를 지내니, 돌이 열리면서 금쪽에 옥으로 글자가 써진 책을 얻었다. 치수(治水)의 비결을 말하고 있어, 산의 높은 곳에 (내용을) 돌로 새겨 놓았다.

吳越春秋. 禹傷父功不成, 乃東巡登衡山, 血白馬以祭之. 仰天而嘯, 忽然而臥, 夢赤繡文衣男子. 自稱蒼水使者, 謂曰, 欲得我山神書, 請齋於黃帝之嶽. 禹乃退齋三日, 祭委宛山, 發石, 得金簡玉字之書. 言治水之要, 因刻石於山之高處.[290]

돌 곳집[석균(石囷)] 《진서(晉書)》의 기록이다. 유린지(劉驎之)는 산택(山澤)을 다니면서 약초 캐기를 좋아하였다. 형산(衡山)에 이르러 깊이 들어갔다가 돌아갈 것을 잊었는데, 한 계곡물이 보였다. 물의 남쪽에 두 개의 돌 곳간이 있는데, 하나는 열려 있고 하나는 닫혀 있었다. 물이 깊어 건너갈 수 없자 돌아서서 가려다 길을 잃었다. 활 만드는 나무를 자르는 사람을 만나 길을 물어 겨우 집에 돌아올 수 있었다. 어떤 사람이 말하기를, "곳집 속에 있는 것은 모두 신선들의 영험한 처방약입니다"라고 하였다. 유린지가 다시 찾아가고자 하였으나 끝내 다시 그 위치를 알 수 없었다.

晉書. 劉驎之, 好遊山澤採藥. 至衡山, 深入忘返, 見有一澗水. 水南有二石囷, 一開一閉. 水深不可過, 欲還失道. 遇伐弓人問途, 僅得還家. 或說, 囷中皆仙靈方藥. 驎之欲更尋, 終不復知處.[291]

붓을 잡은 소년들[집필소년(執筆少年)] 상동(湘東)의 요상(姚相)이 태원(太元)[292] 말엽에 군(郡)의 아

285. 《천중기(天中記) · 형산(衡山)》

286. 《산해경(山海經) · 해내경(海內經)》에는, "南海之內有衡山. 有菌山. 有桂山. 有山名三天子之都"으로 되어 있고, 곽박(郭璞)의 주(注)에, "今衡山在衡陽湘南縣, 南嶽也. 俗謂之岣嶁山"이라고 하였다.

287. 《비아(埤雅) · 석조(釋鳥)》

288. 《천중기(天中記) · 형산(衡山)》

289. 《천중기(天中記) · 형산(衡山)》

290. 한(漢) 조욱(趙煜), 《오월춘추(吳越春秋) · 월왕무여외전(越王無余外傳)》의 내용을 재구성한 것이다.

291. 《진서(晉書) · 은일전(隱逸傳)》

292. 태원(太元): 진(晉) 효무제(孝武帝)의 연호(376-396)이다.

전이 되어 형산(衡山)을 지나게 되었다. 멀리 바위 아래를 보니 몇 명의 소년이 있는데, 모두 붓을 잡고 글을 짓고 있었다. 요상이 일행들에게 쉬자고 말하고, 길을 돌아 그곳으로 건너갔다. 100여 보(步)쯤 못 미쳤을 때, 소년들은 함께 훨훨 날아올랐다.《이원(異苑)》

湘東姚相, 太元末爲郡吏, 經衡山. 望巖下有數少年, 竝執筆作書. 相謂是行旅休息, 乃枉道過之. 未至百許步, 少年相與翻然飛颺.〈異苑〉293

이인(異人)이 술법(術法)을 주다[이인수술(異人授術)] 신태지(申太芝)가 일찍이 남악(南岳)을 유람하다가 이인(異人)을 만났는데, 금단화룡(金丹火龍)의 술법(術法)을 주었다. 천보(天寶)294 초엽에 조서(詔書)를 받들어 나부산(羅浮山)에 제사를 지내는데, 길에서 이인(異人)을 만났다. (그가) 말해 주기를, "구의산(九疑山)에 전에 천악(天樂) 1부(部)가 있었는데, 세월이 오래되어 다섯 마리의 멧돼지가 되었습니다. 군(郡) 사람들이 그것을 잡으니, 다시 변하여 다섯 개의 옛 그릇이 되었습니다"라고 하였다. 신태지가 오고가면서 찾아가 그것을 얻어, 두드려 보니 음률(音律)이 잘 맞았다. 제자들에게 말하기를, "이것은 반드시 이변이 있으리니, 10년 뒤에 보응이 있을 것이다"라고 하였다. 안록산(安祿山)이 반란을 일으켰는데, 몸이 살쪄서 돼지와 같았다. 세속에서 '저룡(猪龍)'이라 하였는데, 일찍이 응벽지(凝碧池)에서 이원(梨園)의 음악 1부(部)를 훔쳐 그것을 연주하였다. 당시에 '참언(讖言)의 징험(徵驗)'이라 하였다.

申太芝嘗遊南岳, 遇異人, 授金丹火龍之術. 天寶初, 奉詔祭羅浮, 道遇異人. 告以九疑山舊有天樂一部, 歲久化五野猪. 郡人捕之, 又化五古器. 太芝往來, 亦訪得之, 扣之音律相和. 謂其徒曰, 此必有異, 後一十年, 當有應者. 及安祿山反, 形脂如豕, 俗謂猪龍. 嘗竊梨園樂部於凝碧池上, 奏之. 時謂讖驗云.295

형산(衡山)에 은거하고자 하다[원은형산(願隱衡山)] 이필(李泌)296은 화를 당할 것을 두려워하여 형산(衡山)에 은거하고자 하였다. 이필이 형악사(衡嶽寺)에서 책을 읽는데, 나잔(懶殘)297이 놀라면서 말하기를, "평범한 사람이 아니다"라고 하였다. 한밤중에 은밀하게 가서 만나니, 나잔은 불을 뒤적여 토란을 꺼내서 먹도록 하면서 말하기를, "삼가 말을 많이 하지 말라. 10년간의 재상을 얻을 것이다"라고 하였다. 뒤에 재상의 자리에 있다가 죽었는데, 그 달에 중사(中使)298 임원(林遠)이 남관(藍關)의 역사(驛舍)에서 이필을 만났다. 평상복 차림으로 혼자 말을 타고 가면서 말하기를, "잠시 형산(衡山)에 간다"라고 하고는, 삼조(三朝)의 옛일299을 서글프게 이야기하였다. 한참 만에 헤어졌고, 임원이 장안(長安)에 이르러서야 그가 죽은 것을 들었다.《업후가전(鄴侯家傳)》

李泌畏禍, 願隱衡山. 泌於衡嶽寺, 讀書, 懶殘驚曰, 非凡人也. 中夜潛往謁焉, 殘發火出芋, 以啗之曰, 愼勿多言. 領取十年宰相. 後居相位薨, 其月, 中使林遠, 於藍關逆旅遇泌. 單騎常服, 言暫往衡山, 話三朝之舊慘然. 久之而別, 遠到長安, 方聞其薨.〈鄴侯家傳〉300

운사(雲師), 우호(雨虎)301[운사우호(雲師雨虎)] 곽

293. 송(宋) 유경숙(劉敬叔), 《이원(異苑)》 권5. 뒤를 이어, "遺一紙書在坐處, 前數句, 古時字, 自後皆鳥跡"이라는 기록이 있다.
294. 천보(天寶): 당(唐) 현종(玄宗)의 연호(742-756)이다.
295. 《천중기(天中記) · 형산(衡山)》
296. 이필(李泌: 722-789): 당대(唐代) 사람으로, 자가 장원(長源)이다. 어려서부터 총명하였고, 한림학사(翰林學士), 동평장사(同平章事)를 역임하였으며 업후(鄴侯)에 봉해졌다.
297. 나잔(懶殘): 당대(唐代) 명찬선사(明瓚禪師)의 호(號)이다. 본성이 게을러 항상 남은 밥을 먹어, 얻게 된 별명이다.
298. 중사(中使): 궁중에서 파견하는 사자로, 주로 환관을 이른다.
299. 하루에 세 번 조현(朝見)하던 일을 가리킨다.

산(霍山)의 남악(南嶽)에는, 운사(雲師)와 우호(雨虎)가 있다. 〈주(注)〉의 기록이다. 운사(雲師)는 누에같이 생겼는데, 길이가 6촌(寸)이고 토끼를 닮았다. 우호(雨虎)는 번데기같이 생겼는데, 길이가 7·8촌(寸)이고 거머리를 닮았다. 구름 끼고 비올 때에 돌 위로 나오는데, 고기가 맛있어 익혀서 먹을 수 있다.《개산도(開山圖)》

霍山南嶽, 有雲師·雨虎. 注. 雲師如蠶, 長六寸. 似兎. 雨虎如蛹, 長七八寸. 似蛭. 雲雨之時, 出在石上, 肉甘, 可以熟而食之.〈開山圖〉[302]

신령스런 물 네 가마[신수사확(神水四鑊)] 무제(武帝)가 남악(南岳)의 제사를 여강(廬江) 첨현(灊縣)의 곽산(霍山) 위로 옮겼는데 물이 없었다. 사당에 40곡(斛) 들이의 솥이 4개가 있었는데, 제사를 지낼 때가 되면 물이 번번이 저절로 가득 차 쓰기에 넉넉했다. 제사가 끝나면 바로 텅 비는데, 먼지나 나뭇잎이 그것을 더럽히지 못했다. 모두 50년 동안에 매해 네 번의 제사를 지냈는데, 나중에는 세 번의 제사만 지내자 솥 하나가 저절로 부서졌다.《수신기(搜神記)》

武帝, 徙南岳之祭於廬江灊霍山之上, 無水. 廟有四鑊, 可受四十斛, 至祭時, 水輒自滿, 用之足了. 事畢卽空, 塵土·樹葉, 莫之汚也. 積五十歲, 歲作四祭, 後但作三祭, 一鑊自敗.〈搜神記〉[303]

산이 무너지고 종(鍾)이 나오다[산붕종출(山崩鍾出)] 여강(廬江)의 곽산(霍山)에서 여러 해 이래로 항상 열두 번의 종소리가 들리는데, 깊은 땅 속에서 조용히 울려나왔다. 황제가 장차 관락(關洛) 지역을 정벌하려고 할 때, 산이 무너지면서 6개의 종이 저절로 나왔다. 만든 법도가 옛 방식에 합치되었고 소리도 율려(律呂)에 맞았다. 위에 옛 글자 160자(字)가 있었다.

廬江霍山, 數年來常有鍾聲十二, 潛發重壤. 帝將征關洛, 山崩, 有六鍾自出. 制度合古式, 聲中律呂. 上有古文書一百六十字.[304]

상산(常山) 북악(北嶽)으로, 정주(定州) 상산현(常山縣)에 있다. 이름을 '태을총현동천(太乙総玄洞天)'이라 한다.《이아(爾雅)》의 기록이다. 상산(常山)을 항산(恒山)이라 한다.[305]《오악도(五嶽圖)》의 기록이다. 항산(恒山)은 높이가 3,900장(丈)이고, 위는 사방 30리(里)이며, 둘레는 3,000리이다.《백호통(白虎通)》의 기록이다. 북방(北方)을 상산(常山)이라 하는 것은 어째서인가. 음(陰)이 끝나고 양(陽)이 시작되어, 그 도(道)가 항구적(恒久的)이기 때문에 상산(常山)이라 한다.《수경(水經)》의 기록이다. 항산(恒山)을 현악(玄岳)이라 한다.

北嶽也, 在定州常山縣. 名太乙総玄洞天. 爾雅. 常山謂之恒山. 五嶽圖. 恒山, 高三千九百丈, 上方三十里, 周回三千里. 白虎通. 北方爲常山者何. 陰終陽始, 其道常久, 故曰, 常山.[306] 水經. 恒山謂之玄岳.[307]

《괄지지(括地志)》[308]의 기록이다. 북악(北岳)에는 5개의 별명(別名)이 있다. 첫째가 난대부(蘭臺府)이고, 둘째가 열녀궁(列女宮)이고, 셋째가 화양궁(華

---

300. 《천중기(天中記)·형산(衡山)》
301. 운사(雲師), 우호(雨虎): 곽산(霍山)에서 나는 벌레의 이름들이다.
302. 《태평어람(太平御覽)·천부(天部)》
303. 《수신기(搜神記)》 권13의 내용을 재구성한 것이다.
304. 《천중기(天中記)·형산(衡山)》. 《송서(宋書)·부서지(符瑞志)》에는, "晉安帝義熙初, 帝始康晉亂, 而興霸業焉. 廬江霍山, 常有鐘聲十二. 帝將征關洛, 霍山崩, 有六鐘出. 制度精奇, 上有古文書一百六十字"로 되어 있다.
305. 《이아(爾雅)·석산(釋山)》에는, "恒山爲北嶽"으로 되어 있다.
306. 《산당사고(山堂肆考)·지리(地理)》
307. 《천중기(天中記)·항산(恒山)》
308. 《괄지지(括地志)》: 당대(唐代)의 소덕언(蕭德言), 고윤(顧胤) 등이 편찬한 책이다. 이미 산일되었고 청(淸) 손성연(孫星衍)이 모은 일문(逸文)이 전한다.

陽宮)이고, 넷째가 자미궁(紫微宮)이고, 다섯째가 태을궁(太乙宮)이다. 혹은 대무산(大茂山)이라고 한다.

括地志. 北岳有五別名, 一曰蘭臺府, 二日列女宮, 三曰華陽宮, 四曰紫微宮, 五曰太乙宮. 或云大茂山.[309]

《오악도(五岳圖)》의 기록이다. 항산(恒山) 위에는 태현(太玄)이라는 샘과 신령스런 약초 19종(種)이 있다. 그것을 먹으면 속세를 벗어날 수 있다.

五岳圖. 恒山上, 有太玄之泉·神草十九種. 服之, 可度世.[310]

《관자(管子)》의 기록이다. 항산(恒山)은 북쪽으로 대국(代國)[311]을 내려다보고, 남쪽으로 조(趙)를 굽어보며, 동쪽으로 황하와 바다 사이를 접하고 있다. (초목은) 일찍 나서 늦게 시든다. 오곡이 번성하여 네 계절마다 씨 뿌리고 다섯 곡식을 거둔다.

管子. 恒山, 北臨代, 南俯趙, 東接河海之間. 早生而晩殺. 五穀之所蕃熟, 四種五穫焉.[312]

당(唐) 태종(太宗)의 〈제상산문(祭常山文)〉이다. 영산(靈山)의 우뚝함이여, 북쪽 황야에 걸쳐 기이함을 드러낸다. 절벽(絶壁)은 천 심(尋)[313]이요, 빼어난 봉우리는 만 인(仭)[314]이다. 계화(桂花)가 달에 들고 송라(松蘿)가 구름에 걸려 있다. 깊은 계곡물은 겨울에도 따뜻하고, 폭포수는 여름에도 서늘하다. 귀중한 부절(符節)[보부(寶符)]은 대국(代國)의 아름다움을 내려다봄이요,[315] 신령스런 뱀은 기이한 전진(戰陣)의 형세를 보인다.[316] (가뭄이) 돌을 7년 동안 녹여도 그 크기를 줄일 수 없고, (홍수가) 물결을 9년 동안 머금어도 그 높이를 덜어낼 수 없다. 드높아서 천지(天地)와 함께 영원히 견고할 것이며, 성대하여 고금(古今)에 걸쳐 끊임없으리라.

唐太宗祭常山文. 惟靈山之秀峙, 亘朔野而標奇. 絶壁千尋, 孤峯萬仭. 桂花浸月, 松蘿挂雲. 幽澗冬暄, 飛泉夏冷. 寶符, 臨代邦之美, 靈蛇, 表陣勢之奇. 鑠石七年, 無以虧其大, 含波九載, 不能損其高. 巍巍乎, 與乾坤而永固, 隱隱乎, 橫古今而不絶.[317]

부절(符節)을 감추다[장부(藏符)] 조간자(趙簡子)가 여러 아들들에게 말하기를, "내가 귀중한 부절(符節)을 상산에 숨겨두었으니, 가서 찾는 사람을 후계자로 삼겠다"라고 하였다. 여러 아들들이 모두 다투어 갔으나 찾을 수가 없었다. 무휼(毋卹)이 돌아와 아뢰기를, "상산은 대국(代國)을 내려다보고 있는데, 대국(代國)이 취할 만합니다"라고 하였다. 조간자(趙簡子)가 말하기를, "네가 부절을 알았구나"라 하고는, 태자 백로(伯魯)를 폐위시키고 무휼을 세워 후계자로 삼았다.

趙簡子, 謂諸子曰, 吾藏寶符於常山上, 往得者, 立爲後. 諸子皆競往, 無所得, 毋卹還奏曰, 常山臨代, 代可取也. 簡子曰, 是知符矣. 乃廢大子伯魯, 而立毋卹爲後.[318]

옥을 얻다[득옥(得玉)] 모용준(慕容儁)[319]이 상산

309. 《천중기(天中記)·항산(恒山)》

310. 《천중기(天中記)·항산(恒山)》

311. 대국(代國): 옛 국명(國名)으로, 지금의 하북성(河北省) 울현(蔚縣)의 동북지역이다. 전국(戰國)시대 이전에 건국하였으나, B.C. 475년 조양자(趙襄子)에게 망하였다.

312. 《관자(管子)·치국(治國)》에, "常山之東, 河汝之間, 蚤生而晩殺, 五穀之所蕃孰也, 四種而五穫"으로 되어 있는 내용을 재구성한 것이다.

313. 심(尋): 길이의 단위로, 8척(尺)이 1심(尋)이다.

314. 인(仭): 길이의 단위로, 7척(尺)이 1인(仞)이다. 8척(尺)을 1인(仞)이라고도 한다.

315. 다음 조목(條目)인 '장부(藏符)' 참조.

316. '상산사세(常山蛇勢)'의 전고이다. 상산(常山)에 머리가 둘인 뱀이 있는데, 한 쪽을 치면 다른 쪽이 공격하고, 가운데를 치면 양쪽에서 공격한다고 한다. 적의 공격에 서로 호응하는 전술을 가리킨다(《손자(孫子)·구지(九地)》, "善用兵, 譬如率然. 率然者, 常山之蛇也. 擊其首則尾至, 擊其尾則首至, 擊其中則首尾俱至.").

317. 《어정연감유함(御定淵鑑類函)·지부(地部)》

(常山)의 절에 있는 큰 나무의 뿌리 밑에서 벽옥(璧玉) 70개와 홀 73개를 얻었는데, 빛과 색이 정밀하고 특이하여 보통의 것과 다른 옥이었다. (모용준은) 신령스런 산의 명령으로 여기고 태뢰(大牢)[320]로 제사를 지냈다.

慕容儁, 於常山寺大樹根下, 得璧七十·圭七十三, 光色精奇, 有異常玉, 以爲神岳之命, 以大牢祠之.[321]

창용(昌容) 《열선전(列仙傳)》의 기록이다. 창용(昌容)이란 자는 상산(常山)의 도사인데, 자칭 은왕(殷王)의 아들이라고 하였다. 쑥과 덩굴 풀의 뿌리를 먹으며 오고 가고 오르내렸다. 보기에, 200여 세인데도 안색이 20여 세의 사람 같았다.

列仙傳. 昌容者, 常山道士, 自稱殷王女.[322] 食蓬蘽根, 往來山[323]下, 見者二百餘年, 顔色如二十許人.[324]

신호(神護) 《신농본초(神農本草)》의 기록이다. 상산(常山)에 신호(神護)라고 하는 풀이 있는데, 그것을 문 위에 두면 밤마다 사람을 꾸짖는다.

神農本草. 常山有草, 名神護, 置之門上, 每夜叱人.[325]

여러 산 諸山

바다의 오악(五岳)[해상오악(海上五岳)] 광승산(廣乘山)이란 하늘의 동악(東岳)이다. 동해(東海) 가운데에 있으며, 오악(五岳)이 생길 때, 맨 먼저 이루어진 것이다. 위에는 벽하(碧霞)의 궁궐, 경수(瓊樹), 한림(寒林), 자작(紫雀), 취란(翠鸞), 벽우(碧藕), 백귤(白橘) 등이 있는데, 이름으로 표현할 수가 없다. 바로 청제천군(青帝天君)인 영위앙(靈威仰)이 선관(仙官)과 병사와 관리, 많은 대중을 이끌고 이 산을 다스린다. 위로 세성(歲星)[326]의 정령을 주관하며, 구기(九氣)[327]의 청천(青天) 안에 거처한다.

廣乘山者, 天之東岳也. 在東海之中, 爲五岳發生之首. 上有碧霞之闕·瓊樹·寒林·紫雀·翠鸞·碧藕·白橘, 莫可名狀. 即青帝天君靈威仰, 統仙官·兵吏·萬衆, 鎭此山. 上主歲星之精, 居九氣青天之內矣.[328]

장리산(長離山)이란 하늘의 남악(南岳)이다. 남해(南海) 가운데에 있으며, 위에는 주궁(朱宮), 강궐(絳闕), 적실(赤室), 단방(丹房), 주초(朱草), 홍지(紅芝), 하고(霞膏), 금례(金醴) 등이 있어, 이름으로 표현할 수 없는데, 아래 세상에 상응한다. 처음으로 도를 얻어 신선이 되면, 모두 이 궁전(宮殿)에 와서 몸을 만들고 체질을 씻어내며, 음(陰)을 없애고 양(陽)

---

318. 《사기(史記)·조세가(趙世家)》의 내용을 재구성한 것이다.
319. 모용준(慕容儁): 전연(前燕)의 경소제(景昭帝)로, 11년간 재위하였다.
320. 태뢰(大牢): 우(牛), 양(羊), 시(豕)를 모두 갖춘 큰 제사로, 주로 태뢰(太牢)라 한다.
321. 《산당사고(山堂肆考)·지리(地理)》
322. '女'는, 《열선전(列仙傳)·창용(昌容)》에는 '子'로 되어 있다.
323. '山'은, 《열선전(列仙傳)·창용(昌容)》에는 '上'으로 되어 있다.
324. 《열선전(列仙傳)·창용(昌容)》
325. 《산당사고(山堂肆考)·지리(地理)》
326. 세성(歲星): 목성(木星)으로, 12년에 주천(周天)을 한 바퀴 돈다. 목성이 도는 길을 12등분하여 한 해를 표시하였기 때문에 세성(歲星)이라고 한다.
327. 구기(九氣): 만물의 근본을 이루는 아홉 가지 기운이다.[《운급칠첨(雲笈七籤)·삼동경교(三洞經教)》, "三氣, 爲天地之尊, 九氣, 爲萬物之根."]
328. 《천중기(天中記)·해상오악(海上五岳)》

을 단련하여 장생구시(長生久視)의 도를 행한다. 바로 적제천군(赤帝天君)인 적표노(赤熛怒)가 선관(仙官)과 신리(神吏), 많은 대중을 이끌고 이 산을 다스린다. 위로 형혹성(熒惑星)[329]의 정령을 주관하며, 이기(二氣)[330]의 단천(丹天) 안에 거처한다.

長離山者, 天之南岳也. 在南海之中, 上有朱宮・絳闕・赤室・丹房・朱草・紅芝・霞膏・金醴, 莫可名狀, 應天下. 初得道神仙, 皆詣此宮, 營形浴質, 肖[331]陰煉陽, 爲長生久視之道. 卽赤帝天君赤熛怒, 統領仙官・神吏・萬衆, 鎭此山. 上主熒惑之精, 居二氣丹天之內矣.[332]

여농산(麗農山)이란 하늘의 서악(西岳)이다. 서해(西海) 가운데에 있으며, 위에는 백화(白華)의 궁궐, 삼소성(三素城), 옥천궁(玉泉宮), 요림(瑤林), 서수(瑞獸) 등이 있는데, 이름으로 표현할 수가 없다. 바로 백제천군(白帝天君)인 백초거(白招拒)가 선관(仙官)과 신리(神吏)를 이끌고 이 산을 다스린다. 위로 태백성(太白星)[333]의 정령을 주관하며, 칠기(七氣)[334]의 소천(素天) 안에 거처한다.

麗農山者, 天之西岳也. 在西海之中, 上有白華之闕・三素之城・玉泉之宮・瑤林・瑞獸, 莫可名狀. 卽白帝天君白招拒, 統領仙官・神吏, 鎭此山. 上主太白之精, 居七氣素天之內矣.[335]

광야산(廣野山)이란 하늘의 북악(北岳)이다. 북해(北海)의 약수(弱水) 가운데에 있으며, 모습은 곤륜산(崑崙山)과 같다. 풍도(酆都)의 나산(羅山)과 함께 음기(陰氣)의 주체가 된다. 위에는 경루(瓊樓), 보궐(寶闕), 금액(金液), 용지(龍芝) 등이 많이 있는데, 이름으로 표현할 수가 없다. 바로 흑제천군(黑帝天君)인 섭광기(叶光紀)가 선관(仙官)과 신리(神吏)를 이끌고 이 산을 다스린다. 위로 신성(辰星)[336]의 정령을 주관하며 오기(五氣)[337]의 현천(玄天) 안에 거처한다.

廣野山者, 天之北岳也. 在北海弱水之中, 形如崑崙. 酆都羅山, 合爲陰氣之主. 上多瓊樓・寶闕・金液・龍芝, 莫可名狀. 卽黑帝天君叶光紀, 統理仙官・神吏, 鎭此山. 上主辰星之精, 五氣玄天之內矣.[338]

곤륜산(崑崙山)이란 하늘의 중악(中岳)이다. 팔해(八海)[339]의 사이에 있으며, 위는 하늘의 중앙에 해당한다. 모양은 드리운 수레 덮개와 같이 생겼는데, 위는 넓고 아래가 좁다. 세 층이고 위로 하늘과 더불어 해와 달을 함께 한다. 황도(黃道)와 적도(赤道) 두 길이 그 위에서 만나고, 삼광(三光)[340]이 운행한다. 동쪽을 곤륜(崑崙)이라 하고, 서쪽을 현포(玄圃)라 하며, 북쪽을 낭원(閬苑)이라 하고, 남쪽을 적석(積石)이라 하는데, 사방은 각각 1만 리(里)이다. 위에는 경화(瓊華)의 궁궐, 광벽당(光碧堂), 요지(瑤池), 취수(翠水)가 있는데, 바로 서왕모(西王母)가 여러 신선을 거느리고 거기에서 산다. 해중(海中)의 사악(四岳)이 근간이 되고, 십주(十洲)[341], 사도(四

329. 형혹성(熒惑星): 화성(火星)으로, 나타났다 사라지는 것이 일정하지 않아 사람을 미혹하게 한다 하여 붙여진 이름이다.
330. 이기(二氣): 음(陰)과 양(陽)을 가리킨다.
331. '肖'는, 송(宋) 반자목(潘自牧)의 《기찬연해(記纂淵海)・선도부(仙道部)》, 명(明) 동사장(董斯張)의 《광박물지(廣博物志)・지형(地形)》 등에는 '銷'로 되어 있다.
332. 《천중기(天中記)・해상오악(海上五岳)》
333. 태백성(太白星): 금성(金星)으로, 계명성(啓明星), 또는 장경성(長庚星)이라고도 한다.
334. '칠기(七氣)'는 내용이 자세하지 않다.
335. 《천중기(天中記)・해상오악(海上五岳)》
336. 신성(辰星): 수성(水星)으로, 찬성(爨星), 또는 면성(免星)이라고도 한다.
337. 오기(五氣): 오행(五行)의 기운을 가리킨다.
338. 《천중기(天中記)・해상오악(海上五岳)》
339. 팔해(八海): 사방(四方)과 사우(四隅), 즉 팔방(八方)의 바다이다.
340. 삼광(三光): 해, 달, 별을 가리킨다.

島), 팔해(八海), 대천(大川)이 그 옆을 둘러싸고 있다. 정상(頂上)에는 금대(金臺)가 5곳, 옥루(玉樓)가 12곳, 금성(金城)이 천 리(里)이며, 땅에는 금 뿌리의 나무, 경가(瓊柯), 요림(瑤林), 자작(紫雀), 취란(翠鸞), 벽도(碧桃), 백리(白李) 등이 나고 온갖 과일과 오묘한 바위 등을 표현해 낼 수가 없다. 바로 황제천군(黃帝天君)인 함추뉴(含樞紐)가 하늘의 위대한 성인(聖人)들을 이끌고 이 산을 다스린다. 모두가 (지상의) 오악(五岳), 명산(名山)과 서로 연결되어 있으며, 항상 신선들이 왕래하면서 환생할 사람들의 명부(名簿)를 살핀다. 위로 진성(鎭星)[342]의 정령을 주관하며, 중원(中元) 일기(一氣)[343]의 하늘 중앙에 거처한다. 이 해외(海外)의 오악(五岳)이 바로 오기(五氣)의 근본이다.《운급칠첨(雲笈七籤)》

崑崙山者, 天之中岳也. 在八海之間, 上當天心. 形如偃蓋, 上廣下狹. 三成, 而上與天齊日月. 黃赤二道, 交會其上, 三光行焉. 東曰崑崙, 西曰玄圃, 北曰閬苑, 南曰積石, 四面各一萬里. 上有瓊華之闕·光碧之堂·瑤池·翠水, 卽西王母統衆仙居焉. 海中四岳爲枝幹, 十洲·四島·八海·大川, 圍繞其側. 絶頂之上, 有金臺五所·玉樓十二·金城千里. 地生金根之樹·瓊柯·瑤林·紫雀·翠鸞·碧桃·白李, 百實妙巖, 莫可紀述. 卽黃帝天君含樞紐, 統領天大聖衆, 鎭此山. 皆與五岳名山相連, 常有神仙往來, 考校生籍. 上主鎭星之精, 居於中元一氣天中焉. 其海外之五岳, 卽五氣之宗祖矣.〈雲笈七籤〉[344]

양비산(羊飛山) 기주부(夔州府)에 있다. 옛날 어떤 사람이 이곳에서 도를 배우는데, 양 한 마리를 키웠다. 갑자기 하루는 동자(童子)에게 경계하기를, "양을 내놓지 마라"라고 하였다. 동자가 내놓으니 한 마리가 하늘로 솟아올라 가버렸다.

在夔州府. 昔有人學道於此, 常[345]養一羊. 忽一日, 戒童子云, 勿放羊. 童子放之, 一羊沖天而去.[346]

조핵산(鳥翮山) 《산해경(山海經)》의 기록이다. 대핵산(大翮山)과 소핵산(小翮山)에는 왕중(王仲)의 사당이 있는데, 왕중(王仲)은 자가 차중(次仲)이다. 진시황(秦始皇) 시절에 창힐(蒼頡)의 옛 문자를 바꾸어 지금의 예서(隸書)를 만들었는데, 황제가 사신을 보내 그를 부르도록 하였다. (그가) 오지 않자, 진시황은 크게 화가 나서 함거(檻車)[347]로 압송하였다. 왕차중은 큰 새로 변하여 수레 밖으로 나왔으며, 날개짓하여 높이 날아 서문산(西門山)에 이르렀는데 깃 두 개가 떨어졌다. 이 때문에 조핵산(鳥翮山)이라는 이름을 얻게 되었다.

山海經. 大翮山, 小翮山, 有王仲廟, 仲, 字次仲. 秦始皇時, 變蒼頡舊文, 爲今隸書, 帝使使徵之, 不至. 始皇大怒, 檻車迫之. 次仲化爲大鳥, 出于車外, 翻然高翔, 至於西門山, 落二翮. 因名鳥翮山.[348]

동작산(凍雀山) 대동부(大同府)에 흘진산(紇眞山)이 있다. 흘진(紇眞)은 오랑캐 말인데, 중국말로 '천리(千里)'와 같다. 그 산은 겨울이나 여름이나 눈이 쌓여 있다. 그래서 속담에 말하기를, "흘진산(紇眞

---

341. 십주(十洲): 도교(道敎)에서 말하는, 신선들이 산다는 바닷 속의 10개 명산(名山)이다.[《해내십주기(海內十洲記)》, "漢武帝, 既聞王母說, 八方巨海之中, 有祖洲·瀛洲·玄洲·炎洲·長洲·元洲·流洲·生洲·鳳麟洲·聚窟洲, 有此十洲, 乃人跡所稀絶處."]
342. 진성(鎭星): 토성(土星)으로, 고대 천문학에서 28년에 주천(周天)을 한 바퀴 돈다고 여겼다. 따라서 매년 28수(宿) 가운데 하나를 지나면서 관장한다고 하여 붙여진 이름이다.
343. 일기(一氣): 천지 만물을 구성하는 근원(根源)으로서의 혼돈(混沌)의 기운을 가리킨다.
344. 《운급칠첨(雲笈七籤)·십주삼도(十洲三島)》의 내용을 재구성한 것이다.
345. '常'은, 《산당사고(山堂肆考)·지리(地理)》에는 '嘗'으로 되어 있다.
346. 《산당사고(山堂肆考)·지리(地理)》의 내용을 재구성한 것이다.
347. 함거(檻車): 죄인이나 짐승을 옮기는 데 사용하는 수레이다.
348. 《산당사고(山堂肆考)·지리(地理)》

山)의 상부는 참새를 얼려 죽이는데, 어찌하여 날아가 즐거운 곳에 살지 않는가"라고 하였다.

大同府, 有紇眞[349]山. 紇眞, 胡語, 猶華言千里也. 其山, 冬夏積雪. 故諺曰, 紇眞山頭凍殺雀, 何不飛去生處樂.[350]

포옥암(抱玉岩) 형산(荊山)은 양양부(襄陽府)에 있다. 또 봉양부(鳳陽府)에도 이 산이 있는데, 산의 동쪽에 변화동(卞和洞)이 있다. 그 위에는 포옥암(抱玉巖)이 있는데, 다른 이름으로 포박암(抱璞巖)이라고도 한다. 당(唐) 호증(胡曾)의 다음과 같은 시가 있다. "포옥암(抱玉巖) 앞에 계수나무 잎은 빽빽하고, 푸른 시내의 차가운 물은 지금도 흐른다. 빈 산의 지는 해에 원숭이 소리 다급하니, 아마도 형인(荊人)[351]의 울음이 아직도 끝나지 않았다 보다."[352]

荊山, 在襄陽府. 又鳳陽府, 亦有此山, 山東有卞和洞. 上有抱玉巖, 又名抱璞巖. 唐胡曾詩. 抱玉巖前桂葉稠, 碧溪寒水至今流. 空山落日猿聲急, 疑是荊人哭未休.[353]

쌍아산(雙牙山) 성도부(成都府)에 있다. 옛날에 금빛의 거위 두 마리가 있어, 우물에서 목욕을 하고 있었다. 사람이 잡으려고 하자 결국 남산(南山)으로 날아올라 두 개의 돌이 되었는데, 마주 대하고 솟아 있는 것이 어금니와 같다.

在成都府. 昔有兩金鵝, 浴于井. 人欲捕之, 遂飛上南山, 化爲雙石, 對峙, 若牙齒然.[354]

오봉산(五峯山) 안주(安州)와 길주(吉州)의 남쪽에 오봉산(五峯山)이 있다. 옛날에 고을 사람 요진(姚袗)이 나무를 하다가 두 사람이 바둑을 두는 것을 보았다. 구경한 지가 꽤 오래되자 두 사람이 말하기를, "그대는 집에 돌아가는 것이 좋겠다. 오늘 그대에게 좋은 일이 있을 것이다"라고 하였다. 요진이 집에 돌아와서 항아리 속으로 들어가 몸을 숨기면서 가족에게 말하기를, "7일 동안 절대 열지 마라"라고 하였다. 7일이 되기 전에 가족이 실수로 열자, 요진은 백학(白鶴)으로 변하여 오산(五山)으로 날아올랐다.

安吉州南, 有五峯山.[355] 昔鄉人姚袗採薪, 見二人奕. 觀之稍久, 二人曰, 汝可還家. 今日爲汝祥矣. 袗還家, 因入甕中隱身, 謂家人曰, 可七日勿開. 未至七日, 家人誤開, 袗化爲白鶴, 飛上五山.[356]

오녀산(五女山) 《촉본기(蜀本記)》의 기록이다. 진왕(秦王)이 촉왕(蜀王)에게 다섯 미녀(美女)를 보내자, 촉왕(蜀王)이 다섯 장정을 보내어 다섯 미녀를 맞이해 오게 하였다. (돌아오는 중에) 큰 뱀이 산의 굴속으로 들어가는 것이 보이자, 다섯 장정이 뱀을 잡아끄니 산이 무너졌고, 다섯 미녀는 산 위로 올라가 돌이 되었다.

蜀本記. 秦王獻五美女于蜀王, 蜀王遣五丁, 迎五女. 見大蛇入山穴中, 五丁引蛇, 山崩, 五女上山, 化爲石.[357]

금석산(錦石山) 《이견지(夷堅志)》의 기록이다. 한

349. '眞'은, 《산당사고(山堂肆考)·지리(地理)》에는 '干'으로 되어 있다.

350. 《산당사고(山堂肆考)·지리(地理)》

351. 형인(荊人): 화씨벽(和氏璧)을 바친 변화(卞和)를 가리킨다. 《한비자(韓非子)·화씨(和氏)》에, "楚人和氏(卞和), 得玉璞楚山中. 奉而獻之厲王. 厲王使玉人相之, 玉人曰, 石也. 王以和爲誑, 而刖其左足. 及厲王薨, 武王即位, 和又奉其璞, 而獻之武王. 武王使玉人相之, 又曰, 石也. 王又以和爲誑, 而刖其右足. 武王薨, 文王即位 … 王乃使玉人理其璞, 而得寶焉, 遂命曰, 和氏之璧"이라고 하였다.

352. 시제(詩題)는 〈형산(荊山)〉이다.

353. 《산당사고(山堂肆考)·지리(地理)》의 내용을 재구성한 것이다.

354. 《산당사고(山堂肆考)·지리(地理)》의 내용을 재구성한 것이다.

355. '五峯山'은, 《산당사고(山堂肆考)·지리(地理)》에는 '五山'으로 되어 있다.

356. 《산당사고(山堂肆考)·지리(地理)》

357. 《예문유취(藝文類聚)·산부(山部)》

(漢) 육가(陸賈)가 남월(南越)로 사신을 가는데, 위타(尉佗)가 그와 함께 배를 탔다. 금석산(錦石山)의 아래에서 육가가 말없이 기도하기를, "내가 만약 남월왕을 설득하여 신하를 칭하도록 하게 한다면, 비단으로 바위를 싸서 산의 신령에게 보답하겠습니다"라고 하였다. 사신 갔다가 돌아오는 길에 사람을 모집하여 산에 꽃을 심어 비단을 대신하였다. 후대 사람들이 사당을 세워 그를 제사 지냈다. 송(宋) 건도(乾道)[358] 연간에, 양횡(梁竑)이 도성에 들어가는 길에 바위 아래에 배를 댔다. 밤에 꿈을 꾸는데, 한 손님이 자칭 육대부(陸大夫)라 하면서 말하기를, "내가 이곳에서 외로운 지가 1,000여 년이 되었습니다. 그대가 다행히 이르게 되었으니, 바라건대 시 한 수 남겨 주시오"라고 하였다. 양횡이 절벽에 시를 써 놓고 떠났다.

夷堅志. 漢陸賈, 使南越, 尉佗與之泛舟. 于錦石山下, 賈默禱曰, 我若說王稱臣, 當以錦裹石, 爲山靈報. 使還, 募人植花卉于山, 以代錦. 後人, 因立廟祀之. 宋乾道中, 梁竑入都, 艤舟石下. 夜夢一客, 自稱陸大夫, 云, 我抑鬱于此, 千餘歲矣. 君幸見臨, 願留一詩. 竑題詩于壁而去.[359]

창락산(倉樂山)　양양(襄陽) 죽산현(竹山縣)에 있다. 옛날에 마을 사람 중에 서원주(徐元周)라는 이가 있었는데, 이곳에 곡식을 쌓아 놓고 굶주린 사람들을 구휼해 주었다. 고을 사람들이 그것을 고맙게 여겨 이름을 짓게 되었다.

在襄陽竹山縣. 昔有邑人徐元周, 積粟于此, 救餓. 鄕人德之, 故名.[360]

이주산(梨洲山)　봉화현(奉化縣)에 있다. 진(晉) 손흥공(孫興公)과 동생인 손승공(孫承公)이 이곳을 유람하다가, 신령스런 배[선리(仙梨)]를 얻어 그것을 먹고 신선이 되어서 이름을 짓게 되었다.

在奉化縣. 晉孫興公·弟承公, 遊此, 獲仙梨, 食之成仙, 故名.[361]

나부산(羅浮山)　부산(浮山)은 봉래산(蓬萊山)의 한 봉우리인데, 바다에 떠서 이르러 나산(羅山)에 붙었다. 그 봉우리 중에 빼어난 것은 비운(飛雲), 옥아(玉鵝), 회선(會仙), 회진(會眞), 금수(錦綉), 대모(玳瑁)이고, 골짜기 중에 깊은 것은 금사(金沙), 석구(石臼), 주릉(朱陵), 주명(朱明), 황룡(黃龍), 황원(黃猿), 호접(蝴蝶)이다. 또한 도어석(跳魚石), 복호석(伏虎石), 아누지(阿耨池), 야악지(夜樂池), 화수대(花首臺), 용공죽(龍公竹)이 있는데, 모두가 산의 뛰어난 승지이다. 당(唐) 안진경(顔眞卿)이 젊어서 강남(江南)의 군을 다스릴 때, 도사(道士)인 도팔(陶八)을 만났는데, 도팔이 벽하단(碧霞丹)[362] 한 도규(刀圭)[363]를 주면서 먹도록 하였고, 훗날 나부산(羅浮山)에서 서로 기다리기로 약속하였다. 후에 안진경이 노기(盧杞)[364]에게 모함을 당하여, 단거(單車)[365]로 이희렬(李希烈)[366]에게 가서 죄를 묻도록 하였다. 범수(氾水)이르러 홀연 도팔을 만났는데, 웃으면서 말하기를, "길하고 길하다"라고 하면서 숭산

358. 건도(乾道): 남송(南宋) 효종(孝宗)의 연호(1165-1173)이다.
359. 《산당사고(山堂肆考)·지리(地理)》
360. 《산당사고(山堂肆考)·지리(地理)》의 내용을 재구성한 것이다.
361. 《산당사고(山堂肆考)·지리(地理)》
362. 벽하단(碧霞丹): 약(藥)의 이름으로, 학질에 효과가 있다고 한다.
363. 도규(刀圭): 약을 담는 숟가락을 가리킨다.
364. 노기(盧杞: ?-약 785): 당대(唐代) 사람으로 자가 자량(子良)이다. 문하시랑(門下侍郞), 동평장사(同平章事) 등을 역임하였다. 재상이 되어 양염(楊炎), 안진경(顔眞卿), 이규(李揆) 등을 질투하여 해쳤다.
365. 단거(單車): 한 대의 수레라는 뜻으로, 무장한 호송병이 없는 상태를 가리킨다.
366. 이희렬(李希烈: ?-786): 당대(唐代)의 정치가이다. 검교상서우복야(檢校尙書右僕射)를 역임하였다. 반란을 일으켜 784년, 변주(汴州)에서 칭제(稱帝)하고 국호를 초(楚)라 하였다. 후에 부하에게 피살되었다.

(嵩山)을 가리키더니 잠시 후 떠나갔다. 안진경이 변주(汴洲)를 떠났는데, 이희렬이 참칭하고 사람을 시켜 근교(近郊)에서 공을 해치게 하였다. 이희렬이 패하자 조서를 내려 언사현(偃師縣)[367]에 모셔 장사를 지내게 하였다. 뒤에 상인(商人)이 나부산(羅浮山)에 갔다가 홀연 두 도인(道人)을 만났는데, 나무 아래에서 바둑을 두고 있었다. 한 도사(道士)가 웃으면서 말하기를, "편지 한 통을 부치니 우리 집에 전해주오"라고 하면서 '언사현의 북산 안진경집[언사북산안가(偃師北山顔家)]에 붙임'이라고 썼다. 상인(商人)이 가서 주소지를 알아보니 묘지였다. 노복이 편지를 받더니 크게 놀라면서 말하기를, "이것은 돌아가신 태사(太師)[368] 어른의 친필 서한입니다"라고 하였다. 자손들이 날을 가려 무덤을 파니 이미 비어 있었다. 바로 나부산(羅浮山)에 가서 찾았으나 끝내 종적이 없었다.

浮山, 蓬萊之一峯, 泛海而來, 附于羅山. 其峯之秀者曰, 飛雲·玉鵝·會仙·會眞·錦綉·玳瑁, 洞之幽者曰, 金沙·石臼·朱陵·朱明·黃龍·黃猿·蝴蝶. 又有跳魚石·伏虎石·阿耨池·夜樂池·花首臺·龍公竹, 皆山之奇勝. 唐顔眞卿, 早年, 典郡江南, 遇道士陶八, 八授與一刀圭碧霞丹, 令服之, 約他日, 相待于羅浮山. 後眞卿爲盧杞所陷, 令單車, 問罪于李希烈. 至氾水, 忽逢陶, 笑謂曰, 吉吉. 遂指嵩, 少而去. 眞卿去汴洲, 希烈僭號, 使人害公于近郊. 及希烈敗, 詔歸葬偃師. 後商人至羅浮, 忽見兩道人, 樹下圍棋. 一道士笑曰, 寄一書, 達吾家. 題寄偃師北山顔家. 商人至詢所居, 則塋庄也. 蒼頭得書, 大驚曰, 此先太師親翰也. 子孫擇日發塚, 卽已空矣. 徑往羅浮尋之, 竟無跡.[369]

소유산(小酉山) 《형주기(荊州記)》의 기록이다. 소유산(小酉山)의 돌 동굴 안에 천 권의 책이 있는데 전해지는 말로는, 옛사람이 진(秦)나라를 피하여 이곳에서 도(道)를 배우다가 그대로 남긴 것이라고 한다. 양(梁) 상동왕(湘東王)[370]의 부(賦)에, "유양산(酉陽山)[371]의 숨겨진 책을 찾는다(訪酉陽之逸典)"라고 하였는데, 이것을 일컬은 것이다.

荊州記. 小酉山石穴中, 有書千卷, 相傳, 昔人避秦, 于此學道, 因留之. 梁湘東王賦, 訪酉陽之逸典, 謂此.[372]

사적산(射的山) 회계(會稽)에 있다. 멀리서 보면 과녁과 같은데, 지역 사람들이 그것으로 쌀값을 몰래 점쳤다. 속담(俗談)에 이르기를, "사적산의 흰 곡식 한 섬은 백 금이고, 사적산의 검은 곡식 한 섬은 천 금이다"라고 하였다.

在會稽. 遠望如射侯, 土人以暗占米價. 諺云, 射的白斛一百, 射的玄斛一千.[373]

부사산(浮槎山) 여주(廬州)에 있다. 전해지는 말로는, 바다에서 떠서 왔다고 한다. 옛날에 한 스님이 이 산에 들렀다가 가리키며 말하기를, "이것은 기도산(耆闍山)[374]의 한 봉우리이다"라고 하였다. 양(梁) 무제(武帝)의 딸이 비구니가 되어 일찍이 이 산에 도림사(道林寺)를 세웠다.

在廬州. 相傳, 自海上浮來. 昔有梵僧, 過而指之曰,

367. 언사현(偃師縣): 지금의 하남성(河南省) 낙양현(洛陽縣)의 동쪽 지역이다.
368. 태사(太師): 안진경(顔眞卿)은 당(唐) 숙종(肅宗) 시절에 태자태사(太子太師)를 역임하였다.
369. 《산당사고(山堂肆考)·지리(地理)》
370. 상동왕(湘東王): 양(梁) 원제(元帝) 소역(蕭繹: 508-554)이 즉위하기 전의 봉호(封號)이다.
371. 유양산(酉陽山): 소유산(小酉山)의 다른 이름으로, 호남성(湖南省) 원릉현(沅陵縣)의 서북쪽에 있다.
372. 《산당사고(山堂肆考)·지리(地理)》
373. 《산당사고(山堂肆考)·지리(地理)》
374. 기도산(耆闍山): 중인도(中印度) 마게타국(摩揭陀國) 왕사성(王舍城) 동북쪽에 있는 영취산(靈鷲山)을 가리킨다. 석가가 설법한 곳으로 유명하다.

此者闍一峯也. 梁武帝女爲尼, 曾于此山, 建道林寺.[375]

아미산(蛾眉山) 두 산이 마주하고 있는 것이 누에나방의 촉수와 같아서 이름이 붙여졌다. 글자는 '충(虫)'을 부수로 해야지 '산(山)'을 부수로 하면 안 된다.

兩山, 對如蛾眉, 故名. 字當從虫, 不當從山.[376]

무이산(武夷山) 복건성(福建省) 숭안현(崇安縣)에 있다. 둘레는 100여 리가 된다. 일찍이 신이 이곳에 내려왔는데 스스로를 '무이군(武夷君)'이라 하였다. 또 《열선전(列仙傳)》에는, 전갱(籛鏗)[377]의 두 아들 중에 맏이가 '무(武)'이고 차남이 '이(夷)'라서 이 때문에 이름이 붙여졌다는 기록이 있다. 진시황(秦始皇) 2년 8월 15일에 무이군(武夷君)이 이곳에 술과 안주를 마련하고 고을 사람들을 모았는데, 천막 정자에 비단 지붕을 세우고 보배로 장식한 휘장을 쳤으며, 붉은 구름과 자색 노을의 깔개를 펴고 고을 사람들을 (자신의) 증손(曾孫)이라고 불렀다. 송(宋) 백옥섬(白玉蟾)[378]의 다음과 같은 시가 있다. "인간세상에서 몇 차례나 증손(曾孫)들이 늙어 갔을까? 그저 청산(靑山)은 옛부터 지금까지 그대로인데."

在福建崇安縣. 周圍百餘里. 嘗有神降于此, 自稱武夷君. 又列仙傳, 籛鏗二子, 長曰武, 次曰夷, 因以爲名. 秦始皇二年八月十五日, 武夷君置酒餚, 會鄕人于此, 建幔亭綵屋, 設寶帳, 施紅雲紫霞褥, 呼鄕人爲曾孫. 宋白玉蟾詩. 人間幾度曾孫老, 惟有靑山自古今.[379]

난가산(爛柯山) 구주(衢州)에 있다. 진(晉)나라의 나무꾼인 왕질(王質)이 산에 들어갔는데 두 동자(童子)가 바둑을 두는 것이 보였다. 왕질이 자리에 도끼를 놓고 구경하는데 동자가 그에게 대추씨 같은 것을 하나 주어 그것을 먹으니 배가 고프지 않았다. 바둑이 끝나자 동자가 그를 가리키면서 말하기를, "당신의 도끼 자루가 이미 썩었습니다"라고 하였다. 왕질이 돌아왔는데 이미 100년이 되어 더 이상 당시 사람들이 없었다.

在衢州. 晉樵者王質, 入山, 見二童子圍棋. 質置斧於坐觀之, 童子與質一物如棗核, 食之不饑. 局終, 童子指示之曰, 汝斧柯已爛矣. 質歸, 已及百年, 無復時人矣.[380]

사명산(四明山) 석굴(石窟)이 있는데 4개의 구멍에 일월성신(日月星辰)의 빛이 통과하기 때문에 사명산(四明山)이라고 하였다. 진대(秦代)에 산을 몰아 바다를 메우던 귀신이 일에 지쳐 사명동(四明洞)으로 도망해 들어와서 나가지를 않아서 '귀장산(鬼藏山)'이라는 이름이 붙게 되었다.

有石窟, 四穴通日月星辰之光, 故曰四明. 秦時, 驅山塞海鬼神, 勞役, 奔入四明洞, 不出, 因名鬼藏山.[381]

고운봉(孤雲峰)과 양각봉(兩角峰)[고운량각(孤雲兩角)] 속담(俗談)에 이르기를, "고운봉과 양각봉은 하늘과의 거리가 한 줌이다"라고 하였는데 회음후(淮陰侯)의 사당이 거기에 있다. 옛날에 한신(韓信)이 도망가는데 소하(蕭何)가 뒤쫓다가 이 산에 이르렀다. 왕인유(王仁裕)[382]가 시를 지어, "고운봉은 흥망의 계책을 가리지 않고, 양각봉은 높이 걸려

375. 《산당사고(山堂肆考)·지리(地理)》
376. 명(明) 육심(陸深), 《엄산외집(儼山外集)·촉도잡초(蜀都雜抄)》
377. 전갱(籛鏗): 요임금 시대의 은자였던 허유(許由)의 이름이다.
378. 백옥섬(白玉蟾): 송(宋) 민청인(閩淸人)으로 무이산(武夷山)에서 수도하였다. 본명(本名)은 갈장경(葛長庚)이고 백옥섬(白玉蟾)은 자신이 지은 이름이다.
379. 《산당사고(山堂肆考)·지리(地理)》의 내용을 재구성한 것이다.
380. 《산당사고(山堂肆考)·지리(地理)》의 내용을 재구성한 것이다.
381. 《천중기(天中記)·지(地)》
382. 왕인유(王仁裕: 880-956): 오대(五代)시대에 전촉(前蜀)에서 한림학사(翰林學士)를 지냈다. 저서에 《개원천보유사(開元天寶遺事)》가 있다.

머무르려는 마음을 없애네"라고 하였다.《옥당한화(玉堂閑話)》

諺云, 孤雲兩角, 去天一握, 淮陰侯廟, 在焉. 昔韓信亡去, 蕭何追及於玆山. 王仁裕題詩云, 孤雲不掩興亡策, 兩角曾懸去住心.〈玉堂閑話〉383

석경산(石鏡山) 임안(臨安) 석경산(石鏡山)의 동쪽 봉우리에는 둥근 돌이 있는데 직경이 2척(尺) 7촌(寸)이고 그 빛이 거울과 같았다. 오월(吳越)의 왕인 전류(錢鏐)가 평민일 때에 이 거울을 비쳐본 적이 있었는데, 자신의 모습과 복장을 보니 관면(冠冕)이 모두 왕자(王者)의 모습이었다.《환우기(寰宇記)》

臨安石鏡山東峯, 有圓石, 經二尺七寸, 其光如鑑. 吳越王錢鏐, 布衣時, 嘗照此鏡, 顧其形服, 皆冠冕, 如王者狀.〈寰宇記〉384

천중산(天中山) 예주(豫州)는 천지(天地)의 중앙인데, 여남(汝南)은 또 예주의 중앙이다. 여녕(汝寧)의 북쪽으로 3리(里) 되는 곳에 천중(天中)이라는 이름의 산이 있는데, 다른 이름으로 천대(天臺)라고도 한다. 예부터 그림자를 재려고 규얼(圭臬)385을 세웠는데, 이곳보다 정확한 곳이 없었다.

豫州, 天地之中, 而汝南, 又爲豫州之中. 汝寧北三里, 有山名天中, 一名天臺. 自古, 測影植圭, 莫準於此.386

떠 있는 산[부악(浮岳)] 시흥(始興)에 있다. 산에서 한 곳을 밟으면 100여 보를 움직여, 마치 물에 있는 것 같다. 그래서 부악산(浮岳山)이라 하였다.

在始興. 山躡一處, 則百餘步動, 若在水也. 因名浮岳山.387

회계(會稽) 우(禹)임금이 묘산(苗山)에 올라 크게 회계(會計)를 하여 덕(德)이 있는 사람에게 작위를 주고 공이 있는 사람에게 봉토를 주었다. 이 때문에 묘산(苗山)의 이름을 바꾸어 회계산(會稽山)이라 하였다. 산 아래에 우(禹)임금의 사당이 있는데 사당에 '성고상(聖姑像)'이 있다. 《예기(禮記)》와 《악경(樂經)》의 위서(緯書)에 이르기를, "우(禹)임금이 홍수와 가뭄을 다스릴 때, 하늘에서 신녀(神女)인 성고(聖姑)를 내려주었다"라고 하였는데 바로 그 상(像)이다. 산 위에 우임금의 능이 있는데 새가 와서 능의 풀을 뽑아 주었다. 봄에는 풀의 뿌리를 뽑고 가을에는 더러운 것을 쪼아내었다. 산의 동쪽에 우물이 있는데 깊어서 바닥이 보이지 않는다. 동쪽으로 유람하는 이들은 그 우물을 탐방하는 이들이 많다.

禹上苗山, 大會計, 爵有德, 封有功. 因而更名苗山曰, 會稽山. 下有禹廟, 廟有聖姑像. 禮樂緯云, 禹治水旱, 天賜神女聖姑, 卽其像也. 山上有禹冢, 有鳥來爲之耘. 春拔草根, 秋啄其穢. 山東有井, 深不見底. 東游者, 多探其穴.388

여산(廬山) 광속(匡俗)은 자가 자효(子孝)로, 주(周) 무왕(武王) 때 사람이다. 태어나면서부터 신령(神靈)스러웠는데 이 산에 오두막을 짓고 살았다. 뒤에 신선이 되었는데 빈 오두막은 그대로 남아 있었다. 세상에서 (그를) 여군(廬君)이라 일컬었기 때문에, (이 산을) 여산(廬山)이라 불렀다.《산기(山記)》

匡俗, 字子孝, 周武王時人. 生而神靈, 廬於此山. 後仙化, 空廬尙存. 世稱廬君, 故號廬山.〈山記〉389

여산(廬山) 정상의 한 연못 가운데에 세 개의 돌기러기가 있는데, 서리가 내리면 날아오른다. 산의 북쪽에 오로봉(五老峯)이 있는데, 여산에서 가장 험준하다. 횡으로 푸른 하늘을 가리고 있는데, 그 형세

383. 《천중기(天中記) · 지(地)》
384. 《천중기(天中記) · 지(地)》
385. 규얼(圭臬): 해의 그림자를 재는 나무말뚝이다.
386. 《천중기(天中記) · 지(地)》
387. 위(魏) 역도원(酈道元) 《수경주(水經注) · 진수(溱水)》
388. 《수경주(水經注) · 점강수(漸江水)》
389. 《천중기(天中記) · 지(地)》

가 하중(河中) 우향현(虞鄕縣)[390]의 옛 다섯 노인[오로(五老)[391]]의 모습과 같아서 붙여진 이름이다.《심양기(潯陽記)》

盧山頂上, 一池水中, 有三石雁, 霜落則飛. 山北有五老峯, 於盧山, 最爲峻極. 橫隱蒼穹, 其形勢, 如河中虞鄕縣前五老之形故名之.〈潯陽記〉[392]

큰 자라가 산을 떠받치고 있다[거오대산(巨鰲戴山)] 발해(渤海)의 동쪽에 큰 바다가 있고 그 안에 대여(岱輿), 원교(員嶠), 방호(方壺), 영주(瀛洲), 봉래(蓬萊)의 다섯 산이 있다. 누대와 집은 모두 금과 옥으로 되어있고, 사는 사람들은 모두 신선과 성인의 무리이다. 다섯 산의 뿌리는 매여 있지 않기 때문에, 상제(上帝)는 서쪽 끝으로 떠내려갈까 염려되어 큰 자라 15마리로 그것들을 떠받치고 있게 하였다.

渤海之東, 有大壑, 中有五山, 岱輿·員嶠·方壺·瀛洲·蓬萊. 臺觀, 皆金玉, 所居之人, 皆仙聖之種. 五山之根, 無所連著, 帝恐流於西極, 使巨鰲十五戴之.[393]

우공(愚公)이 산을 옮기다[우공이산(愚公移山)] 태행산(太行山)과 왕옥산(王屋山)의 두 산은 사방이 700리이고 높이가 만 길이었다. 우공(愚公)이 막 나이 90이 되었는데 산을 마주하고 살다 보니 이 산이 싫어져 옮기려고 하였다. 상제는 그의 정성에 감동하여 과아씨(夸娥氏)의 두 아들에게 명하여, 두 산을 져다가 하나는 삭방(朔方)의 동쪽에 두고, 하나는 옹주(雍州)의 남쪽에 두도록 하였다.

太行·王屋二山, 方七百里, 高萬仞. 愚公且九十, 面山居, 惡此山, 將移之. 帝感其誠, 命夸娥氏二子負山, 一措朔東, 一措雍南.[394]

현산(峴山)에 비를 세우다[입비현산(立碑峴山)] 양호(羊祜)[395]가 종사관 추윤보(鄒潤甫)와 현산(峴山)에 올랐는데, 눈물을 흘리면서 말하기를, "우주가 있은 이래로 이 산도 존재했다. 그 후로 어질고 통달한 이들, 뛰어난 선비가 이곳에 올라 멀리 바라본 자가 많았을 텐데 모두 알려진 것도 없이 사라졌구나"라고 하였다. 추윤보가 말하기를, "훌륭한 공께서 덕은 온 세상에 으뜸이고 도는 이전의 현철(賢哲)을 계승하시었으니 아름다운 소문과 아름다운 명성이 이 산과 함께 전해질 것입니다"라고 하였는데, 후인들이 그를 위해 사당과 비를 세웠다.

羊祜, 與從事鄒潤甫, 登峴山, 垂泣曰, 自有宇宙, 便有此山. 由來, 賢達勝士, 登此遠望者, 多矣, 皆湮滅無聞. 潤甫曰, 明公, 德冠四海, 道嗣前哲, 令聞令望, 當與此山俱傳. 後人爲立廟及碑.[396]

산을 유람하면서 이름을 쓰다[유산제명(遊山題名)] 장자후(章子厚)[397]가 소자첨(蘇子瞻)과 함께 남산(南山)을 유람하다가 선유담(仙遊潭)의 위에 이르렀는데, 절벽이 만 길이고 언덕이 매우 험했다. 자후가 자첨을 밀면서 연못으로 내려가 절벽에 이름을 쓰라고 하자 자첨은 감히 내려가지 못하였다. 자후가 험한 곳을 밟고 내려가 검은 먹으로 붓을 적셔 돌 절벽

390. 우향현(虞鄕縣): 지금의 산서성(山西省) 영제현(永濟縣)의 동쪽 지역이다.
391. 오로(五老): 신화전설(神話傳說)에 나오는 오성(五星)의 신이다. 《죽서기년(竹書紀年)》 권상에 "率舜等升首山, 遵河渚, 有五老游焉, 蓋五星之精也"라고 하였다.
392. 《태평어람(太平御覽)·지부(地部)》
393. 《열자(列子)·탕문(湯問)》의 내용을 재구성한 것이다.
394. 《열자(列子)·탕문(湯問)》의 내용을 재구성한 것이다.
395. 양호(羊祜: 221-278): 위(魏), 서진(西晉)시대 사람으로 양조(兩朝)에서 여러 관직을 거쳤는데 청렴(淸廉)으로 이름이 높았다. 정남대장군(征南大將軍)이 되어 오(吳)를 멸망시킬 준비를 하다가 죽었으며, 직위와 임무는 두예(杜預)에게 계승되었다.
396. 《진서(晉書)·양호전(羊祜傳)》의 내용을 재구성한 것이다.
397. 장자후(章子厚: 1035-1106): 송대(宋代) 사람인 장돈(章惇)으로, 자후(子厚)는 그의 자이다. 철종(哲宗) 시기에 상서좌복야겸문하시랑(尙書左僕射兼門下侍郞)을 역임하였는데, 사람들을 해친 일이 많다.

위에, "소식(蘇軾)과 장돈(章惇)이 오다"라고 크게 썼다. 자첨이 자후의 등을 어루만지며 말하기를, "그대는 반드시 사람을 죽일 수 있을 것이다"라고 하였다. 자후가, "어째서인가?"라고 묻자 자첨이, "스스로 명을 결단할 수 있는 사람은 사람을 죽일 수 있다"라고 하니, 자후가 크게 웃었다.

章子厚, 與蘇子瞻, 遊南山, 抵仙遊潭之上, 絶壁萬仞, 岸甚險. 子厚推子瞻, 下潭書壁, 子瞻不敢. 子厚履險而下, 以漆墨濡筆, 大書石壁上曰, 蘇軾章惇來. 子瞻撫子厚背曰, 子厚必能殺人. 子厚曰, 何也. 子瞻曰, 能自判命者, 能殺人. 子厚大笑.[398]

천하의 명산[천하명산(天下名山)] 천하의 명산이 여덟 곳이다. 다섯 곳은 중국에 있으니 태산(泰山), 화산(華山), 소실산(少室山), 태실산(太室山), 수양산(首陽山)이고 세 곳은 중국 밖의 이민족 지역에 있다.

天下名山, 八. 五在中國, 泰山·華山·少室·太室·首陽, 三在外夷.[399]

태화산(太華山)은 험준하고 가파르며, 아미산(峨眉山)은 신묘하고 빼어났다. 무당산(武當山)은 크고 아름다우며, 천대산(天臺山)은 아득하고 깊다. 안탕산(雁宕山)과 무이산(武夷山)은 공교롭고 계림(桂林)은 깊으며, 형악(衡岳)은 빼어났고 종남산(終南山)은 드넓다. 태행산(太行山)은 비스듬하고 삼협(三峽)은 깎아질렀으며 금산(金山)은 우뚝 솟았고 무림(武林)의 서산(西山)은 흙과 나무의 도움을 받았다. 태산(泰山)과 여산(廬山)은 백중지간이고 북악(北岳)은 숭고(崧高)에 미치지 못한다. 오대산(五臺山)은 왕옥산(王屋山)보다 뛰어나고 안탕산(雁宕山)은 물이 없으며 무이산은 배를 띄울 만하다. 멀리 보는 것은 아미산이고 높이 오르는 것은 태화산이다.

太華險絶, 峨眉神奇. 武當偉麗, 天臺幽邃. 雁宕·武夷工巧, 桂林空洞, 衡岳挺秀, 終南曠蕩. 太行逶迤, 三峽峭削, 金山孤絶, 武林西山, 借土木之助. 太岱·匡廬, 在伯仲之間, 北岳不及崧高. 五臺勝於王屋, 雁宕無水, 武夷可舟. 望遠則峨眉, 登高則太華.[400]

돌 石

- 《박물지(博物志)》의 기록이다. 땅은 돌로 뼈대를 삼는다.

  博物志. 地以石爲之骨.[401]

- 산(山)의 몸체를 돌[석(石)]이라 하고, 산에 큰 돌이 많은 것을 '각(礐)'이라고 한다. '각(礐)'은 '학(學)'이니, 큰 돌들의 모습이 학학연(學學然)[402]한 것이다. 산에 작은 돌이 많은 것을 '오(磝)'라고 한다. '오(磝)'는 '요(堯)'이니, 돌들이 모두 요요(堯堯)[403]하게 홀로 있으면서 드러난 것이다. '력(礫)'은 작은 돌(자갈)이다.《석명(釋名)》

  山體曰石, 山多大石曰礐. 礐, 學也, 大石之形, 學學然. 山多小石曰磝. 磝, 堯也, 每石堯堯獨處而出見也. 礫, 小石也.〈釋名〉[404]

- '뢰(磊)'는 돌이 많은 것이고, '탕(碭)'은 무늬가 있는 돌이다.《설문해자(說文解字)》

398. 《송사(宋史)·간신열전(姦臣列傳)·장돈(章惇)》의 내용을 재구성한 것이다.
399. 《사기(史記)·봉선서(封禪書)》의 내용을 재구성한 것이다.
400. 출전이 자세하지 않다.
401. 《천중기(天中記)·석(石)》
402. 학학연(學學然): 산에 큰 돌들이 많은 모습이다.
403. 요요(堯堯): 매우 높은 모습이다.
404. 《석명(釋名)·석산(釋山)》의 내용을 재구성한 것이다.

磊, 衆石也, 碣, 文石也.〈說文〉405

• 낭간석(琅玕石)은 진주같이 생겼다. 주(注)의 기록이다. 무부석(碔砆石)은 옥(玉)같이 생겼다.《광아(廣雅)》

琅玕石, 似珠也. 注. 碔砆石, 似玉也.〈廣雅〉406

• 물거품이 부석(浮石)이 된다.《포박자(抱朴子)》

水沫爲浮石.〈抱朴子〉407

• 돌이 풀어져 부서지는 것을 '륵(泐)'이라고 한다.《주례(周禮)》

石解散曰泐.〈周禮〉408

• 《주례(周禮) · 대사구(大司寇)》의 기록이다. 가석(嘉石)409으로 피민(罷民)410을 다스렸으니, 죄가 있는 자들을 가석(嘉石)에 앉게 하였다. 폐석(肺石)411으로 곤궁한 백성들에게 뜻을 전하게 하였으니, 외로운 자나 노약자 가운데 윗사람에게 말을 아뢰려고 하지만 전하지 못하는 자들은 폐석(肺石)에 서도록 하였다. 주(注)의 기록이다. 가석(嘉石)은 무늬가 있는 돌이고, 폐석(肺石)은 붉은 돌이다.

周禮大司寇. 以嘉石, 平罷民, 有罪者坐諸嘉石. 以肺石, 達窮民, 凡煢獨老幼之欲復於上, 而未達者, 立於肺石. 注. 嘉石, 文石也, 肺石, 赤石也.412

• 돌은 다른 이름으로 운근(雲根)이라고 한다. 고시(古詩)에 "거뭇거뭇 돌이 펼쳐져 있고, 빽빽하게 빗발이 날린다"라고 하였는데, 구름이 돌에서 생기기 때문에 이름이 붙여진 것이다.

石, 又名雲根. 古詩, 黕黕布雲根, 森森散雨足. 蓋雲生於石, 故名.413

• 《물리론(物理論)》의 기록이다. 흙의 정기(精氣)가 돌이니, 돌은 정기의 핵심이다. 정기가 돌을 내는 것은, 사람의 근육과 경락이 손톱과 이빨을 내는 것과 같다.

物理論. 土精爲石, 石, 氣之核也. 氣之生石, 猶人筋絡之生瓜牙也.414

• 《주역(周易)》의 기록이다. 간(艮)은 산이고 작은 돌[소석(小石)]이다. 돌은 음(陰) 가운데의 양(陽)이고, 양(陽) 가운데의 음(陰)이다. 음(陰)의 정기(精氣)가 양(陽)을 보충하기 때문에 산은 돌을 간직하고 있다.《춘추설제사(春秋說題辭)》

周易. 艮爲山, 爲小石. 石, 陰中之陽, 陽中之陰. 陰精補陽, 故山含石.〈春秋題辭〉415

• 진흙을 구워 기와를 만들고 나무를 태워 숯을 만들며, 벌집으로 밀랍을 만들고 물거품으로 돌을 만든다. 이것들은 모두 부드럽고 약한 것이 변하여 단단하고 굳은 것이 된 것이다. 또 말하기를, "자석(磁石)은 바늘[針]을 끌어당긴다"라고 하였다.《포박자(抱朴子)》

燒泥爲瓦, 燔木爲炭, 蜂窠爲蠟, 水沫爲石. 凡此, 皆其柔脆變爲堅剛. 又曰磁石引針.〈抱朴子〉416

• 송(宋)나라에 돌이 떨어졌는데 5개였다. 운성(隕

405. 《설문해자(說文解字) · 석부(石部)》
406. 《초학기(初學記) · 지부(地部)》
407. 《초학기(初學記) · 지부(地部)》《포박자(抱朴子)》에는 이와 같은 기록이 없다.
408. 《주례(周禮) · 동관고공기(冬官考工記)》 주(注).
409. 가석(嘉石): 무늬가 있는 돌이다. 옛날에 조정의 문 왼쪽에 두어 가벼운 죄를 지은 사람에게 명하여 그곳에 앉아 지나는 사람들이 볼 수 있도록 하였다.
410. 피민(罷民): 교화를 따르지 않고 힘써 일하지 않는 백성을 가리킨다.
411. 폐석(肺石): 폐(肺) 모양의 붉은 돌이다. 옛날에 조정의 문밖에 두어 하소연할 말이 있는 사람들로 하여금 치도록 하였다.
412. 《주례(周禮) · 추관(秋官) · 대사구(大司寇)》의 내용을 재구성한 것이다.
413. 《산당사고(山堂肆考) · 지리(地理)》
414. 《산당사고(山堂肆考) · 지리(地理)》
415. 《고미서(古微書) · 춘추설제사(春秋說題辭)》
416. 《고금사문유취(古今事文類聚) · 지리부(地理部)》

星)이었다.《춘추좌전(春秋左傳)》

隕石于宋, 五. 隕星也.〈左〉417

• 사수(泗水)의 물가에 떠 있는 경쇠이다. 주(注)의 기록이다. 물 가운데에 돌이 보이는데 경쇠를 만들 수 있다.《서경(書經)》

泗濱浮磬. 注, 水中見石, 可以爲磬.〈書〉418

• 그 공물(貢物)은 괴이한 돌이다.〈우공(禹貢)·청주(靑州)〉

厥貢怪石.〈禹貢靑州〉419

• 돌이 옥을 지니고 있으면 산이 빛난다.《문중자(文中子)》

石韞玉, 而山輝.〈文中子〉420

• 유주(流洲)는 서해 가운데에 있는데, 위에 쌓인 돌이 많다. 이름이 곤오석(昆吾石)인데, 제련하여 철(鐵)을 만든다. 칼을 만들면 빛이 두루 비치는 것이 수정(水精)의 모습과 같으며, 옥을 자르는 것이 진흙을 베는 것과 같다.《해내십주기(海內十洲記)》

流洲在西海中, 上多積石. 名爲昆吾石, 冶成鐵. 作劍, 光明洞照, 如水精狀. 割玉物, 如切泥土.〈十洲記〉421

• 타석(㯐石)['㯐'는 음이 '타(妥)'이다.]은 둥글고 긴데, 물을 맑게 하여 탁해지지 않게 한다. 그 물을 써서 차를 끓인다.

㯐〈音妥〉石, 員而長, 所以澄水不濁. 用之煑茶.422

• '석(石)'은 '엄(厂)'의 아래에 있다. '구(口)'는 모양을 본뜬 것이다.《설문해자(說文解字)》

石, 在厂之下. 口, 象形.〈說文〉423

돌이 말을 하다[석언(石言)] 진(晉)나라 위유(魏楡)에서 돌이 말을 하였다. 진의 임금이 사광(師曠)에게 묻기를, "돌이 무슨 까닭으로 말을 했을까?"라고 하였다. 사광이 대답하기를, "돌은 말을 하지 못합니다. 혹시 무엇이 붙었거나 아니면 백성이 잘못 들었을 것입니다. 그러나 신이 또 듣기에, '일을 일으키는 것이 때에 맞지 않아 원망이 백성들을 동요시키면 말하는 것이 아닌 것이라도 말하는 일이 있다'고 하였습니다"라고 하였다.《춘추좌전(春秋左傳)》

石言於晉魏楡. 晉侯問於師曠曰, 石何故言? 對曰, 石不能言. 或憑焉, 不然民聽濫也. 抑臣又聞之, 曰, 作事不時, 怨讟動小民, 則有非言之物而言.〈左〉424

연석(燕石: 연산에서 나는 돌)을 보배로 여기다[보연석(寶燕石)] 송(宋)의 어리석은 사람이 연석(燕石)을 얻어서 보관하면서 보배로 여겼다. 주(周)나라의 손님이 소문을 듣고 그것을 보러 갔다. 주인은 7일 동안 재계한 뒤 단면(端冕)을 쓰고 현복(玄服)을 입고 보배를 꺼내는데, 가죽으로 만든 함이 열 겹이나 되고 비단 천으로 열 번을 감아 놓았다. 손님이 그것을 보고 입을 가리고 웃으면서 말하기를, "이것은 연석(燕石)으로 기와나 벽돌과 다르지 않소"라고 하였다.《순자(荀子)》

宋之愚人, 得燕石, 而藏之, 以爲寶. 周客聞, 而觀焉. 主人齋七日, 端冕玄服, 以發寶, 革匱千重,425 緹巾十襲. 客見之, 掩而笑曰, 此燕石也, 其與瓦甓, 不殊.〈荀子〉426

돌을 쏘다[사석(射石)] 초(楚)의 웅거자(熊渠子)가

417. 《춘추좌전(春秋左傳)·희공(僖公)·16년》: "隕石于宋, 五"가 경문(經文)이고, "隕星也"가 좌전(左傳)의 설명이다.
418. 《서경(書經)·하서(夏書)·우공(禹貢)》
419. 《서경(書經)·하서(夏書)·우공(禹貢)》의 내용을 재구성한 것이다.
420. 《고금사문유취(古今事文類聚)·지리부(地理部)》
421. 《해내십주기(海內十洲記)·유주재서해(流洲在西海)》의 내용을 재구성한 것이다.
422. 청(淸) 진원룡(陳元龍), 《격치경원(格致鏡原)·곤여류(坤輿類)》
423. 《설문해자(說文解字)·석부(石部)》
424. 《춘추좌전(春秋左傳)·희공(僖公)·8년》
425. '千重'은, 《고금사문유취(古今事文類聚)·지리부(地理部)》에는 '十重'으로 되어 있다.
426. 《순자(荀子)》에는 이와 같은 기록이 없다. 《고금사문유취(古今事文類聚)·지리부(地理部)》에 보인다.

밤에 길을 가다가, 가로 놓인 돌을 보고 엎드려 있는 호랑이로 착각하고 활을 당겨 쏘았는데 살촉이 박혔고 깃털까지 들어갔다. 내려다보고서 돌인 것을 알고 다시 활을 쏘니 화살은 부러지고 흔적도 생기지 않았다.〈이광(李廣)의 일과 같다.〉

楚熊渠子, 夜行見寢石, 以爲伏虎, 彎弓而射之, 沒金飮羽. 下視, 知其石也, 因復射之, 矢摧無迹.〈李廣事, 同.〉[427]

후주(後周)의 이원(李遠)[428]은 이릉(李陵)의 후손이다. 일찍이 사책(莎柵)[429]에서 사냥을 하다가 돌을 보고 엎드린 토끼로 생각하고 활을 쏘았는데 화살촉이 1촌 남짓이나 들어갔다. 태조가 특별하게 여겼다.

後周李遠, 陵之後. 嘗獵莎柵, 見石, 以爲伏免, 射之, 镞入寸餘, 周文異之.[430]

돌을 매질하여 다리를 놓다[편석작교(鞭石作橋)] 진시황(秦始皇)이 돌다리를 놓아 바다를 지나서 해가 나오는 곳을 보고자 하였다. 돌을 부릴 수 있는 신인(神人)이 있어 바다로 내려가는데, 돌들이 따라가는 것이 빠르지 않으면 신인은 번번이 매질을 하였고 돌들은 모두 피를 흘렸다.

秦始皇作石橋, 欲過海, 看日出處. 有神人, 能驅石, 下海, 石去不速, 神輒鞭之, 石皆流血.[431]

울림석(鬱林石) 당(唐) 육구몽(陸龜蒙)[432]은 대대로 고소(姑蘇)[433]에 살았는데 문에 큰 돌이 있었다. 먼 조상인 적(績)이 오(吳)나라에서 벼슬하여 울림(鬱林)[434]의 태수를 지냈다. 그만두고 돌아올 때 짐이 없어서 배가 가벼워 바다를 지날 수 없자 돌을 실어 무겁게 하였다. 사람들이 그의 청렴을 칭송하여 그 돌을 '울림석(鬱林石)'이라고 하였다.

唐陸龜蒙, 世居姑蘇, 問[435]有巨石. 遠祖績, 仕吳爲鬱林太守. 罷歸無装, 舟輕不可越海, 取石爲重. 人稱其廉, 號鬱林石.[436]

돌로 만든 북과 오동나무로 만든 물고기[석고동어(石鼓桐魚)] 진(晉) 무제(武帝) 시절에 오군(吳郡)의 임평(臨平)[437]에서 언덕이 무너졌는데 돌로 만든 북이 하나 나왔다. 쳐도 소리가 나지 않아 장화(張華)[438]에게 묻자 장화가 대답하기를, "촉(蜀) 지역에서 나는 오동나무를 가져다 물고기 모양으로 깎아 북을 치면 소리가 날 것이다"라고 하였다. 이에 그의 말대로 하니 소리가 10리까지 들렸다.

晉武帝時, 吳郡臨平, 岸崩, 出一石鼓. 打之無聲, 以問張華, 華曰, 可取蜀中桐材, 刻作魚形, 叩之則鳴. 於是如言, 聲聞十里.[439]

중서성(中書省)의 너럭바위[중서반석(中書盤石)]

---

427. 《수신기(搜神記)》 권11.
428. 이원(李遠: 507-557): 북주(北周) 농서인(隴西人)으로 자가 만세(萬歲)이다. 전쟁에서 많은 공을 세웠고 상서좌복야(上書左僕射)를 역임하였다.
429. 사책(莎柵): 지금의 하남(河南) 낙영현(洛寧縣)의 서남지역이다.
430. 《주서(周書)·이원열전(李遠列傳)》에, "嘗校獵於莎柵, 見石于叢蒲中, 以爲伏免, 射之而中, 镞入寸餘. 就而視之, 乃石也. 太祖聞而異之"로 되어 있는 내용을 재구성한 것이다.
431. 《금수만화곡(錦繡萬花谷)·산악(山嶽)》
432. 육구몽(陸龜蒙: ?-881): 당(唐) 말기의 문학가로 자는 노망(魯望)이다. 젊어서 종사(從事) 등의 낮은 관직을 지냈고 만년에는 은거하면서 전원생활과 강남지역의 풍경을 시로 표현해 내었다.
433. 고소(姑蘇): 지금의 강소성(江蘇省) 소주시(蘇州市)이다.
434. 울림(鬱林): 지금의 광서성(廣西省) 귀항시(貴港市)의 동남지역이다.
435. '問'은, 《신당서(新唐書)·은일전(隱逸傳)·육구몽전(陸龜蒙傳)》에는 '門'으로 되어 있다.
436. 《신당서(新唐書)·은일전(隱逸傳)·육구몽(陸龜蒙)》
437. 임평(臨平): 지금의 하북(河北) 진현(晉縣)의 동남지역이다.
438. 장화(張華: 232-300): 위진(魏晉)시기의 문학가로 자는 무선(茂先)이다. 황문시랑(黃門侍郎), 사공(司空)의 벼슬을 역임하였고 《박물지(博物志)》를 편찬하였다.
439. 《진서(晉書)·장화열전(張華列傳)》

설원초(薛元超)[440]는 설도형(薛道衡)[441]의 손자이다. 중서사인(中書舍人)이 되었는데 중서성(中書省)에 너럭바위가 하나 있었다. 전에 설도형이 내사시랑(內史侍郎)일 때에 항상 걸터앉아 조서(詔書)를 지었다. 설원초가 다시 이 돌을 보고 줄줄 눈물을 흘리지 않는 적이 없었다.

薛元超, 道衡孫也. 爲中書舍人, 中書有一盤石. 初道衡爲內史侍郎, 常踞而草制. 元超再見此石, 未嘗不泫然流涕.[442]

취석(醉石) 도연명(陶淵明)이 살았던 율리(栗里)에 큰 돌이 있다. 도연명이 일찍이 그 위에서 취하여 잠을 자서 취석(醉石)이라고 이름이 붙었다.

陶淵明所居栗里, 有大石. 淵明嘗醉眠其上, 名曰醉石.[443]

술을 깨게 하는 돌[성주석(醒酒石)] 이덕유(李德裕)[444]가 평천(平泉)의 별장에 천하의 진귀한 수목과 괴석(怪石)을 갖다놓고 동산과 연못의 즐거움으로 삼았다. 술을 깨게 하는 돌[성주석(醒酒石)]이 있었는데 이덕유가 특히 귀하게 여기고 아낀 것으로, 술에 취하면 그곳에 걸터앉곤 하였다.

李德裕, 於平泉別墅, 採天下珍木怪石, 爲園池之玩. 有醒酒石, 德裕尤所寶惜, 醉則踞之.[445]

이덕유가 자손들에게 훈계하기를, "평천(平泉)의 별장을 파는 자는 나의 자손이 아니고, 나무 하나, 돌 한 개를 남에게 주는 자는 훌륭한 자식이 아니다"라고 하였다.

德裕戒子孫曰, 鬻平泉者, 非吾子孫也, 以一樹一石, 與人者, 非佳子弟也.[446]

후당(後唐) 장종(莊宗) 시절에 장전의(張全義)가 대사상서령겸사진절도(大師尙書令兼四鎭節度)가 되었는데 감군(監軍) 가운데 평천(平泉)의 성주석(醒酒石)을 얻은 자가 있었다. 이덕유의 손자인 이연고(李延古)가 장전의에게 부탁하여 그것을 다시 찾으려고 하자, 감군(監軍)이 화를 내면서 말하기를, "황소(黃巢)의 난리 이후로 낙양(洛陽)의 동산과 집을 지키지도 못했으면서 어찌 평천의 돌 하나만을 찾으려고 하는가"라고 하였다. 장전의가 일찍이 적의 소굴에 있을 때 자신을 비판하였다고 생각하여 크게 화를 내면서 그[감군(監軍)]를 매질하여 죽였다.

唐莊宗時, 張全義爲大師尙書令兼四鎭節度, 有監軍嘗得平泉醒酒石. 德裕孫延古, 託全義, 復求之, 監軍忿然曰, 自黃巢亂後, 洛陽園宅, 無復能守, 豈獨平泉一石哉. 全義嘗在賊巢中, 以爲譏已, 大怒, 笞殺之.[447]

무늬가 있는 돌을 삼키다[탄문석(呑文石)] 홍성자(弘成子)[448]에게 어떤 사람이 무늬가 있는 돌[문석(文石)]을 주었는데, 그것을 삼키고 마침내 큰 학자가 되었다. 뒤에 홍성자가 병이 깊어져 문석을 토해내어 오록충종(五鹿充宗)[449]에게 주니, 그 또한 이름

440. 설원초(薛元超: 622-683): 당(唐) 태종(太宗), 고종(高宗) 시대에 여러 벼슬을 역임하였고《진서(晉書)》를 짓는 데 참여하였다.
441. 설도형(薛道衡: 540-609): 수(隋)대의 시인으로 자는 현경(玄卿)이다. 규정(閨情)을 읊은 시와 변새시(邊塞詩)를 많이 지었다.
442.《구당서(舊唐書)·설원초열전(薛元超列傳)》의 내용을 재구성한 것이다.
443.《고금사문유취(古今事文類聚)·지리부(地理部)》
444. 이덕유(李德裕: 787-850): 당(唐) 말기의 정치가로 자는 문요(文饒)이다. 재상 이길보(李吉甫)의 아들로 병부상서(兵部尙書), 중서문하평장사(中書門下平章事) 등을 역임하였다.
445.《고금사문유취(古今事文類聚)·지리부(地理部)》
446.《고금사문유취(古今事文類聚)·지리부(地理部)》
447.《오대사(五代史)·장전의열전(張全義列傳)》의 내용을 재구성한 것이다.
448. 홍성자(弘成子): 오록충종(五鹿充宗)의 스승이다.
449. 오록충종(五鹿充宗): 서한(西漢)시대 사람이다. '오록(五鹿)'은 복성(複姓)이고 충종(充宗)이 이름이며 자는 군맹(君孟)이다. 양구하(梁丘賀)의《역(易)》에 뛰어났다.

난 학자가 되었다.

弘成子, 有人授文石, 呑之, 遂爲通儒. 後成子病, 吐出文石, 以授五鹿充宗, 又爲名學.[450]

베틀을 받친 돌[지기석(支機石)] 어떤 사람이 황하(黃河)의 근원을 찾아 나섰다가 비단을 빠는 부인을 만났는데, (부인이 그에게) 돌을 하나 주었다. 돌아와 엄군평(嚴君平)[451]에게 물으니 "이것은 직녀(織女)가 베틀을 받치던 돌이다"라고 하였다.《신이경(神異經)》

有人尋河源, 見婦人浣紗, 乃與一石. 歸問於君平, 曰, 此織女支機石.〈神異經〉[452]

별이 떨어져서 된 돌[낙성석(落星石)] 별이 물에 떨어져 돌이 되었는데, 팽려호(彭蠡湖)의 굽이에 있다.

星墜水爲石, 在彭蠡灣中.[453]

강간석(康干石) 회흘(回紇)의 발야고(拔野古)에 강간하(康干河)가 있다. 잘라진 소나무를 던져 놓은 지 3년 만에 변하여 돌이 되었는데, 색이 파랗고 마디와 결이 그대로 있었다.《백공육첩(白孔六帖)》

回紇拔野古, 有康干河. 斷松, 投之三年, 化爲石, 色蒼, 節理猶在.〈孔帖〉[454]

송풍석(松風石) 당(唐) 무종(武宗)[455] 시절에, 부여국(夫餘國)에서 송풍석(松風石)을 바쳤는데 사방 1장(丈)이었고 안에 마른 소나무가 있었다. 한 여름에 실랑실랑 시원한 바람이 그 사이에서 일었다.《두양잡편(杜陽雜編)》

武宗時, 夫餘國貢松風石, 方一丈, 中有枯松. 盛夏, 颯颯涼飀, 生於其間.〈杜陽編〉[456]

사람이 돌로 바뀌다[인화석(人化石)] 조환(曹煥)이 숭산(嵩山)을 유람하다가 유(劉)씨 도사를 만났다. 돌 위에 두 다리를 뻗고 앉아 일찍이 남들과 말을 나누지 않았는데, 조환에게 이르기를, "나와 그대는 아무 해 아무 달 아무 날에 함께 신청동(神淸洞)에 모일 텐데, 나는 그날에 돌로 변할 것이다"라 하고는 다시 앉아 말을 주고받지 않았다. 뒤에 과연 돌 위에서 변하였는데 이를 '삼생석(三生石)'이라고 하였다.《구타화기(仇他華記)》

曹煥遊嵩山, 遇老劉道士. 盤礴石上, 未嘗與人語, 謂煥曰, 我與汝, 以某年月日, 同集神淸洞, 我當以某日, 化爲石. 復坐不語. 後果化於石上, 謂之三生石.〈仇他華記〉[457]

무창산(武昌山)의 북쪽에서, 절개가 곧은 한 부인이 부역에 종사하러 가는 남편을 전송하면서, 이 산에 이르렀다. 선 채로 그 남편을 기다리다가 죽어서 돌이 되었으니, 그것을 '망부석(望夫石)'이라고 하였다.《신이경(神異經)》

武昌山北, 一貞婦, 送其夫從役, 至此山. 立望其夫, 死化爲石, 謂之望夫石.〈神異經〉[458]

450.《산당사고(山堂肆考)·인품(人品)》

451. 엄군평(嚴君平): 서한(西漢)시대 촉군(蜀郡) 사람으로 이름이 준(遵)이다. 평생 벼슬하지 않고 사람들에게 복서(卜筮)의 점을 쳐 주어 생계를 유지하였다.《노자(老子)》 읽기를 좋아하여《도덕진경지귀(道德眞經指歸)》를 저술하였다.

452.《산당사고(山堂肆考)·천문(天文)》에, "西漢, 張騫, 八月十三日, 乘舟遊黃河, 至暮, 誤泛入天河, 見一女浣紗. 騫問曰, 此何地也. 女人授一石與騫, 謂曰, 汝歸, 問成都賣卜嚴先生. 旣歸, 持石, 問嚴君平. 君平曰, 此, 織女支機石也. 汝, 何得來. 騫告其故, 平曰, 我見彼日, 客星犯斗牛之間. 騫曰, 是矣. 正其時也"로 되어 있는 내용을 재구성한 것이다.

453.《여산기(廬山記)》 권3.

454.《신당서(新唐書)·회흘열전(回鶻列傳)》에는, "拔野古…有川曰, 康干河. 斷松, 投之三年, 輒化爲石, 色蒼, 緻然節理猶在, 世謂康干石者"라고 하였다.

455. 무종(武宗): 당(唐) 제17대 황제로, 연호는 회창(會昌: 841-846)이다.

456.《천중기(天中記)·석(石)》에는, "會昌初, 夫餘國貢松風石, 方一丈, 瑩徹如玉. 其中有樹形, 若古松偃. 盖颯颯焉, 而涼飀生於其間. 至盛夏, 上令置諸殿內, 稍稍秋氣飅飅, 即令撤去"라고 하였다.

457. 송(宋) 증조(曾慥)《유설(類說)》 권10의 내용을 재구성한 것이다.

458.《천중기(天中記)·석(石)》의 내용을 재구성한 것이다.

영벽현의 돌[영벽석(靈壁石)] 정화(政和)[459] 연간에 간악(艮嶽)[460]을 세우고 특이한 꽃과 기이한 돌을 동남(東南)으로부터 들여왔는데, 이름붙여 형용할 수가 없었다. 갑자기 영벽현(靈壁縣)에서 큰 돌 하나를 바쳤는데, 높이가 20여 척이고 둘레도 그와 비슷하였다. 주위에서 좋다고 하여 배에 실어 도성에 이르렀으나 수문(水門)의 문루를 헐고 들이는데 1,000명의 인부가 들어도 움직이지 않았다. 어떤 사람이 황제에게 아뢰기를, "이것은 신령스런 물건이니 마땅히 표장하여 특별하게 다루어야 합니다"라고 하였다. 유릉(裕陵)[461]이 친히 붓을 놀려, '상서로운 구름에 만 가지 자태의 기이한 봉우리'라고 쓰고 금 줄 하나를 그 위에 걸었다. 비로소 옮길 수 있었는데 인부를 반으로 줄이고도 바로 동산 안으로 옮겼다.《휘진록(揮麈錄)》

政和間, 建艮嶽, 異花奇石, 來自東南, 不可名狀. 忽靈壁縣, 貢一巨石, 高二十餘尺, 周圍稱是. 舟載至京師, 毁水門樓以入, 千夫舁之, 不動. 或啓于上云, 此神物也, 宜表異之. 裕陵親灑宸翰云, 慶雲萬態奇峯. 仍以金帶一條, 掛其上. 遂卽可移, 省夫半, 頃刻至苑中.〈揮麈錄〉[462]

세 개의 돌이 꿈에 나타나다[삼석현몽(三石見夢)] 금릉(金陵)에 세 개의 큰 돌이 있는데 매우 오래되었다. 오중서(吳仲庶)가 수령이 된 날, 밤에 꿈을 꾸는데 세 명의 거자(擧子)[463]가 사정을 하면서 또 말하기를, "만약 보살핌을 내려주지 않으신다면 내일 재가 될 것입니다"라고 하였다. 공이 매우 이상하게 여기고 아침 일찍 아래 관속들에게 두루 물었으나 그 뜻을 알아 낼 수 있는 자가 없었다. 얼마 후 공문을 살피다가 병마사(兵馬司)가 장계(狀啓)를 올려 세 개의 큰 돌을 태워 재로 만들어 공사에 쓰기를 청한 것을 보았다. 공이 마침내 깨닫고 절의 스님에게 잘 보호하라고 단속하였다. 원우(元祐)[464] 연간에 모점(毛漸)이 조운사(漕運司)가 되어 그 돌을 관사로 옮기려고 하여 땅을 팠으나 너무 깊었고 돌의 뿌리를 자를 수도 없어 움직일 수 없었고 결국 그만두었다.《양공필록(楊公筆錄)》

金陵有三大石, 甚古. 吳仲庶作守日, 夜夢三擧子求哀, 且曰, 若不垂祐, 明日當爲煨燼矣. 公甚異之, 詰旦, 徧問僚屬, 莫能原其意. 旣而, 視其牒, 見兵馬司狀申乞燒三醜石爲灰, 供脩造之用. 公遂悟, 勅寺僧愛護. 元祐中, 毛漸作漕, 欲移置廨舍, 掘之極深, 而石根不斷, 不能動, 遂罷.〈楊公筆錄〉[465]

기이한 돌에 절하다[배기석(拜奇石)] 미불(米芾)[466]은 기이한 것을 좋아하였다. 무위현(無爲縣)의 군대를 맡아 처음으로 주(州)의 관청에 들어가는데, 서 있는 돌이 자못 기이한 것을 보고 좋아하면서 말하기를, "이것은 나의 절을 받을 만하다"라고 하였다. 결국 도포와 홀(笏)을 가져오게 하여 그것에 절을 하였고 매번 '돌 어르신[석장(石丈)]'이라 하여, 말하는 자들에게 지탄을 받았다.《석림연어(石林燕語)》

---

459. 정화(政和): 북송(北宋) 휘종(徽宗)의 연호(1111-1117)이다.
460. 간악(艮嶽): 개봉성(開封城) 안의 동북쪽에 조성한 산으로, 방위가 간방(艮方)이라서 붙인 이름이다. 후에 '수봉(壽峰)'으로 이름을 바꿨다.
461. 유릉(裕陵): 북송(北宋) 신종(神宗: 재위 기간 1068-1085)의 능호이다. 간악(艮嶽)을 조성한 것은 북송(北宋) 휘종(徽宗: 재위 기간 1101-1125) 때의 일이니 착오가 있는 듯하다.
462. 《고금사문유취(古今事文類聚)·지리부(地理部)》
463. 거자(擧子): 향시(鄕試)에 급제하고 회시(會試)를 볼 자격을 지닌 자를 가리킨다.
464. 원우(元祐): 북송(北宋) 철종(哲宗)의 연호(1086-1093)이다.
465. 《천중기(天中記)·석(石)》
466. 미불(米芾: 1051-1107): 송(宋) 태원(太原) 사람으로 자가 원장(元章)이다. 시문(詩文)을 잘하였고 서화(書畵)에 뛰어나 일가를 이루었다.

米芾好奇. 知無爲軍, 初入州廨, 見立石頗奇, 喜曰, 此足以當吾拜. 遂命取袍笏, 拜之, 每呼曰, 石丈, 爲言者所彈.〈石林燕語〉467

돌에 등급을 매기다[갑을석(甲乙石)] 우승유(牛僧孺)는 기장공(奇章公)에 봉해졌는데, 기이한 돌 모으기를 좋아하여 갑을병정(甲乙丙丁)으로 등급을 매겼다.

牛僧孺封奇章公, 好蓄奇石, 以甲乙丙丁, 爲品第.468

돌 병풍[석병(石屛)] 돌병풍이 영양(零陽)469 백학산(白鶴山) 굴속의, 처정(處靜)470이 승천(昇天)한 곳에서 나왔다. 소흥(紹興)471 임오(壬午) 연간에 황족의 자제가 이곳에서 사는데 하루는 산 아래에 배를 댔다가 물속에서 돌 하나를 얻었다. 광채가 나며 화려하고 특이했는데 그 무늬는 봉우리가 솟아 있는 것처럼 어우러져 자연스러웠다. 이때부터 석공(石工)들이 구멍 뚫고 취하여 구름이나 눈, 달의 경치와 물결이나 용(龍), 봉황의 형상을 더하니 중후하여 볼 만하였다. 크기가 사방의 폭이 4, 5척이 되었는데 그림에 뛰어난 자라도 그 오묘함에 미칠 수 없었다.《영릉지(零陵志)》

石屛, 出零陽白鶴山屈, 處靜上昇之所. 紹興壬午間, 有宗子邑居, 一日艤舟山下, 於水中得一石. 光采絢異, 其紋若峯巒聳秀, 渾然天成. 自是, 石工鑿取, 益衆煙雲雪月之景, 波瀾龍鳳之象, 隱然可觀. 大者, 方廣可四五尺, 雖巧畵者, 莫臻其妙.〈零陵志〉472

월왕석(越王石) 우원(虞愿)473이 진안태수(晉安太守)가 되었다. 해변에 월왕석(越王石)이 있었는데, 항상 구름과 안개에 가려 있어 청렴한 태수라야 볼 수 있었는데, 우원이 가서 보니 가린 것이 없었다.

虞愿爲晉安太守. 海邊有越王石, 常隱雲霧, 淸廉守, 乃得見, 愿就視無隱.474

길 양쪽에 있는 자석(磁石)[협도자석(夾道磁石)] 진(晉) 마륭(馬隆)475이 강족(羌族)을 정벌하는데 길 양쪽에 자석(磁石)이 쌓여 있었다. 적들이 철 갑옷을 입고 있어 행군이 나아가지 못하니 크게 싸워 깨뜨렸다.

晉馬隆, 征羌虜, 夾道, 累磁石. 賊負鐵鎧, 行不得前, 大戰破之.476

계모석(啓母石) 우(禹)임금이 도산씨(塗山氏)에게 장가를 갔는데, 홍수를 다스리고 나서 곰으로 변했다. 도산씨에게 이르기를, "음식을 보내려거든 북소리를 듣고 오시오"라고 하였다. 우임금이 돌을 건너뛰다가 잘못하여 북을 쳤다. 도산씨가 가서 보니 우임금이 곰이 되어 있다가 부끄러워하면서 가버리자, (도산씨는) 숭고산(嵩高山) 아래에 이르러 돌이 되었고 바로 계(啓)를 낳았다.

禹娶塗山, 治洪水, 化爲熊. 謂塗山氏曰, 欲餉, 聞鼓聲, 乃來. 禹跳石, 誤中鼓. 塗山氏往見, 禹作熊, 慚而去, 至嵩高山下, 化爲石, 方生啓.477

공중에 던진 돌[포공석(抛空石)] 당(唐) 중종(中

467.《고금사문유취(古今事文類聚)·지리부(地理部)》
468.《산당사고(山堂肆考)·지리(地理)》
469. 영양(零陽): 지금의 호남성(湖南省) 자리현(慈利縣) 동쪽지역이다.
470. 처정(處靜): 진(晋) 여가(廬江) 출신인 도담(陶淡)의 자로, 양생술을 연마하였다.
471. 소흥(紹興): 남송(南宋) 고종(高宗)의 연호(1131-1162)이다.
472.《천중기(天中記)·석(石)》
473. 우원(虞愿: 426-479): 남조(南朝) 송(宋) 회계(會稽) 사람으로 자가 사공(士恭)이다. 벼슬에서 청렴하였으며 정위(廷尉)를 지냈다.《오경논문(五經論問)》을 저술하였다.
474.《남사(南史)·순리열전(循吏列傳)》에, "海邉有越王石, 常隱雲霧. 相傳云, 淸廉太守乃得見, 愿往就觀視, 淸徹無所隱蔽"라고 하였다.
475. 마륭(馬隆): 서진(西晉) 동평(東平) 사람으로 자가 효흥(孝興)이다. 젊어서부터 용감하여 강족(羌族)을 평정하는 등 무용(武勇)을 날렸다. 동강교위(東羌校尉)를 역임하였다.
476.《진서(晉書)·마륭열전(馬隆列傳)》의 내용을 재구성한 것이다.

宗)이 폐위되어 노릉왕(盧陵王)으로 있을 때, 하늘을 우러러 탄식하면서 공중에 돌 하나를 던지면서 축원하기를, "내가 황제로 복위하게 된다면 이 돌이 떨어지지 않을 것이다"라고 하였다. 그 돌은 결국 나뭇가지에 걸렸다.

唐中宗, 廢爲盧陵王, 仰天而嘆, 抛一石於空, 祝曰, 我復帝, 此石不落. 其石, 遂掛樹枝.[478]

전창석(錢倉石) 《파양기(鄱陽記)》의 기록이다. 전창석(錢倉石)은 요주(饒州)에 있는데, 돌의 형상이 마치 곳집과 같다. 옛날에 어부가 밤에 돌 위에서 자다가 갑자기 돌이 열리는 것을 보았다. 그 안을 들여다보니 돈이 있어 꺼내 배에 가득 실었다. 이 때문에 '전창(錢倉)'이라고 이름이 붙여졌다.

鄱陽記. 錢倉石在饒州, 石形如倉囷. 昔漁人, 夜宿石上, 忽見石開. 窺其中, 有錢, 取之盈艇. 因名錢倉.[479]

구배석(龜背石) 감주(贛州)에 거북이처럼 생긴 둥근 돌이 있는데, 목과 등이 모두 갖추어져 있어 사람들이 구배석(龜背石)이라 하였다. 팔괘(八卦)의 형상(形象)이 달을 좇아 북두 자루를 따라 도는 것 같아 지역 사람들이 괴이한 것으로 여겨 다른 곳으로 옮겨 놓았으나 다음날 다시 그 자리로 가 있었다. 사람들이 이 때문에 그 돌에 제사를 지냈다.

贛州有石, 圓如龜, 項背皆具, 人謂之龜背石. 彷彿八卦形象, 逐月, 隨斗杓旋轉, 土人疑其怪, 移置他所, 翌日復歸其處. 人因祀之.[480]

여자로 변한 돌[화녀석(化女石)] 《유명록(幽明錄)》의 기록이다. 양이현(陽羨縣)의 소리(小吏)인 오감(吳龕)이 일찍이 시냇가에서 오색영롱한, 떠 있는 돌을 보았다. 가져다가 침상 머리에 두었는데 밤이 되자 여자로 변하였다.

幽明錄. 陽羨縣小吏吳龕, 嘗於溪邊, 見五色浮石. 因取納牀頭, 至夜, 化成女子.[481]

돌이 이동하다[석이(石移)] 《송사(宋史)》의 기록이다. 복청현(福淸縣)의 석죽산(石竹山)에 큰 돌이 있는데 스스로 옮겨 다녔다. 돌은 사방 9척이었는데 지나가는 곳은 길이 이루어졌다.

宋史. 福淸石竹山, 有大石, 自移. 石方九尺, 所過成蹊.[482]

보력(寶曆)[483] 원년에 자양현(資陽縣)의 산에서 큰 돌이 갑자기 소리를 내면서 산을 내려오는데, 시내를 넘고 비탈을 오른 것이 100보(步)는 되었다. 그 돌이 달릴 때 볏논에서 김을 매던 사람이 보고 돌이 멈춘 곳에 달려가 보니 그 돌은 높이가 2장(丈)이었다.

寶曆元年, 資陽縣, 山有大石, 忽然吼踴下山, 越澗却上坡, 可百步. 其石走時, 有鋤禾人, 見之, 趕至止所, 其石高二丈.[484]

진(晉) 혜제(惠帝) 영녕(永寧)[485] 연간에 호숙현(湖熟縣)의 호수에 큰 돌이 있었는데, 물가에서 200보나 떨어져 있다가 물에 떠와 언덕으로 올라갔다. 백성들이 놀라 바라보면서 말하기를, "돌이 왔으니 내년에는 석빙(石氷)[486]이 양주(楊州)에 쳐들어올 것이다"라고 하였다.《단양기(丹陽記)》

晉惠永寧中, 湖熟縣湖中, 有大石, 去渚二百步, 浮來

477. 《천중기(天中記)·석(石)》
478. 《천중기(天中記)·석(石)》의 내용을 재구성한 것이다.
479. 《산당사고(山堂肆考)·지리(地理)》
480. 《산당사고(山堂肆考)·지리(地理)》
481. 《산당사고(山堂肆考)·지리(地理)》
482. 《송사(宋史)·오행지(五行志)》의 내용을 재구성한 것이다.
483. 보력(寶曆): 당(唐) 경종(敬宗)의 연호(825-826)이다.
484. 《천중기(天中記)·석(石)》
485. 영녕(永寧): 진(晉) 혜제(惠帝)의 연호(301)이다.
486. 석빙(石氷: ?-304): 서진(西晉) 혜제(惠帝) 시절, 봉기군의 영수로 양주(揚州), 강주(江州) 등에서 세력을 떨쳤다.

登岸. 百姓驚觀曰, 石來, 明年石氷入楊州.〈丹陽記〉487

계명석(鷄鳴石) 《이견속지(夷堅續志)》의 기록이다. 분녕(分寧)에 있는 진보(陳甫)488의 산장(山莊)에 볏집을 치는 돌이 있었다. 진보가 밤에 달빛 아래 산보를 하는데 갑자기 돌 위에서 닭 우는 소리가 들렸다. 자세히 보아도 보이지 않자 돌을 몇 보(步) 밖으로 옮겨 놓았다. 다음날 밤이 되어서도 우는 소리가 전과 같았다. 다시 돌을 들어다 달 아래 놓았지만 닭은 반드시 울었다. 그의 아들이 그 돌을 가르니 그 안에 암수 두 마리의 닭이 있었다.

夷堅續志. 分寧陳甫山莊, 有搥藁石. 陳夜步月, 忽聞鷄鳴於石上. 視之不見, 移石於數步外. 至次宿, 鳴如故. 復携石, 以歸置之月下, 鷄必鳴. 其子剖之, 中有雌雄二鷄.489

작조석(鵲噪石) 《이견속지(夷堅續志)》의 기록이다. 남송(南宋)의 궁중에 영작석(靈鵲石)이 있었는데 돌 안에 까치가 있었다. 매일 날이 새려 하면 까치들이 지저귀는 소리가 들렸다.

夷堅續志. 南宋宮中, 有靈鵲石, 石中有鵲. 每天將明, 聞其噪聲.490

조비석(鳥飛石) 상시(常侍) 최원량(崔元亮)이 낙양(洛陽)에 있을 때, 일찍이 산보하면서 강가를 거닐다가 돌 하나를 주웠다. 크기가 계란만 하고 검고 윤기가 있는 것이 사랑스러웠다. 1리(里)쯤 갔는데 갑자기 깨지면서 새가 나왔다. 크기는 뱁새[교부(巧婦)491]만한데 날아가 버렸다.《유양잡조(酉陽雜俎)》

常侍崔元亮, 在洛中, 嘗閒步涉岸, 得一石子. 大如鷄卵, 黑潤, 可愛翫之. 行一里, 劃然而破, 有鳥. 大如巧婦, 飛去.〈酉陽〉492

선경석(仙鏡石) 《백공육첩(白孔六帖)》의 기록이다. 월림국(月林國)의 서남쪽에 특이한 돌이 있는데, 사방 수백 리까지 빛이 밝게 비췄으며 사람의 오장육부(五臟六腑)를 비춰 볼 수 있어 '선인경(仙人鏡)'이라 하였다. 백성 가운데 병이 있으면 거기에 비춰 보았다.

六帖. 月林國西南, 有怪石, 方數百里, 光明澄徹, 可鑑人五臟六腑, 謂之仙人鏡. 國人有疾, 照之.493

돌로 만든 고래[석경(石鯨)] 《서경잡기(西京雜記)》의 기록이다. 한(漢) 무제(武帝)가 곤명지(昆明池)에서 고기를 기르는데 자주 날아가곤 하였다. 후에 돌을 조각하여 고래를 만들어 물속에 넣으니 물고기들이 더 이상 날아가지 않았다. 매번 벼락치고 비가 올 때 고래가 소리를 내었다.

西京雜記. 漢武昆明池, 養魚, 往往飛去. 後刻石爲鯨魚, 置水中, 魚乃不飛. 每雷雨, 鯨嘗鳴吼.494

돌로 된 개[석구(石狗)] 《군국지(郡國志)》의 기록이다. 송(宋) 무제(武帝)가 북쪽으로 남연(南燕)을 칠 때, 폐구산(吠狗山)에 이르렀는데 밤에 개가 짖는 소리가 들렸다. 다음날 살펴보니 돌로 된 개가 보였다.

郡國志. 宋武, 北伐南燕, 至吠狗山, 夜聞狗吠. 明日視之, 見石狗焉.495

마간석(馬肝石) 원정(元鼎)496 연간에 질지국(郅支國)[또는 조지(條支)로 되어 있다.]에서 마간석(馬

---

487. 《천중기(天中記) · 석(石)》
488. 진보(陳甫): 내력이 자세하지 않다.
489. 《산당사고(山堂肆考) · 지리(地理)》
490. 《산당사고(山堂肆考) · 지리(地理)》
491. 교부(巧婦): 초료(鷦鷯)의 다른 이름이다.
492. 《유양잡조(酉陽雜俎)》 권4.
493. 《산당사고(山堂肆考) · 지리(地理)》
494. 《산당사고(山堂肆考) · 지리(地理)》
495. 《산당사고(山堂肆考) · 지리(地理)》
496. 원정(元鼎): 한(漢) 무제(武帝)의 연호(B.C. 116-B.C. 111)이다.

肝石) 100승(升)을 바쳤는데 그것으로 머리털에 비비면 흰머리가 모두 검어졌다. 무제가 감천전(甘泉殿)에 여러 신하들을 앉혀 놓고 흰머리가 있는 이들을 이 돌로 비비게 하니 손이 닿는 대로 모두 검어졌다. 이때에 공경(公卿)들이 말하기를, "방백(方伯)이 되기를 원치 않고, 다만 마간석에 비비기를 원할 뿐이다"라고 하였다.

元鼎間, 郅支國〈一作條支〉, 貢馬肝石百升, 以之拭髮, 白者皆黑. 帝坐群臣於甘泉殿, 有白髮者, 以此石拭之, 應手皆黑. 是時, 公卿語曰, 不願作方伯, 惟願拭肝石.[497]

효자석(孝子石) 외상(隗相)은 본성이 지극히 효성스러웠다. 어머니가 식사할 때마다 강의 물이 필요하여 외상은 겨울이나 여름이나 물을 길어 왔다. 어느 날 아침 가로지른 돌이 본래의 물길 가운데로 생겨 그것에 의지하여 물을 긷게 되자 '효자석(孝子石)'이라 불렀다. 외상의 자는 숙통(叔通)이고 북도(僰道) 사람이다. 애제(哀帝) 시절에 효렴(孝廉)에 추천되고 평제(平帝) 시절에 랑(郎)이 되었다.《촉기(蜀記)》

隗相, 性至孝. 母每食, 須江水, 相冬夏汲之. 一朝有橫石, 生正流中, 因之以汲, 號孝子石. 相字叔通, 僰道人. 哀帝時, 擧孝廉, 平帝時, 爲郎.〈蜀記〉[498]

연석(燃石) 예장(豫章)에 돌이 있는데 물을 부으면 바로 열이 났다. 위에 솥을 걸고 밥을 지으면 익었으며, 차가워지면 다시 물을 부었다. 뇌환(雷煥)[499]이 장화(張華)에게 물으니, 장화가 연석(燃石)이라 하였다.

豫章有石, 以水灌之, 便熱. 加鼎於上, 炊足以熟, 冷則灌之. 雷煥以問張華, 華曰燃石也.[500]

물에 쓸려나온 돌[수류석(隨流石)] 석계룡(石季龍)[501]이 운창진(雲昌津)에 다리를 놓는데, 돌이 크고 작은 것을 막론하고 번번이 물에 쓸려가서 인부 500만여 명을 썼는데도 이루지를 못했다. 사람을 시켜 제사를 지내고 강에 옥을 던지도록 하였는데, 던진 옥이 물가로 쓸려나오면서 땅이 흔들리고 물결이 솟아올라 나루터의 집들이 기울고 무너져, 깔려 죽은 자들이 100여 명이나 되었다.

石季龍, 立河橋於雲昌津, 石無大小, 輒隨流, 用工五百餘萬, 不成. 遣使致祭沈璧於河, 所沈璧, 流于渚上, 地震, 水波騰上, 津所樓殿傾壞, 壓死者, 百餘人.[502]

물에 뜨는 돌[부수석(浮水石)] 혁련발발(赫連勃勃)[503] 시절에, 말의 머리만한 푸른 돌이 물 위에 떠서 물결을 거슬러 올라갔다. 여러 신하들이 모두 축하하며 말하기를, "돌이라는 것은 가라앉는 물건인데 물에 뜨는 것은 스스로를 드러내는 의미이고, 위로 올라간 것은 형오(荊吳)[504] 지역이 들어와 조회(朝會)할 징조입니다"라고 하자 혁련발발이 매우 기뻐하였다.

赫連勃勃時, 有青石, 大如馬頭, 浮水上, 逆流而行. 群臣咸賀以爲, 石者沈物, 浮水, 自出之義, 而上行, 荊吳入朝之象. 勃勃大悅.[505]

497. 《고금사문유취(古今事文類聚)·초모부(肖貌部)》
498. 《화양국지(華陽國志)·촉지(蜀志)》
499. 뇌환(雷煥): 서진(西晉)시대의 예장(豫章) 사람으로 천상(天象)의 관찰에 뛰어났다.
500. 《산당사고(山堂肆考)·지리(地理)》
501. 석계룡(石季龍: 295-349): 16국(十六國)시기에 후조(後趙)의 군주였던 석호(石虎)로, 계룡(季龍)은 그의 자이다. 잔인무도하여 재위 기간 동안 폭정을 자행하였고 그의 사후에 후조는 멸망하였다.
502. 《진서재기(晉書載記)·석계룡(石季龍)》의 내용을 재구성한 것이다.
503. 혁련발발(赫連勃勃: ?-425): 16국(十六國)시기에 하국(夏國)의 군주로, 자는 굴혈(屈孑)이다. 흉노(匈奴)족으로 407년에 대하국(大夏國)을 세우고 19년 동안 재위하였다.
504. 형오(荊吳): 형(荊)은 초(楚) 지역이고 오(吳)는 오월(吳越) 지역으로, 강남을 일컫는다.
505. 《천중기(天中記)·석(石)》

버드나무 돌[양수석(楊樹石)] 후주(後周) 선제(宣帝) 시절에, 영주(永州)에서 흰 돌이 나왔다. 갈라서 두 조각을 내니 안에 버드나무의 형상이 있는데 뿌리는 노랗고 잎은 자줏빛이었다.

後周宣帝時, 永州得白石. 剖而爲兩段, 中有楊樹之形, 黃根紫葉.506

조대(釣臺)를 만드는데 내려온 돌[조대석(釣臺石)] 대업(大業)507 7년 연초에, 조대(釣臺)를 만드는데 병정들이 일에 지쳐 탄식하는 소리가 길에까지 들렸다. 당시에 돌을 옮기는 자들은 배를 가지고 강의 동쪽 언덕에 가서 산 아래에서 돌을 가져다 쌓아 조대(釣臺)의 기초를 만들었는데, 홀연 황소만한 큰 돌 10여 개가 산꼭대기에서 날아 내려와 곧바로 배 안으로 들어갔다. 마치 사람이 안전하게 놓는 것 같아 배는 손상이 없었다.

大業七年初, 造釣臺, 兵丁困弊於役, 嗟嘆之聲, 聞於道路. 時運石者, 將船至江東岸, 山下取石, 累構爲釣臺之基, 忽有大石如牛十餘, 自山頂飛下, 直入船內. 如人安置, 船無傷損.508

평륙(平陸)이라는 글자가 씌어 있는 돌[평륙석(平陸石)] 천보(天寶)509 초엽에 이제물(李齊物)510이 섬주자사(陝州刺史)가 되었다. 지주산(砥柱山)의 험난한 길을 뚫다가 돌 속에서 고철이 된 쟁기 날을 얻었는데 '평륙(平陸)'이라는 두 글자가 있었다. 그래서 하북현(河北縣)을 평륙현(平陸縣)이라 고쳤다.

天寶初, 李齊物爲陝州刺史. 開砥柱之險堅, 石中得古鐵犁鏵, 有平陸字. 因改河北縣爲平陸縣.511

줄어드는 돌[축석(縮石)] 천복(天復)512 연간에 홍주(洪州)에서 운석(霣石)이 떨어졌는데, 길이가 8척(尺)이고 둘레가 3척 남짓하였다. 푸른 것이 옥과 같은데 7일 만에 작아져서 길이가 3척이 되었다. 며칠 지나자 길이가 1척 남짓하여졌고 지금은 겨우 7, 8촌(寸) 정도가 된다.《녹이기(錄異記)》

天復中, 洪州霣石, 長八尺, 圍三尺餘. 青碧如玉, 七日之內, 稍小, 長三尺. 數日, 長尺餘, 今只有七八寸. 〈錄異記〉513

자라는 돌 [장석(長石)] 우계우(于季友)514가 이주자사(利州刺史)일 때, 강가에 절 한 채가 있었다. 절 앞의 고기 잡고 낚시하는 사람들이 모이는 곳에 어떤 어부가 그물을 내렸다가 올리는데 무겁게 느껴졌고 그물이 찢어졌다. 살펴보니 돌이 하나 있는데 주먹만 하였다. 절의 스님에게 청하여 불당 안에 두도록 하였는데, 돌이 마침내 자라면서 멈추지를 않아 해가 지나자 무게가 40근(斤)이 되었다.《유양잡조속집(酉陽雜組續集)》

于季友, 爲利州刺史時, 臨江有一寺. 寺前漁釣所聚, 有漁子, 下網擧之, 覺重壞網. 視之, 有一石如拳. 因乞寺僧, 置于佛殿中, 石遂長不已, 經年, 重四十斤. 〈酉陽〉515

용정석(龍精石) 정위(丁謂)516가 작은 산을 가지고

---

506. 《수서(隋書) · 왕소열전(王劭列傳)》
507. 대업(大業): 수(隋) 양제(煬帝)의 연호(605-617)이다.
508. 《태평광기(太平廣記) · 영이(靈異)》
509. 천보(天寶): 당(唐) 현종(玄宗)의 연호(742-756)이다.
510. 이제물(李齊物: ?-675): 당(唐) 종실(宗室)로 자가 도용(道用)이다. 형부상서(刑部尙書), 경조윤(京兆尹) 등을 역임하였는데 성격이 가혹했으나 청렴결백하였다.
511. 《구당서(舊唐書) · 이제물열전(李齊物列傳)》의 내용을 재구성한 것이다.
512. 천복(天復): 당(唐) 소종(昭宗)의 연호(901-903)이다.
513. 《천중기(天中記) · 석(石)》
514. 우계우(于季友): 당(唐) 문종(文宗)시대 사람으로 지방관으로서의 치적이 있었다.
515. 《유양잡조속집(酉陽雜組續集)》 권2.
516. 정위(丁謂: 996-1037): 송대(宋代) 소주(蘇州) 사람으로 자는 위지(謂之)이다. 진종(眞宗) 시기에 공(工), 형(刑), 병(兵), 리(吏)의 사부(四部) 상서(尙書)를 역임하였고 진국공(晉國公)에 봉해졌다.

있었는데, 높이가 겨우 몇 촌(寸)이었지만 푸르고 골이 깊었다. 한여름에도 항상 분수(盆水)를 마련하여 소산(小山)을 그 안에 두었다. 하루는 잔치를 여는데 어떤 손님이 물을 움켜쥐어 뿌리니 순식간에 운무(雲霧)가 구멍에서 나오는데 번개 같은 빛이 있었다. 자세히 보니 꿈틀거리는 작은 용(龍)이 실처럼 운무(雲霧) 가운데에 걸려 있었다. 얼마 후 간 곳을 알 수 없자 여러 손님들은 경이롭게 여기며 말하기를, "이것은 용정석(龍精石)입니다. 용이 바다 위에서 교접할 때 돌에 정액을 흘린 것입니다"라고 하였다.

丁謂有小山, 高才數寸, 蒼翠嵌空. 盛夏常設盆水, 置小山其中. 一日張宴, 有客, 掬水灑之, 須臾雲霧自竅中出, 有光如電. 細視之, 蜿蜒小龍, 如線, 掛雲霧中. 已而, 莫知所之, 衆客驚異謂曰, 此, 龍精石也. 龍交海上, 流精于石.517

미석(未石) 조의(朝議) 이분(李芬)은 기이한 것을 좋아하여 특이한 돌을 가지고 있었는데 높이가 2척 남짓하고 골이 깊어 즐길 만하였다. 항상 집안의 기둥 사이에 두었는데 매번 해가 미시(未時)518에 이르면, 곧 기운이 돌 구멍 사이에서 나오는데 마치 구름의 형상이었다. 살펴보면 만 번에 한 번도 차질이 없어 이를 지목하여 '미석(未石)'이라 하였다.

朝議李芬, 好奇, 有異石, 高二尺許, 嵌空可愛. 常置庭檻間, 每至日方未時, 卽有氣出石穴中, 若烟雲之狀. 候之, 萬不差一, 目之爲未石.519

물고기가 들어있던 돌[어석(魚石)] 두관(杜綰)520은 자가 계양(季暘)이고 두연(杜衍)521의 손자이다. 일찍이 황하(黃河)의 물속에서 둥글고 푸른 돌을 얻었는데 크기가 감만 하였다. 문진(文鎭)으로 사용하였는데 밤이 지나면 책까지 번번이 젖었다. 후에 그릇에 보관을 하였는데 옮길 때마다 물이 젖어 있었다. 어느 날 갑자기 땅에 떨어뜨려 깨져서 서너 조각이 났는데 작은 물고기 한 마리가 나왔다. 겨우 한 치 남짓하였는데 팔딱거리다 바로 죽었다.

杜綰, 字季暘, 衍之孫也. 曾獲黃河水中圓青石, 大如柿. 作鎭紙, 經宿, 連簡册輒濕. 後以器貯之, 凡移時, 有水浸潤. 一日忽墮地, 破而爲三四段, 有小魚一枚. 纔寸許, 跳躑, 頃刻卽死.522

정부석(貞婦石) 북도(僰道)에, 지조 있는 부인이 있었다. 남편이 죽고 자식이 없는데 시어머니를 섬기는 것이 매우 효성스러웠다. 억지로 시집보내려 하였지만 끝내 따르지 않았다. 후에 죽었는데 그 집에 큰 돌이 솟아나오자 '정부석(貞婦石)'이라 불렀다.

僰道有貞婦. 夫沒無子, 事姑甚孝. 抑而嫁, 竟不從. 後身沒, 其居室有大石湧出, 號爲貞婦石.523

협금석(協金石) 어떤 사람이 푸른 돌을 얻었는데 크기가 벽돌만 하였다. 코를 뚫은 구멍과 철사가 있는데 길이가 여러 장(丈)이 되고 빙빙돌아 끊어진 곳이 없었다. 바다 상인이 이것을 보고 수만 금에 그것을 바꾸면서 말하기를, "이것은 협금석(協金石)으로, 바다 속에 드리우고 밤을 지났다가 꺼내면 위에 금이 생깁니다"라고 하였다.

有人得青石, 大如磚. 有鼻穿鐵索, 長數丈, 循環無斷處. 海商見之, 以數十千, 易之云, 此協金石, 垂于海中, 經夕引出, 上有金.524

용구석(龍駒石) 어떤 사람이 일찍이 돌 하나를 간

---

517. 《천중기(天中記)·석(石)》
518. 미시(未時): 오후 1시에서 3시 사이이다.
519. 《어정연감유함(御定淵鑑類函)·지부(地部)》
520. 두관(杜綰): 송대(宋代) 월주(越州) 사람으로 자가 계양(季暘)이다. 《운림석보(雲林石譜)》를 저술하였다.
521. 두연(杜衍: 978-1057): 송대(宋代) 월주(越州) 사람으로 자가 세창(世昌)이다. 옥사를 잘 다루었고 일처리가 분명하였다. 동평장사(同平章事)를 역임하였고 태자소사(太子少師)로 치사(致仕)하였다.
522. 송(宋) 두관(杜綰) 《운림석보(雲林石譜)》 권중.
523. 《천중기(天中記)·석(石)》

직하고 있었는데, 호인(胡人)이 십만 금에 그것을 사자 그 사람이 그것을 주면서 특이한 점을 물었다. 호인(胡人)이 동이의 물을 가져오게 하여 그 안에 돌을 놓았다. 자세히 보니 말 한 마리가 돌 속에서 나타나는데 모습이 나는 것 같았다. 그 사람이 쓸 곳을 묻자 대답하기를, "이것은 용구석(龍駒石)입니다. 물에 그것을 담그고 말에 먹이면 말이 번번이 용구(龍駒)를 낳는데 가치로 따질 수 없는 보배입니다"라고 하였다.

有人曾畜一石, 胡人以十萬購之, 其人與之, 而詰其異. 胡人令取盆水, 置石其中. 視之, 有一馬, 現石中, 狀如飛動. 其人問其所用, 曰, 此龍駒石也. 以水浸之, 飲馬, 馬輒生龍駒, 無價寶也.[525]

여관석(女觀石) 남릉현(南陵縣)[526]에 여관산(女觀山)이 있는데 세속에 전해지기를, "옛날에 한 부인이 있었는데 남편이 촉(蜀)에서 벼슬살이하면서 자주 (돌아올) 기한을 어겼다. 근심과 상심으로 이곳에 올라 멀리 바라보다가 변하여 돌이 되었는데 사람의 모습과 같았다. 끌고 갔던 개도 역시 변하여 돌이 되었는데 지금은 개의 모습만 남아 있다."라고 하였다.

南陵縣有女觀山, 俗傳云, 昔有婦人, 夫官於蜀, 屢愆期. 憂思感傷, 登此騁望, 因化爲石, 如人之形. 所牽狗, 亦化爲石, 今狗形獨存.[527]

솥을 받쳤던 돌[지정석(支鼎石)] 진주(辰州)[528]의 동쪽에 세 산이 있는데 솥의 다리처럼 곧게 솟아 있고 각각의 높이는 수십 장(丈)이 되었다. 옛말에 이르기를, "과보(夸父)가 해와 경주를 하다가 이곳에 이르러 밥을 지었는데, 이 세 산이 과보가 솥을 받쳤던 돌이다"라고 하였다.《조야첨재(朝野僉載)》

辰州東有三山, 鼎足直上, 各高數十丈. 古語云, 夸父與日競, 走至此, 煮飯, 此三山者, 夸父支鼎石也.〈朝野僉載〉[529]

돌 사람을 베다[참석인(斬石人)] 광무제(光武帝)가 밤에 조주(趙州)의 남쪽에 이르렀다가 길을 잃었다. 사람들이 말하는 소리가 들려 길을 물으니 대답하지 않았다. 두 사람이 옆에 서 있는 것을 보고 화를 내며 칼을 빼서 베니 한 사람은 급히 달아났다. 자세히 살펴보니 바로 돌이었다.《조주지(趙州志)》

光武, 夜至趙州南, 迷路. 聞人語, 問之弗應. 見二人立傍, 怒拔劍, 斬之, 其一急走. 熟視之, 乃石也.〈趙州志〉[530]

돌 기러기를 선사하다[사석안(賜石雁)] 양홍유(楊弘裕)는 하삭(河朔) 사람이다. 하루는 교외에 나갔는데 심부름하는 사람이 북쪽에서부터 말을 달려 오더니 묻기를, "그대는 양홍유(楊弘裕)가 아닌가? 북악(北岳)이 그대에게 물건을 선사하니 무릎을 꿇고 받아야 하오"라고 하였다. 심부름하는 사람이 품안에서 물건을 하나 꺼내는데 비단 주머니 같은 것이었다. 양홍유가 돌아와 분향하고 열어 보니 두 개의 돌 기러기가 있었다. 하나는 수컷이고 하나는 암컷인데 좌측 날개가 우측을 덮은 것이 암컷이었다. 뒤에 아들 하나와 딸 하나를 낳았는데 아들의 이름은 정장(廷璋)[531]으로 후주(後周)의 조정에서 비룡사(飛龍使)가 되었고, 딸은 후주(後周) 태조(太祖)의 왕

524.《천중기(天中記)·석(石)》
525.《천중기(天中記)·석(石)》
526. 남릉현(南陵縣): 지금의 사천성(四川省) 무산현(巫山縣)의 남쪽 지역이다.
527.《천중기(天中記)·석(石)》
528. 진주(辰州): 지금의 호남성(湖南省) 검양현(黔陽縣)의 남쪽 지역이다.
529.《천중기(天中記)·석(石)》
530.《천중기(天中記)·석(石)》
531. 양정장(楊廷璋: 912-971): 송(宋) 진정(眞定) 사람으로 자가 온옥(溫玉)이다. 누이가 후주(後周)의 곽위(郭威)에게 시집을 가면서 후주(後周)에서 벼슬하였고, 송(宋)으로 들어와 상장군(上將軍)을 역임하였다.

비가 되었다.

楊弘裕, 河朔人. 一日出郊, 有使人, 自北馳來, 問子非楊弘裕乎. 北岳賜汝物, 可跪受之. 使者懷中探一物, 若帛裹者. 裕歸焚香, 啓之, 得二石雁. 一雄一雌, 左翅掩右者, 雌也. 後生一男一女, 男名廷璋, 周朝爲飛龍使, 女爲周太祖妃.532

아홉 아들을 가진 어머니 돌[구자모석(九子母石)] 돌이 금주사(金州寺) 안에 있는데 높이가 7척(尺)이었다. 아홉 아들이 모두 돌의 본체에 기대어 있는데 전해지는 말에, "바다에 떠서 왔는데, 백성들이 기도하여 아들을 빌면 효험이 많다"고 하였다.《교주기(交州記)》

石在金州寺中, 高七尺. 九子悉附于石體, 傳云, 浮海而至, 士庶禱祀求子, 多驗.〈交州記〉533

발로 큰 돌을 넘어뜨리다[족궐대석(足蹶大石)] 당(唐) 이사업(李嗣業)534이 발률(勃律)535을 토벌할 때, 총령(蔥嶺)에 길을 내는데 큰 돌이 막혀 있어, 발로 큰 돌을 넘어뜨리니 깊은 골짜기로 밀려 떨어졌다. 사람들은 지극한 정성에 감동된 것이라 여겼다.〈역사(歷史)〉

唐李士536業, 討勃律, 通道蔥嶺, 有大石塞險, 以足蹶大石, 抵穹壑. 人以爲至誠所感.〈史〉537

물에 흘러내려온 돌에 글자가 있다[유석유자(流石有字)] 건염(建炎)538 3년 정주(鼎州)에서 큰 돌이 홍수를 따라 흘러내려왔는데, 다음과 같은 글자가 있었다. "무위(無爲)의 대도(大道)로 하늘은 인정(人情)을 알아보고, 무위의 심원(深遠)함으로 신(神)은 사람의 모습을 본다. 마음의 말과 생각 속의 언어로 귀신은 사람의 소리를 들으니, 금법을 범하는 것이 가득하면 땅은 사람의 혼을 거둔다"라고 하였다.

建炎三年, 鼎州, 巨石隨大水流下, 有字曰. 無爲大道, 天知人情, 無爲冥窈, 神見人形. 心言意語, 鬼聞人聲, 犯禁滿盈, 地收人魂.539

돌 곳집[석름(石廩)] 《임천기(臨川記)》의 기록이다. 돌 곳집은 모양이 창고와 비슷한데 그 안에 천곡(斛)을 담을 수 있었다. 곳집의 입구가 열리면 그해는 흉년이 들고, 닫히면 그해는 풍년이 든다.

臨川記. 石廩, 狀似倉廩, 其內可容千斛. 廩口開, 則歲儉, 閉則年豊.540

소금 돌[염석(鹽石)] 문산(汶山)541에 소금 돌이 있어, 물에 졸이면 소금을 얻는다.《화양국지(華陽國志)》

汶山有鹽石, 煎之得鹽.〈華陽國志〉542

물 水

• 《춘추원명포(春秋元命苞)》543의 기록이다. 물이라는 것은 천지(天地)를 덮고 있는 막이고 오행(五

532. 《천중기(天中記)·석(石)》
533. 《태평환우기(太平寰宇記)·교주(交州)》
534. 이사업(李嗣業: ?-759): 당(唐) 경조(京兆) 고릉(高陵) 사람이다. 현종(玄宗) 시기에 고선지(高仙芝)를 따라 발률(勃律)을 치는 데 공을 세워 '신통장군(神通將軍)'이라고 칭송되었다. 안록산(安祿山)의 토벌에도 공을 세워 괵국공(虢國公)에 봉해졌으며 시호(諡號)는 충용(忠勇)이다.
535. 발률(勃律): 신강(新疆) 서쪽에 있던 나라 이름으로 포로(布露)라고도 한다.
536. '士'는 '嗣'의 오류이다.
537. 《신당서(新唐書)·이사업열전(李嗣業列傳)》
538. 건염(建炎): 남송(南宋) 고종(高宗)의 연호(1127-1130)이다.
539. 《격치경원(格致鏡原)·곤여류(坤輿類)》
540. 《천중기(天中記)·석(石)》
541. 문산(汶山): 민산(岷山)의 다른 이름으로, 지금의 사천성(四川省) 송반현(松潘縣)의 북쪽에 있다.
542. 《산당사고(山堂肆考)·지리(地理)》

行)의 시작이다. 만물이 그로 말미암아 생겨나는 것이며 원기(元氣)의 진액(津液)이다.

元命苞. 水者, 天地之包幕, 五行之始焉. 萬物之所由生, 元氣之津液也.[544]

- 《황제서(黃帝書)》의 기록이다. 하늘은 땅의 바깥에 있고 물은 하늘의 바깥에 있다. 물은 하늘을 띄우고 땅을 싣고 있는 것이다.

  黃帝書. 天在地外, 水在天外. 水浮天, 而載地者也.[545]

- 《자화자(子華子)》의 기록이다. 물은 태일(太一)[546]의 중심이 되는 정기(精氣)를 머금고 있다. 그래서 만물을 윤택하게 하면서 땅속을 다닌다.

  子華子. 水涵太一之中精. 故能潤澤萬物, 而行乎地中.[547]

- 《회남자(淮南子)》의 기록이다. 천하의 만물 중에 물보다 부드럽고 약한 것이 없다. 그러나 그 크기는 도달할 수 없고 깊이는 측량할 수 없으며, 길이는 무궁에 이르고 멀기는 끝없는 곳[무애(無涯)]에 들어가며, 늘어나거나 줄어드는 것과 덜고 더하는 것이 헤아릴 수 없을 지경이다. 하늘로 올라가면 비와 이슬이 되고, 땅으로 내려오면 연못이 되니, 만물이 그것을 얻지 못하면 살 수 없고, 모든 일이 그것을 얻지 못하면 이루어지지 않는다. 모든 생명체를 크게 포용하면서 사사로움이 없고, 혜택은 곤충이나 벌레에게까지 미치면서 보답을 바라지 않는다. 천하를 넉넉하게 하면서도 다함이 없고, 덕이 백성들에게 베풀어지는데도 힘들지 않다. 흘러가도 끝을 알 수 없고 작아져도 움켜쥘 수 없다. 때려도 다치지 않고 찔러도 상하지 않으며, 베어도 끊어지지 않고 태워도 타지 않는다. 행적이 없는 곳에서 움직이고[동용(動溶)[548]] 황홀한 곳에서 노닐며, 계곡 사이에서 돌고 거친 들판에 넘친다. 사사로움도 없고 공평함도 없다. 두루 퍼지고 흘러 천지와 크게 통하며, 왼쪽으로 기울도 없고 오른쪽으로 기울도 없다. 형세에 맡기고 변화에 따라 만물과 더불어 시작과 끝을 같이하니, 이를 일러 '지극한 덕'이라고 한다.

  淮南子. 天下之物, 莫柔弱於水. 然而大不可極, 深不可測, 脩極於無窮, 遠淪於無涯, 息耗減益, 通於不貲. 上天則爲雨露, 下地則爲潤澤, 萬物不得不生, 百事不得不成. 大包群生, 而無所私, 澤及蚑蟯, 而不求報. 當贍天下, 而不旣, 德施百姓, 而不費. 行而不可得窮極也, 微而不可得把握也. 擊之無創, 刺之不傷, 斬之不斷, 焚之不然. 動溶無行之域, 而翱翔忽區之上, 邅回川谷之間, 而滔勝大荒之野. 無所私, 而無所公. 靡濫振蕩, 與天地鴻洞, 無所左, 而無所右. 蟠委錯紾, 與萬物始終, 是謂至德也.[549]

- 《설문해자(說文解字)》의 기록이다. 수(水)는 '평평함[준(準)]'이다. [오행(五行) 가운데] 북방(北方)의 행(行)으로, 여러 줄기의 물이 나란히 흐르는데 중간에 약한 양(陽)의 기운이 있음을 본떴다. 서현(徐鉉)[550]이 말하기를, "여러 줄기가 굽이진

543. 《춘추원명포(春秋元命苞)》: 《춘추(春秋)》의 위서(緯書) 가운데 하나이다. 지금은 없어졌고 집본(輯本)이 《고미서(古微書)》와 《옥함산방집일서(玉函山房輯逸書)》에 전한다.
544. 《고미서(古微書)·춘추원명포(春秋元命包)》
545. 《진서(晉書)·천문지(天文志)》
546. 태일(太一): '태(太)'는 '크다'는 뜻이고 '일(一)'은 '유일하다'는 뜻으로 천지가 분화되기 전 혼돈 속의 기운을 가리킨다. 도가(道家)에서 도(道)를 일컫는 명칭으로 삼았다.
547. 주(周) 정본(程本), 《자화자(子華子)·양성서거문(陽城胥渠問)》
548. 동용(動溶): '동용(動容)'과 같다.
549. 《회남자(淮南子)·원도훈(原道訓)》의 내용을 재구성한 것이다.
550. 서현(徐鉉: 916-991): 오대(五代)와 송초(宋初)에 살았던 문자학(文字學) 학자로, 자가 정신(鼎臣)이다. 허신(許愼)의 《설문해자(說文解字)》를 교정하고 보충하였다.

것이 물이니, 지극히 부드러운 것이 굳센 것을 이길 수 있다. 그래서 그 안을 '일(一)'로 하였다.

說文. 水, 準也. 北方之行, 象衆水竝流, 中有微陽之氣也.[551] 徐曰, 衆屈爲水, 至柔能攻堅. 故一其內也.[552]

- 공자(孔子)가 말씀하였다. "물이 두루 모든 생명체와 함께하면서 작위함이 없는 것은 덕(德)과 같고, 그 흐름이 낮은 곳으로 향하며 반듯하게 혹은 굽이치면서 반드시 그 결을 따르는 것은 의(義)와 같다. 드넓어서 다함이 없는 것은 도(道)를 지닌 것 같고, 만 길의 골짜기에 다다라도 두려워하지 않는 것은 용(勇)과 같다. 구덩이에 부어도 반드시 평평하게 채우는 것은 법(法)과 같고, 가득 차도 평미레를 필요로 하지 않는 것은 정(正)과 같다. 유약한데도 미세한 곳까지 도달하는 것은 찰(察: 살핌)과 같고, 드나듦에 따라 (만물을) 깨끗하게 하는 것은 선(善: 선으로 교화시킴)과 같고, 수원(水源)에서 출발하여 반드시 동쪽으로 향하는 것은 지(志: 의지)와 같다. 이런 까닭으로 군자는 큰 강물을 만나면 반드시 살펴보는 것이다"《순자(荀子)》

孔子曰. 夫水, 徧與諸生而無爲也, 似德, 其流也, 卑下倨句, 必循其理, 似義. 浩浩乎不屈, 似有道, 其赴萬仞之谷, 不懼, 似勇. 主量[553]必平, 似法, 盈不求概, 似正. 綿弱微達, 似察, 出入就潔, 似善, 發源必東, 似志. 是以君子見大水, 必觀焉.〈孫卿子[554]〉[555]

- 공자(孔子)가 말씀하였다. "물이라는 것은 군자들이 거기에 덕성(德性)을 비유한다. 두루 (혜택을) 주면서 사사로움이 없는 것은 덕(德)과 같고, 물을 얻은 것은 살아나니 인(仁)과 같다. 낮은 곳은 흘러가고 깊은 곳은 헤아릴 수 없으니 지(知)와 같고, 나쁜 것을 받아들이면서 거절하지 않으니 포용함과 같다. 깨끗하지 않은 곳에 들어가 깨끗하게 하고 나오니 선으로 교화시킴과 같다."《설원(說苑)》

孔子曰. 夫水者, 君子比德焉, 遍予而無私, 似德, 有所及者生, 似仁. 淺者流行, 深者不測, 似知, 受惡不讓, 似包蒙. 不淸以入, 鮮潔以出, 似善化.〈說苑〉[556]

- 지혜로운 자가 어째서 물을 좋아하는가? 이유는 다음과 같다. 물이라는 것은 결에 따라 나아가면서 작은 틈도 버리지 않으니 지혜를 지닌 자 같고, 움직이면서 아래로 내려가니 예(禮)를 지닌 자 같다. 깊은 곳으로 흐르면서 의구심을 갖지 않으니 용기를 지닌 자 같고, 막아 놓아도 맑으니 명(命)을 아는 자 같다. 험한 곳을 지나고 먼 곳에 이르러 끝내 일을 이루고 훼손시키지 않으니 덕(德)을 지닌 자 같다. 천지(天地)는 완성됨이 있고 만물은 생존하게 되며, 국가는 편안해지고 모든 일이 다스려지며 모든 것이 바르게 되니, 이것이 지혜로운 자가 물을 좋아하는 까닭이다.《한시외전(韓詩外傳)》

夫智者, 何以樂於水也. 曰. 夫水者, 緣理而行, 不遺小間, 似有智者, 動而下之, 似有禮者. 蹈深不疑, 似有勇者, 障防而淸, 似知命者. 歷險致遠, 卒成不毁, 似有德者. 天地有成, 群物以生, 國家以寧, 萬事以平, 品物以正, 此智者所以樂於水也.〈韓詩外傳〉[557]

---

551. 《설문해자(說文解字) · 수부(水部)》
552. 《천중기(天中記) · 수(水)》
553. 주량(主量): '주(主)'는 '주(注)'와 통하고 '량(量)'은 '갱(坑)'과도 통한다.(당(唐) 양경(楊倞), 《순자(荀子)》 주)
554. 손경자(孫卿子: B.C. 313-B.C. 283): 순자(荀子)로 이름은 황(況)인데, 높여서 순경(荀卿)으로 부른다. 한대(漢代)로 들어와 선제(宣帝)의 이름이 순(詢)인 것을 피휘하여 손경(孫卿)으로 부르게 되었다.
555. 《순자(荀子) · 유좌(宥坐)》에는, "孔子曰, 夫水, 大偏與諸生而無爲也, 似德, 其流也, 埤下裾拘, 必循其理, 似義. 其洸洸乎不淈盡, 似道, 若有決行之, 其應佚若聲響, 其赴百仞之谷, 不懼, 似勇. 主量必平, 似法. 盈不求概, 似正. 淖約微達, 似察. 以出以入, 以就鮮絜, 似善化. 其萬折也必東, 似志. 是故君子見大水, 必觀焉"으로 되어 있다.
556. 《설원(說苑) · 잡언(雜言)》의 내용을 재구성한 것이다.
557. 《한시외전(韓詩外傳)》 권3.

• (물을) 얻으면 생존하고 잃으면 죽으니 덕(德)을 지닌 자와 같다. 맑고도 깊어 그 깊이를 헤아릴 수 없으니 그것은 성인(聖人)과 비슷하다.《설원(說苑)》

得之則生, 失之則死, 其似有德者. 淑淑淵淵, 深不可測, 其似聖者.〈說苑〉558

• 고이자(顧夷子)와 자화(子華)가 동쪽 연못에서 노닐 때, 자화(子華)가 말하였다. "물에는 네 가지 덕이 있습니다. 뭇 생명체를 목욕시켜 주고 은택이 만대에까지 미치니 인(仁)이고, 맑은 것을 드날리고 탁한 것을 흘려 내리며 때를 제거하고 더러운 것을 없애니 의(義)입니다. 부드러워도 범하기 어렵고 약해도 이기기 어려우니 용(勇)이고, 강수(江水)를 이끌고 하수(河水)를 흐르게 하며, 가득함을 변화시켜 겸허함으로 흐르게 하니 지(知)입니다. 《고자(顧子)》

顧夷子與子華, 游於東池, 子華曰. 水有四德. 沐浴群生, 澤流萬世, 仁也, 揚清激濁, 去滓除穢, 義也. 柔而難犯, 弱而難勝, 勇也, 導江流河, 變盈流謙, 知也.〈顧子〉559

• 《회남자(淮南子)》의 기록이다. 음(陰)의 기운이 쌓인 것이 물이다. 물의 신을 '천오(天吳)'라 하고, 또 '풍이(馮夷)'라고도 한다. 물결의 신을 '양후(陽侯)'라 하고 큰 물결[도(濤)560]의 신을 '영서(靈胥)'라 한다.

淮南子曰. 積陰之氣, 水.561 水神曰天吳, 亦曰馮夷. 波神曰陽侯, 濤神曰靈胥.562

• 토지는 각기 부류별로 사람을 낸다. 맑은 물[가에서 태어난 사람]은 소리가 작고, 탁한 물[가에서 태어난 사람]은 소리가 크다. 빠른 물[가에서 태어난 사람]은 사람이 경솔하고, 느린 물[가에서 태어난 사람]은 사람이 중후하다.

土地, 各以類生人. 清水音小, 濁水音太. 湍水人輕, 遲水人重.563

• 《학기(學記)》의 기록이다. 물은 오색(五色)에 해당됨이 없지만, 오색(五色)이 물을 얻지 못하면 빛나지 않는다.

學記. 水無當於五色, 五色不得不彰.564

• 《시자(尸子)》의 기록이다. 물이 각지게 꺾이는 곳에는 옥(玉)이 있고, 둥글게 꺾이는 곳에는 진주가 있다. 맑은 물에는 황금이 있고, 깊은 연못에는 빼어난 옥이 있다.

尸子. 凡水, 方折者有玉, 圓折者有珠. 清水有黃金, 龍淵有玉英.565

• 물 가운데의 머물 수 있는 곳을 '주(洲)'라 하고, 물가를 모두 '수(垂)', '애(涯)', '반(畔)', '간(干)', '분(濆)', '빈(濱)'이라 한다. 물가의 위아래로 평평한 곳을 '순(漘)'이라 하는데, 다른 말로 '엄(隒)'이라고도 한다. 중첩된 물가를 '안(岸)'이라 하고, 언덕 위의 땅을 '호(滸)'라 한다. 굽이진 물가를 '오(澳)'라 하는데, 다른 말로 '외(隈)'라고도 한다. 수초(水草)가 얽혀 있는 곳을 '미(湄)'라 하고, 물가를 북돋워 사람들이 머무는 곳을 '서(澨)'라 한다. 물굽이를 '예(汭)'라 하고, 물의 북쪽을 '양(陽)'이라 하며, 물의 남쪽을 '음(陰)'이라 한다. 물이 산

558.《설원(說苑)·잡언(雜言)》
559.《천중기(天中記)·수(水)》
560.《강희자전(康熙字典)·수부(水部)》에, "'도(濤)'는 큰 물결이다(濤, 大波也)"라고 하였다.
561.《회남자(淮南子)·천문훈(天文訓)》에는, "積陽之熱氣生火, 火氣之精者爲日, 積陰之寒氣爲水, 水氣之精者爲月"로 되어 있다.
562.《산당사고(山堂肆考)·지리(地理)》
563.《회남자(淮南子)·추형훈(墜形訓)》의 내용을 재구성한 것이다.
564.《예기(禮記)·학기(學記)》
565.《산당사고(山堂肆考)·지리(地理)》

의 돌 사이에서 나오는 것을 '린(潾)'이라 하고, 산 계곡의 물을 '간(澗)'이라 한다. 물이 시내로 흐르는 것을 '계(谿)'라 하고, 물이 계곡으로 흐르는 것을 '곡(谷)'이라 한다. 물이 골짜기로 통하는 것을 '학(壑)'이라 하고, 물이 모이는 곳을 '택(澤)'이라 한다. 넓은 못을 '연(衍)'이라 하고, 못이 굽이진 것을 '고(臯)'라고 한다. 물이 물길로 통하는 것을 '천(川)'이라 하고, 물의 본원을 '원(源)'이라고 한다. 수원을 '천(泉)'이라 하는데, 샘이 정면에서 나오는 것을 '람(濫)'이라 하고, 샘이 옆에서 나오는 것을 '궤(氿)'라고 한다. 샘이 나오는 곳은 같은데, 가는 곳이 다른 것을 '비(肥)'라 하고, 샘이 다른 곳에서 나와 같이 흐르는 것을 '분(瀵)'이라 한다. 깊은 물을 '담(潭)'이라 하고, 빠른 물을 '류(流)'라고 한다. 모래와 돌 위를 (흐르는 것을) '뢰(瀨)', '단(湍)', '탄(灘)', '적(磧)'이라 한다. 물이 따로 흐르는 것을 '고(泒)'라 하고, 큰 물줄기에 작은 입구가 있어 별도로 통하는 것을 '포(浦)'라 한다. 바람이 불어 물이 솟는 것을 '파(波)'라 하고, 또한 '랑(浪)'이라고 한다. 큰 물결을 '도(濤)'라 하고 작은 물결을 '륜(淪)'이라 하며, 평평한 물결을 '란(瀾)'이라 하고 곧게 흐르는 물결을 '경(溼)'이라 한다. 바람이 지나면서 물에 무늬가 생기는 것을 '련(漣)'이라 하고, 물결이 비단 무늬 같은 것을 '의(漪)'라 한다. 물길을 거슬러 올라가는 것을 '소회(泝洄)'라 하고, 물길을 따라 내려가는 것을 '소유(泝游)'라 하는데 또한 '연류(沿流)'라고도 한다.

水中可居者, 曰洲, 凡水邊, 皆曰垂, 曰涯, 曰畔, 曰干, 曰濆, 曰濱. 涯上下坦, 曰滸, 一曰隒. 重涯曰岸, 岸上地曰滸. 曲涯曰澳, 一曰隈. 水草交曰湄, 裨增水邊, 土人所止, 曰滋. 水曲曰汭, 水北曰陽, 水南曰陰. 水出山石間, 曰潾, 山夾水曰澗. 水注川, 曰谿, 水注谿, 曰谷. 水通谷, 曰壑, 水所鍾, 曰澤. 廣澤曰衍, 澤曲曰臯. 水通流曰川, 水本曰源. 源曰泉, 泉正出曰濫, 泉側出曰氿. 泉所出同, 所歸異, 曰肥, 泉異出同流, 曰瀵. 深水曰潭, 急水曰流. 砂石上, 曰瀨, 曰湍, 曰灘, 曰磧. 水別流曰泒, 大水有小口, 別通, 曰浦. 風吹水涌, 曰波, 亦曰浪. 大波曰濤, 小波曰淪, 平波曰瀾, 直波曰溼. 風行水成文, 曰漣, 水波如錦文, 曰漪. 逆流而上, 曰泝洄, 順流而下, 曰泝游, 亦曰沿流.[566]

녹수(渌水)[567]가 실과 같다[녹수여사(渌水如絲)] 예릉현(醴陵縣)[568]의 학관(學館) 앞에 녹수(渌水)가 있는데 땅에서 솟아나는 것이 실과 같고 안개와 같았다. 흰 그릇으로 물을 받고 따라서 맑게 하면 그 색이 짙은 녹색으로, 글씨를 쓸 수 있었다. (그 물이) 나올 때마다 그해에는 과거에 합격하는 자가 항상 많았다.

醴陵縣, 學前有渌水, 湧出自地, 如絲如霧. 用白器入水, 酙而澄之, 其色深綠, 可以書字. 每出, 則其年登科者, 必多.[569]

겸양의 물[양수(讓水)] 범백년(范栢年)[570]은 한중(漢中) 사람이다. 일찍이 송(宋) 명제(明帝)를 뵈었을 때, 말이 광주(廣州)의 탐천(貪泉)에 이르게 되었다. 범백년에게 묻기를, "경의 고을에도 이런 샘물이 있는가?"라고 하였다. 그가 대답하기를, "신의 고을에는 오직 문천(文川), 무향(武鄕), 염천(廉泉), 양수(讓水)가 있을 뿐입니다"라고 하였다. 또 묻기를, "경의 집은 어디에 있는가?"라고 하자 대답하기를,

566. 《설문해자(說文解字)》, 《이아(爾雅)》, 《석명(釋名)》 등의 내용을 종합하여 재구성한 내용임.
567. 녹수(渌水): 예릉현(醴陵縣)에 있던 샘의 이름이다.
568. 예릉현(醴陵縣): 지금의 호남성(湖南省) 예릉시(醴陵市)이다.
569. 《산당사고(山堂肆考) · 지리(地理)》
570. 범백년(范栢年: ?-478): 남조(南朝) 송대(宋代) 사람으로 말재주가 뛰어나 송(宋) 명제(明帝)에게 인정을 받았다. 양주자사(梁州刺史)를 역임하였다.

"청렴과 겸양의 사이에 삽니다"라고 하였다. 황제가 그의 대답을 좋게 여겼다.《남사(南史)》

范栢年, 漢中人. 嘗謁宋明帝, 言次及廣州貪泉. 因問栢年, 卿州中, 復有此水不. 答曰, 臣州中, 惟有文川·武鄕·廉泉·讓水. 又問, 卿宅在何處, 曰, 居廉讓之間. 帝善其對.〈南史〉571

물이 새다[누수(漏水)] 《제서(齊書)》의 기록이다. 형주성(荊州城)의 안에 모래 연못이 있는데 항상 물이 샜다. 소영주(蕭穎胄)572가 장사(長史)가 되자 물이 새지 않았는데 소영주가 죽자 다시 말랐다.

齊書. 荊州城內, 有沙池, 常漏水. 蕭穎胄爲長史, 水乃不漏, 及穎胄亡, 乃復竭.573

《박물지(博物志)》의 기록이다. 정주(庭州)의 패수(灞水)는 금이나 은, 철로 된 그릇으로 물을 받으면 모두 샜지만 오직 표주박의 잎으로 받으면 새지 않았다.

博物志. 庭州灞水, 以金銀鐵器, 承之, 皆漏, 唯承以瓠葉, 則不漏.574

물을 막다[금수(禁水)] 《포박자(抱朴子)》의 기록이다. 좌자(左慈)575는 기(氣)로 물을 막을 수가 있어 물이 1, 2장(丈)을 역류하였다. 막은 물을 뜰 가운데에 내놓으면 큰 추위에도 얼지 않았다.

抱朴子. 左慈, 能以氣禁水, 水爲之逆流一二丈. 禁水置庭中露之, 卽大寒不氷.576

농수(籠水) 《술정기(述征記)》의 기록이다. 양(梁)나라 추성(鄒城)의 서쪽에 농수(籠水)가 있는데 전해지는 말에 의하면, 제(齊)의 효부(孝婦)가 정성이 신명(神明)을 감동시켜 방안에서 솟는 샘물이 나오자 남몰래 대로 엮은 그릇으로 그것을 덮어놓았다고 한다. 이로 말미암아 동이로 물을 긷는 수고를 할 필요가 없어졌다. 가족 중에 그것을 의심하여 그녀가 나간 틈을 타서 그 방을 조사해 보고 시험삼아 이 그릇을 여니 샘이 솟아올라 집이 떠내려갔다. 그래서 농수(籠水)라는 이름이 붙었다.

述征記. 梁鄒城西, 有籠水, 相傳, 齊孝婦, 誠感神明, 涌泉發於室內, 潛以績籠, 覆之. 由是, 無瓮汲之勞. 家人疑之, 時其出, 而搜其室, 試發此籠, 而泉遂涌流, 漂居宇. 故名籠水.577

죽왕(竹王)578의 물[죽왕수(竹王水)] 한(漢) 무제(武帝) 시절에 둔수(遯水)에서 죽왕(竹王)이 일어났다. 한 여자가 물가에서 빨래를 하는데 세 마디가 되는 큰 대나무가 여자의 다리 사이로 들어와 밀어내도 가지를 않았다. 소리가 들려 가져다가 쪼개니 한 남자 아이가 나왔다. 마침내 이복씨(夷濮氏)의 우두머리가 되었고 죽(竹)을 성(姓)으로 하였다. 쪼갠 대나무는 들에서 숲을 이루었는데 왕사죽림(王祠竹林)이 그것이다. 죽왕이 일찍이 남을 따라가다 큰 바위 위에 멈췄는데 국을 끓이라고 하자 종자(從者)가 아뢰기를, "물이 없습니다"라고 하였다. 죽왕이 칼로 바위를 치니 물이 나왔다. 지금의 죽왕수(竹王水)가 그것이다.

漢武時, 有竹王興於遯水. 有一女子, 浣於水濱, 有三節大竹, 流於女子足間, 推之不去. 聞有聲, 持破之, 得一男兒. 遂雄夷濮氏, 竹爲姓. 所損破竹, 於野成林,

---

571. 《남사(南史)·범백년열전(范栢年列傳)》
572. 소영주(蕭穎胄: 462-501): 남조(南朝) 제(齊)시대 사람으로 자는 운장(雲長)이다. 상서령(尙書令)과 형주자사(荊州刺史)를 역임하였다.
573. 《남제서(南齊書)·오행지(五行志)》
574. 《박물지(博物志)·물성(物性)》
575. 좌자(左慈): 동한(東漢) 여강(廬江) 사람으로 자가 원방(元放)이다. 도술(道術)을 지녀 조조(曹操)의 연회석상에서 쟁반에 물을 담아 송강(松江)의 농어를 낚아올렸다고 한다.
576. 《산당사고(山堂肆考)·지리(地理)》
577. 《산당사고(山堂肆考)·지리(地理)》
578. 죽왕(竹王): 한대(漢代) 야랑국(夜郎國)의 군주로 큰 대나무 속에서 나와서 붙여진 이름이다.

王祠竹林, 是也. 王嘗從人, 止大石上, 命作羹, 從者白, 無水. 王以劍擊石, 出水. 今竹王水, 是也.[579]

계곡의 물이 맑다[곡수청(谷水淸)] 《당서(唐書)》의 기록이다. 신풍(新豐)의 앵무곡(鸚鵡谷)은 물이 맑다. 세상에 전해지는 말에, "계곡의 물이 맑으면 천하가 태평해진다"라고 하였다. 《술정기(述征記)》의 기록이다. 임치(臨淄)의 우산(牛山) 아래에 여수(女水)가 있는데 제(齊)나라 사람들의 속담에, "세상이 다스려지면 여수(女水)가 맑고, 세상이 혼란하면 여수가 마른다"고 하였다. 그래서 모용초(慕容超)[580] 시절에 여러 해 동안 말랐는데, 송(宋) 무제(武帝)가 북정에 나서자 큰 물결이 흘러내렸다.

唐書. 新豐鸚鵡谷, 水淸. 世傳, 谷水淸, 天下平. 述征記. 臨淄牛山下, 有女水, 齊人諺, 世治則女水淸, 世亂則女水竭. 故慕容超時, 乾涸彌載, 及宋武北征, 乃激洪流.[581]

붉은 물[단수(丹水)] 《국사이찬(國史異纂)》의 기록이다. 회주(懷州)의 북쪽에 단수(丹水)가 있는데, 그 수원(水源)은 장평산(長平山)에서 나온다. 전해지는 말에, "진(秦)나라가 조(趙)나라의 병사들을 죽여 그 물이 붉게 변하여 이름을 붙이게 되었다"라고 하였다.

國史異纂. 懷州北有丹水, 其源, 出長平山. 傳云, 秦殺趙卒, 其水變赤, 因以爲名.[582]

고인 물을 놓다[치지수(置止水)] 《당서(唐書)》의 기록이다. 공약사(孔若思)[583]는 항상 사람들에게 말하기를, "벼슬은 중랑(中郞)에 이르면 충분하다"라고 하였다. 고부랑(庫部郞)으로 옮겨 가자 자리의 오른쪽에 고인 물 한 섬을 두고, 그치고 만족하는 뜻을 보였다.

唐書. 孔若思, 常謂人曰, 仕至中郞, 足矣. 及遷庫部郞, 乃置一石止水於坐右, 示止足之意.[584]

성스러운 물[성수(聖水)] 《당서(唐書)》의 기록이다. 보력(寶曆)[585] 2년에, 박주(亳州)에서 알리기를, 성수(聖水)가 나왔는데 그것을 마시는 사람은 병이 낫는다고 하였다. 이덕유(李德裕)가 아뢰기를, "신이 방문하여 들으니 이 물은 본래 요망한 중이 속임수로 미혹시킨 것입니다. 옛날 오(吳)나라 때에 성수(聖水)가 있었고 송(宋)과 제(齊)에서는 성화(聖火)가 있었는데, 일이 모두 요망한 것으로 옛사람들이 비판했던 것입니다. 바라옵건대 본도(本道)의 관찰사인 영호초(令狐楚)[586]를 보내 빨리 메우고 막아 요망의 근원을 끊도록 하십시오"라고 하니 그 말을 따랐다.

唐書. 寶曆二年, 亳州言出聖水, 飮之者, 愈疾. 李德裕奏曰, 臣訪聞, 此水, 本因妖僧誑惑. 昔吳時有聖水, 宋齊有聖火, 事皆妖妄, 古人所非. 乞下本道觀察使令狐楚, 速令塡塞, 以絶妖源. 從之.[587]

물의 전달[수체(水遞)] 이덕유(李德裕)가 상주(常州) 혜산(惠山)의 샘물을 즐겨 마셔 비릉(毗陵)에서

---

579. 《천중기(天中記)·수(水)》

580. 모용초(慕容超: 385-410): 16국(國) 시절 남연(南燕)의 군주로 선비족(鮮卑族)이고 자는 조명(祖明)이다. 사냥에 빠져 정사를 돌보지 않다가 유유(劉裕)에 의해 망하였다.

581. 《산당사고(山堂肆考)·지리(地理)》

582. 《천중기(天中記)·수(水)》

583. 공약사(孔若思: ?-719): 당대(唐代) 산음(山陰) 사람으로 예부시랑(禮部侍郞)과 혜주자사(惠州刺史) 등을 역임하였는데 청렴으로 이름이 높았다.

584. 《신당서(新唐書)·유학열전(儒學列傳)》의 내용을 재구성한 것이다.

585. 보력(寶曆): 당(唐) 경종(敬宗)의 연호(825-826)이다.

586. 영호초(令狐楚: 766-837): 당대(唐代) 화원(華原) 사람으로 자가 각사(慤士)이다. 중서시랑(中書侍郞), 문하시랑(門下侍郞), 동중서문하평장사(同中書門下平章事) 등과 여러 지방의 절도사(節度使), 관찰사(觀察使)를 역임하였는데 가는 곳마다 선정(善政)을 베풀었다.

587. 《구당서(舊唐書)·이덕유열전(李德裕列傳)》의 내용을 재구성한 것이다.

도성에까지 교대하여 전달하는 곳을 두었는데, 이를 '수체(水遞)'라 하였다. 어떤 승려가 뵙고 말하기를, "상공(相公)을 위하여 상산(常山)의 수맥(水脈)을 뚫어 도성의 일안정(一眼井)과 혜산사(惠山寺) 샘의 수맥이 서로 통하도록 하겠습니다"라고 하였다. 이덕유가 크게 웃으면서 혜산(惠山)의 물 한 병과 호천(昊天)의 물 한 병〈일안정(一眼井)은 호천관(昊天觀)의 뒤에 있다.〉에 (다른 물) 여덟 병을 섞어 모두 열 병으로 하고 승려에게 구분하도록 하였다. 승려가 혜산(惠山)과 호천(昊天)의 물을 고르니 나머지 여덟 병은 같은 맛이었다. 이덕유가 매우 기이하게 여기고 물의 전달을 그쳤다.

李德裕, 喜飮常州惠山泉, 自毗陵至京, 置遞鋪, 號水遞. 有僧謁曰, 爲相公, 通常山水脈, 京師一眼井, 與惠山寺泉脈相通. 李大笑乃以惠山一罌昊天一罌〈一眼井, 在昊天觀後.〉雜以八瓶, 都十瓶, 遣僧辨析. 僧取惠山與昊天, 餘八乃同味. 李大奇之, 停其水遆.[588]

물이 향기로운 막걸리로 바뀌다[수변방료(水變芳醪)] 선황(宣皇)[589]이 지방관으로 있을 때, 일찍이 수행원이 수레에서 말을 빠지게 하여 눈 속에서 추위가 심하였다. 갈증이 나서 순찰하는 자에게 물을 구하면서, "나는 광왕(光王)이다"라고 하였다. 물을 올리자 잔을 드니 모두 변하여 향기로운 막걸리가 되었다.

宣皇在藩時, 常從駕墮馬, 雪中寒甚, 因渴求水於巡警者, 曰, 我光王也. 及以水進, 擧杯, 悉變爲芳醪.[590]

육시수(六時水) 촉(蜀) 청성(靑城)에 연경궁(延慶宮)이 있고, 서쪽에 상도관(常道觀)이 있으며, 그 남쪽에 육시수(六時水)가 있는데, 여섯 때에 물을 뿌려 물시계를 대신하였다. 해가 떴을 때는 쫙하고 뿌리나 그늘질 때에는 없었다. 밤낮으로 모두 여섯 번 물을 뿌리기 때문에 육시수(六時水)라는 이름이 붙었다.《방여기(方輿記)》

蜀靑城, 有延慶宮, 西有常道觀, 其南有六時水, 六時灑水, 以代漏刻. 於陽時, 卽灑然而下, 陰時卽無. 晝夜, 凡六時灑水, 故名六時水.〈方輿記〉[591]

물의 요괴를 진압하다[압수괴(壓水怪)] 진(秦) 이빙(李氷)[592]이 촉(蜀)의 군수(郡守)가 되어 민산(岷山)을 양자강에 통하게 하여 사독(四瀆)의 우두머리로 삼았다. 물이 간혹 재난이 되자 세 석인(石人)을 만들어 강물을 멈추게 하고 세 석우(石牛)를 만들어 물의 요괴를 진압하였으며, 36개의 강으로 나누어 관개(灌漑)에 쓰도록 하였다. 이로부터 사람들은 홍수와 가뭄이 없어져, 이름을 붙여 '육해(陸海)'라 하고 촉(蜀) 사람들이 고맙게 여겼다.

秦李氷, 爲蜀守, 以岷山通江, 爲四瀆之首. 水或爲患, 乃作三石人, 以止江水, 作三石牛, 以壓水怪, 分爲三十六江, 以資灌漑. 由是, 人無水旱之患, 號爲陸海, 蜀人德之.[593]

물을 다투다[쟁수(爭水)] 양안(陽安) 현령 조규(趙規)가 낭릉(朗陵) 태수 황맹(黃萌)과 물을 다투다가 조규가 손가락을 베어 맹세하기를, "피가 흐르는 곳을 따라 양안(陽安)의 경계로 넣겠다"라고 하자 황맹이 화가 나서 조규를 죽였다. 소리(小吏)인 왕삭(王朔)이 다시 황맹을 찔러 죽이니 낭릉(朗陵)의 관속(官屬)이 다시 왕삭을 죽였다. 백성들이 경산(京山)의 위에 왕삭을 위하여 제단을 만들고, 가물 때마다 번번이 가서 기도를 올렸다.《여남선현(汝南先賢)》

588.《천중기(天中記)·수(水)》

589. 선황(宣皇): 진(晉) 사마의(司馬懿: 179-251)를 가리킨다.

590.《천중기(天中記)·수(水)》

591.《천중기(天中記)·수(水)》

592. 이빙(李氷): 전국시대(戰國時代) 진(秦) 소왕(昭王) 시기 사람으로, 촉(蜀)의 군수가 되어 수리사업에 힘써 선정을 베풀었다.

593.《산당사고(山堂肆考)·지리(地理)》

陽安令趙規, 與朗陵太守黃萌, 爭水, 規割指, 詛曰, 隨血所流, 入陽安界, 萌怒殺規. 小吏王朔, 復刺殺萌, 朗陵官屬, 又殺朔. 民於京山上, 爲朔作祠壇, 每旱, 輒往祈禱.〈汝南先賢〉594 規

귀신이 쏘다[귀탄(鬼彈)] 한(漢) 시절에 영창군(永昌郡) 불위현(不韋縣)에 금수(禁水)가 있었는데, 물에 독기(毒氣)가 있어 11월과 12월에만 겨우 건널 수 있었다. 정월부터 10월까지는 그것을 건너면 사람을 해치지 않는 경우가 없었다. 그 기운 속에는 좋지 못한 것이 있어, 그 모습은 보이지 않지만 그것이 움직일 때는 소리가 있었다. 마치 던지고 치는 소리가 있는 듯하였는데, 나무에 맞으면 (나무가) 부러지고 사람에게 맞으면 해를 당하여 지역 사람들이 '귀신이 쏜다[귀탄(鬼彈)]'라고 하였다. 그래서 군(郡)에 죄인이 있으면, 금수(禁水)의 지역에 옮겨 놓았는데 10일을 넘기지 못하고 모두 죽었다.

漢時, 永昌郡不韋縣, 有禁水, 水有毒氣, 唯十一月十二月, 差可渡. 自正月至十月, 逕之, 無不害人. 其氣中有惡物, 不見其形, 其作有聲. 如有所以投擊, 中木則折, 中人則害, 土俗號爲鬼彈. 故郡有罪人, 徙之禁防, 不過十日, 皆死也.595

물을 바치다[공수(貢水)] 장안현(長安縣)에서는 흙을 바치고, 만년현(萬年縣)에서는 물을 바친다.《남부신서(南部新書)》

長安縣貢土, 萬年縣貢水.〈南部新書〉596

수모(水母) 왕현지(王玄芝)가 밤에 한 도사(道士)를 만나 그를 따라갔다. 걸음이 서강(西江)의 물밑에 이르는데 달빛 가운데에서도 진흙과 모래가 보이지 않고, 물이 그를 따라 저절로 열렸다. 길 옆의 어떤 것이 용 같기도 하고 뱀 같기도 한데, 길이가 10장(丈)쯤 되었다. 도사가 말하기를, "이것은 수모(水母)로, 보는 자는 장생하게 된다"라고 하였다.《신선전(神仙傳)》

王玄芝夜見一道士, 因隨之. 行在西江水底, 月光中, 不見泥沙, 水隨自開. 路傍一物, 如龍又如蛇, 長十丈許. 道士曰, 此水母也, 見者長生.〈神仙傳〉597

수투(水鬪) 송(宋) 소흥(紹興)598 14년에 악평(樂平)에 수투(水鬪)가 일어났다. 담당자가 아뢰기를, "강이 마을의 전답을 침범하였는데 물속에서 빨아들이는 것 같습니다. 기세가 평지보다 몇 척이 높고 제방을 따르지 않고 물이 제멋대로 흐릅니다. 마을 남쪽의 진씨(陳氏) 집안의 우물물이 넘쳤는데 역시 몇 척의 높이였습니다. 굽은 모습[요교(夭矯)599]이 마치 긴 무지개 같았으며, 소리는 우레 같고 담을 뚫고 벽을 무너뜨렸으며, 밀려왔다 밀려갔다 하기를 대략 10여 각(刻)을 하고 그쳤습니다"라고 하였다.

宋紹興十四年, 樂平水鬪. 有司奏曰, 河衝里田, 水中, 類爲吸聚. 勢高平地數尺, 不假隄防, 而水自行. 里南陳氏家, 井水溢, 亦高數尺. 夭矯如長虹, 聲如雷, 穿墻毁壁, 且前且却, 約十餘刻, 乃止.600

594.《태평어람(太平御覽)·인사부(人事部)》
595.《수신기(搜神記)》권12.
596. 송(宋) 전역(錢易),《남부신서(南部新書)》권4.
597.《천중기(天中記)·수(水)》
598. 소흥(紹興): 남송(南宋) 고종(高宗)의 연호(1131-1162)이다.
599. 요교(夭矯): 요교(夭蟜)로도 쓰는데 굽은 모습이다.
600.《송사(宋史)·오행지(五行志)》의 내용을 재구성한 것이다.

【유원총보 권 06】

지도문(地道門)

바다 海

• 《박물지(博物志)》의 기록이다. 천지 사방은 모두 바닷물과 서로 통하고, 땅이 그 가운데에 있는데, 그리 멀리 떨어져 있지 않다. 사해의 밖은 모두 또 다른 바다이다. 동해에는 따로 발해(渤海), 명해(溟海), 원해(員海)가 있고 이를 통칭하여 창해(滄海)라 한다. 남해에는 따로 창해(漲海)가 있다. 서해에는 따로 포창해(蒲昌海), 포류해(蒲類海), 청해(靑海), 녹혼해(鹿渾海), 양지해(陽池海)가 있다. 북해에는 따로 한해(瀚海)가 있고 한해(瀚海)의 남쪽에 발제해(渤鞮海), 이련해(伊連海)가 있다. 무릇 사해를 통칭하여 비해(裨海)라 한다. 비해(裨海)의 밖에 또 대영해(大瀛海)가 둘러싸고 있다.

博物志. 天地四方, 皆與海水相通, 地在其中, 蓋無幾也. 四海之外, 皆復有海. 東海之別有渤海 · 溟海 · 員海, 通謂之滄海. 南海之別有漲海, 西海之別有蒲昌海 · 蒲類海 · 靑海 · 鹿渾海 · 陽池海. 北海之別有瀚海, 瀚海之南有渤鞮海 · 伊連海. 凡四海通謂之裨海. 裨海外復有大瀛海環之.[1]

• 또 바다를 조석지(朝夕池)라고도 하고, 천지(天池)라고도 하며, 대학(大壑)이라고도 한다. 해신(海神)을 해약(海若)이라고도 한다.

又海曰朝夕池, 曰天池, 曰大壑. 海神曰海若.[2]

• 《석명(釋名)》의 기록이다. 해(海)는 예(穢)와 뜻이 같다. 주로 흐리고 탁한 것을 끌어들여 그 물이 검기 때문에 마치 흐린 것처럼 보인다.

釋名. 海, 穢也. 主引晦濁, 其水黑, 如晦也.[3]

• 《노자(老子)》의 기록이다. 강과 바다가 온갖 계곡의 제왕이 될 수 있는 까닭은 그것이 잘 흘러내려 낮은 곳에 처하기 때문이다.

老子. 江海所以能爲百谷王者, 以其善下之也.[4]

• 《양자(楊子)》의 기록이다. 온갖 냇물은 바다를 배워서 바다에 이른다.

楊子. 百川學海而至於海.[5]

• 《순자(荀子)》의 기록이다. 바다는 이슬이나 안개도 받아들이기 때문에 그 무한한 깊이를 이룰 수 있다.

孫卿子. 海受露霧, 故能成其深.[6]

• 《열자(列子)》의 기록이다. 발해(渤海) 동쪽에 큰 계곡이 있는데, 실로 바닥이 없는 계곡이므로 이름을 귀허(歸虛)라 한다. 팔방과 구주(九州)의 물과 하늘의 은하수 물이 이곳으로 흘러들지 않는 것이 없지만 물이 불어나지도 줄어들지도 않는다. 그 주(注)에 이르기를 귀허(歸虛)는 미려(尾閭)[7]인데, 온갖 강물의 아래에 있기 때문에 '미(尾)'라 하고, 온갖 물의 종류가 모이는 곳이기 때문에 '려(閭)'라 한다 하였다.

列子. 渤海之東有大壑焉, 實惟無底之谷, 名曰歸虛. 八紘九野之水, 天漢之流, 莫不注之, 而無增無減焉. 注, 歸虛卽尾閭也, 百川之下, 故稱尾, 聚族之處, 故稱閭也.[8]

• 《장자(莊子)》의 기록이다. 천하의 물로는 바다보다 큰 것이 없다. 온갖 냇물이 그곳으로 모여드는

---

1. 《박물지(博物志)》
2. 《박물지(博物志)》
3. 《석명(釋名) · 석수(釋水)》
4. 《노자(老子) · 제66장》
5. 《법언(法言) · 학행(學行)》
6. 《순자(荀子) · 유효(儒效)》에는 '積水而爲海'로 되어 있다.
7. 미려(尾閭): 중국 전설에 바닷물이 끝없이 빠져나가는 곳이라 함.
8. 《열자(列子) · 탕문(湯問)》

데 어느 때 멈출지 알 수 없지만 바닷물은 넘치지 않고, 또 미려(尾閭)로 바닷물이 끝없이 새어나가는데, 어느 때 그칠지 알 수 없지만 바닷물은 비지 않는다.

莊子. 天下之水, 莫大於海. 萬川歸之, 不知何時止而不盈. 尾閭泄之, 不知何時已而不虛.[9]

• 바닷가의 사람들이 멀리 바닷물을 바라보면 마치 땅보다 더 높은 것이 해안처럼 솟아 있는 것처럼 보이는데, 그것은 대체로 물의 기운 때문이다. 따라서 수(隋) 양제(煬帝)의 〈망해시(望海詩)〉에 이르기를 "먼 곳 물이 일렁이니 언덕과 같고, 아득한 산들 스러지니 구름과 같네"라고 하였다.

濱海之人, 遠望海水, 似高於地, 而有如岸焉, 蓋水氣也. 故隋煬帝望海詩, 遠水翻如岸, 遙山倒似雲.

• 《두양편(杜陽編)》의 기록이다. 남창국(南昌國)에 자해(紫海)가 있는데, 물 색깔이 농익은 오디와 같아서 의복을 물들일 수도 있고, 그곳의 물고기, 자라, 모래, 돌멩이, 풀, 나무는 보랏빛을 띠지 않는 것이 없다.

杜陽編. 南昌國有紫海, 水色如爛椹, 可以染衣, 其魚鼈沙石草木, 無不紫者.

• 또 《십주기(十州記)》의 기록이다. 동쪽에 벽해(碧海)가 있는데 그 넓이가 동해와 같으며, 물맛은 짜지도 쓰지도 않고 물빛은 정벽색(正碧色)이다.

又十州記. 東有碧海, 廣狹與東海等, 水不醎苦, 正碧色.[10]

뗏목을 타고 바다를 떠돌다[승부부해(乘桴浮海)]

공자(孔子)가 말하기를, "올바른 도(道)가 행해지지 않으니 뗏목을 타고 바다를 떠돌고 싶다"라고 하였다.

孔子曰, 道不行, 乘桴浮于海.[11]

《풍속통(風俗通)》의 기록이다. 강굉(姜肱)[12]은 자(字)가 백회(伯淮)인데 영제(靈帝)가 불러서 태수로 삼으려 하였다. 강굉이 사람들에게 말하기를, "나는 겸허한 태도로 실제의 삶을 추구하며 명성을 숨겨왔다. 성대하고 밝은 세상에서도 오히려 내 스스로를 헌신하지 않을 것인데, 지금 정권이 사사로운 권문세가에 좌우되는 때에 대저 무슨 일을 할 수 있겠는가?"라고 하였다. 마침내 뗏목을 타고 바다로 떠나갔고, 그 끝 간 곳을 아는 사람은 아무도 없었다.

風俗通. 姜肱, 字伯淮, 靈帝徵爲太守. 肱告人曰, 吾以虛獲實, 蘊藉聲價. 盛明之際, 尙不委質, 今政在私門, 夫何爲哉. 遂乘桴浮於海, 莫知其極.[13]

당(唐) 양황제(讓皇帝) 목종(穆宗)의 친형이 태후(太后)에게 총애를 받지 못하였는데, 이 때문에 목종이 순서를 뛰어넘어 양황제로 즉위하였다. (그 형은) 목종의 신하가 되지 않으려고 마침내 배를 만들어 바다로 들어갔고 아무도 그 거처를 알지 못하였다. 바다로 들어갈 때 4구의 말을 남겼고, 그것이 지금 옥으로 만든 비석에 새겨져 있다. 내용은 다음과 같다. "작은 산이 큰 산을 누르니, 큰 산이 기운이 없네. 이 나라 사람들 보기가 부끄러워, 장차 이 몸 먼 변방으로 가려네."

唐讓皇帝穆宗親兄, 不爲太后所愛, 故穆宗越次而立讓皇帝. 不肯臣穆宗, 遂造船入海, 不知其處. 臨入海時, 留語四句, 今刻在玉碑上, 云, 小山壓大山, 大山全無氣. 羞見本邦人, 將身投外裔.[14]

---

9. 《장자(莊子)·추수(秋水)》
10. 《해내십주기(海內十州記)》
11. 《논어(論語)·공야장(公冶長)》
12. 강굉(姜肱): 후한(後漢) 팽성(彭城) 광척(廣戚) 사람이다. 효행으로 이름이 났고 오경(五經)에 정통하였다. 영제(靈帝)가 태수(太守), 태중대부(太中大夫) 등을 제수하였으나 받지 않고 바다로 들어가 숨었다. 이후 오랜 기간이 지난 후 나이가 77세 무렵에 집으로 돌아와 죽었다.
13. 《풍속통의(風俗通義)·십반(十反)》

바다로 들어가 신선을 찾다[입해심선(入海尋仙)] 서복(徐福)은 자(字)가 군방(君房)이다. 진시황(秦始皇)이 서복 및 동남(童男) 동녀(童女) 2,000명을 보내어 바다로 들어가 신선을 찾게 하였으나 돌아오지 않았다. 당(唐) 개원(開元)[15] 연간에 어떤 사람이 바다 가운데서 그들을 만났다고 하였다.

徐福, 字君房. 秦始皇遣福及童男女二千人, 入海尋神仙, 不返. 唐開元中, 有人, 於海中見之.[16]

정위(精衛)가 바다를 메우다[정위전해(精衛塡海)] 발구산(發鳩山)에 어떤 새가 사는데 이름이 정위(精衛)이고 염제(炎帝)의 딸이다. (일찍이) 동해에 가서 놀다가 익사하여 돌아오지 못하였다. 이러한 까닭에 정위는 항상 서산의 나무와 돌을 물어다 동해를 메운다.《산해경(山經海)》

發鳩之山有鳥, 名曰精衛, 是炎帝之女. 往遊于東海, 溺而不返. 是故, 精衛常取西山之木石, 以塡東海.〈山經海〉[17]

마른 호수에 주문을 걸다[주건해(呪乾海)] 섭정능(葉靜能)[18]에게 흰 옷을 입은 어떤 노인이 울며 절하며 말하기를, "저는 육지 속의 큰 호수를 관리하는 일을 맡고 있는데, 서역 승(僧)이 술법을 완성하고 와서 물을 마시니, 호수의 물 7-8할이 말라 버렸습니다"라고 하였다. 이에 정능(靜能)이 붉은 옷을 입은 사람을 시켜 황색 부절을 가지고 가서 그 호수에 던지게 하자, 호수가 옛날처럼 회복되었다. 노인은 바로 용이었다.《유괴록(幽怪錄)》

葉靜能有白衣老父泣拜曰, 職在小海, 胡僧術成來喝水, 海水十涸七八. 靜能使朱衣人執黃符往投之海水, 復舊. 老父乃龍也.〈幽怪錄〉

바람에 바다의 선박이 표류해 오다[풍표해선(風飄海船)] 가우(嘉祐)[19] 연간에 소주(蘇州) 곤산현(崑山縣) 바닷가에 한 선박이 돛대가 꺾인 채 바람에 표류하다가 해안에 닿았다. 배 속에는 30여 명의 선원이 있었고 의관은 당(唐)나라 사람과 같았다. 사람을 보고 모두 통곡하였으나 언어를 알아들을 수 없었고, 글자를 써 보게 하였으나 글자도 읽을 수 없었다. 스스로 문서를 하나 꺼내 보여 주는데, 그것은 바로 당(唐) 천수(天授)[20] 연간에 둔라도(屯羅島) 수령 배융부위(陪戎副尉)[21]에게 내리는 임명장이었다. 또 문서 하나가 있었는데 그것은 바로 '고려국에 바치는 표문[上高麗表]'이었고 거기에도 둔라도(屯羅島)라고 칭하고 있었으며 모두 한자를 쓰고 있었다. 대체로 동이(東夷)의 족속으로 고려(高麗)에 신속(臣屬)하고 있는 자들인 것 같았다. 이때 찬선대부(贊善大夫) 한정언(韓正彦)이 곤산현의 원님으로 있었는데, 그 사람들을 불러 술과 음식을 장만하여 위로하였다. 식사를 다 마치고 나자 손을 머리 위까지 받들어 올리며 마음속 뜻을 전하는데 아마도 환대에 감사를 표시하는 것 같았다. 한정언이 사람을 시켜 그 돛대를 수리하게 하였지만 돛대를 배의 나무에 꽂은 지가 오래되어서 움직일 수가 없었다. 이에 그 수리공이 손으로 돌릴 수 있는 굴대를 만들어 주고, 움직이는 방법을 가르쳐 주었다. 그 사람들이 또 기뻐하며 손을 머리 위까지 받들어 올리고 떠나갔

---

14. 이 고사는《요사(遼史)·종실(宗室)》열전에 요(遼) 태종(太宗)과 그의 형 야율배(耶律倍)의 이야기로 나온다.
15. 개원(開元): 당(唐) 현종(玄宗)의 연호(713-741)이다.
16. 《사기(史記)·회남형산열전(淮南衡山列傳)》
17. 《산해경(山海經)·북산경(北山經)》
18. 섭정능(葉靜能): 당대(唐代)의 유명한 도사(道士)로《천진황인구선경(天眞皇人九仙經)》을 지은 것으로 알려져 있다.
19. 가우(嘉祐): 북송(北宋) 인종(仁宗)의 연호(1056-1063)이다.
20. 천수(天授): 당(唐) 예종(睿宗)의 연호(690-692)이다.
21. 배융부위(陪戎副尉): 당(唐)나라 때 설치되어 송(宋)과 원(元)으로 이어진 벼슬. 대체로 변방의 이민족을 복속시키기 위해 내려졌으며, 품계는 6품 이하 최하위 관직에 해당함.

다.《필담(筆談)》

嘉祐中, 蘇州崑山縣海上, 有一船桅折, 風飄抵岸. 船中有三十餘人, 衣冠如唐人. 見人皆慟哭, 語言不可曉, 試令書字, 字亦不可讀. 自出一書示人, 乃唐天授中告勅乇羅島首領陪戎副尉制. 又有一書, 乃是上高麗表, 亦稱乇羅島, 皆用漢字. 蓋東夷之臣屬高麗者. 時贊善大夫韓正彦, 知崑山縣事, 召其人, 犒以酒食. 食罷, 以手捧首, 而輾意若驩感. 正彦使人爲治其桅, 桅舊植船木上, 不可動. 工人爲之造轉軸, 教其起倒之法. 其人又喜, 復捧首而轉.〈筆談〉22

연해(然海) 유파산(流波山) 아래에 연해(然海)가 있고, 천 리의 백성들이 그 물을 길어서 기름 대신 쓰는데 그 빛이 기름보다 수(數) 배나 더 밝았다. 진시황(秦始皇)이 사람을 시켜 천 척의 배를 띄우고 그곳 산속으로 가서 불로초를 찾게 하였다. 뱃사공들이 물의 성질을 모르고 밤에 타고 남은 촛불을 물속에 던지자 불이 크게 번졌고 전체 호수가 계속 타들어가 불꽃이 하늘에까지 닿았으며 천 리가 모두 화염 빛으로 물들었다. 돌아온 사람은 한 사람도 없었다. 이 이후로 아무도 배를 저어 들어가는 사람이 없었고, 오직 연해(然海) 연안에서 그 물을 길어서 사용할 뿐이었다.《표속수독(漂粟手牘)》

流波山下有然海, 千里民汲之, 以代油, 光明過於油數倍. 秦始皇使人汎千艘, 往山中取仙草. 舟人不知水性, 夜以燭跋投水中, 火大發, 遍海延燒, 火光接天, 千里一色. 無一人還者. 自此無人敢操舟入, 惟於海畔汲用而已.〈漂粟手牘〉

바다 다스리기[치해(治海)] 《설원(說苑)》의 기록이다. 제(齊) 경공(景公)이 바닷가로 유람을 가서 즐겼는데 6개월이 되어도 돌아가지 않고 좌우 사람들에게 말하기를, "감히 먼저 돌아가자고 말하는 자는 죽일 것이다"라고 하였다. 안촉(顔蠋)이 나아가 말하기를, "군주께서는 바다 다스리는 일을 즐거워하시고, 나라 다스리는 일은 즐거워하지 않으신데, 저곳에 만일 어떤 사람이 벌써 나라를 다스리고 있다면 군주께서 이 바다 다스리는 일을 즐길 수 있겠습니까?"라고 하였다. 이에 마침내 돌아왔다.

說苑. 齊景公遊海上而樂之, 六月不歸, 告左右曰, 敢言先歸者死. 顔蠋進曰, 君樂治海, 不樂治國, 彼若有治國者, 君安能樂此海乎. 遂歸.23

바다를 건너다 폭풍을 만나다[과해우풍(過海遇風)] 관녕(管寧)24이 요동(遼東)으로 피난가는 도중에 바다를 건너다 폭풍을 만났다. 뱃사공들이 두려움에 떨며 모두 자신의 잘못을 뉘우치고 있었다. 관녕도 자신의 허물을 생각해 보니, 지난해 변소 갈 때 관(冠)을 쓰지 않은 잘못밖에 없었지만 하늘을 향해 머리를 조아리자 폭풍이 곧 잦아들었다.

管寧避地遼東, 過海遇風. 船人危懼, 皆悔過. 寧思惟咎愆, 念昔年嘗如厠不冠而已, 向天叩頭, 風亦尋息.

장패(張覇)25는 자(字)가 백요(伯饒)이다. 영원(永元)26 연간에 회계태수(會稽太守)가 되어 바다로 들어가 해적을 잡다가 세찬 바람을 만났다. 날은 어두워지고 파도가 용솟음치자 사졸들이 놀라 장패에게 이야기하였다. 장패가 말하기를, "두려워할 필요가 없다. 태수가 왕법(王法)을 받들어 적을 쫓고 있으니 바람이 틀림없이 해를 끼치지 않을 것이다"라고 하였다. 그러자 잠시 후에 바람이 그치고 파도가 멎었다.

張覇, 字伯饒. 永元中, 爲會稽太守, 入海捕賊, 遭疾

22.《몽계필담(夢溪筆談)·잡지(雜志) 일(一)》

23.《설원(說苑)·정간(正諫)》

24. 관녕(管寧: 158-241): 자(字)는 유안(幼安)으로 중국 삼국시대 위(魏)나라 북해(北海) 주허(朱虛) 사람이다. 학문을 좋아하였지만 평생 명리(名利)를 탐하지 않고 고사(高士)로서 이름을 날렸다.

25. 장패(張覇): 후한(後漢) 촉군(蜀郡) 성도(成都) 사람이다. 화제(和帝) 때 효렴(孝廉)으로 추천되어 광록주사(光祿主事)가 되었고 회계태수(會稽太守)를 거쳐 시중(侍中)에 이르렀다. 시호는 헌문(憲文) 또는 문보(文父)이다.

26. 영원(永元): 후한(後漢) 화제(和帝)의 연호(89-104)이다.

風. 晦冥, 波水湧起, 士卒驚白霸. 霸曰, 無得恐, 太守奉法追賊, 風必不爲害. 須臾, 風靜波止.

진무(陳茂)[27]가 일찍이 교지별가(交趾別駕)가 되었는데, 지난번 자사(刺史)는 역내(域內)를 순행할 때 창해(漲海)[28]를 건너지 않았다. 신임 자사 주창(周敞)이 창해를 건너다 폭풍을 만나 배가 거의 전복될 지경에 이르렀다. 진무가 칼을 뽑아 들고 바다의 신을 꾸짖자 바람이 곧 잦아들었다.

陳茂嘗爲交趾別駕, 舊刺史行部, 不渡漲海. 刺史周敞涉海遇風, 船欲覆沒. 茂拔劍訶罵水神, 風即止息.

《오대사(五代史)》의 기록이다. 단희요(段希堯)[29]가 오월(吳越)로 사신을 가는 도중 바다를 건너다 거센 바람을 만났다. 좌우 사람들이 모두 공포에 떨자 희요가 말하기를, "나는 평생 여러분을 속이지 않았으니 나를 믿고 두려워하지 말라"고 하였다. 말이 끝나자 바람이 그쳤다.

五代史. 段希堯使吳越, 過海遭大風. 左右皆恐怖, 希堯曰, 吾平生不欺汝等, 恃吾, 可無恐也. 已而風止.[30]

《담빈록(談賓錄)》의 기록이다. 귀숭경(歸崇敬)[31]이 신라(新羅) 책봉 사신으로 충원되었다. 사신 행렬이 바다 가운데에 이르렀을 때 파도가 급하게 몰아쳐서 배가 부서지고 물이 새자 사람들이 모두 놀라 두려워하였다. 뱃사공이 (숭경에게) 작은 배로 갈아탈 것을 청하였으나 숭경이 말하기를, "뱃사공이 모두 수십, 수백 명인데, 내가 어찌 차마 혼자서 물을 건널 수 있겠는가?"라고 하였다. 그러자 잠시 후에 바람이 멎었다.

談賓錄. 歸崇敬充新羅册立. 使至海中, 濤波迅急, 舟船壞漏, 衆咸驚駭. 舟人請以小舟載, 崇敬曰, 舟人凡數十百, 我何忍獨濟哉. 少選風息.[32]

해인(海人) 이중유(李仲游)가 동안현(同安縣)에서 고을살이를 할 때, 하루는 어떤 사람이 배를 타고 외국과 교역하다가 한 해 만에 돌아왔다고 하였다. 거센 바람에 표류하다가 한 섬에 닿았는데, 그때 마침 달이 밝아서 10여 명의 사람들이 바다로부터 손에 손을 잡고 나와 섬으로 오르는 것을 보았다고 하였다. 그들이 웃고 떠들며 이야기하는데 그 말은 알아들을 수 없었지만, 그 모습은 사람과 다르지 않았고 다만 발가벗은 몸이었을 뿐이었다고 하였다. 뱃사공들이 징과 북을 쳐서 놀라게 하니 그들은 다시 손을 잡고 큰 소리로 웃으며 바다 속으로 들어갔다고 하였다. 그 섬 가까이 사는 사람들이 말하기를 저들은 해인(海人)인데 집이 섬 밑 바다에 있다고 하였다.

李仲游知同安縣, 日有人泛舟交易外國, 經歲始還云. 爲大風飄至一島嶼, 時月正明, 見十數人, 自海連臂而出, 登嶼. 笑語, 語不可解, 體貌與人無異, 但裸形耳. 舟人鳴鑼鼓以駭之, 復連臂大笑, 入海而去. 近嶼人云, 此名海人, 室在嶼下.

배를 타고 가다가 고래를 만나다[주우해추(舟遇海鰍)] 충간공(忠簡公) 조정(趙鼎)[33]이 주애(朱崖)[34]

27. 진무(陳茂): 하동(河東) 의씨(猗氏) 사람으로 수(隋)나라 명장이다. 벼슬은 익주총관사마(益州總管司馬)와 태부경(太府卿)에 이르렀다.

28. 漲海(창해): 중국 전설에 남해(南海) 밖에 있는 바다라고 한다.

29. 단희요(段希堯): 오대(五代)의 후진(後晉)과 후한(後漢)의 관리이다. 벼슬은 예부상서(禮部尙書)에 이르렀다.

30.《구오대사(舊五代史)·열전(列傳) 팔(八)》

31. 귀숭경(歸崇敬: 712-799): 자(字)는 정례(正禮)이며 소주(蘇州) 오인(吳人)이다. 당(唐) 예종(睿宗)에서 덕종(德宗)에 이르는 시기의 학자 겸 관리이다. 벼슬은 병부상서(兵部尙書)에 이르렀고 문집 20권이 남아 있다.

32.《구당서(舊唐書)·열전(列傳) 구십구(九十九)》

33. 조정(趙鼎: 1085-1147): 자(字)는 원진(元鎭), 남송(南宋)의 정치가 겸 사인(詞人)이다. 충성스러운 인품으로 명망이 높았다. 벼슬은 상서좌복야(尙書左僕射) 겸 추밀사(樞密使)에 이르렀다. 시호는 충간(忠簡)이며,《충정덕문집(忠正德文集)》10卷과《득전거사사(得全居士詞)》등의 문집을 남겼다.

34. 주애(朱崖): 지금의 해남성 해구시(海口市)이다.

로 귀양 갈 때 뇌주(雷州)에서 배를 띄워 남쪽으로 향하였다. 사흘을 지나 바야흐로 돛을 크게 펼치고 아침 일찍 출행하였다. 바람이 매우 세찬 가운데 큰 파도 사이를 돌아보니, 붉은 깃발이 펄럭이며 서로 좇아 내려오고 있었다. 그것은 눈길 닿는 데까지 끝이 없었고, 해적이나 외국의 군대로 의심되었다. 뱃사공을 불러 물어보니 뱃사공은 손을 내저으며 말을 하지 말라고 하는데 그 공포스러운 기색을 짐작할 만 하였다. 황급히 배 안으로 들어가 머리를 풀어헤치고 칼을 잡은 채 뜸[35] 밖으로 나오더니 등을 돌리고 서서 그 혀를 베어 바닷물 속에 피를 떨어뜨리고 사신을 경계하면서 사신들로 하여금 눈을 감고 배 안에 앉아 있게 하였다. 대략 두 시진(時辰)이 지나자 뱃사공들이 서로 "살았다, 살았다"하고 외치는 소리가 들렸다. 이에 말하기를, "아침에 본 것은 거대한 고래로 평생토록 본 적이 없는 것입니다. 이른바 깃발은 바로 바다 고래입니다"라고 하였다.《이견지(夷堅志)》

趙忠簡公鼎謫朱崖, 自雷州浮海而南. 越三日, 方張帆早行. 風力甚勁, 顧見洪濤間, 紅旗靡靡, 相逐而下. 極目不斷, 疑爲海寇或外國兵甲. 呼問舟人, 舟人搖手令勿語, 愁怖之色可掬. 急入舟, 被髮持刃, 出蓬背立, 割其舌, 出血滴水中, 戒使臣, 使閉目坐船內. 凡經兩時頃, 聞舟人相呼曰, 更生更生. 乃言曰, 朝來所見, 蓋巨鰌也, 平生未嘗覩. 所謂旗者, 海鰌耳.〈夷堅志〉[36]

부(賦)에서 소금을 읊지 않다.[부부도염(賦不道鹽)] 목화(木華)[37]가 〈해부(海賦)〉를 짓자 장융(張融)[38]이 또 〈해부(海賦)〉를 지어서 서기지(徐覬之)에게 보여주었다. 서기지가 말하기를, "공(公)의 이 부(賦)는 실로 목화의 작품보다 뛰어나지만, 소금을 읊지 않았군요"라고 하였다. 그러자 즉석에서 읊기를, "모래를 걸러서 흰 소금 만들고, 바닷물 졸여서 흰 소금 만드네. 중춘에도 백설이 쌓인 듯하고, 한창 더위에도 서리가 날리는 듯하네"라고 하였다.

木華作海賦, 張融又作海賦, 以示徐覬之. 曰, 公此賦, 實超玄虛, 但不道鹽耳. 卽曰, 漉沙搆白, 熬波出素. 積雪中春, 飛霜暑路.

삼해(三海) 승려 감진(鑑眞)[39]은 광릉(廣陵) 사람이다. 일본국(日本國) 승려 영예(榮叡) 등이 동쪽으로부터 와서 불법을 구하자 감진이 함께 가는 것을 허락하였다. 순식간에 바다 위를 떠서 사해(蛇海)[40]로 들어갔고, 또 어해(魚海)[41]로 들어갔으며, 다시 조해(鳥海)[42]로 들어갔다. 이윽고 한 섬의 연못으로 나와서 정박하였는데, 연못물이 깊고 맑아서 사람들이 달게 마시고 차례로 일본에 도달했다.《고승전(高僧傳)》

釋鑑眞廣陵人. 日本國有沙門榮叡等, 東來募法, 眞許往. 俄漂入蛇海, 又入魚海, 復入鳥海. 旣出泊一島池, 且泓澄, 人飮甘美, 相次達于日本.〈高僧傳〉[43]

해정(海井) 화정(華亭)의 시장에 어떤 물건이 하나

35. 뜸: 갈대 따위로 인 배의 지붕.
36. 송(宋), 홍매(洪邁),《이견지(夷堅志)·을지(乙志)》
37. 목화(木華): 자(字)는 현허(玄虛)이다. 서진(西晉) 무제(武帝)와 혜제(惠帝) 무렵, 광천(廣川: 지금의 하북성 棗强) 사람으로 알려져 있다. 서진 태위(太尉) 양준(楊駿)의 주부(主簿)를 역임하였으며 사부(辭賦)에 뛰어났다. 그의 작품으로는 〈해부(海賦)〉 1편이 전한다.
38. 장융(张融: 444-497): 자(字)는 사광(思光)으로 남조(南朝) 제(齊)나라 문인이다. 송(宋)과 제(齊)를 거치며 벼슬이 봉계령(封溪令), 사도(司徒) 등에 이르렀다. 그의 대표작 〈해부(海賦)〉는 진(晉) 목화(木華)의 〈해부(海賦)〉와 명성을 나란히 하였다.
39. 감진(鑑眞): 당(唐)나라 양주(揚州) 대운사(大雲寺)의 고승이다.
40. 사해(蛇海): 길이가 세 길[丈]이 넘는 뱀들이 사는 바다라고 한다.
41. 어해(魚海): 한 자[尺]가 넘는 물고기들이 공중에 가득 난다고 한다.
42. 조해(鳥海): 새들만 사는 바다인데 새들이 배 위에 가득 앉아서 배가 침몰할 정도라고 한다.
43.《송고승전(宋高僧傳)》 권14.

있었는데, 물통처럼 생겼으나 밑바닥이 없었고, 쇠나 돌 또는 대나무나 목제로 만든 것이 아니었으며, 오래도록 그 물건의 이름과 용도를 아는 사람도 없었다. 어느 날 바다에서 배를 타고 온 늙은 상인이 그것을 보고 놀라 기뻐하며 어루만지다가 그 값을 물었다. 물건 주인이 속임수로 돈 500꿰미를 요구하였고, 그 상인은 300꿰미로 값을 치렀다. 그 주인이 내친 김에 그 물건에 대해 묻자, 그 상인이 다음과 같이 대답하였다. "이것은 대단한 보물로 이름은 해정(海井)이라고 합니다. 무릇 항해를 할 때는 반드시 담수(淡水)를 각자 갖고 다녀야 하는데, 이제 다만 큰 그릇에 바닷물을 가득 담아 이 해정(海井)에 넣고 바닷물 속에서 길어 내기만 하면 모두 감미로운 샘물이 됩니다."《계신잡지(癸辛雜志)》

華亭市有一物, 如水桶而無底. 非金石竹木所製, 久未有知其名與所用者. 一日, 有海舶老商見之, 驚喜撫玩, 扣其所直. 其人謾索五百緡, 商卽以三百償之. 其人因問之, 商曰, 此至寶也, 名曰海井. 凡航海必須以淡水自隨, 今但以大器滿貯海水, 置此井, 于水中汲之, 皆甘泉矣.〈癸辛雜志〉

해시(海市) 등주부(登州府)[44]는 사면이 모두 바다인데, 봄과 여름에 멀리 바다의 수면을 바라보면 성곽과 시장에 인마(人馬)가 왕래하며 마치 교역하는 것 같은 모습이 나타나곤 하였고, 그곳 토박이들은 그것을 해시(海市)[45]라 하였다. 소동파(蘇東坡)는 다음과 같이 말하였다. "등주(登州)에 해시가 있다는 소문을 들은 지 오래인데, 늘 직접 보지 못한 것을 한스럽게 여겼다. 그러다가 해신(海神)을 모신 사당에 기도를 드리고 나서 그 다음날 과연 해시를 볼 수 있었다."

登州府四面皆海, 春夏時, 遙見水面, 有城郭市肆人馬往來, 若交易狀, 土人謂之海市. 蘇東坡云, 予聞登州海市舊矣, 常以不見爲恨. 乃禱於海神廟, 明日果見之.

조수 潮

• 아침 조수를 '조(潮)'라 하고, 저녁 조수를 '석(汐)'이라고 한다.《설문해자(說文解字)》

朝曰潮, 夕曰汐.〈說文〉[46]

• 월정(月精)이 물을 만들어 내므로 달이 차면 조수도 커진다.《포박자(抱朴子)》

月精生水, 故月盛則潮大.〈抱朴子〉[47]

• 은하수가 지하로 들어가 바닷물과 합쳐질 때, 하늘이 돌면서 바닷물을 쳐서 조수가 된다.《포박자(抱朴子)》

天河入地下, 與海水合, 天轉之激, 成潮.〈抱朴子〉[48]

• 커다란 고래가 출입하는 징후이다.《산해경(山海經)》

海鰌出入之候.〈山海經〉[49]

• 물은 땅의 혈맥인데, 혈맥의 흐름에 따라 조수가 밀려 오고 밀려 간다.《논형(論衡)》

44. 등주(登州): 지금의 산동성 봉래현(蓬萊縣)이다.
45. 해시(海市): 바다에 나타나는 일종의 신기루이다.
46. 이 구절은《설문해자(說文解字)》가 아니라《유편(類篇)》에 나온다.《자휘(字彙)》에는 "早曰潮, 晩曰汐"으로 되어 있다.
47. 지금 전하는《포박자(抱朴子)》내·외편에는 이 구절이 없다. 청대(淸代) 엄가균(嚴可均)이《포박자(抱朴子)》의 일문(佚文)을 모아서《포박자외편일문(抱朴子外篇佚文)》10卷을 편찬하였다.
48. 지금 전하는《포박자(抱朴子)》내·외편에는 이 구절이 없다.
49. 지금 전하는《산해경(山海經)》에는 이 구절이 없다.《강희자전(康熙字典)》에서는 '해추(海鰌: 고래)'에 관한 원문 "海鰌魚, 長數千里, 穴居海底, 入穴則海水爲潮, 出穴則潮退"를《수경(水經)》에서 인용한 것으로 기록하였으나, 현존하는《수경주(水經注)》에는 이 내용이 없다. 오히려 송대(宋代)에 편찬된《이아익(爾雅翼)》에 "海鰌, 大者數十里, 穴居海底"란 기록이 보인다.

水者, 地之血脈, 隨其進退.〈論衡〉[50]

- 《고려도경(高麗圖經)》에서 다음과 같이 말하였다. "밀물과 썰물의 왕래는 정해진 시간에 맞추어 어긋남이 없는데, 이것은 천지간의 굳은 약속[지극한 신용]이다. 옛사람들이 일찍이 이에 대해 논의한 것이 있다. 《산해경(山海經)》에서는 '거대한 고래[海鰌]가 출입하는 도수(度數)'라 여겼고, 불교의 책에서는 '신룡(神龍)의 조화 속'이라 하였다. 두숙몽(竇叔蒙)의 《해교지(海嶠志)》에서는 '달이 차고 기우는 걸 바닷물이 따르는 것'이라고 하였다. 노조(盧肇)[51]의 〈해조부(海潮賦)〉에서는 '태양이 바다에 들고날 때 바닷물을 쳐서 생기는 것'이라고 하였다. 왕충(王充)의 《논형(論衡)》에서는 '물이란 땅의 혈맥으로 그 혈맥의 흐름에 따라 밀려오고 밀려간다'고 하였다. 그러나 대부분 미진한 이론에 불과하다. 대체로 하늘은 바닷물을 감싸고 바닷물은 땅을 받치고 있는 가운데, 으뜸 되는 원기가 우주 공간을 오르내린다. 땅은 물의 힘을 타고 스스로를 지탱할 뿐만 아니라, 원기의 오르내림과 더불어 서로 올라갔다 내려갔다 한다. 그러나 사람들이 그것을 느끼지 못하는 것은 배 안에 앉아 있는 자가 배가 스스로 움직이고 있는 것을 모르는 것과 같다. 바야흐로 원기가 상승하고 땅이 가라앉을 때에는 바닷물이 넘쳐 올라 밀물이 된다. 원기가 하강하고 땅이 떠오를 때는 바닷물이 줄어들며 썰물이 된다."《임안지(臨安志)》

高麗圖經云, 潮汐往來, 應期不爽, 爲天地之至信. 古人嘗論之. 在山海經, 以爲海鰌出入之度. 浮屠書, 以爲神龍之變化. 竇叔蒙海嶠志, 以爲水隨月之盈虧. 盧肇海潮賦, 以謂日出于海, 衝擊而成. 王充論衡, 以爲水者地之血脈, 隨氣進退. 率未之尽. 大抵天包水, 水承地, 而一元之氣, 升降於太空之中. 地乘水力, 以自持, 且與元氣升降, 互爲抑揚. 而人不覺, 亦猶坐於船中, 而不知船之自運也. 方其氣升而地沈, 則海水溢上而爲潮. 及其氣降而地浮, 則海水縮而爲汐.[52]〈臨安志〉[53]

- 《포박자(抱朴子)》의 기록이다. '조(潮)'라는 것은 아침에 들어오는 조수(潮水)이고, '석(汐)'이라는 것은 저녁에 들어오는 조수(潮水)이다. 한 달 사이에 하늘은 동에서 서로 두 번 돌기 때문에 조수(潮水)도 두 번 커졌다가 두 번 작아진다. 또 여름에는 태양이 남쪽에 거처하므로 음기가 줄어들고 양기가 성해지며, 하늘은 1만 5,000리 높아져서 여름의 조수가 커진다. 겨울에는 태양이 북쪽에 거처하므로 음기가 성하고 양기가 줄어들며, 하늘은 1만 5,000리 낮아져서 겨울의 조수가 작아진다. 봄에는 태양이 동쪽에 거처하고 하늘은 1만 5,000리 높아지므로 봄철의 조수가 점차 높게 일어난다. 가을에는 태양이 서쪽에 거처하고 하늘은 1만 5,000리 낮아지므로 가을의 조수가 점차 줄어든다. 또 다음과 같이 말하였다. "은하수는 북극에서 두 갈래로 나누어져 남극에 이르고 그 한 줄기가 남두(南斗)[54] 가운데를 통과하고, 또 한 줄기는 동두(東斗)[55]의 가운데를 통과한다. 두 갈래의 은하수가 하늘의 회전에 따라 땅속으로 들어가서 그곳을 통과하며 지하수와 만나고 또다시 바닷물과 합쳐진다. 이 세 가지 물이 서로 섞여 들끓어 오르고 하늘이 이 물을 돌게 하므로 이 때문에 서로 부딪쳐 용

50. 《논형(論衡)·서허(書虛)》에 "夫地之有百川也, 猶人之有血脈也"로 되어 있다.
51. 노조(盧肇): 자(字)는 자발(子發)이며 당(唐)나라 회창(會昌) 사람이다.
52. 《선화봉사고려도경(宣和奉使高麗圖經)》 제34권 〈해도1(海道一)〉.
53. 《임안지(臨安志)》: 남송(南宋)시대에 편찬된 항주(杭州)에 관한 유명한 지방지(地方志)이다. 《건도임안지(乾道臨安志)》, 《순우임안지(淳祐臨安志)》, 《함순임안지(咸淳臨安志)》를 통칭하여 흔히 '임안삼지(臨安三志)'라 부른다.
54. 남두(南斗): 6개의 별로 이루어진 남두성(南斗星).
55. 동두(東斗): 《운급칠첨(雲笈七籤)》에 나오는 도교의 별자리로 동방을 관장한다.

솟음치며 조수(潮水)를 만든다."

抱朴子. 潮者, 言朝來也, 汐者, 言夕至也. 一月之間, 天再東再西, 故潮水再大再小也. 又夏時, 日居西宿,[56] 陰消陽盛, 而天高一萬五千里, 故夏潮大也. 冬時, 日居北宿, 陰盛陽消, 而天卑一萬五千里, 故冬潮小也. 春時, 日居東宿, 天高一萬五千里, 故春潮漸起也. 秋時, 日居西宿, 而天卑一萬五千里, 故秋潮漸減也. 又曰, 天河從北極分爲兩條, 至於南極, 其一經南斗中過, 其一經東斗中過. 兩河隨天轉入地, 過而下水相得, 又與海水合. 三水相蕩而天轉之, 故激湧而成潮.[57]

- 《영외록이(嶺外錄異)》의 기록이다. 흠주(欽州)와 염주(廉州)의 조수(潮水)는 초하루와 보름에 가장 큰데 그것을 선수(先水)라 한다. 또 하루에 단지 조수가 한 번밖에 일어나지 않는데 그것을 소수(小水)라 한다. 경해(瓊海)[58]의 조수는 반 달 동안 동쪽으로 흐르다가 또 반 달은 서쪽으로 흘러 달이 차고 기우는 것에 얽매이지 않는다.

嶺外錄異, 欽廉之潮, 朔望則大, 謂之先水. 日止一潮, 謂之小水. 瓊海之潮, 半月東流, 半月西流, 不繫月之盛衰.

- 아침 조수가 물러가고 저녁 조수가 밀려 올 때 두 바닷물이 서로 합쳐지는 것을 '답조(沓潮)'라 한다.

早潮下, 晩潮上, 兩水相合, 謂之沓潮.

조수(潮水)의 머리에 백마가 달리다[백마조두(白馬潮頭)] 《임안지(臨安志)》의 기록이다. 오자서(伍子胥)[59]가 죽을 때 아들을 타이르며 말하기를, "강물 속에 나를 던져다오, 나는 아침저녁으로 조수(潮水)를 타고 와서 오(吳)나라가 망하는 걸 지켜볼 것이다"라고 하였다. 이때부터 해문산(海門山)의 조수(潮水) 머리가 사납게 수백 척 솟아오르면 때때로 그 조수 머리에 흰 수레와 백마를 탄 사람이 보이곤 하였다.

臨安志. 伍子胥死, 戒其子曰, 投吾於江中, 吾當朝暮乘潮以觀吳之敗. 自是, 海門山潮頭洶湧高數百尺, 或有見其乘素車白馬在潮頭者.

강한 쇠뇌로 조수(潮水)를 쏘다[강노사조(强弩射潮)] 오월왕(吳越王) 전류(錢鏐)[60]가 처음으로 전당강(錢塘江)에 제방을 쌓을 때 조수(潮水)가 세차게 판축(版築)을 쳐서 완공할 수가 없었다. 이 때문에 강한 쇠뇌를 쏘는 궁수 수백 명에게 명하여 조수의 머리를 쏘게 하고, 또 서산사(胥山祠)[61]에 여러 번 기도를 드린 후에야 마침내 제방을 완성할 수 있었다.

吳越王錢鏐始築捍海塘, 潮勢衝激版築不就. 因命强弩數百, 以射潮頭. 又數禱於胥山祠, 遂成堤岸.

바다의 조수도 오지 않다[해조부지(海潮不至)] 단종(端宗)[62] 을해년(乙亥年)[63]에 원(元)나라 백안(伯

56. 일거서숙(日居西宿): 여름의 태양이므로 일거남숙(日居南宿)으로 써야 옳다.
57. 지금 전하는《포박자(抱朴子)》내 · 외편에는 이 구절이 없다.
58. 경해(瓊海): 해남도(海南島) 근처의 바다.
59. 오자서(伍子胥): 본래 초(楚) 사람으로 이름은 원(員)이다. 그의 부친 오사(伍奢)와 형 오상(伍尙)이 모함으로 억울하게 죽자 오(吳)로 망명하여 복수를 도모하였다. 오왕 부차(夫差)를 도와서 월(越) 구천(勾踐)을 패배시키고 항복을 받았다. 그러나 월의 화친 요구를 거절하고 제(齊)에 대한 공격을 중지하라고 간언(諫言)을 올리다가 왕의 분노를 샀으며, 나중에 자결의 명을 받고 죽었다. 죽은 후 그의 시체는 올빼미 모양으로 만든 가죽 주머니(鴟夷)에 싸여서 강물에 버려졌다고 한다.
60. 전류(錢鏐: 852-932): 당(唐)나라 말기 사람으로 자(字)는 구미(具美)이며, 항주(杭州) 임안인(臨安人)이다. 진해(鎭海) · 진동(鎭東) 절도사(節度使)를 거쳐, 오월왕(吳越王)에 봉해졌다. 독자적으로 연호를 쓰며 신라(新羅), 발해(渤海)와도 교역하였다. 해안에 방파제와 수리 시설을 확충하였기 때문에 '해룡왕(海龍王)'으로도 칭해졌다.
61. 서산사(胥山祠): 항주(杭州) 서호(西湖) 근처 오산(吳山)에 있다. 오자서(伍子胥)를 모신 사당이기 때문에 '서사(胥祠)'라고도 한다.
62. 단종(端宗): 단종(端宗)은 남송(南宋)의 제8대 임금이다. 항주(杭州) 고정(皐亭)에서 원(元) 백안(伯顔)의 공격을 받고 패퇴한 뒤 해상을 유랑하다 월남으로 옮기려 하였으나 강주에서 11세로 병사하였다.

顔)[64]이 고정(皐亭)을 공격하자 범문호(范文虎)[65]는 절강(浙江)의 백사장에 진을 쳤다. 태왕태후(太皇太后)가 절강을 바라보며 축원하기를, "바다의 신령께서 영험하시다면 마땅히 파도를 크게 일으켜 한꺼번에 원군(元軍)을 쓸어버려 주십시오"라고 하였으나 바다의 조수가 사흘 동안 밀려오지 않았다. 상흥(祥興)[66] 기묘년(己卯年)에 장홍범(張弘範)[67]이 애산(厓山)을 공격하다가 군사를 물리고 잠시 쉬려고 하였지만 이날은 바다 조수가 물러가지 않아 군사를 돌이키기 어려워서 결국 종일 힘써 싸웠고, 이에 황제와 육수부(陸秀夫)[68]가 모두 익사하였다.

端宗乙亥, 元伯顔軍皐亭, 范文虎營浙江沙滸. 太皇太后望祝曰, 海若有靈, 當使波濤大作, 一洗空之, 而海潮三日不至. 及祥興己卯, 張弘範進攻厓山, 欲退師少休, 而是日海潮不退勢難迴, 却盡日力戰, 帝及陸秀夫皆溺.

조수(潮水)가 밀려와 다리를 파괴하다[조지괴교(潮至壞橋)] 송(宋)나라 소흥(紹興)[69] 8년 8월, 조수(潮水)를 구경하기 이틀 전날 밤, 강나루의 주민들이 공중에서 나는 소리를 들었는데, 그것은 "다리 아래에서 죽는 사람이 수백 명이며 모두 불효자들이다"라는 것이었다. 다음날 밤 다리 바로 곁의 사람들의 꿈에 어떤 사람이 와서 경계하기를, "내일은 다리에 올라가지 말라"고 하였고, 다리 인근에 있는 몇 집 사람들의 꿈도 모두 이와 같았다. 다음날 조수를 구경하러 다리 위에 올라간 사람들이 모두 가득 찼다. 꿈을 꾼 사람 중에 친척이 다리 위에 있는 것을 보고 급하게 그곳을 떠나라고 권하였다. 그러나 그 사람은 요망한 말이라고 생각하고 그 말을 믿지 않았는데, 순식간에 조수가 밀어닥쳐서 엄청난 파도에 다리가 파괴되었고, 깔려 죽거나 물에 빠져 죽은 사람이 수백 명이었다. 죽은 사람들의 집을 방문해 보니 정말로 모두가 불량배들이었다.《서호지(西湖志)》

宋紹興八年八月, 觀潮前二夕, 江干民聞空中語曰, 當死於橋下者, 數百, 皆不孝之人. 次夜, 橋畔人夢, 有人來戒云, 來日勿登橋, 隣橋數家夢, 皆同. 次日, 觀潮橋上人, 皆滿得. 夢者見有親戚在橋, 急勸使去. 人以爲妖妄, 不信, 須臾潮至, 驚濤壞橋, 壓溺死數百人. 訪其死者, 固皆不逞輩.〈西湖志〉[70]

딸을 배웅하는 조수(潮水)[송녀조(送女潮)] 오산(吳山)[71] 아래에 한 시내가 있는데 그 이름은 오산만(吳山灣)이다. 옛날에 오왕(吳王)이 딸을 배웅하러 이곳에 왔는데 조수(潮水)의 파고가 세 자[尺]나 되어 시내가 70리나 역류하였다. 이를 이름하여 오왕

63. 을해년(乙亥年)은 단종의 재위 기간이 아니라 단종 바로 앞의 임금인 공제(恭帝) 덕우(德祐) 원년(1275년)이다.
64. 백안(伯顔): 원(元)나라 장수로 항주(杭州) 고정(皐亭)에서 남송(南宋)의 군대에 치명적인 타격을 가하였다. 고정 전투에서의 패퇴로 남송은 실질적으로 망하였다고 할 수 있다.
65. 범문호(范文虎: ?-약1305): 남송의 장수였으나 원(元)나라와의 싸움을 회피하여 결국 남송이 망하게 하였다. 원(元)에 항복한 후 원(元) 세조(世祖) 쿠빌라이 칸의 총애를 받아 일본 정벌에 나서기도 하였으며, 벼슬이 상서우승(尙書右丞)에 이르렀다.
66. 상흥(祥興): 남송(南宋) 위왕(衛王)의 연호(1278-1279)이다.
67. 장홍범(張弘範: 1238-1280): 원(元)나라 장수로 자(字)는 중주(仲疇)이며 하북성 탁주(涿州) 사람이다. 도원수 백안(伯顔)을 수행하여 남송을 멸망시켰다. 남송과의 마지막 전투인 남해 애산(厓山: 지금의 新會) 전투에서 남송의 마지막 세력인 위왕(衛王) 조병(趙昺)과 육수부(陸秀夫)의 군대를 격파하였다.
68. 육수부(陸秀夫: 1236-1279): 자(字)는 군실(君實), 호(號)는 이불(二不)이며 남송의 마지막 충신이다. 남해 애산(厓山)에서 원(元)나라 대군을 맞아 전투를 벌이다가 당시 9세이던 남송의 마지막 임금 위왕(衛王) 조병(趙昺)을 업고 바다에 투신하여 자결하였다.
69. 소흥(紹興): 남송(南宋) 고종(高宗)의 연호(1131-1162)이다.
70. 《서호지(西湖志)》: 항주(杭州) 서호(西湖)와 관련된 기록을 모은 지방지이다. 청(淸) 옹정(雍正) 9년(1731) 절강총독(浙江總督) 이위(李衛)가 감수하고 부왕로(傅王露)가 편찬하였다. 총 48권이다.
71. 오산(吳山): 항주(杭州) 서호(西湖) 근처에 있는 산 이름이다.

이 딸을 배웅하는 조수(潮水)라 하였다.

吳山下有溪, 名吳山灣. 昔吳王送女, 至此, 有潮高三尺, 倒流七十里. 名吳王送女潮.

성수조(聖水潮)　계림부(桂林府) 성수암(聖水巖)에는 자시(子時)가 되면 조수(潮水)가 밀려오고, 오시(午時)가 되면 조수가 물러간다. 30년에서 50년 사이에 한 번씩 큰 조수가 있다.《광서지(廣西志)》

桂林府聖水巖, 子時潮上, 午時潮落, 三五十年有一大潮.〈廣西志〉

윤공조(尹公潮)　초계(苕溪)[72]는 여항(餘杭)[73]에 있는데 시내 양안에 갈대꽃이 많아서 이러한 이름이 붙었다. 옛날에 윤공(尹公)이란 사람이 기이한 술법을 지니고 있었다. 그곳 시골 사람 중에 예쁜 딸을 가진 사람이 있었는데, 윤공이 그 딸을 요구하다 얻지 못하자 물에 고함을 쳐 조수를 일으켜 그 사람의 집을 물에 잠기게 하였다. 지금도 날이 저물면 바람이 일어 물이 수 촌(寸) 불어 오르는데 이를 윤공조(尹公潮)라 부른다.

苕溪在餘杭, 夾岸多苕花, 因得名. 古有尹公者, 有異術. 鄉人有美女, 尹公求之不得, 叱水成潮, 以溺其居. 至今日暮, 則風生水長數寸, 號爲尹公潮.

황하 河

- 《설문해자(說文解字)》의 기록이다. 하(河)라는 것은 내려간다[下]는 뜻이다. 땅을 따라 내려 흘러가며 물길을 튼다. 황하의 신을 빙이(氷夷)라고도 하고 또 무이(無夷)라고도 하는데 바로 풍이(馮夷)이다. 풍이는 8월 상경일(上庚日)에 황하를 건너다가 익사하였고, 천제(天帝)가 벼슬을 주어 하백(河伯)으로 삼았다.

說文. 河者, 下也.[74] 隨地下流而通也. 河神曰氷夷, 亦曰無夷, 卽馮夷也. 馮夷以八月上庚日, 渡河溺死, 天帝署爲河伯.

- 또《박물지(博物志)》의 기록이다. 풍이는 동향(潼鄕) 사람인데, 선도(仙道)를 익혀 하백(河伯)으로 변했다.

又博物志. 馮夷潼鄕人, 得僊道, 化爲河伯.

- 《목천자전(穆天子傳)》의 기록이다. 황하(黃河)는 장강(長江), 회수(淮水), 제수(濟水)와 함께 사독(四瀆: 4대강)이라고 한다. 황하가 사독(四瀆)의 으뜸이다.

穆天子傳. 河與江淮濟爲四瀆. 河者四瀆之所宗也.[75]

- 《설원(說苑)》의 기록이다. 사독(四瀆)을 왜 제후로 간주하는가? 온갖 더러움을 씻어낼 수 있고, 수많은 시냇물을 바다로 인도할 수 있고, 구름과 비를 천 리에 걸쳐 내리게 할 수 있어서 그 베풂이 대단히 크다. 그래서 제후로 간주한다.

說苑. 四瀆何以視諸候, 能蕩滌垢汚焉, 能道百川於海焉, 能出雲雨千里焉, 爲施甚大, 故視諸候.[76]

- 《효경원신계(孝經援神契)》[77]의 기록이다. 황하는 강물의 으뜸[맏이]인데, 위로는 하늘의 은하수와 호응한다.

72. 초계(苕溪): 중국 절강성 북부에 있는 시내. 동초계(東苕溪)와 서초계(西苕溪)가 있으며 태호(太湖) 수원(水源)의 하나이다.
73. 여항(餘杭): 절강성의 현(縣) 이름.
74. 이 기록은《설문해자(說文解字)》가 아니라《석명(釋名)》에 보인다.
75. 지금 전하는《목천자전(穆天子傳)》에는 하종씨(河宗氏)로만 나온다.《풍속통(風俗通)》에 "江河淮濟爲四瀆"이란 기록이 있고,《수경주(水經注)》에는 "河者, 水之氣, 四瀆之精也"란 기록이 있다.
76.《설원(說苑)·변물(辨物)》
77.《효경원신계(孝經援神契)》: 한대(漢代)의 위서(緯書)로 알려져 있으며, 지금 전하는 판본은 명대(明代) 손곡(孫轂)이 모아서 펴낸 것이다.

孝經援神契. 黃河者, 水之伯, 上應天漢.

- 《명산기(名山記)》의 기록이다. 고금 이래로 황하의 발원지에 관한 설은 기록이 상이하다. 〈우공(禹貢)〉[78]에서는 "적석산(積石山)[79]에서 황하가 흘러나오는데 그 발원지를 끝까지 찾아내지 못했다"고 하였다. 장건(張騫)[80]은 "황하는 두 곳의 발원지가 있는데, 그 한 줄기가 우전(于闐)[81]에서 나오고, 또 다른 한 줄기는 총령(蔥嶺)[82]에서 나온다"고 하였다. 당(唐) 설원정(薛元鼎)은 "곤륜산(崑崙山)의 물에서 황하의 근원을 찾을 수 있는데, 물의 색깔이 황색, 흑색, 청색으로 지방마다 다르다"고 하였다. 《목천자전(穆天子傳)》에서는 "양우(陽紆)[83]에 있는 산은 하백(河伯)이 거주하는 곳이고, 하백은 황하의 우두머리이다"라고 하였다.

名山記. 古今河源之說異. 禹貢云, 導河自積石, 未窮其源也. 張騫云, 河有兩源, 出于闐, 一出蔥嶺. 唐薛元鼎云, 得河源於崑崙之水, 亦黃黑青色以方異. 穆天子傳, 陽紆之山, 河伯所居, 是惟河宗.

- 토번(吐蕃) 서쪽 변방에 샘이 100여 개가 있고, 그것이 그 지방 70-80리에 걸쳐 분포되어 있다. 이 샘들은 모두가 길이 막힌 곳에서 콸콸 흘러나오는데 사람의 발자취를 용납하지 않으므로 가까이 다가가서 볼 수가 없다. 그 곁에 있는 산마루로 올라가서 샘물을 바라보면 완연히 별들이 펼쳐져 있는 것 같다. 이 때문에 화돈뇌아(火敦腦兒)라는 이름이 붙었는데, 화돈(火敦)이라는 말은 중국어로 별[星宿]이고 뇌아(腦兒)는 바다[海]이다. 성수해(星宿海)는 여러 샘의 물길을 합쳐서 동쪽으로 흐르다가 두 곳의 연못으로 합쳐진다. 그리고 다시 합류하여 흐를 때 비로소 황하(黃河)라는 이름을 얻는다. 더러는 "황하가 하늘과 통한다" 하기도 하고, 또 더러는 "곤륜산(崑崙山)이 숭산(嵩山)보다 5만 리나 더 높은데, 그곳의 낭풍전(閬風巓) 현포(玄圃)[84]에는 아름다운 옥돌이 쌓여 있으며 화려한 일산이 펼쳐져 있나니, 곧 신선들이 사는 곳이다"라고 하기도 하지만 모두 허황한 이야기이다. 성수해의 발원지는 곤륜산의 서북쪽에 있고, 동쪽으로 흐르다가 곤륜산의 남쪽을 통과한 연후에, 흐름을 꺾어 곤륜산의 동북쪽에 닿는다. 그것은 곤륜산을 삼면으로 둘러싸고 흘러서 마치 한쪽이 터진 패옥 모양이지만 기실은 곤륜산에 발원지가 있는 것이 아니다.

吐蕃西鄙有泉百餘竇, 地方七八十里, 皆沮洳不勝人跡, 泉不可逼觀. 登其旁嶺, 下視竇, 歷歷如列星然. 故名火敦腦兒, 火敦者, 漢言星宿也. 腦兒者, 海也. 星宿海合流而東, 匯爲二澤. 復合流始名黃河. 或云黃河與天通, 又云崑崙去嵩高五萬里, 閬風玄圃, 積瑤華蓋, 仚人所居, 皆妄也. 星宿之源, 在崑崙之西北, 東流過山之南, 然後折而抵山之東北. 其遶山之三面如玦焉, 實非源於是山也.

---

78. 《상서(尙書)·하서(夏書)·우공(禹貢)》
79. 적석산(積石山): 청해성(青海省) 동남부에 있는 산 이름. 지금은 아니마경산(阿尼瑪卿山)이라 한다.
80. 장건(張騫): 한(漢) 무제(武帝) 때 사람으로 서역 개척에 큰 공을 세웠다. 황제의 명을 받아 황하의 발원지를 탐색하다가 견우와 직녀를 만났다는 전설이 있다. 벼슬은 박망후(博望侯)에 이르렀다.
81. 우전(于闐): 지금의 중국 신강(新疆) 화전(和田) 일대에 있었던 나라 이름이다.
82. 총령(蔥嶺): 《목천자전(穆天子傳)》에 나오는 지명으로, 지금의 파미르 고원 및 곤륜산맥 일대이다.
83. 양우(陽紆): 중국 신화에 나오는 지명으로 지금의 섬서성(陝西省) 화음현(華陰縣) 동남쪽 일대로 알려져 있다. 이 기록은 《목천자전(穆天子傳)》 권1에 나온다.
84. 낭풍전(閬風巓) 현포(玄圃): '낭풍전(閬風巓)'이다. 곤륜산의 정북(正北)에 있다는 산꼭대기이다. 곤륜산의 높이는 층층이 세 단계 아홉 겹으로 겹쳐 있다고 한다. 첫째 단계는 번동(樊桐) 또는 판동(板桐)이라 하고, 둘째 단계는 현포(玄圃: 懸圃) 또는 낭풍(閬風: 凉風)이라 하며, 셋째 단계는 층성(層城) 또는 천정(天庭)이라 하고, 불사수(不死樹)가 이곳에서 자란다고 한다. 따라서 낭풍(閬風)과 현포(玄圃)는 같은 곳이나 여기에서는 낭풍전(閬風巓)의 현포(玄圃)란 의미로 쓰이고 있다.

- 《황여고(皇輿考)》의 기록이다. 천하에는 큰 강이 셋이 있는데, 황하(黃河), 장강(長江), 압록(鴨綠)이 그것이다.

  皇輿考. 天下有大水三, 黃河長江鴨綠也.

- 경전에 다음과 같은 내용이 있다. 황하는 500년에 한 번 맑아지고 성인도 500년에 한 번 탄생한다. 황하가 맑아지는 것은 성인(聖人)이 천명을 받고 임금이 될 사람이 혁명을 하려는 조짐이다. 빠르면 20년 후 늦으면 30년 후 더 멀게는 40년 후에 이에 상응하는 일이 벌어진다. 나은(羅隱)의 시에서는 이렇게 읊었다. "물 맑게 하는 아교(阿膠)[85]를 황하에 붇지 말라, 이곳에 깃든 하늘의 뜻은 진실로 알기 어렵도다. 은하수와 통하려면 물줄기 여러 번 굽어야 하고, 곤륜산에서 나오자마자 물빛 바로 흐렸다네. 한(漢) 고조(高祖)는 공신들에게 영원한 보답 맹세했고, 북두 차지한 신선들은 손님들 뗏목 가볍게 끌어주네. 3,000년이 지난 후면 그 누가 알거라고, 하필이면 임금 귀찮게 태평성대 약속하나?"

  經曰, 黃河五百年一淸[86], 聖人五百年一出[87], 此聖人受命, 王者革命之象. 速則二十年後, 緩則三十年後, 遠則四十年後, 應之. 羅隱詩[88], 莫把阿膠向此傾, 此中天意固難明. 解通銀漢應須曲[89], 纔出崑崙便不淸. 高祖誓功衣帶小[90], 僊人占斗客槎輕. 三千年後知誰在, 何必勞君報太平.

- 《하도(河圖)》의 기록이다. 황하는 곤륜산에서 나와, 천 리에 한 번 구비를 틀며 아홉 번 구비를 튼 후에 바다로 들어간다.

  河圖. 河水出崑崙, 千里一曲, 九曲入海.[91]

- 《사기(史記)》의 기록이다. 진(秦)나라가 여섯 나라를 멸망시킨 후 스스로 수덕(水德)의 서기(瑞氣)를 받았다고 생각하고는 황하의 이름을 바꾸어 '덕수(德水)'라 하였다.

  史記.[92] 秦滅六國, 自以爲獲水德之瑞, 更名河曰德水.

- 《신자(愼子)》의 기록이다. 서하(西河) 아래에 있는 용문(龍門)은 그 물의 흐름이 화살을 쏜 것 같아서 네 마리 말이 끄는 수레로 좇아가도 미칠 수가 없다.

  愼子.[93] 西河下龍門, 其流駛竹箭, 駟馬追之, 不及.

- 《수경(水經)》의 기록이다. 지주산(砥柱山)이란 이름은 황하가 물길을 나누어 이 산을 감싸면서 지나갈 때 물 가운데를 보면 마치 기둥이 우뚝 서 있는 것 같기 때문에 붙여진 이름이다.

  水經.[94] 砥柱山名, 河水分流, 包山而過山, 見水中, 若柱然.

- 《육첩(六帖)》의 기록이다. 맑은 제수(濟水)가 황하

---

85. 아교(阿膠): 탁수를 맑게 정화해 주는 약이다.
86. 경방(京房)《역(易)·전(傳)》에 "河水淸, 天下平"이란 구절이 있다.
87. 《맹자(孟子)·공손추(公孫丑)》 하(下)에 "五百年必有王者興"이란 구절이 있다.
88. 당(唐) 나은(羅隱)의 〈황하(黃河)〉 시이다. 겉으로는 황하를 읊고 있지만 내면으로는 만당(晩唐) 무렵 과거제도의 혼란상을 비판하고 풍자한 시이다.
89. 이백(李白)은 〈장진주(將進酒)〉에서 "君不見黃河之水天上來"라고 하였고, 유우석(劉禹錫)은 〈낭도사(浪淘沙)〉에서 "九曲黃河萬里沙"라고 하였다. 여기에서는 이 두 전고를 이용하여 부정한 방법으로 황실이나 권문세가에 줄을 대어 과거에 합격하려는 잘못된 관행을 풍자하였다.
90. 한(漢) 고조(高祖)는 건국 공신들에게 "황하의 물이 의대(衣帶)처럼 작아지고, 태산이 숫돌에 닳아 평평해질 때까지(使河如帶, 泰山若礪)" 보답할 것이라고 약속하였다.
91. 《초학기(初學記)》 권6에는 《하도(河圖)》의 내용으로 인용되어 있다. 《공양전(公羊傳)·문공(文公)》 12년에는 "曷爲以水地, 河曲疏矣, 河千里而一曲也"로 되어 있다.
92. 《사기(史記)·진시황본기(秦始皇本紀)》
93. 이 구절은 현재 전하는 《신자(愼子)》에는 나오지 않는 일문(逸文)이다.
94. 《수경주(水經注)》 권4.

를 관통하면서 그 흐름을 가로질러도 혼탁해지지 않는다.

六帖. 淸濟貫黃河, 截流而不混.

- 《장자(莊子)》의 기록이다. 이것은 마치 모기로 하여금 산을 짊어지게 하고 노래기로 하여금 황하를 건너게 하는 것과 같아서 반드시 그 일을 감당할 수 없을 것이다. 적거(商蚷)는 노래기이다.

莊子.[95] 猶蚊負山, 商蚷[96]馳河. 必不勝任. 商蚷, 馬蚿.

- 두더지가 황하를 마셔도 배를 채우는 것에 불과하다.

鼴鼠飮河, 不過滿腹.[97]

- 《불경(佛經)》의 기록이다. 부처가 설법하는 것을 들을 때도 각자가 얕고 깊은 수준이 있어서 그것은 마치 코끼리, 말, 토끼 세 짐승이 항하(恒河)를 건너는 것과 같다.

佛經.[98] 聞佛設法, 各有淺深, 譬如象、馬、兎, 三獸渡河.[99]

- 《회남자(淮南子)》의 기록이다. 황하의 물이 아홉 번이나 구비를 틀면서 바다로 흘러들어가는 동안에도 그 흐름이 끊어지지 않는 것은 곤륜산이 끊임없이 물을 보내주기 때문이다.

淮南子.[100] 河水九折注海, 而流不絶者, 有崑崙之輸也.

황하에서 신비한 그림이 나오다[하출도(河出圖)]

복희씨(伏羲氏)가 〈하도(河圖)〉를 받아서 팔괘(八卦)를 그렸다.

伏羲氏受河圖,[101] 畫八卦.

황제(黃帝)가 꿈을 꾸었는데 용 두 마리가 그림을 주었다. 이에 목욕재계하고 황하와 낙수로 가서 그림을 받기를 바라자, 큰 물고기가 흰 바탕에 그린 그림을 물에 띄우고 강물을 거슬러 올라가고 있었다. 황제가 무릎을 꿇고 그것을 받았다.

黃帝夢兩龍授圖. 乃齋詣河洛求之, 有大魚泛白圖, 泝流而上. 帝跪而受之.

순(舜)임금이 태위(大尉)[102]로서 제위(帝位)에 올라 삼공(三公)과 함께 황하로 가서 물을 바라보자 황룡이 오색찬란한 가운데 그림을 지고 나와 순임금에게 바쳤다.

舜以大尉卽位, 與三公臨觀於河, 有黃龍五采負圖, 置帝前.

〈예운(禮運)〉에서 '하출마도(河出馬圖)'라 한 것은 '용마가 신비한 그림을 등에 지고 나온 것'을 말한다.

禮運.[103] 河出馬圖, 言龍馬負圖而出也.

둥근 옥을 물에 가라앉히고 황하를 건너다[침벽도하(沈璧渡河)]

무왕(武王)[104]이 황하를 건널 때 흰 물고기가 왕의 배에 뛰어 들어왔다. 왕이 둥근 옥을 물에 가라앉히자 밝은 빛이 황하에 가득 찼다.

武王渡河, 白魚入于王舟. 王沈璧而熒光塞河.

95. 《장자(莊子)·추수(秋水)》
96. 적거(商蚷): 상거(商蚷)의 잘못이다.
97. 《장자(莊子)·소요유(逍遙遊)》에서 "鷦鷯巢於深林, 不過一枝. 偃鼠飮河, 不過滿腹"이라 하였다.
98. 《천태사교의(天台四敎儀敎)》와 《법화현의(法華玄義)》에 나온다.
99. 하(河): 황하가 아니라 인도의 겐지스 강[恒河]이다.
100. 《회남자(淮南子)·남명훈(覽冥訓)》
101. 《상서(尙書)·고명(顧命)》〈공전(孔傳)〉에 의하면 "복희씨(伏羲氏)가 천하의 임금이었을 때 용마(龍馬)가 황하에서 지고 나왔는데, 마침내 그 무늬에 따라 팔괘를 그려서 '하도(河圖)'라 불렀다(伏犧王天下, 龍馬出河, 遂則其文以畫八卦, 謂之'河圖')"고 한다.
102. 태위(大尉): 벼슬 이름. 신하로서 최고의 지위이다.
103. 《예기(禮記)·예운(禮運)》 36.
104. 무왕(武王): 주(周) 무왕(武王)이다.

진문공(晉文公)이 황하에 이르자, 자범(子犯)이 둥근 옥을 공자[진문공]에게 주면서, "이제부터 저를 떠나가게 해 주십시오.[105]"라고 청하였다. 진문공이 말하기를, "외숙(外叔)과 더불어 마음을 함께하지 않는 자가 있다면 저 희고 흰 황하의 물[河伯]이 지켜볼 것입니다"라 하고는 황하에 둥근 옥을 던져 넣었다.

晉文公及河, 子犯以璧授公子, 請由此亡. 公曰, 所不與舅氏同心者, 有如白水, 投其璧于河.

담대자우(澹臺子羽)[106]가 천금이 나가는 둥근 옥을 운반하다가 황하를 건너게 되었다. 파도가 솟구치고 두 교룡(蛟龍)이 양쪽에서 배를 압박하였다. 자우가 말하기를, "나는 이것을 의로써 구하였지 위력으로 빼앗지 않았다"라고 하고는 칼을 잡고 교룡을 베었다. 교룡이 죽고 파도가 멈추자 이에 황하에 둥근 옥을 던져 넣었다. 세 번 던져 넣어도 바로 밖으로 튀어나오자, 둥근 옥을 깨어 버리고 그곳을 떠나면서 옥을 아까워하는 마음이 없음을 보여 주었다.

澹臺子羽齎千金之璧, 渡河. 陽侯波起, 兩蛟夾舟. 子羽曰, 吾可以義求, 不可以威劫, 操劍斬蛟. 蛟死, 波休, 乃投璧於河. 三投輒躍, 乃毁璧而去, 示無悋意.

돌을 안고 황하에 뛰어들다[포석침하(抱石沈河)] 《한시외전(韓詩外傳)》의 기록이다. 신도적(申屠狄)[107]이 세상을 비난하며 장차 황하에 빠져 죽으려 하였다. 최가(崔嘉)가 소문을 듣고 그를 말리며 다음과 같이 말하였다. "내가 듣기로는 성인과 인자(仁者)는 백성의 부모라고 하는데 지금 발이 물에 젖는다고 물에 빠진 사람을 구하지 않는 것이 옳은 일입니까?" 신도적이 다음과 같이 말하였다. "걸왕(桀王)은 관룡방(關龍逄)을 죽였고, 주왕(紂王)은 왕자 비간(比干)을 죽여서 천하를 잃었습니다. 오(吳)나라는 오자서(伍子胥)[108]를 죽였고, 진(陳)나라는 설치(洩治)[109]를 죽여서 나라를 망하게 하였습니다. 따라서 망해 가는 나라와 피폐해 가는 집안에도 성인과 지자(智者)가 없지 않았지만 그들의 의견을 써 주지 않았기 때문에 망하고 말았습니다." 그리고는 마침내 돌을 안고 황하에 뛰어들었다.

韓詩外傳.[110] 申屠狄非世, 將沈於河. 崔嘉聞而止之曰, 吾聞聖人仁士民之父母, 今爲濡足之故, 不救溺人, 可乎. 狄曰, 桀殺關龍逄, 紂殺王子比干, 而亡天下. 吳殺子胥, 陳殺洩治, 而滅其國. 故亡國殘家, 非無聖智, 不用故也. 遂抱石而沈於河.

호자(瓠子)의 제방을 막다[색호자(塞瓠子)] 한(漢) 무제(武帝) 원봉(元封)[111] 연간에 황하의 물이 호자(瓠子)의 제방을 터뜨렸다. 천자가 황하에 가서 백마와 둥근 옥을 물속에 던져 넣고 여러 신하와 관리들 중 장군 이하의 사람들로 하여금 모두 나무를 짊어지고 터진 황하의 제방을 메우게 하고, 기원(淇園)의

---

105. 진(晉) 문공(文公)을 잘 모시지 못하여 오랫동안 국외에서 방랑하게 했으므로, 자범(子犯) 자신을 내쳐달라는 뜻.

106. 담대자우(澹臺子羽): 본명은 멸명(滅明)이고 자(字)가 자우(子羽)이다. 춘추시대 노(魯)나라 사람으로 공자의 제자이다. 모습이 볼 품 없었으나 각고의 노력으로 학문을 성취하였다.

107. 신도적(申屠狄): 신도적(申徒狄) 또는 사도적(司徒狄)이라고도 한다. 은(殷)나라 현자로 탕왕(湯王)이 그에게 천하를 선양하자 그것을 치욕스럽게 여겨 황하에 뛰어들어 죽었다. 그런데 이 단락 뒷부분에 은(殷) 주왕(紂王)과 오자서(伍子胥), 설치(洩治)의 이야기가 섞여 있는 것은 착오로 보인다.

108. 오자서(伍子胥): 본래 초(楚) 사람으로 이름은 원(員)이다. 그의 부친 오사(伍奢)와 형 오상(伍尙)이 모함으로 억울하게 죽자 오(吳)로 망명하여 복수를 도모하였다. 오왕 부차(夫差)를 도와서 월(越) 구천(勾踐)을 패배시키고 항복을 받았다. 그러나 월의 화친 요구를 거절하고 제(齊)에 대한 공격을 중지하라고 간언(諫言)을 올리다가 왕의 분노를 샀으며, 나중에 자결의 명을 받고 죽었다. 죽은 후 그의 시체는 올빼미 모양으로 만든 가죽 주머니(鴟夷)에 싸여서 강물에 버려졌다고 한다.

109. 설치(洩治): 춘추시대 진(陳) 영공(靈公) 때의 대부이다. 영공이 하희(夏姬)에게 빠져 정사를 돌보지 않자, 그 잘못을 직간(直諫)하다가 살해당하였다.

110. 《한시외전(韓詩外傳)》 권1.

111. 원봉(元封): 한(漢) 무제(武帝)의 연호(B.C. 110-B.C. 105)이다.

대나무를 베어다 방죽을 만들게 하고는 이에 〈호자가(瓠子歌)〉를 지었다. 마침내 호자의 제방을 막고 그 곁에 궁궐을 짓고 '선방궁(宣房宮)'이라 명명하였다. 그 노래는 다음과 같다. "호자(瓠子)의 제방 터졌으니 어찌할거나? 번쩍번쩍 세찬 물살에 마을 쓸려서 황하가 되네. 나를 위해 하백(河伯)에게 말해 주시게, 어찌 그리 어질지 않으시냐고. 선방궁(宣房宮)에서 물길 막으니 만복이 굴러 들어오겠네."

武帝元封中, 河決瓠子. 天子臨河, 沈白馬玉璧, 令群臣從官自將軍以下, 皆負薪塡決河, 取淇園之竹, 以爲楗, 乃作瓠子之歌, 卒塞瓠子, 築宮其上, 名曰宣房宮. 其歌曰, 瓠子決兮, 將奈何. 皓皓洍洍, 閭殫爲河. 爲我謂河伯兮, 何不仁. 宣房塞兮, 萬福來.

하백이 아내를 취하다[하백취부(河伯娶婦)]　서문표(西門豹)[112]가 업령(鄴令)이 되었을 때, 그 고을의 삼로(三老)와 정연(廷掾)[113]이 해마다 백성들의 돈을 거두어 하백(河伯)을 위해 아내를 얻어 주고 있었다. 무당이 다니면서 한미한 집안의 딸 중 인물이 고운 사람이 있는지 살펴보고 방문하여 뽑았다. 이 때문에 딸을 가진 집안에서는 멀리로 도망가서 사는 사람이 많았다. 서문표가 도착하여 그때 회합이 열리는 곳으로 가서 하백의 아내가 될 여인을 불러서 살펴보고는 말하기를, "이 여자는 못 생겼으니 번거롭지만 큰 무당 할멈께서 물속으로 들어가 보고를 하고 하백께서 다시 다른 미녀를 보내주길 원하는지 알아봐 주십시오"라고 하였다. 그리고 아전과 병졸로 하여금 큰 무당을 안아서 황하 속으로 던졌다. 잠시 후에 또 말하기를, "왜 이렇게 오래 걸리느냐?"하며 또 무당의 제자를 던져 넣었다. 무릇 세 명의 제자를 던져 넣고 서문표가 말하기를, "무당 할멈과 제자들이 여자여서 일을 잘 아뢰지 못하는 것 같으니, 귀찮으시겠지만 삼로(三老)께서 들어가 아뢰어 주십시오"하고 또 삼로를 황하 속으로 던져 넣었다. 시간이 한참 지난 후에 서문표는 또 정연(廷掾)과 부호(富豪) 및 그곳 장로(長老)들로 하여금 하나씩 들어가게 하려 하자, 모두 머리를 조아리며 이마를 땅에 찧어 피가 땅에 흥건하게 젖도록 하였다. 서문표가 말하기를, "하백이 손님을 이렇게 오래 머물게 하니 모두들 회합을 파하고 돌아가도록 하시오"라고 하였다. 업(鄴) 땅의 아전들과 백성들이 매우 놀라 두려워하였다. 이때부터는 감히 하백에게 아내를 얻어 주자고 말하는 사람이 없었다.

西門豹爲鄴令, 三老廷掾歲斂百姓錢, 爲河伯娶婦. 巫行視小家女好者, 聘取. 以故人家多持女遠逃. 豹至, 其時, 往會, 呼河伯婦, 視之曰, 是女子不好, 煩大巫嫗爲入報, 河伯更求好女送之. 使吏卒抱大巫, 投河中. 有頃曰, 何久也, 復以弟子投之. 凡三投弟子, 豹曰, 巫嫗弟子是女子, 不能白事, 煩三老入白之, 復投三老河中. 良久, 豹欲復使廷掾豪長者一人趣之, 皆叩頭且破額血流地. 豹曰, 河伯留客之久, 皆罷去歸矣. 鄴吏民大驚恐. 自此, 不復敢言爲河伯娶婦.

난요를 황하에 빠뜨려 죽이다[침난요(沈鸞徼)]　조간자(趙簡子)[114]가 황하에 난요(鸞徼)를 빠뜨려 죽이며 다음과 같이 말하였다. "내가 일찍이 음악과 미녀를 좋아하자 난요가 그것을 불러다주었다. 내가 일찍이 높은 궁궐과 누대(樓臺)를 좋아하자 난요가 그것을 만들어 주었다. 내가 일찍이 훌륭한 말과 좋은 수레를 좋아하자 난요가 그것을 가져다주었다. 이제 내가 선비를 좋아한 지 6년이 되었는데 난요는 아직 한 사람도 추천해 주지 않았다. 이것은 나의 나

112. 서문표(西門豹): 전국시대 위(魏)나라 관리이다. 위(魏) 문후(文侯) 때 업령(鄴令: 지금의 하북성 臨漳縣 서남쪽의 현령)이 되어 백성들을 잘 보살펴 명망을 얻었다.

113. 삼로(三老)와 정연(廷掾): '삼로(三老)'는 중국 고대에 향(鄕)·현(縣)·군(郡)에서 백성의 교화를 담당하던 관리이다. '정연(廷掾)'은 현령을 보좌하던 아전이다.

114. 조간자(趙簡子): 이름은 조앙(趙鞅)으로 춘추시대 말기 진(晉)나라의 정경(正卿)이다.

쁜 점을 키우고 나의 장점을 없애려는 것이다."《여람(呂覽)》

趙簡子沈鸞徼於河, 曰, 吾嘗好聲色矣, 而鸞徼致之. 吾嘗好宮室臺榭矣, 而鸞徼爲之. 吾嘗好良馬善御矣, 而鸞徼來之. 今吾好士六年矣, 而鸞徼未嘗進一人也. 是長吾過而絀善也.〈呂覽〉[115]

배 안의 난씨[주중난씨(舟中欒氏)] 범헌자(范獻子)[116]가 황하로 놀러 갔을 때, 대부들이 모두 함께 있었다. 진(晉) 경공(頃公)이 말하기를, "난씨(欒氏)의 자손들[117]을 아는가?"라고 하였다. 대부들이 아무도 대답하지 못하자 뱃사공 청연(淸涓)이 노를 내려 놓고 대답하기를, "국군(國君)께서는 어찌하여 난씨의 자손들에 대해 물으십니까?"라고 하였다. 경공이 대답하기를, "내가 난씨를 죽인 이래로, 그 집안 늙은이들은 아직 죽지 않았을 것이고, 어린아이들은 젊은이로 자랐을 것이다"라고 하였다. 청연이 말하기를, "진(晉)나라의 정치를 잘 다스려 안으로는 훌륭한 대부를 얻고 밖으로는 백성들을 잃지 않는다면 비록 난씨의 자손들이라고 해도 국군(國君)에게 뭐 그리 대수이겠습니까? 만약 진(晉)나라의 정치를 잘 다스리지 못하여 안으로는 대부를 얻지 못하고 밖으로는 백성들을 잃어버린다면 이 배 안에 탄 사람들이 모두 난씨의 자손이 될 것입니다"라고 하였다. 경공이 말하기를 "좋은 말이다"라고 하였다.《시자(尸子)》

范獻子游河, 大夫皆在. 君曰, 知欒氏之子乎. 大夫莫答, 舟人淸涓捨楫對曰, 君奚問欒氏之子. 君曰, 自亡吾欒氏也,[118] 其老者未死, 少者壯矣. 淸涓曰, 善修晉國之政, 內得大夫, 外不失百姓, 雖欒氏子, 其若君何. 若不修晉國之政, 內不得大夫, 而外失百姓, 則舟中之人, 皆欒氏子也. 君曰, 善.〈尸子〉[119]

황하를 건너다가 물에 빠지다[도하타수(渡河墮水)] 양(梁)나라의 재상이 죽자 혜자(惠子)[120]가 양(梁)나라로 가려고 황하를 건너다가 갑자기 물에 빠졌는데, 뱃사공이 그를 구해 주었다. 뱃사공이 말하기를, "그대는 어디로 가시려고 그렇게 서두십니까?"라고 하였다. 혜자가 말하기를, "양(梁)나라에 재상이 없다길래 내가 가서 재상이 되고자 합니다"라고 하였다. 뱃사공이 말하기를, "그대는 배 위에 있다가 곤경을 당해 내가 아니었다면 죽었을 것인데, 그대가 어떻게 양(梁)나라의 재상이 될 수 있겠습니까?"라고 하였다. 혜자가 말하기를, "배 위에서는 내가 그대보다 못합니다. 그러나 국가를 편안하게 하고 사직을 온전히 보전하는 일에 있어서 그대를 나에게 비교해 볼 때, 그 멍청한 모습이 마치 아직 눈도 뜨지 못한 강아지일 뿐입니다"라고 하였다.《설원(說苑)》

梁相死, 惠子欲之梁, 渡河而遽墮水中, 船人救之. 船人曰, 子欲何之而遽也. 曰, 梁無相, 吾欲往相之. 船人曰, 子居船檝之間而困, 無我則子死矣, 子何能相梁乎. 惠子曰, 居船檝之間, 則吾不如子. 至於安國家, 全社稷, 子之比我, 蒙蒙如未視之狗耳.〈說苑〉[121]

제방 위에 오두막을 짓다[여어제상(廬於堤上)] 탁군(涿郡)의 왕준(王遵)이 익주자사(益州刺史)에서 동군태수(東郡太守)로 관직이 옮겨졌다. 황하의 물이 범람하여 호자(瓠子)를 침식하였고 금제(金堤)[122]가 터져서 붕괴되었다. 왕준이 몸소 백성과 관

115.《여씨춘추(呂氏春秋)·시군(恃君)》

116. 범헌자(范獻子): 춘추시대 말기 진(晉)의 경(卿)을 역임하였다.

117. 난씨(欒氏)의 자손들: 서주(西周) 당숙우(唐叔虞)의 후손인 진(晉) 정후(靖侯)의 손자 빈(賓)이 난(欒) 땅에 봉해졌기 때문에 그 자손들이 난(欒)을 성으로 삼았다. 당시 난씨(欒氏)는 진(晉)에서 세력이 가장 강력한 가문이었다.

118.《시자(尸子)·귀언(貴言)》에는 '自吾亡欒氏也'로 되어 있다.

119.《시자(尸子)·귀언(貴言)》

120. 혜자(惠子): 장자(莊子)와 같은 시대인 전국시대의 명가(名家)의 대표자 혜시(惠施)이다.

121.《설원(說苑)·잡언(雜言)》

리를 이끌고 백마를 황하에 던져 넣고 물의 신 하백(河伯)에게 기도를 올렸다. 또 친히 홀과 둥근 옥을 잡고 자기 몸을 바쳐 제방을 막으려고 제방 위에 오두막을 짓고 거주하였다. 관리와 백성들이 모두 도망가고 나서도 왕준이 꼿꼿이 서서 움직이지 않자 터진 물이 일제히 잦아들며 멈추었다. 이에 공인과 사인들이 모두 그 용기 있는 행동을 장하게 여겼다. 《수경(水經)》

涿郡王遵, 自益州刺史, 遷東郡太守. 河水盛溢泛浸瓠子, 金堤決壞. 遵躬率民吏, 投沈白馬, 祈水神河伯. 親執珪璧, 請身隕堤, 廬居其上. 吏民皆走, 遵立不動, 而水決齊足而止. 公私壯其勇節.〈水經〉[123]

황하의 사돈[하독친가(河瀆親家)] 곽자의(郭子儀)[124] 공(公)이 황하 포구를 진무(鎭撫)할 때 부교(浮橋)를 놓으려 하였으나 급류에 낮은 제방이 파괴되었다. 공이 술을 따라 제사를 올리며 어린 딸을 황하의 아내로 주겠다고 약속하였다. 그날 저녁 물이 물러나자 그 낮은 제방에 나무를 세우고 마침내 다리를 완성하였다. 그러나 어린 딸은 얼마 안 있어 죽었고 이에 사당 안에 흙을 빚어 그 모습을 만들어 놓았다. 인하여 공의 사당을 세우고 그 위패를 '황하의 사돈[河瀆親家翁]'이라고 하였다.《건찬자(乾饌子)》

郭汾陽鎭浦, 欲造浮橋, 而急流毁埤. 公酹酒許以小女妻之. 其夕水退, 木立埤上, 遂成橋. 而小女尋卒, 因塑廟中人. 因立公祠, 號河瀆親家翁.〈乾饌子〉[125]

하백(河伯)에게 제사지내다[제하백(祭河伯)] 후위(後魏)의 고앙(高昻)[126]이 서남도대도독(西南道大都督)이 되어 상현(商縣)과 상락현(上洛縣)을 지나다가 하백에게 제사 지내며 말하기를, "하백께서는 물속의 신이요, 저 고앙(高昻)은 땅 위의 호랑이인데, 행차가 하백이 계신 곳을 지나기에 술잔을 올려 제사를 드립니다"라고 하였다.《북사(北史)》

後魏高昻爲西南道大都督, 經趣商洛, 祭河伯曰, 河伯水中之神, 高敖曹地上之虎, 行經君所, 故相決酹.〈北史〉[127]

하백(河伯)에게 제사를 지내지 않다[부제하백(不祭河伯)] 초(楚) 소왕(昭王)이 몸이 아팠다. 점치는 사람이 말하기를, "황하(黃河)가 해코지를 한 것입니다"라고 하였다. 대부들이 교외에서 황하에 제사를 지내자고 청하자 소왕이 말하기를, "삼대(三代)에도 어명으로 제사를 지낼 때는 나라에서 바라보이는 범위를 넘지 않았다. 장강(長江), 한수(漢水), 수수(睢水), 장수(漳水)는 초(楚)에서 바라보이는 물이지만, 황하는 우리가 죄를 지을 대상이 아니다"라고 하고 마침내 제사를 지내지 않았다. 공자가 말하기를, "소왕은 천도를 안다. 그가 나라를 잃지 않은 것은 당연한 일이다"라고 하였다.《춘추좌전(春秋左傳)》

楚昭王有疾. 卜曰, 河爲祟. 大夫請祭諸郊, 王曰, 三代命祀祭, 不越望, 江漢睢漳, 楚之望也, 河非所獲罪也, 遂弗祭. 孔子曰, 昭王知天道矣, 其不失國也, 宜哉.〈左傳〉[128]

한갈자(韓褐子)가 황하의 나루를 건널 때 어떤 사람이 말하기를, "무릇 사람들이 이곳을 지날 때는 흔쾌히 제수(祭需)를 사용하지 않은 사람이 없었는데,

122. 금제(金堤): 황하의 하구(河口) 중의 한 곳인 호자(瓠子)에 설치한 제방이다.

123. 《수경주(水經注)》 권5.

124. 곽자의(郭子儀): 당(唐) 중기의 유명한 장수인 곽분양(郭汾陽: 697-781)을 가리킨다. 안사(安史)의 난 때 삭방절도사(朔方節度使)를 역임하며 하북(河北)에서 사사명(史思明)을 대패시켰다. 이 공으로 분양군왕(汾陽郡王)에 봉해졌고 그 권세가 20여 년 간 조야(朝野)를 풍미하였다.

125. 《건찬자(乾饌子)》

126. 고앙(高昻: 491－538): 자(字)는 오조(敖曹)이고 남북조시대 북위(北魏)의 장수이다.

127. 《북사(北史)·열전(列傳)》 제19권.

128. 《좌전(左傳)·애공(哀公)》 6년.

그대는 (어찌) 사용하지 않으십니까?"라고 하였다. 한갈자가 말하기를, "천자는 해내(海內)의 신에게 제사 지내고, 제후는 봉토 안의 신에게 제사 지내고, 대부는 자기 종친들을 제사 지내고, 선비는 자기 할아버지와 아버지를 제사 지내는데, 나는 아직 하백(河伯)을 섬긴다는 말은 듣지 못했다"라고 하였다. 뱃사공이 물 가운데로 노를 뻗어 운행하며 말하기를, "조금전 인부가 벌써 말씀드렸는데도, 그대는 인부의 말을 듣지 않으십니다. 지금 배가 물 가운데로 운행하는데 매우 위태롭습니다. (익사한 사람의) 옷이나 수습하러 하류로 내려가는 것이 어떻겠습니까?"라고 하였다. 한갈자가 말하기를, "나는 사람들이 나를 싫어한다고 내 뜻을 바꾸지 않고, 내가 장차 죽는다 하여도 나의 대의(大義)를 바꾸지는 않는다"라고 하였다. 말을 아직 다 마치지도 않았는데 배는 평탄하게 운행하고 있었다.《설원(說苑)》

韓褐子濟於河津, 人告曰, 夫人過於此者, 未有不快用者也, 而子不用乎. 韓褐子曰, 天子祭海內之神, 諸侯祭封城之內, 大夫祭其親, 士祭其祖禰, 褐也未得事河伯也. 津人申楫舟中水而運, 津人曰, 向也, 役人固已告矣, 夫子不聽役人之言也, 今舟中水而運, 甚殆, 治裝衣而下遊乎. 韓子曰, 吾不爲人之惡我而改吾志, 不爲我將死而改吾義. 言未已, 舟泆然行.〈說苑〉[129]

장강 江

- 《풍속통(風俗通)》의 기록이다. 강(江)은 공(貢)의 뜻이다. 거기에서 진귀한 물품이 산출되어 조공품으로 바칠 수 있다.

  風俗通.[130] 江者, 貢也. 爲其出珍物, 可貢獻也.

- 《석명(釋名)》의 기록이다. 강(江)은 공(公)의 뜻이다. 작은 시내가 그 속으로 흘러들어 물품이 산출되는데 사사로움이 없고 모두 공공(公共)에게 제공되는 것이다.

  釋名. 江者, 公也.[131] 小水流入其中, 出物不私, 所公共也.

- 《순자(荀子)》의 기록이다. 자로(子路)가 옷을 성대하게 차려입고 공자를 뵈었다. 공자께서 말씀하시기를, "유(由)야! 이 치렁치렁한 옷자락이 무엇이냐? 앞서 장강(長江)이 민산(岷山)에서 나와 처음 출발할 때는 그 샘물에 술잔 하나를 띄울 수 있을 정도였다. 장강의 큰 나루에 이르러서는 배를 띄우지 않거나 바람을 피하지 않으면 건너갈 수가 없다. 이것은 오직 하류에 수량이 많아졌기 때문이 아니겠느냐?"라고 하였다.

  荀子.[132] 子路盛服, 見孔子. 子曰, 由, 是裾裾者, 何也. 昔者, 江出於岷山, 其始出也, 其源可以濫觴. 及其至江之津也, 不放舟, 不避風, 則不可涉也. 非維下流水多耶.

- 《설원(說苑)》의 기록이다. 섭공(葉公)[133]이 악왕부(樂王鮒)[134]에게 묻기를, "진(晉)나라 대부인 조문자(趙文子)는 사람됨이 어떠합니까?"라고 하였다. 대답하기를, "배우는 것을 좋아하고 올바른 간언(諫言)을 받아들입니다"라고 하였다. 섭공이 말하기를, "아마도 말씀이 좀 미진한 듯합니다"라고 하였다. 대답하기를, "배우기를 좋아하는 것은 지혜롭다는 뜻이고 올바른 간언을 받아들인다는 것은

---

129. 《설원(說苑)·수문(修文)》
130. 《풍속통의(風俗通義)·산택(山澤)》
131. 《석명(釋名)》 원문에는 '共也'로 되어 있다.
132. 《순자(荀子)·자도(子道)》
133. 섭공(葉公): 춘추시대 섭(葉) 땅의 군주이다.
134. 악왕부(樂王鮒): 춘추시대 말기 진(晉)의 대부(大夫)이다.

어질다는 뜻입니다. 장강이 문산(汶山)에서 나올 때 그 샘물은 옹기의 아가리처럼 작습니다. 그러나 초(楚)나라에 이르러서 그 넓이가 10리나 되는 것은 다른 이유가 있기 때문이 아니고 그 하류에 물이 많이 모여들기 때문입니다. 사람됨이 배우는 것을 좋아하고 올바른 간언을 받아들인다면 군주(君主)로 세우는 것이 마땅합니다"라고 하였다.

說苑.[135] 葉公問樂王鮒曰, 晉大夫趙文子爲人何若. 對曰, 好學而受規諫. 葉公曰, 疑未盡矣. 對曰, 好學, 智也, 受規諫, 仁也. 江出汶山, 其源若甕口. 至楚國, 其廣十里, 無他故, 其下流多也. 人而好學受規諫, 宜哉其立也.

장강을 건너다가 부평초 열매를 얻다[도강득평(渡江得萍)] 《공자가어(孔子家語)》의 기록이다. 초(楚)나라 소왕(昭王)이 장강을 건너는데 크기는 말[斗]만하고 모양은 둥글고 색깔은 붉은 어떤 물건이 떠 있었다. 곧바로 소왕의 배에 부딪쳐 오자 뱃사공이 그것을 건져 올렸다. 소왕이 매우 이상하게 생각하고 사람을 노(魯)나라로 보내 공자에게 물어보게 하였다. 공자께서 말씀하시기를, "이것은 부평초 열매입니다. 쪼개서 먹을 수 있고 길조입니다. 오직 패자(覇者)만이 이것을 얻을 수 있습니다"라고 하였다. 사자(使者)가 돌아오고 나서 소왕이 급히 그것을 먹어 보니 매우 맛이 있었다.

家語.[136] 楚昭王渡江, 有物大如斗, 圓而赤. 直觸王舟, 舟人取之. 王大怪, 使人之魯, 問孔子. 孔子曰, 此萍實也, 可割而食之, 吉. 惟覇者能獲之. 使返, 王遽食之, 甚美.

노를 저어 장강을 건너다[고즙과강(鼓楫過江)] 한(漢)나라 건초(建初)[137] 연간에 장우(張禹)[138]가 양주자사에 임명되어 장강을 건너게 되었다. 행렬 중의 그곳 토박이들이 모두 장강에 오자서(伍子胥)의 신령이 있다고 하며 물을 건너기를 어려워하였다. 장우가 사나운 목소리로 말하기를, "만약 오자서의 혼령이 있다면 내가 억울한 옥사(獄事)를 사리에 맞게 살피려는 데 뜻을 두고 있다는 것을 알 것인데, 어떻게 나를 위태롭게 할 것인가?"라고 하였다. 마침내 노를 저어 강을 건넜는데 군(郡)과 읍(邑) 중에서 궁벽한 곳이라 해도 모두 직접 가보지 않은 곳이 없었다.

漢建初中, 張禹拜陽州刺史, 過江. 行部中土人, 皆以江有子胥之神, 難於濟涉. 禹厲聲言曰, 子胥如有靈, 知吾志在理察枉獄, 豈危我哉. 遂鼓楫而過, 郡邑深幽之處, 莫不畢到.

조적(祖逖)[139]은 노를 두드리며 장강을 건넜다.

祖逖擊楫渡江.

부채를 물속으로 던지고 장강을 건너다[투선제강(投扇濟江)] 《냉재야화(冷齋夜話)》의 기록이다. 왕영로(王榮老)[140]가 일찍이 관주(觀州)에 벼슬살이를 하러 갈 때 물을 건너려고 장강을 살펴보니 7일 동안 바람이 세차게 일어 건널 수가 없었다. 그곳 늙은

---

135. 《신서(新序)·잡사(雜事)》의 잘못이다.

136. 《공자가어(孔子家語)·치사(致思)》

137. 건초(建初): 후한(後漢) 장제(章帝)의 연호(76-83)이다.

138. 장우(張禹: ?-113): 후한(後漢) 초의 대신으로 자(字)는 백달(伯達)이다. 사람이 근검하고 성실하였으며 농정(農政)에 큰 업적을 남겼다. 벼슬은 양주자사(揚州刺史)·연주자사(兗州刺史)를 거쳐 태위(太尉)와 태부(太傅)에 이르렀고 안향후(安鄕侯)에 봉해졌다. 본문의 양주(陽州)는 '양주(揚州)'의 오기로 보인다.

139. 조적(祖逖: 266-321): 자(字)는 사아(士雅)이다. 동진(東晋) 초 중원 회복을 위해 북벌을 주장하였다. 민제(愍帝) 건흥(建興) 원년(313) 분위장군(奮威將軍)으로 임명되어 양자강을 건널 때 노를 두드리며 중원을 회복하지 않으면 돌아오지 않겠다고 맹세하였다.

140. 왕영로(王榮老): 북송(北宋)의 관리이나 경력은 자세하지 않다. 관주(觀州)는 지금의 광서장족자치구(廣西壯族自治區) 부근이다.

이들이 말하기를, "공의 상자 속에 틀림없이 진기한 물건을 넣어두었을 것인데 이 장강의 신은 매우 영험하기 때문에 마땅히 그것을 바쳐야 건널 수 있을 것입니다"라고 하였다. 왕영로가 옥으로 만든 불진(拂塵)을 곧 바로 바쳤으나 바람은 여전하였다. 또 단계연(端溪硯)을 바쳤지만 바람은 더욱 세차게 일었다. 또 펼쳐 놓은 호피(虎皮) 장막을 바쳤으나 모두 영험이 없었다. 밤에 누워서 생각하며 말하기를, "황산곡(黃山谷)이 초서로 쓴 부채가 있는데, 거기에는 위응물(韋應物)의 시 '계곡가에 그윽한 풀 그 모습이 가련하네(獨憐幽草澗邊生)'라는 구절이 씌어 있지"라고 하였다. 즉시 그 부채를 가져와 살펴보면서 말하기를, "나조차도 몰랐는데 귀신이 이것을 안다는 것인가?"라고 하였다. 부채를 가져다 바치자 향불이 아직 다 사그라들지도 않았는데 하늘과 강물이 서로 비추는 모습이 마치 두 거울이 마주 펼쳐져 있는 것 같았다.

冷齋夜話.[141] 王榮老嘗宦於觀州, 欲渡, 觀江, 七日風作, 不得濟. 父老曰, 公篋中必蓄奇物, 此江神極靈, 當獻之, 得濟. 榮老有玉麈尾, 卽以獻之, 風如故. 又以端硯獻之, 風愈作. 又以宣包虎帳獻之, 皆不驗. 夜臥念曰, 有黃魯直草書扇頭, 題韋應物詩曰, 獨憐幽草澗邊生. 卽取視之曰, 我猶不識, 鬼神識之乎. 持以獻之, 香火未收, 天水相照, 如兩鏡展對.

장강 위의 기이한 노인[강상장인(江上丈人)]　오자서가 오(吳)나라로 갈 때 장강 가에 이르러 물을 건너려고 하다가 한 기이한 노인을 만났는데 작은 배를 밀면서 고기잡이를 나가려 하고 있었다. 좇아가서 건네주기를 청하였다. 기이한 노인이 그를 건네주러 강을 가로 지르면서 그에게 이름과 가문에 대해 물었지만, 알려 주지 못하고 칼을 풀어서 주며 말하기를, "이것은 천금의 값어치가 나가는 칼입니다"라고 하였다. 그 노인은 받으려 하지 않고 말하기를 "초(楚)나라의 법에 의하면 오자서를 잡는 사람은 벼슬이 홀을 잡는 고관에 이르고, 봉록은 만 섬에 달하고, 황금은 이만 냥을 받을 수 있다고 하는데, 어찌 천금에 불과한 그대의 칼에 연연하겠습니까?"라고 하였다. 오자서가 오(吳)나라로 가서 사람을 보내 장강 가에서 그 노인을 찾았으나 찾을 수 없었다. 매번 밥을 먹을 때마다 그 노인에게 제사를 올리며 축원하기를 "장강 가의 기이한 노인이여!"라고 하였다. 《여씨춘추(呂氏春秋)》

伍員如吳, 至江上, 欲涉, 見一丈人, 刺小船將漁. 從而請焉. 丈人渡之, 絶江, 問其名族, 則不肯告, 解其劍以予曰, 此千金之劍也. 丈人不肯受曰, 荊國之法, 得伍員者, 爵執圭, 祿萬檐, 金千鎰, 何以子之千金劍爲乎. 伍員適於吳, 使人求之江上, 則不能得也. 每食必祭之, 祝曰, 江上之丈人.〈呂氏春秋〉[142]

절름발이 남자가 장강을 건너다[파남제강(跛男濟江)]　당(唐)나라 원천강(袁天綱)[143]의 아들은 객사(客師)이다. 일찍이 장강을 건너려다 배를 두드리며 돌아왔다. 어떤 사람이 이유를 묻자 말하기를, "배에 탄 사람들의 코에서 나오는 숨결이 모두 검어서 건너갈 수 없습니다"라고 하였다. 조금 있다가 어떤 한 남자가 다리를 절며 곱사등을 하고 와서 배를 탔다. 객사가 말하기를, "귀인이 탔으니 내가 이제 건너갈 수 있습니다"라고 하였다. 강 가운데서 바람이 일어 배가 거의 전복될 뻔 하였으나 위기를 모면할 수 있었다. 절름발이 남자는 바로 누사덕(婁師德)[144]이었다.

唐袁天綱, 字客師.[145] 嘗渡江, 扣舟而還. 或問故, 曰, 船中人鼻下氣皆黑, 不可以濟. 俄有一男子, 跛而負,

141. 송(宋) 혜홍(惠洪)《냉재야화(冷齋夜話)》 권1.
142. 《여씨춘추(呂氏春秋) · 이보(異寶)》
143. 원천강(袁天綱): 당(唐)나라 초기의 천문 역술가이다.
144. 누사덕(婁師德: 630-699): 자(字)는 종인(宗仁)이며 당(唐) 고종(高宗) 때의 대신(大臣) 겸 명장이다.

就舟. 客師曰, 貴人在, 吾可以濟矣. 江中風起, 幾覆, 得免. 跛男子, 乃婁師德也.

익사한 사람을 장사 지내지 않다[익사부장(溺死不葬)] 담대멸명(澹臺滅明)[146]의 아들이 장강에서 익사하였다. 그 제자가 수습하여 장사 지내려 하자 담대멸명이 제지하면서 말하기를, "이것은 운명이다. 땅강아지나 개미와는 무슨 친분을 맺었고 물고기와 자라와는 무슨 원수가 졌는가?"라고 하였다. 제자가 말하기를, "선생님께서는 어찌 그리 자애롭지 않으신지요?"라고 하였다. 대답하기를, "살아서는 나의 아들이지만 죽어서는 나의 귀신이 아니다"라고 하였다. 끝내 수습하여 장사 지내지 않았다.《박물지(博物志)》

澹臺滅明之子, 溺死于江. 弟子欲收葬之, 滅明止之曰, 此命也, 與螻蟻何親, 與魚鱉何仇. 弟子曰, 何夫子之不慈乎. 對曰, 生爲吾子, 死非吾鬼. 遂不收葬.〈博物志〉[147]

아이를 끌고 와서 장강에 던지다[인아투강(引兒投江)] 《여씨춘추(呂氏春秋)》의 기록이다. 어떤 사람이 장강 가를 지나가는데, 어린아이를 끌고 와서 장강 속에 던지려는 사람을 보았다. 어린아이는 울고 있었고, 지나가는 사람이 그 까닭을 물었다. 대답하기를, "이 사람은 아이의 아버지인데 수영을 잘하기 때문입니다"라고 하였다. 아버지가 비록 수영을 잘한다 해도 아들이 어떻게 갑자기 수영을 잘 할 수 있겠는가?

呂覽.[148] 有過於江上者, 見人方引嬰兒, 而欲投之江中. 嬰兒啼, 人問其故, 曰, 此其父, 善游. 其父雖善游, 其子豈遽善游哉.

장강의 신(神)이 보호하다[강신위호(江神衛護)] 《한부명담(翰府名談)》[149]의 기록이다. 송(宋)나라 진요자(陳堯咨)[150]가 삼산(三山)의 강가에 배를 정박하였을 때 어떤 노인이 말하기를, "내일 오후에 큰 바람이 불어 배를 운행하면 반드시 전복될 것이니 신중해야 합니다"라고 하였다. 다음날이 되자 날씨가 맑아 만리 하늘에 구름 한 점 없어서 뱃사공이 닻줄을 풀기를 청하였다. 공이 말하기를, "다시 좀 더 기다려라"고 하였다. 동행하는 사람들의 배가 모두 강안(江岸)을 떠났는데도 공은 다른 일을 핑계로 가지 않았다. 정오가 되자 갑자기 하늘 끝에서 검은 구름이 일어나더니 큰 바람이 몰아쳐 왔고 성난 파도가 산처럼 덮쳐 와서 배들이 대부분 침몰되었다. 공이 놀라 감탄하면서 또 그 노인을 만났다. 그 노인이 말하기를, "저는 사실 사람이 아니라 장강의 유혁장(游奕將)입니다. 공께서 후일 재상이 되셔야 하기 때문에 받들어 알려드린 것입니다"라고 하였다. 공이 말하기를, "무엇으로 보답해야 합니까?"라고 하였다. 노인이 말하기를, "귀인이 당도하면 용신(龍神)이 응당 보호해 주는 것입니다. 원컨대 《금광명경(金光明經)》 1부를 얻을 수 있다면 그것으로 족하겠습니다"라고 하였다. 공이 도성에 도착하여 경전 3부를 사람을 보내 던져 넣어주었다. 다시 꿈에 앞서의 노인이 나타나 말하기를, "영공(令公)께서는 응당 계속하여 여러 단계 승진하실 것입니다"라고 하고 재배하고 떠나갔다.

翰府名談. 宋陳堯咨泊舟三山磯, 有老叟曰, 來日午

145. 자(字)는 자(子)로 써야 옳다. 원천강의 아들이 바로 원객사(袁客師)이다.

146. 담대멸명(澹臺滅明): 성은 담대(澹臺), 본명은 멸명(滅明), 자(字)는 자우(子羽)이다. 춘추시대 노(魯)나라 사람으로 공자의 제자이다. 모습이 볼품없었으나 각고의 노력으로 학문을 성취하였다.

147. 《박물지(博物志)》 권8.

148. 《여씨춘추(呂氏春秋)·찰금(察今)》

149. 《한부명담(翰府名談)》: 《송사(宋史)·예문지(藝文志)》에 의하면 유부(劉斧)의 저서로 되어 있으나 원서는 전하지 않고, 각종 시화류에 그 잔문(殘文)이 보인다.

150. 진요자(陳堯咨: 970?-1034?): 자(字)는 가모(嘉謨)이다. 송(宋) 진종(眞宗) 경자년(庚子年) 과거에 장원을 하고 벼슬이 용도각학사(龍圖閣學士), 상서공부랑중(尙書工部郎中) 등에 이르렀다.

後, 有大風, 舟行必覆, 宜愼之. 來日, 天晴, 萬里無片雲, 舟人請解纜. 公曰, 更待之. 同行舟皆離岸, 公托以他事未行. 日午, 俄有黑雲起於天末, 大風暴至, 怒濤若山, 舟多沈溺. 公驚嘆, 又見前叟. 曰, 某實非人, 乃江之游奕將也. 以公他日當作宰相, 固當奉告. 公曰, 何以報德, 叟曰, 貴人所至, 龍神理當衛護, 願得金光明經一部足矣. 公至京, 以經三部遣人投之. 復夢, 前叟曰, 當令公連陞數秩, 再拜而去.

효성에 감동하여 배가 바로 놓이다[효감주정(孝感舟正)] 송(宋)나라 승상 소송(蘇頌)[151]이 무주(婺州)[152] 고을의 원님이 되어 동강(桐江)[153]을 거슬러 올라갈 때 물살이 사납고 세차서 배가 가로 놓이며 뒤집히려 하였다. 모친 위국(魏國) 대부인이 배 안에 있었는데 거의 익사 직전이었다. 공이 울부짖으며 물로 뛰어들어 구해 내려 하자 배가 홀연 저절로 바로 놓였고, 대부인이 가까스로 빠져나와 강언덕에 닿자 배가 바로 전복되었다. 사람들은 (배가) 효성에 감동한 것이라고 생각하였다.

宋蘇丞相頌, 知婺州, 泝桐江, 水暴迅, 舟橫欲覆. 魏國大夫人在舟中, 幾溺矣. 公哀號, 赴水救之, 舟忽自正, 大夫人甫出及岸, 舟乃覆. 衆以爲誠孝所感.

배 안에서 단정하게 앉아 있다[주중위좌(舟中危坐)] 정이천(程伊川)[154]이 부주(涪州)[155]로 귀양 가는 도중 한강(漢江)[156]을 건널 때 물살 한가운데 이르러 배가 거의 전복될 지경이었다. 배 안의 사람들이 모두 울부짖었으나 정이천만 홀로 옷깃을 여미고 단정히 앉아 마치 평소처럼 행동하였다. 강 언덕에 도착하자 함께 배를 탔던 어떤 늙은이가 묻기를, "배가 위태로울 때 그대 혼자 두려운 기색이 없었는데 어떻게 그럴 수 있었습니까?"라고 하였다. 이천이 말하기를, "마음속에 성(誠)과 경(敬)을 품고 있었을 뿐입니다"라고 하였다. 그 늙은이가 말하기를, "마음속에 성(誠)과 경(敬)을 품고 있었다니 정말 훌륭합니다만 무심(無心)한 경지에는 미치지 못합니다"라고 하였다. 이천이 그와 더불어 이야기를 나누고자 하였으나 그 노인은 곧장 그곳을 떠나면서 돌아보지 않았다.

程伊川貶涪州, 渡漢江, 中流船幾覆. 舟中人皆號哭, 伊川獨正襟危坐, 如常已. 而及岸, 同舟有老父問曰, 當船危時, 君獨無怖色, 何也. 伊川曰, 心存誠敬耳. 老父曰, 心存誠敬, 固善, 不若無心. 伊川欲與之言, 老夫徑去, 不顧.

《세설신어(世說新語)》의 기록이다. 환온(桓溫)[157]이 남주(南洲)에 있을 때 회계왕(會稽王) 사마앙(司馬漾)과 강가에서 뱃놀이를 하고 있었는데 사안(謝安)도 함께 자리를 하였다. 광풍이 갑자기 일어서 파도가 사납게 몰아치자 환온은 두려운 모습을 보였고 회계왕도 좀 다른 모습을 보였지만 오직 사안만 편안한 모습으로 태연자약하였다. 조금 뒤에 바람이 잦아들자 환온이 사안에게 묻기를, "조금 전에 어떻게 두려워하지 않을 수 있었습니까?"라고 하였다. 사안이 천천히 웃으며 말하기를, "하늘과 땅과 사람과 함께 올바른 이치를 다 발휘하였는데 무슨 걱정이 있겠습니까?"라고 하였다.

---

151. 소송(蘇頌: 1020-1101): 북송(北宋) 희종(熙宗)과 철종(哲宗) 때의 사람으로 자(字)는 자용(子容)이다. 경서 및 천문학, 약리학에도 밝았다. 벼슬은 형부상서(刑部尙書), 우재상(右宰相)에 이르렀다.
152. 무주(婺州): 지금의 절강성(浙江省) 금화현(金華縣)이다.
153. 동강(桐江): 지금의 절강성 부춘강(富春江)의 상류이다.
154. 정이천(程伊川): 북송의 성리학자 정이(程頤: 1033-1107)이다.
155. 부주(涪州): 지금의 사천성(四川省) 부릉시(涪陵市)이다.
156. 한강(漢江): 중국의 한수(漢水)이다.
157. 환온(桓溫): 동진(東晉)의 고관(高官)으로 정서대장군(征西大將軍)을 역임하였으며 후일 왕위를 찬탈하려다 옛 부하이자 당시의 재상(宰相)이었던 사안(謝安)에게 패하였다.

世說.[158] 桓溫在南洲, 與會稽王淺, 舟江側, 謝安亦在坐. 狂風忽起, 波浪鼓湧, 桓有懼色, 會稽亦微異, 惟謝怡然自若. 頃間風正, 桓問謝曰, 向那得不懼. 謝徐笑曰, 何有三才同盡理.

하늘을 우러러 고하자 물결이 잦아들다[고천안류(告天安流)] 왕승변(王僧辨)[159]과 진패선(陳覇先)[160]이 후경(侯景)을 토벌하고 백모주(白茅洲)에 모여서 동맹을 맺었다. 작두(鵲頭)를 출발하면서 강 가운데에서 풍랑을 만나 군사들이 모두 두려워하였다. 승변이 하늘에 재배하고 아뢰기를, "승변은 충신으로서 명령을 받들고 죄인을 토벌하러 갑니다. 사직을 중흥시킬 것이라면 풍랑을 멎게 해 주시고 천명을 중도에 몰락시킬 것이라면 저는 지금 여기에서 떠날 것입니다"라고 하였다. 말을 마치자 풍랑이 멎었다. 그때부터 마침내 잠잠한 물결 위를 떠 가게 되었는데, 물고기 떼가 물 위로 뛰어올라 공중에서 날며 길을 인도하였고 결국 역도를 대파하였다.《남사(南史)》

王僧辨與陳覇先, 討侯景, 會于白茅洲, 爲盟. 及發鵲頭, 中江而風浪, 師人咸懼. 僧辨再拜告天曰, 僧辨忠臣, 奉辭伐罪. 社稷中興, 當使風息, 若鼎命中淪, 請從此逝. 言訖, 風止. 自此遂泛安流, 有群魚躍水飛空引導, 遂大破之.〈南史〉[161]

무소뿔을 태워 강 속을 비추다[연서조강(燃犀照江)] 온교(溫嶠)[162]가 우저(牛渚)[163]의 물가에 도착하자 전해 오는 말에 이르기를, "물이 깊어 깊이를 잴 수 없다"고 하였다. 이에 무소뿔을 태워 비춰 보니 잠깐 사이에 물에 사는 동물들의 기이한 모습이 보였고, 어떤 것은 수레와 말을 타고 있었다. 밤이 되어 꿈을 꿀 때 어떤 사람이 말하기를, "그대와는 저승과 이승의 길이 다른데 어찌하여 수고롭게 비춰 보는가?"라고 하였다. 온교가 매우 싫어하는 기색이 있더니 얼마 되지 않아 죽었다.

溫嶠至牛渚磯, 傳言, 水深不可測. 乃燃犀角照之, 須臾見水族奇怪, 或乘車馬. 至夜夢人謂曰, 與君幽明道隔, 何苦相照. 嶠甚惡之, 未幾而卒.[164]

장강의 물을 마시기를 좋아하다[호음강수(好飮江水)] 동한(東漢) 강시(姜詩)[165]의 처 방씨(龐氏)는 시어머니를 모심에 효성이 지극하였다. 시어머니는 장강의 물을 마시는 것을 좋아하였고 강물은 집에서 7리 정도 떨어져 있었는데 강시의 아내는 항상 닭이 울 때 상류로 올라가 물을 길어 왔다. 한 번은 눈보라를 만나 제때에 물을 길어 올 수 없었는데 강시가 아내를 꾸짖으며 내쫓았다. 아내는 이웃집으로 가 베를 짜서 (생필품을) 공급하면서 이웃집 아낙 편으로 시어머니에게 보내주었다. 강시가 그 소문을 듣고 좇아가서 다시 집으로 데려오자 집 근처에 샘물이 솟아올랐는데 그 맛이 장강의 물과 같았다.《화양국지(華陽國志)》

東漢姜詩妻龐氏, 事姑至孝. 姑好飮江水, 水去家七里, 妻常鷄鳴泝流而汲. 値風雪, 不時得水, 詩責遣之.

---

158. 이 내용은 현재 전하는 《세설신어(世說新語)》에는 나오지 않고, 송대(宋代)에 편찬된 《태평어람(太平御覽)·지부(地部)》 권71에 《세설(世說)》의 기록으로 인용하고 있다.
159. 왕승변(王僧辨: ?-555): 《남사(南史)·열전(列傳)》 제53권에는 '변(辨)'이 '변(辯)'으로 되어 있다. 남조 양(梁)나라의 장수이다. 진패선(陳覇先)과 후경(侯景)의 반란을 진압하고 양(梁)나라를 중흥시켰다. 뒤에 북제(北齊)와 결탁하여 소연명(蕭淵明)을 황제로 세웠다가 진패선에게 피살되었다.
160. 진패선(陳覇先: 503-559): 양(梁)나라 장수였다가 후경의 난을 진압할 때 큰 공을 세웠으며 후에 왕승변을 살해하고 정권을 장악한 뒤 황제에 올라 진(陳)나라 무제(武帝)가 되었다.
161. 《남사(南史)·열전(列傳)》 제53권.
162. 온교(溫嶠: 288-329): 자(字)는 태진(殆眞)이며 동진(東晋)의 정치가이다. 벼슬은 시중(侍中)과 좌사마(左司馬)에 이르렀고, 시안군공(始安郡公)에 봉해졌다.
163. 우저(牛渚): 지금의 안휘성(安徽省) 마안산시(馬鞍山市) 서남쪽 장강 가에 있다.
164. 《진서(晉書)·온교전(溫嶠傳)》의 기록을 요약하여 기술한 것이다.
165. 강시(姜詩): 동한(東漢)시대 사천(四川) 광한(廣漢) 사람이다. 효성으로 명망이 높았다.

妻往隣家, 績紡供給, 因隣母遺姑. 詩聞追還, 舍側忽有涌泉出, 味如江水.〈華陽國志〉166

조아강(曹娥江) 이 이야기는 '단오문(端午門)'에 보인다. 현장(縣長) 배상(裵尙)이 조아(曹娥)를 가엽게 여겨 장사 지내 주고 한단순(邯鄲淳)에게 명하여 비석을 세우도록 하였다. 채옹(蔡邕)이 와서 보고 거기에 글을 써서 읊기를, "절묘하고 훌륭한 문장이다"라고 하였다. 후세 사람들이 사당을 세웠다.

事見端午門. 縣長裵尙憐而葬之, 命邯鄲子作碑. 蔡邕來觀題云, 黃絹幼婦外孫齏臼.167 後人爲立廟.168

요아(饒娥)169의 아버지가 술에 취해 고기잡이를 갔는데, 바람이 갑자기 세차게 불어 배가 나아갈 수 없었고 마침내 익사하였다. 요아가 아버지가 죽었다는 소식을 듣고 물가로 울며 달려가다가 기진맥진하여 엎어져 죽었다. 다음날 자라, 물고기, 악어, 교룡 등의 죽은 시체가 수만 마리나 물에 떠올랐다. 그 고을 사람들이 요아를 파현(鄱縣) 서쪽에 장사 지냈고 유종원(柳宗元)이 비석을 세웠다.

饒娥父醉漁, 風卒起, 不能舟, 遂溺死. 娥聞父死, 走哭水上, 氣盡伏死. 明日, 黿魚鼉蛟浮死萬數. 鄕人葬娥鄱西, 柳子厚作碑.

탁금강(濯錦江) 《성도기(成都記)》의 기록이다. 탁금강(濯錦江)170은 진(秦)나라 승상 장의(張儀)가 제방을 쌓은 곳이다. 촉(蜀) 땅의 사람들은 비단을 다 짜면 장강에다 씻는데 그럼 그 무늬가 더 분명해져서 처음 완성했을 때보다 품질이 좋아진다. 그런데 타강(佗江)에다 씻으면 비단의 색깔이 약해지기 때문에 마침내 이러한 이름이 붙었다.

成都記. 濯錦江秦丞相張儀所築. 蜀人織錦旣成, 濯於江水, 其文分明, 勝於初成. 濯以佗江則錦色弱矣, 遂名之.

나강(螺江) 복주(福州)171에 있다. 《수신기(搜神記)》의 기록이다. 민(閩: 福建) 지방 사람 사단(謝端)이 강가에서 소라 한 마리를 잡았는데, 크기가 말[斗]만 하였고, 그것을 집에다 가져다 두었다. 그런데 사단이 매번 집으로 돌아올 때마다 반찬이 반드시 잘 차려져 있었다. 이에 몰래 살펴보니 바로 매우 아름다운 여인이 한 일이었다. 그 까닭을 묻자 대답하기를, "저는 은하수 가운데에 있는 백수(白水)의 소녀(素女)이온데, 천제(天帝)께서 저를 보내 당신에게 음식을 잘 대접하라고 하였습니다. 지금 떠나야 하는데 저의 소라 껍질을 당신에게 드리겠습니다"라고 하였다. 사단이 거기에 양식을 담아 놓자 쌀이 항상 가득하였다. 이 강이 이 때문에 나강(螺江)이라는 이름이 붙었다.

在福州. 搜神記.172 閩人謝端於江邊, 得一螺, 大如斗. 畜之家, 端每歸, 盤餐必具. 因密伺之, 乃一姝甚麗. 問之, 答曰, 我天漢中白水素女, 天帝遣我, 爲君具飮食. 今當別去, 留殼與君, 端用以盛糧, 其米常滿, 江以此得名.

파려강(玻瓈江) 미주(眉州)173의 마이산(蟇頤山)174 아래에 있는 민강(岷江)이다. 그 물줄기가 민산(岷

---

166. 이 기록은《예문유취(藝文類聚)》권8에 나온다.

167. 채옹이 조아비(曹娥碑)'의 글을 칭찬한 '黃絹幼婦, 外孫齏臼'라는 여덟 글자를 보고 삼국시대 위(魏)나라 양수(楊修)가 다음과 같이 해석했다고 한다. '황견(黃絹)'은 '색이 있는 실[色絲]'이므로 '절(絶)'이라는 글자가 된다. '유부(幼婦)'는 '어린 여자[少女]'이므로 '묘(妙)'라는 글자가 된다. '외손(外孫)'은 '딸의 아들[女子]'이므로 '호(好)'라는 글자가 된다. '제구(齏臼)'는 '매운 양념을 담는 그릇[受辛]'이므로 '사(辭)'라는 글자가 된다. 이 글자들을 합치면 '절묘호사(絶妙好辭)'가 되므로 절묘하고 훌륭한 문장을 가리키는 말이 된다.

168.《후한서(後漢書)·열녀전(列女傳)·효녀조아(孝女曹娥)》

169. 요아(饒娥): 당(唐)나라 숙종(肅宗) 때의 효녀이다. 요아의 아버지는 요적(饒勣)이다.

170. 탁금강(濯錦江): 사천성(四川省) 성도시(成都市) 서쪽 교외에 있다. 완화계(浣花溪)라고도 한다.

171. 복주(福州): 복건성(福建省) 복주시(福州市)이다.

172.《수신후기(搜神後記)》권5.

山)에서 나오고 그곳의 옥돌이 유리와 같기 때문에 이러한 이름이 붙었다. 일명 마이진(蟇頤津)이라고도 하는데, 바로 당(唐)나라 때 환관 전영자(田令孜)[175]가 맹소도(孟昭圖)[176]를 빠뜨려 죽인 곳이다.

在眉州蟇頤山下, 卽岷江也. 源出岷山, 瑩若玻瓈, 因名. 一名蟇頤津, 卽唐田令孜沈孟昭圖處.

압록강(鴨綠江) 《당서(唐書)》의 기록이다. 동쪽 나라에 마자수(馬砦水)가 있는데, 말갈(靺鞨)의 백산(白山)[177]에서 발원하고 그 색이 오리의 머리 색깔과 같기 때문에 이러한 이름이 붙었다. 서남쪽으로 흘러 안시성(安市城)에 이르러 바다로 들어간다. 당(唐) 태종(太宗)이 고구려를 정벌할 때 압록수에서 병력을 과시했다고 하는데 바로 이곳이다.

唐書.[178] 東國有馬砦水, 出靺鞨之白山, 色若鴨頭, 故名. 西南流至安市, 入海. 唐太宗征高麗, 耀兵於鴨綠水, 卽此.

청백강(淸白江) 성도(成都)[179] 신번현(新繁縣) 북쪽에 있다. 송(宋)나라 조변(趙抃)[180]이 이곳을 지나면서 말하기를, "나의 마음은 이 강처럼 맑고 깨끗하기를 바란다"고 하였다. 비록 온갖 사물이 그 속에 뒤섞여도 조금도 탁해지지 않기 때문에 이러한 이름이 붙었다.

在城都新繁縣北. 宋趙抃過此曰, 吾志如此江淸白. 雖萬類混淆其中, 不少濁也, 因名.

회수 淮

• 《석명(釋名)》의 기록이다. '회(淮)'는 '빙 두른다[圍]'는 뜻이다. 양주(楊州)의 북쪽 경계를 빙 두르며 흘러서 동쪽으로 바다에 이른다.

釋名.[181] 淮, 圍也. 圍繞楊州北界, 東至海也.

• 《산해경(山海經)》의 기록이다. 회수(淮水)는 남양(南陽) 평지현(平氏縣) 동백산(桐栢山)에서 발원한다. 그 샘물이 처음에는 용솟음쳐 나와서 다시 땅속으로 30리를 복류(伏流)한 연후에 길게 치달려 흐른다.

山海經.[182] 淮水出南陽平氏縣桐栢山. 其源初則湧出, 復潛流三十里, 然後長鶩.

• 《상서(尙書)》의 기록이다. 회수(淮水)와 기수(沂水) 지역도 잘 다스려졌다.

書.[183] 淮沂其乂.

• 《시경(詩經)》의 기록이다. 회수(淮水)에는 삼주(三洲)가 있다.

詩.[184] 淮有三洲.

• 《주례(周禮)》의 기록이다. 귤은 회수(淮水)를 건너 북쪽으로 가면 탱자가 된다.

周禮.[185] 橘, 踰淮而北爲枳.

---

173. 미주(眉州): 지금의 사천성(四川省) 미산현(眉山縣)이다.
174. 마이산(蟇頤山): 보통 '마이산(蟆頤山)'으로 쓴다.
175. 전영자(田令孜: ?-893): 본래의 성은 진(陳)이고 자(字)는 중칙(仲則)이다. 당말(唐末) 희종(僖宗) 때의 환관으로 조정의 권력을 장악하고 전횡을 일삼았다.
176. 맹소도(孟昭圖): 당말(唐末) 희종(僖宗) 때의 좌습유(左拾遺)로 전영자의 전횡을 직간하다가 살해당하였다.
177. 백산(白山): 백두산(白頭山)이다.
178. 《신당서(新唐書)·동이열전(東夷列傳)》
179. 성도(城都): 성도(成都)로 써야 옳다.
180. 조변(趙抃: 1008-1084): 자(字)는 열도(閱道)이며, 북송(北宋) 인종(仁宗), 신종(神宗) 때의 관리이다. 청백리로 이름을 날렸다. 벼슬은 태자소보(太子少保)에 이르렀다.
181. 《석명(釋名)·석수(釋水)》
182. 《산해경(山海經)·해내동경(海內東經)》
183. 《상서(尙書)·우공(禹貢)》
184. 《시경(詩經)·소아(小雅)·고종(鼓鍾)》

- 《국어(國語)》의 기록이다. 참새가 회수(淮水)로 들어가면 무명조개가 된다.

  國語.[186] 雀入于淮爲蜃.[187]

- 왕연수(王延壽)[188]의 〈동백묘비(桐栢廟碑)〉[189]의 기록이다. 출렁출렁 흘러가는 회수 물줄기, 성스러운 우(禹) 임금이 물길 텄다네. 가득 차서 드넓게 흘러가나니, 오로지 바다로만 치달려가네. 더러움 걸러내고 구제해 주며, 유순함을 그 도(道)로 삼고 있다네. 연약한 듯 하면서도 강할 수 있고, 어진 듯 하면서도 영용(英勇)하다네. 밤낮으로 쉼없이 흘러가는 뜻, 밝으신 철인(哲人)께서 취하셨다네. 이 물이 사독(四瀆)[190]의 하나가 되니, 황하와 그 법도를 함께 한다네.

  王延壽桐栢廟碑. 泫泫淮水, 聖禹所導. 湯湯其逝, 惟海是造. 疏穢濟遠, 柔順其道. 弱而能强, 仁而能武. 晝夜不舍,[191] 明哲所取. 寔爲四瀆, 與河合矩.

- 설도형(薛道衡)[192]의 〈제문(祭文)〉에 나오는 기록이다. 물줄기의 근원은 동백산에서 시작되었고, 유장하게 흘러서 봉래산에까지 가네. 사독(四瀆)을 불러오고 온갖 냇물 끌어들여, 오재(五材)[193]를 갖추고서 칠덕(七德)[194]을 품고 있네. 천보(天寶)[195] 6년에 회수(淮水)를 장원공(長源公)에 봉하였다.

  薛道衡祭文. 導源桐栢, 長邁蓬萊. 摽四瀆而引百川, 擅五材而含七德. 天寶六載, 淮瀆封爲長源公.

회수의 신령 무지기(巫支祈)[196] 《악독경(岳瀆經)》의 기록이다. 우(禹)임금이 치수(治水)할 때 동백산(桐栢山)에 세 번 갔는데 그때마다 세찬 바람이 몰아치고 우레가 내리쳐서 바위가 울부짖고 초목이 울었다. 우 임금이 노하여 온갖 신령을 소집하였다. 회수(淮水)의 신(神)을 붙잡았는데 그 모습이 원숭이와 같았다. 오그라진 코에 이마는 툭 튀어나왔고, 푸른 몸에 흰 머리를 하고 있었으며, 푹 꺼진 눈에 희고 날카로운 이빨을 갖고 있었다. 또 목을 빼내니 백척(百尺)이나 되었고, 힘은 아홉 마리의 코끼리를 능가할 정도였다. 이리저리 부딪치고 뛰어오르며 질풍같이 치달리고 날쌔게 행동하는데 사람들이 볼 수도 없을 지경이었다. 이에 경진(庚辰)[197]에게 명하여 그놈을 제압하게 하였다. 이때 나무귀신, 물귀신, 산귀신, 돌귀신들이 치달리고 울부짖으며 그놈을 빽빽하게 에워쌌는데 그 수가 거의 수천이나 되었다. 경진

185. 《주례(周禮) · 동관(冬官) · 고공기(考工記)》
186. 《국어(國語) · 진어(晉語)》
187. 《국어(國語) · 진어(晉語)》 원본에는 '신(蜃)'이 '합(蛤)'으로 되어 있다.
188. 왕연수(王延壽: ?124-?128): 동한(東漢)의 사부가이다. 자(字)는 문고(文考) 또는 자산(子山)이다. 재주가 뛰어났으나 상수(湘水)를 건너다 익사하였다. 사부 작품으로 〈노영광전부(魯靈光殿賦)〉가 있다.
189. 동백묘비(桐栢廟碑): 회수(淮水)의 발원지인 동백산에 세워진 비석이다. 동한 환제(桓帝) 연희(延熹) 6년(163년)에 세워진 것으로 알려져 있다.
190. 사독(四瀆): 중국 고대의 4대 강 즉 황하(黃河), 장강(長江), 회수(淮水), 제수(濟水)를 말한다.
191. 《논어(論語) · 자한(子罕)》에 "子在川上曰, '逝者如斯夫, 不舍晝夜'"라는 기록이 있다.
192. 설도형(薛道衡: 540-609): 자(字)는 현경(玄卿)이며, 수(隋)나라 때의 문신(文臣)이다. 시문(詩文)에 뛰어나서 문제(文帝)의 신임을 받았다. 그러나 만년에는 양제(煬帝)의 미움을 받아 불우하게 살다가 죽었다.
193. 오재(五材): '오재(五才)'라고도 쓴다. 곧 금(金) · 목(木) · 수(水) · 화(火) · 토(土)이다.
194. 칠덕(七德): 무공(武功) 칠덕(七德)은 '금폭(禁暴), 집병(戢兵), 보대(保大), 정공(定功), 안민(安民), 화중(和衆), 농재(豊財)'이다. 문치(文治) 칠덕(七德)은 '존귀(尊貴), 명현(明賢), 용훈(庸勳), 장로(長老), 애친(愛親), 예신(禮新), 친구(親舊)'이다.
195. 천보(天寶): 당(唐) 현종(玄宗)의 연호(742-756)이다.
196. 무지기(巫支祈): 회수(淮水)의 신령이다.
197. 경진(庚辰): 우(禹)임금의 치수(治水)를 도와준 물의 신이다.

이 두 갈래 창을 들고 쫓아가서 그놈의 목에다 굵은 쇠사슬을 걸고 코에는 쇠방울을 꿰뚫어 달았다. 구산(龜山)의 기슭 아래에 그놈을 옮겨다 놓으니 회수(淮水)가 잠잠해졌다.

岳瀆經. 禹治水, 三至桐栢山, 驚風迅雷, 石號木鳴. 禹怒, 召集百靈. 獲淮渦水神, 形若猿猴. 縮鼻高額, 青軀白首, 金目雪牙. 頸伸百尺, 力踰九象. 搏擊騰踔, 疾奔輕利, 人不可視. 乃命庚辰制之. 是時木魅水靈山妖石怪, 奔號叢繞, 幾以千數. 庚辰持戟逐去, 頸鎖大索, 鼻穿金鈴. 徙之龜山足下, 淮水乃安.

당(唐)나라 영태(永泰)[198] 원년, 초(楚) 지방에 어떤 어부가 홀연히 회수(淮水) 가운데서 끊어지지 않은 옛날 쇠사슬을 발견하여 관가에다 알렸다. 자사(刺史)인 이양(李陽)이 대대적으로 인력을 모아 그 쇠사슬을 끌어당기니 쇠사슬 끝에서 원숭이가 물에서 뛰어나왔다 가라앉았다 하였다. 입에서 흘리는 침이 비린내가 나고 더러워서 가까이 다가갈 수 없었다.

唐永泰元年, 楚州有漁人, 忽於淮中, 得古鎖不絶, 以告官. 刺史李陽大集人力, 引之鎖, 窮有獮猴, 躍出復沒. 涎沫腥穢, 不可近.

부산(浮山)의 제방[부산언(浮山堰)] 양(梁) 무제(武帝)가 항복한 위(魏)나라 사람 왕족(王足)의 계책을 이용하여 회수(淮水)의 물로 수양(壽陽) 땅을 잠기게 하려고 병졸 20만을 독려하여 부산(浮山)에 제방을 쌓게 하였다. 어떤 사람이 말하기를 회수에는 교룡(蛟龍)이 있어서 비바람이 몰아칠 때를 틈타 제방을 붕괴시키기를 좋아하는데 그 성질은 쇠를 싫어합니다. 이에 동서 양 방향에서 잘 다듬은 철기 수천만 근을 끌어와서 거기에 장작과 바위를 보태어 물속에 침몰시켰다. 그러고도 오히려 한 해를 넘겨서 제방의 표면을 연결하였는데 그 길이가 9리에 달하였다. 북위(北魏) 사람들이 두려워하며 과연 수양을 떠나갔다. 그런데 얼마 지나지 않아 회수의 물이 갑자기 크게 불어나서 제방을 붕괴시키고 바다로 치달려갔다. 그 소리가 마치 우레가 치는 듯하였고 죽은 사람이 수십만 명에 달하였다. 이보다 앞서 진성(鎭星)이 은하수를 침범하더니 제방이 정말로 뒤로 꺼지며 붕괴되었다.

梁武帝用魏降人王足計, 欲以淮水灌壽陽, 督卒二十萬, 作浮山堰. 或曰, 淮有蛟龍, 喜乘風雨壞岸, 其性惡鐵. 乃引東西治鐵器數千萬斤, 益以薪石沈之. 猶踰年乃合堰表九里. 魏人患之, 果徙壽陽. 未幾, 淮暴漲, 堰壞奔于海. 其聲若雷, 死者數十萬人. 初鎭星犯天江, 而堰實退舍而壞.

진회(秦淮) 진(秦)나라의 천기(天氣)를 살펴보는 사람이 말하기를, "500년 후 금릉(金陵)에는 천자의 기운이 있을 것이다"라고 하였다. 이어서 종부(鍾阜) 언덕을 파서 해자를 만들고 물이 성 안을 꿰뚫고 흐르도록 한 뒤 진회(秦淮)라 불렀다.

秦望氣者云, 五百年後, 金陵有天子氣. 因鑿鍾阜爲瀆, 令水貫城中, 呼秦淮.

회수에서 풍랑을 만나다[회상우풍(淮上遇風)] 문정공(文正公) 범중엄(范仲淹)이 회수(淮水)에서 풍랑을 만나서 다음과 같은 시를 읊었다. "작은 배 한 척이 나뭇잎보다 위태로워, 강가에서 보는 사람도 넋을 놓을 지경이네. 후일에 평지를 걷게 될 때라도, 위험에 처한 사람 버려 두지 않으리라." 비록 붓을 휘갈겨 장난스럽게 말을 만들어 창졸지간에 지은 시이지만 위험에 처한 사람을 구해 내고 은택을 베풀려는 마음을 잊지 않고 있는 것이다.

范文正淮上遇風, 詩云, 一棹危於葉, 傍觀欲損神. 他年在平地, 無忍險中人. 雖弄翰戲語, 卒然而作, 其濟險加澤之心, 未嘗忘.

귀양을 가는 관리가 회수를 건너다[적관도회(謫官渡淮)] 북송(北宋)의 당개(唐介)[199]가 귀양 가는 도

198. 영태(永泰): 당(唐) 대종(代宗)의 연호(765-766)이다.

중 회수(淮水)를 건널 때 강 가운데에 이르자 바람이 세차게 불었다. 배가 거의 전복되려 하는데도 시를 지어 다음과 같이 읊었다. "성스러운 송(宋)나라는 미친 초(楚)나라가 아니고, 맑은 회수(淮水)는 멱라수(汨羅水)와는 다르네. 평생토록 충성과 신의에 의지했건만 오늘 여기에서 풍파를 만났다네"라고 하였다. 날이 저물어 강 언덕 아래에 배를 정박시키고 계속 다음과 같이 읊었다. "배와 노는 전복될 것처럼 매우 위험한데, 자라와 악어는 물속에서 수도 없이 출몰하네. 해질녘 다행히도 아무 일 없었으니, 술을 사 마시며 어부가를 듣겠네."

唐子方謫官渡淮, 至中流風作. 舟欲覆, 作詩曰, 聖宋非狂楚, 淸淮異汨羅. 平生仗忠信, 今日任風波. 日暮, 泊舟岸下, 續云, 舟楫顚危甚, 黿鼉出沒多. 斜陽幸無事, 沽酒聽漁歌.

제수 濟

- 《석명(釋名)》의 기록이다. '제(濟)'는 '건너간다[濟]'는 뜻이다. 즉 그 샘물이 황하의 북쪽에서 나와 황하를 건너 남쪽으로 흐른다는 말이다.

  釋名.[200] 濟, 濟也. 言源出河北, 濟河而南也.

- 《주례(周禮)》의 기록이다. 구관조는 제수(濟水)를 넘어가지 않는다.

  周禮.[201] 鸜鵒不踰濟.

- 《상서(尙書)·우공(禹貢)》의 기록이다. 연수(沇水)의 흐름을 이끌어 동쪽으로 흘러가 제수(濟水)가 되고 황하로 들어갔다가 물이 넘쳐 형택(滎澤)이 된다. 《공전(孔傳)》의 기록에 의하면 샘물이 발원해서는 연수(沇水)가 되고 계속 흘러가서는 제수(濟水)가 된다고 한다.

  禹貢.[202] 導沇水, 東流爲濟, 入于河, 溢爲滎. 孔傳.[203] 泉源爲沇, 流去爲濟.

- 천보(天寶)[204] 6년 제수(濟水)를 청천공(淸泉公)에 봉하였다.

  天寶六載, 濟瀆封爲淸泉公.

- 당(唐) 고종(高宗)이 허경종(許敬宗)[205]에게 묻기를, "천하에는 커다란 강물과 거대한 계곡이 있는데도 거기에 제사를 지냈다는 기록이 없는데, 제수(濟水)는 물줄기가 매우 가는데도 사독(四瀆)에 들어가는 것은 무엇 때문인가?"라고 하였다. 대답하기를, "독(瀆)이라는 말은 '독(獨)'의 의미를 가지고 있습니다. 다른 물줄기에 기대지 않고도 홀로 바다에 도달할 수 있다는 것입니다. 제수(濟水)는 땅속으로 스며들어 여러 번 물줄기가 끊어지고 복류하면서 비록 그 물줄기가 미약하고 가늘지만 홀로 자신의 흐름을 이끌어 갑니다"라고 하였다. 황제가 말하기를, "좋은 말이다"라고 하였다.

  唐高宗問許敬宗曰, 天下洪流巨谷, 不載祀典, 濟甚細而在四瀆, 何也. 對曰, 瀆之爲言, 獨也. 不因餘水, 獨能赴海者也. 濟潛流屢絶伏, 雖微細, 獨而導也. 帝曰, 善.

- 당(唐)나라 이감(李甘)[206]의 〈제위독문(濟爲瀆問)〉

199. 당개(唐介): 당자방(唐子方: 1010-1069)이다. 북송(北宋) 신종(神宗) 때의 재상으로 자(字)는 자방(子方)이다.
200. 《석명(釋名)·석수(釋水)》
201. 《주례(周禮)·동관(冬官)·고공기(考工記)》
202. 《상서(尙書)·우공(禹貢)》
203. 《공전(孔傳)》: 한(漢) 공안국(孔安國)이 쓴 경전 주석이다.
204. 천보(天寶): 당(唐) 현종(玄宗)의 연호(742-756)이다.
205. 허경종(許敬宗: 592-672): 자(字)는 연족(延族)이며 당초(唐初)의 문인이다. 성격은 경박했으나 언변과 문장에 뛰어났다. 벼슬은 예부상서(禮部尙書)와 우상(右相)에 이르렀다.

의 기록이다. 지금 제수(濟水)의 힘을 다 발휘한다 해도 돌멩이 몇 개 실은 배조차 가로놓을 만한 넓이가 없고 또 그것을 띄울 만한 깊이도 없다. 그런데도 황하와 영험함이 같고 지위도 동등하다고 하는데, 나는 선왕들께서 같은 반열로 제사 지낸 의도가 무엇인지 알지 못하겠다.

唐李甘濟爲瀆問. 今盡濟水之力, 載數石之舟, 廣不能橫, 深不能浮. 而曰與河同靈等秩, 吾不知先王班祀之意, 何如也.

• 발해(渤海) 가에 모래 언덕 한 곳이 있는데 높이는 한 길[丈]이고 둘레는 2리(里) 정도이다. 속칭 투구전(鬪口淀)이라 하는데 이곳이 바로 제수(濟水)가 바다로 들어가는 곳이다. 바다의 조수(潮水)가 제수와 서로 부딪치기 때문에 '전(淀)'이라는 이름이 붙었다. 그 위에는 먹을 수 있는 맛있는 샘물이 있다. 바다의 조수가 비록 세차도 이 '투구전'은 끝까지 없어지지 않는다.《원화군국지(元和郡國志)》

海畔有一沙阜, 高一丈, 周迴二里. 俗呼爲鬪口淀, 是濟水入海之處. 海潮與濟相觸, 故名淀. 上有甘泉可食. 海潮雖大, 淀終不沒.〈元和郡國志〉

낙수 洛

• 《춘추설제사(春秋說題辭)》의 기록이다. '낙(洛)'이란 말은 '물길을 길게 이끌어낸다[繹]'는 뜻으로, 강물이 길게 이어지며[繹繹] 반짝반짝 빛을 낸다는 말이다.

春秋說題辭. 洛之爲言, 繹也, 言水繹繹光耀也.

• 《하도(河圖)》의 기록이다. 낙수(洛水)는 땅의 이치를 관장하고 음(陰)의 정수를 맡아보는 관리이다. 제왕이 현명하고 성스러우면 거북의 등위에 신성한 무늬가 나타난다. 하늘은 천명(天命)을 내려주고 땅은 서기(瑞氣)를 부여한다. 황하와 합쳐지는 곳은 나라 중앙에 해당하니 여러 고을을 보호해 줄 수 있다. 왕도(王道)가 온화하고 윤택하게 잘 시행되자 〈하도(河圖)〉를 나타나게 하여 임금의 신령함을 도와준다. 올바른 명분을 어기고 가르침을 어지럽힐 때는 죽일 자는 제거하고 살릴 자는 위로해준다. 이 때문에 성인은 황하와 낙수를 잘 살펴보는 것이다.

河圖. 洛水地理, 陰精之官. 帝王明聖, 龜書出文. 天以與命, 地以授瑞. 接河合際, 居中護郡. 王道和洽, 吐圖佐神. 逆名亂教, 摘亡弔存, 故聖人觀河洛也.

• 《주역건착도(周易乾鑿度)》의 기록이다. 제왕이 장차 일어나려 할 때는 황하와 낙수에서 용이 나타난다. 모두 그 머리를 살펴보고 용의 머리가 검으면 인월(寅月: 正月)을 세수(歲首)로 삼고, 용의 머리가 희면 축월(丑月: 十二月)을 세수(歲首)로 삼고, 용의 머리가 붉으면 자월(子月: 十一月)을 세수(歲首)로 삼는다.

易乾鑿度. 帝王將起, 河洛龍見. 皆察其首, 黑者人正, 白者地正, 赤者天正.

• 복비(宓妃)는 복희씨의 딸인데 낙수(洛水)에 익사하여 신이 되었다.

宓妃宓羲氏之女, 溺死洛水爲神.

• 낙수(洛水) 바닥에는 명반(明礬)이 있어서 물 위에 얼음이 얼지 않는다.

洛水底有礬石, 故上無氷.

곡수(穀水)와 낙수(洛水)의 싸움[곡락투(穀洛鬪)] 주(周) 영왕(靈王) 때 곡수(穀水)[207]와 낙수(洛水)[208]가

206. 이감(李甘): 생졸년이 자세하지 않다. 자(字)는 화정(和鼎)이며 당(唐) 경종(敬宗) 때의 문인이다.《전당문(全唐文)》에 〈제위독문(濟爲瀆問)〉을 비롯한 그의 문장 몇 편이 실려 있고,《전당시(全唐詩)》에도 그의 시 몇 수가 실려 있다.

207. 곡수(穀水): 낙양(洛陽)의 북쪽을 흐르는 강.

범람하여 물길을 서로 다투어 장차 왕궁이 무너지려 하였다. 영왕이 그 물길을 막으려 하자 태자 진(晉)이 간언을 올려 말하기를, "안 됩니다. 대저 물이란 것은 높은 곳에 모였다가 낮은 곳으로 흘러들게 마련입니다. 지금 우리는 정치를 시행함에 천도의 내실은 돌아보지 않고 천도를 회피하고만 있기 때문에 저 두 강물의 신령을 혼란에 빠뜨려 서로의 신명을 다투게 하고 왕궁에 피해를 주는 지경에까지 이르게 된 것입니다. 대왕께서 이러한 사실을 가려 덮는 것은 불가한 일이 아니겠습니까?"라고 하였다. 영왕이 끝내 물길을 막자 왕실이 큰 혼란에 빠졌다.《국어(國語)》

周靈王時, 穀洛鬪, 將毁王宮. 王欲壅之, 太子晉諫曰, 不可. 夫水聚於高, 歸於下, 今吾執政無乃實, 有所避, 而滑夫二川之神, 使至於爭明, 以妨王宮. 王而飾之, 無乃不可乎. 王卒壅之, 王室大亂.〈國語〉209

낙백(洛伯) 용(用)이 하백(河伯) 풍이(馮夷)와 싸웠다. (洛伯 用은) 대체로 낙수(洛水)의 신(神)을 가리킨다.《죽서기년(竹書紀年)》

洛伯用與河馮夷鬪, 蓋洛水之神也.〈竹書〉210

신비한 옥계(玉鷄)가 구슬을 물고 있다[옥계함주(玉鷄銜珠)] 한(漢) 고조(高祖)의 어머니 소령후(昭靈后)는 이름이 함시(含始)이다. 낙수의 소택지(沼澤地)에서 놀 때 어떤 옥계(玉鷄) 한 마리가 붉은 구슬을 물고 있었다. 거기에 다음과 같은 글자가 새겨져 있었다. "구슬 이름은 옥영(玉英), 이 구슬을 삼키는 자는 왕이 될 것이다." 함시가 그것을 삼키고 한(漢) 고조를 낳았다.《제왕세기(帝王世紀)》

昭靈后, 名含始. 游洛池, 有玉鷄, 銜赤珠. 刻曰, 玉英, 呑此者王. 含始呑之, 生漢祖.〈帝王世紀〉211

영대(靈臺)로 편지를 부치다[부서영대(附書靈臺)] 후위(後魏)의 용사(勇士)인 낙자연(洛子淵)이란 사람은 낙양인(洛陽人)이다. 팽성(彭城)에서 군대 생활을 하였는데 같은 군영에 근무하던 번원보(樊元寶)가 휴가를 받아 돌아갈 때 편지를 부치면서 자기 집에 전해달라고 하고 다음과 같이 말하였다. "우리 집은 영대(靈臺)의 남쪽에 있고 낙수(洛水)에서 가깝네." 원보가 그곳에 도착하여 홀연히 한 노인을 만났다. 그 노인이 말하기를, "이것은 우리 아들의 편지입니다"라고 하였다. 그리고 집 안으로 인도해 들이는데 집이 매우 화려하고 넓었고 자리에 앉아서 하녀에게 명령을 내려 술을 가져오게 하였다. 얼마 지나지 않아 하녀가 죽은 아이를 안고 지나는 것이 보였다. 이윽고 술을 가져 왔는데 색깔이 매우 붉었고 향기와 맛이 보통과 달랐다. 아울러 진수성찬을 차려내는데 바다의 산물과 땅의 산물이 모두 갖추어져 있었다. 술을 다 마시고는 원보를 배웅해 주었다. 그런데 문을 나서자 높다란 강 언덕만 물을 마주해 있고 푸른 파도가 동쪽으로 흘러가는 것이 보일 뿐이었다. 다만 한 동자가 보이는데 나이는 열다섯 정도였고 금방 익사하여 코에서 피를 흘리고 있었다. 이에 바야흐로 그가 마신 술이 이 동자의 피였다는 것을 알게 되었다. 팽성으로 돌아오자 낙자연은 이미 사라지고 없었지만 이 사람이 바로 낙수의 신이란 것을 알았다.《낙양가람기(洛陽伽藍記)》

後魏虎賁洛子淵者, 洛陽人. 戍在彭城, 其同營人樊元寶假歸, 附書, 令達其家云, 宅在靈臺南, 近洛河. 元寶至, 忽見一老翁, 云, 是吾兒書. 引入屋宇顯敞. 坐命婢取酒. 須臾見婢抱一死小兒而過. 俄而酒至, 色甚紅, 香美異常. 兼設珍羞, 海陸具備. 飮訖, 送元寶. 出, 但見高岸對水, 綠波東傾. 唯見一童子, 可年十五, 新溺死, 鼻中出血. 方知所飮酒, 是其血也. 及還彭城,

---

208. 낙수(洛水): 낙양의 남쪽을 흐르는 강.
209. 《국어(國語)·주어(周語)》 하(下).
210. 《죽서기년(竹書紀年)·하기(夏紀)》
211. 진(晉) 황보밀(皇甫謐)《제왕세기(帝王世紀)》. 이 내용은《송서(宋書)·부서지(符瑞志)》 상(上)에도 나온다.

子淵巳失矣, 方知是洛水神也.〈伽藍記〉212

제방을 거닐며 시를 읊다[순제영시(巡堤咏詩)] 당(唐) 고종(高宗) 때 천하가 무사하였고 상관의(上官儀)213가 홀로 나라의 권력을 잡고 있었다. 항상 이른 새벽에 조정으로 가는 길에 낙수의 제방을 따라 달과 함께 거닐고 말고삐를 늦추며 시를 읊었다. 그 소리가 청량하여 멀리서 바라보면 마치 신선과 같았다. 그때 지은 시에 다음과 같은 구절이 있다. "쉼 없이 흘러가는 저 넓은 강물이여, 말을 몰아 긴 모래톱을 지나가네. 까치 나는 산 위의 달빛 새벽으로 접어들고, 매미 소리 요란한데 들판엔 가을바람 부네."

唐高宗時, 天下無事, 上官儀獨持國柄. 常凌晨赴朝, 巡洛水堤, 步月緩轡詠詩. 音韻淸亮, 望之若僊. 其詩曰, 脈脈廣川流, 驅馬歷長洲. 鵲飛山月曉, 蟬噪野風秋.

위수 渭

- 《춘추설제사(春秋說題辭)》의 기록이다. 위(渭)란 말은 '널리 펼친다(布)'는 뜻이다. '위위(渭渭)'는 강물이 흘러가는 모양이다.

  春秋說題辭.214 渭之爲言, 布也. 渭渭, 流行貌.

- 《잡병지(雜兵志)》의 기록이다. 동해(東海)가 기(氣)를 뿜으면 아득하고 넓은 모습이 큰 자라와 같고, 위수(渭水)가 기(氣)를 뿜으면 길다란 모습이 이무기와 같다.

  雜兵志. 東海出氣如鼇, 渭水出氣如蜃.

- 《사기(史記)》의 기록이다. 주(周)나라 문왕(文王)은 위교(渭橋)215의 북쪽에서 태공(太公)을 만났다.

  史記.216 周文王遇太公渭橋之陽.

- 《삼보기(三輔記)》의 기록이다. 진(秦)나라는 위수(渭水) 남쪽과 북쪽에 이궁(離宮)을 지었다. 위수(渭水)가 도읍을 관통하도록 한 것은 은하수의 모양을 본뜬 것이고, 횡교(橫橋)로 남쪽으로 건너가게 한 것은 견우성(牽牛星)을 본받은 것이다. 횡교(橫橋)는 곧 중위교(中渭橋)217이다. 한(漢)나라 도읍지는 위수(渭水) 남쪽에 건설하여 북쪽 궁궐이 위수에 임하도록 하였다. 동위교(東渭橋)는 한(漢) 고조(高祖)가 만들어 역양(櫟陽)으로 가는 길과 통하게 하였다. 서위교(西渭橋)는 한(漢) 무제(武帝)가 만들어 무릉(茂陵)과 통하게 하고 편문(便門)을 마주 바라보게 하였기 때문에 편교(便橋)라고도 부른다. 당(唐)나라 때는 함양교(咸陽橋)라 불렀다.

  三輔記.218 秦作離宮於渭南北, 渭水貫都, 以象天漢, 橫橋南渡, 以法牽牛. 橫橋卽中渭橋也. 漢都渭南開, 北闕以臨渭. 東渭橋, 漢高祖造, 以通櫟陽之道. 西渭橋, 武帝造, 以通茂陵, 以其對便門, 故亦名便橋. 唐時名咸陽橋.

---

212. 《낙양가람기(洛陽伽藍記) · 성남(城南)》 권3.
213. 상관의(上官儀: 약 608-664): 당(唐) 초의 정치가이자 시인으로, 자는 유소(游韶)이다. 무측천(武則天)의 폐위를 주장하다가 옥사하였다. 육조(六朝) 시의 형식미를 계승하여 상관체(上官體)를 이루었고, 대장(對仗) 방법을 정리하여 율시 형성에 영향을 끼쳤다.
214. 《고미서(古微書) · 춘추설제사(春秋說題辭)》
215. 위교(渭橋): 중국 고대 장안(長安) 위수(渭水)에 설치된 다리.
216. 《사기(史記) · 제태공세가(齊太公世家)》
217. 중위교(中渭橋): 중국 고대의 수도 장안 위수(渭水)에는 세 곳에 다리가 설치되었는데, 중위교(中渭橋), 동위교(東渭橋), 서위교(西渭橋)가 그것이다.
218. 《삼보황도(三輔黃圖) · 함양고성(咸陽故城)》 권상(卷上).

여자가 목욕하다[여자욕(女子浴)] 《익부기구전(益部耆舊傳)》의 기록이다. 한(漢) 무제(武帝) 때 장관(張寬)이 시중이었다. 황제를 수행하여 감천궁(甘泉宮)에 제사 지내러 갈 때 위교(渭橋)에 이르자 어떤 여자가 위수(渭水)에서 목욕을 하고 있었는데 유방이 칠척(七尺)이나 되었다. 황제가 괴이하게 생각하고 묻자 여자가 말하기를, "황제 뒤의 일곱 번째 수레에 탄 시중(侍中)이 내가 온 곳을 알 것입니다"라고 하였다. 이때 장관(張寬)이 일곱 번째 수레에 타고 있다가 대답하기를, "(이 여자는) 하늘의 별로 제사를 주재하는 자인데, 목욕재계가 깨끗하지 못하면 하늘의 여인성(女人星)이 나타납니다"라고 하였다.

益部耆舊傳. 漢武時, 張寬爲侍中. 從祀甘泉, 至渭橋, 有女子浴於渭水, 乳長七尺. 上怪問之, 女曰, 後第七車侍中知我所來. 時寬在第七車, 對曰, 天星主祭祀者, 齊戒不潔, 則女人星見.

황제의 마구간의 말이 용으로 변하다[한마화(閑馬化)] 당(唐) 현종(玄宗) 때 영창군(靈昌郡) 사람들이 황하에서 기이한 말을 얻었다. 이 말은 용의 비늘, 살무사의 꼬리, 곱슬곱슬한 털, 둥근 눈, 육질로 된 갈기를 갖고 있었다. 황제의 마구간에서 거주한 지 20년이 되어 안록산의 난을 맞아 황제가 서쪽 함양(咸陽)으로 가자 서쪽 위수(渭水)로 들어가 용이 되었다. 수영을 하며 떠나갔는데 그 간 곳을 알지 못하였다.

明皇時, 靈昌郡得異馬於河. 龍鱗, 虺尾, 拳毛, 環目, 肉鬣. 居帝閑二十年, 過祿山亂, 帝西幸至咸陽, 西入渭水, 化爲龍. 游泳而去, 不知所終.

사발이 나오다[출완(出椀)] 《유양잡조(酉陽雜俎)》의 기록이다. 경룡사(景龍寺)[219] 앞 길 가운데에 옛날에 큰 우물이 있었는데 속칭 팔각정(八角井)이라 하였다. 원화(元和)[220] 초에 어떤 공주가 여름에 그 곳을 지나가다가 하녀를 시켜 은 사발을 가지고 우물에 가서 물을 길어 오게 하였다. 그만 잘못하여 우물에 사발을 빠뜨렸는데, 한 달여가 지나고 나서 이 사발이 위수에서 나왔다.

酉陽雜俎.[221] 景龍寺前街中, 舊有巨井, 俗呼爲八角井. 元和初, 有公主, 夏中過之, 令從婢以銀稜椀, 就井承水. 誤墜椀於井, 經月餘, 此椀出於渭水.

돈을 던져 넣다[투전(投錢)] 《삼보결록(三輔決錄)》의 기록이다. 안릉(安陵)의 청렴한 사람인 항중산(項仲山)은 말에게 위수(渭水)의 물을 먹일 때마다 삼전(三錢)을 던져 넣었다.

三輔決錄. 安陵淸者項仲山, 飮馬渭水, 每投三錢.

용이 물을 마시다[용음(龍飮)] 옛날에 흑룡(黑龍)이 종남산(從南山)[222]에서 나와서 위수의 물을 마셨다. 용이 가는 길을 따라 토산이 생겼는데 그것을 용수(龍首)라 불렀고 그 길이가 60리에 달했다.

昔有黑龍, 從南山出, 飮渭水. 其行道, 因成土山, 名龍首, 長六十里.

호수 湖

- 《광아(廣雅)》의 기록이다. 호(湖)는 연못[池]이라는 뜻이다.

  廣雅.[223] 湖, 池也.

- 《설문해자(說文解字)》의 기록이다. 호(湖)는 큰 못

219. 경룡사(景龍寺): 《유양잡조(酉陽雜俎) · 낙고기(諾皐記) 하(下)》 권15에는 경공사(景公寺)로 되어 있다.
220. 원화(元和): 당(唐) 헌종(憲宗)의 연호(806-820)이다.
221. 《유양잡조(酉陽雜俎) · 낙고기(諾皐記) 하(下)》 권15.
222. 종남산(從南山): 장안(長安)의 남쪽에 있는 산이다.
223. 《광아(廣雅) · 석수(釋水)》

이라는 뜻이다.

說文. 湖, 大陂也.

• 《풍속통(風俗通)》의 기록이다. 호(湖)는 도읍지[都]라는 뜻이다. 강물이 사방에서 의지하므로 도읍지라고 한다.

風俗通.[224] 湖, 都也. 流瀆四面所隈都也.

오호(五湖) 태호(太湖)는 소주(蘇州)에 있다. 《상서(尙書)·우공(禹貢)》에서는 진택(震澤)이라 하였다. 《이아(爾雅)》에서는 구구(具區)라 하였다. 《국어(國語)》에서는 오호(五湖)라 하였다. 일명 입택(笠澤), 또는 동정(洞庭)이라고도 부른다. 《오록(吳錄)》에는 "오호는 태호의 별명인데 주위 둘레가 500여 리에 달하기 때문에 이러한 이름이 붙었다"고 하였다. 혹은 태호(太湖)·사양호(射陽湖)·상호(上湖)·조호(洮湖)·격호(滆湖)를 오호라 하기도 한다. 그러나 《국어(國語)》에 오(吳)나라와 월(越)나라가 오호에서 싸웠다고 한 것은 단지 입택(笠澤) 호수 가운데일 뿐이므로 아마도 그 설(說)이 틀렸다는 것을 알겠다.

太湖在蘇州. 禹貢謂之震澤. 爾雅謂之具區.[225] 國語謂之五湖.[226] 一名笠澤, 一名洞庭. 吳錄, 五湖者, 太湖之別名. 以其周行五百餘里, 故名. 或以太湖、射陽湖、上湖、洮湖、滆湖爲五湖. 然國語吳越戰於五湖,[227] 直在笠澤一湖中耳, 則知或說非也.

《주례(周禮)》의 기록이다. 양주(楊州)에서는 물이 가득 찬 호수를 모두 오호(五湖)라 한다.

周禮.[228] 楊州其浸曰五湖

팽려호(彭蠡湖) 《형주기(荊州記)》의 기록이다. 궁정호(宮亭湖)가 바로 팽려호인데, 일명 회택(匯澤)이라 하기도 하고, 일명 파양(鄱陽)이라 하기도 하며, 일명 양란(陽瀾)이라 하기도 한다.

荊州記. 宮亭湖卽彭蠡湖, 一名匯澤, 一名鄱陽, 一名陽瀾.

운몽택(雲夢澤) 《형주기(荊州記)》의 기록이다. 화용현(華容縣)[229] 동남쪽에 운몽택(雲夢澤)이 있는데 일명 파구호(巴丘湖)라고도 한다.

荊州記. 華容縣東南有雲夢澤, 一名巴丘湖.

호수를 파서 물을 대다[착호주수(鑿湖注水)] 황제(黃帝)가 촉(蜀)으로 놀러 갔다가 강물이 대부분 둑을 터뜨리고 흘러서 하류의 강과 호수가 모두 넘치는 것을 보았다. 이에 호수를 파서 물을 그곳으로 흘러들어가게 하였는데, 지금의 동정호(洞庭湖)도 그 중의 하나이다.

軒轅遊蜀, 見水多決之, 下流江湖皆溢. 乃鑿湖注水, 今洞庭其一也.

낭관호(郎官湖) 상서랑(尙書郎) 장위(張謂)[230]가 하구(夏口)로 사신을 나갈 때 여러 공(公)들이 남호(南湖)에서 주연(酒宴)을 열었다. 바야흐로 밤에 호수의 달빛이 흰 명주처럼 펼쳐져서 그 맑은 빛을 떠올릴 수 있을 정도였다. 이백(李白)이 술잔을 들어 호수에 부으면서 낭관호(郎官湖)라고 불렀다.

尙書郎張謂, 出使夏口, 諸公觴于南湖. 方夜水月如練, 淸光可掇. 李白擧酒酹水, 號曰郎官湖.

태부호(太傅湖) 상숙현(常熟縣)[231]에 태부호(太傅

224. 《풍속통의(風俗通義)·산택(山澤)》 권10.
225. 《이아(爾雅)·석지(釋地)》
226. 《국어(國語)·월어(越語) 하(下)》
227. 《국어(國語)·월어(越語) 하(下)》
228. 《주례(周禮)·하관(夏官)·직방씨(職方氏)》
229. 화용현(華容縣): 지금의 호북성(湖北省) 잠강시(潛江市) 서남쪽이다.
230. 장위(張謂: ?-777): 당(唐) 현종(玄宗)에서 대종(代宗) 시기의 정치가 겸 시인이다. 벼슬은 상서랑을 거쳐 예부시랑(禮部侍郎)에 이르렀다.
231. 상숙현(常熟縣): 지금의 강소성(江蘇省) 소주(蘇州) 상숙시(常熟市)이다.

湖)가 있다. 태부(太傅)는 바로 사안(謝安)[232]이다.

常熟縣有太傅湖. 太傅卽謝安也.

장공호(蔣公湖) 《영가기(永嘉記)》의 기록이다. 회화현(懷化縣)[233]에 장공호(蔣公湖)가 있다. 그곳 늙은이들이 전하는 말에 의하면 전대(前代)에 제사를 지내며 기원을 드린 사람이 있었는데, 호수가 곧 바로 큰 물고기를 내어 주었다고 한다.

永嘉記. 懷化縣有蔣公湖. 父老相傳云, 先代有祭祀祈請者, 湖輒下大魚, 與之.

반탕호(半湯湖) 《유양잡조(酉陽雜俎)》의 기록이다. 구용현(句容縣)[234]에 반탕호(半湯湖)가 있다. 호수가 반은 차갑고 반은 뜨거워서 닭을 삶을 수도 있는데 물고기가 잘못 들어가면 곧바로 죽는다.

酉陽雜俎.[235] 句容縣有半湯湖. 湖水半冷半熱, 可以瀹鷄, 魚誤入, 輒死.

청초호(靑草湖) 파릉(巴陵)[236]에 청초호(靑草湖)가 있다. 주위가 수백 리나 되며 해와 달이 그 가운데서 떴다가 진다. 호수 남쪽에 청초산이 있어서 이런 이름이 붙었다.

巴陵有靑草湖. 周圍數百里, 日月出沒其中. 以湖南有靑草山, 故名.

용목호(龍目湖) 진시황(秦始皇)이 동쪽으로 용목호(龍目湖)에 순행하여 지세를 보고 말하기를, "이곳에 천자의 기운이 있다"고 하고 붉은 옷을 입은 사람들을 시켜 호수 속의 긴 산능선을 자르게 하고 호수의 이름을 바꾸어 단도호(丹徒湖)라 하였다.

秦王東遊龍目湖, 觀地勢云, 此有天子氣, 使赭衣徒鑿湖中長崗使斷, 因改名爲丹徒.

단도(丹徒)[237]에는 고려산(高驪山)이 있다. 옛날 고려국의 여자가 이곳에 오자 동해의 신이 배를 타고 와서 술을 따라주며 예(禮)로써 맞아들이려 하였지만 그 여자가 기꺼워하지 않았다. 동해의 신이 배를 밀치며 술잔을 엎자 그 술이 곡아호(曲阿湖)로 흘러 들어갔고 이 때문에 곡아의 술맛이 좋다. 환온(桓溫)[238]이 말하기를, "경구(京口)[239]는 땅이 척박하고 사람들이 가난하여 연연해할 것이 아무것도 없지만 다만 술만은 마실 만하고 병사도 쓸 만하다"고 하였다.

丹徒有高驪山. 昔高驪國女來此, 東海神乘船致酒, 禮聘之, 女不肯. 海神撥船覆酒, 流入曲阿湖, 故曲阿酒美也. 桓溫云, 京口土瘠人窶, 無可戀, 唯酒可飮, 兵可用耳.

성이 함몰되어 호수가 되다[성함위호(城陷爲湖)] 유권현(由拳縣)[240]은 진(秦)나라 때의 장수현(長水縣)이다. 진시황 때 동요에, "성문에 피가 흐르면 성이 무너져 호수가 된다"라는 내용이 있었다. 어떤 노파가 그 동요를 듣고 두려워하며 아침마다 가서 성문을 살펴보았다. 문지기가 노파를 잡아서 포박하려고 하자 노파가 그 까닭을 이야기하였다. 노파가 떠난 후 문지기가 개를 잡아서 그 피를 성문에 칠하였다. 노파다 다시 가서 피를 보고는 도망가며 감히 돌아보려 하지 않았다. 갑자기 큰물이 들이닥쳐 그 고을

---

232. 사안(謝安: 320-385): 자(字)는 안석(安石)이다. 명문가의 후예로 동진(東晉)의 명장이며 재상이다. 비수(淝水) 전투에서 전진(前秦)의 20만 대군을 물리쳐 천하에 명성을 떨쳤다.
233. 회화현(懷化縣): 광서성(廣西省) 회집현(懷集縣) 동쪽 20리 근처이다.
234. 구용현(句容縣): 강소성(江蘇省) 구용현(句容縣)이다.
235. 《유양잡조(酉陽雜俎)·물이(物異)》
236. 파릉(巴陵): 호남성(湖南省) 악양시(岳陽市)이다.
237. 단도(丹徒): 강소성(江蘇省) 진강시(鎭江市) 단도호(丹徒湖)이다.
238. 환온(桓溫): 동진(東晉)의 고관(高官)으로 정서대장군(征西大將軍)을 역임하였으며 후일 왕위를 찬탈하려다 옛 부하이자 당시의 재상(宰相)이었던 사안(謝安)에게 패하였다.
239. 경구(京口): 강소성 양주시(揚州市) 단도현(丹徒縣)이다.
240. 유권현(由拳縣): 절강성(浙江省) 가흥현(嘉興縣) 남쪽이다.

이 거의 잠기려 하였다. 주부(主簿)인 영간(令幹)이 들어가서 현령에게 이 사실을 이야기하자 현령이 말하기를, "그대는 어찌하여 갑자기 물고기가 되었는가?"라고 하였다. 영간이 또 말하기를, "현령께서도 물고기가 되었습니다"라고 하였다. 마침내 물속으로 함몰되어 호수가 되었다.《신이전(神異傳)》

由拳縣, 秦時長水縣也. 始皇時童謠曰, 城門當有血, 城陷沒爲湖. 有老嫗聞之, 憂懼, 朝朝往窺城門. 門將欲縛之, 嫗言其故. 嫗去後, 門將殺犬, 以血塗門. 嫗又往, 見血走去, 不敢顧. 忽有大水, 欲沒縣, 主簿令幹入白令,[241] 令曰, 何忽作魚. 幹又曰, 明府亦作魚. 遂淪陷爲湖.〈神異傳〉[242]

《회남자(淮南子)》의 기록이다. 역양(歷陽)[243]의 고을이 하루 저녁에 뒤집혀서 호수가 되었다. 그 주(注)에 다음과 같이 설명한다. 역양(歷陽)은 회남(淮南)의 나라 이름이다. 옛날 한 노파가 항상 인의(仁義)를 행하였다. 두 서생(書生)이 지나가다가 말하기를, "이 나라는 함몰되어 호수가 될 것입니다. 동쪽 성문의 문지방을 잘 살펴보다가 피가 묻어 있으면 곧바로 도망쳐 산으로 올라가시고 절대로 돌아보지 마십시오"라고 하였다. 이때부터 이 노파는 자주 성문을 살피러 갔다. 문지기가 묻자 노파는 서생들의 말대로 대답을 하였다. 저녁에 문지기가 닭을 잡아 피를 성문에 칠했다. 다음날 노파가 아침 일찍 가서 성문에 피가 묻어 있는 것을 보고는 곧바로 도망쳐서 산으로 올라가자 그 나라가 함몰되어 호수가 되었다.

淮南子.[244] 歷陽之都, 一夕反而爲湖. 注, 歷陽淮南國名. 昔有老嫗, 常行仁義. 有兩書生過之, 謂曰, 此國當沒爲湖. 視東城門閫, 有血便走, 上山, 勿反顧也. 自爾, 此嫗數往視門閫. 吏問之, 姥對如其言. 暮門吏殺鷄, 以血塗門. 明日, 嫗早往視門血, 便走, 上山, 國沒爲湖.

《청쇄고의(靑瑣高議)》의 내용이다. 지금의 소호(巢湖)는 옛날의 소현(巢縣)이다. 어느 날 강물이 범람하자 강나루에 큰 물고기가 나타났다. 사람들이 잡아서 시장에 내다 팔자 온 현(縣)의 사람들이 그 고기를 사서 먹었는데 한 노파만 혼자 먹지 않았다. 그 노파가 한 노인을 만나자 말하기를, "이 물고기는 나의 아들입니다. 당신만 혼자 먹지 않았으니 내가 후하게 보답을 하겠습니다. 당신이 만약 동쪽 성문의 돌거북의 눈이 붉어진 것을 보면 성이 함몰될 것입니다"라고 하였다. 노파가 날마다 가서 살펴보자 한 어린아이가 이상하게 생각하고 물으니 그 노파가 사실대로 말해 주었다. 그 어린아이가 노파를 속이기 위하여 노란색을 돌거북 눈에다 칠했다. 노파가 그것을 보고 성을 나오자 푸른 옷을 입은 동자가 말하기를, "나는 용의 아들입니다"라 하고 노파를 이끌고 산으로 올라가서 화를 면하게 하였다.

靑瑣高議. 今巢湖乃古巢縣. 一日江漲, 港有巨魚. 人取以貨市, 合縣食之. 有一老姥, 獨不食. 遇老叟, 曰, 此吾子也, 汝獨不食, 吾厚報. 汝若東門石龜目赤, 城當陷. 姥日往觀, 有稚子訝之, 姥以實告. 稚子欺之, 以朱傅龜目. 姥見焉, 出城, 有靑衣童子曰, 吾龍之子也. 乃引姥登山而免.

임평호(臨平湖) 오(吳)나라가 아직 망하지 않았을 때, 오군(吳郡)의 임평호(臨平湖)가 어느 날 저절로 터졌고 호수가에서 상자 하나를 주웠다. 그 속에는 작은 청석(靑石)이 있었고 거기에는 황제(皇帝)라는 글자가 새겨져 있었다. 옛날부터 전해오는 말에 의하면, "임평호가 막히면 천하가 혼란에 빠지고 임평호가 터지면 천하가 태평하게 된다"고 하였다. 오

241. 영간(令幹): 《태평광기(太平廣記)》에는 '何幹'으로 되어 있다.
242. 같은 내용이 간보(干寶) 《수신기(搜神記)》 권13에도 나온다.
243. 역양(歷陽): 안휘성(安徽省) 화현(和縣)이다.
244. 《회남자(淮南子)·숙진훈(俶眞訓)》

(吳)나라 사람들이 그것을 좋은 징조로 여겼지만 얼마 지나지 않아 오(吳)나라는 망하였다. 그 뒤에 원제(元帝)[245]가 강남에서 흥기하였다.

吳之未亡也, 吳郡臨平湖一旦自開, 湖邊得函. 中有小青石, 刻作皇帝字. 舊言臨平湖塞天下亂. 開則天下太平. 吳人以爲美祥, 俄而吳滅. 後元帝興於江左.

진훈(陳訓)[246]은 어려서 천문을 배웠다. 오(吳)나라 손호(孫皓)[247] 재위 시에 전당호(錢塘湖)[248]가 터지자 혹자는 말하기를, "천하가 태평하게 되어 오(吳)나라 황제의 수레가 낙양(洛陽)으로 들어간다"고 하였다. 손호가 진훈에게 그 뜻을 묻자 대답하기를, "신(臣)은 천기(天氣)를 살필 수 있을 뿐 호수가 터지고 막히는 것은 잘 알지 못합니다"라고 하였다. 물러나와 벗들에게 말하기를, "황제의 수레가 낙양으로 들어간다는 것은 장차 관(棺)을 메고 구슬을 물고 항복하는 일이 있을 것이니 길조가 아니다"라고 하였다.

陳訓少學天文. 孫皓時, 錢塘湖開, 或言天下當太平, 青蓋入洛. 皓以問訓, 對曰, 臣能望氣, 不達湖開塞. 退告友曰, 青蓋入洛, 將有舁櫬銜璧之事, 非吉祥也.

황돈호(篁墩湖) 흡현(歙縣)[249]의 황돈호(篁墩湖) 속에는 이무기가 살았는데 항상 여호(呂湖)의 이무기와 싸움을 하였다. 정영선(程靈銑)은 용감하고 활을 잘 쏘는 사람이었는데 꿈에 이무기가 사람으로 변하여 말하기를, "저는 여호(呂湖)의 이무기에게 곤경을 당하고 있습니다. 그대는 능히 저를 도와줄 수 있고 저는 반드시 후하게 보답하겠습니다. 흰 명주를 맨 자가 바로 저입니다"라고 하였다. 다음날 영선은 화살을 메겨 그를 도와서 뒤의 이무기에 명중시키니 그 이무기가 간 곳을 알지 못하였다. 후인들이 그곳을 신탄(蜃灘)이라고 불렀다. 이때 한 도인(道人)이 영선의 어머니를 뵙고 밥을 구걸하였다. 밥을 다 먹고 말하기를, "수고롭게도 노모께서 밥을 차려 주셨으니 이제 좋은 묘지를 찾아 드리겠습니다"라고 하였다. 노모를 뒤따르게 하고 산을 올라가서 흰 돌로써 그 땅에다 표시를 하고 말하기를, "이곳에 죽은 사람을 장사지내면 금방 귀하게 될 것입니다"라고 하였다. 영선이 이에 그곳에 아버지의 묘를 이장하였다. 후경(侯景)의 난 때 영선은 군(郡)의 사람 1만여 명을 거느리고 신안(新安)을 보호하였다. 또 인하여 진(陳) 무제(武帝)를 수행하여 뛰어난 공적을 세웠다. 진(陳) 무제(武帝)가 양(梁)나라의 선양을 받자 영선은 좌명공신(佐命功臣)이 되어 주문육(周文育), 후안도(侯安都)와 삼걸(三桀)로 칭해졌다.

歙縣篁墩湖, 其中有蜃, 常與呂湖蜃鬪. 程靈銑好勇而善射, 夢蜃化爲人, 告之曰, 吾爲呂湖蜃所厄. 君能助吾, 必厚報. 束白練者, 吾也. 明日, 靈銑彎弧助之, 正中後蜃, 不知所之. 後人名其處爲蜃灘. 時有一道人, 詣靈銑母, 求食. 食訖曰, 勞母設食, 今當爲求善墓地. 使母隨行, 上山, 以白石識其地曰, 葬此, 可以暴貴矣. 靈銑因移父葬其所. 侯景亂, 靈銑率郡鄉萬餘衆, 保新安. 因隨陳武帝, 有奇功. 及陳武受梁禪, 靈銑以佐命功臣, 與周文育侯安都爲三傑.

오백피(五百陂) 동향(東鄉) 태호(太湖)에 오(吳)나라 때 군사 500명이 장차 제방을 무너뜨리려고 먼저 술과 고기로 호수의 신에게 장사 지내고 물을 마르게 해 달라고 하였다. 밤의 꿈에 어떤 사람이 나타나서 말하기를, "호수의 물이 속히 마르고 만약 거대한 물고기가 보이면 삼가 죽이지 말라"고 하였다. 또 "동(銅)으로 만든 솥이 나올 것인데 절대로 열어 보

245. 원제(元帝): 동진(東晉) 원제(元帝) 사마예(司馬睿)이다. 이 내용은《송서(宋書)·부서지(符瑞志)》에 나온다.

246. 진훈(陳訓): 자(字)는 도원(道元)이다. 진(晉)나라 사람으로 천문, 역법에 뛰어났다. 벼슬은 간의대부(諫議大夫)에 이르렀다.

247. 손호(孫皓): 중국 삼국시대 오(吳)나라 마지막 황제이다. 황음무도하고 포악한 정치를 펴서 오(吳)나라를 망하게 하였다.

248. 전당호(錢塘湖): 전호(錢湖)라고도 한다. 지금의 항주(杭州) 서호(西湖)이다.

249. 흡현(歙縣): 안휘성(安徽省) 흡현(歙縣)이다.

지 말라"고 하였다. 그 다음날 가서 제방 둑을 터뜨리자 물이 질펀하게 쏟아지며 남김없이 흘러내렸다. 거기에 하얀 물고기가 있었는데 모습이 보통 물고기와 달랐다. 소인배가 이익을 탐하여 배를 갈라 손질하니 어제 제사 지낼 때의 많은 음식이 창자 속에 가득 차 있었다. 또 얼마 지나지 않아 솥을 발견하였는데 건져내어 열어보다가 물이 갑자기 쏟아져 나와 500명의 군사들이 일시에 물에 빠져 죽었다. 오직 감독관 한 사람만 생존하여 일의 상황을 자세히 이야기하였다. 오늘날에도 여전히 이 호수를 오백피(五百陂)라고 부른다.《이원(異苑)》

東鄕太湖, 吳時有軍士五百人, 將破堰, 先以酒肉祈神, 約令水涸. 夜夢人云, 塘水速竭, 若見巨鱗, 愼勿殺也. 又有銅釜, 竝不可發. 明往決, 水翕然而盡. 得白魚, 形狀非常. 小人貪利剖而治之. 見昨所祭餘食, 充溢腸內. 須臾復得釜, 又取發, 水便暴出, 五百人一時沒溺. 唯督監得存, 具說事狀. 于今猶名此湖爲五百陂.〈異苑〉

연작호(燕雀湖) 소명태자(昭明太子)[250]에게는 유리 사발 하나와 자줏빛 옥 술잔 하나가 있었는데, 모두 양(梁) 무제(武帝)가 하사한 것이었다. 소명태자가 죽자 어명으로 무덤 속에 넣게 하였다. 뒤에 개장(改葬)을 하려고 무덤을 열었는데 어떤 환관이 가지고 가서 큰 배에다 실었다. 그러자 제비와 참새들 수만 마리가 그 배를 공격하였다. 이 때문에 관리에게 잡혀서 포박되었고 두 보배도 되찾게 되었다. 황제가 듣고 놀라 기이하게 생각하며 그것을 맞손자에게 하사하였다. 무덤의 봉분을 덮을 때 다시 제비와 까치 수만 마리가 흙을 물어와 그 무덤 위를 높여 주었다. 무덤 곁에 지금 호수가 있는데 후인들이 이 때문에 연작호(燕雀湖)라 부른다.《비원(秘苑)》

昭明太子有一琉璃盌紫玉杯, 皆武帝所賜也. 旣薨, 詔置梓宮. 後更葬, 開墳, 爲閹人携入大航. 乃有燕雀數萬擊之. 因爲有司所縛, 乃獲二寶. 帝聞而驚異, 詔以賜太孫, 封墳之際, 復有燕雀數萬, 御土以增其上. 墳側今有湖, 後人因名燕雀湖.〈秘苑〉

바람의 방향을 나누어 불게 하다[분풍(分風)] 《형주기(荊州記)》의 기록이다. 궁정호(宮亭湖)[251] 사당의 신령은 매우 영험하다. 이 길로 여행하는 나그네들이 거쳐가며 기도를 드리지 않는 사람이 없다. 그러면 호수의 바람을 나누어 불게 하여 돛배를 남쪽으로도 가게 하고 북쪽으로도 가게 한다.

荊州記. 宮亭湖廟神甚靈. 塗旅經過, 無不祈禱. 能使湖中分風而帆南北.[252]

동선호(銅船湖) 《교주기(交州記)》의 기록이다. 교주(交州)[253]에 한 호수가 있는데 백성들 중 나무하고 고기잡는 자들이 동(銅)으로 만든 배가 물 위에 나타난 것을 목격하기도 했고 또 물소가 호수 속에 있는 것을 보기도 하였다.

交州記. 交州有一湖, 百姓樵浦者, 見銅船出水上, 又有水牛在湖中.

구리호(九鯉湖) 《팔민통지(八閩通志)》의 기록이다. 한(漢)나라 때 하씨(河氏) 형제 9명이 일찍이 선유현(仙遊縣)[254] 남산(南山)에 머물며 한 호수 가에서 연단술을 연마하였다. 단(丹)이 완성되자 각기 잉어를 한 마리씩 타고 신선이 되어 떠나갔다. 이 때문에 이런 이름이 붙었다.

八閩通志. 漢河氏兄弟九人, 嘗止於仙遊縣南山, 而煉丹於湖側. 及丹成, 各乘一鯉, 仙去. 故名.

천리호(千里湖) 율양(溧陽)[255]의 동남쪽에 있다.

---

250. 소명태자(昭明太子): 남조(南朝) 양(梁)나라 무제(武帝)의 태자 소통(蕭統)이다. 학문을 좋아하고 현명하였으나 일찍 죽었다. 중국 최초의 시문(詩文) 선집인 《문선(文選)》을 편찬하였다.
251. 궁정호(宮亭湖): 강서성(江西省) 북부에 있다. 팽호(彭湖) 또는 팽려호(彭蠡湖)라고도 한다.
252. 이 내용은 《수경주(水經注) · 여강수(廬江水)》에도 나온다.
253. 교주(交州): 지금의 광동성(廣東省) 광서성(廣西省) 일대이다.
254. 선유현(仙遊縣): 복건성(福建省)에 딸린 현 이름.

육기(陸機)[256]가 말한 "천리호(千里湖)의 순채(蓴菜: 蒓羹)[257]가 이것을 가리킨다.

在溧陽東南. 陸機云, 千里蓴羹, 指此.

일월호(日月湖) 진현현(進賢縣)[258]에 일월호(日月湖)가 있는데, 물이 마르면 나누어져 둘로 되고, 물이 불면 합쳐져서 하나가 된다. 그 가운데에는 석인탄(石人灘)이 있다. 옛날 속담에 이르기를, "일월호가 맑으면 훌륭한 장수가 태어나고, 석인탄이 합쳐지면 장원 급제자가 탄생한다"라고 하였다.

進賢縣有日月湖, 水涸則分而爲二, 漲則合而爲一. 中有石人灘. 古諺, 日月湖明良將出, 石人灘合壯元生.

조칙(詔勅)으로 경호(鏡湖)를 하사하다[조사경호(詔賜鏡湖)] 하지장(賀知章)[259]은 예부시랑(禮部侍郞)으로 관직을 옮기고 나서 천보(天寶)[260] 초에 도사(道士)가 되려고 향리로 돌아가기를 청하였다. 황제는 조칙으로 경호(鏡湖)[261] 일대 한 굽이를 하사하였다. 건업(建業)에는 현무호(玄武湖)[262]가 있는데 일명 후호(後湖)라고도 한다. 《남당근사(南唐近事)》에는 다음과 같은 기록이 있다. 여러 원로들이 조당(朝堂)에서 담론할 때 풍밀(馮謐)이 경호(鏡湖)에 관한 이야기를 거론하면서 말하기를, "감히 이와 같기를 바랄 수는 없지만 만약 후호(後湖)를 얻을 수 있다면 평생 즐거울 것입니다"라고 하였다. 서현(徐玄)이 말하기를, "주상께서 현명한 선비를 높여 주는데 어찌 호수 하나를 아까워하겠습니까? 다만 부족한 것은 하지장과 같은 훌륭한 재주겠지요"라고 하자 풍밀이 매우 부끄러워하였다.

賀知章遷禮部侍郞, 天寶初, 請爲道士還鄕里. 詔賜鏡湖一曲. 建業有玄武湖, 一名後湖. 南唐近事, 諸老坐朝堂語, 馮謐擧鏡湖事, 曰, 非敢望此, 若得後湖, 一暢平生也. 徐鉉曰, 主上尊賢下士,[263] 豈惜一湖, 所乏者知章耳. 馮大慚.

벽사호(甓社湖)[264] 고우성(高郵城) 서쪽에 호수가 있는데, 호수 속에 큰 구슬이 있어서 그 빛이 하늘에까지 닿는다.

高郵城西有湖, 湖中有大珠其光屬天.

낙성호(落星湖) 팽려호(彭蠡湖) 서북쪽에 있다. 호수 속에 작은 산이 있는데 전해오는 이야기에 의하면 별이 물에 떨어진 자리에서 생겨났다고 한다. 남송(南宋) 맹태후(孟太后)[265]가 이 호수에 들렀을 때 궁인(宮人)들 중에서 배가 전복되어 익사한 자가 십여 명이나 되었지만 오직 태후의 배만이 우환이 없었다.

在彭蠡西北. 湖中有小山, 相傳星墜水所化. 宋孟太后過湖, 宮人舟覆溺死者, 十數, 惟太后舟無虞.

겨우 말에 물을 먹일 정도입니다[재감음마(纔堪飮

255. 율양(溧陽): 강소성(江蘇省) 율량시(溧陽市)이다.
256. 육기(陸機: 261-303): 자(字)는 사형(士衡)으로 오(吳)나라 명신(名臣) 육손(陸遜)의 손자이다. 진(晉)에 벼슬하여 평원내사(平原內史)을 역임하였기 때문에 흔히 육평원(陸平原)으로 불린다. 문장과 서법에 모두 뛰어났다.
257. 천리호(千里湖)의 순채(蓴菜: 蒓羹): 육기(陸機)가 강남 사람으로 낙양(洛陽)에 들어가자 그곳 사람들이 육기를 얕잡아 보았다. 한 번은 육기가 왕무자(王武子)를 만나자 그가 양젖[羊酪]을 가리키며 강남에 이렇게 맛있는 것이 있느냐고 물었다. 그러자 육기는 강남 천리호(千里湖)에서 나는 순채(蓴菜)는 담백한 맛이 일품이어서 소금을 치지 않는다고 하였다.
258. 진현현(進賢縣): 강서성(江西省) 진현현(進賢縣)이다.
259. 하지장(賀知章: 659-744): 자(字)는 계진(季眞)으로 당(唐) 현종(玄宗) 때의 문인이며 명사(名士)이다. 성격이 솔직 담백하고 자연을 좋아하였으며, 시문(詩文)과 서법에 뛰어났다. 벼슬은 예부시랑(禮部侍郞), 태자빈객(太子賓客), 비서감(秘書監)에 이르렀다. 음주팔선(飮酒八仙), 오중사사(吳中四士)로 유명하다.
260. 천보(天寶): 당(唐) 현종(玄宗)의 연호(742-756)이다.
261. 경호(鏡湖): 절강성(浙江省) 소흥(紹興)에 있다.
262. 건업(建業): 강소성(江蘇省) 남경시(南京市)이다.
263. 하사(下士): 《남당근사(南唐近事)》 본문에는 '待士'로 되어 있다.
264. 벽사호(甓社湖): 강소성(江蘇省) 고우현(高郵縣) 서북쪽에 있다.
265. 맹태후(孟太后): 남송(南宋) 고종(高宗)의 조모(祖母)이다.

馬)] 후당(後唐)의 장종(莊宗)이 후량(後梁)을 멸하자 마은(馬殷)은 그의 아들 희범(希範)을 보내어 조공을 바치게 하였다. 장종이 동정호의 크기를 묻자 대답하기를, "황제의 수레가 남쪽으로 오시면 겨우 말에 물을 먹일 수 있을 정도입니다"라고 하였다. 장종이 그 말을 가상하게 여겼다.

唐莊宗滅梁, 馬殷遣子希範修貢. 莊宗問洞庭廣狹, 對曰, 車駕南臨, 纔堪飮馬耳. 莊宗嘉之.

서호(西湖) 소동파(蘇東坡)가 연이어 항주(杭州)와 영주(潁州) 고을살이를 할 때 이 두 고을에 모두 서호(西湖)가 있었다. 뒤에 혜주(惠州)[266]로 귀양 갔을 때도 역시 서호(西湖)가 있었다. 서호(西湖)는 옛날의 명성호(明聖湖)이다. 주위가 30리이고 한(漢)나라 때 금 송아지가 나타나서 호수에 사는 사람들이 밝고 성스러운 길조라고 하면서 마침내 명성호라 불렀다. 산천이 빼어나고 경치가 화려하여 당(唐)나라 이후로 동남 지방의 유람 명승지가 되었다. 유영(柳永)[267]이 지은 〈망해조(望海潮)〉 사(詞)에, "온 가을 동안 계수나무 꽃이 피고, 십 리에 걸쳐 연꽃이 만발하네(三秋桂子, 十里荷花)"라는 구절이 있다. 이 사(詞)가 널리 퍼져나가자 금(金)나라 임금 완안량(完顔亮)도 이 노래를 들었다. 이에 화공에게 명하여 몰래 임안(臨安)[268]으로 잠입하게 하여 서호(西湖)를 그려오게 하고 그것을 비단 병풍 사이에 걸어 두었는데 그 모습은 이미 오산(吳山)[269]의 꼭대기에 말을 몰고 가는 듯하였다. 그 그림의 오산 꼭대기 위에 다음과 같은 시를 써 두었다. "만 리의 문물제도 어찌 같지 아니하여, 강남땅에 또 어찌 다른 강토가 있단 말인가? 서호 가에서 백만 대군을 이끌고 오산(吳山) 제일봉에 말발굽을 세우리라."

東坡連守杭潁二州, 皆有西湖. 後謫惠州, 亦有西湖. 西湖故明聖湖也. 周圍三十里, 漢時, 金牛見, 湖中人言明聖之瑞, 遂稱明聖湖. 山川秀發, 景物華麗, 自唐以來, 爲東南遊賞勝處. 柳耆卿作望海潮詞, 有三秋桂子, 十里荷花之句. 此詞流播, 金主亮聞之. 命畫工潛入臨安, 圖西湖, 揭軟屛間. 貌已像策馬吳山之巓, 題其上曰, 萬里車書盍會同, 江南豈有別疆封. 提兵百萬西湖上, 立馬吳山第一峯.

소흥(紹興)[270], 순희(淳熙)[271] 연간에 임금과 재상이 호산(湖山)에서 방탕하게 쾌락에 탐닉하며 더 이상 중원을 회복하려는 눈물[272]을 흘리지 않았다. 이러한 까닭에 논자(論者)들은 서호(西湖)를 경국지색으로 여기며 서시(西施)가 오(吳)나라를 파멸시킨 것에 비유하였다.

紹興淳熙間, 君相縱逸耽樂湖山, 無復新亭之淚, 是以論者以西湖爲尤物, 比之西施之破吳也.

감당호(甘棠湖) 강주(江州)[273] 심양(潯陽)[274] 남쪽에 감당호(甘棠湖)가 있다. 장경(長慶)[275] 2년에 자

---

266. 혜주(惠州): 광동성(廣東省) 혜주시(惠州市)이다. 혜주에도 역시 서호가 있다. 흔히 항주 서호, 영주 서호, 혜주 서호, 조주(潮州) 서호를 중국 4대 서호라 한다.
267. 유영(柳永): 북송의 유명한 사인(詞人). 유기경(柳耆卿).
268. 임안(臨安): 절강성(浙江省) 항주(杭州)이다.
269. 오산(吳山): 절강성 서호 동남쪽에 있는 산이다.
270. 소흥(紹興): 남송(南宋) 고종(高宗)의 연호(1131-1162)이다.
271. 순희(淳熙): 남송(南宋) 효종(孝宗)의 연호(1174-1189)이다.
272. 중원을 회복하려는 눈물: 원문에 보이는 신정(新亭)은 정자 이름이다. 그 터가 지금의 강소성 강녕현(江寧縣) 남쪽에 있다. 본래 삼국시대 오(吳)나라 때 건립한 임창관(臨滄觀)이었으나 동진(東晉) 안제(安帝) 때 사마회(司馬恢)가 수리하고 신정(新亭)이란 이름이 붙었다. 그 뒤 주의(周顗), 왕도(王導) 등이 이곳에 모여 중원 회복을 생각하며 눈물을 흘렸다고 하여 '신정루(新亭淚)'란 고사성어가 생겼다.
273. 강주(江州): 강서성(江西省) 구강시(九江市)이다.
274. 심양(潯陽): 강서성 심양시(潯陽市)이다.
275. 장경(長慶): 당(唐) 목종(穆宗)의 연호(821-824)이다.

사(刺史) 이발(李渤) 등이 두문(斗門)[276]을 세우고 수세(水勢)를 조절하였다.

江州潯陽南有甘棠湖. 長慶二年, 刺史李渤等立斗門, 以蓄洩水勢.

화서호(化墅湖) 자계(慈谿)[277]에 있다. 당(唐)나라 자사(刺史) 임동수(任同修) 등이 이 호수 속에 작은 별장을 지었다.

在慈谿. 唐刺史任同修等, 中有小墅.

샘물 泉

태공천(太公泉) 급현(汲縣)[278] 북쪽에 태공천(太公泉)이 있는데, 태공의 옛 집터이다. 바위 사이로 물이 흘러 내려 날쌘 물줄기가 매우 신속하고 급하게 흘러내린다. 사람들은 반계(磻溪)라 부르기도 한다.

汲縣北有太公泉, 太公之故居也. 有石夾水, 飛湍迅急, 人亦謂之磻溪.

도천(盜泉) 사수현(泗水縣)[279]에 있다. 공자(孔子)는 승모현(勝母縣)에 이르러 날이 저물었는데도 숙박하지 않았고, 도천(盜泉)을 지나가다가는 목이 말랐는데도 그 샘물을 마시지 않았다. 그 이름을 싫어했기 때문이다.《시자(尸子)》

在泗水縣. 孔子至于勝母縣, 暮矣, 而不宿, 過于盜泉, 渴矣, 而不飮. 惡其名也.〈尸子〉[280]

빈천(貧泉) 진(晉)나라 오은지(吳隱之)[281]가 광주자사(廣州刺史)가 되었을 때 석문(石門)에 빈천(貧泉)이 있었다. 속인들이 이르기를 "이 물을 마시는 자는 청렴한 선비가 되어 모두 가난하게 산다"라고 하였다. 오은지가 그 물을 떠서 마시며 시를 지었다. 당(唐)나라의 풍립(馮立)이 광주도독(廣州都督)이 되어 빈천(貧泉)을 보고 말하기를, "이것이 어찌 오은지가 마신 샘물이 아니겠는가? 내가 비록 매일 이 물을 마신다고 어찌 내 본성을 바꿀 수 있겠는가?" 하면서 마침내 그 물을 마실 수 있을 때까지 마시고 떠나갔다.

晉吳隱之爲廣州刺史, 石門有貧泉. 俗云, 飮此水者, 廉士皆貧. 隱之酌而飮之, 爲詩. 唐馮立爲廣州都督, 見貧泉曰, 此豈隱之所酌耶. 吾雖日飮此水, 庸易吾性哉, 遂極飮而去.

염천(廉泉) "수문(水門)"에 보인다.

見水.

광천(狂泉) 원찬(袁粲)[282]이 다음과 같이 말하였다. 옛날 어떤 나라에 광천(狂泉)이 있었다. 그것을 마시면 미치지 않는 사람이 없었다. 그 나라 임금은 따로 우물을 파서 스스로 마시며 혼자 아무 탈 없이 지낼 수 있었다. 그 나라 사람들은 오히려 미치지 않은 그 나라 임금을 미쳤다고 생각하고 꾀를 내어 군대를 동원, 그 나라 임금을 사로잡아서 쑥찜질과 침술과 온갖 약물을 모두 시행하였다. 그 나라 임금이 그 고통을 견디지 못하고 샘물을 떠서 마시고는 곧바로 미쳐 버렸다.

---

276. 두문(斗門): 저수지의 제방에 설치하여 물을 빼기도 하고 저장하기도 하는 일종의 갑문이다.
277. 자계(慈溪): 절강성(浙江省) 자계시(慈溪市)이다.
278. 급현(汲縣): 하남성(河南省) 급현(汲縣)이다.
279. 사수현(泗水縣): 산동성(山東省)에 있는 현 이름.
280. 지금 전해지는《시자(尸子)》에는 이 구절이 없다.《설원(說苑)》권16에는 '邑名勝母, 曾子不入. 水名盜泉, 仲尼不飮. 醜其聲也'로 되어 있다.
281. 오은지(吳隱之: ?-414): 자(字)는 처묵(處默)이다. 청백리로 명망이 높았다. 벼슬은 중서시랑(中書侍郞), 좌위장군(左衛將軍), 광주자사(廣州刺史)를 거쳐 탁지상서(度支尙書)에 이르렀다.
282. 원찬(袁粲): 자(字)는 경천(景倩)이다. 남조 송(宋)의 관리이다. 벼슬은 시중(侍中), 사도(司徒), 좌장사(左長史), 남동해태수(南東海太守) 등 직을 역임하였다.

袁粲曰, 昔一國有狂泉. 飮之, 無不狂. 國君穿井自飮, 獨得無恙. 國人反謂國君不狂爲狂, 聚謀兵執國君, 炙艾針藥畢具. 國君不任其苦, 酌泉飮之, 卽狂.

산을 찔러 샘을 솟게 하다[자산출천(刺山出泉)] 이광리(李廣利)[283]가 이사장군(貳師將軍)이 되어 대완(大宛)[284]을 정벌하고 돌아올 때 병사들의 갈증이 몹시 심하였다. 이광리가 차고 있던 칼을 뽑아 산을 찌르자 세찬 샘물이 용솟음쳐 나왔다.

李廣利爲貳師將軍, 伐大宛, 還, 士衆渴甚. 廣利拔佩刀, 刺山, 飛泉湧出.

우물에 절을 하자 샘물이 솟아나다[배정출천(拜井出泉)] 경공(耿恭)[285]이 소륵성(疏勒城)[286]을 지키다가 흉노에게 포위되었다. 우물을 열다섯 길 깊이로 팠으나 물이 없었다. 이에 우물을 향해 재배를 올리자 순식간에 세찬 샘물이 용솟음쳐 나왔다. 그리하여 물을 뿌리며 오랑캐에게 보이자 오랑캐들이 신령의 도움이라고 생각하고는 마침내 군대를 이끌고 떠나갔다.

耿恭守疏勒城, 爲匈奴所圍. 穿井十五丈, 無水. 乃向井再拜, 有頃, 飛泉奔出. 因揚水示虜, 虜以爲神, 遂引去.

성응천(聖應泉) 정원(正元)[287] 연간에 양사성(楊師晟)[288]이 빈녕절도사(邠寧節度使)가 되어 군사를 방거(方渠)에 주둔시켰다. 물이 부족하였는데 푸른 뱀이 아래로 기어 내려가고 있어서 그 자취를 살펴보니 물이 그곳을 따라 흐르고 있었다. 거기에 제방을 쌓고 둘러막게 하니 마침내 물이 고인 연못이 되었고, 군인들이 우러러 물을 마심에 충분한 양이었다. 그 일을 그림으로 그려 조정에 알리자 황제가 듣고 나서 그곳에 사당을 세우라는 조서를 내렸다. 그리고 그 샘을 성응천(聖應泉)으로 부르게 하였다.《당서(唐書)》

正元中, 楊師晟爲邠寧節度使, 師次方渠. 水乏, 有青蛇下走, 視其跡, 水從而流. 使築防環之, 遂爲渟淵, 軍人仰飮有足. 圖其事, 上聞, 詔置祠焉. 命泉曰, 聖應.〈唐書〉[289]

총명천(聰明泉) 심양현(潯陽縣) 낙성산(落星山) 계곡에 오송교(五松橋)가 있는데, 혜원(惠遠)[290]과 은중감(殷仲堪)이 계곡에 자리를 마련하고 그곳에서 《주역(周易)》을 이야기하자 나무 아래에서 샘이 솟아나왔고 그것을 총명천(聰明泉)이라 불렀다.《환우기(寰宇記)》

潯陽縣落星山澗有五松橋, 惠遠與殷仲堪席澗, 談易于此, 而樹下泉湧, 號聰明泉.〈寰宇記〉[291]

영신현(永新縣)[292]에 총명천(聰明泉)이 있는데 샘물이 산에서 솟아나온다. 고금의 학자들 중 그것을

283. 이광리(李廣利: ?-B.C. 88): 전한(前漢) 무제(武帝) 때의 장수이다. 무제의 총비(寵妃)인 이부인(李夫人)의 오빠이며, 또한 그의 형이 당시 협율도위(協律都尉)였던 이연년(李延年)이다. 무제의 신임을 받아 이사장군(貳師將軍), 해서후(海西侯) 등 직에 봉해졌으나, 이부인의 소생인 창읍애왕(昌邑哀王) 유박(劉髆)을 태자로 옹립하려다가 발각되어 흉노로 망명했고 그곳에서 피살되었다. 이사(貳師)는 한(漢)나라 때 서역국이었던 대완국(大宛國)의 이사성(貳師城)이다. 따라서 이사장군(貳師將軍)은 서역 방어 담당 장군이다.

284. 대완(大宛): 한(漢)나라 때 서역 36국 중의 하나로 북으로는 강거국(康居國) 남서쪽으로는 대월지국(大月氏國)과 인접해 있었다. 한혈마(汗血馬)가 생산되는 나라였다.

285. 경공(耿恭): 자(字)는 백종(伯宗)으로 후한(後漢)의 장군이다.

286. 소륵성(疏勒城): 지금의 신강(新疆) 기대현(奇臺縣) 근처로 한(漢)나라 당시 흉노와의 접경 지역이다.

287. 정원(貞元): 당(唐) 덕종(德宗)의 연호(785-805)이다.

288. 양사성(楊師晟: ?-801): 자(字)는 숙명(叔明)으로 당(唐) 덕종(德宗) 시기의 장수이다. 토번 방어에 큰 공을 세웠다. 빈녕(邠寧): 섬서성(陝西省) 빈현(豳縣)과 감숙성(甘肅省) 영현(寧縣) 일대이다.

289. 《신당서(新唐書)·열전(列傳)》 권81.

290. 혜원(惠遠): 진(晉)나라 고승(高僧)이다. 은중감(殷仲堪: ?-399): 동진(東晉)의 문인이다. 효성이 지극하였고 현담(玄談)에 능했다.

291. 송(宋) 악사(樂史)《태평환우기(太平寰宇記)》

마시고 일을 이룬 사람이 많아서 선비들이 그것을 총명천이라 부른다.《환우기(寰宇記)》

永新有聰明泉, 水自山湧出. 古今學者, 飮之多成事, 士人謂之聰明泉.〈寰宇記〉

효성이 샘물을 감응시키다[효감천(孝感泉)] 왕팽(王彭)[293]은 어려서 어머니를 여의고 원가(元嘉)[294] 초에 또 아버지를 여의었다. 집안이 가난하여 마을 사람들이 무덤에 쓸 벽돌 만드는 일을 도와주려 하였다. 벽돌을 만들려면 반드시 물을 필요로 하는데 우물을 수십 길 파도 물이 나오지 않았다. 그런데 어느 날 아침 벽돌 만드는 부뚜막 앞에 갑자기 샘이 솟았고, 그 물을 써서 일을 끝내자 다시 물이 말랐다. 도와주는 사람들이 감탄하였고 그 마을 이름을 고쳐 통령리(通靈里)라 하였다.《송서(宋書)》

王彭少喪母, 元嘉初, 父又亡. 家貧, 鄕人助作塼. 塼須得水, 穿井數十丈無水. 一旦塼竈前忽生泉, 用之事畢, 復竭. 助者嗟嘆, 改其里, 爲通靈里.〈宋書〉[295]

안금장(安金藏)[296]은 장안(長安) 사람이다. 태상승(太常丞)이 된 초기에 어머니가 죽었다. 묘 곁에 여막(廬幕)을 짓고 몸소 석분(石墳)과 석탑(石塔)을 만들며 밤낮으로 쉬지 않았다. 무덤의 뻘 안에 전에는 물이 없었는데 갑자기 샘이 저절로 용솟음쳐 나왔다.《당서(唐書)》

安金藏長安人. 爲太常丞初, 喪母. 廬於墓側, 躬造石墳石塔, 晝夜不息. 原上舊無水, 忽有湧泉自出.〈唐書〉[297]

송사례(宋思禮)가 소현(蕭縣) 주부(主簿)가 되었을 때 마침 큰 가뭄이 들어 우물과 연못의 물이 말랐다. 또 어머니가 병에 걸려 샘물이 아니면 입맛에 맞아 하지 않았다. 사례가 근심하며 기도를 올리자 갑자기 뜰에서 샘이 솟았는데 맛이 달고 차가웠으며 날마다 길어 먹음에 부족함이 없었다. 그 현(縣)의 사람들이 기이하게 생각하였다.《당효자전(唐孝子傳)》

宋思禮主蕭縣簿, 會大旱, 井池涸. 母羸疾, 非泉水不適口. 思禮憂懼, 且禱, 忽有泉出諸庭, 味甘寒, 日不乏汲. 縣人異之.〈唐孝子傳〉[298]

옥장천(玉漿泉) 두로적(豆盧勣)[299]이 수(隋)나라 초기에 위주(渭州)[300]의 자사(刺史)가 되어 은혜로운 정치를 아주 잘 베풀었다. 그곳 조서산(鳥鼠山)을 속칭 고무롱(高武隴)이라 불렀는데 절벽이 천 길이나 되고 줄곧 물이 부족하여 그곳의 여러 강족(羌族)들이 고통을 겪고 있었다. 그런데 두로적이 탄 말의 말발굽이 밟고 지나가는 곳마다 갑자기 세찬 샘물이 용솟음쳐 올랐고, 흰 새가 날아와 관청 앞에 머물며 새끼들에게 젖을 먹였다. 그곳 백성들이 이로 인하여 민요를 지어 노래부르기를, "우리가 사는 단양(丹陽) 고을, 산 위에서 옥같은 샘이 솟네. 우리 백성을 편안하게 구제하시니, 신령스러운 새가 날아오네"라고 하였다. 백성들이 이 때문에 그 샘을 옥장(玉漿)이라 불렀다.《수서(隋書)》

盧勣隋初, 拜渭州刺史, 甚有惠政. 鳥鼠山俗呼爲高武隴, 絶壁千尋, 由來乏水, 諸羌苦之. 勣馬足所踐, 忽

292. 영신현(永新縣): 강서성(江西省) 영신현(永新縣)이다.
293. 왕팽(王彭): 남조 송(宋) 문제(文帝) 때의 효자이다.
294. 원가(元嘉): 남조 송(宋) 문제(文帝)의 연호(424-453)이다.
295. 《송서(宋書)·효의전(孝義傳)》 열전 권51.
296. 안금장(安金藏): 당(唐) 무측천(武則天) 때의 효자이다. 태상시(太常寺)의 악공(樂工)이었는데 태자 이단(李旦)이 의심을 받자 스스로 배를 갈라 태자의 혐의를 풀어주었다.
297. 《구당서(舊唐書)·충의열전(忠義列傳)》 열전 권137.
298. 《신당서(新唐書)·효우열전(孝友列傳)》 열전 권120에 나온다.
299. 두로적(豆盧勣): 자(字)는 정동(定東)으로 수(隋)나라의 대신이다. 벼슬은 상주국(上柱國)에 이르렀고 초국공(楚國公)에 봉해졌다.
300. 위주(渭州): 감숙성(甘肅省) 농서(隴西) 동북 일대이다. 양무(襄武) 또는 평량(平凉)으로도 불렀다.

飛泉湧出, 有白鳥翔止廳前而乳.[301] 民爲之謠曰, 我有丹陽, 山出玉漿. 濟我民夷, 神鳥來翔. 百姓因號其泉爲玉漿.〈隋書〉[302]

영천(靈泉) 《옥당한화(玉堂閑話)》의 기록이다. 서촉(西蜀) 장수 왕휘(王暉)가 집주자사(集州刺史)에 임명되었을 때, 성 안에 샘물이 없었다. 반란병들이 성을 공격하자 성 안에 기갈이 매우 심하였다. 공이 이에 한밤중에 기도를 올리며 물을 청하니 꿈에 한 노인이 나타나 알려주기를, "이 고을 감옥 아래에 신령스러운 샘이 솟아날 것"이라고 하였다. 공이 놀라 깨어 급히 명령을 내려 그곳을 파니 바로 샘물이 솟아 흘렀다. 성 위로 샘물을 길어 올리게 하고 물을 뿌리며 적에게 보이니 도적떼들이 바로 물러갔다. 이날 신령스러운 샘도 말랐다.

玉堂閑話. 西蜀將王暉, 任集州刺史, 城中無水泉. 值岐兵攻城, 城內焦渴. 公乃中夜祈請, 夢一老父, 告曰, 州獄之下, 當有靈泉. 公驚寤, 亟命掘之, 乃有泉流. 命汲泉水于城上, 揚而示之, 其寇乃去. 是日, 神泉亦竭.

서고천(舒姑泉) 임성현(臨城縣)[303]에 있다. 옛날 서씨(舒氏)의 딸이 그 아버지와 샘이 있는 곳에서 나무를 하다가 자리에 앉았는데 끌어당겨도 움직이지 않았다. 아버지가 집으로 돌아와 알리고 여러 사람들과 함께 돌아가 보니 오직 맑은 샘만 보일 뿐이었다. 딸의 어머니가 말하기를, "우리 딸은 본래 음악을 좋아하였습니다"라고 하였다. 이에 현악기를 연주하며 노래를 부르니 샘물이 용솟음치며 콸콸 흘렀고, 그곳에 붉은 잉어 한 쌍이 즐겁게 놀고 있었다.

在臨城縣. 昔有舒氏女, 與其父, 斫薪於泉處, 坐牽挽不動. 父還告家, 比還, 唯見淸泉. 女母曰, 吾女本好音樂, 乃絃歌, 泉涌汩流, 見朱鯉一雙嬉戲.

용추(龍湫) 한(漢)나라 고조(高祖)가 팽성(彭城)[304]으로 들어갔다가 초패왕(楚霸王)의 군사들에게 곤경을 당하게 되었다. 한(漢)나라 군사들이 갈증으로 지치자 고조가 칼을 땅에 꽂았다 뽑으니 샘물이 솟아나왔다. 지금까지 비가 와도 넘치지 않으며 가뭄이 들어도 마르지 않는데 그곳 토박이들은 용추(龍湫)라 부른다.

漢高帝入彭城, 爲楚所困. 漢兵渴乏, 帝以劍揷地拔, 卽泉湧出. 至今, 水不溢, 旱不枯, 土人呼爲龍湫.

녹천(鹿泉) 한신(韓信)[305]이 장차 조(趙) 지방을 함락시키려고 할 때, 진여(陳餘)[306]가 이좌거(李左車)의 계책을 사용하지 않는다는 소식을 듣고, 군대를 이끌고 바야흐로 정형구(井陘口)를 빠져 나가려고 하였으나, 군사(軍師)가 우물이 없음을 걱정하였다. 이에 점대로 점을 쳐서 몽괘(蒙卦)[307]를 얻고는 산

301. 백조(白鳥): 《수서(隋書)·열전(列傳)》 권4에는 '백오(白烏)'로 되어 있다.

302. 《수서(隋書)·열전(列傳)》 권4.

303. 임성현(臨城縣): 하북성(河北城) 임성현(臨城縣)이다.

304. 팽성(彭城): 강소성(江蘇省) 서주(徐州)이다.

305. 한신(韓信: ?-B.C. 196): 한(漢)나라 건국의 일등공신이다. 한(漢) 고조(高祖) 유방을 도와 뛰어난 전략으로 초패왕(楚霸王) 항우(項羽)를 물리쳤다. 제왕(齊王)과 초왕(楚王)에 봉해졌다. 건국 후 반란을 도모한 혐의로 고조에게 사로잡혀 참형을 당하였다.

306. 진여(陳餘: ?-B.C. 204): 본래 위(魏)나라 사람이었으나 진말(秦末) 천하가 혼란해지자 장이(張耳)와 함께 진승(陳勝)의 진영에 가담하였다. 이후 다시 진여와 장이는 조(趙)로 망명하여 장이는 우승상, 진여는 대장군이 되었다. 그러나 두 사람의 이해 관계가 얽혀 장이가 진군(秦軍)에 포위되었을 때 진여는 기회를 엿보며 구원군을 보내주지 않았고, 나중에 장이가 상산왕이 되었을 때는 군대를 이끌고 장이를 습격하기도 하였다. 이에 한신(韓信)은 장이와 더불어 조(趙)를 함락시키려고 태항산(太行山)의 정형구(井陘口)를 거쳐 조(趙) 땅으로 진격하려고 하였다. 조(趙)에서는 이좌거(李左車)가 진여에게 한(漢)나라 군사는 먼 길을 행군하여 몹시 피로하고 식량도 부족하며 또 정형구 계곡이 좁고 길기 때문에 굳게 지키며 급전을 피하도록 계책을 올렸다. 그러나 진여는 이좌거의 계책을 따르지 않고 한신과 직접 맞서 싸우다가 결국 전쟁에 패하고 자신도 잡혀서 죽임을 당하였다.

307. 몽괘(蒙卦): 상괘가 간(艮: ☶)으로 산(山)을 의미하며 하괘가 감(坎: ☵)으로 수(水)를 의미한다. 따라서 산 아래에 물이

아래에 샘이 있다는 것을 알게 되었다. 한신은 호씨(胡氏) 성을 가진 장수를 보내어 사방을 두루 찾아보게 하였는데, 흰 사슴 두 마리가 뛰어다니는 곳에 샘이 솟아나는 것을 보았다. 후세 사람들이 샘 왼쪽에 한왕사(韓王祠)를 세우고 한신을 제사 지냈다.《금주의기(金周義記)》

韓信將下趙, 聞陳餘不用李左車之計, 引兵方出井陘口, 師患無井. 筮之得蒙, 知山下有泉焉. 信遣胡將周而索之, 見二白鹿跑地, 有泉湧出. 后人於泉左, 立韓王祠, 祀之.〈金周義記〉

세 곳에 샘물이 솟아오르다[삼처비천(三處飛泉)] 이도현(夷道縣)308 구장산(句將山) 아래에 샘이 세 곳 있다. 이곳에 다음과 같은 말이 전해져 온다. 본래 이 샘들이 없어서 주민들이 모두 고생스럽게도 멀리서 길어와야 했다. 그리하여 사람들 중에는 물을 길어서 파는 사람들이 많아졌다. 그런데 한 여자는 부모가 없고 가난하며 입성도 남루하여 물을 살 방법이 없었다. 그때 어떤 거지가 있었는데 더러운 옷을 입고 용모도 추하였으며 부스럼과 종기가 온몸에 가득하였다. 마을 사람들이 그를 더럽게 여기며 싫어하지 않는 사람이 없었지만, 오직 그 여자만은 그를 불쌍하게 여기며 밥을 나누어 주었다. 거지가 밥을 다 먹고 말하기를, "저는 아가씨의 선행에 감사를 드립니다. 보답을 할 생각이오니 필요한 것이 무엇입니까"라고 하였다. 여자가 대답하기를, "무슨 은혜를 베풀었다고 보답을 받겠습니까? 다만 지금 제가 필요한 것은 당신이 얻어 줄 수 없습니다"라고 하였다. 필요한 것이 무엇이냐고 묻자 여자가 말하기를, "지금 이 산 아래에 물을 길을 수 있는 샘물이 있었으면 합니다"라고 하였다. 거지가 칼을 가지고 산 아래 세 곳을 찌르자 곧바로 세찬 샘물이 용솟음쳐 나왔다. 그리고는 곧바로 그곳을 떠났는데 홀연히 모습을 볼 수 없었다.《형주기(荊州記)》

夷道縣句將山下有三泉. 傳云, 本無此泉, 居者皆苦遠汲. 人人多賣水與之. 有一女子, 孤貧襤褸, 無以貿易. 有一乞人, 衣衾貌醜, 瘡痍竟體. 村人見之, 無不穢惡, 唯女子獨加哀矜, 割飯飴之. 乞人食畢曰, 我感姬行善, 欲思相報, 有何所須. 女答曰, 何恩可報, 旦今所須之物, 非君能得. 問所須, 女子曰, 正願此山下有水可汲. 乞人乃取刀, 刺山下三處, 卽飛泉涌出. 因便辭去, 忽然不見.〈荊州記〉

탁석천(卓錫泉) 당자서(唐子西)309의 〈탁석천기(卓錫泉記)〉의 기록이다. 내가 나부(羅浮)310에 놀러갔다가 보적사(寶積寺)에 이르렀는데 샘물을 마시니 매우 달콤하였다. 그 절의 스님이 다음과 같이 말하였다. "이 샘은 탁석천(卓錫泉)입니다. 옛날 양(梁)나라의 경태선사(景泰禪師)가 이 산에 머물 때 그 제자들이 물이 없다고 힐난하자 선사는 웃으면서 대답을 하지 않았습니다. 암자가 완공된 뒤 선사가 땅에다 지팡이를 꽂자 샘물이 수 척(尺)이나 용솟음쳐 나왔습니다. 이때부터 우물이 갖게 되어 온 산중이 이 우물에 의지하여 살아갑니다."

唐子西卓錫泉記. 吾遊羅浮, 至寶積寺, 飮泉而甘. 寺僧曰, 此卓錫泉也. 昔梁景泰禪師, 居此山, 其徒以無水難之, 師笑而不答已. 而庵成, 師卓錫于地, 泉湧數尺. 自是得井, 山中賴之.

징록천(澄綠泉) 《두양잡편(杜陽雜編)》의 기록이다. 창주(滄洲)의 구시산(久視山) 아래에 징록천(澄綠泉)이 솟아나는데 또 유록거(流綠渠)라 하기도 한다. 쇠나 돌을 던져 넣어도 끝까지 가라앉지 않는다.

杜陽雜編. 滄洲久視山下, 出澄綠泉, 亦謂之流綠渠. 投之金石, 終不沈沒.

있는 형상이다.

308. 이도현(夷道縣): 호북성(湖北省) 의도현(宜都縣) 서북쪽이다.

309. 당자서(唐子西): 송(宋)의 문인 당경(唐庚)의 자(字)가 자서(子西)이다.

310. 나부(羅浮): 광동성(廣東省) 나부(羅浮)이다.

호포천(虎跑泉) 항주(杭州)의 남산(南山)에 있다. 당(唐)나라의 성공선사(性空禪師)가 이 산에 와서 머물다가 물이 없어서 장차 다른 곳으로 가려 하였다. 문득 신령이 나타나 알려 주기를, "선사께서 오신 이후로 우리들은 매우 큰 은혜를 입었는데, 어찌하여 우리를 버리고 떠나십니까? 남악동자(南嶽童子)가 호랑이 두 마리를 이곳으로 옮겨 올 때 선사께서는 걱정하지 마십시오"라고 하였다. 다음날 과연 호랑이 두 마리가 산을 뛰어다니는 것이 보였고, 거기에 샘이 솟았는데 그 차가운 맛이 보통 샘보다 훨씬 좋았다.

在杭之南山. 唐性空禪師, 來遊此山, 以無水, 將他之. 忽神人告曰, 自師來, 我等儆惠甚大, 奈何棄去, 南岳童子, 當遣二虎來移, 師無憂也. 翌日, 果見二虎跑山, 出泉, 其冽勝常.[311]

희객천(喜客泉) 모산(茅山)[312]에 있다. 손님이 오면 샘이 용솟음쳐 오른다.

在茅山. 客至則泉湧出.

노옹천(老翁泉) 미주(眉州)에 있다. 소순(蘇洵)의 《가우집(嘉祐集)》에 다음과 같은 내용이 전한다. "십수 년 전 달밤에 한 노인이 창백한 얼굴에 백발을 하고 샘물 가에 누워 쉬고 있었는데, 그곳으로 다가가자 숨으려고 샘물 속으로 들어가서 보이지 않았다. 소순이 벽돌과 돌로 벽돌과 돌로 정자를 지어 그 샘을 덮고 〈노옹정명(老翁井銘)〉을 지었다."[313]

在眉州. 蘇洵嘉祐集云, 十數年前, 月夜, 有一老翁, 蒼顔白髮, 偃息泉上, 就之則隱而入於泉, 弗見. 洵甃以石建亭覆之, 因作銘.

투녀천(妬女泉) 병주(幷州)[314]에 있다. 무릇 부녀자들이 곱게 화장을 하고 채색 옷을 입고 그곳에 가면 반드시 우레가 치고 비가 내린다.

在幷州. 凡婦女靜粧彩服, 至其地者, 必興雷雨.

아대천(阿對泉) 아대(阿對)는 본래 동한(東漢) 양진(楊震)[315] 집안의 어린 노비였다. 일찍이 이 우물의 샘물을 길어 채소밭에 물을 주었다. 당(唐)나라 오융(吳融)[316]의 시에 다음과 같은 구절이 있다. "도읍지의 소년들이 누구냐고 물으면, 아대천 머리맡의 한 백성이라 말해 주리."

阿對本東漢楊震家僮. 嘗引此井泉, 灌蔬. 唐吳融詩, 五陵年少如相問, 阿對泉頭一布衣.

추필천(墜筆泉) 형주(荊州)[317]의 송자현(松滋縣)[318] 고죽사(苦竹寺)에 어떤 스님이 우물을 준설하다가 붓 한 자루를 주웠다. 그 뒤 황정견(黃庭堅)[319]이 검주(黔州)[320]로 귀양 가다가 이곳에 들러 그 붓을 보고는 말하기를, "이것은 내가 하마배(蝦蟇培)에서 떨어뜨린 것이다"라고 하였다. 이 때문에 이 샘물이 하마배(蝦蟇培)[321]와 서로 통한다는 것을 알게 되었다.

荊州松滋縣苦竹寺有僧, 浚井得一筆. 後黃庭堅謫黔, 過此, 視筆曰, 此吾蝦蟇培所墜也, 因知此泉與蝦蟇培

---

311. 이 내용은 명(明) 송렴(宋濂)의 〈호포천명(虎跑泉銘)〉에 보인다.
312. 모산(茅山): 강소성(江蘇省) 금단시(金壇市)에 있는 산이다. 이곳에 도교 사원이 많다.
313. 〈노옹정명(老翁井銘)〉은 《가우집(嘉祐集)》 권15에 보인다.
314. 병주(幷州): 산서성(山西省) 태원시(太原市)이다.
315. 양진(楊震: ?-124): 자(字)는 백기(伯起)이며, 후한(後漢) 안제(安帝) 때의 대학자이다.
316. 오융(吳融): 자(字)는 자화(子華)이다. 당말(唐末) 소종(昭宗) 때의 시인이다.
317. 형주(荊州): 지금의 호남(湖南), 호북(湖北), 중경시(重慶市) 및 귀주(貴州), 광동(廣東), 광서(廣西) 일부 지역이다.
318. 송자현(松滋縣): 지금의 호북성(湖北省) 송자현(松滋縣) 서쪽.
319. 황정견(黃庭堅: 1045-1105): 자(字)는 노직(魯直)이며 호(號)는 산곡(山谷)이다. 북송(北宋)의 시인, 서법가, 화가이다. 스승인 소식(蘇軾)과 더불어 송대(宋代)를 대표하는 시인으로 꼽히며 강서시파(江西詩派)의 대표자이다.
320. 검주(黔州): 지금의 귀주성(貴州省)이다.
321. 하마배(蝦蟇培): 장강(長江) 서릉협(西陵峽)에 있는 선자협(扇子峽) 남쪽 강안(江岸)에 있다. 선자협 절벽 꼭대기에 커다란 물웅덩이가 있는데 거기에서 맑은 샘물이 흘러내려, 아래쪽에 돌출해 있는 타원형 거석(巨石)위로 흘러 들어간다. 이

相通.

연래천(燕來泉) 빈주(彬州)322에 있다. 제비가 올 때 샘이 솟아나고, 제비가 떠날 때 샘이 마르기 때문에 이런 이름이 붙었다. 송(宋)나라 절언질(折彦質)323이 빈주(彬州)에 거주할 때 띠풀을 베어다 정자를 만들고 연천정(燕泉亭)이라 이름 붙였다.

在彬州. 以燕來時, 泉生, 去時, 泉涸, 故名. 宋折彦質居彬州, 剪茅爲亭, 名燕泉亭.

내공천(萊公泉) 형주(衡州)324 감천사(甘泉寺)에 있다. 구래공(寇萊公)325이 남쪽으로 좌천되었을 때 어느 날 동쪽 기둥에 대련(對聯)을 쓰기를, "평중(平仲: 寇準)이 샘물 마시러 이곳에 들렀다가, 북쪽 대궐 돌아보며 암담하게 떠나간다"라고 하였다. 얼마 지나지 않아 정위지(丁謂之)326가 이곳에 들러 서쪽 기둥에 대련을 쓰기를, "위지(謂之: 丁謂)는 샘물을 마시고 예불을 위해 떠나간다"라고 하였다. 또 범풍(范諷)327이 이 절에 시를 남기며 읊기를, "평중은 샘물 마시고 북쪽을 바라보았고, 위지는 예불하러 남쪽으로 떠나갔네. 이내는 푸르스름 문 앞길을 덮으면서, 고승으로 하여금 임금 은총 싫어하게 하네"라고 하였다. 순희(淳熙)328 연간에 남헌(南軒) 장식(張栻)329이 이 샘에 팻말을 붙이고 내공천(萊公泉)이라 하였다.

在衡州甘泉寺. 寇萊公南遷, 日題於東楹曰, 平仲酌泉經此, 回望北闕, 黯然而去. 未幾, 丁謂之過此, 題於西楹曰, 謂之酌泉, 禮佛而去. 范諷留詩於寺曰, 平仲酌泉回北望, 謂之禮佛向南行. 烟嵐翠鎖門前路, 轉使高僧厭寵榮. 淳熙中, 南軒張栻榜此泉曰萊公泉.

범공천(范公泉) 범중엄(范仲淹)330이 청주(青州)331에서 고을살이를 할 때 은혜로운 정치를 펴자 양계(洋溪)332 곁에 달콤한 샘물이 솟았다. 사람들은 범공의 은혜로운 정치에 의한 것으로 간주하였다. 지금 의원들이 이 물을 써서 환약을 만들면서 청주백원자(青州白元子)라 부르고 있다.

范仲淹知青州, 有惠政, 洋溪側出醴泉. 人以范公目之. 今醫家用以丸藥, 名青州白元子.

주천(酒泉) 《서하구사(西河舊事)》의 기록이다. 복록성(福祿城)333은 사애(謝艾)334가 쌓았는데 그 아

거대한 타원 암석은 길이가 28미터에 달하며 폭은 7미터에 달하고, 그 모습은 두꺼비와 매우 닮았다. 샘물이 이 거대한 바위 두꺼비의 코와 움푹 패인 입 사이를 흘러 물 주렴을 만들면서 장강으로 떨어진다. 그 물방울이 진주처럼 부서져 흩날리며 물안개를 만든다. 또 이 바위 두꺼비의 등으로도 샘물이 흘러내리는데, 그 꼬리 부분에 커다란 바위 웅덩이가 있다. 이 샘물은 맑고도 맛이 뛰어나서 차를 끓여 먹어도 좋고, 또 전설에 의하면 경사(京師)로 과거보러 가는 사람들이 이 샘물을 받아가서 먹을 갈면 훌륭한 문장을 지을 수 있다고도 한다.

322. 빈주(彬州): 호남성(湖南省) 빈주시(彬州市)이다.
323. 절언질(折彦質: ?-1160): 자(字)는 중고(仲古)이다. 북송(北宋), 남송(南宋) 교체기의 관리이다. 시문에 뛰어났다.
324. 형주(衡州): 절강성(浙江省) 형주시(衡州市)이다.
325. 구래공(寇萊公): 북송(北宋)의 충신 구준(寇準: 962-1023)이다. 자(字)는 평중(平仲)이다. 진종(眞宗) 때 거란이 남침하자 화친을 반대하고 적극 항전을 주장하였다. 뒤에 내국공(萊國公)에 봉해졌기 때문에 흔히 구래공(寇萊公)으로 불린다.
326. 정위지(丁謂之): 북송의 관리 정위(丁謂: 966-1037)의 자(字)가 '위지(謂之)'이다. 구준(寇準)을 배척하고 파면시켰다. 진국공(晉國公)에 봉해졌다.
327. 범풍(范諷): 자(字)는 보지(補之)이다. 북송의 관리이다.
328. 순희(淳熙): 남송(南宋) 효종(孝宗)의 연호(1174-1189)이다.
329. 장식(張栻: 1133-1180): 자(字)는 경부(敬夫) 또는 낙재(樂齋)이고 호(號)는 남헌(南軒)이다. 남송(南宋)을 중흥시킨 현신(賢臣) 장준(張浚)의 장자이다. 유명한 이학가(理學家)로 호상학파(湖湘學派)의 집대성자이다. 당시 주희(朱熹), 여조겸(呂祖謙)과 함께 동남삼현(東南三賢)으로 일컬어졌다. 벼슬은 우문전수찬(右文殿修撰)에 이르렀다.
330. 범중엄(范仲淹: 989-1052): 자(字)는 희문(希文)으로 북송(北宋)의 정치가이며 문학가이다. 참지정사(參知政事), 섬서사로안무사(陝西四路按撫使) 등을 역임하였고, 구양수(歐陽修) 등과 개혁 정책을 추진하였다. 시호는 문정(文正)이다.
331. 청주(青州): 산동성(山東省) 청주시(青州市) 일대이다.
332. 양계(洋溪): 산동성 청주시에 있는 양계호(洋溪湖)이다.
333. 복록성(福祿城): 감숙성(甘肅城) 주천(酒泉) 경내에 있던 성이다.

래에 좋은 샘물이 있고 그 맛이 술과 같기 때문에 주천(酒泉)이라 부른다.

西河舊事. 福祿城謝艾所築, 下有金泉, 味如酒, 故曰酒泉.

돌천(咄泉) 안풍군(安豐軍)335 정계사(靜戒寺) 북쪽에 있다. 사람들이 샘물 곁으로 가서 크게 소리지르면 크게 솟아나오고 작게 소리지르면 작게 솟아나온다. 만약 꾸짖으며 소리지르면 샘물이 더욱 세차게 솟아나온다.《환우기(寰宇記)》

在安豐軍淨戒寺北. 人至泉旁, 大叫則大湧, 小叫則小湧. 若咄之湧彌甚.〈寰宇記〉

유천(乳泉) 남검주(南劍州)336 천계산(天階山)에 유천(乳泉)이 있는데 그것을 마시면 산고개에 올라 하늘을 나는 것과 같다.《환우기(寰宇記)》

南劍州天階山有乳泉, 服之, 登山嶺如飛.〈仝上〉

조천(潮泉) 계롱산(鷄籠山)337 계곡 가운데 10여 군데에 마치 사람의 힘으로 조성한 것처럼 돌이 쌓인 곳이 있다. 그곳에서 아침 저녁으로 샘이 솟아나오는데 바다 조수의 시각과 거의 차이가 없고 초하루와 보름 때는 더욱 세차게 솟아나오고 항상 물이 끓는 것 같다.

鷄籠山澗中十數處, 累石若出人力. 朝夕有湧泉, 如潮時刻不差, 朔望尤大, 常如沸湯.

감응천(感應泉) 평락부(平樂府)338에 있다. 송(宋)나라 추호(鄒浩)339가 소주(昭州)340에서 귀양살이 할 때 강물을 마실 수 없어서 수 리 밖에서 물을 길어야 했다. 그 뒤 머물러 살던 고개 아래에 샘이 솟아 나왔다. 장차 북쪽으로 돌아가기 며칠 전에는 그 샘이 말랐고, 조금 뒤 어떤 사람이 문 옆으로 와서 큰 목소리로, "시랑(侍郎)께서 돌아가신다"라고 하였다. 다음날 과연 귀환하라는 명령을 받았고 상주(常州)341에 도착하여 죽었다. 양시(楊時)342가 조문하는 시를 써서 읊기를, "단 샘도 솟지 않고 문 옆에 사자가 왔네"라고 하였다. 어찌 귀신이 없겠는가?

在平樂府. 宋鄒浩謫居昭州, 以江水不可飮, 汲於數里外. 後所居嶺下, 有泉湧出. 及將北歸數日前, 泉乃涸, 旋有人至門上, 厲聲曰, 侍郞歸矣. 翌日, 果拜命歸, 至常州卒. 楊時挽詩, 泉甘不出戶客至. 豈無神.

저룡천(猪龍泉) 미주(眉州)343 소식(蘇軾)의 별장에 저룡천(猪龍泉)이 있다. 소식이 말하기를, "소문에 100년 전에 암퇘지가 이곳에 엎드려 잉어 두 마리로 변하였으니 아마도 저룡(猪龍)인 것 같다. 세상 사람 중에 아무도 본 사람이 없었는데 내가 우연히 보고 처남인 왕원(王愿)에게 이야기하였다. 왕원은 내가 황당한 소리를 한다고 의심하였다. 이 때문에 샘에다 기도를 올리니 잉어 두 마리가 다시 뛰어나왔고 의심이 비로소 풀렸다"라고 하였다.

眉州蘇軾別業, 有猪龍泉. 軾云, 聞百年前有牝猪, 伏於此, 化爲二鯉, 蓋猪龍也. 世莫有見者, 余偶見之, 以告妻兄王愿. 愿疑余誕, 因禱於泉, 二鯉復出, 疑始釋.

폭포천(瀑布泉) 《시사(詩史)》의 기록이다. 당(唐)나라 선종(宣宗)이 잠저(潛邸) 시에 무종(武宗)이 그를 싫어하였다. 이에 행적을 감추고 중이 되어 세

---

334. 사애(謝艾): 남북조시대 전량(前凉)의 명장이다.
335. 안풍군(安豐軍): 남송 소흥(紹興) 12년(1142년)에 설치한 행정명칭이다. 지금의 안휘성(安徽省) 수현(壽縣) 경내이다.
336. 남검주(南劍州): 복건성(福建省) 남평현(南平縣)이다.
337. 계롱산(鷄籠山): 안휘성(安徽省) 화현(和縣)에 있다.
338. 평락부(平樂府): 광서(廣西) 평락현(平樂縣)이다.
339. 추호(鄒浩: 1060-1111): 자(字)는 지완(志完)이다. 북송 인종에서 휘종 시기의 관리이다.
340. 소주(昭州): 광동성(廣東省) 소주시(昭州市)이다.
341. 상주(常州): 강소성(江蘇省) 상주시(常州市)이다.
342. 양시(楊時: 1053-1135): 자(字)는 중립(中立)이다. 북송, 남송 교체기의 관리이며 학자이다.
343. 미주(眉州): 사천성(四川省) 미산시(眉山市)이다.

상 밖을 떠돌았다. 황얼선사(黃檗禪師)와 함께 폭포천(瀑布泉)을 구경할 때 선사가 시 한 연을 읊어서, "바위 뚫고 계곡 넘으며 수고도 마다 않고, 거꾸로 바닥에 떨어져 온 곳이 높음을 아네"라고 하였다. 선종이 이어서 읊기를, "계곡 사이에 어떻게 머물 수가 있겠는가? 마침내 대해로 가서 파도를 일으키리라"라고 하였다.

詩史. 唐宣宗微時, 以武宗忌之. 遯跡爲僧, 游方外. 與黃檗禪師同觀瀑布泉, 禪師一聯云, 穿巖越壑不辭勞, 倒底方知出處高. 宣宗續之曰, 溪澗豈能留得住, 終歸大海作波濤.

서응(徐凝)[344]이 〈여산폭포(廬山瀑布)〉 시에서 읊기를, "만 리나 길다랗게 흰 명주가 날리는 듯, 한 줄기가 청산의 색을 둘로 갈라 놓았네"라고 하였다. 소동파가 "지극히 비루하다"라고 하면서 장난스럽게 절구를 짓기를, "천제께서 은하수를 한 줄기 드리우시니, 옛날부터 애오라지 이태백(李太白) 시[345]가 명구일세. 날리는 물 뿌려진 거품 그 얼마나 많더라도, 서응(徐凝)을 위하여 졸작 시를 씻지는 않으리"라고 하였다.《지림(志林)》[346]

徐凝瀑布詩云, 萬里長如白練飛, 一條界破青山色. 東坡云, 至爲塵陋, 戲作絶句, 帝遣銀河一派垂, 古來惟有謫仙詞, 飛流濺沫知多少, 不爲徐凝洗惡詩.〈志林〉

천제천(天齊天) 《제지기(齊地記)》의 기록이다. 샘물 속에서 기와가 흘러나왔고 기와 위에 천제(天齊)라는 두 글자가 씌어 있었다. 안자(晏子)가 말하기를, "내가 듣건대 장강은 깊이가 5리라고 하고 바다는 깊이가 10리라고 하는데, 이 샘은 하늘과 깊이가 같은 것 같다"고 하였다.

齊地記. 泉中流出瓦, 瓦上有天齊二字. 晏子曰, 吾聞, 江深五里, 海深十里. 此泉與天齊也.

우용천(雨湧泉) 원주부(袁州府)[347] 양기산(楊岐山)에 우용천(雨湧泉)이 있다. 전해 오는 말에 의하면 바다와 함께 하늘과 통하며, 비가 오려고 하면 샘물이 먼저 끓어오른다고 한다. 송(宋)나라 주태(周兑)[348]가 시를 지어 다음과 같이 읊었다. "양기산(楊岐山) 아래에 신령스런 샘이 솟아, 바다와 통한다고 옛날부터 전해 왔네. 샘물이 들끓으면 비 내릴 줄 아는 것이니, 공연히 음석(陰石)[349]에다 채찍질하라 말을 말게."

袁州府楊岐山, 有雨湧泉. 相傳與海通天, 欲雨, 泉水先湧. 宋周兌詩, 楊岐山下出靈泉, 與海相通亘古傳. 洶湧便知天欲雨, 爲言陰石不須鞭.

윤덕천(潤德泉) 윤덕천(潤德泉)은 봉상부(鳳翔府)[350] 기산현(岐山縣) 서북쪽 주공묘(周公廟) 곁에 있다. 전해 오는 말에 의하면 시대가 평화로우면 샘물이 흘러나오고, 시대가 어지러우면 샘물이 마른다고 한다. 송(宋)나라 옹희(雍熙)[351] 연간에 지금의 이름을 하사했다. 비문이 있다.

潤德泉, 在鳳翔府, 岐山縣西北. 周公廟傍. 相傳, 時平則流, 亂則竭. 宋雍熙中, 賜今名. 有碑記.

온천(溫泉) 여산탕(驪山湯).[352] 구설(舊說)에 의하

344. 서응(徐凝): 당(唐) 헌종(憲宗) 원화(元和) 연간에 활동한 시인이다.
345. 이태백(李太白) 시: 이백(李白)은 〈망여산폭포(望廬山暴布)〉 시에서 "日照香爐生紫烟, 遙看瀑布挂前川. 飛流直下三千尺, 疑是銀河落九天"이라고 읊었다.
346. 《지림(志林)》: 《동파지림(東坡志林)》이다. 《동파지림》은 북송 소식(蘇軾)이 엮은 책이다.
347. 원주부(袁州府): 강서성(江西省) 원주시(袁州市)이다.
348. 주태(周兑): 송(宋) 철종(哲宗)과 휘종(徽宗) 때 사람으로 원주부사(袁州府事)를 역임하였다.
349. 음석(陰石): 《수경주(水經注)에 의하면, 의도군(宜都郡)에 양석(陽石)과 음석(陰石) 두 돌멩이가 있는데, 양석에 채찍질을 하면 날이 맑아지고, 음석에 채찍질을 하면 날이 흐려진다고 한다.
350. 봉상부(鳳翔府): 섬서성(陝西省) 봉상현(鳳翔縣)과 보계시(寶鷄市) 일대이다.
351. 옹희(雍熙): 북송(北宋) 태종(太宗)의 연호(984-987)이다.
352. 여산탕(驪山湯): 여산(驪山)에 있는 온천이다. 여산은 섬서성(陝西省) 서안시(西安市) 임동현(臨潼縣) 남쪽에 있다.

면 소, 양, 돼지를 모두 잡아 제사 지내야 온천에 들어갈 수 있으며 또 질병을 제거하고 소멸시킬 수 있다고 한다. 그곳 풍속에는 다음과 같은 말이 전해 온다. 진시황(秦始皇)이 신녀(神女)와 놀다가 신녀의 뜻을 거슬러 신녀가 침을 뱉자 바로 종기가 생겼다. 진시황이 두려운 마음에 감사를 표시하자 신녀가 진시황을 위해 온천을 솟게 하였고 (그것으로 종기를) 깨끗하게 제거하였다. 후세 사람들이 이 때문에 이 온천을 영험하게 여겼다.《삼진기(三秦記)》

驪山湯. 舊說, 以三牲祭, 乃得入, 可以去疾消病. 俗云, 秦始皇與神女遊, 而忤其旨, 神女唾之, 則生瘡, 始皇怖謝, 神女爲出溫泉, 而洗除. 後人因以爲驗.〈三秦記〉

천보(天寶)[353] 6년 온천(溫泉)의 이름을 바꾸어 화청궁(華淸宮)이라 하였다. 안록산(安祿山)이 흰 옥돌로 물고기, 용, 오리, 기러기를 만들었고, 이에 또 돌다리와 돌연꽃을 헌상하였다. 조각이 교묘하여 마치 인공으로 만든 것이 아닌 듯하였다. 임금[당 현종]이 크게 기뻐하며 탕 속에 돌다리를 놓게 하고 그것을 탕 위로 가로로 걸쳐지게 하였다. 연꽃이 바야흐로 물 위에 피어날 때 임금이 화청궁으로 행차하여 그곳에 이르러 옷을 벗고 탕으로 들어가려 하였다. 물고기, 용, 오리, 기러기가 모두 마치 비늘을 떨치고 날개를 퍼덕이며 살아서 날아가려는 듯하자 임금이 몹시 두려워하며 급히 명령을 내려 철거하게 하였다. 그러나 연꽃은 지금까지도 여전히 그곳에 있다.

天寶六載, 更溫泉曰華淸宮. 安祿山以白玉石爲魚龍鳧雁, 仍以石梁及石蓮花以獻. 雕鐫巧妙, 殆非人工. 上大悅, 命陳於湯中仍以石梁, 橫亘湯上. 而蓮花纔出水際, 上因幸華淸宮, 至其所, 解衣將入, 而魚龍鳧雁皆若奮鱗擧翼, 狀欲飛動, 上甚恐, 遽命撤去. 而蓮花今猶存焉.

《여산기(廬山記)》의 기록이다. 주부산(主簿山)[354]은 호랑묘(胡郎廟) 남쪽에 있다. 산 아래에 온천이 있고 혈구(穴口) 주위로 한 길 거리에 마치 물이 끓는 것처럼 온천이 솟아나오는데 겨울이든 여름이든 항상 뜨겁다.

廬山記. 主簿山在胡郎廟南. 山下有溫泉, 穴口周圍一丈許, 涌出如湯沸, 冬夏常熱.

《양주기(梁州記)》[355]의 기록이다. 한수(漢水)의 남쪽에 온천이 있는데 그 주위 둘레가 수십 보에 이른다. 겨울과 여름에도 항상 부글부글 솟아오르는 것이 마치 물이 끓는 것 같다. 그 열로 계란도 삶을 수 있다. 20리 못 미친 지역에서도 멀리 흰 수증기가 하늘로 솟아오르는 모습이 보인다.

梁州記. 漢水南有溫泉, 周迴數十步. 冬夏常沸湧, 若湯. 其熱可熟鷄子, 未至二十里, 卽望見白氣衝天.

《유양잡조(酉陽雜俎)》[356]의 기록이다. 구객현(句客縣)[357] 오독당(吳瀆塘)에는 조수가 밀려드는데 반은 차갑고 반은 뜨겁다. 그 열기로 닭을 삶을 수 있고, 차가운 곳 뜨거운 곳에 모두 물고기가 사는데, 서로 장소를 바꾸어 들어가면 갑자기 죽어 버린다.

雜俎. 句客縣吳瀆塘有潮水,[358] 半冷半熱, 可以瀹鷄, 皆有魚, 交入輒死.

탕천기(湯泉記) 당자서(唐子西)[359]가 지었다. 불적원(佛跡院)[360] 사원 안에 두 샘이 솟아오른다. 그 동쪽의 것이 이른바 탕천(湯泉)이고 서쪽의 것은 설여

353. 천보(天寶): 당(唐) 현종(玄宗)의 연호(742-756)이다.
354. 주부산(主簿山): 황산시(黃山市) 둔계구(屯溪區) 여양진(黎陽鎭) 서남쪽에 있다.
355. 제(齊) 유징지(劉澄之)《양주기(梁州記)》
356.《유양잡조(酉陽雜俎) · 물이(物異)》 권10.
357. 구객현(句客縣): 강소성(江蘇省) 구객현(句客縣)이다.
358. 조수(潮水):《유양잡조(酉陽雜俎) · 물이(物異)》 원문에는 '반탕호(半湯湖)'로 되어 있다.
359. 당자서(唐子西): 송(宋)의 문인 당경(唐庚)의 자(字)가 자서(子西)이다.

천(雪如泉)이다. 두 샘이 한 걸음 간격으로 떨어져 있는데, 동쪽 샘물은 매우 뜨거워서 거의 손가락도 대지 못할 정도이므로 서쪽 샘물로 그것을 식힌 연후에야 온도가 적절하게 조절되어 온천욕을 할 수 있다. 생각건대 산이 이 두 샘물을 솟아나오게 한 것은 전적으로 온천욕을 하려는 사람들을 위해 고안한 계책인가? 어떤 사람은 염주(炎州)는 땅의 성질이 매우 뜨겁기 때문에 산곡 간에 온천이 많다고도 하고, 어떤 사람은 물에서 유황이 흘러나오기 때문에 땅속이 뜨거워서 애초에 남쪽 북쪽을 불문하고 온천이 솟아나온다고 한다. 지금 임동(臨潼)[361]의 온천은 바로 정서(正西) 방향에 있고, 염주(炎州)의 나머지 샘물은 반드시 모두 뜨겁지는 않기 때문에 땅의 성질에 의해 온천이 생겨난다는 학설은 진실로 타당성을 잃은 견해이다. 그리고 유황을 물속에 넣어도 물은 뜨거워지지 않으므로 유황에 의해 온천이 생겨난다는 논리도 설득력이 없는 견해이다. 내 생각에는 하늘과 땅 사이에 온천은 스스로 한 분야를 이루고 있으므로 하늘로부터 받은 본성이 본래부터 그러한 것일 뿐, 반드시 어떤 다른 사물에 기댄 연후에야 뜨거워지는 것은 아닌 것 같다. 무릇 사물은 각기 같은 부류끼리 서로 불러 어울리는데, 물의 성질은 더욱 개결(介潔)하여 같은 부류를 찾게 되면 비록 수천만 리라도 땅속으로 흘러가 서로 통하게 된다. 그러나 같은 부류가 아니면 가로 질러 직선으로 통과하면서 물길이 가로 세로로 교차하더라도 서로의 물속으로 스며들지 않는다. 이 때문에 두 샘물 사이에는 가까운 거리라 해도 서로 받아들이지 않으며, 뜨거운 물과 차가운 물은 특히 상이함이 이와 같기 때문에 대체로 이상하게 생각할 일은 아니다. 후후 부는 입김은 뜨거운 것을 차갑게 하고, 호호 부는 입김은 차가운 것을 따뜻하게 하지만, 그것은 한 입에서 동일하게 나오는 기운이라는 것이 (이러한 현상의) 또 하나의 증명이다. 임동(臨潼) 온천수는 개원(開元)[362]과 천보(天寶)[363] 연간에 가장 유명하였는데 황제가 행차하는 은총을 입어 한 시기를 진동하였다. 그러나 그 이후로는 그 시시비비에 관한 이론이 분분히 일어났다. 그런데 이 탕천은 중국 동남쪽 만 리 밖에서 솟아나므로 산속 스님이나 시골 늙은이가 즐기지 않으면 시인이나 유배객들이 시를 읊으며 배회하는 곳이다. 은총이나 치욕이 어디에서 이를 수 있겠는가? 이 탕천을 위해 여러 계획을 생각하는 사람이라면 이 탕천을 저 화청지의 온천으로 바꾸려 하겠는가?

唐子西. 佛跡院院中, 湧二泉. 其東所謂湯泉, 其西雪如也. 二泉相去步武間, 而東泉熱甚, 殆不可觸指, 以西泉解之, 然後調適可浴. 意山之出二泉, 專爲浴者計哉. 或說, 炎州地性酷烈, 故山谷多湯泉, 或說, 水出硫黃, 地中卽溫, 初不問南北. 今臨潼湯泉, 乃在正西, 而炎州餘水, 未必皆熱, 則地性之說, 固已失之. 然以硫黃置水中, 水不能溫, 則硫黃之論, 亦未爲得. 吾意湯泉在天地間, 自爲一類, 受性本然, 不必有待, 然後溫也. 凡物各求其類, 而水性尤耿介, 得其類, 則雖數千萬里, 而伏流相通. 非其類, 則橫絶徑過, 十字旁午, 而不相入. 故二泉之間, 不能容尋常, 而炎涼特異如此, 蓋亦無足怪者. 吹氣爲寒, 呵氣爲溫, 而同出於一口, 此其證也. 臨潼之水, 在開元天寶時, 最爲知名, 恩幸寵遇, 震動一時. 然自是以來, 是非口語, 亦紛紛矣. 此泉出東南萬里外, 非山僧野叟之所遊嬉, 則騷人遷客之所嘯詠而徘徊也. 寵辱何自而至哉. 爲泉計者, 其肯以此而易彼乎.

360. 불적원(佛跡院): 광동성(廣東省) 혜주시(惠州市) 백수산(白水山)에 있던 불교 사원이다.
361. 임동(臨潼): 섬서성(陝西省) 서안(西安)의 화청지(華淸池)가 있는 곳이다.
362. 개원(開元): 개원(開元): 당(唐) 현종(玄宗)의 연호(713-741)이다.
363. 천보(天寶): 당(唐) 현종(玄宗)의 연호(742-756)이다.

우물 井

• 《석명(釋名)》의 기록이다. 정(井)은 '맑다[淸]'는 뜻이다. 샘물이 맑고 깨끗하다는 의미이다.

釋名.[364] 井, 淸也. 泉淸潔者也.

• 《역전(易傳)》의 기록이다. 정(井)은 '통한다[通]'는 뜻이다. 사물이 서로 통하여 두루 쓰이는 것이다.

易傳. 井, 通也. 物所通用.

• 《풍속통(風俗通)》의 기록이다. 정(井)은 '법(法)'의 뜻이고 '조절한다[節]'는 뜻이다. 법으로써 주민들을 잘 제어하고 음식을 잘 조절하게 하면 다 고갈되지 않는다.

風俗通. 井, 法也, 節也. 言法制居人, 令節其飮食, 無窮竭也.

• 《주서(周書)》의 기록이다. 황제(黃帝)가 처음 우물을 뚫었다.

周書.[365] 黃帝始穿井.[366]

• 《세본(世本)》의 기록이다. 백익(伯益)[367]이 우물을 팠다.

世本伯益作井.

• 《형주기(荊州記)》의 기록이다. 수군(隋郡) 중산(重山)에 한 구덩이가 있다. 노인들이 전하는 말에 의하면 "신농씨(神農氏)[368]의 탄생지"라고 한다. 그 가운데에 9개의 우물이 있는데 신농씨가 이 9개의 우물을 잘 관리하였기 때문에 한 우물의 물을 길어 올리면 그 옆의 여러 우물의 물도 함께 출렁거린다.

荊州記. 隋郡重山有一穴. 父老相傳云, 神農所生地, 中有九井, 神農旣育九井, 自穿汲一井, 則衆井水動.

노자정(老子井) 양읍현(襄邑縣)[369] 남뢰향(南瀨鄕) 남쪽은 노자(老子)의 옛 마을이다. (그곳에) 노자 사당이 있는데 사당 가운데에 9개의 우물이 있어서 사당에 들어가는 사람들을 깨끗하게 씻어 줄 수 있게 한다. 물의 온도와 맑기는 사람의 마음에 따라 조절된다고 한다.《유명록(幽明錄)》

襄邑縣南瀨鄕, 老子之舊鄕也. 有老子廟, 廟中有九井, 能潔齋入祠者. 水溫淸, 隨人意念.〈幽明錄〉

관영정(灌嬰井) 손권(孫權)이 분성(湓城)[370]을 지나다가 스스로 우물터를 표시하고 사람을 시켜 파도록 하여 바로 옛 우물 얻었다. 그곳 돌에 다음과 같은 명문(銘文)이 새겨져 있었다. "한(漢) 6년 영음후(潁陰侯)가 이 우물을 팠다. 점괘에 이르기를 '300년이 지난 후 폐쇄될 것이며, 폐쇄된 후 100년이 덜 되어 하늘의 운을 타고난 사람이 다시 우물을 열 것이다'라고 하였다." 손권이 이 명문을 보고 기뻐하며 자신을 위한 길조라고 생각하였다. 우물은 매우 깊었으며 장강에 풍랑이 일 때에는 이 우물의 물도 바로 출렁거렸기 때문에 그곳 토박이들은 낭정(浪井)이라 불렀다.

孫權經湓城, 自標井地, 令人掘之, 正得故井. 有石銘

---

364. 《석명(釋名)·석수(釋水)》
365. 《일주서(逸周書)·일문(逸文)》
366. 《일주서(逸周書)·일문(逸文)》에는 '黃帝作井'으로 되어 있다.
367. 백익(伯益): 순(舜)임금 때 동이족(東夷族)의 지도자였다. 우(禹)임금이 치수(治水)할 때도 많은 공을 세웠으나 우(禹)임금이 그에게 왕위를 양보하자 기산(箕山)의 북쪽에 숨었다고 한다. 《세본(世本)》: 전국시대 조(趙)나라의 역사책이다. 당(唐)나라 시대에는 태종 이세민(李世民)의 이름을 피휘하여 《계본(系本)》 또는 《대본(代本)》으로 부르기도 하였다.
368. 신농씨(神農氏): 신농씨는 옛 전설 속의 제왕으로 삼황(三皇)의 한 사람이다. 농업·의료·악사(樂師)의 신, 주조(鑄造)와 양조(釀造)의 신이며, 또 역(易)의 신, 상업의 신이라고도 한다.
369. 襄邑縣(양읍현): 하남성(河南省) 수현(睢縣)이다.
370. 분성(湓城): 강서성(江西省) 구강(九江)에 있는 서창시(瑞昌市)이다.

云, 漢六年, 潁陰侯所開, 卜云, 三百年當塞, 塞後不滿百年, 當爲應運者, 所開. 權見銘欣悅, 以爲己瑞. 井甚深, 大江有風浪, 此井輒動, 土人呼爲浪井.

가부정(賈傅井) 상주(湘州)[371] 남사(南寺)의 가의(賈誼)[372]의 옛 집에 우물이 있다. 위는 좁고 아래는 넓어서 마치 호리병 같은 모습을 하고 있는데 가의가 판 우물이라 한다.《형주기(荊州記)》

湘州南寺之東賈誼宅, 有井. 上斂下大, 狀似壺, 卽誼所穿井.〈荊州記〉

통선정(通仙井) 익주(益州)[373]의 엄정관(嚴貞觀)[374]에 통선정(通仙井)이라는 우물이 있다. 그곳에 다음과 같은 이야기가 전해 온다. "이 우물은 광한(廣漢)[375] 면죽(綿竹)[376]에 있는 엄군평(嚴君平)[377]의 옛집 우물과 서로 통한다. 어떤 사람이 우물을 청소하다가 동전 세 개를 주웠는데, 지름이 두 치 정도였다. 그런데 갑자기 마음이 어지럽고 불안하여 다시 우물 속으로 동전을 던져 넣으니 곧바로 마음이 치유되었다. 혹자는 말하기를 이것은 엄군평이 점을 쳐서 점괘를 뽑던 동전이라 한다."

益州嚴貞觀有通仙井. 相傳, 此井與廣漢綿竹君平宅井相通. 有人淘井, 得銅錢三, 徑可二寸. 因恍惚不安, 復投井中, 立愈. 或云, 此君平卜卦錢也,

단사정(丹砂井) 임원현(臨沅縣)[378]에 요씨(廖氏)댁이 있는데 대대로 장수하는 집안이었다. 그 뒤 자손들이 이사를 가자 점차 요절하는 사람이 많았다. 다른 사람이 그 옛집에 거주하자 다시 대대로 장수하는 사람이 많았다. 시험삼아 그곳 우물을 파 보니 우물 좌우에 옛 사람이 묻어 놓는 단사(丹砂) 수십 곡(斛)[379]이 나왔다. 이 단사의 즙이 우물로 녹아들어갔고 이 때문에 이 우물을 마신 사람은 장수하게 된 것이다.《포박자(抱朴子)》

臨沅縣有廖氏家, 世世壽考. 後子孫徙去, 轉多夭折. 他人居其故宅, 復累世壽考. 試掘井, 左右得古人埋丹砂數十斛. 此丹砂汁入井, 是以飮其水而得壽.〈抱朴子〉

녹주정(綠珠井) 옛날 양씨(梁氏)의 딸이 용모가 아름다워서, 석계륜(石季倫)[380]이 둥근 구슬 3곡(斛)을 주고 사왔다. 양씨의 집에는 옛 우물이 있었다. 노인들이 전하는 말에 의하면 이 물을 길어서 마신 사람이 딸을 낳으면 반드시 미녀가 많다고 한다. 그 마을에 식견이 있는 사람이 미인은 시운(時運)에 이롭지 못하다고 생각하고는 마침내 큰 돌로 우물을 메웠다. 이후에는 비록 모습이 단정한 딸을 낳더라도 이목구비와 사지가 대부분 불완전하였다.

昔梁氏之女有容貌, 石季倫以圓珠三斛買之. 梁氏之居, 舊井存焉. 耆老傳云, 汲飮此水者, 誕女, 必多美麗. 里閭有識者, 以美色無益於時, 遂以巨石塡之. 爾

---

371. 상주(湘州): 호남성(湖南省) 상주시(湘州市)이다.
372. 가의(賈誼): 전한(前漢) 낙양(洛陽) 사람이다. 어려서부터 재주가 뛰어났다. 18세에 벌써 송시(誦詩)와 작문(作文)에 능통하였고, 20여 세에 문제(文帝)가 박사(博士)로 임명하였다. 〈과진론(過秦論)〉·〈복조부(鵩鳥賦)〉·〈조굴원부(弔屈原賦)〉 등이 전한다.
373. 익주(益州): 지금의 사천성(四川省)과 중경시(重慶市) 일대이다.
374. 엄정관(嚴貞觀): 사천성 성도(成都)에 있던 도관(道觀)으로 엄군평(嚴君平)을 기리는 곳이었다.
375. 광한(廣漢): 사천성 광한시(廣漢市)이다.
376. 면죽(綿竹): 광한시 북쪽에 있는 면죽시(綿竹市)이다.
377. 엄군평(嚴君平): 엄준(嚴遵)이다. 중국 한(漢)나라 촉(蜀) 땅의 사람으로 자(字)는 군평(君平)이다. 성격이 고결하여 성도(成都)에서 점을 치며 살았는데, 점을 치면서도 항상 충(忠)·효(孝)·신(信)·의(義)로 사람을 가르쳤다. 매일 백전(百錢)만 벌면 문을 닫고《노자(老子)》를 읽으며 더 이상 재물에 욕심을 내지 않았다. 한(漢)나라 문장가인 양웅(揚雄)이 한때 그에게서 학문을 배웠다. 저서에《노자지귀(老子指歸)》가 있다.
378. 임원현(臨沅縣): 호남성(湖南省) 상덕시(常德市)이다.
379. 곡(斛): 용량의 단위로 10두(十斗)이다.
380. 석계륜(石季倫): 석숭(石崇: 249-300)이다. 자(字)가 계륜(季倫)이다. 서진(西晉) 사람으로 호화롭고 사치스러운 생활로 유명하였다.

後雖産女端嚴, 七竅四肢多不完全.

출금정(出錦井) 남제(南齊) 때 형주(荊州)[381]의 천자정(天子井)에서 비단이 계속 나와서 그곳 남녀가 가져다 썼는데 보통 비단과 조금도 다르지 않았다. 한 달이 지나자 비단이 나오지 않았다.

南齊時, 荊州天子井出錦, 士女取用, 與常錦不異. 經月乃歇.

연지정(臙脂井) 진후주(陳後主)[382]가 장려화(張麗華)·공귀빈(孔貴嬪)과 경양정(景陽井)에 투숙하였다. 옛날부터 전해 오는 말에 의하면, 우물 난간에 돌 무늬가 있는데 비단으로 그것을 닦으면 연지 자국이 나온다고 하여 연지정(臙脂井)이라 하고 일명 욕정(辱井)이라고도 한다.

陳後主與張麗華孔貴嬪投景陽井. 舊傳云, 欄有石脈以帛拭之, 作臙脂痕, 名臙脂井, 一名辱井.

한공정(韓公井) 당(唐)나라 한조종(韓朝宗)[383]이 양주자사(襄州刺史)가 되었을 때 성 안에 소왕정(昭王井)이 있었다. 사람들이 말하기를, "이 우물물을 길어 올리는 사람은 죽는다"고 하였다. 이에 사람들이 비록 목이 말라도 감히 쳐다보려고도 하지 않았다. 한조종이 격문을 지어 귀신을 타이르자 그때부터 우물물을 마시는 사람에게 탈이 없게 되어 이 우물을 한공천(韓公泉)이라고 부르게 되었다.

唐韓朝宗爲襄州刺史, 城有昭王井. 言, 汲者死. 人雖渴而不敢視. 朝宗移書諭神, 自此, 飮者無恙, 號韓公泉.

팔각정(八角井) 가탐(賈耽)[384]이 성 북쪽에 있는 활대(滑臺)[385]에 팔각정(八角亭)을 축조하여 황하(黃河)를 진압하도록 명령을 내렸다. 그때 한 늙은이가 와서 보고는 묻기를, "이 우물을 누가 파는 것입니까?"라고 하였다. 대답하기를, "가(賈) 상공(相公)입니다"라고 하였다. 그 늙은이가 말하기를, "정말 뛰어난 솜씨입니다만 동서남북으로 (황하에) 거리가 너무 가깝습니다"라고 하였다. 가탐이 그 소식을 듣고 말하기를, "이 우물이 너무 크구나, 애석하도다"라고 하였다.

賈耽在滑臺于城北, 命築八角井, 以鎭黃河. 有一老父來觀, 問曰, 誰鑿此井. 曰, 賈相公也. 父曰, 大好手, 但近東近西近南近北也. 耽聞之曰, 是井太大也, 惜哉.[386]

투주정(投珠井) 왕애(王涯)[387]가 재상이 되어 하루는 마당에 우물 한 곳을 파더니 금과 옥으로 난간을 만들고 자물쇠를 단단하게 채웠다. 천하의 보옥과 진주를 우물 속에 던져 넣고는 그 물을 길어 마셨다. 그 뒤 왕애가 형벌을 받게 되었는데 그 잘린 뼈와 살의 색깔이 모두 금빛과 같았다.

王涯作相, 日庭穿一井. 金玉爲欄, 嚴其鎖鑰. 天下寶玉眞珠投置其中, 汲其水供飮. 後廣津被刑, 其骨肉之色, 幷如金.〈獨異志〉

계성정(鷄聲井) 개성(開成)[388] 말년에 영흥방(永興坊)의 백성 왕을(王乙)이 우물을 팠다. 보통 우물 깊이보다 한 길여를 넘어서 팠는데도 물이 없었다. 갑

381. 형주(荊州): 지금의 호남(湖南), 호북(湖北), 중경시(重慶市) 일부 및 귀주(貴州), 광동(廣東), 광서(廣西) 일부 지역이다.
382. 진후주(陳後主): 남조(南朝) 진(陳)나라의 마지막 임금이다. 주색에 탐닉하다 나라가 망하였다. 장려화(張麗華)와 공귀빈(孔貴嬪)은 모두 진후주가 총애한 후궁이다.
383. 한조종(韓朝宗): 당(唐) 현종(玄宗) 때의 관리이다. 태자빈객(太子賓客), 경조윤(京兆尹) 등을 역임하였다.
384. 가탐(賈耽: 730-805): 자(字)는 돈시(敦詩)이다. 당(唐) 현종(玄宗)과 덕종(德宗) 때의 관리이다. 벼슬은 평장사(平章事)와 좌복야(左僕射)에 이르렀다.
385. 활대(滑臺): 하남성(河南省) 활현(滑縣)이다.
386. 《태평광기(太平廣記)》 권399 〈수(水)〉에는 "耽問之, 曰, 吾是井大夫也"로 되어 있다.
387. 왕애(王涯): 자(字)는 광진(廣津)이다. 당(唐)나라 덕종(德宗)에서 헌종(憲宗)에 이르는 시기의 관리이며 문인이다. 박학하고 시문에 뛰어났다.
388. 개성(開成): 당(唐) 문종(文宗)의 연호(836-840)이다.

자기 우물 아래에서 사람 소리와 닭 울음 소리가 매우 시끄럽게 들렸는데 그 가깝기가 마치 바로 벽을 사이에 둔 이웃집과 같았다. 우물 파는 인부들이 두려워하며 감히 우물을 파지 못하였다.《유양잡조(酉陽雜俎)》

開成末, 永興坊百姓王乙掘井. 過常井一丈餘, 無水. 忽聽向下有人語及鷄聲, 甚喧鬧, 近如隔壁. 井工懼, 不敢掘.〈酉陽〉389

사명정(司命井) 《광주기(廣州記)》의 기록이다. 울림군(鬱林郡)에 돌 우물이 있는데 반은 달고 반은 담백하였다. 땅 아래로 강물과 통하며 겨울과 여름에도 항상 가득 차 있었고 그 이름을 사명정(司命井)이라 불렀는데 군내 사람들 모두에게 물을 두루 공급할 수 있었다. 그 우물이 마르면 그곳 토박이들이 병이 들고 농작물을 수확할 수 없었기 때문에, (그 우물의 상태를) 징후로 삼았다.《환우기(寰宇記)》

廣州記. 鬱林郡有石井, 半甘半淡. 潛通江波, 冬夏常盈, 名曰司命井, 周給闔境也. 其井水竭, 卽土人疫, 稼穡不登, 以爲候.〈寰宇記〉

우물 곁에 두레박을 설치하다[설기정방(設器井傍)] 관녕(管寧)390이 사는 곳에 남녀들이 더러 우물물을 긷느라 다투는 경우가 있었다. 관녕이 그것을 걱정하여 두레박을 많이 사서 우물 곁에다 나누어 두고 물을 길어 올릴 때를 대비하게 하고는 다른 사람이 알지 못하게 하였다. 물을 길러 온 사람들이 많은 두레박을 얻어 들고 이상하게 생각하고 수소문 끝에 관녕이 한 일이라는 것을 알게 되었다. 이에 각자 서로 자신을 꾸짖으며 다시는 다투지 않았다.《고사전(高士傳)》391

管寧所居, 男女或爭井鬪鬩. 寧患之, 乃多買器, 分置井傍, 汲以待之, 又不使知. 來者得而怪之, 問知寧所爲. 乃各相責, 不復鬪訟.〈高士傳〉

물맛이 단 우물이 다시 짜지다[감정부함(甘井復鹹)] "관직문(官職門) 태수(太守)"에 보인다.

見太守.

우물 속에서 배를 발견하다[정중득선(井中得船)] 오산(烏山) 아래에 물이 없어서 위(魏)나라 말엽에 어떤 사람이 우물을 다섯 길 정도 파다가 돌 상자 하나를 얻었다. 돌 상자 속에는 거북이 한 마리가 있었고 크기가 말발굽만 하였다. 다시 세 길을 파 내려가자 평평한 바위가 나왔는데 그 아래로 콸콸 물 흐르는 소리가 들렸다. 마침내 바위를 파서 물길을 뚫자 물이 북쪽으로 매우 빠르게 흘렀다. 순식간에 배 한 대가 떠 와서 바위에 부딪쳤다. 우물 파는 사람이 배 위를 들여다보다가 삼(杉) 나무로 만든 목판 하나를 발견하였다. 그 목판에는 다음과 같은 글자가 새겨져 있었다. "오(吳)나라 적오(赤烏)392 2년 8월 10일 무창왕(武昌王) 자의(子義)의 배."

烏山下無水, 魏末, 有人, 掘井五丈, 得一石函. 函中得一龜, 大如馬蹄. 復掘三丈, 遇盤石, 下有水流洶洶然. 遂鑿石穿水, 北流甚駛. 俄有一船觸石. 而匠人窺船上, 得一杉木板. 板刻字曰, 吳赤烏二年八月十日, 武昌王子義之船.

신정(新井) 《남부신서(南部新書)》의 기록이다. 백거이(白居易)의 어머니가 꽃구경을 하다가 (실족하여) 우물에 빠져 죽었다. 그 뒤에 백거이를 배척하는 자가 백거이의 〈상화(賞花)〉와 〈신정(新井)〉 시를 빌미로 그를 강주사마(江州司馬)로 좌천시켰다. 목종(穆宗)이 일찍이 그 집 기둥에 대련을 써서 붙이기를, "이 사람의 일생이 어찌 물[사리사욕]이나 다

---

389. 《유양잡조(酉陽雜俎)·낙고기(諾皐記)》 하(下).
390. 관녕(管寧: 158-241): 자(字)는 유안(幼安)이다. 중국 삼국 위(魏)나라 북해(北海) 주허(朱虛) 사람이다. 학문을 좋아하였지만 평생 명리(名利)를 탐하지 않고 고사(高士)로서 이름을 날렸다.
391. 진(晉) 황보밀(皇甫謐), 《고사전(高士傳)·관녕(管寧)》
392. 적오(赤吳): 중국 삼국시대 오(吳)나라 손권(孫權)의 연호(238-249)이다.

투리요?"라고 하였다.

南部新書. 白樂天之母, 因看花墜井. 後有排擯者, 以賞花新井之作左遷江州司馬. 穆宗嘗題柱曰, 此人一生, 爭得水喫.

서생이 우물을 파다[서생개정(書生開井)] 《감우전(感遇傳)》393의 기록이다. 수주자사(壽州刺史)394 장사평(張士平)395은 중년 이래로 부부가 모두 눈이 멀었다. 방술을 두루 구하였으나 치료할 수 없었다. 어느 날 아침 한 서생이 우물 하나를 파 주었고, 새 샘물로 눈을 씻고 나서 마침내 처음의 상태를 회복하게 되었다. 이에 이 방법을 남겨 줄테니 두루 세상 사람을 구하라고 하였다. 장사평이 재배하고 받자, 말을 마치고 하늘로 올라갔다. 이 서생은 태백성의 관리였다.

感遇傳. 壽州刺史張士平, 中年以來, 夫婦皆瞽, 歷求方術, 不愈. 一旦有書生, 開井一眼, 得新水洗眼, 遂平復如初. 因留此法令, 轉捄世人. 士平再拜受, 言訖, 升天而去, 書生太白星官也.

금정(金井) 익양현(益陽縣)396에 수백 개의 금정(金井)이 있다. 옛 노인들이 전하는 말에 의하면 금(金)나라 사람들이 지팡이로 땅을 재자 그곳이 곧 바로 우물로 변했다고 한다. 생각건대 아마도 옛날 사람들이 금을 캤기 때문에 그곳을 금정(金井)이라 한 것으로 추정된다.

益陽縣有金井數百. 古老傳有金人以杖量地, 輒便成井, 意者疑是昔人采金, 謂之金井.

양정(羊井) 노(魯)나라 애공(哀公)이 사람을 시켜 우물을 파게 하였지만 3개월이 되어도 물은 얻지 못하고 흙으로 만든 양 한 마리를 얻었다. 애공이 매우 두려워하였다. 공자가 말하기를, "듣건대 물의 정화(精華)는 옥(玉)이 되고 흙의 정화는 양(羊)이 된다고 합니다. 이 양의 간은 바로 흙일 것입니다"라고 하였다. 애공이 사람을 시켜 양을 잡아 보니 그 간이 바로 흙이었다.《한시외전(韓詩外傳)》

魯哀公使人穿井, 三月不得水, 得一土羊. 哀公甚懼. 孔子曰, 聞, 水之精爲玉, 土之精爲羊, 此羊肝乃土爾. 哀公使人殺羊, 其肝卽土也.〈韓詩外傳〉397

조정(鳥井) 영성(郢城)에 화산(華山)이 있는데 산 위에 우물이 있고 그 속에 새가 깃들어 산다. 그 새는 황금색 부리에 검은색이며 둥근 날개를 가지고 있다. 이 새가 보이면 홍수가 나고 우물도 들여다 볼 수 없다. 들여다본 사람은 1년도 못 되어 곧바로 죽는다.《이원(異苑)》

郢城有華山, 山上有井, 有鳥巢其中, 金喙黑色而團翹. 此鳥見則大水, 井又不可窺, 窺者, 不盈一歲輒死.〈異苑〉398

액정(厄井) 판저진(坂渚津)399 남쪽에 액정(厄井)이 있다. 노인들이 다음과 같이 말하였다. 한(漢) 고조(高祖)가 초(楚)나라와 싸우다가 패주하여 이 우물로 도망쳐 숨었다. 추격하는 군사가 도착했을 때 비둘기 두 마리가 우물 속에서 나와 날아갔기 때문에 재앙에서 벗어날 수 있었다. 이에 액정(厄井)이라 부르게 되었다.《서정기(西征記)》

坂渚津南有厄井. 父老云, 漢祖與楚戰, 敗走逃此井. 追軍至, 見兩鳩從井中出, 故得免厄, 因名厄井.〈西征記〉

393. 감우전(感遇傳): 당(唐) 두광정(杜光庭)《신선감우전(神仙感遇傳)》. 현재 전해지는《신선감우전》판본에는 위의 내용이 실려 있지 않다. 다만《태평광기(太平廣記)》권제75〈도술(道術)〉5에 보다 자세한 내용이 전한다.
394. 수주(壽州): 안휘성(安徽省) 수주시(壽州市)이다.
395. 장사평(張士平): 당(唐) 헌종(憲宗) 때의 관리로 수주자사(壽州刺史)를 역임하였다.
396. 익양현(益陽縣): 호남성(湖南省) 익양현(益陽縣)이다.
397. 현존하는《한시외전(韓詩外傳)》에는 이 내용이 전하지 않는다.
398.《이원(異苑)》권1.
399. 판저진(坂渚津): 지금의 몽양(蒙陽) 사수진(汜水鎭) 동북쪽이다.

동인정(銅人井)　우도(雩都)[400] 반고산(盤固山) 꼭대기에 커다란 동상이 있는 우물이 있고, 그 동상은 50년 동안 항상 그곳을 지키고 있었다. 샘물이 수십 길로 용솟음쳐 오를 때마다 그 동상은 손으로 물을 가로 막아 주었다.《남강기(南康記)》

雩都盤固山, 其峯有井大銅人, 常守之五十年. 一涌水起數十丈, 銅人每以手掩之.〈南康記〉

도로 道路

• 도(道)는 밟다, 로(路)는 드러난다는 뜻이다. 사람이 밟아서 드러나 보이는 것을 말한다. 살핀다. 《이아(爾雅)》에 다음과 같이 기록되어 있다. 한 방향으로 통하는 길을 도로(道路)라 하고, 두 방향으로 통하는 길을 기방(岐旁)이라 하며, 세 방향으로 통하는 길을 극방(劇旁)이라 하며, 사방으로 통하는 길을 구(衢)라 하고 다섯 방향으로 통하는 길을 강(康)이라 하고 여섯 방향으로 통하는 길을 장(莊)이라 하고, 일곱 방향으로 통하는 길을 극참(劇驂)이라 하고, 여덟 방향으로 통하는 길을 숭기(崇期)라 하고 아홉 방향으로 통하는 길을 규(逵)라 하고 묘당(廟堂) 가운데의 길을 당(唐)이라 한다.

道, 蹈也, 路, 露也. 言人所蹈而露見也. 案, 爾雅. 一達謂之道路, 二達謂之岐旁, 三達謂之劇旁, 四達謂之衢, 五達謂之康, 六達謂之莊, 七達謂之劇驂, 八達謂之崇期, 九達謂之逵, 廟中路謂之唐.

• 《석명(釋名)》에서 말하였다. 성 아랫길을 호(豪)라 하고, 걷는 데 이용되는 길을 혜(蹊)라 한다.

釋名又云. 城下路謂之豪, 步所用道謂之蹊.

• 또 《광아(廣雅)》의 기록이다. 역(墿)·궤(軌)[401]·긍(堩)·가(街)[402]·경(徑)[403]·환(闤)[404]·궤(闠)[405]·강(畺)[406]·곡간(谷干)은 도로이다.

又廣雅. 墿軌堩街徑闤闠畺谷干, 道也.

• 또한 진(畛)[407]·도(涂)·진(陳)[408]·천(阡)[409]·맥(陌)[410]·술(術)[411] 또한 도로의 다른 이름이다.

又畛涂陳阡陌術, 亦道路別名.[412]

• 옛날 황제(黃帝)가 천자가 되어서 장인(匠人)이 국도(國都)를 건설하는데, 도성 안에는 남북으로 향하는 9개의 대도(大道)와 동서로 향하는 아홉 개의 대도를 두었으며, 남북으로 향하는 도로는 아홉 대의 수레바퀴를 병렬시킨 너비였고, 성을 둘러싼 도로는 일곱 대의 수레바퀴를 병렬시킨 너비였으며, 도성 밖 200리 안의 도로는 다섯 대의 수레바퀴를 병렬시킨 너비였다. 합방씨(合方氏)[413]는 천하의 도로를 소통시키는 일을 관장하는데, 도성에

400. 우도(雩都): 강소성(江蘇省) 우도현(雩都縣)이다.
401. 궤(軌): 수레바퀴의 폭, 도로.
402. 가(街): 사방으로 통하는 길, 곧 성시(城市)의 대도(大道).
403. 경(徑): 좁은 길, 지름길.
404. 환(闤): 인가가 즐비한 저자 사이의 길.
405. 궤(闠): 인가가 즐비한 저자 사이의 길.
406. 강(畺): 밭 사이의 길.
407. 진(畛): 밭 사이의 경계를 나누는 작은 길.
408. 진(陳): 당(堂) 아래에서 원문(院門)에 이르는 통로.
409. 천(阡): 남북으로 난 길.
410. 맥(陌): 동서로 난 길.
411. 술(術): 차도(車道).
412. 원문에는 '제(除)'로 되어 있으나 《초학기(初學記)》 권24 등 여러 문헌을 참고하여 '도(涂)'로 바로잡았다.

서 500리 되는 사방 지역에까지 이른다. 무릇 도로상의 수레들이 서로 부딪치고 걸리면 순서대로 가게 한다. 무릇 부절을 가진 사신과 작위가 있는 관원이 이르면 그들을 위해 잡인(雜人)들의 수레를 물리친다. 교외지역의 들에서 전답 사이를 제멋대로 다니거나 지름길로 제방 등을 넘어가는 것을 금지한다.414《주례(周禮)》

昔黃帝爲天子, 匠人營國, 國中九經九緯, 經涂九軌, 環涂七軌, 野涂五軌. 合方氏掌達天下之道路, 至於四畿. 凡道路之舟車轚互者敍而行之. 凡有節者及有爵者至則爲之辟. 禁野之橫行徑踰者.〈周禮〉

• 도로에서 남자는 왼쪽으로 가고 부인은 오른쪽으로 가며 차는 중앙을 따르니, 이것이 도로에서의 일이다. 《오경요의(五經要義)》의 기록이다. 길을 떠나려는 사람은 행로신(行路神)에게 제사 드리는데, 다른 말로는 '사행(祀行)'이라 한다. 도로의 신에게 제사하여 빈다는 말이다.

道路男子由左, 婦人由右, 車從中央, 此道路之事也. 五經要義. 將行者有祖道, 一曰祀行. 言祭祀道路之神以祈也.

• 《노자》의 기록이다. 대도(大道)가 몹시 평탄하여 백성들이 좋아한다.415

老子. 大道甚夷而民好.

• 남북으로 난 길이 천(阡)이고 동서로 난 길이 맥(陌)이다.《풍속통의(風俗通義)》

徑南北爲阡東西爲陌.〈風俗通〉

• 합방씨(合方氏)는 천하의 도로를 소통시키는 일을 관장하며, 왕성(王城) 안에서 부르짖거나 한탄하여 소리 내는 자, 왕성 안의 길을 다니면서 노래하고 우는 자, 무기를 가지고 갑주(甲胄)를 입은 채로 달려가는 자 및 왕성(王城) 안에서 말을 몰고 달리는 자들을 금한다.《주례(周禮)》

合方氏掌達天下之道路, 禁嘂呼歎嗚於國中者, 行歌哭於國中之道者, 以兵革趨行者, 與馳騁於國中者.〈周禮〉416

• 양의 창자같이 구불구불한 길이 서른여섯 군데나 굽이져 있다.

羊腸盤道, 三十六迴.

• 백 리를 갈 사람은 구십 리 간 것을 반으로 생각한다. 이것은 마지막 길이 어렵다는 것을 말한 것이다.《전국책(全國策)》

行百里者, 半九十里. 此言末路之難.〈策〉

• 비가 그치면 길을 소제(掃除)한다.《국어(國語)》

雨畢而除道.〈國語〉

• 《예기(禮記) · 월령(月令)》의 기록이다. 맹춘에는 보도(步道)와 차도(車道)를 단정히 한다. [단(端)은 바르게 하다. 경(徑)은 보도(步道). 술(術)은 차도(車道)이다.]

月令. 孟春端徑術.[端, 正也. 徑, 步道. 術, 車道也.]

대로(大路)에서 들은 노래[강구요(康衢謠)] 요(堯)임금이 미복차림으로 사통오달(四通五達)의 큰길에서 노닐다가 아이들의 노래를 들었다.

堯微服, 遊於康衢, 聞童謠.

길을 가는 자가 길을 양보하다[행자손로(行者遜路)] 우(虞)와 예(芮) 두 나라에서는 전답 때문에 다투는

---

413. 합방씨(合方氏): 주대(周代)의 관명으로, 사방의 도로를 건설하여 소통시키고 재리(財利)를 유통시키며 도량형을 통일하고 원악(怨惡) 등의 일을 없애는 일을 관장하였다.

414. 원문의 '지우사기(至于四畿)' 이하 끝까지는 《주례(周禮)》에서는 야려씨(野廬氏)가 관장하는 것으로 되어 있다. 《주례(周禮) · 추관(秋官) · 야려씨(野廬氏)》 참조.

415. 《노자(老子) · 53장》 원문에는 여기서와 다른 의미로 사용되었다. "대도가 몹시 평탄하나 백성들은 좁은 길을 좋아한다(大道甚夷而民好徑)"로 되어 있다.

416. 원문의 '合方氏掌達天下之道路'는 《주례(周禮) · 하관(夏官) · 합방씨(合方氏)》조(條)에 나오고, '禁嘂呼歎嗚於國中者, 行歌哭於國中之道者'는 《주례(周禮) · 추관(秋官) · 함매씨(銜枚氏)》조(條)에 나오며, '以兵革趨行者, 與馳騁於國中者'는 《주례(周禮) · 추관(秋官) · 수려씨(脩閭氏)》조(條)에 나온다.

데, 주(周)나라 경내에 들어가면 경작하는 자가 전답 두둑을 양보하고 길 가는 자가 길을 양보한다.

虞芮爭田, 入周境, 耕者遜畔, 行者遜路.

길에 늘어선 나무가 없다[도무열수(道無列樹)] 선양공(單襄公)[417]이 송(宋)나라에 초빙을 받아 진(陳)나라를 지나게 되었는데, 길에 늘어선 나무가 없고, 길이 막혀 지나갈 수가 없었다. 이에 말하기를, "진(陳)나라 제후는 큰 허물은 없으나 반드시 망할 것이다"라고 했다.

單襄公聘于宋, 過陳, 道無列樹, 道茀不可行. 曰, 陳侯不有大咎, 必亡.

길에 떨어진 물건을 줍지 않다[도불습유(道不拾遺)] 공자가 정치를 할 때에는 남녀가 가는 길을 구별하였으며, 길에서는 떨어진 물건을 줍지 않았고, 사방에서 공자가 다스리는 고을에 객으로 오는 자마다 모두 자기 고을에 돌아온 것과 같이 편안하였다. 《공자가어(孔子家語)》

孔子之爲政, 男女行者別其途, 道不拾遺, 四方客至於邑者, 皆如歸焉.〈家語〉

두 대의 수레가 길을 다투다[양거쟁도(兩車爭道)] 초나라 민간의 변녀(辨女)는 소씨(昭氏)의 부인이다. 정(鄭)나라 간공(簡公)이 대부를 시켜 형(荊)에서 사람을 초빙하게 하여 좁은 길에 이르렀다. 한 부인이 수레를 타고서 대부와 마주쳐 대부의 수레굴대를 쳐서 부러뜨렸다. 대부가 화가 나 그녀를 잡고서 채찍으로 치려 했다. 여자가 말했다. "제가 듣기로, '군자는 노여움을 옮기지 않으며 잘못을 두 번 되풀이하지 않는다'고 합니다. 지금 좁은 길 가운데서 저는 이미 최대한도로 피하려고 하였는데, 대부이신 당신의 종은 수레에서 조금도 엿보려고 하지도 않았습니다. 이 때문에 대부의 수레를 파손시킨 것인데, 도리어 저를 잡으시니 이것이 어찌 노여움을 옮기는 것이 아니겠습니까? 종에게는 노여워하시지 않고 저에게 노여워하시니 이것이 어찌 잘못을 두 번 저지르는 것이 아니겠습니까?"《열녀전(列女傳)》

楚野辨女者, 昭氏妻也. 鄭簡公使大夫聘于荊, 至於狹路. 有一婦人乘車, 與大夫遇, 擊折大夫之車軸. 大夫怒將執以鞭之. 女曰. 妾聞, 君子不遷怒不貳過. 今狹路之中, 妾之避已極矣, 而子大夫之僕, 不肯少伺. 是以廢于大夫之車, 而反執妾, 豈非遷怒哉. 不怒僕而怒妾, 豈非貳過哉.〈列女傳〉

지름길로 다니지 않다[행불유경(行不由徑)] 담대멸명(澹臺滅明)이란 사람은 지름길로 다니지 않았다.[418]

澹臺滅明, 行不由徑.

초선(焦先)[419]은 비뚤어진 지름길을 밟지 않고 반드시 전답 사이의 좁은 길을 따랐다.

焦先, 不踐斜徑, 必循阡陌.

갈래 길에서 울다[읍기(泣岐)] 양주(楊朱)[420]가 갈래 길에서 울었던 것은, 남쪽으로도 이를 수 있고 북쪽으로도 이를 수 있다고 여겼기 때문이었다.

楊朱泣岐, 謂可以南可以北也.

양을 잃다[망양(亡羊)] 양자(楊子)의 이웃사람이 양을 잃어, 그의 무리를 거느리고서 양을 좇았다. 양자가 말하기를, "양 한 마리를 잃어버렸는데, 어째서 좇는 사람이 많습니까?" 그가 말하기를, "갈래 길이 많아서였습니다"라고 했다. 그가 돌아온 후 "양을 찾았습니까?"라고 양자가 물었다. 그가 대답했다. "잃었습니다. 갈래 길 가운데에 또 갈래 길이 있어, 나는 어디로 가야 할지를 몰라, 그래서 돌아왔습니다."

417. 선양공(單襄公): 춘추시대 진(晉)나라 사람으로 주(周) 왕실에 가서 경사(卿士)노릇 하던 선양공(單襄公).

418. 《논어(論語)옹야(雍也)》에 보인다. '담대(澹臺)'는 공자의 제자로 성이고, '멸명(滅明)'은 이름이다.

419. 초선(焦先): 삼국(三國) 위(魏) 하동(河東) 사람으로, 자는 효연(孝然). 동한 말 난을 피해 여러 곳으로 피해 다니면서 살았는데, 관도 쓰지 않고 신을 신지도 않으며 거짓으로 미친 체하고 살았다.

420. 양주(楊朱): 전국 초기 위(魏)나라 사람으로, 양생(楊生)·양자(楊子)·양자거(楊子居)라고도 불린다. 그의 학설은 중기(重己)와 귀생(貴生)이 대표된다.

양자가 이에 말했다. "큰길은 갈래길이 많아서 양을 잃게 되고, 배우는 사람은 방향이 많아서 어디로 가야할지 몰라 생을 상실하게 되는도다."《열자(列子)》

楊子隣人亡羊, 率其黨追之. 楊子曰, 亡一羊何追者衆. 曰, 多歧路. 旣返, 問, 獲羊乎. 曰, 亡. 歧路之中又有歧焉, 吾不知所之, 故返. 楊子曰, 大道以多歧亡羊, 學者以多方喪生.〈列〉

진나라의 치도(馳道)[진지치도(秦之馳道)] 한(漢)의 가산(賈山)421이 말했다. "진(秦)나라의 동쪽은 연(燕)나라와 제(齊)나라에까지 이르렀고, 남쪽은 오(吳)나라 월(越)나라의 끝에 이르기까지 도로정리를 했으며 도로의 폭은 50보였다. 쇠방망이로 도로를 수축하고 푸른 소나무를 심어 두어 치도(馳道)422의 아름다움을 꾸밈이 이에 이르렀다. 그래서 그 후세들에게 비뚤어진 샛길로 감으로써 발품을 낭비하지 않게 하였다."

賈山曰, 秦東窮燕齊, 南極吳越蹕, 道廣五十步. 隱以金椎, 樹以青松, 爲馳道之麗, 至於此. 使其後世, 曾不得邪徑, 而花足焉.

길이 막히면 그때마다 울다[도궁첩곡(途窮輒哭)] 완적(阮籍)423은 항상 자기 뜻대로 혼자서 길이 아닌 곳으로 수레를 몰고 가다가 수레가 막히는 곳에서 그때마다 통곡하고 되돌아갔다.

阮籍常率意, 獨駕不由徑, 車轍所窮, 輒慟哭而返.

길에서 서로 만나 피하다[상봉피도(相逢避道)] 북제(北齊)의 사마응지(司馬膺之)424는 신기(神氣)가 심히 높았을 뿐 아니라 성품이 방정(方正)하고 고지식했는데, 양음(楊愔)425과 함께 황문랑(黃門郞)이 되었다. 양음은 상서령(尙書令)이 되어서도, 처음처럼 허물없이 대등하게 예우(禮遇)했다. 일찍이 한 번은 길에서 양음의 위엄스런 의용(儀容)의 안내를 받고서 이에 나무 아래 한 쪽에서 황음을 피해 올려다 보았다. 상서령 황음이 그에게 소리쳐 말했다. "형은 무슨 뜻에서 이 아우를 피하십니까?" 사마응지가 말하길, "나는 스스로 적봉(赤棒)426을 피한 것이지, 본래 경(卿)을 피한 것이 아니었습니다"라고 했다. 이에 양음은 그를 몹시 중시하였다.

北齊司馬膺之, 神氣甚高, 性方古舊, 與楊愔同爲黃門郞. 至愔爲尙書令, 抗禮如初. 曾路逢愔威儀導引, 乃於樹下側, 避愔望見. 令呼謂曰, 兄何意避弟. 膺之曰, 我自避赤棒, 本不避卿. 愔甚重之.

버드나무를 심다[수류(樹柳)] 수나라 양제(煬帝)가 한구(邗溝)427 운하를 파서, 물길을 산양(山陽)으로부터 양자(楊子)에 이르러 장강(長江)으로 들어가게 하였는데, 운하의 너비는 40보였으며, 곁에는 모두 어도(御道)를 수축하고 버드나무를 심었다.

隋煬帝開邗溝, 自山陽至楊子入江, 渠廣四十步, 旁皆築御道樹以柳.

홰나무를 심다[수괴(樹槐)] 부견(苻堅)428이 연(燕)과 조(趙)를 멸망시킨 후에 장안(長安)으로부터

---

421. 가산(賈山): 서한 영천(潁川) 사람. 문제(文帝) 때에 진(秦)의 흥망을 비유하여 치란의 도(道)를 상서했으며 예의를 일으키고 세금을 감면할 것을 주장했다.

422. 치도(馳道): 수레와 말이 달리는 큰 도로.

423. 완적(阮籍): 자는 사종(嗣宗)이며 진(晉)의 죽림칠현(竹林七賢) 가운데의 한 사람(210-263)이다. 노장(老莊)사상을 추구하였으며 예교를 싫어했다. 문학적인 성취가 뛰어났으며 특히 오언시에 능하였다.

424. 사마응지(司馬膺之): 북제(北齊) 하내(河內) 온(溫) 사람(507-577)으로 자는 중경(仲慶). 중서랑(中書郞)·황문시랑(黃門侍郞) 등을 역임했다. 양웅(揚雄)의 《태현(太玄)》을 읽기 좋아했고, 《촉도부(蜀都賦)》에 주(注)를 달았다.

425. 양음(楊愔): 북제(北齊) 항농(恒農) 화음(華陰) 사람(511-560)으로 자는 준언(遵彦). 제(齊) 문선제(文宣帝) 때 태원장(太原長) 공주와 결혼하여 국정을 맡아 상서령(尙書令)에까지 올랐다.

426. 적봉(赤棒): 노란색 봉(棒). 옛날 고관이 길을 갈 때 앞에서 인도하는 의장(儀仗)으로서 병기의 하나.

427. 한구(邗溝): 옛날 운하의 이름. 지금의 강소성 강도현(江都縣)에서 시작하여 회안현(淮安縣)에 이르렀다.

428. 부견(苻堅): 16국시대 전진(前秦)의 3대 왕(재위 기간 357-385년)이다.

여러 주(州)에 이르기까지 전부 길 양쪽에 홰나무와 버드나무를 심었다. 20리(里)마다 정(亭) 하나를 두고 40리마다 여(旅) 하나를 두어, 행인들은 길에서 그것들을 이용하였고 공상인(工商人)들은 도로에서 밑천삼아 장사하였다.

苻堅滅燕趙之後, 自長安至於諸州, 皆夾路樹槐柳. 二十里一亭, 四十里一旅, 行者取給於塗, 工商資販於道.

위효관(韋孝寬)429이 옹주자사(雍州刺史)가 되었다. 이에 앞서 도로 곁에 1리(里)마다 흙으로 된 돈대(墩臺)430를 하나씩 설치해 두었는데, 비가 오고 나면 무너지고 훼손되어 매번 영을 내려 그것들을 수리하였다. 위효관이 옹주에 부임하고서부터 관할구역 안의 돈대가 있는 곳을 통제하여, 홰나무를 심어서 돈대를 대신하게 해, 수리하고 복구하는 것을 면하게 해 주었고 여행객들도 또한 보호를 받게 되었다. 북주(北周)의 문제(文帝)431가 이것을 보고서 말하기를, "어찌 일개의 주(州)만 이와 같겠는가? 천하를 맡아서도 그와 같으리라" 하고서, 이에 여러 주를 나누어 주니432, 도로에 1리(里)마다 한 그루 나무를 심고 10리마다 두 그루의 나무를 심었으며 100리마다 다섯 그루의 나무를 심었다.《북사(北史)》

韋孝寬爲雍州刺史. 先是, 路側一里, 置一土堠, 經雨頹毁, 每頒修之. 自孝寬臨州, 乃勒部內當堠處, 植槐木代之, 旣免修復, 行旅又得庇廕. 周文見之, 曰, 豈得一州獨爾, 當天下同之, 於是分諸州, 道路一里植一木, 十里植二木, 百里植五木焉.〈北史〉

구리로 된 해시계[동표(銅表)] 위(魏) 문제(文帝)가 설령지(薛靈芝)를 맞아들여, 대로 옆에 1리(里)마다 다섯 자 높이의 구리로 된 해시계[銅表]433를 설치해, 이정(里程)의 수를 기록했다.

魏文帝迎薛靈芝, 大道傍一里, 置一銅表五尺, 以志里數.

돈대(墩臺)를 기탁하여 비난하다[탁기후자(託譏堠子)] 유자의(劉子儀)가 하영공(夏英公)과 한림원에 있었는데, 영공이 추밀부사(樞密副使)가 되자 마음에 상당히 불평이 있어 다음과 같은 후자시(堠子詩)434를 지었다. "두꺼운 얼굴을 하릴없이 드러내고 벼슬길에 임하는데, 다른 사람들이 크게 따르니 지름길로 가는도다."

劉子儀與夏英公在翰林, 英公爲副樞, 意頗不平, 作堠子詩, 云. 空呈厚貌臨官道, 大有人從捷徑過.

도로에 상점들이 늘어서다[도로열사(道路列肆)] 당(唐) 원종(元宗)435 때에 도로에 상점들이 늘어서 술과 음식을 갖춰 놓고 행인들을 기다렸다.

元宗, 道路列肆, 具酒食以待行人.

종을 맞이하다[영종(迎鍾)] 중산국(中山國)에 풍요(風繇)436라는 작은 나라가 있었다. 지백(智伯)437이 그 나라를 공격하고자 했으나 길이 없어, 큰 종을 주조하여 네모난 수레 두 대에다 실어 그 종을 보내

---

429. 위효관(韋孝寬): 북주(北周)의 경조(京兆) 두릉(杜陵) 사람(509-580)으로, 북위(北魏) 말에 통군(統軍)이 되었고 주(周)에 들어서 관직이 대사공(大司空)에 이르렀다.
430. 돈대(墩臺): 이정(里程)을 표시하기 위하여 토석(土石)을 높이 쌓은 대(臺)로, 이정표의 하나이다.
431. 문제(文帝): 원문의 '주문(周文)'은 '후주(後周)의 문제(文帝)'이다.《태평어람(太平御覽)》 권254에는 '태조(太祖)'로 되어 있다.
432. 여러 주를 나누어 주니: 원문에는 '분제주(分諸州)'로 되어 있고 이와 같은 서술이 여러 전적에 나타난다. 그러나《천중기(天中記)》를 비롯한 몇몇 전적에는 '분(分)'이 '영제주(令諸州)'로 되어 있다. 이럴 경우 번역이 약간 달라질 수 있다.
433. 구리로 된 해시계[銅表]: 옛날 해그림자를 재는 구리로 된 계기, 곧 해시계.
434. 후자시(堠子詩): '후자(堠子)'는 이정(里程)을 알리기 위해 흙은 산처럼 쌓은 대(臺), 곧 돈대(墩臺).
435. 원종(元宗): 당(唐) 현종(玄宗).
436. 풍요(風繇):《천중기(天中記)》를 포함하여 이 판본에서는 '풍요(風繇)'라 되어 있으나,《여씨춘추》 등 일부 판본에는 '숙요(夙繇)'로 되어 있다.
437. 지백(智伯): 춘추시대 진(晉)의 대부(大夫)로 이름은 요(瑤), 지양자(智襄子)라 한다.

주었다. 풍요 나라의 군주는 언덕을 깎아내고 골짜기를 메워 그 종을 맞이했다. 이에 군대가 따라 들어가 공격하니 풍요는 마침내 망하였다.《여씨춘추(呂氏春秋)》

中山之國有風繇者. 智伯欲攻之而無道, 爲鑄大鍾, 方車二軌以遺之. 風繇之君, 斬岸堙溪以迎之. 隨以攻之, 風繇遂亡.〈呂氏春秋〉

돌로 된 소[석우(石牛)] 진(秦) 혜왕(惠王)이 돌로 된 소를 깎아서 그 항문에다 황금을 놓아두고 말하기를, "이것은 천우(天牛)로 황금똥을 싼다"라고 하였다. 촉(蜀) 왕이 정말로 여기고서 오정(五丁)[438] 역사(力士)에게 길을 닦게 하여 촉나라로 들여보내도록 했다. 이에 장의(張儀)가 돌 소를 따라 들어가 촉을 정벌했다.

秦惠王刻石牛, 置黃金於後, 曰, 此天牛能糞金. 蜀王以爲然, 遣五丁力士, 成道入蜀. 張儀隨以伐蜀.

말발자국[마적(馬跡)] 진창군(晉昌郡) 남쪽에서 광무(廣武)에 이르는 마제곡(馬蹄谷) 안의 반석(盤石) 위에는 진흙 속을 밟는 것 같은 모양의 말발자국이 있는데, 이것을 '천마경(天馬徑)'이라 부른다.

晉昌郡南及廣武馬蹄谷盤石上, 有馬跡若踐泥中, 號曰天馬徑.

용꼬리 길[용미도(龍尾道)] 당(唐) 사원전(舍元殿) 앞에 있는 용미도(龍尾道)는 용의 꼬리처럼 일곱 번을 휘감으며 굽어 있다. 역모를 꾸미던 안록산(安祿山)[439]이 용미도를 늘 흘겨보고서 떠났다.[440]

唐舍元殿前龍尾道七轉如龍尾然. 祿山每睥睨龍尾道, 乃去.

거북을 타서 길을 얻다[기구득로(騎龜得路)] 황자(黃赭)가 산에 들어가 길을 잃었는데, 홀연히 큰 거북이 보여 그 등에 올라타자, 거북이 곧 오른쪽으로 향하기에 10여 리(里)를 따라가서 시냇물을 찾았다.

黃赭入山無路, 忽見大龜, 騎其背, 龜卽右向, 從行十餘里, 得溪水.

늙은 말이 길을 알다[노마지로(老馬知路)] 제(齊)의 환공(桓公)이 산길을 가다가 방향을 잃으니, 관중(管仲)[441]이 늙은 말을 풀어 놓아 그 말을 따라가자고 청하였다.

齊桓公行而失路, 管仲請釋老馬而隨之.

수레로 이수(里數)를 기록하다[이거기리(以車記里)] 황제(黃帝)가 천하를 돌아다니면서 수레로 이수(里數)를 기록했다.

黃帝遊行天下, 以車記里.

서주 길[서주로(西州路)] 진(晉)의 사안(謝安)[442]이 죽자 조카 양담(羊曇)은 서주로(西州路)로 다니지 않았다. 일찍이 술에 취해 자기도 모른 사이에 서주문(西州門)에 이르자 통곡하고서 떠났다.

謝安卒, 甥羊曇不由西州路. 嘗醉不覺至州門, 慟哭而去.

---

438. 오정(五丁): 신화전설에 나오는 다섯 명의 장사들.

439. 안록산(安祿山): 당(唐) 영주(營州) 사람(?-757)으로 본래의 성은 강(康)이다. 어려서 고아가 되어 모친이 돌궐의 안연언(安延偃)에게 개가(改嫁)함으로 안씨 성이 된 것이다. 현종(玄宗)이 양귀비(楊貴妃)를 총애하여 국정을 소홀히 하자 천보(天寶) 14년에 난을 일으켜 낙양(洛陽)과 장안(長安)을 함락하고 자칭 웅무황제(雄武皇帝)가 되어 국호를 연(燕)이라 했다.

440. 안록산이 반란을 꿈꿀 때에 용미도(龍尾道)를 한참동안 흘겨보다 떠났다는 기록이 《천중기(天中記)》에 있다.

441. 관중(管仲): 춘추시대 제(齊)의 영상(穎上) 사람(?-B.C. 645)으로, 이름은 이오(夷吾), 자는 중(仲). 포숙아(鮑叔牙)와 절친하여 관포지교(管鮑之交)의 고사성어가 있다. 제나라의 환공(桓公)을 도와 환공을 춘추오패(春秋五覇) 가운데 한 사람으로 만드는 데 공을 세웠다.

442. 사안(謝安): 동진(東晉) 사람(320-385)으로 자는 안석(安石)이다. 왕희지(王羲之) · 지둔(支遁) 등과 사귀다 40여 세에 출사(出仕)했다. 태원(太元) 8년에 전진(前秦)의 대군이 남하하자 정토대도독(征討大都督)을 맡아 대승을 거뒀고 이어 여러 도시들을 수복했다.

나루 津渡

- 《설문해자(說文解字)》에서 말하였다. 진(津)은 물을 건너는 나루이다. 복(濮)은 작은 나루이다.
  說文曰. 津, 水渡也, 濮, 小津也.
- 배를 묶어두어 오르내릴 수 있는 강가를 보(步)[443]라 한다.《유종원((柳宗元) · 철로보지(鐵鑪步志)》
  江之滸, 舟可縻而上下, 曰步.〈柳文〉
- 배를 저어 사람들을 건네주는 것을 생업으로 삼아, 그 수입이 100명의 사람을 먹여살릴 만하였다.《열자(列子)》
  操舟鬻渡, 利供百口.〈列〉
- 어떤 기이한 선승(禪僧)이 삿갓을 띄워 강을 건넜다. 화상(和尙)들이 항상 나무배를 타고서 강을 건넌 것은 이로 인해서 이름이 붙은 것이다.
  異僧浮笠渡江. 和尙常乘木杯渡河, 因名焉.
- 진(晉)의 오맹(吳猛)[444]이 신기한 방술(方術)을 전수받아 백우선(白羽扇)으로 물을 갈라 강을 건너고 배와 노를 이용하지 않았다.
  晉吳猛受神方, 以白羽扇, 畫水渡江,不用舟楫.[445]

나루를 묻다[문진(問津)]　공자(孔子)가 자로(子路)를 시켜 나루터를 묻게 하니, 장저(長沮)[446]가 말하기를, "이 사람이라면 나루터를 알고 있을 것이다"라고 하였다.

孔子使子路問津, 長沮曰, 是知津矣.[447]

나루터 관리가 술에 취해 눕다[진리취와(津吏醉臥)]　조간자(趙簡子)가 남방 초(楚)나라를 치려는데 나루터 관리가 술에 취해 강을 건널 수 없었다. 이에 조간자가 불러 그를 죽이려 하자, 나루터 관리의 딸이 노를 들고 나아와 말하였다. "저의 아버님이 주군(主君)께서 동쪽의 헤아리지 못할 깊은 물을 건너신다는 말을 듣고서, 풍파가 일어날까 염려가 되어 여러 강의 신들에게 기도하고서 마신 술의 여력(餘瀝)을 이기지 못해 취하여 이 지경에 이르렀으니, 제가 비천한 몸으로서 아버지의 죄를 바꾸기를 원합니다." 조간자가 건너려는데 사공이 한 사람 부족하자, 이에 여자가 아버지를 대신하여 노를 잡고서 마침내 함께 중류지역을 건너다 '하격가[河激之歌]'[448]를 부르니, 조간자가 감동하여 그녀를 부인으로 삼았다.《열녀전(列女傳)》

趙簡子南擊楚, 津吏醉臥不能渡. 簡子召欲殺之, 津吏女持檝而前曰. 妾父聞主君東渡不測之水, 恐風波之起, 故禱九江三淮之神, 不勝杯酌餘瀝, 醉至於此, 妾願以鄙軀易父之死. 簡子將渡少一人, 乃代父持楫, 遂與渡中流, 發河激之歌, 簡子悅以爲夫人.〈列女傳〉

연평 나루[연평진(延平津)]　진(晉) 뇌환(雷煥)[449]이 칼을 차고 연평 나루를 건너는데, 칼이 날아가 물속에 들어가더니 용이 되었다.

雷煥佩劍, 過延平津, 劍飛入水, 化爲龍.

투부 나루[투부진(妬婦津)]　진(晉) 유백옥(劉伯玉)의 처 단씨(段氏)[450]는 성정(性情)이 질투심이 많았

---

443. 보(步): 음이나 뜻은 '포(浦)'와 통한다.
444. 오맹(吳猛): 동진(東晉) 예장(豫章) 사람으로, 어려서 효행(孝行)이 있었으며, 나이 40에 이르러 신기한 방술을 전수받았다 한다.
445. 《진서(晉書) · 예술전(藝術傳) · 오맹(吳猛)》
446. 장저(長沮): 초(楚)나라의 은자(隱者)의 이름.
447. 《논어 · 미자(微子)》에 비슷한 내용이 나온다.
448. 하격가(河激之歌): 춘추시대 조(趙)나라의 여자인 연(娟)이 지어 불렀다는 노래의 이름.
449. 뇌환(雷煥): 서진(西晉)시대 예장(豫章) 사람으로, 하늘의 천상(天象)을 잘 보았다 한다. 일찍이 장화(張華)를 도와, 예장 풍성(豐城)에서 용천검(龍泉劍)과 태아검(太阿劍) 두 자루를 얻어, 하나는 장화에게 보내고 하나는 자신이 찼다 한다.
450. 유백옥(劉伯玉)의 처 단씨(段氏): 서진(西晉) 사람으로 단명광(段明光).

는데, 후에 스스로 물에 빠져 죽었다. 7일 만에 꿈을 기탁하여 유백옥에게 말하기를, "나는 이제 여신이 되었습니다"라고 하였다. 이에 유백옥은 죽을 때까지 물을 건너지 않았다. 나루를 건너는 미인들이 있으면 모두 옷과 화장을 망치게 하든가 그렇지 않으면 갑자기 풍파를 일으켰다.

劉伯玉妻段氏性妬, 後自沈而死. 七日托夢, 與伯玉曰, 吾今得爲水神. 伯玉終身不渡水. 美人渡津者, 皆壞衣妝, 不爾, 風波暴發.

옷을 벗고 배를 젓다[탈의자선(脫衣刺船)] 한(漢)의 진평(陳平)[451]이 강을 건너는데, 사공이 그에게 금옥(金玉)이 있을까 의심하기에 옷을 벗고 그와 함께 배를 저어 위기를 스스로 모면했다.

陳平渡河, 舟人疑有金玉, 乃脫衣, 與刺船自免.

오자서가 칼을 풀다[자서해검(子胥解劍)] 강문(江門)에 보인다.

見江門.

다리 橋梁

- 교(橋)는 물을 건너는 다리[梁]이다. 돌다리[石橋]를 양(梁)이라고 말하는 사람도 있다.[452] 돌로 된 징검다리를 기(徛)라 한다.《석명(釋名)》

  橋, 水梁也. 或曰, 梁, 石橋也. 石杠謂之徛.〈釋名〉

- 외나무다리를 각(榷)이라 하고 또한 작(彴)이라고도 한다. 오늘날에는 그것을 약작(略彴)이라 한다.《광지(廣志)》

  獨木之橋曰榷, 亦曰彴. 今謂之略彴.〈廣志〉

- 초나라 사람은 다리[橋]를 이(圯)라 하고, 배다리[舟梁]를 부교(浮橋)라 한다. 《설문》의 기록이다. 다리에는 기러기이빨[鴈齒]이 있다.《육첩(六帖)》

  楚人謂橋爲圯, 舟梁謂浮橋. 說文. 橋有鴈齒.〈六帖〉

- 바다를 지탱하며 강하(江河)를 잡아 묶고 자라를 띄우고 까치를 부린다.〈유환(柳渙)[453]의 명문(銘文)〉

  駕海維河, 浮黿役鵲.〈柳渙銘〉

- '배를 엮어서 다리를 만든다[造舟爲梁]'는 말이 시경(詩經)에 보이며[454], 강(杠)·각(榷)·기(徛)·작(彴)같은 다리 이름은 제자서(諸子書)와 사서(史書)에 뒤섞여 나오고, 교(橋)와 같은 이름은 상(商)에서 시작해 주대(周代)의 책에서 유독 드러나 보인다. 진한대(秦漢代)에 이르러서 비로소 각기 지명에 붙거나 혹은 물을 따라 칭해지게 되었다.〈주변(朱弁)[455]의 교기(橋記)〉

  造舟爲梁見於詩, 而杠榷徛彴雜出於子史, 若橋之爲名, 則始於商, 而獨著於周書. 逮秦漢, 乃各冠以地, 或因水而稱.〈朱弁橋記〉

- 근세 이래로 크고도 광범한 공리(功利)는 주로 승려들의 차지가 되었다. 대개 불가인(佛家人)들은 자애를 베풀고 불쌍히 여기며 만물을 이롭게 하는 데에 마음을 두는데, 교량 또한 팔복전(八福田) 가운데 하나에 든다.〈주변(朱弁)의 교기(橋記)〉

  近世以來, 其功利之大且廣者, 多爲浮屠氏所有. 蓋佛以慈憫利物爲心, 而橋梁又居八福田之一.〈同上〉

451. 진평(陳平): 서한(西漢)의 하남(河南) 양무(陽武) 사람(?-B.C. 178)으로, 처음에는 항우(項羽)를 따랐으나 후에 유방(劉邦)의 모사(謀士)로 천하를 평정하는 데 공을 세웠다. 혜제(惠帝)·여후(呂后)·문제(文帝) 때에 승상을 역임했다. 여후가 죽자 주발(周勃)과 모의하여 여씨 일족을 죽이고 문제(文帝)를 영입했다.

452. 《이아주(爾雅註)》 권중(中)에서는 "양(梁)은 나무나 돌로 물 위를 가로지르는 것이다(梁以木或以石橫絶水上也)"라고 기록하고 있다.

453. 유환(柳渙): 당(唐) 하동(河東) 해(解) 사람으로, 좌사원외랑(左司員外郞)을 지냈고 현종 개원(開元) 초에 관직이 중서사인(中書舍人)이었다.

454. 《시(詩)·대아(大雅)·대명(大明)》편에 보인다.

455. 주변(朱弁): 송대(宋代) 사람으로, 주희(朱熹)의 족조(族祖). 문장에 뛰어났고 《풍월당시화(風月堂詩話)》가 있다.

• 단단한 돌로 언덕을 굳게 만들고 거대한 자재로 기초를 튼튼하게 하며, 전체를 일관되게 하여 형세가 지축(地軸)과 같이 안정되니, 나무 하나가 맡은 일이 삼십만 근의 무게도 가볍게 볼 정도이다. 개 이빨같이 서로 맞물려 있고 물고기 비늘같이 빽빽이 줄지어 있으며, 큰 자라가 산을 이고 있는 것 같이 솟구치고 산악이 누르는 것 같이 우뚝하며, 교룡과 이룡이 휘어감 듯 빙빙 이어져서 날아가는 듯하고 움직이는 듯하도다.〈주변(朱弁)의 교기(橋記)〉

堅石固其岸, 以巨材壯其趾, 脈絡貫穿, 勢侔坤軸, 一木所幹, 萬鈞爲輕. 犬牙相啣, 魚鱗密次, 踴若鰲戴, 矗如嶽壓, 蛟螭盤結, 若飛若動.〈同上〉

• 다리기둥 아래의 횡목(橫木)이 모래 속에 들어간 것을 준치(蹲鴟)라 한다.《잡지(雜志)》

橋柱下橫木入沙中者謂之蹲鴟.〈雜志〉

자라와 악어를 다리로 삼다[원타위량(黿鼉爲梁)] 주(周) 목왕(穆王)이 구강(九江)에 이르러 자라와 악어를 다리로 삼아 강을 건넜다.

穆王至九江, 以黿鼉爲梁而渡.

다리기둥을 껴안다[포주(抱柱)] 미생(尾生)456이 여인을 기다리고 있었는데 큰물이 이르자 (떠나지 않다가 다리기둥을 껴안고) 죽었다.

尾生待人, 水至而死.457

다리로 가는 것이 안전하다[취교위안(就橋爲安)] 전한의 설광덕(薛廣德)458은 직언(直言)으로 간쟁(諫諍)하였다. 원제(元帝)가 종묘에 제사지낼 때에 뒷문으로 나가 망루가 있는 배를 타려 하였다. 이에 광덕이 관을 벗고 머리를 조아리며 말하기를, "마땅히 다리를 따라야 하옵니다"라고 하자, 황제는 기분이 나빴다. 광록대부(光祿大夫) 장맹(張猛)459이, "배를 타면 위험하고 다리로 가면 안전한데, 성덕(聖德)의 군주는 위험한 것을 타지 않습니다"라고 말하자, 비로소 다리를 따랐다.

前漢薛廣德, 直言諫諍. 元帝祭宗廟, 出便門, 欲御樓船. 廣德免冠頓首曰, 宜從橋上, 不說. 光祿大夫張猛曰, 乘船危, 就橋安, 聖主不乘危, 乃從橋.

백학 다리[백학교(白鶴橋)] 백학교(白鶴橋)는 구용현(句容縣)460 동쪽에 있다. 대모군(大茅君)461이 매년 12월에 백학을 타고 이곳에 와서 여러 신선들과 회합(會合)했기 때문에 이름이 붙은 것이라 전해진다.

在句容縣東. 相傳, 大茅君每歲十二月, 駕白鶴來此, 會群僊, 故名.

청양 다리[청양교(青羊橋)] 촉(蜀)의 청신현(青神縣)에 청양교(青羊橋)가 있다. 주(周)나라 때에 노자(老子)가 푸른 양[青羊]을 타고 관문을 나서 이 다리를 지나갔기 때문에 이름이 붙은 것이라 전해진다.

蜀青神縣有青羊橋. 相傳, 周時老子, 乘青羊出關, 過此橋, 故名.

다리기둥에 적다[제주(題柱)] 사마상여(司馬相如)462가 경성(京城)에 가는데 촉군(蜀郡)을 지나다 신선의 다리[僊橋]에 올라 기둥에 이렇게 적었다. "대장부로서 사마(駟馬) 수레를 타지 않는다면 다시

456. 미생(尾生): 고대 전설에 등장하는 신의와 약속을 굳게 지킨 남자.
457.《莊子·盜蹠》: "尾生與女子期於梁下, 女子不來, 水至不去, 抱梁柱而死."
458. 설광덕(薛廣德): 서한의 패군(沛郡) 상(相) 사람으로, 자는 장경(長卿)이며《노시(魯詩)》를 공부했다. 간대부(諫大夫)·어사대부(御史大夫) 등을 거쳤으며 삼공(三公)이 되어서는 직언으로 간쟁하였다.
459. 장맹(張猛): 동한(東漢) 말 돈황(敦煌) 사람(?-210)으로, 자는 숙위(叔威)이다.
460. 구용현(句容縣): 오늘날 강소성(江蘇省) 구용현(句容縣)이다.
461. 대모군(大茅君):《태평광기(太平廣記)》권11의 신선(神仙) 조(條)에 보인다.
462. 사마상여(司馬相如): 서한 촉군(蜀郡) 성도(成都) 사람(B.C. 179-117)이다. 자는 장경(長卿)이고 부(賦)를 잘 지었다. 임공(臨邛)에서 막 과부가 되었던 탁문군(卓文君)과 눈이 맞아 도망쳐 술장사를 하였다.〈자허부(子虛賦)〉·〈상림부(上林賦)〉·〈대인부(大人賦)〉등 최고수준의 부를 지었다.

는 이 다리를 지나지 않겠노라." 그 다리는 성도부(成都府) 성 북쪽에 있다.

司馬相如往京師, 過蜀郡, 昇僊橋, 題其柱曰. 大丈夫不乘駟馬車, 不復過此橋. 橋在成都府城北.

건녕부(建寧府)[463] 건현(建縣) 동쪽에 남향교(南鄕橋)가 있다. 송(宋) 원추(袁樞)[464]가 아직 과거에 급제하지 않았을 때, 이곳을 지나다 다리기둥에 다음과 같이 적었다. "옥룡(玉龍)의 거꾸로 선 그림자가 차가운 못에 누워 있고, 사람은 하늘에 있으나 천지는 넓도다. 묻노니 어떤 사람이 이 다리기둥에 적었는고? 무릉(茂陵)의 묵객(墨客)이 장안(長安)에 가던 중에."

建寧府建縣東, 有南鄕橋. 宋袁樞未第時, 過此題于柱曰. 玉龍倒影臥寒潭, 人在雲霄天地寬. 借問何人題此柱, 茂陵詞客到長安.

부평진 다리[부평진교(富平津橋)]　진(晉) 두예(杜預)[465]가 맹진(孟津)[466]은 건너기 힘들다고 여겨 부평진(富平津)에 하교(河橋)[467], 곧 부교(浮橋)를 건설할 것을 요청하였다. 여러 사람들의 논의 결과, 은주(殷周)가 도읍을 둔 것은 성현들의 생각을 거친 것인데, 그런데도 그곳에 다리를 만들지 않았던 것은 반드시 건설할 수가 없었기 때문이었다고 여겼다.[468] 이에 두예가 말하기를, "옛날에 '배를 엮어 다리를 만든다'는 시경의 말은[469] 부교(浮橋)를 두고 한 말입니다"라고 하고서 건설할 것을 굳게 청하였다. 다리가 이루어지자 진(晉)의 군주가 백관들을 거느리고서 연회 자리에 이르러 술잔을 들고서 두예에게 권하며 말했다. "경이 아니었다면 이 다리는 세워지지 않았을 것이오." 그러자 두예가 말하기를, "폐하의 성명(聖明)하심이 아니라면, 신 또한 그 힘을 쓸 데가 없었을 것입니다"라고 하였다.

晉杜預以孟津渡險, 請建河橋于富平津. 衆論以爲, 殷周所都經聖賢, 而不作者必不可作故也. 預曰, 昔造舟爲梁, 則河橋之謂也, 固請爲之. 及橋成, 晉主從百僚, 臨會擧杯, 屬預曰, 非卿此橋不立. 預曰, 非陛下之明, 臣亦無所用其力.

소요진 다리[소요진교(逍遙津橋)]　여주부(廬州府) 성 동북쪽, 명원대(明遠臺) 동쪽에 있다. 오(吳)의 손권(孫權)이 위(魏)의 장수 장료(張遼)에게 습격을 받아 준마를 타고서 이 소요진 다리에 올랐는데, 다리가 한 장(丈) 남짓 끊어져 뛰어넘어서 화를 면하였다. 그래서 후인들이 비기교(飛騎橋)라 이름 붙였다.

在廬州府城東北, 明遠臺東. 吳孫權爲魏將張遼所襲, 乘駿馬, 上津橋, 橋輟丈餘, 超渡得免. 後人名爲飛騎橋.

낙타 다리[낙타교(駱駝橋)]　낙타교는 호주부(湖州府)의 치소(治所) 동쪽에 있다. 모양이 낙타와 비슷하기 때문에 이름 붙여졌다. 옛날 안진경(顔眞卿)[470]

---

463. 건녕부(建寧府): 오늘날 복건성(福建省) 건구현(建甌縣) 일대의 지역.

464. 원추(袁樞): 송(宋) 건녕(建寧) 건안(建安) 사람(1131-1205)이다. 효종(孝宗) 융흥(隆興) 원년에 예부의 시험에 급제하여 온주(溫州)판관에 부임하였다. 후에 관직이 태부승(太府丞에 오르고 권공부시랑(權工部侍郞) 겸 국자좨주(國子祭酒)를 역임했다. 저서로《역전해의(易傳解義)》가 있다.

465. 두예(杜預): 서진(西晉) 경조(京兆) 두릉(杜陵) 사람(222-284)으로 자는 원개(元凱)이다. 사마소(司馬昭)의 매부(妹夫)였다. 진 무제(武帝) 때에 진남대장군(鎭南大將軍)이 되었고, 오(吳)를 멸할 준비를 세웠다. 박학다식하여 저서에《춘추좌씨전집해(春秋左氏傳集解)》가 있다.

466. 맹진(孟津): 오늘날 하남성 맹진현 동북쪽 황하(黃河) 상에 있다.

467. 하교(河橋): 다리의 옛날 터는 지금의 하남성(河南省) 맹현(孟縣) 서남쪽, 맹진현(孟津縣) 동북쪽 황하 상에 있다. 진(晉) 태시(泰始) 중에 두예(杜預)가 부평진에 부교(浮橋)를 처음 건설했으며, 이 다리를 세칭 하교(河橋)라 했다.

468. 은(殷)의 도읍은 하내(河內)에 있었고 주(周)의 도읍은 낙읍(洛邑)에 있었는데, 2대는 황하(黃河)를 끼고서 도읍을 건설했으면서도 하교(河橋)를 건설할 수가 없었기 때문에 이렇게 말한 것이다.

469.《시(詩)·대아(大雅)·대명(大明)》편에 보인다.

470. 안진경(顔眞卿): 당(唐) 낭야(琅邪) 임기(臨沂) 사람(709-784)으로, 자는 청신(淸臣)이다. 서법(書法)에 뛰어나 후에 안체

이 쓴 '낙타교(駱駝橋)'라는 세 글자가 남아 있다.

駱駝橋在湖州府治東. 以形似駱駝, 故名. 舊有顔眞卿所書駱駝橋三字.

승상 오자서 다리[오상교(伍相橋)] 형주부(衡州府)[471] 뇌양현(耒陽縣) 치소 북쪽에 있다. 오(吳)의 승상 오자서(伍子胥)[472]가 이곳을 지나갔다고 전해진다.

在衡州府耒陽縣治北. 相傳, 吳相伍子胥經此.

수레 장식 다리[장가교(裝駕橋)] 항주(杭州)의 청태문(淸泰門) 서쪽에 일명 장가교(裝駕橋)라 하는 춘희교(春熙橋)가 있다. 송(宋) 고종(高宗)이 월주(越州)로부터 강을 건너 임안(臨安)[473]에 돌아와 이곳에 배를 대고 수레를 꾸몄다고 전해진다.

杭州淸泰門西, 有春熙橋, 一名裝駕橋. 相傳, 宋高宗自越州渡, 以還臨安, 泊舟裝駕于此.

개미를 건너게 해 준 다리[도의교(渡蟻橋)] 덕안부(德安府) 응산현(應山縣)의 치소 남쪽에 있다. 송교(宋郊) 형제가 일찍이 아버지를 따라 응산(應山)에서 벼슬한 적이 있었는데, 후인들은 송교가 개미를 건너게 해 준 일을 따라 마침내 도의(渡蟻)라는 말로 그 다리를 명명했다.

在德安府應山縣治南. 宋郊兄弟嘗隨父宦應山, 後人因郊渡蟻事, 而遂以名其橋.

나귀를 떨어뜨린 다리[낙려교(落驢橋)] 원주부(袁州府) 성 동쪽에 담랑교(湛郎橋)가 있다. 당(唐) 정관(貞觀)[474] 초에, 의춘(宜春) 사람 팽항(彭伉)이 과거에 급제했는데, 그의 부인은 군(郡)의 관리였던 담분(湛賁)의 처와 자매간이었다. 처가의 가족들은 팽항을 축하하였는데 좌석에 있던 사람들 모두가 명사들이어서, 오직 후원의 누각에서만 담분을 밥 먹게 하였다. 담분은 분노하여 이로부터 힘써 공부해, 일거에 시험에서 일등으로 발탁되었다. 팽항이 막 이 다리를 지나가다 그 소식을 듣고 실성할 만큼 울면서 나귀를 다리 아래로 떨어뜨렸기 때문에, 원주(袁州) 사람들이 희롱하여 말하기를, "담랑이 과거에 급제하니 팽항이 나귀를 떨어뜨렸다"라고 하였다. 담랑교(湛郎橋)는 또한 낙려교(落驢橋)라고도 부른다.

袁州府城東有湛郎橋. 唐貞觀初, 宜春人彭伉登第, 其妻與郡吏湛賁之妻姊妹也. 妻族賀伉, 坐上皆名士, 獨飯賁于後閣. 賁憤怒, 自是力學, 一擧擢上第. 伉方過此橋, 聞之失聲墜驢, 故袁人誚曰, 湛郎及第, 彭伉落驢. 又名落驢橋.

교룡을 벤 다리[참교교(斬蛟橋)] 의흥군(義興郡)의 장교(長橋)는 후한의 원부군(袁府君)[475]이 만든 다리이다. 다리 밑에 푸른 교룡이 있어 매번 사람을 삼켰다. 그래서 진(晉)의 주처(周處)[476]가 다리 곁에서 칼을 들고서 교룡이 나오는 것을 엿보아 칼을 매달아 위에서부터 아래로 떨어뜨려 교룡의 등을 찔러 죽였다. 살핀다. 의흥(義興)은 이제 바뀌어 의흥현(宜興縣)이 되었다.

義興郡長橋, 後漢袁府君造. 橋下有蒼蛟, 每呑啖人. 周處執劍橋側, 伺其出, 懸劍自上投下, 刺蛟背而死. 按, 義興今改爲宜興縣.

(顔體)를 만들어 냈다.

471. 형주부(衡州府): 오늘날 호남성(湖南省) 일대 지역.

472. 오자서(伍子胥): 춘추시대 초(楚)나라 사람(?-B.C. 484)으로, 곧 오원(伍員). 자는 자서(子胥). 부친 오사(伍奢)와 형 오상(伍尙)이 초 평왕(平王)에게 죽임을 당하자 복수하기 위해 오(吳)로 가서 합려(闔閭)를 도와 초를 공격했으며, 큰 공을 세웠다. 부차(夫差) 때에는 많은 간언을 했으나 받아들여지지 않았고 결국 칼에 자진하라는 명을 받아 죽었다.

473. 임안(臨安): 남송(南宋)의 수도.

474. 정관(貞觀): 당(唐) 태종(太宗)의 연호(627-649)이다.

475. 원부군(袁府君): 후한(後漢)의 원기(袁玘)로 일찍이 양선령(陽羨令)을 지낸 적이 있다.

476. 주처(周處): 동진(東晉)의 오흥(吳興) 양선(陽羨) 사람(?-297)이다.

천진 다리[천진교(天津橋)] 천진교는 하남부(河南府) 서남쪽에 있으며 낙수(洛水) 위에 가설한 것이다. 수양제가 건설했는데, 큰 배를 써서 쇠사슬로 이어놓고, 남북 양쪽에는 4개의 누각을 세웠다. 당(唐) 정관(貞觀) 연간에 비로소 돌을 네모지게 해서 언덕을 만들었는데, 이곳이 곧 송(宋)의 소옹(邵雍)[477]이 두견새의 울음소리를 들었던 곳이다.

在河南府西南, 架洛水上. 隋煬帝建, 用大船連以鐵鎖, 南北夾起四樓. 唐貞觀中, 始甃石爲岸, 卽宋邵雍聞杜鵑聲處.

'선(扇)'이라 적은 다리[제선교(題扇橋)] 소흥부(紹興府) 계주사(戒珠寺) 앞에 제선교가 있는데, 곧 왕희지(王羲之)[478]가 '선(扇)'이라 적은 곳이다.

紹興府戒珠寺前, 有題扇橋, 卽王羲之題扇處.

몽필 다리[몽필교(夢筆橋)] 산음현(山陰縣)[479] 치소 동북쪽에 몽필교(夢筆橋)가 있다. 전하는 바로는 양(梁)의 강엄(江淹)[480]이 살았다는 곳이다.

山陰縣治東北, 有夢筆橋. 相傳, 梁江淹所居處.

만리 다리[만리교(萬里橋)] 만리교(萬里橋)는 촉(蜀) 완화계(浣花溪) 동쪽에 있다. 옛날 제갈공명이 오(吳)의 사신을 전송하며 이곳에 이르러 말하기를, "만 리의 여행이 여기서부터 시작될 것입니다"라고 해서 이로 인해 이름을 얻게 된 것이다. 당(唐) 현종(玄宗)이 촉(蜀)을 순행하면서 이 다리를 지나다 다리 이름을 물으니 주위의 신하들이 만리교라 대답하자 황제가 탄식하면서 말하기를, "개원(開元)[481] 말에 승려 일행들이 다시 20년 후에 나라에 난이 있어, 짐(朕)이 마땅히 멀리 돌아다녀 만 리 밖에 이르러야 한다고 했었는데, 이 말이 옳도다"라고 하면서, 마침내 성도(成都)에 어가를 세우고서 머물렀다.

在蜀浣花溪之東. 昔孔明送吳使者至此, 曰, 萬里之行, 從此始矣, 因得名. 唐玄宗狩蜀過此橋, 問橋名, 左右對以萬里, 上嘆曰, 開元末, 僧一行謂更二十年, 國有難, 朕當遠遊, 至萬里外, 此是也, 遂駐驛成都.

용을 매어둔 다리[계룡교(繫龍橋)] 동한시대에 읍인(邑人) 구무종(瞿武宗)이 아미산(峨眉山)[482]에 들어가 득도하고서 용을 타고 집에 돌아와 못에 용을 매어두었기 때문에 그 못의 이름을 계룡담(繫龍潭)이라 하였다. 후에 용을 타고 떠났는데 못 위에 다리가 있어 그 다리 또한 계룡교(繫龍橋)라 이름을 지었다. 송(宋) 방적(龐籍)의 〈석양휴가 아미산으로 돌아가는 것을 전송한 시[送石揚休還峨眉詩]〉엔 이렇게 기술하였다. "봉황이 둥지 튼 누각 가에서 원대한 꿈을 꾸고, 용 묶어 둔 다리 밑엔 전에 적은 글 알아보겠네."

東漢時, 邑人瞿武宗, 入峨眉山得道, 乘龍還家, 繫龍于潭, 故潭名繫龍. 後乘龍而去, 潭上有橋, 亦名繫龍. 宋龐籍, 送石揚休還峨眉詩. 巢鳳閣邊勞遠夢, 繫龍橋下認前題.

잉어를 탄 다리[승리교(乘鯉橋)] 승리교는 소주(蘇州)의 자성(子城) 서북쪽에 있다. 송(宋)의 오자영(吳子英)이 일찍이 이곳에서 붉은 잉어를 얻었는데, 날개와 뿔이 있어 마침내 그것을 타고 날아갔기 때문에 붙여진 이름이다.

---

477. 소옹(邵雍): 송(宋) 범양(范陽) 사람(1011-1077)으로, 자는 요부(堯夫)이다. 선천학(先天學)을 개창(開創)해 만물은 모두 태극(太極)에서 나와 이루어진다고 여겼다. 부필(富弼)·사마광(司馬光) 등과 교유했다. 《관물편(觀物篇)》·《선천도(先天圖)》·《이천격양집(伊川擊壤集)》등의 저술이 있다.
478. 왕희지(王羲之): 동진(東晉) 낭야(琅邪) 임기(臨沂) 사람(303-361 혹은 321-379)으로, 자가 일소(逸少)이며 왕도(王導)의 조카이다. 서예의 대가로 서성(書聖)으로 존칭되고 있다.
479. 산음현(山陰縣): 오늘날의 절강성 소흥현(紹興縣) 일대의 지역.
480. 강엄(江淹): 남조(南朝) 양(梁)나라 때 제양(濟陽) 고성(考城) 사람(444-505)이다. 자는 문통(文通)이다. 비서감(秘書監)·시중(侍中) 등을 거쳐 광록대부(光祿大夫)에 올랐다. 문장에 뛰어나 〈한부(恨賦)〉·〈별부(別賦)〉 등이 있다.
481. 개원(開元): 당(唐) 현종(玄宗)의 연호(713-741)이다.
482. 아미산(峨眉山): 오늘날 사천성(四川省) 아미산(峨眉山) 시(市) 서남쪽에 있다.

在蘇州子城西北. 宋吳子英嘗于此得赤鯉, 有翅角遂乘之飛去, 故名.

중위 다리[중위교(中渭橋)] 중위교(中渭橋)는 서안부(西安府) 서북쪽에 있으며, 본명은 횡교(橫橋)로 위수(渭水)[483] 위에 가설되었다. 진시황이 천하를 겸병하고서 함양(咸陽)에 도읍을 두었는데, 위수의 남북쪽에 이궁(離宮)을 지었다. 위수가 도읍을 관통한 것은 하늘의 은하수를 형상한 것이며 횡교가 남쪽으로 건너게 된 것은 견우성을 본받은 것이다. 또한 동위교(東渭橋)는 서안부(西安府) 성 동북쪽에 있는데, 한(漢) 고조(高祖)가 역양(櫟陽)과 통하는 길로 가설한 것이다. 서위교(西渭橋)는 구 장안성 서쪽에 있는데, 한(漢) 무제(武帝)가 그 짝으로써 무릉(茂陵)과 통하는 길로 가설한 것이다. 편문(便門)은 또한 편교(便橋)라고도 이름하는데, 당대(唐代)에 함양교(咸陽橋)로 개명하였다.

在西安府西北, 本名橫橋, 架渭水上. 秦始皇併天下, 都咸陽, 作離宮于渭之南北. 渭水貫都, 以象天漢, 橫橋南渡, 以法牽牛. 又東渭橋在府城東北, 漢高祖造以通櫟陽之道. 西渭橋在舊長安城西, 漢武帝造以通茂陵以其對. 便門亦名便橋, 唐改名咸陽橋.

반소 다리[반소교(半蘇橋)] 길안부(吉安府) 성 남쪽의 해자(垓字)가 있는 언덕에 있다. 소식(蘇軾)이 이 곳을 지나가다 소주(蘇州)에 경내(境內)의 반이 꽃으로 활짝 피어 있는 것을 보고서 그 다리를 명명하여 반소교(半蘇橋)라 하였다.

在吉安府城南城隍岡. 蘇軾過此, 見花木秀發, 以其境半于蘇州, 故名橋曰, 半蘇.

노구 다리[노구교(盧溝橋)] 순천부(順天府)[484] 서남쪽 35리에 있으며 노구하(盧溝河)[485]를 건너지르고 있다. 금(金) 명창(明昌)[486] 초에, 길이가 200여 보(步) 되는 돌난간을 세우고, 거기에 사자모양을 새겼다. 물결 빛이 새벽달 아래에서 위아래로 출렁거리는데, 경도(京都)의 팔경(八景) 가운데 하나이다.

在順天府西南三十五里, 跨盧溝河. 金明昌初, 建長二百餘步石欄, 刻爲獅形. 波光曉月上下蕩漾, 爲京師八景之一.

기관 장치를 한 다리로 적을 섬멸하다[기교섬적(機橋殲賊)] 당(唐) 강승훈(康承訓)[487]이 해주(海州)에 주둔해 있을 때에, 적이 장차 이를 줄을 헤아리고서 기관 장치를 한 다리를 만들어 긴 동아줄로 묶어 두었다. 적이 아직 반을 건너지 않았을 때에 동아줄을 잘라 적군의 다수가 익사했다. 이미 건너온 자들도 싸울 수가 없어 마침내 섬멸되었다.

唐康承訓屯海州, 度賊將至, 乃作機橋, 維以長絚. 及賊未半渡, 而絚絶, 士多溺死. 其已渡者, 不得戰, 遂殲之.

수달이 울부짖는 다리[달호교(獺嘷橋)] 진(晉) 주처(周處)의 《풍토기(風土記)》의 기록이다. 양미현(陽美縣) 앞에 큰 다리가 있고 다리 밑에 수달이 있는데 장차 군대의 움직임이 있으려 하면, 수달이 구멍에서 나와 서쪽을 향해 울부짖었다.

周處風土記. 陽美縣前有大橋, 橋下有獺, 將有兵動, 獺出穴口, 向西而嘷.

용이 누워 있는 다리[용와교(龍臥橋)] 《조야첨재(朝野僉載)》의 기록이다. 조주(趙州)[488]의 석교(石橋)

---

483. 위수(渭水): 위하(渭河)라고도 한다. 감숙성(甘肅省) 남동쪽에서 발원하여 동쪽으로 흘러 섬서성(陝西省)으로 흘러 들어가 경수(涇水)·분수(汾水) 등의 지류와 합치면서 함양(咸陽), 서안(西安) 북쪽을 지나 동관(潼關) 부근에서 황하로 흘러 든다.
484. 순천부(順天府): 명(明) 영락(永樂) 원년에 북평부(北平府)를 바꾸어 이름 붙인 부(府)이다.
485. 노구하(盧溝河): 오늘날 북경시(北京市) 서남쪽 영정하(永定河)이다.
486. 명창(明昌): 금(金) 장종(章宗)의 연호(1190-1195)이다.
487. 강승훈(康承訓): 당(唐) 영주(靈州) 사람으로 자는 경사(敬辭). 선종(宣宗) 때에 천덕군방어사(天德軍防御史)가 되었으며, 의무절도사(義武節度使) 등 여러 관직을 지냈다.
488. 조주(趙州): 오늘날 하북성(河北省) 융요현(隆堯縣) 동쪽 지역.

는 멀리서 바라보면 마치 초승달이 구름에서 나온 듯하고 긴 무지개가 산골에서 물 마시는 듯한 모양이다. 당(唐) 측천후(則天后) 때에 흉노의 묵철(默啜)489이 남쪽으로 도강하려 이 다리 위에 이르렀는데, 갑자기 말이 나아가지 않았다. 청룡이 이 다리에 누워 있는 것을 보고서 떠나갔다.

朝野僉載. 趙州石橋, 望之如初月出雲, 長虹飮澗. 天后時, 匈奴默啜欲南渡, 至橋上, 忽馬不進. 見靑龍臥此橋, 乃去.

정묘 다리[정묘교(丁卯橋)] 정묘교(丁卯橋)490는 진강부(鎭江府) 성 남쪽에 있다. 진(晉) 원제(元帝)의 아들 부(裒)가 광릉(廣陵)을 관리하느라 양식을 운반하여 경구(京口)491를 나설 때에 물이 말라 있었기 때문에 강둑을 쌓자고 청하였다. 정묘일을 써서 후인이 다리를 건설했기 때문에 마침내 정묘교라 이름 붙였다. 당(唐) 허혼(許渾)492이 일찍이 다리 곁에 별장을 지은 적이 있었다. 송(宋) 육유(陸游)493의 다음과 같은 시가 있다. “배승상(裴丞相)494의 공명은 네 조대(朝代)에 으뜸이고 허혼(許渾)의 신세는 어부와 나무꾼 사이에서 늙었도다. 만일 풍월강산(風月江山)의 주인을 논한다면 정묘교(丁卯橋)가 응당 오교(午橋)보다도 뛰어나리.”

在鎭江府城南. 晉元帝子裒, 鎭廣陵, 運糧出京口, 因水涸, 奏請立埭. 用丁卯日, 後人建橋, 遂名丁卯. 唐許渾嘗築別墅于橋側. 宋陸游詩. 裴相功名冠四朝, 許渾身世老漁樵. 若論風月江山主, 丁卯橋應勝午橋.

충효 다리[충효교(忠孝橋)] 도창현(都昌縣) 북쪽에 충효항(忠孝港)을 건너지르는 충효교(忠孝橋)495가 있다. 송(宋)의 시승(寺丞)496이었던 진휴(陳畦)가 죄를 짓자 그의 아들이 아비의 죽음을 대신했기 때문에 그 다리를 충효교라 이름 붙여서 그를 표창(表彰)하였다.

都昌縣北有忠孝橋, 跨忠孝港. 宋寺丞陳畦獲罪, 其子代父死, 故名其橋, 以旌之.

비홍 다리[비홍교(飛虹橋)] 《담원(譚苑)》의 기록이다. 관직이 상시(常侍)였던 서현(徐鉉)497은 강남(江南)에서 벼슬을 하였는데 매일 징심당(澄心堂)에서 숙직을 하였다. 그런데 매번 당직하러 비홍교(飛虹橋)에 이를 때마다 말이 문득 나아가지 않고 안장을 찢고 고삐를 끊었다. 채찍질하여도 피를 흘릴 뿐이고 고삐를 끌어도 물러서곤 하였는데, 아무도 어떻게 일러줘야 할지를 몰랐다. 그런데 여항(餘杭) 사람인 승려 체녕(替寧)498이 이르기를, “다리 밑에 반드시 해마(海馬)의 뼈다귀가 있을 것인데 물로도 불

489. 묵철(默啜): 당(唐)나라 때 동돌궐(東突厥)의 가한(可汗)으로, 아사나(阿史那)씨, 이름은 환(環)이다. 측천무후 집권 시에 사신을 보내 화친하여 천선가한(遷善可汗)으로 봉해졌고 후에 당(唐)을 도와 거란을 대파하기도 했다.

490. 강소성(江蘇省) 단도현(丹徒縣) 남쪽에 있다.

491. 경구(京口): 옛날의 성(城) 이름. 오늘날의 강소성 진강시(鎭江市)에 있다.

492. 허혼(許渾): 당 윤주(潤州) 단양(丹陽) 사람이다. 선종(宣宗) 때에 감찰어사(監察御使)가 되었고, 나중에 병으로 물러나 윤주의 정묘교(丁卯橋)에서 농막을 짓고 살았다.

493. 육유(陸游): 송(宋) 월주(越州) 산음(山陰) 사람(1125-1210)으로, 자는 무관(務觀), 호는 방옹(放翁)이다. 예부낭중(禮部郎中) 벼슬을 했으며, 탄핵을 받아 물러나 10여 년 간 한거(閑居)하기도 했다. 시(詩)·사(詞)·산문(散文)에 뛰어났고 사학(史學)에도 조예가 깊었다. 《검남시고(劍南詩稿)》가 있다.

494. 배승상(裴丞相): 중당(中唐)시대 사람인 배도(裴度: 765-839)로, 백거이(白居易)·유우석(劉禹錫) 등과 교유가 있었으며, 진국공(晉國公)에 봉해졌고, 후에는 병으로 동도(東都)로 돌아와 별장을 짓고 살았다.

495. 충효교(忠孝橋): 오늘날의 강서성(江西省) 도창현(都昌縣) 북쪽에 있는 다리 이름.

496. 시승(寺丞): 관청 안의 좌리(佐吏) 곧 상관을 돕는 관리.

497. 서현(徐鉉): 송(宋) 양주(揚州) 광릉(廣陵) 사람(917-992)으로, 자는 정신(鼎臣)이다. 오대(五代) 때에 한림학사(翰林學士)·이부상서(吏部尙書) 등을 맡아보았다. 송(宋)에 들어 급사중(給事中)을 역임했다. 시문에 뛰어났고 문자학(文字學)에 정통했다. 일찍이 명을 받아 구중정(句中正) 등과 함께 《설문해자(說文解字)》를 교정했다.

498. 체녕(替寧): 《경정건강지(景定建康志)》 권16과 기타 전적에는 찬녕(贊寧)으로 되어 있다.

로도 다 그것을 없앨 수 없고 오직 썩은 술지게미[499]로 씻어야만 없앨 수 있습니다"라고 하였다. 서현(徐鉉)은 이에 다리 밑에서 큰 짐승의 뼈다귀를 얻었는데, 땔나무를 쌓아서도 불태울 수가 없었다. 일러준 방법대로 처리하자 괴이함 또한 따라 없어졌다.

譚苑. 徐常侍鉉仕江南, 日嘗直澄心堂. 每入直至飛虹橋, 馬輒不進, 裂鞍斷轡, 箠之流血, 掣韁卻立, 莫知所謂. 餘杭僧替寧云, 下必有海馬骨, 水火俱不能毁, 惟漚以腐骨卽毁. 鉉于是得巨獸骨, 積薪不能焚. 如法治之, 怪亦隨滅.

곡식을 보상하고 다리를 고치다[상속치교(償粟治橋)] 당(唐)의 왕주(王周)[500]는 네 고을[501]을 거쳐 갔는데, 모두 선정(善政)을 베풀었다. 정주교(定州橋)가 무너져 백성들이 조세 바치는 수레를 전복시키자, 왕주가 말하기를, "교량이 수선 관리되지 않았던 것은 자사(刺史)의 과실이다"라 하고서 백성들에게 곡식을 보상하고 그 다리를 수리하였다.

唐王周歷四鎭, 皆有惠政. 定州橋壞, 覆民租車, 周曰, 橋梁不脩, 刺史之過也, 乃償民粟, 爲治其橋.

혼을 녹이는 다리[소혼교(銷魂橋)] 장안(長安) 동쪽 파릉(灞陵)에 다리가 있다. 한(漢)나라 때에 먼 길을 가는 사람을 전송하는 자들이 대부분 이곳에 이르러 버들을 꺾어 송별하였다. 당(唐)《개원유사(開元遺事)》에 이렇게 기록되었다. "새사람을 맞이하거나 옛사람을 전송할 때 사람들은 모두 이곳에 이르러 아무 말도 못하기 때문에 또한 이 다리를 소혼교(銷魂橋)라 불렀다."

長安東灞陵有橋. 漢時, 送行者多至此, 折柳送別. 唐開元遺事, 迎新送故, 皆至此黯然, 故又呼爲銷魂橋.

대부의 다리[대부교(大夫橋)] 당(唐)의 은사(隱士) 장지화(張志和)[502]가 월주(越州)의 동곽(東郭)에 집을 짓고 살았다. 관찰사였던 진소유(陳少游)가 가서 만나보고 그를 위해 종일토록 머물렀다. 이에 앞서 그의 집이 흐르는 물로 막혔지만 교량도 없어 진소유가 그를 위해 교량을 만들어 주었더니 사람들이 이를 대부교(大夫橋)라 불렀다.

唐隱士張志和, 築室越州東郭. 觀察使陳少游, 往見爲終日留. 先是, 門阻流水, 無橋梁, 少游爲創之, 人號大夫橋.

기러기 다리에서 아이를 얻다[안교득아(雁橋得兒)] 면양주(沔陽州)[503] 경릉현(景陵縣)에 안교(雁橋)가 있다. 구전(舊傳)에 따르면, 어떤 사람이 보니 기러기들이 서쪽 제방에 모여서 밑에 한 어린애를 덮고 있었다 한다. 불교의 역사에 따르면, 승려인 적사(積師)가 그 아이를 얻어 3년을 길렀지만 그의 성을 알지 못하였다. 역(易)으로 점을 쳐서 건괘(蹇卦)[504]가 나아가는[漸] 상(象)을 얻었다. 효사(爻辭)에 이르길, "큰기러기[鴻]가 뭍[陸]으로 나아가니, 그 날개[羽]는 의례(儀禮)에 쓰일 수 있도다"라고 하였다. 그래서 육(陸)으로 성씨를 삼고 우(羽)로 이름을 삼았으며 홍점(鴻漸)으로 자를 삼았다. 후인들이 이를 따라 '안(雁)'으로 그 다리를 이름하였다.

沔陽州景陵縣有雁橋. 舊傳, 有人見雁集西陂, 覆一小兒于下. 僧史, 積師得之, 育三歲, 不知其姓, 以易筮之, 得蹇之漸. 爻辭云, 鴻漸于陸, 其羽可用爲儀. 乃

499. 썩은 술지게미: 원문에는 '썩은 뼈로 씻다[漚以腐骨]'로 되어 있으나,《광동통지(廣東通志)》나《경정건강지(景定建康志)》등의 전적에 나온 것을 참고하여 바꾸어서 번역했다.

500. 왕주(王周): 오대(五代) 때의 위주(魏州) 사람(?-948)으로, 후당(後唐)에서 여러 군수(郡守)를 거쳤다.

501. 네 고을: 무승(武勝)·보의(保義)·의무(義武)·성덕(成德) 네 곳의 진(鎭)을 가리킨다.

502. 장지화(張志和): 당(唐) 무주(婺州) 금화(金華) 사람(약 730-약 810)으로, 자는 자동(子同)이다. 숙종(肅宗) 때에 지화(志和)라는 이름을 하사받았다. 후에 좌천되었다가 사면되어 돌아오는 길에 강호(江湖)에 은거했다. 서화(書畵)·격고(擊鼓)에 뛰어났고 가사(歌詞)를 잘해, 그의 사(詞)로〈어부(漁父)〉5수가 현전(現傳)한다.

503. 면양주(沔陽州): 오늘날 호북성(湖北省) 선도시(仙桃市) 일대의 지역.

504. 건괘(蹇卦): '건(蹇)'은 64괘의 하나로, 험준한 데서 고생하는 상(象)이다.

氏以陸, 名以羽, 字以鴻漸. 後人因以雁名其橋.

일곱 번 놓아준 다리[칠종교(七縱橋)] 칠종교(七縱橋)는 사천(泗川)의 아주(雅州) 맹산(孟山) 아래에 있다. 전하는 바에 따르면, 제갈공명(諸葛孔明)이 맹획(孟獲)[505]을 일곱 번 사로잡았다 일곱 번 놓아준 고사로 인해 이름을 얻은 것이라 한다.

在泗川雅州孟山下. 相傳, 爲孔明擒孟獲而得名.

단풍나무가 있는 다리[풍교(楓橋)] 풍교(楓橋)는 소주성(蘇州城) 서면산(西面山)에 있으며, 물을 마주하고 있어 유람하고 쉴 수 있다. 남북으로 왕래하자면 반드시 이곳을 거쳐 가야 한다. 당(唐) 장계(張繼)[506]의 〈풍교야박(楓橋夜泊)〉의 시[507]에, "달이 지니 까마귀 울고 서리가 하늘에 가득하네"라는 구절이 있다.

在蘇州城西面山, 臨水可以遊息. 南北往來, 必經于此. 唐, 張繼有楓橋夜泊詩, 月落烏啼霜滿天.

호도 다리[호도교(虎渡橋)] 호도교(虎渡橋)는 장주부(漳州府)[508] 성 동쪽 유영강(柳營江)[509] 위에 있다. 옛날에 호랑나루[虎渡]가 있었던 곳이 이 강으로, 지역민들이 이를 따라 호도(虎渡)라고 다리 이름을 붙였다. 고시(古詩)[510]에, "호랑나루가 사람들의 왕래를 소통시켜, 점점 공경들을 배출하네"라는 구절이 있다. 이 다리는 송(宋) 가정(嘉定)[511] 연간에 건설되었다.

在漳州府城東柳營江上, 昔有虎渡是江, 土人因以名橋. 古詩, 虎渡通人行, 漸漸出公卿. 此橋宋嘉定間建.

학이 춤추는 다리[학무교(鶴舞橋)] 학무교(鶴舞橋)는 소주성(蘇州城) 동북쪽 모퉁이에 있다. 전하는 바에 따르면, 오왕(吳王)의 딸을 출상시키는 날 저잣거리에서 학이 춤을 추어 이름 붙여졌다고 한다.

在蘇州城東北隅. 相傳, 吳王女出葬日, 有鶴舞于市, 故名.

오강의 긴 다리[오강장교(吳江長橋)] 오강장교(吳江長橋)는 소주부(蘇州府) 오강현(吳江縣) 동문 밖에 있으며, 72개의 구멍이 뚫려 있다. 옛날 이름은 수홍교(垂虹橋)였다. 다리는 동서의 길이가 1,000여 자[尺]로, 송강(松江)을 가로질러 건너뛰고 앞은 태호(太湖)를 향하고 있어, 오강의 절경(絶景)이다. 송(宋) 정의부(鄭毅夫)의 다음과 같은 시가 있다. "삼백 개의 난간엔 쇠사슬로 다리 꾸몄으며, 행인들은 물결 위에서 미옥(美玉) 깐 바닥 밟는도다. 하늘의 무지개를 꽂은 듯이 옥의 허리 널찍하고, 바다 건너지르는 고래같이 황금 등[背]이 솟아 있네."

在蘇州府吳江縣東門外, 有七十二洞. 舊名垂虹橋. 東西千餘尺, 橫跨松江, 前臨大湖, 乃吳江絶景也. 宋鄭毅夫詩. 三百欄干鎖畫橋, 行人波上踏瓊瑤, 揷天蟒蝀玉腰闊, 跨海鯨鯢金背高.

온갖 꽃이 피어 있는 다리[백화교(百花橋)] 원철(元徹)과 유실(柳實) 두 사람이 바다에 표류하다 외딴 섬에 이르러 옥허존사(玉虛尊師)와 남고부인(南誥夫人)[512]을 뵙고, 절하고서 아뢰어 돌아가기를 구하였다. 이에 그들이 시녀에게 명해 두 사람을 전송

---

505. 맹획(孟獲): 삼국(三國) 촉(蜀) 건영(建寧) 사람이다. 유비(劉備) 사후에 군대를 일으켜 촉에 반항했고, 제갈량이 남정(南征)하여 그를 일곱 번 사로잡았다 일곱 번 놓아주어, 마침내 다시는 배반하지 않게 되었다.

506. 장계(張繼): 당(唐) 양주(襄州) 사람으로, 자는 의손(懿孫)이다. 천보(天寶) 12년에 진사에 급제하여 안사(安史)의 난이 일어나자 오월(吳越)지역으로 피하였다. 시는 대부분 등림기행(登臨紀行)의 작품으로, 청원자연(淸遠自然)하여 조탁(雕琢)을 일삼지 않았다. 《장사부시집(張祠部詩集)》이 있다.

507. 풍교야박(楓橋夜泊)의 시는 다음과 같다. "月落烏啼霜滿天, 江楓漁火對愁眠. 姑蘇城外寒山寺, 夜半鐘聲到客船."

508. 장주(漳州): 오늘날의 복건성(福建省) 장주시(漳州市)이다.

509. 유영강(柳營江): 복건성(福建省) 구룡강(九龍江) 하류의 별칭. 육조(六朝) 시대에 민(閩) 지역을 지키던 군대가 이 강의 험한 지세를 바탕으로 나무를 심고 병영을 삼았기 때문에 붙여진 이름이다.

510. 고시(古詩): 《산당사고(山堂肆考)》 권27에는 '고언(古諺)'으로 되어 있다.

511. 가정(嘉定): 남송(南宋) 영종(寧宗)의 연호(1208-1224)이다.

하게 하니 백화교(百花橋)[513]까지 말을 몰아 데려다 주고 돌아갔다. 언덕에 도달한 후에 되돌아보니 그 다리가 없어졌다.

元徹柳實, 漂海抵孤島, 見玉虛尊師與南誥夫人, 拜謁求返. 命侍女送二子, 馭百花橋而歸. 旣達回視, 無橋矣.

강물 위에 놓은 다리[하려(河厲)] 토곡혼(吐谷渾)[514] 부족은 강물 위에 다리를 놓은 것을 하려(河厲)라 하는데, 길이가 150보(步)이다.

吐谷渾於河上作橋, 謂之河厲. 長一百五十步.[515]

연못 池

곤명지(昆明池) 곤명국(昆明國)에 사방 200리(里)의 땅이 있었다. 한(漢) 무제(武帝)가 곤명국을 정벌하고자 하여 못을 만들되 그곳을 본뜨고는 그것으로 수전을 익히게 하였다. 곤명지(昆明池)[516] 가운데에는 돌로 만든 사람 둘을 설치하였는데, 견우와 직녀를 본떠 서로 마주하게 하였다. 또한 돌을 깎아 고래를 만들었는데 천둥이 울고 비가 내릴 때마다 고래가 항상 울며 포효하였으며, 갈기와 꼬리가 모두 움직였다.

昆明國有地方二百里. 漢武欲伐昆明, 作池象之, 以習水戰. 於池中置二石人, 相對以象牽牛織女. 又刻石爲鯨魚, 每雷雨, 魚常鳴吼, 鬐尾皆動.

태액지(太液池) 건장궁(建章宮)[517] 북쪽에 있으며, 태액지(太液池)[518] 안에는 봉래(蓬萊)·방장(方丈) 등 해산(海山)과 신산(神山) 및 거북과 물고기의 무리들이 있다.

在建章宮北, 中有蓬萊方丈, 海山神山, 龜魚之屬.

정와지(靜蛙池) 호주(湖州)의 상락사(常樂寺)[519]에 정와지가 있다. 옛날 조법사(肇法師)가 개구리 소리가 귀를 시끄럽게 함을 싫어하여 몰아내 제거하여, 오늘에 이르기까지 연못 안에는 올챙이가 자라지 않는다. 장사(長沙)의 악록서원(嶽麓書院)[520] 앞에 연못이 있는데 여름에도 개구리 소리가 없다. 전하는 바에 따르면 송(宋) 장식(張栻)이 이곳에서 책을 읽는데 개구리 소리를 싫어하여 금지했더니 멈추었다 한다. 남양부(南陽府)의 신야(新野) 동북쪽에 탄자지(彈子池)가 있는데, 세상에 전해지는 바로는 후한(後漢)의 광무제(光武帝)가 이곳에서 개구리를 쏘아, 오늘에 이르기까지 개구리들이 울지 않는다 한다.

湖州常樂寺有靜蛙池. 昔肇法師厭蛙聲聒耳, 驅而去,

---

512. 《천중기(天中記)》 권16에 따르면, 옥호존사(玉壺尊師)와 남명부인(南冥夫人)으로 되어 있다. 또한 당(唐) 배형(裴鉶)이 지은 《전기(傳奇)·원류이공(元柳二公)》에 의하면, 옥허존사(玉虛尊師)와 남명부인(南溟夫人)으로 되어 있다.: "少頃有玉虛尊師當降此島, 與南溟夫人會約"
513. 백화교(百花橋): 남창부(南昌府) 동호(東湖) 북쪽 백화주(百花洲)에 있었다는 다리이름이다.
514. 토곡혼(吐谷渾): 옛날 선비족(鮮卑族)의 한 지파. 본래는 요동(遼東)에 거주했는데, 서진(西晉) 때에 영수였던 토곡혼(吐谷渾)의 통솔 하에 서쪽인 감숙(甘肅)·청해(青海) 사이로 이주했고, 그 후손들이 세운 나라를 토곡혼(吐谷渾)이라 했다.
515. 《어정연감류함(御定淵鑑類函)》 권352에 따르면, 단국(段國)의 《사주기(沙州記)》에 기록되어 있다고 한다.
516. 한(漢) 무제(武帝)가 견독국(身毒國: 지금의 인도인 天竺)과 통하고자 했는데, 곤명국(昆明國)에 가로막히게 되었다. 곤명국에 사방 300리(본문에서는 200리라고 되어 있다)가 되는 전지(滇池)가 있기 때문이었다. 이에 무제는 곤명국을 치고자 하여 원수(元狩) 3년에 죄를 지은 관리들을 시켜 땅을 파게 해, 장안(長安) 인근에다 곤명지(昆明池)를 만들어서 전지(滇池)를 본떠 그 안에서 수전(水戰)을 익히게 했던 것이다. '곤명지(昆明池)'는 장안 서남쪽에 있는데 주위가 40리에 달하는 호수이다.
517. 건장궁(建章宮): 한 무제가 태초(太初) 원년에 지은 것으로 미앙궁(未央宮) 서쪽에 있으며 주위가 20여 리에 이른다.
518. 태액지(太液池): 한나라 무제(武帝) 때에 장안(長安)의 건장궁(建章宮)의 북쪽에 만들었던 못 이름.
519. 상락사(常樂寺): 호주부(湖州府) 길안현(安吉縣)에 있다.
520. 악록서원(嶽麓書院): 장사부(長沙府) 선화현(善化縣)에 있다.

至今池中不生科斗. 長沙嶽麓書院前有池, 夏無蛙聲. 相傳, 宋張栻讀書於此, 厭蛙聲, 禁之乃息. 南陽府新野東北有彈子池, 世傳, 漢光武彈蛙於此, 至今有蛙不鳴.

수담 연못[수담지(手譚池)] 일본에 응로대(凝露臺)가 있는데 대(臺) 위에는 수담(手譚) 연못이 있다. 연못가에는 옥으로 된 바둑돌이 있으며 일정한 규범을 따르는 것은 아니었지만 흑백이 분명하였다.

日本國有凝露臺, 臺上有手譚池. 池上有玉棋子, 不由制度, 黑白分明.

선녀들이 목욕한 연못[욕선지(浴仙池)] 남창부(南昌府) 자성(子城) 동쪽에 음마지(飮馬池)[521], 일명 욕선지(浴仙池)가 있다. 전하는 바에 따르면 어떤 소년이 일곱 명의 미녀가 언덕 곁에 다섯 빛깔 무늬의 옷을 벗어놓고 연못 안에서 목욕하는 것을 보고서, 장난삼아 그중 옷 하나를 숨겼는데, 여러 여자들은 목욕을 마치자 옷을 입고 백학이 되어 떠났으나 홀로 옷을 잃은 여자는 떠날 수가 없어 소년을 따라 그 집에 이르러 부부가 되었다가 대략 3년 만에 그 옷을 돌려받아 역시 날아갔다고 한다.

南昌府子城東有飮馬池. 相傳, 有少年見, 美女七人脫五綵衣於岸側, 浴池中. 少年戲藏其一, 諸女浴竟, 着衣化白鶴去, 獨失衣女不能去, 隨至少年家爲夫婦, 約以三年還其衣, 亦飛去.

응벽 연못[응벽지(凝碧池)] 응벽지(凝碧池)는 서안부(西安府) 성 동남쪽의 당(唐) 금원(禁苑) 안에 있다. 안록산(安祿山)이 반란을 일으켰을 때, 급사중(給事中)[522] 왕유(王維)[523]가 그에게 붙잡혔다. 안록산이 응벽지에서 크게 연회를 연다는 것을, 왕유가 듣고 몹시 슬퍼 시를 지어 다음과 같이 비통하게 애도하였다. "수만 가구가 상심해 들에서 취사연기 피우는데, 백관들은 어느 날에나 다시 천자께 조회하려나. 가을 홰나무의 낙엽은 텅 빈 궁 안에서 구르고, 응벽 연못가의 악기소리에 목이 메네."[524] 후에 도적들이 멸절되자 어떤 사람이 이 시(詩)로 조정에 아뢰었기 때문에 왕유는 감형을 받아 태자중윤(太子中允)으로 좌천되었다.

在西安府城東南唐禁苑中. 安祿山反, 給事中王維爲其所得. 祿山大宴凝碧池, 維聞, 悲甚賦詩, 痛悼云, 萬戶傷心生野烟, 百官何日再朝天, 秋槐落葉空宮裏, 凝碧池頭咽管絃. 後盜滅, 或以此詩聞, 故維得減論, 下遷太子中允.

술잔을 엎은 연못[복배지(覆杯池)] 복배지(覆杯池)는 금릉(金陵)[525] 고대성(古臺城)의 태초궁(太初宮) 안에 있다. 옛날 진(晉)의 원제(元帝)가 자주 술 때문에 정사를 폐하자 왕도(王導)[526]가 이를 간언(諫言)하니 황제가 이로 인해 연못 안에 술잔을 엎고서 이것으로 경계를 삼았다.

---

521. 음마지(飮馬池): 《산당사고(山堂肆考)》 권24에는 '음마지(飮馬池)' 다음에 '일명욕선지(一名浴仙池)'라는 다섯 글자가 더 들어 있어, 문맥상 이 다섯 글자를 넣어서 번역했다.

522. 수당(隋唐) 이래 문하성(門下省)의 요직으로, 시중(侍中)과 문하시랑(門下侍郎) 아래에 있으며 정령(政令)의 잘못된 것을 논하고 바로잡는 일을 맡았다.

523. 왕유(王維): 당(唐) 하동(河東) 사람(701-761)으로 자는 마힐(摩詰)이다. 현종(玄宗) 개원(開元) 연간에 진사가 되었으며, 좌습유(左拾遺)·감찰어사(監察御使)·이부낭중(吏部郎中)·급사중(給事中) 등을 역임했다. 숙종(肅宗) 때에 상서우승(尙書右丞)이 되어 왕우승(王右丞)이라 칭해졌다. 오언시에 뛰어났고 산수전원(山水田園)을 읊은 시가 많다. 서화(書畵)에 뛰어났고 남종산수화(南宗山水畵)의 시조를 받들어졌다. 불교에 귀의하여 소식(蔬食)을 했다. 지은 시집을 《망천집(輞川集)》이라 했으며, 《왕우승집(王右丞集)》이 있다.

524. 이 시의 정식 제목은 〈보리사금배적내상간설역적등응벽지상작음악공봉인등거성변일시누하사성구호송시배적〉(〈菩提寺禁裴迪來相看說逆賊等凝碧池上作音樂供奉人等擧聲便一時淚下私成口號誦示裴迪〉)이다.

525. 금릉(金陵): 오늘날의 남경(南京)이다.

526. 왕도(王導): 동진(東晉) 낭야(琅邪) 임기(臨沂) 사람(276-339)으로, 자는 무홍(茂弘)이다. 사마예(司馬睿: 후에 원제가 됨)가 낭야왕(琅邪王)이었을 때에 벼슬을 했고 후에 모의에 참가하여 황제로 옹립한 후 승상을 맡았다. 명제(明帝) 즉위 후에 시흥군공(始興郡公)에 봉해졌고, 후에 소준(蘇峻)이 반역한 후에도 그를 공경해 해를 가하지 않았다.

在金陵古臺城太初宮中. 昔晉元帝頗以酒廢政, 王導諫之, 帝因覆杯池中, 以爲戒.

보은 연못[보은지(報恩池)] 단양현(丹陽縣) 사가장(謝家場) 북쪽에 보은지(報恩池)가 있다. 전하는 바에 따르면 왕씨 성을 가진 자가 자라를 먹기 좋아하여 한 번 장볼 때마다 반드시 그 수효를 세었는데 부엌의 하녀가 매번 한두 마리씩 훔쳐 놓아주었다. 일이 발각되어 매 맞을 것을 두려워하여 연못에 몸을 던졌는데, 자라들이 모여 등으로 업어 받아서 죽지 않았기 때문에 보은지라 이름했다 한다.

丹陽縣謝家場北有報恩池. 相傳, 王姓者好食鱉, 一市必數枚, 庖婢每竊一二放之. 事覺, 恐被撻, 自投於池, 鱉叢負得不死, 故池名報恩.

철을 담금질한 연못[쉬철지(淬鐵池)] 송(宋) 구양정(歐陽程)은 영주부(永州府) 영도(營道) 사람으로 어려서 군(郡)의 아전이 되었다. 군(郡)의 후원에 연못이 있어 항상 쇠를 담금질해 병기를 만들었는데, 철작지(鐵作池)라 명명하고 그 곁에 정자를 세웠다. 하루는 태수가 아전의 문서(文書) 사이에서 다음과 같은 쪽지를 얻었다. "지정(池亭) 시[527]의 빼어남은 '차가운 그림자는 은하수 건너를 만지는 나무를 거꾸로 삼키고, 차가운 광휘는 높이 하늘 반에 이르는 별들을 씻어 주네'라고 한 구(句)에 있다." 태수가 물어보아 이것이 구양정의 시라는 것을 알고서, 크게 놀라 기이하게 여기고서 그에게 돈을 주어 돌아가서 학문을 하게 하였다. 이에 구양정은 진사시험에 급제하여 공을 쌓아 둔전원외랑(屯田員外郞)으로 승진하였다.

宋歐陽程永州府營道人. 少爲郡吏, 郡後有池, 常淬鐵爲戎器, 名鐵作池植亭其旁. 一日太守於吏牘間, 得副紙記. 池亭之勝有'寒影倒呑凌漢樹, 冷光高浴半天星'之句. 問知爲程詩, 大驚異之, 與之金, 使歸爲學. 登進士第, 累官屯田員外郞.

능파 연못[능파지(凌波池)] 《태진외전(太眞外傳)》의 기록이다. 당(唐) 현종(玄宗)이 동군(東郡)[528]에서 낮에 꿈을 꾸었는데 용모가 아름답고 남다른 한 여자가 침상 앞에서 절을 하였다. 황제가 묻기를, "너는 누구인가?" 하니 다음과 같이 대답하였다. "저는 폐하의 능파지(凌波池) 가운데 있는 용녀(龍女)입니다. 황궁을 지키고 어가를 보호하니 저는 실로 공이 있습니다. 이제 폐하께서는 천상의 음악을 환히 아시니 한 곡조 하사하셔서 저의 동족을 빛내 주시길 비옵니다." 황제가 꿈속에서 그녀를 위해 호금(胡琴)을 타고 고금(古今)의 곡을 모아 능파곡(凌波曲)을 만들었는데 용녀가 절을 하고 물러나자 잠에서 깨어났다. 황제가 그것을 다 기억하고서 황궁의 악공을 모아 이에 스스로 비파를 탄주(彈奏)하여 익히고 고쳤다. 문무신료와 함께 능파궁(凌波宮)에서 연못을 향하여 신곡(新曲)을 연주하였더니, 연못 안에서 파도가 용솟음쳐 일어나더니 다시 한 신녀(神女)가 연못 가운데서 나왔는데 바로 꿈에서 보았던 여자였다. 황제가 몹시 기뻐하며 재상에게 말하였는데, 이로 말미암아 연못가에 묘당을 세우고 해마다 제사 지냈다.

太眞外傳. 唐玄宗在東郡晝夢, 一女容貌艶異拜於牀前, 上問汝是何人, 對曰妾是陛下凌波池中龍女. 衛宮護駕, 妾實有功. 今陛下洞曉鈞天之樂, 乞賜一曲, 以光族類. 上於夢中爲鼓胡琴, 採新舊之曲, 爲凌波曲, 龍女拜而去, 及覺. 上盡記之, 會禁樂, 乃自御琵琶, 習而翻之. 與文武臣僚於凌波宮臨池奏新曲, 池中波濤湧起, 復有神女出池心, 乃所夢之女也. 上大悅, 語於宰相, 因於池上立廟歲祀焉.

527. 지정(池亭) 시: 《송시기사(宋詩紀事)》 권4에 나오는 구양정이 지은 이 시의 제목은 〈영지정(詠池亭)〉으로, 전문은 다음과 같다. '鑿開幽境泛流萍, 廻合波間小洞庭, 寒影倒呑凌漢樹, 冷光高浴半天星, 魚翻錦鬣波紋皺, 鷺洗霜翎水氣腥, 昨夜蛟龍忽飛去, 滿軒風雨震雷霆.'

528. 동군(東郡): 《태평광기(太平廣記)》 권420에는 동도(東都)로 되어 있다.

거북을 버린 연못[기귀지(棄龜池)] 송(宋) 휘종(徽宗) 대관(大觀)[529] 연간에 도수사자(都水使者) 조정(趙霆)이 황하에서 머리 둘 달린 거북을 얻자, 상서로운 것으로 여겨 황제에게 바쳤다. 채경(蔡京)이 아첨하여, "이것은 제(齊)의 소백(小白)[530]이 말한 상망(象罔)[531]이 나타나면 천하를 제패하게 된다고 하는 것입니다"라고 말하였다. 이에 정거중(鄭居中)[532]이 비난하여 말하기를, "머리가 둘이 있으면 사람들이 어찌 모두 놀라고 기이하게 여기는 데 그치겠습니까만 채경만이 유독 그것을 주장하니 그 뜻을 거의 헤아릴 수 없습니다"라고 하였다. 황제가 금명지(金明池)에 거북을 버릴 것을 명하였다. 살핀다. 금명지는 주(周) 세종(世宗) 때에 판 것으로 송(宋) 태조(太祖)가 일찍이 이곳에 행차하여 수전(水戰)을 익히는 것을 관람한 적이 있었다.

宋徽宗大觀中, 都水使者趙霆, 得兩首龜於黃河, 獻以爲瑞. 蔡京曰, 此齊小白所謂象罔見之而覇者也. 鄭居中言, 首豈有二, 人皆駭異, 而京獨主之, 殆不可測. 帝命棄龜於金明池. 按, 金明池周世宗時所穿, 宋太祖嘗幸此觀習水戰.

상국 연못[상국지(相國池)] 상국지(相國池)는 호주부(湖州府) 오정현(烏程縣)의 치소 안에 있다. 당(唐) 대력(大曆)[533] 연간에 이오(李晤)가 오정(烏程)에서 벼슬살이를 하였는데, 그의 아들 신보(紳甫)가 한 살 때에 여러 번 이 연못에 떨어졌으나 마치 무슨 신물(神物)이 있어 도와주는 것 같이 나왔다. 후에 재상이 되자 후인들은 이 때문에 그 연못을 상국지(相國池)라 이름하였다.

在湖州府烏程縣治內. 唐大曆中李晤官於烏程, 子紳甫一歲數墮此池, 若有物扶持而出. 後爲相國, 後人因以名池.

황금꾀꼬리 연못[금앵지(金鸎池)] 금앵지(金鸎池)는 단양현(丹陽縣) 치소 안에 있다. 송(宋)의 하송(夏竦)[534]이 이 현의 아전이 되었는데 하루는 모친을 모시고 한가롭게 앉아 있다가 황금 꾀꼬리 두 마리가 땅속에 숨은 것을 보고서[535] 땅을 파 황금으로 된 꾀꼬리 두 개를 얻었다. 그의 모친이 이것을 가져다 묻으니 하송이 그 위에 정자를 세웠다. 후인들이 땅을 파서 찾았지만 얻지 못하고 마침내 연못이 되니 이로 인해 그 연못을 금앵지(金鶯池)라 이름 지었다.

在丹陽縣治內. 宋夏竦爲本縣掾, 一日侍母燕坐, 見黃鸎雙沒於地, 發之得金鶯二. 其母取瘗之, 竦因亭其上. 後人發地, 求之不得, 遂爲池, 因名金鶯.

시내 溪

반계(磻溪) 《상서대전(尙書大傳)》의 기록이다. 태공망(太公望) 여상(呂尙)[536]이 반계(磻溪) 시내에서

529. 대관(大觀): 북송(北宋) 휘종(徽宗)의 연호(1107-1110)이다.
530. 소백(小白): 춘추시대 제(齊)의 환공(桓公)의 이름.
531. 상망(象罔): 《장자(莊子)》의 우언 중에 나오는 인물로, 형상이 있는 것 같지만 실은 없는 것을 뜻한다.
532. 정거중(鄭居中): 송(宋) 개봉(開封) 사람(1059-1123)으로 자는 달부(達夫)이다. 휘종(徽宗) 밑에서 귀비(貴妃)의 종형(從兄)으로서 급사중(給事中)·한림학사 등을 역임했다.
533. 대력(大曆): 당(唐) 대종(代宗)의 연호(766-779)이다.
534. 하송(夏竦): 송(宋) 강주(江州) 덕안(德安) 사람(985-1051)으로, 자는 자교(子喬)이다. 인종(仁宗) 때에 추밀부사(樞密副使)에 올랐고, 후에 참지정사(參知政事)를 맡았다. 재지(才智)가 있었으나 권술(權術)을 숭상했고 탐욕적으로 간사하다는 평을 받았다.
535. 《강남통지(江南通志)》 권32에는 '땅에서 춤을 춘[舞於地]' 것으로 되어 있다.
536. 여상(呂尙): 성은 강(姜), 여씨(呂氏)이고 이름이 상(尙)이며, 자는 자아(子牙)이다. 가난하여 위수(渭水) 가에서 낚시질하

낚시질을 하다 물고기 뱃속에서 패옥(佩玉)을 얻었다. 그 시내는 봉상부(鳳翔府) 보계현(寶鷄縣) 동남쪽 골짜기 안에 있는데, 석벽(石壁)이 깊숙하고 나무들이 우거져 가로막혀 있으며, 그 가운데에는 석실(石室)이 있다.

尙書大傳. 呂望釣磻溪, 於魚腹中得玉璜. 溪在鳳翔府寶鷄縣東南谷中, 石壁深邃, 林木秀阻, 中有石室.

완화 시내[완화계(浣花溪)] 완화계(浣花溪)는 성도부(成都府) 서남쪽에 있다. 두자미(杜子美)[537]가 성도(成都)에 이르렀을 때, 검남절도사(劍南節度使) 배면(裵冕)[538]이 그를 위해 점을 쳐서 성곽 서쪽의 완화계에 초당을 짓고 그곳에 거처하게 해 주었다. 일명 백화담(百花潭)이라고도 한다. 살핀다. 오중복(吳中復)[539]의 〈기국부인임씨비기(冀國夫人任氏碑記)〉[540]에 다음과 같이 적혀 있다. 부인이 미천했을 때에 어떤 중 하나가 더러운 도랑 가운데 떨어지니 그를 위해 옷을 빨아 주다 온갖 꽃들이 못가에 가득한 것을 보고, 이로 인해 그 못을 완화담(浣花潭)이라 이름 붙였다. 또 당(唐)의 기생 설도(薛濤)[541]가 못 가에 집을 지어 연못물로 종이를 제조해 오색전지(五色箋紙)[542]를 만들었다.

在成都府西南. 杜子美至成都, 劍南節度使裵冕爲卜, 西郭浣花溪作草堂, 以居之. 一名百花潭. 按, 吳中復冀國夫人任氏碑記, 夫人微時, 有一僧墜汚渠中, 爲濯其衣, 見百花滿潭, 因名其潭曰浣花. 又唐妓薛濤家於潭旁, 以潭水造紙, 爲五色箋.

여앵 시내[여앵계(餘罌溪)] 여앵계(餘罌溪)는 절강(浙江) 장흥현(長興縣) 남쪽에 있다. 옆에 여앵촌(餘罌村)이 있기 때문에 붙여진 이름이다. 양(梁) 무제(武帝) 때 동요에 "왕(王)이 날 기(氣)가 삼여(三餘) 지역에 있다"라고 하여, 여천(餘千)·여요(餘姚)·여항(餘杭) 지역에 대해 무술(巫術)로써 눌러 제압하는 법을 만들었다. 당시 장흥(長興)[543]에 여천산(餘千山)·여앵수(餘罌水)·여어포(餘魚浦)가 있었는데, 진(陳)의 무제(武帝)가 실로 이곳에 해당되었다. 여어포(餘魚浦)의 어(魚)자는 본래 오(吾)였는데 오월(吳越)의 음이 잘못된 것일 따름이다.

在浙江長興縣南. 傍有餘罌村, 故名. 梁武帝時, 童謠云, 王氣在三餘, 乃於餘千餘姚餘杭, 爲厭勝之法. 時長興有餘千山餘罌水餘魚浦, 而陳武帝實當之. 魚本作吾, 吳越之音訛耳.

좋은 시내[호계(好溪)] 처주(處州)[544] 동쪽에 악계(惡溪)가 있었는데 수중에 괴물이 많았다. 당(唐) 선종(宣宗) 때에 자사(刺史) 단성식(段成式)[545]이 선

다 문왕(文王)을 만났다. 태공망(太公望)이라 하며 속칭 강태공(姜太公)이라고도 한다. 문왕(文王)과 무왕(武王)을 도와 은(殷)을 멸하는 데 공을 세웠다. 제(齊)의 시조가 되었으며, 병서인 《육도(六韜)》를 지었다고 전해진다.

537. 두자미(杜子美): 당(唐)의 시인 두보(杜甫: 712-770). 자미는 그의 자이다.

538. 배면(裵冕): 당(唐) 하중(河中) 하동(河東) 사람(?-770)으로, 자가 장보(章甫)이다. 어사중승(御史中丞) 왕홍(王鉷)의 인정을 받아 전중시어사(殿中侍御史)로 올랐고, 왕홍이 이임보(李林甫)에게 참소를 당하자 홀로 상주하여 변호했다. 또한 왕홍이 죽은 후에도 염장(斂葬)해 줘 유명해졌다. 안사의 난으로 현종이 촉(蜀)에 갔을 때 어사중승이 되었다. 후에 태자를 즉위시키는 데 공이 있어 재상에 올랐다.

539. 오중복(吳中復): 송(宋) 흥국(興國) 영흥(永興) 사람(1011-1098)이다. 인종(仁宗) 때 진사가 되어 감찰어사(監察御使)·전중시어사(殿中侍御史) 등을 역임했다.

540. 기국부인(冀國夫人) 임씨(任氏)는 성도(成都) 절도사인 최간(崔旰)의 첩인데, 난을 평정한 공로로 최간은 '영(寧)'이란 이름을 하사받고, 그녀는 부인(夫人)으로 봉해졌다.

541. 설도(薛濤): 당(唐) 장안(長安) 사람으로 자는 홍도(洪度)이다. 어려서 부친을 따라 촉(蜀)으로 들어갔다가 기생이 되었다. 시를 잘 지어 여교서(女校書)라고도 칭해졌으며, 모년(暮年)에는 완화시내[浣花溪]에서 살면서 여관복(女冠服)을 착용하였다. 송화소전(松花小箋)을 만들어 사람들은 이를 설도전(薛濤箋)이라 칭했다.

542. 오색전지(五色箋紙): 산당사고(山堂肆考) 권24에는 십색전(十色箋)이라 되어 있다.

543. 장흥(長興): 오흥비지(吳興備志) 권27에는 '장성(長城)'으로 되어 있다.

544. 처주(處州): 오늘날의 절강성(浙江省) 여수시(麗水市) 지역.

정을 베풀어 수중 괴물이 잠복하고 사라지자 백성들이 이를 호계(好溪)라 하였다.

處州東有惡溪, 多水怪. 唐宣宗時, 刺史段成式有善政, 水怪潛去, 民謂之好溪.

말이 뛰어넘은 시내[약마계(躍馬溪)] 유비(劉備)가 탄 검은 말[盧馬]이 서쪽으로 달려 단계(檀溪)에 이르러 단숨에 세 길[三丈]을 뛰어넘어가 유표(劉表)[546]의 추격을 면했다. 약마계(躍馬溪)는 양양부(襄陽府)[547] 서쪽에 있다.

劉備乘的盧馬, 西走至檀溪, 一躍三丈而過, 以免劉表之追. 溪在襄陽府西.

바늘을 가는 시내[마침계(磨鍼溪)] 마침계(磨鍼溪)는 미주(眉州)[548] 고산현(鼓山縣) 상이산(象耳山) 아래에 있다. 당(唐)의 이백(李白)이 이곳에서 독서할 때, 학문이 아직 이루어지지 않았는데 포기하고 떠나가다가 마침 이 시내를 지나게 되었다. 늙은 할미가 한창 쇠절구를 갈고 있는 광경을 보고서, "할머니께서는 무엇을 하십니까?"라고 이백이 물었더니, "바늘을 만들려고 한다오"라고 대답했다. 이백이 그 말에 감동되어 마침내 되돌아가 학업을 마쳤다. 할미는 스스로 자기의 성이 무씨(武氏)라 말했다. 시내 곁에는 무씨 바위가 있다.

在眉州鼓山縣象耳山下. 唐李白讀書於此, 學未成棄去, 適過是溪. 逢老媼方磨鐵杵, 白問媼何爲, 答曰欲作鍼耳. 白感其言, 遂還卒業. 媼自言姓武. 溪旁有武氏巖.

꿈의 시내[몽계(夢溪)] 단양(丹陽)[549] 주방문(朱方門) 밖에 몽계(夢溪)가 있다. 송(宋) 심괄(沈括)[550]이 일찍이 꿈에 한 작은 산에 이르렀는데, 꽃이 마치 비단을 덮어놓은 듯하고 큰 나무들이 우거져 울창하였으며 산 아래에 물이 있어 이를 아주 즐거워하였다. 후에 윤주(潤州)에서 귀양살이를 하자니, 마치 꿈속과 흡사해 마침내 집을 짓고 그곳에 거처하였는데 이 때문에 그곳을 몽계(夢溪)라 이름하였다.

丹陽朱方門外有夢溪焉. 宋沈括嘗夢至一小山, 花如覆錦, 喬木蓊鬱, 山下有水, 甚樂之. 後謫居潤州, 宛如夢中, 遂築室居焉, 因名夢溪.

유아가 인도한 시내[유아도계(兪兒導溪)] 제(齊)의 환공(桓公)이 고죽(孤竹) 나라를 정벌 나가 곧 비이 시내[卑耳溪]에 이르려 하였는데, 키가 한 자 남짓하고 인물과 의관(衣冠)을 갖춘 사람을 보았다. 소매 옷을 오른쪽으로 하고서 말을 달려 질주하면서 인도하기에 환공이 좌우의 신하에게 물었는데, 신하들에게는 보이지 않았다. 관중(管仲)이 말하였다. "이는 등산(登山)의 신(神)인 유아(兪兒)입니다. 신(臣)이 들은 바로는, 패왕의 군주가 일어나면 등산의 신(神)이 나타나며, 또한 말을 달려 앞장서서 인도한다고 합니다. 소매 옷은 앞에 물이 있다는 것을 나타내며,

---

545. 단성식(段成式): 당(唐) 제주(齊州) 임치(臨淄) 사람(?-863)으로, 대대로 형주(荊州)에서 살았으며 자는 가고(柯古)이다. 음보(蔭補)로 교서랑(校書郞)이 되어 비각(秘閣)의 전적들을 두루 보았으며, 특히 불서(佛書)에 몰두했다. 상서랑(尙書郞)과 여러 곳의 자사(刺史)를 역임했고, 후에는 양양(襄陽)에 우거(寓居)하며 한적한 생활을 했다. 이상은(李商隱)·온정균(溫庭筠)과 함께 사륙문(四六文)으로 주장(奏章) 공문(公文)을 짓는 데 뛰어났다. 필기소설집(筆記小說集)인《유양잡조(酉陽雜俎)》가 있다.

546. 유표(劉表): 동한(東漢) 말 산양(山陽) 고평(高平) 사람(142-208)으로, 자는 경승(景升)이다. 황족의 먼 지파(支派)로 형주(荊州)를 근거지로 삼고서 조조(曹操)나 원소(袁紹) 등의 혼전(混戰)에 끼어들지 않고 백성을 사랑하고 선비들을 잘 보살피면서 시세의 변화를 살폈던 사람이다.

547. 양양부(襄陽府): 오늘날의 호북성(湖北省) 양번시(襄樊市) 일대 지역.

548. 미주(眉州): 오늘날의 사천성 미산현(眉山縣) 일대 지역.

549. 단양(丹陽): 오늘날 섬서성과 하남성 두 성(省) 사이의 단강(丹江) 이북 지역.

550. 심괄(沈括): 송(宋) 항주(杭州) 전당(錢塘) 사람(1031-1095)으로, 자는 존중(存中)이다. 진사가 된 후 왕안석(王安石)의 변법(變法)에 참여했으며, 혼의(渾儀)·오호부루(五壺浮漏) 등 측정 기구도 만들었다. 요(遼)에 사신 갔다 오는 도중에 산천의 형세와 인정(人情)의 풍속을 그려〈사거란도초(使契丹圖抄)〉를 지어 바쳤다. 만년에는 윤주(潤州)의 몽계원(夢溪園)에 살면서 천문·지리·화학·음악·의약·전제(典制) 등을 숙지해 책을 지었다. 저명한《몽계필담(夢溪筆談)》이 있다.

소매 옷을 오른쪽으로 한 것은 오른쪽으로 건넌다는 것을 나타낸답니다. 시내에 이르러 왼쪽을 따라 건너면 그 깊이가 관(冠)에 이른다는 것이고, 오른쪽을 따라 건너면 그 깊이가 무릎에 이른다는 것이랍니다." 환공이 시내를 건너고 나서 과연 고죽 나라를 얻고 마침내 천하를 제패하였다. 환공이 마침내 재배(再拜)하고서 관중을 '중보(仲父)[551]의 성(聖)'으로 한 것이 여기에 이르러서였다. 살핀다. 고죽 나라는 지금 영평부(永平府)의 옛 군(郡) 이름이다.

齊桓公北征孤竹國, 將至卑耳溪, 見一人長尺許, 而人物衣冠具焉. 右袪衣走馬疾導, 以問左右, 左右不見也. 管仲曰, 此登山之神俞兒也. 臣聞, 霸王之君興, 則登山之神見, 且走馬前導也. 袪衣示前有水也, 右袪衣示右方涉也. 及至溪從左方涉, 其深及冠, 從右方涉, 其深至膝. 桓公旣涉, 果得孤竹, 遂霸天下. 桓公遂再拜, 曰仲父之聖, 至此. 按, 孤竹, 今永平府古郡名.

개구리밥 꽃 시내[빈화계(蘋花溪)] 무창부(武昌府) 함녕현(咸寧縣)에 빈화계(蘋花溪)가 있다. 전하는 바에 따르면 홍애선생(洪厓先生)이 장생불사의 단약(丹藥)을 만드는 곳이었다. 한 번은 한 노파가 여기서 개구리밥을 따는 것이 보였는데, 아무도 어디에서 왔는지 추측할 수 없어 어떤 이가 묻자, "나는 포고(鮑姑)[552]요"라 대답하고는 홀연히 보이지 않았다 한다.

武昌府咸寧縣有蘋花溪. 相傳, 洪厓先生煉丹之地, 嘗見一老姥於此採蘋, 莫測所自來, 或問之, 答曰吾鮑姑也, 忽不見.

자애 시내[자계(慈溪)] 자계현(慈溪縣) 서남쪽에 있으며 옛 이름은 대은(大隱)이었다. 동한(東漢)의 동암(董黯)[553]이, 모친이 병들어 이 시냇물을 마시고 싶어하자, 물을 긷기 쉽도록 시내 위에 집을 지었기 때문에 후인들이 이 시내를 자계(慈溪)라 이름 붙였다.

在慈溪縣西南, 舊名大隱. 東漢董黯, 因母疾思飮此溪水, 築室溪上, 以便取汲, 故後人以慈名溪.

말울음 시내[마명계(馬鳴溪)] 마명계(馬鳴溪)[554]는 서주부(敍州府)에 있다. 경부현(慶符縣) 서쪽에서 발원하여 마호강(馬湖江)과 만나 촉(蜀)으로 흘러간다. 옛날에 토착인 정씨(鄭氏)가 이 시냇가에서 말을 쳤는데, 말이 크고 잘 생긴 망아지를 낳았다. 붉은 갈기에 적색 꼬리를 하고 높이는 족히 일곱 자가 되어 이 말을 공물로 바치려고 시내에 이르렀는데, 갈기를 떨치고 길게 울면서 물속으로 뛰어들었기 때문에 붙여진 이름이다.

在敍州府. 發源慶符縣西, 會馬湖江, 達於蜀. 昔土人鄭氏牧馬溪上, 馬産龍駒, 朱騣赬尾, 高可七尺, 將以爲貢, 至溪, 振鬣長鳴, 躍入於水, 故名.

까마귀 발 시내[오각계(烏脚溪)] 오각계(烏脚溪)는 장주(漳州)에 있다. 이 시내를 건너면 발이 먹과 같이 검어진다.

在漳州. 涉則足黑如墨.

동굴 洞

구슬을 돌려준 동굴[환주동(還珠洞)] 환주동(還珠洞)은 계림부(桂林府) 복파산(伏波山) 아래에 있다. 이강(灕江)을 굽어보고 있으며, 동굴 속은 침상 20개를 수용할 정도이고, 창문 같은 구멍이 뚫렸는데

551. 중보(仲父): 환공은 관중을 '중보(仲父)'로 불러 존중을 표시했다.
552. 포고(鮑姑): 전해지는 바에 의하면 진(晉)의 포정녀(鮑靚女)로, 갈홍(葛洪)의 처(妻)라 한다.
553. 동암(董黯): 동한의 회계(會稽) 구장(句章) 사람으로 자는 숙달(叔達)이다. 모친을 모시는 데 극진하여 이웃집의 왕기(王寄)라는 사람이 싫어해, 몰래 동암의 모친을 모욕하자 이를 안 동암은 모친 사후에 그를 죽이고 관가에 자수했더니, 화제(和帝)가 석방해 주고 행실을 표창했다.
554. 마명계(馬鳴溪): 일명 용마계(龍馬溪)라고도 한다.

돌은 창옥(蒼玉)같이 생겼다. 곁에 돌기둥 하나가 드리워져 내려와 평평한 땅에 이르러서, 땅과 붙지 않은 것이 겨우 선(線) 하나 정도라 속칭 복파시검석(伏波試劍石)이라 했다. 전하는 바에 따르면 전대(前代)에 한 어부가 동굴 속에서 수십 보를 가니 점차 밝아져와 개와 같은 것이 눈을 감고 잠을 자고 있는 것이 보였다. 그리고 그 앞에는 구슬 하나가 있어 몹시 밝게 빛나기에 어부가 급히 가슴에 품고 돌아왔다. 관부에서 얼마 지나지 않아 이를 알고서 그것을 기이한 물건이라고 생각하여 돌려 놓으라고 급히 명을 내렸다. 어부가 다시 동굴 안에 이르렀더니, 이 신물(神物)은 아직도 깨어나지 않았다. 그래서 후인들은 이 동굴을 이름하여 환주동(還珠洞)이라 했다 한다.

在桂林府伏波山下. 俯瞰灕水, 中可容二十榻, 戶牖穿透, 石如蒼玉. 旁垂一石柱, 下至平地, 不合者纔一線許, 俗號伏波試劍石. 相傳, 前代有一漁者, 洞中行數百步, 漸明朗, 見一物如犬, 瞑目而睡. 前有一珠甚光瑩, 因急懷歸, 官府尋知之, 意其爲異物, 亟命還之, 漁人復至洞中, 此物猶未醒. 故後人名洞曰還珠.

원숭이를 부르는 동굴[호원동(呼猿洞)] 항주(杭州) 무릉산(武陵山)에 호원동(呼猿洞)이 있는데 비래봉(飛來峯)의 서쪽, 냉천(冷泉)의 왼쪽에 있다. 진(晉)의 승려 혜리(慧理)가 일찍이 이곳에서 흰 원숭이를 길렀다. 유송(劉宋) 때에 승려 지일(智一)이 있었는데 옛 자취를 방문하는 일로 해서 그도 역시 동굴 안에서 원숭이를 길렀다. 동굴을 향하여 길게 휘파람을 불면 여러 원숭이들이 모두 모였기 때문에 붙여진 이름이다.

杭州武陵山有呼猿洞, 在飛來峯之西冷泉之左. 晉僧慧理嘗畜白猿於此. 劉宋有僧智一, 因訪舊蹟, 亦於洞中畜猿. 臨洞長嘯, 則諸猿畢集, 故名.

국산의 세 동굴[국산삼동(國山三洞)] 선권동(善卷洞)은 의흥현(宜興縣) 국산(國山) 동남쪽에 있는데, 동굴은 건동(乾洞)·대수동(大水洞)·소수동(小水洞) 세 개가 있다. 주(周) 유왕(幽王) 때에 갑자기 스스로 파열되어 기괴한 형상이 흡사 날아 떨어지는 듯하고, 주위는 벽을 깎아지른 듯한 낭떠러지가 되었는데 그곳에 불상을 새겼다. 높이가 한 장(丈) 남짓한 옥주(玉柱)라 부르는 석순(石筍)이 있다. 송(宋) 희령(熙寧)[555] 초에 승려 약충(若沖)이 그의 문도(門徒)들과 함께 횃불을 들고 들어가 약 30리를 가다 홀연히 소리가 들리고 땅이 크게 흔들려 무리들이 무서워 돌아왔다.

善卷洞在宜興縣國山東南, 洞有三, 曰乾洞, 曰大水洞, 曰小水洞. 周幽王時, 忽自開裂, 奇形怪狀, 宛如飛墮, 周圍峭壁, 刻以佛像. 有石筍高丈餘, 號玉柱. 宋熙寧初, 僧若沖與其徒秉燧以入, 行約三十里, 忽聞聲大震, 衆懼而返.

화양 동굴[화양동(華陽洞)] 《이견지(夷堅志)》의 기록이다. 이윤천(李允川)이 정화(政和)[556] 연간에 화주(和州)에 이르러 원교(遠郊)에서 놀다 갑자기 한 구멍 속으로 떨어졌다. 어둡기가 밤과 같았는데 조금 나아가니 점차 밝아졌다. 돌로 이루어진 연못 가운데 연꽃이 만발해 있고, 하늘의 해가 찬란하게 빛났다. 또 경전 읽는 소리가 들렸으나 사람은 보이지 않을 따름이었다. 문득 길 곁의 불사(佛寺)에 이르게 되어 승려에게 물었더니, 바로 저주(滁州)[557] 지역이었다. 이미 7일이 지났지만 겨우 한 번의 낮이었을 뿐이었다. 그가 떨어진 곳이 바로 화양동(華陽洞)이었다.

夷堅志. 李允川政和間至和州, 遊遠郊, 忽墜一穴中. 黑如夜, 稍進漸明. 石池中, 荷花爛熳,[558] 天日光耀. 又聞誦經聲, 不見人已, 而忽至道旁僧寺, 問僧, 乃滁

555. 희령(熙寧): 북송(北宋) 신종(神宗)의 연호(1068-1077)이다.
556. 정화(政和): 북송(北宋) 휘종(徽宗)의 연호(1111-1117)이다.
557. 저주(滁州): 현재의 안휘성(安徽城) 저현(滁縣)이다.

州境也. 已過七日, 纔一晝耳. 其所墜乃華陽洞.

골짜기 谷

맑은 물 골짜기[청계(淸溪)] 귀곡선생(鬼谷先生)[559]은 춘추시대 진(晉) 평공(平公) 때의 사람으로, 성은 왕(王)이며 이름은 후(詡)인데 점(誗)으로도 쓴다. 일찍이 운기산(雲氣山)에 들어가 약초를 캐며 득도(得道)하여 얼굴이 어린아이 같았고, 청계(淸溪)의 귀곡(鬼谷)에서 살았다. 소진(蘇秦)[560]과 장의(張儀)[561]가 도를 물은 지 3년 만에 하직하고 떠나가려 하자 말하기를, "두 사람은 왕자교(王子喬)와 적송자(赤松子)[562]가 장수하는 것을 가벼이 보고 하루아침의 뜬 영화를 귀하게 여기니, 애석하구나"라고 하였다.

鬼谷先生, 春秋晉平公時人, 姓王名詡, 一作誗. 嘗入雲氣山, 採藥得道, 顔如小童, 居淸溪之鬼谷. 蘇秦張儀問道三年, 辭去, 子曰, 二子輕喬松之永壽, 而貴一旦之浮榮, 惜哉.

어리석은 노인 골짜기[우공곡(愚公谷)] 우공곡(愚公谷)은 임치현(臨淄縣) 서북쪽에 있다. 《한비자(韓非子)》에서 말하였다. 제(齊) 환공(桓公)이 사슴을 좇다가 골짜기에 들어서 한 노인에게 묻기를, "이곳을 어째서 우공곡이라 합니까?"라고 하였더니 대답하기를, "신이 옛날에 암소를 길러 송아지를 낳아서 그 송아지를 팔아 망아지를 샀습니다. 그런데 어떤 소년이 소는 말을 낳을 수 없다 하더니 마침내 망아지를 가지고 떠났는데, 곁의 이웃이 그 말을 듣고 신을 어리석다고 여겼기 때문에 우공곡이라 이름 붙였던 것입니다"라고 하였다.

在臨淄縣西北. 韓非子云. 齊桓公逐鹿入谷, 問一老父, 此何以名愚公谷. 對曰, 臣畜牸牛, 生犢賣犢, 而買駒. 少年謂牛不能生馬, 遂持駒去, 傍隣聞之, 以臣爲愚, 故名.

노파 골짜기[노고곡(老姑谷)] 노고곡(老姑谷)은 보정부(保定府) 당현(唐縣)의 갈홍산(葛洪山) 서남쪽에 있다. 송(宋)나라 때에 어떤 노파 하나가 일찍이 사람들에게, "빈도(貧道)가 이곳에 산 지 200년이 되었다"라고 하였다. 말을 마치고는 낭떠러지 아래로 몸을 던졌는데 떨어지지 않고 날아올라 사라졌다. 후인이 그 낭떠러지를 이름하여 사신애(捨身厓)라 하였다.

在保定府唐縣葛洪山西南. 宋時, 有一老姑嘗謂人曰, 貧道住此二百年矣. 言畢投崖下, 不墜, 飛昇而去. 後人名其厓爲捨身厓.

유생을 묻은 골짜기[갱유곡(坑儒谷)] 갱유곡(坑儒谷)은 서안부(西安府) 임동현(臨潼縣) 서남쪽에 있다. 위굉(衛宏)[563]이 말하였다.[564] 진(秦)나라가 고문(古文)을 소전(小篆)과 예서(隸書)로 바꾸고 나서

558. 난만(爛熳): 《산당사고(山堂肆考)》 권25에는 '爛熳'으로 되어 있다.

559. 귀곡선생(鬼谷先生): 곧 귀곡자(鬼谷子)인 왕후(王詡)이다. 전국시대 제(齊)나라 사람으로 귀신골짜기[鬼谷]에서 은거했다 해서 붙여진 이름이다. 장의(張儀)와 소진(蘇秦)이 그에게 사사했다.

560. 소진(蘇秦): 전국시대 동주(東周) 낙양(洛陽) 사람(?-B.C. 284)으로, 자는 계자(季子)이다. 전국칠웅(戰國七雄) 중 진(秦)을 뺀 여섯 나라가 합종(合縱)해서 진나라를 대항하자는 합종설(合從說)을 주장했으며, 육국(六國)의 재상이 되었다.

561. 장의(張儀): 전국시대 위(魏)나라 사람(?-B.C. 310)으로 진(秦) 혜문왕(惠文王) 때에 재상이 되었으며, 연횡책(連橫策)을 써서 진에게 하서(河西)·상군(上郡)·하동(河東) 등을 갖도록 했다. 진나라를 강국으로 만드는 공을 인정받아 무신군(武信君)에 봉해졌다.

562. 왕자교(王子喬)와 적송자(赤松子): 옛날 전설에 등장하는 신선(神仙)의 이름.

563. 위굉(衛宏): 동한(東漢) 동해(東海) 사람으로, 자는 경중(敬仲)이다. 《모시(毛詩)》와 《고문상서(古文尙書)》를 연구해 《모시서(毛詩序)》와 《훈지(訓旨)》를 지었으며, 광무제(光武帝) 때에 의랑(議郞)이 되었고, 관직은 급사중(給事中)에 이르렀다.

천하 사람들이 따르지 않을까 염려가 되어 여러 유생들을 불렀는데, 이르는 사람들은 모두 벼슬을 주어 낭(郞)으로 삼았다. 또한 몰래 명을 내려 겨울에 여산(驪山)의 형곡(硎谷) 골짜기 안 따뜻한 곳에 오이를 심게 하였다. 오이가 이미 익자 여러 유생들에게 가서 보도록 조서를 내렸다. 이보다 앞서 오이를 심어둔 곳에 화살발사 장치를 은폐시켜 놓았다가 여러 유생들이 바야흐로 서로 변론하고 힐난할 때 쇠뇌의 화살을 발사시켜 그들을 구덩이에 빠뜨렸다. 후인들은 이곳을 민유향(愍儒鄕)이라 하였으며, 당(唐)나라 때에 유생들을 표창하는 사당인 정유묘(旌儒廟)를 세웠다.

在西安府臨潼縣西南. 衛宏云, 秦旣改古文爲篆隷, 患天下不從, 而召諸生, 至者皆拜爲郞. 又密令冬月種瓜於驪山硎谷中溫處. 瓜已實, 乃詔諸生往觀. 先爲伏機於瓜處, 諸生方相論難, 因發機陷之. 後人號曰愍儒鄕, 唐立旌儒廟.

나무에 새긴 골짜기[각목곡(刻木谷)] 양양부(襄陽府) 남장(南漳) 남쪽에 각목곡(刻木谷)이 있다. 한(漢)의 효자 정란(丁蘭)[565]이 살았던 곳이다.

襄陽府南漳南有刻木谷. 漢孝子丁蘭所居.

수레상자 골짜기[거상곡(車箱谷)] 거상곡(車箱谷)[566]은 서안부(西安府) 화음현(華陰縣) 서남쪽에 있는데 헤아릴 수 없을 만큼 깊다. 비가 오기를 기도하는 사람은 반드시 그 골짜기 가운데 돌을 던졌는데 만일 새가 날아서 나오면 곧 비가 내렸다.

在西安府華陰縣西南, 深不可測. 禱雨者必投石其中, 若有鳥飛出, 卽雨.

황소 골짜기[황소곡(黃巢谷)] 황소곡(黃巢谷)은 한중부(漢中府)의 금주(金州) 우산(牛山)에 있다. 당(唐) 말에 황소(黃巢)[567]가 태백산(太白山)에서 반란을 일으키자 어떤 사람이 금주자사(金州刺史)를 알현하여 이르기를, '청컨대 이 골짜기를 파면 적들이 저절로 패망할 것입니다'라고 하였다. 이에 파서 돌로 된 통[石桶] 하나를 얻었는데 그 위에 칼 한 자루가 놓여 있었다. 석통(石桶) 가운데 황요(黃腰)[568]라는 짐승이 있어 이 짐승이 칼을 보고서 제 스스로 칼에 엎어져 죽으니 후에 황소(黃巢)가 과연 패망했다.[569]

在漢中府金州牛山. 唐末黃巢作亂太白山, 人謁金州刺史云, 請掘此谷, 則賊自敗. 掘之, 得一石桶, 上有一劍, 中有黃腰獸, 獸見劍自撲而死, 後巢果敗.

앵무새 골짜기[앵무곡(鸚鵡谷)] 당(唐)의 위사립(韋嗣立)[570]이 여산(驪山)의 앵무곡(鸚鵡谷)에 별장을 지었다. 중종(中宗)이 거동하여 시종관에게 시와 서를 짓도록 하고 선율을 잘 갖추어 하사하였다. 이로 인하여 위사립을 소요공(逍遙公)으로 봉하고 그가 사는 곳을 청허들판[淸虛原]의 유서곡(幽棲谷)[571]이라 이름 붙였다.

唐韋嗣立營別第於驪山鸚鵡谷. 中宗臨幸, 命從官賦

564. 위굉(衛宏)의 〈고문기자서(古文奇字序)〉에 나온다.

565. 정란(丁蘭): 동한(東漢) 하내(河內) 사람으로 모친이 죽은 후에 나무를 새겨 상(像)을 만들어 살아 있을 때와 같이 섬겼다 한다. 이웃사람이 술에 취해 상을 욕보이자 그를 때린 죄로 관가에 체포되었다. 그가 목상(木像)과 헤어지게 되자 목상이 눈물을 떨어뜨려 군현(郡縣)에서 그의 지극한 효심을 배려해 풀어 주었다 한다.

566. 거상곡(車箱谷): '상(箱)'은 수레 위의 상자모양으로 된, 사람을 타거나 짐을 싣는 곳이다.

567. 황소(黃巢): 당(唐) 조주(曹州) 원구(冤句) 사람(?-884)으로, 소금장수였는데 후에 공부했으나 과거에 급제하지 못했다. 반란을 일으켜 따르던 무리가 백만에 달했으며, 장안에 입성하여 황제라 칭하고 국호를 대제(大齊)라 했다.

568. 황요(黃腰): 표범 같이 생긴 짐승의 이름으로 황요(黃要)라고도 쓴다. 허리 이상은 황색이고 이하는 흑색이다. 자라나서 어미를 잡아먹으며, 형체는 작으나 미후(獼猴)·호랑이·소 등을 먹는다.

569. 〈옥지당담회(玉芝堂談薈)〉 권11에 나온 내용이다.

570. 위사립(韋嗣立): 당(唐) 정주(鄭州) 양무(陽武) 사람(654-719)으로, 자는 연구(延構)이다. 중종(中宗) 신룡(神龍) 연간에 황문시랑(黃門侍郞)이 되고 병부상서(兵部尙書)로 옮겨졌으며, 후에 소요공(逍遙公)에 봉해졌다. 현종(玄宗) 개원(開元) 초에 국자좨주(國子祭酒)가 되었다.

詩製序, 賜貺優備. 因封嗣立爲逍遙公, 名所居爲淸虛原幽棲谷.

왕관 골짜기[왕관곡(王官谷)] 당(唐) 사공도(司空圖)[572]가 관직을 버리고 중조산(中條山)의 왕관(王官) 골짜기에서 살았다. 당시 도적 떼가 지나간 곳은 잔인하고 흉악하게 변했지만 오직 이 골짜기만은 들어오지 않았다.

唐司空圖棄官, 居中條山王官谷. 時寇盜所過殘暴, 獨不入此谷.

창랑 골짜기[창랑곡(蒼筤谷)] 장사부(長沙府) 악록산(嶽麓山) 아래에 창랑곡(蒼筤谷)이 있는데, 선소선생(僊巢先生) 종상서(鍾尙書)가 한가로이 살면서 유람했던 곳으로 위에는 취향정(吹香亭)이 있다. 송(宋) 이종(理宗)이 '선소취향정(僊巢吹香亭)'이란 다섯 글자를 친히 쓰고 시를 지었는데, "학이 삼도(三島)의 길을 찾아가게 놓아주고, 사람들이 와서 사철의 꽃을 구경하도록 내버려두네."

長沙府嶽麓山下有蒼筤谷, 乃僊巢先生鍾尙書閒居, 遊觀之地, 上有吹香亭. 宋理宗親書僊巢吹香亭五字, 有詩, 放鶴去尋三島路, 任人來看四時花.

탄금 골짜기[탄금곡(彈琴谷)] 탄금곡(彈琴谷)은 사천(四川)에 있다.[573] 물이 계곡 가운데서 흘러나올 때 물소리가 마치 거문고를 탄주하는 것과 같다.

彈琴谷在四川. 水出溪中, 聲如彈琴.

정곡(鄭谷) 포성현(褒城縣) 서북쪽에 기곡(箕谷)이 있는데, 일명 도인곡(道人谷)이라고도 한다. 한(漢) 성제(成帝) 때에 정자진(鄭子眞)[574]이 골짜기 어귀에서 경작을 했기에 또 정곡(鄭谷)이라고도 한다.

褒城縣西北有箕谷, 一名道人谷. 漢成帝時, 鄭子眞耕於谷口, 又曰鄭谷.

소 주둥이 골짜기[우구곡(牛口谷)] 우구곡(牛口谷)은 진정부(眞定府)에 있다.[575] 옛날 동요에 "두(竇)가 소 주둥이[牛口]에 들어가니 형세가 오래가지 못하겠네"라는 말이 있었는데, 두건덕(竇建德)[576]이 당(唐)의 군대에 패하여 달아나다 이곳에 이르러 과연 사로잡혔다.

在眞定府. 昔有童謠曰, 竇入牛口勢不得久, 竇建德爲唐兵所破, 走至此, 果被擒.

자오 골짜기[자오곡(子午谷)] 자오곡(子午谷)은 서안부(西安府) 성 남쪽에 있다. 골짜기 가운데 길이 남북으로 이어졌기 때문에 붙여진 이름이다.[577]

在西安府城南. 谷中路連南北, 故名.

포사 골짜기[포사곡(褒斜谷)] 포곡(褒谷)은 포성현(褒城縣) 동북쪽에 있으며, 연운(連雲) 잔교(棧橋)에서 나와 곧바로 사곡(斜谷)에 다다른다. 《군국지(郡國志)》에, 북쪽 입구를 사(斜)라 하고 남쪽 입구를 포(褒)라 한다고 되어 있다.

褒谷在褒城縣東北, 出連雲棧, 直抵斜谷. 郡國志, 北口曰斜, 南口曰褒.

낭군 골짜기[낭군곡(郎君谷)] 《육첩(六帖)》의 기록

571. 청허들판[淸虛原]의 유서곡(幽棲谷): 《장안지(長安志)》 권15에 따르면, 봉황원(鳳皇原)의 앵무곡(鸚鵡谷)을 이렇게 개명한 것이다.

572. 사공도(司空圖): 당(唐) 하중(河中) 우향(虞鄉) 사람(837-908)으로, 자는 표성(表聖)이다. 예부원외랑(禮部員外郞)·중서사인(中書舍人)을 역임했다. 당의 애제(哀帝)가 피살되었다는 말에 절식(節食)하고서 죽었다. 《이십사시품(二十四詩品)》이 있는데, 그가 지은 것이 아니라는 설도 있다.

573. 《산당사고(山堂肆考)》 권26에 따르면, 사천(四川) 여주(黎州) 안무사성(安撫司城) 서북쪽에 있다.

574. 정자진(鄭子眞): 서한(西漢) 한중(漢中) 포중(褒中) 사람으로 이름이 박(朴)이다. 뜻을 굽히지 않고 살았으며, 암석 아래에서 경작을 하여 이름이 경사(京師)에까지 알려졌다. 성제(成帝) 때에 대장군 왕봉(王鳳)이 예로써 맞이했으나 응하지 않았다. 골짜기 어귀에서 집을 짓고 살아 '곡구정자진(谷口鄭子眞)'이라 불렀다.

575. 진정부(眞定府): 임성현(臨城縣) 서쪽에 있는 골짜기이다.

576. 두건덕(竇建德): 수(隋) 청하(淸河) 장남(漳南) 사람(573-621)이다. 수 양제(煬帝) 말기에 군대를 일으켜 나중에는 낙수(樂壽)에 도읍을 두고 국호를 하(夏)라 하였으나 후에 이세민(李世民)에게 패하여 장안(長安)에서 피살되었다.

577. 자오(子午)란 남북을 가리킨다. 옛날 사람들은 '자(子)'를 정북(正北)으로 여겼으며, '오(午)'를 정남(正南)으로 여겼다.

이다. 왕구(王龜)[578]는 자(字)가 대년(大年)인데 아버지를 모시고 하중(河中)[579]에 이르러, 중조산(中條山) 골짜기 안에 오두막을 짓고 살면서 초하루와 보름에 한 번씩 귀성(歸省)하였기에 주(州) 사람들이 그 골짜기를 낭군곡(郎君谷)으로 불렀다.

六帖. 王龜, 字大年, 侍父至河中, 結廬於中條山谷中, 朔望一歸省, 州人號爲郎君谷.

동수 골짜기[동수곡(東樹谷)] 동수곡(東樹谷)은 성현(成縣) 동남쪽에 있다.[580] 당(唐) 두보(杜甫)의 조카 좌(佐)가 이 골짜기에 살았는데, 거처하던 곳 아래에 큰 나무가 있어 사람들은 이 나무를 자미수(子美樹)[581]로 불렀다.

在成縣東南. 杜甫姪佐居此谷, 有大樹, 人呼爲子美樹.

578. 왕구(王龜): 태원(太原) 사람. 왕기(王起)의 아들로, 벼슬하기를 좋아하지 않고 시와 술 등을 좋아했으며, 산인(山人) 도사(道士)들과 교유했다.

579. 하중(河中): 당(唐)에서 설치한 방진(方鎭)의 하나로, 후에 하중부(河中府)로 승격됐다. 오늘날 산서성 영제현(永濟縣)에 있다.

580. 《산당사고(山堂肆考)》 권26에는 동수곡(東樹谷)이 아닌 동가곡(東柯谷)으로 되어 있다. 공창부(鞏昌府) 성현(成縣) 동남쪽에 있다.

581. 자미수(子美樹): '자미(子美)'는 두보(杜甫)의 자(字)이다.

【유원총보 권 07】

지도문(地道門)

수도 國都

• 도(都)라는 것은 제후가 머무는 곳이고 사람들이 모두 모이는 곳이다. 읍(邑)은 '읍(俋)'과 같으니 모이는 것을 일컫는다.《석명(釋名)》212

都者, 國君所居, 人所都會也. 邑, 猶俋, 聚會之稱也.〈釋名〉1

• 천자만이 (제후에게) 나라를 세워 주고 방위를 구분하여 바로잡으며, 나라를 세우고 들을 구분지으며, 벼슬자리를 마련하고 직책을 나누어 주어, 백성들의 표준으로 삼는다.〈천관(天官)〉

惟王建國, 辨方正位, 體國經野, 設官分職, 以爲民極.〈天官〉2

• 토방씨(土方氏)3는 토규(土圭)4를 가지고 해의 그림자를 재며, 토지에 따라 택지를 살펴 나라와 도성, 교외를 세운다.〈하관(夏官)〉

土方氏, 以土圭考日景, 以土地相宅, 而建邦國都鄙.〈夏官〉5

• 장인(匠人)은 도성을 사방 9리(里)로 건설한다. 옆에는 세 개의 문이 있고, 도성 안에는 9개의 세로로 난 길과 9개의 가로로 난 길이 있다. 세로로 난 길은 9개의 궤도(軌道)로 하고 좌측에 종묘(宗廟), 우측에 사직(社稷)을 세우며 조정을 앞에 시장을 뒤에 마련한다.《동관(冬官)》

匠人營國, 方九里. 旁三門, 國中, 九經九緯. 經涂九軌, 左祖右社, 面朝後市.〈冬官〉6

• 제후국의 제도는 전차 1,000대를 넘지 못하고, 도성은 100치(雉)7를 넘지 못한다.《방기(坊記)》

制國, 不過千乘, 都城, 不過百雉.〈坊記〉8

• 도읍은, 종묘(宗廟)에서 선군(先君)의 위패가 있는 것을 '도(都)'라 하고, 없는 것을 '읍(邑)'이라고 한다.《춘추좌전(春秋左傳)》

凡邑, 有宗廟先君之主曰都, 無曰邑.〈左傳〉9

• 경사(京師)라는 것은 천자가 머무는 곳이다. 경(京)은 '크다[대(大)]'는 뜻이고, 사(師)는 '많다[중(衆)]'는 뜻이다.《춘추공양전(春秋公羊傳)》

京師者, 天子之居也. 京, 大也, 師, 衆也.〈公羊傳〉10

• 천자의 직할지인 사방 천 리를 '전복(甸服)'이라 하고, 전복(甸服) 안을 '경사(京師)'라 한다.《제왕세기(帝王世紀)》

天子畿方千里曰, 甸服, 甸服之內曰, 京師.〈世紀〉11

• 천자가 궁전을 세운 곳을 '도(都)'라 한다.《제왕세기(帝王世紀)》

天子所宮曰, 都.〈世紀〉12

• 곤륜산(崑崙山) 동남의 사방 5,000리를 '신주(神州)'라 한다. 그 안에 화갱향(和羹鄕)이 있는데 사방 3,000리이다. 오악(五岳)으로 된 성 안이 제왕(帝王)이 머무는 곳이고 성인(聖人)이 태어나는 곳

1. 《석명(釋名)·석주국(釋州國)》의 내용을 재구성한 것이다.
2. 《주례(周禮)·천관(天官)·총재(冢宰)》
3. 토방씨(土方氏): 토규(土圭)를 관장하던 관직명이다.
4. 토규(土圭): 옥으로 만들어 해의 그림자, 또는 토지를 재는 데 쓰던 도구이다.
5. 《주례(周禮)·하관(夏官)·토방씨(土方氏)》에는, "土方氏, 掌土圭之法, 以致日景. 以土地相宅, 而建邦國都鄙"로 되어 있다.
6. 《주례(周禮)·동관(冬官)·장인(匠人)》
7. 치(雉): 성벽(城壁)의 면적을 나타내는 단위로, 1치는 높이 1장(丈), 길이 3장이다. 《예기(禮記)·방기(坊記)》의 정현(鄭玄) 주에 "雉, 度名也. 高一丈, 長三丈爲雉. 百雉爲長三百丈"이라고 하였다.
8. 《예기(禮記)·방기(坊記)》
9. 《춘추좌전(春秋左傳)·장공(莊公)·28년》
10. 《춘추공양전(春秋公羊傳)·환공(桓公)·9년》
11. 《고금사문유취속집(古今事文類聚續集)·거처부(居處部)》
12. 《고금사문유취속집(古今事文類聚續集)·거처부(居處部)》

이다.《고금통론(古今通論)》

崑崙東南, 方五千里, 謂之神州. 中有和羹鄕, 方三千里. 五岳之城, 帝王之宅, 聖人所生也.〈古今通論〉13

- 곤륜산(崑崙山)의 동남방에 '적현(赤縣)'이라는 주(州)가 있으니, 비바람이 때에 맞고 추위와 더위가 절도가 있다. 이곳이 아닌 곳은 남쪽으로는 많이 덥고 북쪽으로는 많이 추우며, 동쪽으로는 많이 그늘지기 때문에 성인(聖人)이 살지 않는다.[장형(張衡), 〈영헌(靈憲)〉]

  崑崙東南, 有赤縣之州, 風雨有時, 寒暑有節. 苟非此土, 南則多暑, 北則多寒, 東則多陰, 故聖人不處焉.[張衡, 〈靈憲〉]14

- 천자는 사해(四海)를 집으로 여긴다. 그래서 머무는 곳을 '행재소(行在所)'라 한다.《한서(漢書)》

  天子, 以四海爲家. 故所居曰, 行在所.〈漢書〉15

- 도읍(都邑)을 '천장(天莊)', 또는 '일기(日畿)'라 한다.

  都邑曰, 天莊 · 日畿.16

역대로 도읍한 곳[역대소도(歷代所都)] 복희(伏羲)는 진(陳)에 도읍하였고 신농(神農)도 진(陳)에 도읍하였으며,[지금의 진주(陳州)이다.] 또 곡부(曲阜)[연주(兗州)]를 건설하였다. 황제(黃帝)는 탁록(涿鹿)[유주(幽州)]에 도읍하였는데, 혹은 유웅(有熊)[정주(鄭州)]이라고도 한다. 소호(少昊)는 궁상(窮桑)[노지(魯地)]에 도읍하였고 전욱(顓頊)은 고양(高陽)[위지(衛地)]에 도읍하였다. 제곡(帝嚳)은 박(亳)에 도읍하였는데, 또는 고신(高辛)[언사(偃師)]에 도읍하였다고도 한다. 요(堯)는 처음에는 당(唐)[정주(定州)]에 봉해졌는데, 뒤에 진양(晉陽)[태원(太原)]으로 옮겨 갔고, 제위(帝位)에 오른 뒤 평양(平陽)[진주(晉州)]에 도읍하였다. 순(舜)은 포판(蒲阪)[지금의 포주(蒲州)이다.]에 도읍하였다. 우(禹)는 본래 하(夏)에 봉해져 하백(夏伯)이 되었는데 선양을 받은 뒤 평양(平陽)에 도읍하였고, 혹은 안읍(安邑)[포주(蒲州)에 있다.]에 머물렀다. 탕(湯)은 박(亳)에 도읍하였고 중정(仲丁)이 효(囂)로 옮겼는데 혹은 오(敖)[오창(敖倉)]라 한다. 하단갑(河亶甲)은 상(相)[상주(相州)]에 머물렀고 조을(祖乙)은 경(耿)[하동(河東)]에 머물렀다. 반경(盤庚)은 다섯 번이나 도읍을 옮겼고, 다시 서박(西亳)[언사(偃師)]에 도읍하였다. 주(周) 문왕(文王)은 풍(豐)에 도읍하였고 무왕(武王)은 호(鎬)에 도읍하였다. 주공(周公)이 성왕(成王)을 도우면서 풍호(豐鎬)가 서쪽으로 치우쳐 있다고 여겨 낙읍(洛邑)을 건설하였는데, 평왕(平王)이 동쪽으로 옮겨 낙읍에 머물렀다. 진(秦)의 비자(非子)17가 처음으로 진(秦)[농서(隴西)]에 봉해졌는데 효공(孝公)이 함양(咸陽)으로 옮겼다. 한(漢)은 장안(長安)에 도읍하였고 광무제(光武帝)는 낙양(洛陽)에 도읍하였다. 진(晉)은 낙양(洛陽)에 도읍하였는데, 영가(永嘉)18 시기에 남쪽으로 옮겨 건강(建康)에 머물렀다. 송(宋), 제(齊), 양(梁), 진(陳)은 모두 건강(建康)에 머물렀다. 수(隋)는 장안(長安)에 도읍하였고 당(唐)도 장안(長安)에 도읍하였다. 송(宋)은 변경(汴京)에 도읍하였고 남송(南宋)은 임안(臨安)에 도읍하였으며, 원(元)은 연(燕)에 도읍하였다.

伏羲都陳, 神農亦都陳[今陳州], 又營曲阜[兗州]. 黃

---

13. 《산당사고(山堂肆考) · 지리(地理)》
14. 《한위육조백삼가집(漢魏六朝百三家集) · 장형집(張衡集)》
15. 《전한서(前漢書) · 고제기(高帝紀)》
16. 《산당사고(山堂肆考) · 지리(地理)》에서, "帝京, 謂之天莊. 唐詩, 延矚極天莊. 又曰, 日畿. 言帝畿千里, 象日所經廻也"라고 하였다.
17. 비자(非子): 주(周) 효왕(孝王) 시절 사람으로 비자(飛子)라고도 하는데, 처음으로 진(秦)에 봉해졌다고 한다.
18. 영가(永嘉): 진(晉) 회제(懷帝)의 연호(307-313)이다.

帝都涿鹿[幽州], 或云有熊[鄭州]. 少昊都窮桑[魯地], 顓頊都高陽[衛地]. 帝嚳都亳, 一曰都高辛[偃師]. 堯始封於唐[定州], 後徙晉陽[太原], 即帝位, 都平陽[晉州]. 舜都蒲阪[今蒲州]. 禹本封於夏, 爲夏伯, 及受禪, 都平陽, 或在安邑[在蒲州]. 湯都亳, 仲丁遷囂, 或曰敖[敖倉]. 河亶甲居相[相州], 祖乙居耿[河東]. 及盤庚五遷, 復都西亳[偃師]. 周文王都豐, 武王都鎬. 周公相成王, 以豐鎬偏處西方, 乃營洛邑, 平王東遷, 居洛. 秦非子, 始封於秦[隴西], 孝公徙咸陽. 漢都長安, 光武都洛陽. 晉都洛陽, 至永嘉, 南居建康. 宋齊梁陳, 竝居建康. 隋都長安, 唐都長安. 宋都汴, 南宋都臨安, 元都燕.[19]

관문과 시장 關市

• 문을 이중(二重)으로 하고 목탁을 쳐서 포악한 이방인에 대비하였으니, 예괘(豫卦)에서 취한 것이다.《주역(周易)》

重門擊柝, 以待暴客, 蓋取諸豫.〈易〉[20]

• 중하(仲夏)의 달[음력 5월]에는 관문과 시장에서 물건을 수색하지 않는다.〈월령(月令)〉

仲夏之月, 關市無索.〈月令〉[21]

• 사관(司關)은 나라의 재물을 확인하는 부절을 담당하여 관문과 시장을 연결한다. 재물이 관문으로 나가지 않는 것[세금을 피하여 다른 길로 나간 것]은 그 재물을 몰수하고 그 사람을 벌준다. 나라에 흉사나 전염병이 있으면 관문의 세금 징수를 없앤다.《주례(周禮)》

司關, 掌國化[22]之節, 以聯門市. 凡貨不出於關, 擧其貨, 罰其人. 國凶荒[23], 則無關門之征.〈周禮〉[24]

• 옛날에 관문을 만든 것은 장차 포악한 자를 막고자 해서였는데, 지금에 관문을 만든 것은 장차 포악한 짓을 하려 함이로다.《맹자(孟子)》

古之爲關也, 將以禦暴, 今之爲關也, 將以爲暴.〈孟子〉[25]

• 관문에서 살피기만 하고 세금을 징수하지 않는다.《맹자(孟子)》

關, 譏而不征.〈孟子〉[26]

• 관문은 국경에 있으니, 나가는 자를 살피고 들어오는 자를 막는 것이다.[채옹(蔡邕) 〈월령(月令)〉]

關在境, 所以察出禦入.[蔡邕, 〈月令〉][27]

• 시(市)는 물건을 사고파는 곳이다.《설문해자(說文解字)》

市, 買賣所也.〈說文〉[28]

• 시(市)는 '믿음[시(恃)]'이다. 교역하고 돌아오니 궁핍하지 않음을 믿는 것이다.《풍속통(風俗通)》

市, 恃也. 言交易而退, 恃以不匱也.〈風俗通〉[29]

---

19. 《산당사고(山堂肆考)·지리(地理)》의 내용을 재정리한 것이다.
20. 《주역(周易)·계사하전(繫辭下傳)》
21. 《예기(禮記)·월령(月令)》
22. '化'는 《주례(周禮)·지관(地官)·사관(司關)》에는, '貨'로 되어 있다.
23. '荒'은 《주례(周禮)·지관(地官)·사관(司關)》에는, '札'로 되어 있다.
24. 《주례(周禮)·지관(地官)·사관(司關)》에, "司關, 掌國貨之節, 以聯門市. 司貨賄之出入者, 掌其治禁, 與其征廛. 凡貨不出於關者, 擧其貨, 罰其人. 凡所達貨賄者, 則以節傳出之. 國凶札, 則無關門之征, 猶幾"로 되어 있는 내용을 재구성한 것이다.
25. 《맹자(孟子)·진심하(盡心下)》
26. 《맹자(孟子)·양혜왕하(梁惠王下)》에는, "關市, 譏而不征"으로 되어 있다.
27. 《고금사문유취속집(古今事文類聚續集)·거처부(居處部)》
28. 《설문해자(說文解字)·경부(冂部)》
29. 《산당사고(山堂肆考)·지리(地理)》

• 환(闤)이라는 것은 시장의 담이고 궤(闠)라는 것은 시장의 문이며, 사(肆)라는 것은 팔 물건을 진열해 놓는 곳이고 거(居)라는 것은 팔 물건을 두는 곳이다.《중화고금주(中華古今注)》

闤者, 市之垣, 闠者, 市之門, 肆, 所以陳貨鬻之物, 居, 所以置貨鬻之物.〈古今注〉30

• 한낮에 시장을 열어 천하의 백성들을 이르게 하고 천하의 재화(財貨)를 모아서, 교역(交易)하고 물러가 각각 제 살 곳을 얻게 한다.《주역(周易)》

日中爲市, 致天下之民, 聚天下之貨, 交易而退, 各得其所.〈易〉31

• 도성을 건설할 때에는 반드시 조정을 앞으로, 시장을 뒤로 한다. 질인(質人)32은 매매(買賣)상의 질제(質劑)33를 관장한다. 주(注)에, 계약서라고 하였다. 사시(司市)는 시장의 다스림과 가르침, 정령과 형벌, 도량형과 금령(禁令) 등을 관장한다. 대시(大市)는 해가 기울면 시장을 여는데, 백성들이 주가 된다. 조시(朝市)는 아침나절에 시장을 여는데, 장사꾼들이 주가 된다. 석시(夕市)는 밤에 시장을 여는데, 사고파는 이들이 주가 된다(주가 된다는 것은 많음을 말하는 것이다). 사포(司虣)는 시장을 규율하는 금령(禁令)을 관장하여 싸우거나 시끄러움을 피우는 자, 사납게 난동을 피우는 자, 드나들면서 남을 범하는 자, 및 무리지어 다니면서 시장에서 먹고 마시는 자들을 금한다. 만일 금할 수 없으면 때려서 처벌한다.《주례(周禮)》

建國, 必面朝而後市. 質人, 掌買賣質劑. 注, 契券也, 司市, 掌市之治敎·刑政·量度·禁令. 大市, 日昃而市, 百族爲主. 朝市, 朝時而市, 商賈爲主. 夕市, 夕時而市, 販夫販婦爲主(主言其多). 司虣, 掌憲市之禁令, 禁其鬪嚻者, 與其虣亂者, 出入相陵犯者, 以屬遊飮食于市者. 若不可禁, 則搏而戮之.〈周禮〉34

• 장륙(掌戮)은 살인자를 시장에서 효수하고 3일 동안 전시하며, 도둑질한 자를 시장에서 형벌을 가한다.〈위와 같다.〉

掌戮, 凡殺人者, 踣諸市, 肆三日, 刑盜于市.〈竝同〉35

• 시장 안의 빈 터를 '전(廛)'이라 한다.〈주례(周禮) 주〉

市中空地, 謂之廛.〈周禮注〉36

• 시장에 자릿세만 받고 세금을 징수하지 않으며, 법대로 처리하기만 하고 자릿세도 받지 않으면, 천하의 장사꾼들이 모두 기뻐하여 그 시장에 화물을 보관하기를 원할 것입니다. 시장에서 물건 값을 두 가지로 하지 않아, 비록 5척의 동자(童子)로 하여금 시장에 가게 하더라도 혹시라도 그를 속이는 자가 없을 것입니다.

市, 廛而不征, 法而不廛, 則天下之商, 皆悅而願藏於其市矣. 市不貳價, 雖使五尺之童, 適市, 莫之或欺.37

• 옛날에 시장에서 교역(交易)하는 자들은 자기가 갖고 있는 물건을 가지지 않은 물건과 바꾸었는데, 어떤 천장부(賤丈夫)가 있어 반드시 농단(龍斷)을 찾아 올라가서 좌우로 바라보면서 시장의 이익을 그물질하였다. 그래서 그로부터 세금을 징수하였

30. 진(晉) 최표(崔豹), 《중화고금주(中華古今注)·도읍(都邑)》
31. 《주역(周易)·계사하전(繫辭下傳)》
32. 질인(質人): 고대(古代)의 관직명으로, 시장에서 물가를 평가하고 조정하는 일을 맡았다.
33. 질제(質劑): 돈의 결제를 약속한 문서이다. 한가운데를 잘라 채권자와 채무자가 한 쪽씩을 보관한다.
34. 《주례(周禮)·동관(冬官)·장인(匠人)》, 《주례(周禮)·지관(地官)·질인(質人)》, 《주례(周禮)·지관(地官)·사시(司市)》, 《주례(周禮)·지관(地官)·사포(司虣)》 등의 기록을 조합하여 재구성한 것이다.
35. 《주례(周禮)·추관(秋官)·장륙(掌戮)》
36. 《주례(周禮)·지관(地官)·전인(廛人)》 주(注).
37. 《맹자(孟子)·공손추상(公孫丑上)》과 《맹자(孟子)·등문공상(滕文公上)》의 기록을 조합하여 재구성한 것이다.

으니, 장사꾼에게 세금을 징수한 것은 이 천장부로부터 비롯되었다.〈모두 《맹자(孟子)》의 기록이다.〉

古之爲市者, 以其所有, 易其所無, 有賤丈夫焉, 必求龍斷而登, 以左右望, 而罔市利. 故從而征之, 征商, 自此賤丈夫始矣.〈竝孟子〉[38]

- 한 번 열리는 시장에도 반드시 평(平)[39]을 세운다.《양자법언(揚子法言)》

一開之市, 必立之平.〈揚子〉[40]

- 시정(市井)에서 함께 말하는 것은 재물과 이익이다.《양자법언(揚子法言)》

市井相與言, 則以財與利.〈揚子〉[41]

- (이익을 취함은) 자수를 놓고 무늬를 넣는 것보다 시장의 문에 기대는 것이 낫다.[42]〈전한서(前漢書)·식화지(食貨志)〉

刺綉文, 不如倚市門.〈前食貨志〉[43]

- 구시(九市)[44]가 개장되니 상품이 각각 길에 따라 나뉜다.〈서도부(西都賦)〉

九市開場, 貨別隧分.〈西都賦〉[45]

- 시장의 누각을 일러 '기정(旗亭)'이라 한다.〈서경부(西京賦) 주〉

市樓, 謂之旗亭.〈京賦注〉[46]

- 줄지어선 가게들이 구름처럼 펼쳐져 있다.〈시부(市賦)〉

列肆雲曼.〈市賦〉[47]

- 대쾌(大儈)는 시장의 거간꾼이다.〈회남자(淮南子) 주〉

大儈, 市儈也.〈淮南注〉[48]

- 판매를 거간하는 사람은 모두 수건으로 흰 띠를 두르고, 이마에 거간하는 물건과 성명을 쓰고, 한 발에는 흰 신발을 신고 한 발에는 검은 신발을 신어야 한다.〈진령(晉令)〉

儈賣者, 皆當着巾白帖, 額題所儈賣者, 及姓名, 一足着白履, 一足着黑履.〈晉令〉[49]

- 값을 반으로 하여 판다. 주(注)의 기록이다. 본래 1,000전(錢)이 나가는 것을 단지 500만 받는 것이다. '가(賈)'는 '가(價)'로 읽는다.《전한서(前漢書)·식화지(食貨志)》

半賈而賣. 注. 本直千錢者, 止得五百也. 賈, 讀曰價.〈前食貨志〉[50]

- 없는 자는 배가 되는 이자를 얻는다. 주(注)의 기록이다. 일(一)을 취하고 이(二)를 배상하는 것이 배가 되는 이자이다. 좋은 장사꾼은 파는 것을 손해보았다고 하여 장사를 그만두지는 않는다. 주(注)의 기록이다. 열(閱)은 파는 것이니, 파는 가격이 손해나는 것을 일컫는다.《순자(荀子)》

亡者, 取倍稱之息. 注. 取一償二, 爲倍稱. 良賈, 不爲折閱不市. 注. 閱, 賣也, 謂損所閱賣之價.〈荀子〉[51]

---

38. 《맹자(孟子)·공손추상(公孫丑上)》의 기록을 재구성한 것이다
39. 평(平): 시장에서 물가를 평가하고 조정하는 일을 맡은 질인(質人)을 가리킨다.
40. 《양자법언(揚子法言)》 권1.
41. 《양자법언(揚子法言)》 권1.
42. 안사고(顔師古)의 주에, "쉽게 이익을 얻는 것을 말한 것이다(言其易以得利也)"라고 하였다.
43. 《전한서(前漢書)·식화지(食貨志)》
44. 구시(九市): 장안(長安)에 세운 아홉 곳의 시장으로, 여섯 곳은 길의 서쪽에 세 곳은 길의 동쪽에 세웠다고 한다(《문선(文選)》주).
45. 후한(後漢) 반고(班固), 〈서도부(西都賦)〉
46. 후한(後漢) 장형(張衡)의 〈서경부(西京賦)〉에 "旗亭五重, 俯察百隧"라고 한 것을 설종(薛綜)의 주에서 "시루(市樓)는 그 위에 정(亭)을 세운다"라고 하였다.
47. 진(晉) 성백양(成伯陽), 〈시부(市賦)〉
48. 《고금사문유취속집(古今事文類聚續集)·거처부(居處部)》
49. 《고금사문유취속집(古今事文類聚續集)·거처부(居處部)》
50. 《전한서(前漢書)·식화지(食貨志)》

노자(老子)가 관문(關門)을 넘다[노자도관(老子度關)]　주(周)나라 원왕(元王) 원년(元年: B.C. 475)에 노자(老子)가 관문을 넘는데 관문의 책임자인 윤희(尹喜)가, 앞서 문지기에게 신칙하기를, "만약 노인이 동쪽으로부터 오는데 푸른 소에 얇은 판자의 수레를 탄 이가 있으면, 관문을 지나가도록 놔두지 말라"라고 하였다. 그날 과연 노인이 나타났는데, 푸른 소의 수레를 타고 와서 관문을 지나려고 하였다. 문지기가 들어가서 아뢰니, 윤희가 말하기를, "좋다. 노인이 지금 오셨으니, 내가 성인(聖人)을 보게 되었구나"라고 하고는 즉시 인끈을 차고 맞이하여 제자(弟子)의 예를 갖추었다.《관중기(關中記)》

周元年[52], 老子之度關, 令尹喜, 先勅門吏曰, 若有老公從東來, 乘靑牛薄板車者, 勿聽過關. 其日果見老公, 乘靑牛車來, 度關. 吏入白之, 喜曰, 諾. 公今來矣, 我見聖人矣. 卽帶印綬出迎, 設弟子之禮.〈關中記〉[53]

관문을 설치하고 전(傳)[54]을 사용하다[치관용전(置關用傳)]　경제(景帝)[55] 4년, 다시 여러 관문을 설치하고 전(傳)을 사용하여 출입하게 하였다. 안사고(顔師古)가 말하기를, "옛날에 간혹 나무를 깎아 부절을 만들거나 비단을 썼다"라고 하였다. 장연(張宴)이 말하기를, "전(傳)은 신표이다. 비단에 두 줄로 글을 쓰고 나누어 그 하나를 가지고 있다가 관문을 출입할 때 맞춰 보고 통과할 수 있었는데, 이것을 전(傳)이라 한다"고 하였다.

景帝四年, 復置諸關, 用傳出入. 師古曰, 古者, 或棨刻木爲合符, 或用繒帛. 張宴曰, 傳, 信也. 兩行書繒帛, 分持其一, 出入關, 合之乃得過, 謂之傳.[56]

종군(終軍)[57]이 신표[수(繻)[58]]를 버리다[종군기수(終軍棄繻)]　종군(終軍)이 이전에 제남(濟南)에서 일찍이 박사(博士)를 만나러 관문을 들어가는데 관문의 관리가 종군에게 신표를 주었다. 종군이 묻기를, "이것으로 무엇을 합니까?"라고 하자 관리가 대답하기를, "돌아올 때의 신표로, 되돌아올 때에 맞추어보아야 합니다"라고 하였다. 종군이 말하기를, "대장부가 서쪽으로 나가니 돌아올 때의 신표를 가지고 되돌아오지 않을 것입니다"라고 하면서 신표를 버리고 떠났다. 후에 종군이 알자(謁者)가 되어 군국(郡國)에 사자(使者)로 나가게 되어 부절을 세우고 동쪽으로 관문을 나서게 되었다. 관문의 관리가 그를 알아보고 말하기를, "이 사자(使者)가 바로 전에 신표를 버렸던 사람이다"라고 하였다.

終軍, 初從濟南, 嘗詣博士, 入關, 關吏與軍繻. 軍問, 以此何爲. 吏曰, 爲復傳, 還當以合符. 軍曰, 大丈夫西遊, 終不復傳還. 棄繻去. 後軍爲謁者, 使行郡國, 建節東出關, 關吏識之曰, 此使者, 乃前棄繻生也.[59]

수레를 타고 관문을 나서다[승거출관(乘車出關)]　후한(後漢)의 곽단(郭丹)[60]은 남양(南陽) 사람이다. 젊어서 스승을 따라 장안(長安)에 갔는데 원(苑) 사람 진조(陳洮)에게서 관문의 신표를 매입하여 들어

---

51. 《전한서(前漢書)·식화지(食貨志)》의 기록과 《순자(荀子)·수신(修身)》의 기록을 조합하여 재구성한 것이다.
52. '周元年'은, 《산당사고(山堂肆考)·지리(地理)》에는 '周元極元年'으로 되어 있는데, 청(淸) 진후요(陳厚耀)의 《춘추전국이사(春秋戰國異辭)》 권2에서 '元極'은 '元王(B.C. 475-B.C. 469 재위)'의 잘못이라고 하였다.
53. 《산당사고(山堂肆考)·지리(地理)》
54. 전(傳): 옛날에 관문(關門)이나 역참(驛站)에서 사용하던 증명서이다.
55. 경제(景帝): 전한(前漢) 제5대 황제로, 재위 기간은 B.C. 156-B.C. 141이다.
56. 《전한서(前漢書)·경제기(景帝紀)》
57. 종군(終軍: ?-B.C. 112): 서한(西漢) 제남(濟南) 출신으로 자가 자운(子雲)이다. 어려서부터 총명하여 무제(武帝)가 알자급사중(謁者給事中)으로 삼았는데 20여 세에 죽었다.
58. 수(繻): 비단으로 만들어 글씨를 쓴 신표(信標)이다.
59. 《한서(漢書)·종군전(終軍傳)》
60. 곽단(郭丹: B.C. 25-62): 동한(東漢) 남양(南陽) 사람으로 자가 소경(少卿)이다. 갱시제(更始帝) 시절에 간의대부(諫議大夫)가 되었고 광무제(光武帝) 시절에 삼공(三公)을 역임하였는데 청렴으로 이름이 있었다.

갔다. 갱시(更始)[61] 2년에 곽단을 간의대부(諫議大夫)로 삼으니 부절을 지니고 남양(南陽)을 안정시키게 되었다. 집을 떠난 지 12년 만에 결국 높은 수레를 타고 관문을 나서게 되었다. 갱시제(更始帝)가 패하자 고향으로 돌아왔는데, 태수 두시(杜詩)가 공조(功曹)를 맡아줄 것을 청하자 곽단은 다른 사람을 추천하여 자신을 대신하도록 하고 떠났다. 두시가 감탄하면서 명령을 내려 곽단의 일을 황당(黃堂)[62]에 기록하여 후대의 본보기로 삼도록 하였다.

後漢郭丹, 南陽人. 少從師, 之長安, 從苑人陳洮, 買入關符以入. 更始二年, 以丹爲諫議大夫, 持節, 安集南陽. 去家十二年, 果乘高車出關. 更始敗, 歸鄕里, 太守杜詩, 請爲功曹, 丹薦人自代而去. 詩歎息, 勅以丹事, 編署黃堂, 以爲後法.[63]

한 덩어리의 진흙으로 함곡관을 막다[환니봉관(丸泥封關)] 외효(隗囂)[64]의 장수 왕원(王元)이 외효에게 말하기를, "청컨대 한 덩어리의 진흙으로 대왕(大王)을 위하여 동쪽으로 함곡관(函谷關)을 막겠습니다"라고 하였다.

隗囂將王元, 謂囂曰, 請以一丸泥, 爲大王, 東封函谷關.[65]

닭 우는 소리로 관문을 넘다[계명도관(鷄鳴度關)] 연(燕)의 태자 단(丹)이 진(秦)나라를 도망쳐 밤에 관문에 이르렀는데 관문이 열리지 않았다. 단이 닭 울음소리를 내자 뭇 닭들이 모두 울어 마침내 도망쳐 돌아갈 수 있었다.〈맹상군(孟嘗君)의 일과 같다.〉

燕丹去秦, 夜到關, 關門不開. 丹爲鷄鳴, 衆鷄皆鳴, 遂得逃歸.〈同孟嘗君事〉[66]

귀문관(鬼門關) 교지(交趾)에 귀문관(鬼門關)이 있는데 장기(瘴氣)가 많았다. 속담(俗談)에 이르기를, "만약 귀문관을 넘는다면, 열이 가서 아홉은 돌아오지 못한다"라고 하였다.

交趾有鬼門關, 多瘴. 諺云, 若度鬼門關, 十去九不還.[67]

시장에서 가격을 조작하지 않다[시불희가(市弗餙價)] 공자(孔子)가 국정(國政)에 참여한 지 3개월 만에, 새끼 양과 새끼 돼지를 파는 자들이 가격을 조작하지 않았다.

孔子與聞國政三月, 鬻羔豚者, 弗餙價.[68]

시장에서 현자(賢者)를 등용하다[거현어시(擧賢於市)] 백리해(百里奚)[69]는 시장에서 등용되었다.

百里奚, 擧於市.[70]

오(吳)나라 시장에서 걸식하다[걸식오시(乞食吳市)] 오자서(伍子胥)[71]는 소관(昭關)을 나가 호(篪)를 불면서 오나라의 시장에서 걸식하였다.

伍子胥出昭關, 吹篪乞食於吳市.[72]

---

61. 경시(更始): 한(漢) 회양왕(淮陽王)의 연호(23-24)이다.
62. 황당(黃堂): 태수(太守)가 업무를 보는 청사를 가리킨다. 나아가 태수를 가리키는 말로도 쓰인다.
63. 《산당사고(山堂肆考)·지리(地理)》
64. 외효(隗囂: ?-33): 동한(東漢) 천수(天水) 출신으로 자가 계맹(季孟)이다. 왕망(王莽) 말기에 기병하여 유현(劉玄)을 따르다가 후에 광무제(光武帝)에 귀속하였다.
65. 《후한서(後漢書)·외효전(隗囂傳)》
66. 《고금사문유취속집(古今事文類聚續集)·거처부(居處部)》
67. 《산당사고(山堂肆考)·폄적(貶謫)》
68. 《사기(史記)·공자세가(孔子世家)》
69. 백리해(百里奚): 춘추(春秋)시대 진(秦)나라 대부로 자는 정백(井伯)이다. 목공(穆公)을 도와 패업(霸業)을 이루었다.
70. 《맹자(孟子)·고자상(告子上)》
71. 오자서(伍子胥: B.C. ?-B.C. 485): 춘추(春秋)시대 초(楚)나라 출신으로 이름은 원(員)이다. 부친[오사(伍奢)]과 형[오상(伍尙)]이 평왕(平王)에게 피살되자 오(吳)나라로 도망하여 오왕 합려(闔閭)를 도와 초를 쳐서 보복하였다.
72. 《사기(史記)·범저채택열전(范雎蔡澤列傳)》에, "伍子胥, 橐載而出昭關, 夜行晝伏, 至於陵水. 無以餬其口, 膝行蒲伏, 稽首肉袒, 鼓腹吹篪, 乞食於吳市. 卒興吳國"으로 되어 있는 내용을 재구성한 것이다.

시장 가운데에서 노래하다[가어시중(歌於市中)] 고점리(高漸離)는 축(筑)을 치고 형가(荊軻)는 가락에 맞춰 시장 가운데에서 노래를 불렀다.

高漸離擊筑, 荊軻和而歌於市中.73

백정으로 시장에서 살다[이도거시(以屠居市)] 섭정(聶政)이 살인을 하고 원수를 피해, 백정으로 직업을 삼아 시장에서 살았다.

聶政殺人避仇, 以屠爲事, 居市井.74

시장에 숨다[은어시(隱於市)] 모공(毛公)과 설공(薛公)은 전국(戰國) 시대의 어지러움을 만나 두 사람이 함께 처사(處士)로서 한단(邯鄲)의 시장에 숨었다. 모공(毛公)은 숨어 노름꾼이 되었고, 설공(薛公)은 아교를 파는 장사꾼으로 숨었다.

毛公·薛公, 遭戰國之亂, 二人俱以處士, 隱於邯鄲市. 毛公隱爲博徒, 薛公隱於賣膠.75

시장의 문지기가 되다[위시문졸(爲市門卒)] 매복(梅福)은 성과 이름을 바꾸고 오(吳)나라 시장의 문지기가 되었다.

梅福變姓名, 爲吳市門卒.76

약을 팔다[매약(賣藥)] 한강백(韓康伯)은 장안(長安)의 시장 입구에서 약을 팔았는데 값을 일정하게 하였다.

韓康伯, 賣藥於長安市口, 不二價.77

집을 정한 것이 시장에 가깝다[복택근시(卜宅近市)] 제(齊) 경공(景公)이 안자(晏子)의 집을 바꿔 주고자 하여 말하기를, "그대의 집이 시장에 가깝구려"라고 하였다. (안자가) 사양하며 말하기를, "소인은 시장에 가까이 살아서 필요로 하는 것을 얻으니 소인의 이로움입니다"라고 하였다.

景公欲更晏子之宅曰, 子之宅, 近市. 辭曰, 小人近市, 得所求, 小人之利也.78

학을 춤추게 하다[무학(舞鶴)] 오왕(吳王) 합려(闔閭)가 딸을 장례 지낼 때, 시장에서 흰 학을 춤추게 하여 모든 사람들이 보도록 하고 이어 함께 묻었다. 〈오월춘추(吳越春秋)〉

吳王葬女, 舞白鶴於市, 令萬人觀之, 因以爲殉.〈吳越春秋〉79

나무를 옮기다[사목(徙木)] 진(秦)나라 공손앙(公孫鞅)80이 법령을 정하고 나서 사람들이 믿지 못할까를 염려하여, 시장의 남쪽 문에 3장(丈)의 나무를 세워 놓고 북문으로 옮겨 놓는 자에게 10금(金)을 주겠다고 하였다.

秦公孫鞅, 定法令, 恐人不信, 乃立三丈之木於市南門, 徙置北門者, 與十金.81

현상금[현금(懸金)] 여불위(呂不韋)82가 《여씨춘추(呂氏春秋)》를 편찬하고서 함양(咸陽)의 시장에

73. 《사기(史記)·자객열전(刺客列傳)》
74. 《고금사문유취속집(古今事文類聚續集)·거처부(居處部)》
75. 《고금사문유취속집(古今事文類聚續集)·거처부(居處部)》
76. 《전한서(前漢書)·매복전(梅福傳)》에, "至今傳以爲仙, 其後, 人有見福於會稽者, 變名姓, 爲吳市門卒云"으로 되어 있다.
77. 《고금사문유취속집(古今事文類聚續集)·거처부(居處部)》
78. 《안자춘추(晏子春秋)·내편잡하(內篇雜下)》에, "景公欲更晏子之宅曰, 子之宅近市, 湫隘囂塵, 不可以居, 請更諸爽塏者. 晏子辭曰, 君之先臣容焉, 臣不足以嗣之于臣侈矣. 且小人近市, 朝夕得所求, 小人之利也"로 되어 있는 내용을 재구성한 것이다.
79. 《춘추전국이사(春秋戰國異辭)·합려(闔閭)》에, "吳王有女自殺, 王痛之, 厚其葬, 舞白鶴于市, 萬人聚觀. 遂使俱入墓, 閉之"라고 하였다.
80. 공손앙(公孫鞅: B.C. 390-B.C. 338): 전국(戰國)시대 진(秦)의 사상가 상앙(商鞅)이다. 원명이 공손앙(公孫鞅)인데 상(商)에 봉해져 상앙으로 불린다. 효공(孝公)에게 등용되어 강력한 법으로 진나라를 부강하게 하였다.
81. 《사기(史記)·상군열전(商君列傳)》에, "令既具, 未布, 恐民之不信已, 乃立三丈之木於國都市南門, 募民有能徙置北門者, 予十金. 民怪之, 莫敢徙. 復曰, 能徙者, 予五十金, 有一人徙之, 輒予五十金, 以明不欺. 卒下令, 令行於民"으로 되어 있는 내용을 재구성한 것이다.

내놓고 그 위에 천 금(金)을 걸어놓은 뒤, 한 글자를 더할 수 있는 자가 있으면 천 금을 주겠다고 하였지만 당시에 할 수 있는 자가 없었다.

呂不韋, 著呂氏春秋, 暴之咸陽市, 懸千金其上, 有能增一字者, 與之千金, 時無能者.[83]

홰나무 시장[괴시(槐市)] 원시(元始)[84] 4년에 명당(明堂)과 벽옹(辟雍)을 세우고 장안성(長安城)의 남북에 회시(會市)를 만들었는데, 단지 홰나무 수백 줄을 심어 줄을 만들었을 뿐 담이나 가옥이 없었다. 여러 유생들은 초하루와 보름에 이 시장에 모여 각자 자기 군(郡)에서 나는 물건과 경서(經書), 전기(傳記) 등의 책, 생(笙)이나 경(磬) 등의 기물을 가지고 와서 서로 사고파는데, 조용하고 예를 갖추었으며 혹 홰나무 아래에서 토론을 하기도 하였다.

元始四年, 起明堂·辟雍, 長安城南北, 爲會市, 但列槐樹數百行, 爲隊, 無墻屋. 諸生朔望會此市, 各持其郡所出貨物, 及經書·傳記, 笙·磬器物, 相與賣買, 雍容揖遜, 或議論槐下.[85]

시장의 관리가 공정하고 청렴하다[시리공렴(市吏公廉)] 대장군(大將軍) 곽광(霍光)이 정권을 쥐고 있을 때, 여러 곽(霍)씨들은 평양(平陽)에 있었다. 가노(家奴)가 칼을 들고 시장에 가서 싸우며 소란을 피워도 관리들이 금하지를 못했다. 윤옹귀(尹翁歸)가 시장의 관리가 되자 감히 법을 어기는 자가 없었다. 공은 청렴하여 뇌물을 받지 않았기 때문에 모든 장사꾼들이 그를 어려워하였다.

大將軍霍光, 秉政, 諸霍在平陽. 奴客持刀兵, 入市鬪變, 吏不能禁. 及尹翁歸爲市吏, 莫敢犯者. 公廉不受餽, 百賈畏之[86]

광무제(光武帝)가 제준(祭遵)으로 시장 책임자를 삼았는데, 상류 집안 사람이 법을 어기자 규정에 따라 그를 죽였다.

光武以祭遵爲市令, 上家人犯法, 遵格殺之.[87]

궁궐의 시장[궁시(宮市)] 덕종(德宗)[88] 시절에 환관(宦官)들이 궁궐의 시장을 주관하였는데, 일찍이 수십 명 내지 100명을 둔 적도 있었다. (이들이) 가게자리에서 물건을 살피는 것을 '백망(白望)'이라 하였는데, 조칙이나 문서도 없이 단지 궁시(宮市)라고만 하면 감히 누구인지 묻지를 못했다. 대개 값이 10인 것을 주면 1도 보상하지 않았다. 간신(諫臣)들이 상소를 올려 황제에게 일일이 아뢰어도 전혀 받아들여지지 않았다.

德宗時, 宦者主宮市, 嘗置數十百人. 閱物廛左, 謂之白望, 無詔文驗覈, 但稱宮市, 則莫敢誰何. 大率與直十, 不償一. 諫臣交章列上, 皆不納.[89]

꽃시장[화시(花市)] 양주(楊州) 사람들은 귀천을 가릴 것 없이 모두 머리에 꽃 꽂기를 좋아하였다. 개명교(開明橋) 사이에 날이 밝을 무렵 화시(花市)가 섰다.

楊州人, 無貴賤, 皆喜戴花. 開明橋之間, 拂旦有花市焉.[90]

해시(亥市) 분녕현(分寧縣)은 본래 상주(常州)의

82. 여불위(呂不韋: ?-B.C. 235): 전국(戰國)시대 진(秦)의 대신(大臣)이다. 진시황(秦始皇)의 부왕인 장양왕(莊襄王)을 도와 제위에 오르게 한 공으로 재상이 되었다. 《여씨춘추(呂氏春秋)》를 편찬하였다.

83. 《사기(史記)·여불위열전(呂不韋列傳)》에, "呂不韋, 乃使其客人人, 著所聞, 集論以爲八覽·六論·十二紀·二十餘萬言, 以爲備天地萬物古今之事, 號曰, 呂氏春秋, 布咸陽市門, 懸千金其上, 延諸侯游士賓客, 有能增損一字者, 予千金"으로 되어 있는 내용을 재구성한 것이다.

84. 원시(元始): 한(漢) 평제(平帝)의 연호(1-5)이다.

85. 《고금사문유취후집(古今事文類聚後集)·임목부(林木部)》

86. 《전한서(前漢書)·윤옹귀전(尹翁歸傳)》

87. 《후한서(後漢書)·제준전(祭遵傳)》

88. 덕종(德宗): 당조(唐朝) 제11대 황제로 재위 기간은 780-805년이다.

89. 《신당서(新唐書)·장건봉전(張建封傳)》의 내용을 재구성한 것이다.

해시(亥市)였다. 서촉(西蜀)에서 '해시(痎市)'라 하였는데, 학질처럼 하루 걸러 장이 섰다. 강남에서는 병으로 이름 붙인 것을 싫어하였기 때문에 단지 '해시(亥市)'라고만 하였다.

分寧縣, 本常州亥市也. 西蜀曰痎市, 如瘧疾, 間日作也. 江南惡以疾稱, 故止曰亥市.[91]

또 형오(荊吳)에서는 세속에서 인일(寅日), 신일(申日), 사일(巳日), 해일(亥日)을 취하여 시장에 모였기 때문에 그렇게 말한 것이다.

又荊吳, 俗取寅申巳亥日, 集於市, 故云.[92]

누에 시장[잠시(蠶市)] 촉(蜀)에서는 봄에 마을의 시장에 모여 즐기고 '누에 시장[잠시(蠶市)]'을 연다. 동파(東坡)의 시[93]에, "잠시(蠶市)의 모습은 옛것이 아니네"라고 하였다.

蜀中春月, 村市聚爲歡樂, 爲蠶市. 坡詩云, 蠶市光陰非故國.[94]

신기루[해시(海市)] 동파(東坡)가 이르기를, "내가 등주(登州)의 신기루에 대해서 들은 지가 오래되었는데 보지 못한 것을 유감으로 여겼다. 그래서 해신묘(海神廟)에 기도하였더니 다음날 보게 되었다"라고 하였다.

坡云, 予聞登州海市, 舊矣, 以不見爲恨. 乃禱於海神廟, 明日見焉.[95]

장창의(張昌儀)가 총애에 의지하니 청탁하는 이들이 시장이 선 것 같았다. 이심(李禩)이 말하기를, "이들의 권세는 해시(海市), 즉 신기루일 뿐이다"라고 하였다.

張昌儀恃寵, 請托如市. 李禩[96]曰, 此海市蜃樓尒.[97]

안개 시장[무시(霧市)] 〈무문(霧門)〉에 보인다.

見霧門.

장보기를 거두다[파시(罷市)] 양호(羊祜)[98]가 죽자, 형주(荊州) 사람들이 모두 소리 내어 통곡하였고 장보기를 거두었다.

羊祜卒, 荊州人皆號慟, 罷市.[99]

서원(西園)의 시장[서원시(西園市)] 한(漢) 영제(靈帝)[100]가 서원(西園)에서 관직을 팔았다.

漢靈帝, 賣官西園.[101]

문이 시장과 같다[문여시(門如市)] 정숭(鄭崇)[102]이 말하기를, "신의 집 문은 시장과 같지만, 신의 마음은 물과 같습니다"라고 하였다.

鄭崇曰, 臣門如市, 臣心如水.[103]

시장이 비다[시허(市虛)] 남월(南越)에서는 야시(野市)를 '허(虛)'라 하였다. 시장이 있는 곳은 사람이 있으면 가득차고 사람이 없으면 비기 때문이다.

---

90. 송(宋) 왕관(王觀), 《양주작약보(揚州芍藥譜)》
91. 《산당사고(山堂肆考)·지리(地理)》에는, "蜀有痎市, 間日一集, 如瘧疾間日作也. 江南惡此疾, 故止曰亥市"로 되어 있다.
92. 《산당사고(山堂肆考)·지리(地理)》
93. 시제(詩題)는 〈이월삼일점등회객(二月三日點燈會客)〉이다.
94. 무명씨(無名氏)《오국고사(五國故事)》 권상(卷上)의 기록과 동파시(東坡詩)를 종합한 것이다.
95. 《산당사고(山堂肆考)·지리(地理)》에는, "登州府, 四面皆海. 春夏時, 遥見水面有城郭市肆, 人馬往來, 若交易狀. 土人謂之海市. 蘇東坡云, 予聞登州海市, 舊矣, 常以不見爲恨. 乃禱於海神廟, 明日果見之"로 되어 있다.
96. 《고금사문유취별집(古今事文類聚別集)·성행부(性行部)》에는 '禩'은 '湛'으로 되어 있다.
97. 《고금사문유취별집(古今事文類聚別集)·성행부(性行部)》
98. 양호(羊祜: 221-278): 위(魏), 서진(西晉)시대 사람으로 양조(兩朝)에서 여러 관직을 거쳤는데 청렴(淸廉)으로 이름이 높았다. 정남대장군(征南大將軍)이 되어 오(吳)를 멸망시킬 준비를 하다가 죽었으며 직위와 임무는 두예(杜預)에게 계승되었다.
99. 《진서(晉書)·양호전(羊祜傳)》
100. 영제(靈帝): 후한(後漢) 제12대 황제로 재위 기간은 168-189년이다.
101. 《후한서(後漢書)·영제기(靈帝紀)》
102. 정숭(鄭崇): 전한(前漢) 사람으로 자가 자유(子游)이다. 대대로 왕실과 통혼하였다.
103. 《전한서(前漢書)·정숭전(鄭崇傳)》

동민시(峒岷詩)에 이르기를, "녹색 연잎으로 밥을 싸니, 허(虛)에 가는 사람들이다"라고 하였다.

南越中, 謂野市曰, 虛. 蓋市之所在, 有人則滿, 無人則虛. 峒岷詩云, 綠荷包飯赴虛人.[104]

성곽 城郭

• 성(城)은 백성을 담는 것이다. 용(墉)은 성(城)의 담이다.《설문해자(說文解字)》

城, 以盛民也. 墉, 城垣也.〈說文〉[105]

• 우(禹)임금이 성(城)을 만들었다. 강한 자는 공격하고 약한 자는 지키며 대적이 되는 자들은 싸운다. 성곽(城郭)은 우(禹)임금으로부터 시작되었다.《박물지(博物志)》

禹作城. 彊者攻, 弱者守, 敵者戰. 城郭, 自禹始也.〈博物志〉[106]

• 성(城)의 치(雉)라는 것은 무엇인가? 5판(版)[107]이 되면 도(堵)이고, 5도(堵)가 되면 치(雉)이고, 100치(雉)가 되면 성(城)이다.《춘추공양전(春秋公羊傳)》

城雉者, 何? 五版而堵, 五堵而雉, 百雉而城.〈公羊〉[108]

• 《관자(管子)》에서 말하였다. 안에 있는 것을 성(城)이라 하고 밖에 있는 것을 곽(郭)이라 한다. 《석명(釋名)》에 이르기를, "성(城)은 '담음[성(盛)]'이니, 수도(首都)를 담는 것이다. 곽(郭)은 '넓음[확(廓)]'이니, 넓게 성 밖에 있는 것이다."라고 하였다. 《풍속통(風俗通)》에 이르기를, "곽(郭)은 혹 '부(郛)'라도 하는데 부(郛)라는 것도 역시 '크다'는 것이다."라고 하였다.

管子曰. 內爲之城, 外爲之郭. 釋名云, 城, 盛也, 盛受國都也. 郭, 廓也, 廓落在城外也. 風俗通曰, 郭, 或謂之郛, 郛者, 亦大也.[109]

• 《오월춘추(吳越春秋)》에서 말하였다. 곤(鯀)[110]이 성(城)을 쌓아 임금을 호위하고 곽(郭)을 만들어 백성을 지켰다. 이것이 성곽(城郭)의 기원이다.

吳越春秋曰. 鯀築城以衛君, 造郭以守民. 此城郭之始也.[111]

• 천자(天子)의 성(城)은 높이가 9인(仞)이고 공(公)과 후(侯)는 7인(仞)이며, 백(伯)은 5인(仞)이고 자(子)와 남(男)은 3인(仞)이다.《오경이의(五經異義)》

天子之城, 高九仞, 公侯七仞, 伯五仞, 子男三仞.〈五經異義〉[112]

• 천자(天子)의 성(城)은 (길이가) 1,000치(雉)이고 높이가 7치(雉)이며, 공(公)과 후(侯)는 100치(雉)이고 높이가 5치(雉)이며, 자(子)와 남(男)은 5치(雉)이고 높이가 3치(雉)이다.〈춘추공양전(春秋公羊傳) 주〉

天子之城, 千雉, 高七雉, 公侯百雉, 高五雉, 子男五雉, 高三雉.〈公羊注〉[113]

---

104. 《산당사고(山堂肆考)·지리(地理)》
105. 《예문유취(藝文類聚)·거처부(居處部)》
106. 《박물지(博物志)》 권8.
107. 판(版): 옛날에 담의 길이와 폭을 나타내던 단위로, 《공양전(公羊傳)》, "雉者何? 五板而堵, 五堵而雉, 百雉而城"의 하휴(何休) 주에서, "8척(尺)이 판(板)이다(八尺曰板)"라고 하였다.
108. 《공양전(公羊傳)·정공(定公)·20年》
109. 《천중기(天中記)·도읍(都邑)》
110. 곤(鯀): 우(禹)임금의 부친으로 요(堯)임금이 그를 숭백(崇伯)에 봉하고 치수를 맡겼으나 실패하자 순(舜)이 우산(羽山)에서 그를 처형하였다고 한다.
111. 송(宋) 고승(高承), 《사물기원(事物紀原)·주차유악부(舟車帷幄部)》
112. 한(漢) 정현(鄭玄), 《박오경이의보유(駁五經異義補遺)》

• 성 위의 담을 '비예(睥睨)'라 하는데, 구멍 안으로 비상의 상황을 주시하는 것을 말한 것이다. 또 '비비(陴裨)'라고도 하는데, 성의 높이를 더해 주는 것이다. 또 '여장(女墻)'이라고도 하는데, 낮고 작아서 성(城에) 비하면 여자가 남자에 대한 것과 같음을 말한 것이다. 《설문해자(說文解字)》에서 말한 '첩(堞)'이라는 것도 역시 여장(女墻)이다.《석명(釋名)》

城上垣, 謂之睥睨, 言於孔中睥睨非常也. 亦曰陴裨也, 裨助城之高也. 亦曰女墻, 言其卑小, 比之於城, 若女子之於丈夫也. 說文所謂堞者, 亦女墻也.〈釋名〉[114]

• 전쟁이 없는데 성을 쌓으면, 적이 반드시 보루로 삼는다.《춘추좌전(春秋左傳)》

無戎而城, 讎必保焉.〈左〉[115]

• 대도(大道)가 이미 없어지자 (사람들은) 천하를 각자의 집안으로 여겨, 성곽을 짓고 해자를 만들어 굳센 요새로 삼았다.《예기(禮記)》

大道旣隱, 天下爲家, 城郭溝池, 以爲固.〈禮〉[116]

• 옛날에 큰 나라가 작은 읍을 허물하면, (작은 읍은) 반드시 성을 정비하고 죄를 청하였으니 예법이다. '희성(餙城)'은 수비(守備)를 닦는 것이다.

古者, 大國過小邑, 必餙城而請罪, 禮也. 餙城, 修守備也.[117]

• 곤륜산(崑崙山)에 층성산(層城山)이 있는데 아홉 겹이다.《회남자(淮南子)》

崑崙山, 有層城九重.〈淮〉[118]

• 《한서(漢書)》에서 말하였다. 돌로 쌓은 10인(仞)의 성과, 견고한 100보(步)의 해자와, 갑옷을 입은 100만(萬)의 군사가 있어도, 양식이 없으면 지키지 못한다.

漢書曰. 有石城十仞, 湯池百步, 帶甲百萬, 而無粟, 不能守也.[119]

• 만약 지킬 수 없다면, 성은 무익하다.《좌전(左傳)》

苟不能衛, 城無益也.〈左〉[120]

• 3리(里) 되는 성(城)과 7리(里) 되는 곽(郭)을 포위하여 공격하여도 이기지 못하는 경우가 있다. 이는 천시(天時)가 지리(地利)만 못하기 때문이다.《맹자(孟子)》

三里之城, 七里之郭, 環而攻之, 而不勝. 是天時不如地利也.〈孟〉[121]

• 진(秦) 이세(二世)[122]가 장성(長城)에 칠을 하려고 하자 우전(優旃)이 말하기를, "좋은 일입니다. 장성에 칠을 하는 것은. 대단하게 적들이 몰려와도 칠 위를 기어오를 수 없을 것입니다. 진실로 용이한 일이지만 (칠을 말리기 위한) 그늘을 드리울 집을 만들기가 어려울 뿐입니다"라고 하자 이세(二世)가 그만두었다.

秦二世, 欲漆長城, 優旃曰, 善哉. 漆城. 蕩蕩寇來, 不得上漆. 固易耳, 難爲蔭屋爾. 二世乃止.[123]

---

113. 《초학기(初學記)·거처부(居處部)》
114. 《석명(釋名)·석궁실(釋宮室)》
115. 《춘추좌전(春秋左傳)·희공(僖公)·5년》
116. 《예기(禮記)·예운(禮運)》에, "今大道旣隱, 天下爲家, 各親其親, 各子其子, 貨力爲己, 大人世及以爲禮, 城郭溝池, 以爲固"로 되어 있다.
117. 《곡량전(穀梁傳)·양공(襄公)·25년》('古者, 大國過小邑, 必餙城而請罪, 禮也' 부분이 전문(傳文)이고, '餙城, 修守備也' 부분은 주이다.)
118. 《회남자(淮南子)·지형훈(墬形訓)》
119. 《전한서(前漢書)·식화지(食貨志)》
120. 《춘추좌전(春秋左傳)·소공(昭公)·23년》
121. 《맹자(孟子)·공손추하(公孫丑下)》에, "三里之城, 七里之郭, 環而攻之而不勝, 夫環而攻之, 必有得天時者矣, 然而不勝者, 是天時不如地利也"로 되어 있다.
122. 이세(二世): 진(秦) 제2대 황제인 호해(胡亥)로, 재위 기간은 B.C. 210-B.C. 207이다.
123. 《사기(史記)·골계열전(滑稽列傳)》에, "二世立, 又欲漆其城, 優旃曰, 善. 主上雖無言, 臣固將請之. 漆城, 雖於百姓愁費,

• 성(城) 위의 담을 '첩(堞)'이라 하고 누대를 '려(麗)'라 한다. 성루(城樓) 아래에 있는 문을 '초문(譙門)'이라 하고 망루(望樓)에 지붕이 없는 것을 '로(櫓)'라 한다. 진(秦)나라에서 세운 장성(長城)은 흙 색깔이 모두 자색(紫色)인데 한(漢)나라의 변방도 그러하였다. 그래서 '자새(紫塞)'라 하였다.

城上垣曰堞, 樓曰麗. 譙下有門曰譙門, 望樓無屋曰櫓.[124] 秦所築長城, 土色皆紫, 漢塞亦然. 故稱紫塞.[125]

• 왕숙(王肅)[126]의 표문(表文)에서 말하였다. 성(城)에 곽(郭)이 있는 것은 뼈에 피부가 있는 것과 같습니다. 안과 밖이 서로 다르면 보루가 완전하지 않고 피부와 뼈가 나누어지면 한 몸이 구비되지 않습니다.

王肅表曰. 夫城之有郭, 猶骨之有皮. 表裏各異, 則保障不完, 皮骨分離, 則一體不具.[127]

• 《곡량전(穀梁傳)》에서 말하였다. 성(城)은 백성을 보호하기 위하여 만든다. 백성이 많고 성이 작으면 성을 확대하는데, 성을 확대하는 것은 기준이 없다. 무릇 성의 기록은 모두가 살피는 것이다.

穀梁曰. 城以[128]保民爲之也. 民衆城小, 則益城, 益城無極. 凡城之志, 皆譏也.[129]

• 문호(門戶)와 길, 다리를 '계(啓)'라 하고, 성곽(城郭)과 담, 참호를 '새(塞)'라 한다. 열고 닫는 것의 시급함은 하루라도 그만둘 수 없는 것이다.

門戶道橋, 謂之啓, 城郭墻塹, 謂之塞. 開閉之急, 不可一日而闕.[130]

와룡성(臥龍城) 양주성(涼州城)은 와룡(臥龍)의 모양을 지니고 있다. 그래서 붙여진 이름이다. 남북은 70리(里)이고 동서는 30리(里)인데, 본래 흉노(匈奴)가 쌓은 것이다.

涼州城, 有臥龍形. 故名. 南北七十里, 東西三十里, 本匈奴所築也.[131]

하어성(下魚城) 낭산현(狼山縣) 동쪽 60리(里)에 하어성(下魚城)이라는 이름의 산이 있다. 사방이 절벽이고 오직 두 개의 길로만 올라갈 수 있는데 모두 험하고 가파르다. 산 위는 둘레가 20리쯤 되는데 숲도 있고 연못도 있어, 사람들이 산 위에서 농사를 짓는다. 옛날 영가(永嘉)[132]의 난리 때, 열한 사람이 이곳에 올라 적을 피해 지키면서 여러 해를 지냈는데 먹을 것이 다하자 연못의 물고기를 가져다 적에게 던져 곤궁하지 않음을 보이니 적이 마침내 물러났다고 한다. 이 때문에 이름이 하어성(下魚城)이 되었다.

狼山縣東六十里, 有山名下魚城. 四面絶崖, 唯兩道可上, 皆險峻. 山上周迴, 可二十里, 有林木·池水, 人田種於山上. 昔永嘉亂, 十一人登此, 避賊守之, 經年食盡, 取池魚, 擲下與賊, 以示不窮, 賊遂退散. 因此, 名爲下魚城.[133]

然佳哉. 漆城蕩蕩, 寇來不能上. 卽欲就之, 易爲漆耳, 顧難爲蔭室. 於是, 二世笑之, 以其故止"로 되어 있는 내용을 재구성한 것이다.

124. 《산당사고(山堂肆考)·지리(地理)》에, "城上垣曰堞, 女墻曰陴, 樓曰麗, 譙下有門曰譙門, 望樓無覆屋曰櫓"로 되어 있는 내용을 재구성한 것이다.

125. 진(晉) 최표(崔豹), 《고금주(古今注)·도읍(都邑)》

126. 왕숙(王肅: 195-265): 삼국(三國)시대 위(魏)의 경학가(經學家)이다. 《논어(論語)》, 《상서(尙書)》, 《시경(詩經)》 등에 주를 달았다.

127. 《태평어람(太平御覽)·거처부(居處部)》

128. '以'는, 《춘추곡량전((春秋穀梁傳)·은공(隱公)·7년》에는 '爲'로 되어 있다.

129. 《춘추곡량전((春秋穀梁傳)·은공(隱公)·7년》

130. 《태평어람(太平御覽)·거처부(居處部)》

131. 《예문유취(藝文類聚)·거처부(居處部)》

132. 영가(永嘉): 진(晉) 회제(懷帝)의 연호(307-313)이다.

통곡이 성을 무너뜨리다[곡붕성(哭崩城)] 제(齊)나라 사람 기량(杞梁)이 거(莒)를 치는 전투에서 죽었다. 그 아내가 돌아갈 곳이 없어지자 성 아래에서 남편의 시체를 베고 7일 동안 통곡을 하니 성이 무너졌다. 아내는 마침내 치수(淄水)에 투신하여 죽었다.

齊人杞梁, 襲莒戰而死. 其妻無所歸, 乃枕夫屍於城下, 而哭之七日, 而城崩. 妻遂投淄水而死.134

부인성(夫人城) 진(晉) 주서(朱序)가 양양(襄陽)을 다스릴 때, 부견(苻堅)이 공격하였다. 주서의 어머니가 성(城)의 서북쪽 모퉁이가 장차 먼저 파괴될 것이라고 보고 여종 100여 명과 성인 여성들을 인솔하여 비스듬히 성 20여 장(丈)을 쌓았다. 적이 서북쪽 모퉁이를 공격하니 과연 무너졌다. 많은 사람들이 새로 쌓은 성을 지켜 적이 군사를 이끌고 물러가자 부인성(夫人城)이라고 부르게 되었다.《진서(晉書)》

晉朱序, 鎭襄陽, 苻堅攻之. 序母見城西北角當先壞, 領百餘婢幷女丁, 斜築城二十餘丈. 賊攻西北角, 果潰, 衆守新城, 賊引退, 號爲夫人城.〈史〉135

모래성[사성(沙城)] 조조(曹操)136가 마초(馬超)를 정벌하는데 마초의 기병에게 습격을 당하여 군영을 세울 수 없었다. 또 모래가 많아 성을 쌓을 수가 없었는데, 누자백(婁子伯)이 말하기를, "오늘은 날이 추우니 모래를 쌓아 성을 만들 수 있겠습니다. 모래에 물을 부으면 하룻밤 만에 이루어질 것입니다"라고 하였다.《백공육첩(白孔六帖)》

曹操征馬超, 爲超騎所突, 營不得立. 又多沙, 不可築城, 婁子伯曰, 今天寒, 可起沙爲城. 以水灌之, 一夜而成.〈白帖〉137

불야성(不夜城) 옛날에 해가 한밤중에 동래(東萊)에서 떴다. 그래서 내자(萊子)138가 이 성을 세우고 불야(不夜)로 이름을 지었다.《지리지(地理志)》

古者, 日夜出於東萊. 故萊子立此城, 以不夜爲名.〈地理志〉139

부용성(芙蓉城) 석만경(石曼卿)140이 죽었다. 친구 중에 그를 본 자가 있었는데, 노새를 타고 날 듯이 가면서 말하기를, "나는 지금 신선이 되었고 주관하는 곳은 부용성(芙蓉城)이다"라고 하였다.

石曼卿死. 故人有見之者, 乘騾如飛曰, 我今爲仙, 所主芙蓉城.141

두성(斗城) 한(漢) 원제(元帝)142 초엽에 장안성(長安城)을 쌓는데, 성의 남쪽은 남두(南斗)의 형태로 만들고, 북쪽은 북두(北斗)의 형태로 만들어 두성(斗城)이라 불렀다.

漢元帝初, 築長安城, 城南爲南斗形, 北爲北斗形, 呼爲斗城.143

장성(長城) 진(秦)나라가 장성(長城)을 쌓았는데, 이어진 길이가 만 리이다.

---

133. 원(元) 도종의(陶宗儀), 《설부(說郛)》 권61상.
134. 《고열녀전(古列女傳) · 정순전(貞順傳)》의 내용을 재구성한 것이다.
135. 《진서(晉書) · 주서전(朱序傳)》의 내용을 재구성한 것이다.
136. 조조(曹操: 155-220): 동한(東漢)시대 패국(沛國) 출신이다. 건안(建安) 13년 승상(丞相)에 올랐고 건안(建安) 21년 위왕(魏王)이 되었다.
137. 《산당사고(山堂肆考) · 지리(地理)》
138. 내자(萊子): 춘추(春秋)시대 초(楚) 출신의 노래자(老萊子)이다.
139. 송(宋) 섭정규(葉庭珪), 《해록쇄사(海錄碎事) · 지부(地部)》
140. 석만경(石曼卿: 994-1041): 만경(曼卿)은 석연년(石延年)의 자로, 송대(宋代) 송성(宋城) 출신이다. 태자중윤(太子中允), 비각교리(秘閣校理) 등을 역임하였다.
141. 송(宋) 오증(吳曽), 《능개재만록(能改齋漫錄) · 신선귀괴(神仙鬼怪)》에, "石曼卿死後, 人有恍惚見之者. 云我今爲仙, 主芙蓉城. 騎一素驢, 去如飛"로 되어 있는 내용을 재구성한 것이다.
142. 원제(元帝): 한(漢) 제9대 황제로 재위 기간은 B.C. 48-B.C. 33년이다.
143. 《삼보황도(三輔黃圖) · 한장안고성(漢長安故城)》의 내용을 재구성한 것이다.

秦築長城, 延袤萬里.[144]

제(齊) 당옹(唐邕)[145]이 병주(幷州)를 다스리는데, 어떤 사람이 말하기를, "병주(幷州)는 금성탕지(金城湯池)입니다"라고 하자, 황제가 말하기를, "아니오. 당옹(唐邕)이 금성(金城)입니다"라고 하였다.《북사(北史)》

齊唐邕, 守幷州, 或曰, 幷州, 金城湯池. 帝曰, 非也. 唐邕是金城.〈北史〉[146]

당(唐) 태종(太宗)이 말하기를, "이적(李勣)[147]이 병주를 지키면서 돌궐(突厥)이 감히 남쪽으로 내려오지 못하니, 장성(長城)보다 훨씬 낫다"라고 하였다.

唐太宗曰, 李勣守幷, 突厥不敢南, 賢於長城遠矣.[148]

수강성(受降城) 한(漢) 무제(武帝)가 쌓았다.

漢武帝築之.[149]

하늘을 본뜨고 땅을 본받다[상천법지(象天法地)] 오왕(吳王) 합려(闔閭)가 오자서(伍子胥)로 하여금, 흙을 살피고 물을 맛보며 하늘을 본뜨고 땅을 본받아, 큰 성 40리(里)와 작은 성 10리(里)를 만들고, 여덟 개의 문을 달아 팔풍(八風)[150]을 상징하도록 하게 하였다.

吳王闔閭, 使伍子胥相土嘗水, 象天法地, 築爲大城四十里, 小城十里, 開八門, 以象八風.[151]

북[고(鼓)]으로 선도하고 공이[저(杵)]로 박자 맞추다[고창절저(鼓倡節杵)] 진(晉)《태강기(太康記)》의 기록이다. 저양성(雎陽城)은 사방이 13리인데 한(漢) 양효왕(梁孝王)이 쌓은 것으로, 북[고(鼓)]으로 선도하고 공이[저(杵)]로 박자를 맞추면 그 뒤에 아래에서 따라 부르는 자들이 '저양곡(雎陽曲)'이라고 하였다. 지금의 음악가들에게 저양곡(雎陽曲)이 있는데, 그것이 전해진 음악이다.

晉太康記. 雎陽城, 方十三里, 漢梁孝王所築, 鼓倡節杵, 而後下和之者, 稱雎陽曲. 今之樂家, 有雎陽曲, 是其遺音也.[152]

구지성(仇池城) 구지산(仇池山)의 천생채(天生砦)[153]에 있다. 깎아지른 절벽이 천 길로 서 있고 돌 모서리가 밖으로 향해 있는 것이 성첩(城堞)처럼 생겼는데, 오직 하나의 문으로 통할 수 있다. 안에 전답 100경(頃)과 샘 99곳이 있다.

在仇池山天生. 斗絶壁立千仞, 石角外向, 如雉堞然, 惟一門可通. 內有田百頃 · 泉九十九眼.[154]

장의(張儀)가 무당에게 묻다[장의문무(張儀問巫)] 장의(張儀)가 성도(成都)의 자성(子城)을 쌓을 때, 쌓는 대로 무너졌다. 홀연 큰 거북이 옆에서 나왔다. 장의가 무당에게 물으니 무당이 말하기를, "거북이(가 가는 곳)를 따라 쌓으시오"라고 하였다. 일이 결국 이루어졌다.

張儀築成都子城時, 屢築屢頹. 忽有大龜, 出于旁. 儀以問巫, 巫曰, 隨龜築之. 功果成.[155]

144.《전한서(前漢書) · 흉노전(匈奴傳)》의 내용을 재구성한 것이다.

145. 당옹(唐邕): 북제(北齊) 태원(太原) 출신으로 자가 도화(道和)이다. 상서령(尙書令)을 역임하였고 진창왕(晉昌王)에 봉해졌다.

146.《북사(北史) · 당옹전(唐邕傳)》

147. 이적(李勣: 594-669): 당(唐) 초기의 명장으로 본래 이름은 서세적(徐世勣)인데 이(李)씨 성을 하사받았다. 정관(貞觀) 3년(629)에 이정(李靖)과 함께 동돌궐을 물리치고 영국공(英國公)에 봉해졌다.

148.《신당서(新唐書) · 이적전(李勣傳)》

149.《사기(史記) · 흉노열전(匈奴列傳)》

150. 팔풍(八風): 팔방(八方)의 바람이다.《여씨춘추(呂氏春秋) · 유시(有始)》에, "何謂八風. 東北曰炎風, 東方曰滔風, 東南曰熏風, 南方曰巨風, 西南曰淒風, 西方曰飂風, 西北曰厲風, 北方曰寒風"이라고 하였다.

151.《산당사고(山堂肆考) · 지리(地理)》

152.《해록쇄사(海錄碎事) · 음악부(音樂部)》

153. 천생채(天生砦): 지금의 귀주성(貴州省) 동인현(銅仁縣)에 있던 성채이다.

154.《산당사고(山堂肆考) · 지리(地理)》

돌을 날라 고향을 지키다[수석위향(輸石衛鄕)] 송(宋)의 상유(上猶) 사람인 종정(鍾鼎)이 고종(高宗)[156] 시절에 화주(化州)의 사법참군(司法參軍)이 되었다. 고향에 돌아갔는데 마침 성을 쌓는 때를 만나자 집의 벽돌과 돌을 모두 관가(官家)로 날라 그 비용에 보탰다. 담당관이 아뢰어 칙명을 내렸으니, "훌륭한 사람이 성을 이루어 고향을 지킨다"라는 칭찬이 있었다.

宋上猶人鍾鼎, 高宗時爲化州司法參軍. 歸値建城, 盡以家之磚石, 輸官佐其費. 有司以聞賜勅, 有哲夫成城, 保衛鄕里之褒.[157]

백초성(白草城) 변방 밖에 백초성(白草城)이 있는데 고시(古詩)에, "백초성(白草城) 안에는 봄도 들어가지 못해, 국화 핀 수루(戍樓) 위에는 기러기만 항상 난다"[158]라고 하였다.

塞外有白草城, 古詩, 白草城中春不入, 黃花戍上雁長飛.[159]

천동성(千童城) 진시황(秦始皇)이 서복(徐福)[160]으로 하여금 동남동녀(童男童女) 1,000명씩을 내어 바다를 건너 봉래(蓬萊)의 신선을 찾게 하고, 성을 쌓아 동남동녀를 옮겨 살게 하고는 '관자성(丱子城)'이라고 불렀다. 다른 이름으로 '천동성(千童城)'이라 하였다.

秦始皇遣徐福, 發童男女千人, 渡海求蓬萊仙, 因築城, 僑居童男女, 號丱子城. 一名千童城.[161]

오공성(五公城) 보정부(保定府)에 있다. 한(漢) 왕담(王譚)이 왕망(王莽)을 따르지 않고 다섯 아들과 이곳에서 난리를 피했다. 광무제(光武帝)가 그의 아들 다섯을 제후로 봉하고, 그 성을 '오대부성(五大夫城)'이라 하였다.

在保定府. 漢王譚, 不從王莽, 與五子, 避難于此. 光武封其子五人爲侯, 名其城曰, 五大夫城.[162]

우승유(牛僧孺)가 벽돌을 굽다[승유도벽(僧孺陶甓)] 당(唐)나라에서 무창절도사(武昌節度使)를 두어 악성(鄂城)을 다스리고자 하였는데, 흙이 나빠서 자주 무너졌다. 여러 해 동안 증축하면서 백성들에게 띠풀을 부과하니 관리들이 이를 빌미로 백성들을 괴롭혔다. 우승유가 벽돌을 구워서 쌓자고 하여 5년 만에 일이 끝났다.

唐欲置武昌, 鎭鄂城, 土惡亟壞. 比歲增築, 賦茅于民, 吏倚以爲擾. 牛僧孺請陶甓以成, 五年工畢.[163]

고병(高騈)이 벽돌로 바꾸다[고병역전(高騈易磚)] 당(唐) 고병(高騈)이 검남서천절도사(劍南西川節度使)로 옮겨 갔는데 성도성(成都城)이 해마다 무너졌다. 고병이 벽돌로 바꾸자 성첩(城堞)이 완전하고 견고하였다. 성 뒤의 구릉(丘陵)을 모두 개간하고 고르게 하여 농사와 잠업에 편리하게 하였다. 공사를 마쳤는데 아직 성의 이름을 짓지 못하여 고병이 점을 치자 대축(大畜)괘가 나왔다. 말하기를, "축(畜)이라는 것은 '기름[양(養)]'이니 강건(剛健)함과 독실(篤實)함으로 구제하면 빛이 날마다 새로워지리니 길함이 이보다 더할 수 있겠는가. [축(畜)의] 글자에서

155. 《산당사고(山堂肆考)·지리(地理)》
156. 고종(高宗): 남송(南宋) 제1대 황제로 재위 기간은 1127-1162이다.
157. 《강서통지(江西通志)·인물(人物)》
158. 무명씨(無名氏), 〈새상곡(塞上曲)〉
159. 《산당사고(山堂肆考)·지리(地理)》
160. 서복(徐福): 진대(秦代)의 방사(方士)로 서불(徐市)이라고도 한다. 진시황에게 불사약을 구해오겠다 하고 수천 명의 동남동녀(童男童女)를 데리고 바다로 떠났다고 한다.
161. 《산당사고(山堂肆考)·지리(地理)》
162. 《산당사고(山堂肆考)·지리(地理)》의 내용을 재구성한 것이다.
163. 《산당사고(山堂肆考)·지리(地理)》에, "唐主欲于鄂州, 置武昌節度使. 鄂城, 土惡亟壞, 比歲增築, 賦茅于民, 吏倚以爲擾. 牛僧孺請陶甓以成, 五年工畢. 鄂人無復歲費"로 되어 있는 내용을 재구성한 것이다.

아래를 버리고 위를 남길 것이다"라 하고는, 이름을 '대현성(大玄城)'이라 하였다.

唐高駢, 徙劍南西川節度使, 成都城歲壞. 駢易以磚甓, 陴堞完固. 負城丘陵, 悉墾平之, 以便農桑. 訖工, 城未有名, 駢筮得大畜. 曰畜者, 養也, 濟以剛健篤實, 光輝日新, 吉孰大焉. 文宜去下存上, 因名大玄城.[164]

아리(阿利)가 흙을 찌다[아리증토(阿利蒸土)] 하국(夏國)의 군주인 혁련발발(赫連勃勃)[165]이 질간아리(叱干阿利)로 하여금 장수들을 이끌고 대장(大匠)을 동원하고 이족(夷族)과 하국(夏國) 사람 10만 명을 징발하여, 삭방(朔方)의 흑수(黑水) 남쪽에 도성을 쌓도록 하면서 말하기를, "짐이 바야흐로 천하를 통일하여 만방(萬邦)을 다스리게 되었으니 새로 쌓는 성은 '통만(統萬)'으로 이름 짓는 것이 마땅하겠다"라고 하였다. 아리(阿利)는 성격이 교활하고 잔인하여 흙을 쪄서 성을 쌓았는데, 송곳으로 한 치만 들어가도 즉시 쌓은 자를 죽이고 새로 쌓게 하였다.

夏主赫連勃勃, 以叱干阿利領將, 作大匠, 發夷夏十萬人, 築都城于朔方黑水之南曰, 朕方統一天下, 君臨萬邦, 新城宜名統萬. 阿利性巧而殘忍, 蒸土築城, 錐入一寸, 卽殺築者, 而更築之.[166]

마주성(馬走城) 《수신기(搜神記)》의 기록이다. 진(秦)나라 사람들이 무주(武州)의 변경에 성을 쌓는데, 장차 성이 완성되려고 하다가 무너진 것이 여러 차례였다. 어떤 말이 치달리면서 돌자 부노(父老)들이 이상하게 여기다가 따라가며 성을 쌓으니 성이 무너지지 않았다. 이에 '마읍(馬邑)'이라 이름을 지었다.

搜神記. 秦人建城于武州塞, 將城[167]而崩者, 數矣. 有馬馳走周旋, 父老異之, 因依以築城, 乃不崩. 遂名馬邑.[168]

삼우성(三牛城) 바로 봉양(鳳陽)의 옛 성이다. 회호(淮濠)에 물이 많아 가축을 해치므로 그것을 누른 것이다. 송(宋)의 군수(郡守)였던 매순(梅詢)이 전에 꿈을 꾸었는데, 세 마리의 소가 뜰에서 싸우고 있었다. 또 어떤 사람이 말하기를, "공(公)의 상을 보니 위로 알자(謁者)를 만날 것입니다"라고 하였다. 호주(濠州)의 태수가 되었는데 관아를 보니 세 개의 돌로 된 소가 있었다. 얼마 후 여이간(呂夷簡)이 와서 부관이 되었는데, 어렴풋이 꿈속에서 본 사람과 같았다.

卽鳳陽舊城. 淮濠多水, 災牛畜, 故以壓之. 宋郡守梅詢, 初夢三牛鬪于庭. 又有人稱相公上謁. 及得濠州, 見廨, 有三石牛. 旣而, 呂夷簡來爲倅, 恍如夢中.[169]

오양성(五羊城) 광주(廣州)에 있다. 조타(趙佗)가 쌓은 것으로 둘레가 10리이다. 전에 신선이 오색(五色)의 양을 타고, 기장 여섯 이삭을 들고 왔기 때문에 성을 오양(五羊)이라 이름 붙였다.

在廣州. 趙佗所築, 周回十里. 初有仙人, 騎五色羊, 執六穗秬而至, 故城名五羊.[170]

위관(魏罐)이 미리 알다[위관전지(魏罐前知)] 위관이 전에 광주(廣州)를 다스릴 때, 자성(子城)[171]의

---

164. 《신당서(新唐書)·반신열전(叛臣列傳)》

165. 혁련발발(赫連勃勃: ?-425): 16국(十六國) 시기에 하국(夏國)의 군주로, 자는 굴혈(屈孑)이다. 흉노(匈奴)족으로 407년에 대하국(大夏國)을 세우고 19년 동안 재위하였다.

166. 《진서재기(晉書載記)·혁련발발(赫連勃勃)》의 내용을 재구성한 것이다.

167. '城'은 '成'의 오류이다.

168. 《수신기(搜神記)》 권13에, "秦時, 築城於武州塞內, 以備胡. 城將成而崩者, 數焉. 有馬馳走周旋反復, 父老異之, 因依馬跡, 以築城, 城乃不崩. 遂名馬邑. 其故城今在朔州"로 되어 있다.

169. 송(宋) 조덕린(趙德麟), 《후청록(侯鯖錄)》 권7에는, "梅詢侍讀, 嘗從真宗東封, 因卜命於岳神, 夢三牛鬬於庭. 有稱相公通謁者. 雖異之, 而不曉其兆. 既而, 得濠梁守, 州有三石牛. 後呂許公(夷簡), 以殿中丞来倅. 詢見之, 疑若所夢謁者"로 되어 있다.

170. 《산당사고(山堂肆考)·지리(地理)》의 내용을 재구성한 것이다.

한 모퉁이가 갑자기 무너졌다. 오래된 벽돌 하나가 보이는데 "귀공(鬼工)에게 맡겨라.[위우귀공(委于鬼工)]"라는 네 글자가 있었다. 바로 '위(魏)'자였다. 공은 그 글자에 느낌을 받아 크게 쌓아 새로이 만들었다. 뒤에 그만두고 돌아왔는데 얼마 되지 않아 농지고(儂智高)172가 광주(廣州)를 침범하였는데 외성(外城)은 한 번 치자 무너졌지만 유독 자성(子城)만은 견고하여 백성들이 그 덕에 살아났다. 적이 토벌되자 조정에서는 공이 미리 알고 대비하였다고 하여 간의대부(諫議大夫)를 더하고 다시 광주(廣州)를 다스리도록 하였다.

罐初知廣州, 子城一角忽頹. 見一古磚, 有四大字, 云委于鬼工. 乃魏字也. 公感其字, 大築新之. 後罷還, 未幾, 儂智高寇廣州, 外城一擊而圮, 獨子城堅, 民賴以生. 賊平, 朝廷以公前知有備, 加諫議大夫, 再知廣州.173

주성(酒城)　주성은 소주(蘇州) 단당(壇塘)가에 있다. 전해지는 말에, 오왕(吳王) 부차(夫差)가 오자서(伍子胥)를 제사 지내던 곳으로, 제사를 지낼 때 술을 권했다고 한다. 그래서 '주(酒)'로 이름 붙여진 것이다. 다른 이름으로 '단성(壇城)'이라 한다.

酒城, 在蘇州壇塘畔. 相傳, 吳夫差祭子胥處, 臨祭勸酒. 故名酒. 一名壇城.174

치성(雉城)　남양부(南陽府)의 성 북쪽에 치성(雉城)이 있다. 진(秦) 문공(文公) 시절에 양백(陽伯)이란 사람이 두 동자(童子)를 만났는데 변하여 두 마리의 꿩이 되었고, 그 수컷은 서쪽으로 날아 진창(陳倉)175으로 가고 암컷은 동쪽으로 날아 이곳에 머물렀다. 그래서 치성(雉城)으로 이름 붙여진 것이다.

南陽府城北, 有雉城. 秦文公時, 有陽伯者,176 逢兩童子, 化爲雙雉, 其雄西飛上陳倉, 其雌東飛止此. 故名雉城.177

동산 苑囿

• 옛날에 원유(苑囿)는 반드시 동쪽에 있었으니, 동쪽은 만물이 생겨나는 곳이기 때문이다. 원(苑)은 '쌓음[온(蘊)]'이니 초목이 쌓여 있음을 말한 것이다.《설문해자(說文解字)》에, "동산에 담이 있는 것을 '유(囿)'라 하니, 유(囿)는 '있음[유(有)]'과 같다"고 하였다.

古者, 苑囿必於東方, 蓋東方, 萬物所生之地也. 苑, 蘊也, 言薪蒸所蘊積也. 說文, 苑有垣曰囿, 囿, 猶有也.178

감천원(甘泉苑)　장안성(長安城) 서쪽에 있으며 한(漢) 무제(武帝)가 만들었다. 산의 골짜기를 따라가 운양(雲陽)에까지 이르는데 380리가 된다. 서쪽으로 우부풍(右扶風)에 들어가며 둘레가 540리이다. 동산 안에 궁전과 누대 100여 곳을 세웠으니, 지작관(鳷鵲觀), 어숙원(御宿苑)이 있다.

---

171. 자성(子城): 큰 성에 속한 작은 성을 가리킨다.
172. 농지고(儂智高): 송대(宋代) 광원주(廣源州)의 남만(南蠻) 사람으로 반란을 일으켜 남천국(南天國)을 세우고 인혜황제(仁惠皇帝)라 자칭하였다. 송(宋) 인종(仁宗)에 의해 멸망하였다.
173.《산당사고(山堂肆考)·지리(地理)》
174.《강남통지(江南通志)·여지지(輿地志)》
175. 진창(陳倉): 지금의 섬서성(陝西省) 보계시(寶鷄市)이다.
176. '楊'은,《섬서통지(陝西通志)·고적(古蹟)》에는 '湯'으로 되어 있다.
177.《섬서통지(陝西通志)·고적(古蹟)》
178.《산당사고(山堂肆考)·지리(地理)》에, "古者, 苑囿必於東方. 蓋東方, 萬物所生之地也. 天子百里, 公侯八十里, 伯七十里, 子男五十里. 風俗通, 苑, 蘊也. 言薪蒸所蘊積也. 說文, 苑有垣曰囿, 囿, 猶有也"로 되어 있다.

在長安城西, 漢武所置. 緣山谷行至雲陽三百八十里. 西入右扶風, 凡周迴五百四十里. 苑中起宮殿臺閣百餘所, 有鳷鵲觀·御宿苑.[179]

방림원(芳林苑) 금릉(金陵) 동북에 있다. 오(吳)나라 때 창건되었는데, 다른 이름으로 '도화원(桃花苑)'이라 한다.

在金陵東北. 吳時創, 一名桃花苑.[180]

장주원(長洲苑) 소주(蘇州)의 태호(太湖) 북쪽 언덕에 있다. 합려(闔閭)가 사냥하던 곳이다.

在蘇州太湖北岸. 闔閭遊獵處.[181]

상림원(上林苑) 바로 진(秦)의 구원(舊苑)이다. 무제(武帝)가 개척하였는데 주변의 길이가 300리이다. 안에 이궁(離宮) 70곳이 있다.

卽秦舊苑. 武帝開, 周袤三百里. 內有離宮七十所.[182]

박망원(博望苑) 여태자(戾太子)가 관례(冠禮)를 하자, 무제(武帝)가 그를 위해 박망원(博望苑)을 지어 빈객(賓客)과 왕래하도록 하였다.

戾太子旣冠, 武帝爲築博望苑, 使通賓客.[183]

광성원(廣成苑) 남양(南陽)에 있다. 한(漢) 명제(明帝)[184]가 창건하였는데 둘레가 100여 리이다. 영제(靈帝)가 이곳에서 사냥을 겨뤘다.

在南陽. 漢明帝創, 周圍百餘里. 靈帝校獵於此.[185]

낙유원(樂遊苑) 금릉(金陵)에 있다. 진(晉)나라 때에 약원(藥園)을 만들었는데 원가(元嘉)[186] 연간에 북원(北苑)으로 삼았고 뒤에 낙유원(樂遊苑)으로 이름을 바꾸었다.

在金陵. 在晉爲藥園, 元嘉中爲北苑, 後改名樂遊苑.[187]

영곤원(靈昆苑) 후한(後漢) 영제(靈帝)[188]가 필규원(畢圭苑)과 영곤원(靈昆苑)을 만들자, 사도(司徒) 양사(楊賜)[189]가 간언(諫言)하였다.

漢靈帝, 作畢圭·靈昆苑, 司徒楊賜, 諫之.[190]

사현원(思賢苑) 한(漢) 문제(文帝)[191]가 태자를 위하여 사현원(思賢苑)을 세우고 빈객(賓客)을 초치하였다. 동산 안에 당황(堂皇)[192] 여섯 곳이 있다.

漢文帝, 爲太子立思賢苑, 以招賓客. 苑中有堂皇六所.[193]

경림원(瓊林苑) 개봉부(開封府)에 있다. 송(宋)나라 때 이곳에서 진사(進士)들에게 연회를 베푼 적이 있다.

---

179. 《합서통지(陝西通志)·고적(古蹟)》
180. 《산당사고(山堂肆考)·지리(地理)》
181. 《산당사고(山堂肆考)·지리(地理)》
182. 《산당사고(山堂肆考)·지리(地理)》의 내용을 재구성한 것이다.
183. 《전한서(前漢書)·무오자전(武五子傳)》에, "戾太子據, 元狩元年, 立爲皇太子, 年七歲矣. 初, 上年二十九, 乃得太子, 甚喜, 爲立禖, 使東方朔枚皐作禖祝. 少壯詔受公羊春秋, 又從瑕丘江公受穀梁. 及冠, 就宮上爲立博望苑, 使通賓客, 從其所好"로 되어 있는 내용을 재구성한 것이다.
184. 명제(明帝): 후한(後漢) 제2대 황제로 재위 기간은 58-75년이다.
185. 《산당사고(山堂肆考)·지리(地理)》에, "在南陽府汝州西. 漢明帝創, 周圍百餘里. 後漢靈帝光和中, 校獵於廣成. 馬融有廣成頌"으로 되어 있는 내용을 재구성한 것이다.
186. 원가(元嘉): 유송(劉宋) 문제(文帝)의 연호(424-453)이다.
187. 《산당사고(山堂肆考)·지리(地理)》의 내용을 재구성한 것이다.
188. 영제(靈帝): 후한(後漢) 제12대 황제로 재위 기간은 168-189년이다.
189. 양사(楊賜: ?-185): 후한(後漢) 홍농(弘農) 출신으로 자가 백헌(伯獻)이다. 사도(司徒), 사공(司空), 태위(太衛) 등을 역임하면서 영제(靈帝)에게 자주 간하였다. 임진후(臨晉侯)에 봉해지고 시호(謚號)는 문열공(文烈公)이다.
190. 《후한서(後漢書)·영제기(靈帝紀)》의 내용을 재구성한 것이다.
191. 문제(文帝): 전한(前漢) 제4대 황제로 재위 기간은 B.C. 179-B.C. 157년이다.
192. 당황(堂皇): '당황(堂隍)'으로도 쓰는데 넓은 전당(殿堂)을 가리킨다.
193. 《서경잡기(西京雜記)》 권3.

在開封府. 宋嘗宴進士於此.194

선춘원(宣春苑) 개봉(開封)에 있다. 송(宋)나라 사람들은 동어원(東御園)이라 부른다.

在開封. 宋人號東御園.195

방악원(芳樂苑) 금릉(金陵)에 있다. 제(齊) 동혼후(東昏侯)196가 만들었다.

在金陵. 齊東昏侯爲之.197

서원(西苑) 수(隋) 양제(煬帝)198가 지었다. 둘레는 300리이고, 그 안에 바다를 만들었는데 둘레가 10여 리이다. 바다 안에 방장(方丈), 봉래(蓬萊) 등의 여러 산을 만들었고 물이 나오는 것이 100여 장(丈)이 된다.

隋煬帝築之. 周三百里, 其內爲海, 周十餘里. 海中, 爲方丈·蓬萊諸山, 出水百餘丈.199

상재원(桑梓苑) 낙양성(洛陽城) 서쪽에 있다.

在洛陽城西.200

궁전 宮殿

- 궁(宮)은 '높음[궁(穹)]'이다. 집이 담 위로 높게 보이는 것이다.《석명(釋名)》

  宮, 穹也. 屋見於垣上穹崇然也.〈釋名〉201

- 《창힐편(蒼頡篇)》에서 말하였다. 전(殿)은 큰 집이다. 상(商)나라, 주(周)나라 이전에는 이 명칭이 기록되어 있지 않다. 《사기(史記)》를 보면, 진시황(秦始皇)이 처음으로 전전(前殿)202을 만들었다고 하였다. 채옹(蔡邕)이 말하였다. 궁궐의 문과 누각에는 금령이 있어 황제를 직접 모시는 신하가 아니면 함부로 들어갈 수 없다. 효원황후(孝元皇后)의 부친 이름이 '금(禁)'이라서 그것을 피휘하였기 때문에 '성중(省中)'이라 하였다. 안사고(顔師古)가 말하였다. 성(省)은 '살핌[찰(察)]'이니, 이 안으로 들어가려면 모두 시찰하여 함부로 들어갈 수 없음을 말한 것이다.《한서(漢書)》

  蒼頡篇曰. 殿, 大堂也. 商周以前, 其名不載. 案史記, 秦始皇始作前殿. 蔡邕云. 禁中門閣有禁, 非侍御之臣, 不能妄入. 孝元皇后父名禁, 避之, 故曰省中. 師古曰. 省, 察也, 言入此中, 皆當視察, 不可妄也.〈漢書〉203

- 선정문(宣政門) 안에 선칙전(宣勅殿)이 있는데, 동쪽으로 동상각문(東上閤門)이 있고 서쪽으로 서상각문(西上閤門)이 있다. 그래서 '액문(掖門)'이라 일컫는 것이다.《장안지(長安志)》

  宣政門內有宣勅殿, 東有東上閤門, 西有西上閤門. 故以掖稱.〈長安志〉204

- 복건(服虔)205이 말하였다. 액문(掖門)은 정문(正門) 옆의 작은 문으로 사람의 팔과 겨드랑이 같다.

194. 《산당사고(山堂肆考)·지리(地理)》에, "瓊林苑, 在開封府西鄭門外, 宋嘗宴進士於此"로 되어 있다.
195. 《산당사고(山堂肆考)·지리(地理)》에, "開封府麗景門外, 有宜春苑. 宋人號東御園"으로 되어 있다.
196. 동혼후(東昏侯): 남조(南朝) 제(齊) 제6대 황제로 재위 기간은 499-501년이다.
197. 《남제서(南齊書)·동혼후본기(東昏侯本紀)》의 내용을 재구성한 것이다.
198. 양제(煬帝): 수(隋) 제2대 황제로 재위 기간은 605-617년이다.
199. 《어정연감유함(御定淵鑑類函)·거처부(居處部)》
200. 《진서(晉書)·석륵재기(石勒載記)》
201. 《석명(釋名)·석궁실(釋宮室)》
202. 전전(前殿): 정전(正殿)의 다른 이름이다.
203. 《한서(漢書)·소제기(昭帝記)》의 주를 재구성한 것이다.
204. 《장안지(長安志)·궁실(宮室)》의 내용을 재구성한 것이다.
205. 복건(服虔): 동한(東漢)의 사학자(史學者)이다. 영양(滎陽)출신으로 자가 자신(子愼)이다. 《춘추좌씨전해(春秋左氏傳解)》를 저술하였다.

服虔曰. 掖門, 正門之旁小門, 如人臂掖也.[206]

• 단풍나무와 홰나무가 대궐을 덮었네.《하안집(何晏集)》 신(宸)은 황제가 거처하는 집이니, 신(대궐) 안에 이 나무들을 심었다는 말이다.

楓槐被宸.〈何晏集〉 宸, 帝居屋宇也, 言植此木於宸中.[207]

• 나무로 울타리를 세우고 저서관(儲胥館)을 지었네. 주(注)의 기록이다. 창루(槍壘)는 나무 창(槍)을 만들어 서로 얽어서 울타리를 만든 것이다. 저서(儲胥)는 무제(武帝)가 감천궁(甘泉宮)에 영풍관(迎風館)을 짓고, 뒤에 노한관(露寒館)과 저서관(儲胥館)의 두 건물을 더 지은 것이다.

木擁槍纍, 以爲儲胥. 注. 槍纍, 作木槍, 相纍爲柵也. 儲胥, 武帝作迎風館於甘泉宮, 後加露寒儲胥二館.[208]

• 붉은 바닥.[단지(丹地).[209]] 주(注)의 기록이다. 단사(丹砂)로 궁전의 바닥을 칠한다.

丹地. 注. 以丹淹泥塗殿上地.[210]

• 푸른 문양.[청쇄(靑瑣).[211]] 주(注)의 기록이다. 새겨서 작은 문양을 만들고 푸르게 칠한다.

靑瑣. 注. 刻爲瑣文而靑塗也.[212]

• 서청(西淸). 주(注)의 기록이다. 서쪽 낭하(廊下)의 맑고 한가로운 곳이다.

西淸. 注. 西廂淸閑處也.[213]

• 궁전은 동쪽 정성(井星)의 모양을 본뜨고, 연[하(荷)]이나 마름[릉(蔆)] 등 물에서 나는 것을 조각하는데, 불[화(火)]을 누르기 위한 것이다.《풍통속(風通俗)》

殿堂, 象東井形, 刻作荷蔆水物, 所以厭火.〈風通俗〉[214]

• 밝게 빛나는 흰 창문과 줄줄이 늘어선 동전 문양, 새벽 빛이 안으로 비치고 흐르는 햇빛이 밖에서 빛나네. 주(注)의 기록이다. 간(間)은 '창(窓)'이다. 흰색으로 칠하고 동전의 문양을 그린다.

皎皎白間, 離離列錢, 晨光內照, 流景外㷔. 注. 間, 窓也. 以白塗之, 畫以錢文.[215]

• 단문(端門)은 궁전의 정문(正門)이다. '저(宁)'라는 것은 노문(路門)[216]의 밖과 병수(屛樹)[217]의 안에서 군주가 조회를 볼 때 서 있는 곳이다. 〈곡례(曲禮)〉에 이르기를, "천자는 저(宁)에 위치하여서 있는다"라고 하였다.

端門, 殿之正門. 宁者, 謂路門之外, 屛樹之內, 人君視朝宁立之處. 曲禮曰, 天子, 當宁而立.[218]

• 궁전의 문은 쌍궐(雙闕)[219]이다. 《석명(釋名)》의 기록이다. 궐(闕)은 문의 양 옆에 있고 가운데는 비어서 길이 된다. 그래서 그 위에는 법령(法令)을 내건다. 그 모양이 우뚝하게 높고 큰 것을 본떠 '상위(象魏)'라 하였고, 사람들로 하여금 보게 하는

206. 송(宋) 양간(楊侃), 《양한박문(兩漢博聞)》 권1.
207. 《고금사문유취속집(古今事文類聚續集) · 거처부(居處部)》
208. 《고금사문유취속집(古今事文類聚續集) · 거처부(居處部)》
209. 단지(丹地): 붉게 칠한 궁전의 바닥을 가리킨다. 나아가 궁전을 나타내는 말로 쓰인다.
210. 《고금사문유취속집(古今事文類聚續集) · 거처부(居處部)》
211. 청쇄(靑瑣): 황궁의 문이나 창을 장식하던 푸른색의 문양이다. 나아가 황궁을 나타내는 말로 쓰인다.
212. 송(宋) 양간(楊侃), 《양한박문(兩漢博聞)》 권12.
213. 《고금사문유취속집(古今事文類聚續集) · 거처부(居處部)》
214. 《태평어람(太平御覽) · 거처부(居處部)》
215. 《문선(文选) · 하안(何晏) 〈경복전부(景福殿賦)〉》
216. 노문(路門): 궁전의 가장 안쪽의 문을 가리킨다.
217. 병수(屛樹): 내부가 보이지 않도록 문의 안에 세운 가리개를 가리킨다.
218. 《고금사문유취속집(古今事文類聚續集) · 거처부(居處部)》
219. 쌍궐(雙闕): 궁전이나 사당 앞의 양쪽에 있는 높은 누대를 가리킨다.

것이라 '관(觀)'이니, 상위(象魏), 궐(闕)과 함께 한 가지이면서 이름이 셋인 것이다. 문이 서로 대하여 쌍이 되기 때문에 쌍궐(雙闕)이라 이름 붙였다.
宮門, 雙闕. 釋名云. 闕在門兩旁, 中央闕然, 爲道也. 然則, 其上縣法. 象其狀巍然高大, 謂之象魏, 使人觀之, 是觀, 與象魏·闕, 一物而三名也. 以門之相對爲雙, 故名雙闕.220

• 궐(闕)은 관(觀)이다. 옛날에는 문마다 그 앞에 두 개의 관(觀)을 세워 궁문(宮門)을 표시하였다. 그 위는 머물 수 있고, 오르면 두루 볼 수 있기 때문에 관(觀)이라 하였다. 신하들이 조회를 할 때에 이곳에 이르러 자신이 빼놓은 것의 양을 기록하기 때문에 궐(闕)이라 하였다. 그 위는 붉은색의 벽이고 그 아래는 모두 구름, 신선, 기이한 새와 짐승을 그려 사방에 밝게 보인다. 창룡궐(蒼龍闕)에는 창룡(蒼龍)을 그리고, 백호(白虎)[백호궐(白虎闕)에는 백호(白虎)를 그리고, 현무궐(玄武闕)에는] 현무(玄武)를 그리고, 주작궐(朱雀闕)에는 주작(朱雀)을 그린다.《고금주(古今注)》
闕, 觀也. 古者, 每門, 樹兩觀於其前, 所以標表宮門也. 其上可居, 登之則可徧觀, 故謂之觀. 人臣將朝, 至此而書其所闕多少, 故謂之闕. 其上皆丹壁, 其下皆畫雲氣·仙靈·奇禽·怪獸, 以昭示四方焉. 蒼龍闕畫蒼龍, 白虎(闕畫白虎, 玄武闕畫)玄武, 朱雀闕畫朱雀.〈古今注〉221

• 옛날 요(堯)임금 때에는 이궁(貳宮), 휘궁(撝宮)이 있었고 탕(湯)임금 때에는 표궁(鑣宮)이 있었으며, 주대(周代)에는 호궁(蒿宮), 정궁(鄭宮), 춘궁(春宮)이 있었고 진대(秦代)에는 기년궁(蘄年宮), 신궁(信宮), 양산궁(梁山宮)이 있었다. 한대(漢代)에는 패궁(沛宮), 감천궁(甘泉宮), 용천궁(龍泉宮), 태일궁(太一宮), 사자궁(思子宮)이 있었고 후한대(後漢代)에는 남궁(南宮), 북궁(北宮), 호도궁(胡桃宮)이 있었으며 위대(魏代)에는 업궁(鄴宮)이 있었고 오대(吳代)에는 태초궁(太初宮), 소명궁(昭明宮)이 있었다. 이 모든 궁전들은 쇠를 주조하고 흙을 섞어 만들어 귀한 것으로 삼았으니, 천문(天文)에 자궁(紫宮), 문창궁(文昌宮), 오궁(五宮)이 있고, 선계(仙界)에 금옥궁(金玉宮)과 유리궁(琉璃宮)이 있는 것과 같다.
昔堯有貳宮·撝宮, 湯有鑣宮, 周有蒿宮·鄭宮·春宮, 秦有蘄年宮·信宮·梁山宮. 漢有沛宮·甘泉宮·龍泉宮·太一宮·思子宮, 後漢有南宮·北宮·胡桃宮, 魏有鄴宮, 吳有太初宮·昭明宮. 此諸宮, 皆範金合土而爲之, 以爲貴也, 亦猶天文之有紫宮·文昌, 及五宮, 神仙之有金玉·琉璃宮矣.222

호궁(蒿宮) 《대대례(大戴禮)》에서 말하였다. 주(周)나라 시절에 덕(德)의 은택이 두루 미쳐 쑥이 무성하게 컸다. 그것으로 궁전의 기둥을 만든 것을 호궁(蒿宮)이라 이름하였다.
大戴禮曰. 周時, 德澤和洽, 蒿茂大. 以爲宮柱者, 名曰蒿宮.223

오궁(梧宮) 《설원(說苑)》에서 말하였다. 초(楚)나라 사자가 제(齊)나라에 사신으로 갔는데, 제왕(齊王)이 오궁(梧宮)에서 그를 대접하였다. 사자가 말하기를, "크도다. 오동나무여!"라고 하자 제왕이 말하기를, "강해(江海)의 물고기는 배를 삼키는데, 하물며 대국의 나무이겠는가"라고 하였다.
說苑曰. 楚使使聘齊, 齊王享之梧宮. 使者曰, 大哉! 梧乎. 王曰, 江海之魚吞舟, 況大國之樹也.224, 225

미인궁(美人宮) 《월절서(越絶書)》에서 말하였다.

220. 《향당도고(鄕黨圖考)·궁실(宮室)》
221. 《고금사문유취속집(古今事文類聚續集)·거처부(居處部)》
222. 《초학기(初學記)·거처부(居處部)》
223. 《대대례(大戴禮)·명당(明堂)》

미인궁(美人宮)은 둘레가 590보(步)로 토성(土城)으로 되어 있다. 구천(句踐)이 미인 서시(西施)와 정단(鄭旦)[226]을 가르쳤던 궁실이다.

越絶書曰. 美人宮, 周五百九十步, 土城者. 句踐, 所習敎美人西施·鄭旦宮室.[227]

갈석궁(碣石宮) 《사기(史記)》에서 말하였다. 추자(騶子)[228]가 연(燕)나라에 가니, 소왕(昭王)이 비를 들고 앞서 달리며 제자(弟子)의 자리에 앉아 학업 받기를 청하였고, 갈석궁(碣石宮)을 쌓아 직접 가서 스승으로 모셨다.

史記曰. 騶子之燕, 昭王擁篲先驅, 請列弟子之座而受業, 築碣石宮, 親往師之.[229]

수산궁(首山宮) 《한서(漢書)》에서 말하였다. 무제(武帝) 6년(B.C. 135) 겨울에, 옹주(雍州)를 행차하고 돌아와 중춘(中春)에 수산궁(首山宮)을 지었다.

漢書曰. 武帝六年冬, 幸雍回, 中春作首山宮.[230]

교문궁(郊門宮) 황제가 교문궁(郊門宮)에서 신인(神人)을 제사 지내는데, 마치 자리를 향해 절하는 자가 있는 듯하였다. 교문지가(郊門之歌)를 지었다.

上祠神人于郊門宮, 若有向坐拜者. 作郊門之歌.[231]

연수궁(延壽宮) 황제가 하동(河東)을 행차한 다음해 정월에 봉황(鳳凰)이 모였다. 모인 곳에 사당을 세웠는데 옥을 얻었기 때문에 연수궁(延壽宮)을 세웠다.〈모두 같은 출전이다.〉

上幸河東之明年正月, 鳳凰集. 設祠於所集處, 得玉寶, 起延壽宮.〈竝同〉[232]

업궁(鄴宮) 《진서(晉書)》에서 말하였다. 고당륭(高堂隆)[233]이 업궁(鄴宮)의 건물 목재에 새겨 넣기를, "후에 몇 년이 지나 장차 천자가 이 궁전에 머물게 될 것이다"라고 하였다. 혜제(惠帝)[234]가 업궁(鄴宮)에 머물렀는데, 궁전을 수리하는 자가 흙이 벗겨져 다시 흙칠을 하다가 비로소 새겨진 글자를 보았다. 햇수를 계산해 보니 정확하게 맞았다.

晉書曰. 高堂隆刻鄴宮屋材云, 後若干年, 當有天子居此宮. 惠帝止鄴宮, 治屋者, 土剝更泥, 始見刻字. 計年正合.[235]

계궁(桂宮) 무제(武帝)가 계궁(桂宮)을 세웠는데 둘레가 10리(里)였다. 안에 광명전(光明殿), 주구대(走狗臺)가 있는데 여러 가지 보석의 모양으로 만들고 보석으로 장식하였다. 살핀다. 보석을 섞어 넣은 병풍(屛風)으로 보석 장막을 펼쳐 계궁(桂宮)에 설치하여 당시 사람들이 사보궁(四寶宮)이라고 하였다.

武帝起桂宮, 周匝十里. 內有光明殿·走狗臺, 爲七寶狀, 雜寶. 案. 廁寶屛風, 列寶帳, 設於桂宮, 時人謂之四寶宮.[236]

도하궁(逃夏宮) 《월절서(越絶書)》에서 말하였다.

224. '況大國之樹也'는, 《설원(說苑)·봉사(奉使)》에는 '大國之樹必巨, 使何怪焉'으로 되어 있다.
225. 《설원(說苑)·봉사(奉使)》
226. 정단(鄭旦): 춘추(春秋)시대 월(越)나라의 미인으로 월왕(越王) 구천(勾践)에 의해 서시(西施)와 함께 오왕(吳王) 부차(夫差)에게 바쳐졌다.
227. 《천중기(天中記)·도읍(都邑)》
228. 추자(騶子): 전국(戰國)시대의 음양가인 추연(騶衍: B.C. 305-B.C. 240)으로 제(齊)나라 사람이다. 음양설(陰陽說)과 오행설(五行說)을 혼합하여 음양오행설(陰陽五行說)을 제창하였다.
229. 《사기(史記)·맹자순경열전(孟子荀卿列傳)》
230. 《전한서(前漢書)·무제기(武帝紀)》
231. 《전한서(前漢書)·무제기(武帝紀)》
232. 《전한서(前漢書)·무제기(武帝紀)》
233. 고당륭(高堂隆): 삼국(三國)시대 위(魏)의 평양(平陽) 출신으로 자가 승평(升平)이다. 태사령(太史令)을 역임하였다.
234. 혜제(惠帝): 진(晉) 제2대 황제로 재위 기간은 290-306년이다.
235. 《태평어람(太平御覽)·황왕부(皇王部)·서진혜황제(西晉惠皇帝)》
236. 《장안지(長安志)·궁실(宮室)》과 《태평어람(太平御覽)·거처부(居處部)》의 기록을 조합하여 재구성한 것이다.

지금의 태수(太守) 관사(官舍)에는 춘신군(春申君)[237]이 지은 후전(後殿)의 집이 있는데 도하궁(逃夏宮)이라고 한다.

越絶書曰. 今太守舍, 有春申君所造後殿屋, 以爲逃夏宮.[238]

집령궁(集靈宮) 한(漢) 무제(武帝)가 오악(五岳)을 순수하는데, 제사를 잘 갖추었기 때문에 그 아래에 궁을 세우고 집령궁(集靈宮)이라 하였다.

漢武帝巡省五岳, 禋祀豐備, 故立宮其下, 號曰集靈宮.[239]

양덕궁(養德宮) 조왕(趙王) 여의(如意)의 궁 이름이다.

趙王如意宮號也.[240]

미앙궁(未央宮) 고조(高祖) 7년에 소하(蕭何)[241]가 미앙궁(未央宮)을 만들면서, 동궐(東闕), 북궐(北闕), 정전(正殿), 무고(武庫), 태창(太倉)을 세웠다. 황제가 장대하고 화려함을 보고 심하게 화를 내면서 소하에게 말하기를, "천하가 흉흉한데 어찌 궁실(宮室)을 짓는 것을 도에 넘치게 하는가?"라고 하자 소하가 대답하기를, "장대하고 화려함이 아니면, 위엄을 중후하게 할 수 없습니다"라고 하였다.

高祖七年, 蕭何治未央宮, 立東闕·北闕·前殿·武庫·太倉. 上見壯麗, 甚怒謂何曰, 天下洶洶, 何治宮室過度也. 何曰, 非壯麗, 無以重威.[242]

미앙궁(未央宮)에는 승명전(承明殿)이 있는데, 바로 글을 짓는 곳이다.

未央宮有承明殿, 卽著作之所.[243]

정전에 술자리를 마련하다[치주전전(置酒前殿)] 한(漢) 고조(高祖)가 정전에 술자리를 마련하고 옥잔을 받들어 태상황(太上皇)[244]을 위하여 궁전 위에서 축수를 하자 군신(群臣)들이 모두 만세(萬歲)를 불렀다.

漢高祖, 置酒前殿, 奉玉巵, 爲太上皇壽殿上, 群臣皆呼萬歲.[245]

장양궁(長楊宮) 장양궁(長楊宮)은 본래 진(秦)나라의 옛 궁전이다. 한(漢)나라 때 수리하여 임금의 행차에 대비하였는데, 수양버들 몇 무(畝)가 있어서 궁전의 이름으로 삼았다. 문에 '사웅관(射熊觀)'이라 씌어 있는데 진한(秦漢)시대의 사냥하던 곳이다. 성제(成帝)[246]가 장양궁에 행차하여 호객(胡客)을 따라 크게 사냥을 겨루었다.

長楊宮, 本秦舊宮. 漢修飾之, 以備行幸, 有垂楊數畝, 因爲宮名. 門曰, 射熊觀, 秦漢遊獵之所也. 成帝行幸長楊宮, 從胡客, 大校獵.[247]

감천궁(甘泉宮) 진시황(秦始皇)이 지었고, 한(漢) 무제(武帝)가 넓혔다. 둘레는 19리이다.

始皇作, 漢武廣之. 周十九里.[248]

건장궁(建章宮) 무제(武帝) 태초(太初) 원년(元年:

237. 춘신군(春申君: ?-B.C. 238): 전국(戰國)시대 초(楚)의 공자로 이름은 황헐(黃歇)이다. 제(齊)의 맹상군(孟嘗君), 위(魏)의 신릉군(信陵君), 조(趙)의 평원군(平原君)과 더불어 전국(戰國)시대 사공자(四公子)로 일컬어진다.
238. 《월절서(越絶書)·외전기오지전(外傳記吳地傳)》
239. 《산당사고(山堂肆考)·궁실(宮室)》
240. 《백공육첩(白孔六帖)·궁전(宮殿)》
241. 소하(蕭何: ?-B.C. 193): 유방(劉邦)을 도와 전한(前漢)을 세운 개국공신이다.
242. 《사기(史記)·고조본기(高祖本紀)》에, "蕭丞相營作未央宮, 立東闕·北闕·前殿·武庫·太倉, 高祖還見宮闕壯甚, 怒謂蕭何曰, 天下匈匈, 苦戰數歲, 成敗未可知. 是何治宮室過度也. 蕭何曰, 天下方未定, 故可因遂就宮室. 且夫天子以四海爲家, 非壯麗無以重威, 且無令後世有以加也"로 되어 있다.
243. 《역대제왕댁경기(歷代帝王宅京記)·관중(關中)》
244. 태상황(太上皇): 황제의 부친(父親)을 높여 부르는 칭호이다.
245. 《전한서(前漢書)·고제기(高帝紀)》
246. 성제(成帝): 전한(前漢) 제10대 황제로 재위 기간은 B.C. 32-B.C. 8년이다.
247. 《삼보황도(三輔黃圖)·궁(宮)》

B.C. 96)인 을유년(乙酉年)에 백량대(柏梁臺)에 화재가 나자 이에 건장궁(建章宮)을 지었다. 규모는 천 개의 문(門)과 만 개의 호(戶)이고, 정전(正殿)의 규모는 미앙궁(未央宮)보다 높았다. 동쪽은 봉궐(鳳闕)로 높이가 20여 장(丈)이고, 서쪽은 당중지(唐中池)와 수십 리에 이르는 호랑이 우리였으며, 북쪽에는 큰 연못을 만들었고 점대(漸臺)는 높이가 20여 장(丈)이 되었는데, 이름을 태액지(太液池)라고 하였다. 그 안에 봉래(蓬萊), 방장(方丈), 영주(瀛洲)를 두고 바다 가운데의 신선(神仙), 거북이, 물고기 등을 본떴다. 남쪽에는 옥당(玉堂), 벽문(璧門) 등이 있고, 정간루(井幹樓)를 세웠는데 높이가 50장(丈)이었고 수레의 길이 서로 이어져 있다.

武帝太初元年乙酉, 栢梁災, 於是作建章宮. 度爲千門萬戶, 前殿度高未央. 其東則鳳闕, 高二十餘丈, 其西則商[249]中, 數十里虎圈. 其北治大池, 漸臺高二十餘丈, 名曰太液池. 中有蓬萊·方丈·瀛洲, 象海中神仙·龜魚之屬. 其南有玉堂·璧門之屬, 立井幹樓, 高五十丈, 輦道相屬焉.[250]

장신궁(長信宮) 한(漢) 태후(太后)의 궁전이다. 다른 이름으로 장락궁(長樂宮)이라 하였다.

漢太后之宮也. 又名長樂宮.[251]

장추궁(長秋宮) 명제(明帝) 시절에 세워졌는데, 황후(皇后)가 거처하는 궁이다. 가을[추(秋)]이라는 것은 만물이 성숙하는 처음이다. 그래서 붙여진 이름이다.

明帝時建, 皇后所居之宮. 秋者, 萬物成熟之初. 故名.[252]

금마문(金馬門) 금마문(金馬門)은 환관들의 관서로 미앙궁(未央宮)에 있다. 한(漢) 무제(武帝)가 대원(大宛)의 말을 얻고 동(銅)으로 주조하여 문 앞에 세운 까닭으로 이름을 삼은 것이다.

金馬門, 宦者署也, 在未央宮. 漢武得大宛馬, 以銅鑄成, 立於門, 因以爲名.[253]

화인궁(化人宮) 주(周) 목왕(穆王)[254] 시절에 서쪽 호(胡)에서 화인(化人)[255]이 왔었다. 목왕이 화인(化人)의 소매를 잡고 올라 하늘에 이르니, 바로 화인(化人)이 사는 궁전이었는데, 금은(金銀)으로 지어졌고 주옥(珠玉)으로 둘러싸여 있었다.

周穆王時, 西胡有化人來. 王執化人袪, 騰而上天, 乃卽化人之宮, 搆以金銀, 絡以珠玉.[256]

난지궁(蘭池宮) 시황제(始皇帝)가 미행(微行)에 나서 무사(武士) 네 명과 함께 나갔다. 밤에 나서서 난지궁(蘭池宮)에 이르렀다가 도둑을 만나 곤궁에

---

248. 출전이 자세하지 않다.
249. '商'은, 《사기(史記) · 효무본기(孝武本紀)》에는 '唐'으로 되어 있다.
250. 《사기(史記) · 효무본기(孝武本紀)》의 내용을 재구성한 것이다.
251. 《고금사문유취속집(古今事文類聚續集) · 거처부(居處部)》
252. 《산당사고(山堂肆考) · 지리(地理)》에, "東漢明帝永平三年春, 有司奏立長秋宮. 注曰, 皇后所居之宮也. 長, 久也, 秋者, 萬物成熟之初也"로 되어 있는 내용을 재구성한 것이다.
253. 《산당사고(山堂肆考) · 궁실(宮室)》
254. 목왕(穆王): 서주(西周) 제5대 황제로 이름은 희만(姬滿)이다. 서북지방을 개척할 때의 행적이 《목천자전(穆天子傳)》에 기록되어 전해진다.
255. 화인(化人): 도술을 가지고 있는 사람을 가리킨다.
256. 《열자(列子) · 주목왕(周穆王)》에, "周穆王時, 西極之國, 有化人來, 入水火, 貫金石, 反山川, 移城邑, 乘虛不墜, 觸實不硋. 千變萬化, 不可窮極. 旣已變物之形, 又且易人之慮. 穆王敬之若神, 事之若君. 推路寢以居之, 引三牲以進之, 選女樂以娛之. 化人以爲王之宮室卑陋而不可處, 王之廚饌腥螻而不可饗, 王之嬪御羶惡而不可親. 穆王乃爲之改築. 土木之功. 赭堊之色, 無遺巧焉. 五府爲虛, 而台始成. 其高千仞, 臨終南之上, 號曰中天之台. 簡鄭·衛之處子娥媌靡曼者, 離芳澤, 正蛾眉, 設笄珥, 衣阿錫. 曳齊紈. 粉白黛黑, 珮玉環. 雜芷若以滿之, 奏承云·六瑩·九韶·晨露以樂之. 日月獻玉衣, 旦旦薦玉食. 化人猶不舍然, 不得已而臨之. 居亡幾何, 謁王同遊. 王執化人之袪, 騰而上看中天迺止. 暨及化人之宮. 化人之宮, 構以金銀, 絡以珠玉"으로 되어 있는 내용을 재구성한 것이다.

처했는데 무사들이 도둑을 쳐서 죽였다.

始皇微行, 與武士四人俱. 夜出至蘭池宮, 逢盜見窘, 武士擊殺盜.[257]

구성궁(九成宮) 본래 수(隋)나라의 인수궁(仁壽宮)이었는데, 당(唐) 태종(太宗)이 수리하여 더위를 피했다.

本隋仁壽宮, 唐太宗, 修而避暑.[258]

강진궁(降眞宮) 송(宋) 태종(太宗)[259]이 사인(舍人) 왕구종(王龜從)[260]으로 하여금 종남산(終南山) 아래에 궁을 짓도록 하였는데, 진군(眞君)[261]이 홀연 내려와 말하기를, "이곳은 옥황상제의 궁궐을 지을 곳이니 바꾸면 안 된다"라고 하였다. 3년 만에 궁이 완성되어, '상청태평궁(上淸太平宮)'이라 이름하였다.

宋太宗, 遣舍人王龜從, 就終南山下築宮, 眞君忽降曰, 此地, 乃建上帝宮闕之地, 不可易也. 凡三年, 宮乃成, 題曰上淸太平宮.[262]

인수궁(仁壽宮) 수(隋) 문제(文帝)가 기주(岐州)의 북쪽에 인수궁(仁壽宮)을 세우면서 양소(楊素)[263]로 하여금 감독하게 하였다. 이에 산을 뭉개어 골짜기를 메우고 궁전과 높은 누대, 층을 이룬 정자를 세웠는데 구불구불 서로 이어졌다.

隋文帝, 營仁壽宮於岐州之北, 使楊素監之. 於是, 夷山堙谷, 以立宮殿·崇臺·累榭, 宛轉相屬.[264]

현인궁(顯仁宮) 수(隋) 양제(煬帝)가 우문개(宇文愷)[265]와 봉덕이(封德彝)[266]에게 명하여 현인궁(顯仁宮)을 짓는데, 양자강 이남과 오령(五嶺)의 이북에 이르기까지 기이한 목재, 특이한 돌을 발굴해서 낙양(洛陽)으로 옮기게 하였다. 또 천하의 아름다운 나무, 기이한 풀, 진귀한 새, 괴이한 짐승을 구하여 동산을 채우도록 하였다.

隋煬帝, 勅宇文愷·封德彝, 營顯仁宮, 發大江之南·五嶺以北, 奇材·異石, 輸之洛陽. 又求海內嘉木·異草·珍禽·怪獸, 以實苑囿.[267]

옥화궁(玉華宮) 당(唐) 정관(貞觀)[268] 연간에 옥화궁(玉華宮)을 짓는데, 검약(儉約)에 힘쓰도록 하여 침전(寢殿)에만 기와를 덮었다.

唐貞觀中, 營玉華宮, 務爲儉約, 惟寢殿覆瓦.[269]

오작궁(五柞宮) 한(漢) 무제(武帝)가 주옥현(盩厔縣)에 오작궁(五柞宮)을 지었다. 궁궐 안에 떡갈나무 다섯 그루가 있는데 나무의 그늘이 몇 리를 덮었다.

武帝作五柞宮於盩厔縣. 宮有五柞, 樹蔭數里.[270]

철주궁(鐵柱宮) 강서성(江西省) 성 안에 있다. 궁

257.《사기(史記)·진시황본기(秦始皇本紀)》

258.《구당서(舊唐書)·지리지(地理誌)》에, "太宗改仁壽宮, 爲九成宮"이라는 기록이 있다.

259. 태종(太宗): 송(宋) 제2대 황제로 재위 기간은 976-997년이다.

260. 왕구종(王龜從): 내력이 자세하지 않다.

261. 진군(眞君): 도교(道敎)에서 신선(神仙), 혹은 도를 깨우친 사람을 가리킨다.

262. 송(宋) 이유(李攸),《송조사실(宋朝事實·도석(道釋)》

263. 양소(楊素: ?-606): 수(隋)나라의 정치가이자 군사가로 자가 처도(處道)이다. 수(隋) 문제(文帝) 양견(楊堅)을 도와 천하를 평정하였다. 양제(煬帝) 때에 사도(司徒)에 오르고 초국공(楚國公)에 봉해졌다.

264.《수서(隋書)·식화지(食貨志)》

265. 우문개(宇文愷: 555-612): 수대(隋代)의 건축가로 자가 안락(安樂)이다. 대흥성(大興城), 낙양신성(洛陽新城), 문헌황후릉(文獻皇后陵) 등을 축조하였고《동도도기(東都圖記)》,《명당도의(明堂圖議)》등을 저술하였다.

266. 봉덕이(封德彝): 내력이 자세하지 않다.

267.《산당사고(山堂肆考)·궁실(宮室)》

268. 정관(貞觀): 당(唐) 태종(太宗)의 연호(627-649)이다.

269.《산당사고(山堂肆考)·궁실(宮室)》

270.《산당사고(山堂肆考)·궁실(宮室)》에는, "漢武帝後元三年, 幸盩厔縣五柞宮. 宮有五柞, 樹蔭數里, 故名"으로 되어 있다.

전 앞에 샘물이 있는데 검은색이고 그 깊이를 헤아릴 수 없으며 양자강의 물과 줄어들고 늘어나는 것을 함께하였다. 쇠기둥이 그 가운데에 서 있는데 전해지는 말에, 진(晉)의 허정양(許旌陽)이 주조한 것으로, 교룡(蛟龍)의 피해를 그치게 하는 것이라고 한다.

在江西省城內. 宮前有井水, 黑色, 其深莫測, 與江水相消長. 鐵柱立其中, 相傳, 晉許旌陽所鑄, 以息蛟害者.[271]

비산궁(飛山宮) 정관(貞觀) 11년에 비산궁(飛山宮)을 지었는데, 위징(魏徵)[272]이 상소하기를, "마땅히 높은 집을 철거하고 낮은 궁전에 편안해야 합니다. 만약 어지러움으로 어지러움을 바꾼다면 재앙과 허물이 반드시 이를 것입니다"라고 하였다.

貞觀十一年, 作飛山宮, 魏徵上疏曰, 宜撤其峻宇, 安於卑宮. 若以亂易亂, 殃咎必至.[273]

온천궁(溫泉宮) 여산(驪山)의 북쪽에 있다. 정관(貞觀) 8년(634년)에 세웠고 천보(天寶)[274] 6년(747년)에 화청궁(華淸宮)이라고 바꿨다.

在驪山之北. 貞觀八年建, 天寶六載, 改爲華淸宮.[275]

흥경궁(興慶宮) 서안부(西安府) 당남(唐南)의 안에 있다. 문태전(文泰殿), 남훈전(南薰殿), 대동전(大同殿) 등이 있다.

在西安府唐南內也. 有文泰 · 南薰 · 大同等殿.[276]

상양궁(上陽宮) 하남부(河南府) 궐향현(闕鄕縣)에 있다. 수(隋)나라 시절에 세워졌다.

在河南府闕鄕縣. 隋時建.[277]

태화궁(太和宮) 서안부(西安府) 남산(南山) 위에 있다. 당(唐) 고조(高祖)가 세웠고 태종(太宗)이 취미궁(翠微宮)이라고 바꿨다. 내부에 함풍전(含風殿)이 있다.

在西安府南山上. 唐高祖建, 太宗改曰, 翠微. 內有含風殿.[278]

자극궁(紫極宮) 회안부(淮安府)에 있다. 희령(熙寧)[279] 연간에 양걸(楊傑)이 기문(記文)을 지었다. 일찍이 신선이 와서 놀다가 벽에 시를 썼는데, 필적이 스며들어 깎아도 없어지지 않는다고 한다. 또 이공린(李公獜)의 그림이 있는데, 원숭이가 말을 놀려 말이 놀라자 마부가 채찍질하는 것으로, 당시에 특별한 솜씨로 일컬어졌다.

在淮安府. 熙寧中, 楊傑作記. 嘗有神仙來遊, 題詩於壁, 筆跡漬入, 刮之不滅. 又有李公獜畫, 猴戲馬, 馬驚而圉人鞭之, 時稱爲奇筆.[280]

세요궁(細腰宮) 무산현(巫山縣)에 있다. 초(楚) 양왕(襄王)이 놀던 곳이다. 혹은 말하기를, "장왕(莊王)이 세웠다"라고도 한다.

在巫山縣. 楚襄王所遊之地. 或曰, 莊王建.[281]

자녕궁(慈寧宮) 소흥(紹興)[282] 9년 의성태후(議成

271.《산당사고(山堂肆考) · 궁실(宮室)》

272. 위징(魏徵: 580-643): 당초(唐初)의 정치가로 자가 현성(玄成)이다. 당(唐) 태종(太宗) 시기에 간의대부(諫議大夫), 비서감(秘書監), 시중(侍中) 등의 벼슬을 역임하였다. 그의 주장은《정관정요(貞觀政要)》에 실려 있고《군서치요(群書治要)》를 주편하였다.

273.《자치통감(資治通鑑) · 당기(唐紀)》

274. 천보(天寶): 당(唐) 현종(玄宗)의 연호(742-756)이다.

275.《장안지(長安志) · 임동현(臨潼縣)》

276.《산당사고(山堂肆考) · 궁실(宮室)》에는, "宮在西安府東南五里唐南內也. 玄宗建. 內有文泰 · 南薰 · 大同等殿"으로 되어 있다.

277.《산당사고(山堂肆考) · 궁실(宮室)》의 내용을 재구성한 것이다.

278.《구당서(舊唐書) · 고조본기(高祖本紀)》

279. 희령(熙寧): 북송(北宋) 신종(神宗)의 연호(1068-1077)이다.

280.《산당사고(山堂肆考) · 궁실(宮室)》

281.《산당사고(山堂肆考) · 궁실(宮室)》

太后)와 결혼할 약속이 있자, 고종(高宗)[283]이 미리 이 궁전을 지었다.

紹興九年, 和議成太后有歸期, 高宗預作此宮.[284]

덕수궁(德壽宮) 소흥(紹興) 말엽에 세워졌다. 고종(高宗)이 효종(孝宗)에게 제위를 전하고 물러나 이곳에 머물렀다. 효종(孝宗)이 광종(光宗)에게 제위를 전하고 중화궁(重華宮)이라고 바꾸었으며, 광종(光宗)이 영종(寧宗)에게 제위를 전하고 다시 수강궁(壽康宮)이라고 바꾸었다.

紹興末建. 高宗傳位孝宗, 退處於此. 孝宗傳位光宗, 改曰重華, 光宗傳位寧宗, 又改曰壽康.[285]

영광전(靈光殿) 한(漢) 경제(景帝)[286]의 아들 노공왕(魯恭王) 유여(劉餘)가 세운 것이다. 노공왕은 궁전 짓기를 좋아하였는데, 노(魯) 희공(僖公)이 다져 놓은 기초를 따라 건설하였다. 한(漢)나라가 중간에 미약해져 미앙(未央), 건장(建章) 등의 궁전들이 모두 무너졌는데, 영광전(靈光殿)만이 우뚝하게 홀로 남아 있었다.

漢景帝子魯恭王餘所立也. 王好治宮室, 因魯僖基兆而營焉. 遭漢中微, 未央·建章之殿, 皆隳壞, 而靈光巋然獨存.[287]

금란전(金鑾殿) 한림원(翰林院)은 금중(禁中)에 있는데, 군주가 평소에 거처하는 곳이다. 옥당(玉堂), 승명(承明), 금란(金鑾)의 세 궁전이 모두 그 사이에 있다. 당(唐) 현종(玄宗)이 이곳에서 이백(李白)을 불러서 만났다.

翰林院在禁中, 乃人主燕居之所. 玉堂·承明·金鑾三殿, 皆在其間. 唐玄宗召見李白於此.[288]

매량전(梅梁殿) 진(晉) 사안(謝安)[289]이 새로운 궁을 만들면서, 전각(殿閣)을 세우는데 들보 하나가 부족하였다. 그때 매화나무가 흘러와 석두성(石頭城) 아래에 이르자, 가져다가 들보로 썼다. 전각이 완성되자 그 위에 매화를 그려 상서로움을 드러내었다.

晉謝安, 作新宮, 造殿少一梁. 時有梅木, 流至石頭城下, 因取爲梁. 及殿成, 乃畫梅花於上以表瑞也.[290]

장주전(樟柱殿) 진(陳) 고조(高祖)[291]가 태극전(太極殿)을 짓는데, 기둥 하나가 부족하였다. 갑자기 크기가 10아름이 되고 길이가 4장(丈) 남짓이나 되는 녹나무가 도가(陶家)의 물가로 저절로 떠내려 왔다. 마침내 가져다 궁전을 지었다.

陳高祖, 作太極殿, 少一柱. 忽有樟木, 大十圍長四丈餘, 自流於陶家渚. 遂取以造殿.[292]

자신전(紫宸殿) 한(漢)의 정전(正殿)이고 주(周)나라의 노침(路寢)이다. 천자가 만국에 연회를 베풀고 제후들의 조회를 받는 곳이다.

漢之前殿, 周之路寢. 天子所以饗萬國, 朝諸侯.[293]

피향전(披香殿) 당(唐) 소세장(蘇世長)[294]이 피향전(披香殿)에서 황제를 모시고 연회를 하는데, 술이

---

282. 소흥(紹興): 남송(南宋) 고종(高宗)의 연호(1131-1162)이다.
283. 고종(高宗): 남송(南宋) 제1대 황제로 재위 기간은 1127-1162년이다.
284. 《산당사고(山堂肆考)·궁실(宮室)》
285. 《산당사고(山堂肆考)·궁실(宮室)》
286. 경제(景帝): 전한(前漢) 제5대 황제로 재위 기간은 B.C. 156-B.C. 141년이다.
287. 《문선(文選)·노영광전부(魯靈光殿賦)》의 장재(張載) 주에, "昔魯僖公, 使大夫公子奚斯, 上新姜嫄之廟, 下治文公之宮. 故曰, 遂因魯僖基兆而營焉"이라고 하였다.
288. 《산당사고(山堂肆考)·궁실(宮室)》
289. 사안(謝安: 320-385): 동진(東晉)의 문학가이자 군사가로 자가 안석(安石)이다. 효무제(孝武帝) 시기에 승상을 역임하였다.
290. 당(唐) 허숭(許嵩), 《건강실록(建康實錄)·진(晉)》의 내용을 재구성한 것이다.
291. 진(陳) 고조(高祖): 진(陳) 제1대 황제로 재위 기간은 557-559년이다.
292. 《건강실록(建康實錄)·진(陳)》
293. 《당회요(唐會要)·대명궁(大明宮)》

오르자 진언하기를, "이 궁전은 양제(煬帝)가 지은 것인가요? 어쩌면 이렇게 조각이 아름다울까요?"라고 하였다. 고조(高祖)가 말하기를, "경(卿)의 간언은 솔직한 듯하지만 거짓되었소. 어찌 이 궁전을 내가 지은 것이라는 것을 모르고 양제(煬帝)라 한단 말이오?"라고 하자 대답하기를, "신에게는 그저 옥으로 된 궁전과 구슬로 된 누대가 보일 뿐이니, 천명을 받은 성인이 만들 것이 아닙니다"라고 하였다. 황제가 그의 말을 귀중하게 여겼다.

唐蘇世長, 侍宴披香殿, 酒酣, 進言曰, 此煬帝作耶. 何彫麗如此. 高祖曰, 卿諫似直然詐也. 豈不知此殿我所營, 乃云煬帝耶. 對曰. 臣但見瓊宮瑤臺, 非受命聖人所爲者. 帝重其言.295

연영전(延英殿) 당(唐)의 연영전(延英殿)은 선정전(宣政殿)의 동쪽에 있는데, 재상(宰相)이 일을 아뢰는 곳이다. 헌종(憲宗)296 시절에 이강(李絳)297이 한여름에 연영전(延英殿)에서 황제를 대하고 있었는데, 황제가 땀이 나서 옷이 젖었다. 이강이 물러나려 하자 황제가 말하기를, "경과 천하의 일을 논의하고 싶으니, 이것이 나의 즐거움이오"라고 하였다. 또 문종(文宗)298도 다스림에 주의를 기울여 매번 연영전(延英殿)에서 재상들을 면대하였는데 대개 물시계가 11각(刻)이나 떨어지곤 하였다.299

唐延英殿, 在宣政殿之東, 乃宰相啓事之所. 憲宗朝, 李絳當盛夏, 對延英殿, 帝汗浹衣. 絳欲趨出, 帝曰, 欲與卿講天下事, 乃其樂也. 又文宗, 鋭意於治, 每延英對宰臣, 率漏下十一刻.300

숭란각(崇蘭閣) 한(漢) 무제(武帝)가 탄생하기 전에, 경제(景帝)301가 꿈을 꾸었는데 붉은 돼지 한 마리가 구름 속에서 곧장 내려와 숭란각(崇蘭閣)으로 들어가는 꿈이었다. 경제가 잠을 깨어 궁전에 앉아 있는데, 과연 안개와 같은 붉은 기운이 내려와 창문을 덮는 것이 보이고, 멀리 바라보니 위에 붉은 노을이 무성하게 일었다. 이에 숭란각(崇蘭閣)을 의란전(猗蘭殿)이라고 바꿨는데, 후에 황후(皇后)가 여기에서 무제(武帝)를 낳았다.

漢武帝, 未誕之時, 景帝夢, 一赤彘從雲中直下, 入崇蘭閣. 帝覺而坐於閣上, 果見赤氣如烟霧來, 蔽戶牖, 望上有丹霞蓊鬱而起. 乃改崇蘭閣爲猗蘭殿, 後王夫人, 誕武帝於此.302

옹화전(雍和殿) 당(唐) 선종(宣宗)303이 형제들과 화목하여, 십육택(十六宅)304에 옹화전(雍和殿)을 짓고 자주 행차하여 술자리를 베풀고 즐거움을 누렸다.

唐宣宗, 敦睦兄弟, 作雍和殿於十六宅, 數臨幸, 置酒作樂.305

황성의 도랑에서 흘러온 나뭇잎[어구류엽(御溝流葉)]

294. 소세장(蘇世長): 당(唐) 경조(京兆) 출신으로 간의대부(諫議大夫)를 역임하였다.

295. 《구당서(舊唐書)·소세장열전(蘇世長列傳)》에, "嘗引之於披香殿, 世長酒酣, 奏曰, 此殿隋煬帝所作耶. 是何雕麗之若此也. 高祖曰, 卿好諫, 似直其心, 實詐. 豈不知此殿是吾所造. 何須設詭疑, 而言煬帝乎. 對曰, 臣實不知, 但見傾宮鹿臺瑠璃之瓦, 並非受命帝王愛民節用之所爲也"로 되어 있는 내용을 재구성한 것이다.

296. 헌종(憲宗): 당(唐) 제13대 황제로 재위 기간은 806-820년이다.

297. 이강(李絳: 764-830): 당(唐) 조군(趙郡) 출신으로 자가 심지(深之)이다. 헌종(憲宗) 시절에 중서시랑(中書侍郎), 동중서문하평장사(同中書門下平章事)를 역임하였다.

298. 문종(文宗): 당(唐) 제16대 황제로 재위 기간은 826-840년이다.

299. 물시계[루각(漏刻)]의 100각(刻)에서 11각(刻)이 남은 시간을 가리킨다.

300. 《구당서(舊唐書·문종본기(文宗本紀)》

301. 경제(景帝): 전한(前漢) 제5대 황제로 재위 기간은 B.C. 156-B.C. 141년이다.

302. 《산당사고(山堂肆考)·궁실(宮室)》

303. 선종(宣宗): 당(唐) 제18대 황제로 재위 기간은 847-858년이다.

304. 십륙택(十六宅): 당말에 여러 왕자들이 함께 살던 저택이다.

305. 《산당사고(山堂肆考)·궁실(宮室)》

고황(顧況)306이 낙양(洛陽)에 있을 때 한가함을 틈타 동산을 거닐다가 물 위에서 큰 오동잎을 주웠는데 다음과 같은 시가 있었다. "한 번 깊은 궁중에 들어오니, 해마다 봄을 만나지 못하네. 그저 한 조각 잎에 시를 적어, 다정한 사람에게 부치노라." 다음날 상류에 또 시가 적힌 은행나무 잎이 물결 가운데에 떠 있는데, 시의 내용은 다음과 같았다. "깊은 궁궐에 꽃이 지니 앵무새도 슬퍼하고, 상양궁(上陽宮)의 궁녀도 애가 끊는구나. 황성에서 물이 동으로 흐르는 것을 막지 않아, 나뭇잎에 시를 적지만 누구에게 보내는 것인가." 뒤에 어떤 나그네가 동산에서 봄을 즐기다가, 또 은행나무 잎에 다음과 같은 시를 얻었다. "잎 하나에 시를 적어 황성에서 내보내지만, 누가 화답을 하겠는가, 그리움만 머금을 뿐. 물결 위의 나뭇잎을 따르지 못함을 홀로 탄식하니, 마음껏 봄을 즐김을 다음 기회에나 얻을 것인가."

顧況在洛, 乘閑遊苑中, 水上得大桐葉, 有詩曰. 一入深宮去, 年年不見春. 聊題一片葉, 寄與有情人. 明日於上游, 亦題杏葉, 泛之波中曰. 花落深宮鶯亦悲, 上陽宮女斷腸時. 帝城不禁東流水, 葉上題詩寄與誰. 後有客尋春苑中, 又於杏葉上得詩云. 一葉題詩出帝城, 誰人酬和獨含情. 自嗟不及波中葉, 蕩漾尋春取次行.

당(唐) 희종(僖宗)307 시절에 우우(于祐)라는 사람이 저녁나절 황성의 도랑을 걷다가 붉은 나뭇잎 하나를 주웠는데, 그 위에 다음과 같은 시가 있었다. "흐르는 물은 어찌 저리 급한가. 깊은 궁궐에서는 하루 종일 한가로운데. 남몰래 붉은 나뭇잎을 보내니, 사람들 사는 곳으로 잘 갔으면." 우우가 답으로 시를 썼는데 다음과 같다. "일찍이 나뭇잎에 붉은 원망(怨望)을 쓴다고 들었더니, 나뭇잎에 시를 써서 누구에게 부치려나." 우우가 나중에 한씨(韓氏) 성의 한 궁녀(宮女)를 아내로 맞이했는데, 우우의 책 상자 안에서 붉은 나뭇잎을 보고 놀라 말하기를, "이것은 제가 지은 것입니다. 저도 물 가운데에서 또한 붉은 나뭇잎을 주웠었지요"라고 하는데 바로 우우가 쓴 시였다. 이에 서로 마주보고 감탄하면서 말하기를, "일이 어찌 우연이겠소. 예전에 정해지지 않은 것이 없구려"라고 하였다.

唐僖宗時, 有于祐, 晩步禁溝, 拾一紅葉, 上有詩云. 流水何太急, 深宮盡日閑. 殷勤寄紅葉, 好去到人間. 祐復題云. 曾聞葉上題紅怨, 葉上題詩寄與誰. 祐後娶一宮人韓氏, 於祐書笥中, 見一紅葉, 驚曰, 此吾所作, 吾水中亦得紅葉, 卽祐所題詩. 於是相對感歎曰, 事豈偶然. 莫非前定也.

전포(戰袍)에서 시(詩)를 얻다[전포득시(戰袍得詩)]

개원(開元)308 연간에 장군(將軍)과 병사(兵士), 대부(大夫)들에게 솜옷을 하사하였는데, 궁중에서 만든 것이었다. 한 병사(兵士)가 짧은 전포(戰袍)에서 시를 얻었는데, 다음과 같았다. "전쟁터에서 싸우고 지키는 이여, 추위와 고통 속에 그대는 잠들겠지. 전포(戰袍)를 손으로 직접 짓지만, 누구에게 갈지를 알겠는가. 마음 기울여 바느질을 더욱 꼼꼼히 하고, 정을 담아 다시 솜을 두네. 금생(今生)은 이미 지나갔으니, 다시 후생의 인연을 맺으리." 병사가 시를 장수에게 아뢰니 (장수는) 명황(明皇)309에게 바쳤다. (명황이) 시를 궁중에 두루 보이면서 말하기를, "시를 지은 자는 숨기지 마라. 너희들을 벌주려는 것이 아니다"라고 하자 한 궁녀가 죽을 죄를 지었다고 아뢰었다. 명황은 매우 가여워하였고, 결국 시를 얻은 자에게 시집을 보내면서 말하기를, "나와 너는 금생

306. 고황(顧況): 당대(唐代) 시인으로 자가 포옹(逋翁)이다. 통속 언어를 사용하여 민중의 생활상을 잘 묘사하였다. 교서랑(校書郞), 저작랑(著作郞) 등을 역임하였다.

307. 희종(僖宗): 당(唐) 제20대 황제로 재위 기간은 873-888년이다.

308. 개원(開元): 당(唐) 현종(玄宗)의 연호(713-741)이다.

309. 명황(明皇): 당(唐) 현종(玄宗)의 시호(諡號)인 '지도대성대명효황제(至道大聖大明孝皇帝)'를 줄여 부르는 호칭이다.

(今生)의 인연을 맺은 것이구나"라고 하였다. 주변에 있던 이들이 감동하여 눈물을 흘렸다.

開元中, 賜將軍士大夫纊衣, 製於宮中. 有兵士, 短袍中得詩曰. 沙場戰戍客, 寒苦若爲眠. 戰袍經手作, 知落那誰邊. 留意多添線, 含情更着綿. 今生已過也, 重結後生緣. 兵士以詩白帥, 進呈明皇. 以詩徧示宮中曰, 作者勿隱, 不汝罪也. 有一宮人, 自言萬死. 明皇深閔之, 遂以嫁得詩者, 謂之曰, 吾與爾結今生緣. 邊人感泣.[310]

당(唐) 희종(僖宗) 시절에 궁 안에서 전포 천 벌을 만들어 변방의 관리와 병사들에게 하사하였다. 신책장군(神策將軍) 마직(馬直)이 전포의 솜 안에서 금사슬 하나와 시 한 수를 얻었는데, 그 내용은 다음과 같았다. "옥 같은 촛불 아래 전포를 만드는 밤, 황금 가위로 직접 천을 자르며 탄식하네. 정을 묶어 천리 밖에 부치나, 묶인 마음은 끝내 열리지 않네." 마직이 금 사슬을 시장에 가서 팔았는데 어떤 사람이 자신의 장수에게 알리게 되었다. (그 장수가) 시와 함께 희종(僖宗)에게 아뢰니, (희종이) 마직을 대궐에 오게 하여 궁녀를 그에게 주어 아내로 삼게 하였다.

唐僖宗朝, 自內製袍千領, 賜塞外吏士, 神策將軍馬直, 於袍絮中, 得金鎖一枝, 詩一首云. 玉燭製袍夜, 金刀呵手裁. 鎖情寄千里, 鎖心終不開. 馬直貨鎖于市, 爲人告其將. 併得詩奏聞僖宗, 令馬直赴闕, 以宮人賜直爲妻.[311]

궁사(宮詞) 어떤 사인(士人)의 집에서 강남(江南) 이후주(李後主)[312]의 글에 있는, 한 수의 사(詞)를 얻었는데, 풍연사(馮延巳)[313]가 지은 사(詞)로, 다음과 같은 내용이었다. "구리 병의 물시계는 막 다했고, 높은 집안의 닭은 반공중에서 운다. 다섯 대문의 자물쇠를 열라고 재촉하는데, 세 전각의 발과 창문은 여전히 드리워져 있네. 계단 앞의 버드나무 녹색 줄기를 흔드니, 지팡이 아래에 궁 안의 꽃들은 붉게 흩어지네. 원앙이 자주 나는 새벽에, 천자의 깃발은 봄바람에 백 척 높이로 흔들리네. 모시는 신하들은 춤추듯 거듭 절하는데, 성수(聖壽)[314]는 남산과 같이 영원하여라."

有士人家, 收江南李後主書, 一詞云, 馮延巳撰詞云. 銅壺滴漏初盡, 高閣鷄鳴半空. 催啓五門金鏁, 猶垂三殿簾櫳. 堦前御柳搖綠, 仗下宮花散紅. 鴛鴦數行曉日, 鸞旗百尺春風. 侍臣蹈舞重拜, 聖壽南山永同.[315]

풍경을 살피는 움직이는 전각(殿閣)[관풍행전(觀風行殿)] 수(隋) 우문개(宇文愷)가 양제(煬帝)의 뜻을 헤아려, 풍경을 살피는 움직이는 전각(殿閣)을 만들었다. 나뉘고 합해지도록 만들어 아래에 바퀴와 축을 두어서 순식간에 움직였다.

隋宇文愷, 揣煬帝意, 造觀風行殿. 離合爲之, 下施輪軸, 惟移倏忽.[316]

관청 官廨

- 한대(漢代)에 상서(尙書)의 백관부(百官府)를 세우고 이름을 남궁(南宮)이라 하였는데, 천상(天上)

---

310. 《고금사문유취속집(古今事文類聚續集)·거처부(居處部)》
311. 《고금사문유취속집(古今事文類聚續集)·거처부(居處部)》
312. 이후주(李後主): 오대(五代) 남당(南唐)의 마지막 황제인 이욱(李煜)으로, 사(詞)에 뛰어났다.
313. 풍연사(馮延巳: 903, 혹 904-960): 오대(五代) 시기 광릉(廣陵) 출신으로 자가 정중(正中)이다. 남당(南唐)에서 좌복야동평장사(左僕射同平章事)를 역임하였는데, 사(詞)에 뛰어났다.
314. 성수(聖壽): 황제의 나이나 생일을 가리키는 말이다.
315. 《고금사문유취속집(古今事文類聚續集)·거처부(居處部)》
316. 《수서(隋書)·우문개열전(宇文愷列傳)》

의 남궁(南宮)[317]과 태미(大微)[318]의 형상(形象)을 취한 것이다.

漢建尙書百官府, 名曰南宮, 蓋取天上南宮·大微之象.[319]

- 관사(官司)[320]의 구별을 성(省), 대(臺), 시(寺), 감(監), 위(衛), 부(府)라 하였다.

其官司之別, 曰省, 曰臺, 曰寺, 曰監, 曰衛, 曰府.[321]

- 《주례(周禮)》의 기록이다. 팔법(八法)[322]으로 관부(官府)를 다스렸다. 백관(百官)이 머무는 곳을 '부(府)'라 한다.

周禮. 以八法治官府.[323] 百官所居, 曰府.

- 근대에는 부정(府廷)[324]을 통틀어 공아(公衙)라고 하는데, 바로 옛날의 공조(公朝)이다. [아(衙)는] 글자가 본래 아(牙)로 되어 있었는데 잘못하여 아(衙)로 되었다. 군대의 앞에 세운 큰 기가 아(牙)로, 군대를 출정시킬 때에는 아(牙)를 세우는 일이 있고, 군중(軍中)에서 호령(號令)을 들을 때에는 반드시 아기(牙旗) 아래에 모인다.

近代, 通謂府廷爲公衙, 卽古之公朝也. 字本作牙, 訛爲衙. 軍前大旗爲牙, 出師則有建牙之事, 軍中聽號令, 必至牙旗之下.[325]

- 시(寺)라는 것은 '잇는 것[사(嗣)]'이다. 일을 처리하는 자가 그 안에서 서로 잇는 것이다.《후청록(侯鯖錄)》

寺者, 嗣也. 治事者, 相嗣續於其中也.〈侯鯖錄〉[326]

- 모든 관아의 아전이나 하인들은 모두 새벽과 신시(申時: 오후 네 시 전후)의 두 때에, 예(禮)를 드린다. 세속에서 아부(衙府)라고 부르는 것은, 옛날에도 있었는데 호칭이 잘못된 것이다.《연번로(演繁露)》

凡官寺吏卒, 率以晨晡兩時致禮. 俗呼衙府, 古有之而稱謂訛也.〈漢[327]繁露〉[328]

- 여러 장교(將校)들은 당황(堂皇)에 열 지어 앉는다. 주(注)의 기록이다. 방에 네 벽이 없는 것을 '황(皇)이라 한다.[329]

諸校列坐堂皇. 註. 室無四壁曰皇.[330]

- 고시(古詩)인 〈밀봉(蜜蜂)〉의 가사에, "꽃과 꽃 사이를 다니는데, 비록 관직(官職)은 없으나, 하루에 두 번씩 예(禮)를 드린다"라고 하였으니, 모든 관아에서 하루에 두 번씩 일을 처리하므로 아전이나 하인들이 이를 따랐고 공경을 극진히 하였다. 천자가 조정에 서는 것도 또한 정아(正衙)라 하는데, 어디에서 시작된 것인지는 모르겠다.《예문유취(藝文類聚)》

古詩蜜蜂之辭曰, 藹藹華華, 雖無官職, 一日兩衙,

---

317. 남궁(南宮): 남방의 별자리로, 주조(朱鳥) 성좌를 가리킨다. 이를 본뜬 상서성(尙書省)을 가리키는 말로도 쓰인다.
318. 태미(大微): 태미(太微)로도 쓰며 별자리 이름으로 북두(北斗)의 남쪽에 있다.
319. 《산당사고(山堂肆考)·궁실(宮室)》
320. 관사(官司): 관아(官衙)를 가리킨다.
321. 《고금사문유취속집(古今事文類聚續集)·거처부(居處部)》
322. 팔법(八法): 《주례(周禮)·천관(天官)·대재(大宰)》에, "以八法治官府, 一曰官屬, 以擧邦治. 二曰官職, 以辨邦治. 三曰官聯, 以會官治. 四曰官常, 以聽官治. 五曰官成, 以經邦治. 六曰官法, 以正邦治. 七曰官刑, 以糾邦治. 八曰官計, 以弊邦治"라고 하였다.
323. 《주례(周禮)·천관(天官)·대재(大宰)》("百官所居, 曰府"는 주의 기록이다.)
324. 부정(府廷): 아문(衙門)을 가리킨다.
325. 《고금사문유취속집(古今事文類聚續集)·거처부(居處部)》
326. 송(宋) 조덕린(趙德麟), 《후청록(侯鯖錄)》 권4.
327. '한(漢)'은 '연(演)'의 잘못이다.
328. 송(宋) 정대창(程大昌), 《연번로(演繁露)·아(衙)》
329. 《전한서(前漢書)·호건전(胡建傳)》의 안사고(顔師古) 주에, "校者, 軍之諸部校也. 室無四壁, 曰皇"이라고 하였다.
330. 《전한서(前漢書)·호건전(胡建傳)》

則凡官寺, 日再聽事, 吏卒因之, 亦致其恭. 天子御正朝, 亦名正衙, 不知何始.〈藝文類聚〉331

새가 모이다[작집(雀集)] 한(漢) 황패(黃霸)332가 승상이 되자 경조윤(京兆尹)인 장창(張敞)의 관사에 갈작(鶡雀)333이 날아와 모였다. 승상부(丞相府)에서 이에 신령스런 새라고 여겼다.

漢黃霸爲相, 京兆尹張敞舍, 鶡雀飛集. 丞相府遂以爲神雀.334

청사(廳事)에 귀뚜라미가 울다[청사명공(廳事鳴蛩)] 《계척집(鷄跖集)》의 기록이다. 하중부(河中府)에는 청사(廳事)에 푸른 사초(莎草)335가 났는데, 당(唐) 치평(治平)336 연간에 호사자(好事者)가 항상 물을 뿌려 주었다. 왕우칭(王禹稱)337의 〈송시간의임하중부(送柴諫議任河中府)〉라는 시에, "푸른 사초(莎草)가 난 청사(廳事)에 전에는 귀뚜라미가 울었다"라고 하였다.

鷄跖集. 河中府有綠莎廳事, 唐治平中, 好事者常加澆溉. 王禹稱, 送柴諫議任河中府詩, 綠莎廳事舊鳴蛩.338

관사의 시끄러움을 피하다[해사피훤(廨舍避喧)] 진(晉) 나함(羅含)339은 자가 군장(君章)인데 상주별가(相州別駕)가 되었다. 재능과 학식으로 이름이 알려졌는데, 관사가 시끄럽다고 직접 성 서쪽의 작은 호숫가에 띠풀집을 마련하고 나무를 잘라 침상을 만들고 갈대를 짜 자리를 만들어 살았다.

晉羅含, 字君章, 爲相州別駕. 以才學知名, 以廨舍喧擾, 自於城西小湖, 安茅屋, 伐樹爲牀, 織葦爲席而居.340

관아를 옮기지 않다[불사관해(不徙官廨)] 양(梁) 여승진(呂僧珍)341은 대대로 광릉(廣陵)에 살았는데 후에 자신의 주(州) 자사(刺史)가 되었다. 옛집이 시의 북쪽에 있었는데 이전에 독우(督郵)의 관아가 있었다. 향리 사람들이 모두 관아를 옮기고 집을 넓히라고 하자 여승진은 화를 내면서 말하기를, "어찌 관아를 옮기면서 사저(私邸)를 넓힐 수 있겠는가"라고 하였다.

梁呂僧珍, 世居廣陵, 後爲本州刺史. 舊宅在市北, 前有督郵廨. 鄕人咸勸徙廨, 以益宅, 僧珍怒曰, 豈可徙官廨, 以益私宅乎.342

관사를 빌려 지내다[추사이거(僦舍而居)] 《석림연어(石林燕語)》의 기록이다. 개국 초기에 도성에서 일을 맡은 관리들은 전에는 모두 관아가 없었다. 비록 재상으로 집정(執政)하는 관리도 관사를 빌려 지냈다. 매번 성(省)을 나서거나 혹은 중비(中批)343, 밖에서 상소하는 등의 급한 글이 있을 때에는 성(省)

331.《고금사문유취속집(古今事文類聚續集)·거처부(居處部)》

332. 황패(黃霸: ?-B.C. 52): 서한(西漢) 회양(淮陽) 출신으로 자가 차공(次公)이다. 내외직을 두루 거치면서 관대한 정치를 폈고 승상(丞相)을 역임하였다. 공수(龔遂)와 더불어 순리(循吏)의 대표적인 인물로 칭해진다.

333. 갈작(鶡雀): 새의 일종으로 꿩 비슷한데 조금 작다.

334.《전한서(前漢書)·순리전(循吏傳)》

335. 사초(莎草): 모래땅에서 나는 풀로 그 뿌리가 향부자(香附子)이다.

336. 치평(治平): 북송(北宋) 영종(英宗)의 연호(1064-1067)이다. 본문에서 당(唐)이라 한 것은 오류인 듯하다.

337. 왕우칭(王禹稱: 954-1001): 북송(北宋) 초기의 문학가로 자가 원지(元之)이다. 성격이 강직하였고 시문(詩文)에서도 화려함을 추구하지 않았다.

338.《산당사고(山堂肆考)·궁실(宮室)》

339. 나함(羅含): 동진(東晉) 계양(桂陽) 출신으로 자가 군장(君章)이다. 태수(太守), 정위(廷尉) 등을 역임하였는데, '강좌지재(江左之才)'의 칭송이 있었다.

340.《산당사고(山堂肆考)·궁실(宮室)》

341. 여승진(呂僧珍: 454-511): 남조(南朝) 양(梁) 시기 동평(東平) 출신으로 자가 원유(元瑜)이다. 산기상시(散騎常侍)를 역임하였다.

342.《양서(梁書)·여승진열전(呂僧珍列傳)》

343. 중비(中批): 황제(皇帝)의 조령(詔令)을 가리킨다.

의 관리가 사저(私邸)로 가지고 가서 수결을 받았다. 따라서 늦어지기도 하고 빠지는 일들이 많았다.

石林燕語. 國初京師職事官, 舊皆無公廨, 雖宰相執政官, 亦僦舍而居. 每遇出省, 或有中批外奏, 急速文字, 則省吏徧持於私第呈押. 旣然稽緩, 又多所泄漏.[344]

바로 관사를 완성하다[입성공우(立成公宇)] 구래공(寇萊公)[345]이 도주사마(道州司馬)로 폄적되었는데 본래 관사가 없었다. 백성들이 그 소식을 듣고 다투어 기와와 목재를 메고 독촉하지도 않는데 모였다. 관사가 바로 완성되었는데 자못 웅장하였다. 그 지역의 수령이 조정에 아뢰어 해강지명(海康之命)[346]이 있게 되었다.

寇萊公, 謫道州司馬, 素無公宇. 百姓聞之, 競荷瓦木, 不督而會. 公宇立成, 頗有宏壯. 守土者, 聞於朝, 遂有海康之命.[347]

관사에서 살쾡이를 잡다[관사득리(官舍得貍)] 진(晉) 악광(樂廣)[348]이 하남윤(河南尹)이 되었는데 관사에 괴이한 일이 많아, 이전의 부윤(府尹)들은 감히 거처하지 못하였다. 악광이 뒤에 벽장에서 살쾡이를 잡아서 죽이자 괴이함이 마침내 없어졌다.

晉樂廣, 爲河南尹, 官舍多怪, 前尹不敢居之. 廣後於壁穿中, 得貍殺之, 怪遂絶.[349]

성(省)에 귀신이 많다[성중다귀(省中多鬼)] 송(宋) 서효선(徐孝先)[350]이 도관상서(都官尙書)가 되었다. 진(晉) 이래로 상서(尙書)의 막료는 모두 관속(官屬)을 데리고 성(省)에서 거처해야 하는데, 성(省) 안에 귀괴(鬼怪)가 많았다. 밤마다 혹은 사람이 보이는데 의관을 갖추고 안에서 나오거나 혹은 문이 저절로 열리고 닫혔으며, 그것을 본 자들 중에는 죽는 경우가 많았다. 상서(尙書) 주확(周確)이 이 성(省)에서 죽었는데, 서효선이 주확을 대신하여 그곳에 사니 2년이 지나자 요상한 변고가 모두 그쳤다.

宋徐孝先, 爲都官尙書. 自晉以來, 尙書寮, 皆携官屬, 居省, 省中多有鬼怪. 每夜或見人, 着衣冠從中出, 或門自開闔, 見者多死. 尙書周確, 卒於此省, 孝先代確居之, 經兩載, 妖變皆息.[351]

관사에서 귀신이 떠나다[관사귀거(官舍鬼去)] 양(梁) 부소(傅昭)[352]는 좌호상서(左戶尙書), 안성내사(安成內史) 등을 역임하였는데 군(郡)이 송(宋) 이래로 병란(兵亂)이 계속 이어지면서 관사에 흉흉함이 말해졌다. 매일 저녁부터 새벽까지, 죽은 사람의 혼령이 접근해 와 재임자 가운데 좋게 끝난 이가 드물었다. 부소가 이르자, 어떤 사람이 한밤중에 무장한 군사들이 나가는 것을 보았는데, 그들이 말하기를, "부공(傅公)은 좋은 분이니 침범하면 안 된다"라 하고는 허공으로 올라가 버렸다. 이때부터 군에는 마침내 환난이 없었다.

梁傅昭, 歷位左戶尙書·安成內史, 郡自宋來, 兵亂相接, 府舍稱凶. 每昏旦間, 人鬼相觸, 在任者, 鮮以吉終. 及昭至, 有人夜見甲兵出, 曰, 傳公善人, 不可侵

---

344. 송(宋) 섭몽득(葉夢得), 《석림시화(石林詩話)》
345. 구래공(寇萊公): 송(宋) 하규(下邽) 출신으로 자가 평중(平仲)이다. 내국공(萊國公)에 봉해져 구래공(寇萊公)으로 칭해진다. 동중서문하평장사(同中書門下平章事)를 역임하였다.
346. 해강지명(海康之命): 해강(海康)은 현 이름으로 지금의 광동성(廣東省) 수계현(遂溪縣)의 서남지역이다. 해강지명(海康之命)은 내력이 자세하지 않다.
347. 《산당사고(山堂肆考)·궁실(宮室)》
348. 악광(樂廣: ?-304): 위말진초(魏末晉初) 시기의 남양(南陽) 출신으로 자가 언보(彦輔)이다. 시중(侍中), 하남윤(河南尹), 상서령(尙書令) 등을 역임하였다.
349. 《고금사문유취속집(古今事文類聚續集)·거처부(居處部)》
350. 서효선(徐孝先): 내력이 자세하지 않다.
351. 《고금사문유취전집(古今事文類聚前集)·신귀부(神鬼部)》
352. 부소(傅昭: 454-528): 남조(南朝) 양(梁) 북지(北地) 출신으로 자가 무원(茂遠)이다. 산기상시(散騎常侍)를 역임하였는데 청정(淸淨)한 정치로 이름이 높았다.

犯. 乃騰虛而去. 自是郡遂無患.[353]

오래된 관사를 허는 것을 금하다[금훼구부(禁毁舊府)] 진(晉) 양호(羊祜)가 형주(荊州)를 다스릴 때에, 장사(長史)들이 계속해서 죽었다. 전해지는 말에, 귀괴(鬼怪)가 있어 사람을 해친다고 하면서 모두 말하기를, 오래된 관사를 헐어야 한다고 하였다. 양호가 말하기를, "죽고 사는 것은 명이 있으며 부하고 귀해지는 것은 하늘에 달려 있다"라 하고는 정진(征鎭)[354]들에게 명하여 (헐어야 한다는 주장을) 금하도록 하였다.

晉羊祜, 都督荊州, 長史相繼死. 傳言, 有鬼怪害人, 皆云, 宜一毁舊府. 祜曰, 死生有命, 富貴在天, 勅征鎭禁斷之.[355]

역관 館驛

- 관(館)은 객사(客舍)이다.《설문해자(說文解字)》

  館, 客舍也.〈說文〉[356]

- 10리(里)에 하나의 장정(長亭)을 두고, 5리(里)에 하나의 단정(短亭)을 둔다.《백공육첩(白孔六帖)》

  十里一長亭, 五里一短亭.〈六帖〉[357]

- 모든 도성과 들의 길에는 10리마다 여(廬)가 있고, 여(廬)에는 마실 것과 먹을 것을 두었다. 30리마다 숙(宿)이 있고, 숙에는 노실[路室: 객사(客舍)]이 있으며 노실에는 위(委: 작은 창고)가 있다. 50리마다 시장(市場)이 있고, 시장에는 감시하는 누대가 있으며 감시하는 누대에는 적(積: 큰 창고)이 있다.《주례(周禮)》

  凡國野之道, 十里有廬, 廬有飮食. 三十里有宿, 宿有路室, 路室有委. 五十里有市, 市有候館, 候館有積.〈周禮〉[358]

- 제후(諸侯)들이 들어와 조회할 때에는 기(畿)에서 맞이하여 위로한다. 교외에 이르면 위로하고 관사(館舍)를 살펴 관사에 이르게 한다.〈위와 같다.〉

  凡諸侯入王, 則逆勞于畿. 及郊勞, 視館致館.[359]〈上同〉[360]

- 전쟁에 승리하면 전(傳)과 거(遽)로 하여금 왕에게 전공(戰功)을 보고하도록 한다.《석문(釋文)》에 이르기를, "수레를 사용하는 것을 '전(傳)'이라 하고, 말을 사용하는 것을 '거(遽)라 한다"고 하였다.〈시주(詩註)〉

  克勝, 則使傳遽, 告功於王. 釋文云, 以車曰傳, 以馬曰遽.〈詩註〉[361]

- 사람을 보고 거처를 마련해 줄 수 없으면, 그가 머물 곳을 묻지 않는다.〈곡례(曲禮)〉

  見人不能館, 不問其所舍.〈曲禮〉[362]

- 네 마리 말이 상등인 것이 직전(直傳)이고, 네 마리 말이 중등인 것이 치전(馳傳)이며, 네 마리 말이 하등인 것이 승전(乘傳)이고, 말 한 마리나 두 마리로 하는 것이 초전(軺傳)이며, 다급한 경우 한 마리의 말을 타는 것을 일승전(一乘傳)이라 한다.

353.《남사(南史)·부소열전(傅昭列傳)》
354. 정진(征鎭): 장군을 가리키는 호칭이다.
355.《산당사고(山堂肆考)·궁실(宮室)》
356.《설문해자(說文解字)·식부(食部)》
357.《백공육첩(白孔六帖)·관역(舘驛)》
358.《주례(周禮)·지관(地官)·유인(遺人)》
359.《주례(周禮)·추관(秋官)·소행인(小行人)》에는, "凡諸侯入王則逆勞于畿. 及郊勞視館, 將幣爲承而擯"으로 되어 있다.
360.《주례(周禮)·추관(秋官)·소행인(小行人)》
361.《고금사문유취속집(古今事文類聚續集)·거처부(居處部)》
362.《예기(禮記)·곡례(曲禮)》

전(傳)이라는 것은 지금의 역참(驛站)과 같다. 옛날에는 수레를 사용하는 것을 전거(傳車)라 하였는데, 그 뒤에 단지 말만을 두었고 이를 일러 역기(驛騎)라 하였다.

四馬高足爲直傳, 四馬中足爲馳傳, 四馬下足爲乘傳, 一馬二馬爲軺傳, 急者乘一馬, 曰一乘傳. 傳者, 若今之驛. 古者以車謂之傳車, 其後又單置馬, 謂之驛騎.[363]

개인의 말로 일을 아뢰다[사마주사(私馬奏事)] 한(漢) 왕온서(王溫舒)[364]가 하내태수(河內太守)가 되었는데, 개인 말 50필을 갖추어 하내(河內)에서 장안(長安)까지 일을 아뢰었다.

漢王溫舒, 爲河內守, 具私馬五十匹, 自河內, 至長安, 以奏事.[365]

역마를 두고 손님에게 사례하다[치역사빈(置驛謝賓)] 정당시(鄭當時)[366]는 자가 장진(莊陳)으로 사람이 임협(任俠)으로 자부하였다. 태자사인(太子舍人)이 되었는데 5일에 한 번씩 목욕하였다. 항상 장안(長安)의 여러 교외에 역마(驛馬)를 두고 빈객(賓客)들을 찾아가 인사하였는데, 밤으로 낮을 이으면서도 항상 두루 찾아가지 못했는지를 염려하였다.

鄭當時字莊陳, 人以任俠自喜. 爲太子舍人, 五日一洗沐. 常置驛馬於長安諸郊, 詣謝賓客, 夜以繼日, 常恐不偏.[367]

유공(劉公)을 접대하려 하다[욕대유공(欲待劉公)] 한(漢) 유총(劉寵)[368]이 태위(太尉)를 그만두고 돌아가는 길에 도성을 나섰다. 정(亭)의 객사(客舍)에서 머물려고 하는데, 정(亭)의 관리가 유총임을 알아보지 못하고 단지 말하기를, "주변을 정돈하고 유공(劉公)을 기다리고 있습니다"라고 하였다. 유총이 말하지 않고 가버리니 당시 사람들이 그를 어른으로 칭송하였다.

漢劉寵, 免太尉, 歸道出京師. 欲息亭舍, 亭吏不知爲寵也, 止言曰, 整頓以待劉公. 寵不言而去, 時人稱其長者.[369]

조효(趙孝)[370]를 받아주지 않다[불납조효(不納趙孝)] 왕망(王莽) 시절에 조효(趙孝)의 부친이 전화장군(田禾將軍)이 되었는데, 조효는 부음(父蔭)[371]으로 낭(郞)이 되었다. 한 번은 휴가를 얻어 귀향하는데 걸어서 짐을 메고 가다가 역참에 머물려고 하니 정장(亭長)이 받아주지 않으면서 묻기를, "전화장군(田禾將軍)의 아들이 지난다고 하는데 언제 올 것인가?"라고 하자 조효가 말하기를, "곧 도착할 것입니다"라고 하였다.

王莽時, 趙孝父爲田禾將軍, 孝以父任爲郞. 嘗告歸, 步擔欲止郵亭, 亭長不納, 問曰, 聞田禾將軍子當過, 何時至. 孝曰, 尋將到.[372]

---

363. 《고금사문유취속집(古今事文類聚續集)·거처부(居處部)》
364. 왕온서(王溫舒: ?-B.C. 104): 서한(西漢) 좌풍익(左馮翊) 출신으로 하내태수(河內太守)를 역임하였는데 가혹한 다스림으로 이름이 났다.
365. 《사기(史記)·혹리열전(酷吏列傳)》
366. 정당시(鄭當時): 서한(西漢) 회양(淮陽) 출신으로 자가 장진(莊陳)이다. 대사농(大司農)을 역임하였는데 청렴(淸廉)으로 이름이 났었다.
367. 《산당사고(山堂肆考)·궁실(宮室)》
368. 유총(劉寵): 동한(東漢) 동래(東萊) 출신으로 자가 조영(祖榮)이다. 영제(靈帝) 시절에 사도(司徒), 태위(太尉) 등을 역임하였는데 인자함으로 이름이 있었다.
369. 《산당사고(山堂肆考)·궁실(宮室)》
370. 조효(趙孝): 동한(東漢) 패국(沛國) 출신으로 자가 장평(長平)이다. 간의대부(諫議大夫)를 역임하였다.
371. 부음(父蔭): 부친의 덕으로 벼슬하는 것을 가리킨다.
372. 《후한서(後漢書)·조효전(趙孝傳)》에, "趙孝字長平, 沛國蘄人也. 父普, 王莽時爲田禾將軍, 任孝爲郞. 每告歸, 嘗白衣步擔, 嘗從長安還, 欲止郵亭, 亭長先時聞孝當過, 以有長者客, 掃洒待之. 孝既至, 不自名. 長不肯內, 因問曰, 聞田禾將軍子,

'선학(善謔)'으로 이름을 얻다[취명선학(取名善謔)] 선학역(善謔驛)은 양양(襄陽)에 있다. 제(齊)나라 사신인 순우곤(淳于髡)이 초(楚)나라에 고니를 바치러 가는데, 이곳에서 그것을 놓아주고 빈 새장을 들고서 초왕(楚王)에게 말하였다. "신은 고니가 목이 마른 것을 안타깝게 여겨 꺼내어 물을 먹이는데, 갑자기 날아갔습니다. 저는 죽으려고 하였지만 사람들이 의론하기를, 왕이 조수(鳥獸) 때문에 선비를 자살하게 하였다고 할까 걱정되고, 사서 대신한다면 이는 우리 왕을 속이는 것입니다"라고 하자, 초왕이 후하게 선물을 주어 돌려보냈다. 역(驛)의 이름은 이것을 취한 것이다.

善謔驛, 在襄陽. 齊使淳于髡, 獻鵠於楚, 至此地放之, 揭空籠, 見王曰. 臣不忍鵠之渴, 出而飮之, 俄飛去. 吾欲死, 恐人議王以鳥獸之故, 令士自殺, 買而代之, 是欺吾王也. 楚王厚賜而歸, 驛名取此.373

'피현(避賢)'으로 이름을 바꾸다[개명피현(改名避賢)] 원진(元稹)374의 〈양성역(陽城驛)〉이란 시(詩)이다. "상산(商山)에 양성역(陽城驛)이 있으니, 이름이 양성(陽城)375과 같구나. 양공(陽公)은 죽은 지 오래되었으나, 나를 감동시켜 눈물 흐르게 한다. 사조(祠曹)376에서는 양호(羊祜)를 피휘했는데, 이 역은 어찌하여 따르지를 않았나. 나는 양공의 휘자(諱字)를 피하고자 하여, 이름을 '피현우(避賢郵)'라 하노라."

元稹陽城驛詩. 商有陽城驛, 名同陽道州. 陽公沒已久, 感我淚交流. 祠曹諱羊祜, 此驛何不侔. 我欲避公諱, 名爲避賢郵.377

말을 뺏고 아뢰다[탈마이문(奪馬以聞)] 고원유(高元裕)378가 우보궐(右補闕)로 부름을 받아 길을 나섰다. 상주(商州)에서 방사(方士)인 조귀진(趙歸眞)을 만났는데 제멋대로 역마(驛馬)를 탔다. 고원유가 꾸짖으며 말하기를, "천자가 역참을 두셨는데, 네가 감히 말을 몰아대느냐"라 하고서 좌우에 명령하여 뺏도록 하고 또 내용을 갖추어 아뢰었다.

高元裕, 以右補闕召, 道出. 商州會方士趙歸眞, 擅乘驛馬. 元裕詆之曰, 天子置驛, 爾敢疾驅耶. 命左右奪之, 還具以聞.379

건장한 말을 사다[시건마(市健馬)] 당(唐) 노균(盧鈞)380이 화주자사(華州刺史)에 제수되었는데, 관중(關中)과 삼보(三輔)381 지역의 역마(驛馬)가 피폐하였다. 노균이 건장한 말을 사들이는데 대략 3년에 한 번씩 바꿨다. 이때부터 말이 부족한 일이 없어졌다. 또 왕의(王疑)382가 상주자사(商州刺史)가 되었

當從長安来, 何時至乎. 孝曰, 尋到矣. 於是遂去"로 되어 있는 내용을 재구성한 것이다.

373. 《사기(史記) · 골계열전(滑稽列傳)》에 "昔者, 齊王使淳于髡獻鵠於楚. 出邑門, 道飛其鵠, 徒揭空籠, 造詐成辭, 往見楚王曰. 齊王使臣來獻鵠, 過於水上, 不忍鵠之渴, 出而飮之, 去我飛亡. 吾欲刺腹絞頸而死, 恐人之議吾王以鳥獸之故, 令士自傷殺也. 鵠, 毛物, 多相類者, 吾欲買而代之, 是不信而欺吾王也. 欲赴佗國奔亡, 痛吾兩主使不通. 故來服過, 叩頭受罪大王. 楚王曰, 善. 齊王有信士若此哉. 厚賜之, 財倍鵠在也"라는 기록이 있다.

374. 원진(元稹: 779-831): 당대(唐代)의 시인으로 자는 미지(微之)이다. 백거이(白居易)와 함께 육조(六朝) 이래의 화려한 시풍을 버리고 평이한 시어를 써서 '원백체(元白體)'라는 시체(詩體)를 형성하였다.

375. 양성(陽城: 736-805): 당(唐) 정주(定州) 출신으로 자가 항종(亢宗)이다. 학문(學問)이 깊고 덕이 높아 저작랑(著作郞), 간의대부(諫議大夫), 도주자사(道州刺史) 등을 역임하였다.

376. 사조(祠曹): 예부(禮部)에 속해 제사(祭祀), 천문(天文), 누각(漏刻), 복축(卜祝) 등을 담당하던 관서(官署) 이름이다.

377. 《어정전당시(御定全唐詩)》 권397.

378. 고원유(高元裕): 당(唐) 발해(渤海) 출신으로 자가 경규(景圭)이다. 우보궐(右補闕), 간의대부(諫議大夫), 경조윤(京兆尹), 형부상서(刑部尙書) 등을 역임하였다.

379. 《신당서(新唐書) · 고원유열전(高元裕列傳)》

380. 노균(盧鈞): 당(唐) 유주(幽州) 출신으로 자가 자화(子和)이다. 화주자사(華州刺史), 호부상서(戶部尙書), 동평장사(同平章事) 등을 역임하였는데 청렴으로 이름이 있었다.

381. 삼보(三輔): 우부풍(右扶風), 좌풍익(左馮翊), 경조윤(京兆尹)의 세 지역을 가리킨다.

는데 주에 군용의 넉넉한 은자가 있었다. 왕의는 하나도 취하지 않고 오직 말을 사서 역참의 용도에 공급하였다.

唐盧鈞拜華州刺史, 關輔驛馬疲耗. 鈞爲市健馬, 率三歲一易. 自是無乏事.383 又王疑爲商州刺史, 州有治賦羨銀, 疑一無所取, 惟市馬, 以供驛用.384

파발마를 모집하다[모사족(募駛足)] 당(唐) 유안(劉晏)385은 자가 사안(士安)이다. 각 도(道)의 순원(巡院)에 모두 파발마를 모집하여 역참에 배치한 것이 서로 보일 정도였다.

唐劉晏, 字士安. 諸道巡院, 皆募駛足, 置驛相望.386

나는 역참을 두어 경보(警報)를 전하다[비역달경(飛驛達警)] 당(唐)의 마주(馬周)387는 나는 역참[비역(飛驛)]을 두어 급한 경보(警報)를 전할 것을 아뢰었다. 또 천자가 동쪽으로 순수할 때, 배요경(裴耀卿)388은 2량(梁)에 10역(驛)을 두었다. 이길보(李吉甫)389는 하주(夏州)에서부터 시작하여 천덕(天德)에 이르기까지 11곳에 역참과 이정표를 복구하여 급한 일을 전하기를 청하였다.

唐馬周, 建白置飛驛, 以達警急. 又天子東巡, 裴耀卿, 置二梁十驛. 李吉甫, 請起自夏州, 至天德, 復驛堠十一區, 以通緩急.390

몽필역(夢筆驛) 응천부(應天府) 동쪽 8리(里)의 야정(冶亭)에 있다. 옛날에 강엄(江淹)391이 일찍이 이곳에서 자다가 꿈에 문장(文章)을 얻었다.

在應天府東八里冶亭. 昔江淹嘗宿此, 夢得文章.392

누대 樓

- 《설문해자(說文解字)》에서 말하였다. 누대는 중첩된 집이다.

  說文曰. 樓, 重屋也.393

- 《석명(釋名)》에서 말하였다. 누대는 창문 사이에 활을 쏘는 구멍이 있는 것을 말한다. 높고 밝아 멀리 바라보는 것이 신중한 것이다.

  釋名曰. 樓, 言牖戶之間, 有射孔. 高明觀遠, 慺慺然也.394

- 초문(譙門)은 문 위에 높은 누대를 만들어 멀리 보는 것을 가리킨다. 누대는 다른 이름으로 '초(譙)'

382. 왕의(王疑): 내력이 자세하지 않다.
383. 《신당서(新唐書) · 노균열전(盧鈞列傳)》
384. 《산당사고(山堂肆考) · 궁실(宮室)》
385. 유안(劉晏: 715-780): 당(唐) 조주(曹州) 출신으로 자가 사안(士安)이다. 이부상서(吏部尙書), 동평장사(同平章事) 등을 역임하였다.
386. 《신당서(新唐書) · 유안열전(劉晏列傳)》
387. 마주(馬周: 610-648): 당(唐) 박주(博州) 출신으로 자가 빈왕(賓王)이다. 감찰어사(監察御使), 중서령(中書令) 등을 역임하였다.
388. 배요경(裴耀卿: 681-743): 당(唐) 강주(絳州) 출신으로 자가 환지(煥之)이다. 지방관으로 있으면서 좋은 다스림을 폈고 동중서문하평장사(同中書門下平章事)를 역임하였다.
389. 이길보(李吉甫: 758-814): 당대(唐代) 지리학자(地理學者)로 자는 홍헌(弘憲)이다. 태상박사(太常博士), 동중서문하평장사(同中書門下平章事)를 역임하였다. 《원화군현도지(元和郡縣圖志)》를 편찬하였다.
390. 《신당서(新唐書) · 마주열전(馬周列傳)》, 《신당서(新唐書) · 배요경열전(裴耀卿列傳)》, 《구당서(舊唐書) · 이길보열전(李吉甫列傳)》의 기록을 조합하여 재구성한 것이다.
391. 강엄(江淹: 441-505): 남조(南朝)시대 시인으로 자가 문통(文通)이다.
392. 《산당사고(山堂肆考) · 궁실(宮室)》
393. 《설문해자(說文解字) · 목부(木部)》
394. 《석명(釋名) · 석궁실(釋宮室)》에는, "樓, 謂牖戶之間, 有射孔, 樓樓然也"로 되어 있다.

라 한다. 그래서 아름다운 누대를 '여초(麗譙)'라고 한다.

譙門, 謂門上爲高樓以望耳. 樓一名譙. 故謂美麗之樓, 爲麗譙.[395]

비익루(飛翼樓) 와룡산(臥龍山) 정상에 있다. 범려(范蠡)[396]가 구천(句踐)을 위하여 이 누대를 세웠는데, 천문(天門)을 본떠 오(吳)나라를 누르기 위함이었다.

在臥龍山頂. 范蠡爲句踐立此樓, 以象天門, 以壓吳.[397]

정간루(井幹樓) 공손경(公孫卿)[398]이 말하기를, "신선은 누대에 거처하기를 좋아하여 황제(黃帝) 시절에는 12루(樓)를 지어 신선을 맞이하였습니다"라고 하였다. 무제(武帝)가 이에 신명대(神明臺)와 정간루(井幹樓)를 세웠는데 높이가 50장(丈)이었다.

公孫卿言, 仙人好樓居, 黃帝時爲十二樓, 以候神人. 帝乃立神明臺·井幹樓, 高五十丈.[399]

백문루(白門樓) 합려(闔廬)[400]가 지은 것이다.

闔廬所作也.[401]

황천루(皇天樓) 노자묘(老子廟)에 황천루(皇天樓), 구주루(九柱樓), 정념루(靜念樓)가 있는데, 모두 신선과 구름을 그려 놓았다.

老子廟, 有皇天樓·九柱樓·靜念樓, 皆畫仙人雲氣.[402]

황학루(黃鶴樓) 순괴(荀瓌)[403]는 자가 숙위(叔偉)이다. 누대 위에서 쉬다가, 서남쪽을 보니 어떤 것이 훨훨 날아서 은하수로부터 내려왔다. 바로 학을 타고 온 손님이었다. 손님과 주인이 즐겁게 상대하다가 하직하고 떠나는데, 학을 타고 하늘로 솟아올라 까마득하게 연기처럼 사라졌다.《술이기(述異記)》

荀瓌, 字叔偉. 憩樓上, 望西南, 有物飄然降自雲漢. 乃駕鶴之賓也. 賓主歡對, 辭去, 跨鶴騰空, 眇然煙滅. 〈述異傳〉[404]

봉양루(鳳陽樓) 《유명록(幽明錄)》에서 말하였다. 업성(鄴城) 봉양문(鳳陽門)의 5층 누대는 땅에서 20장(丈)이나 떨어져 있고 길이는 40장, 폭은 20장이다. 그 위에 금으로 만든 봉황(鳳凰) 두 마리를 올려놓았는데, 한 마리는 날아가 장하(漳河)의 맑은 물결 속으로 들어가 지금은 물 밑에 있고 다른 한 마리는 아직도 남아 있다.

幽明錄曰. 鄴城鳳陽門五層樓, 去地二十丈, 長四十丈, 廣二十丈. 安金鳳凰二頭於其上, 一頭飛入漳河淸浪, 見在水底, 一頭今猶存.[405]

능운루(淩雲樓) 위(魏) 명제(明帝)[406]가 지은 것으로 지극히 정교하였다. 먼저 모든 목재의 무게를 헤

395. 명(明) 고기원(顧起元), 《설략(說畧)·거실(居室)》에는, "漢書師古曰, 門上爲高樓, 以望. 故謂美麗之樓爲麗譙"로 되어 있다.
396. 범려(范蠡): 춘추(春秋)시대 말기 초(楚)나라 출신으로 월왕(越王) 구천(句踐)을 도와 오(吳)나라를 멸망시켰다.
397. 한(漢) 조욱(趙煜), 《오월춘추(吳越春秋)·구천귀국외전(勾踐歸國外傳)》의 내용을 재구성한 것이다.
398. 공손경(公孫卿): 서한(西漢) 무제(武帝) 시절의 제(齊)나라 출신으로 방사(方士)였다. 대중대부(大中大夫)를 역임하였는데 무제가 그의 신선론(神仙論)을 신봉하였다.
399. 《사기(史記)·효무본기(孝武本紀)》의 내용을 재구성한 것이다.
400. 합려(闔廬: ?-496): 오자서(伍子胥)의 힘을 빌려 오왕(吳王) 요(僚)를 살해하고 오왕(吳王)에 올랐다. 월왕(越王) 구천(句踐)과의 전쟁에서 패하여 죽었다.
401. 출전이 자세하지 않다.
402. 《천중기(天中記)·누(樓)》
403. 순괴(荀瓌): 내력이 자세하지 않다.
404. 《술이기(述異記)》 권상(卷上).
405. 《태평어람(太平御覽)·우족부(羽族部)》의 내용을 재구성한 것이다.
406. 명제(明帝): 삼국(三國) 위(魏) 제2대 황제로 재위 기간은 227-239년이다.

아려 적당하게 한 뒤에 짜 맞추어서 항상 바람에 따라 흔들렸다. 명제가 누대에 올라 그 형세가 위태로움을 두려워하여 별도로 큰 재목을 가져다 덧붙이니 바로 무너졌다.

魏明帝所建, 極精巧. 先稱平衆材輕重當宜, 然後造構, 恒隨風搖動. 明帝登臺, 懼其勢危, 別以大材扶持之, 卽便頹壞.[407]

미루(迷樓) 수(隋) 양제(煬帝)가 강도(江都)에 행차하였는데, 절강(浙江) 사람 항승(項昇)이 새로운 궁도(宮圖)를 바쳤다. 양제가 그것을 좋아하여 그림대로 짓고서 말하기를, "가령 진짜 신선이 이곳에 노닐더라도 역시 길을 잃을 것이다"라고 하였다.

隋煬帝, 爲江都之遊, 浙人項昇, 進新宮圖. 帝愛之, 如圖營建曰, 使眞仙遊此, 亦當自迷.[408]

화악루(華萼樓) 당(唐) 원종(元宗)[409]이 흥경궁(興慶宮)의 서남쪽에 누대를 세우고 서쪽에는 '화악상휘지루(花萼相輝之樓)'라 쓰고, 남쪽에는 '근정무본지루(勤政務本之樓)'라고 썼다.

唐元宗, 於興慶宮西南置樓, 其西書曰花萼相輝之樓, 南曰勤政務本之樓.[410]

망영루(望英樓) 고종(高宗)[411]이 영국공(英國公) 이적(李勣)에게 명하여 고려(高麗)를 치게 하였는데, (고려를) 무너뜨린 뒤 황제가 동산 안의 누대 위에 올라 그를 기다렸기 때문에 '망영루(望英樓)'라고 부르게 되었다.

高宗命英公李勣, 伐高麗, 旣破, 上於苑中樓上, 望之, 號望英樓.[412]

오봉루(五鳳樓) 양(梁) 태조(太祖)[413]가 즉위하자 나소위(羅紹威)[414]가 위주(魏州)의 좋은 재목들을 가져다가 지었다.

梁太祖卽位, 羅紹威取魏良材, 建之.[415]

의봉루(儀鳳樓) 진(晉) 총장관(総章觀)에 이 누대가 있고, 남쪽에 상봉루(翔鳳樓)가 있다.

晉総章觀有此樓, 南有翔鳳樓.[416]

경운루(景雲樓) 송(宋) 화림원(華林園)에 이 누대를 조성하였다.

宋華林園, 造此樓.[417]

기학루(騎鶴樓) 양주성(楊州城) 동쪽에 있다.

在楊州城東.[418]

귀홍루(歸鴻樓) 장사(長沙)에 있다. 송(宋) 양시(楊時)[419]가 세웠다.

在長沙. 宋楊時建.[420]

낙성루(落星樓) 금릉(金陵)에 있다. 오(吳) 대제(大帝)[421]가 3층의 누각으로 창건하였다.

---

407. 《금수만화곡(錦繡萬花谷)·누(樓)》
408. 《고금사문유취속집(古今事文類聚續集)·거처부(居處部)》
409. 원종(元宗): 당(唐) 제8대 황제 현종(玄宗)을 가리킨다.
410. 《구당서(舊唐書)·예종제자열전(睿宗諸子列傳)》의 내용을 재구성한 것이다.
411. 고종(高宗): 당(唐) 제3대 황제로 재위 기간은 650-683년이다.
412. 《산당사고(山堂肆考)·궁실(宮室)》
413. 양(梁) 태조(太祖): 후량(後梁)의 제1대 황제로 재위 기간은 907-912년이다.
414. 나소위(羅紹威): 오대(五代) 위주(魏州) 출신으로 자가 단기(端己)이다. 후량(後梁)에서 태사겸중서령(太師兼中書令)을 역임하였다.
415. 《오대사(五代史)·잡전(雜傳)》의 내용을 재구성한 것이다.
416. 《예문유취(藝文類聚)·거처부(居處部)》에는, "晉宮閣名曰, 總章觀, 儀鳳樓一所. 在觀上, 廣望觀之. 南又別有翔鳳樓"로 되어 있다.
417. 《어정연감류함(御定淵鑑類函)·거처부(居處部)》
418. 《산당사고(山堂肆考)·궁실(宮室)》에, "晉宮闕名曰, 總章觀, 有儀鳳樓. 又揚州府城東, 有騎鶴樓"로 되어 있다.
419. 양시(楊時: 1053-1135): 송(宋) 남검주(南劍州) 출신으로 자가 중립(中立)이고 호가 구산(龜山)이다. 정호(程顥), 정이(程頤)를 사사하였고 정문사선생(程門四先生)의 칭호가 있었다. 국자감좨주(國子監祭酒)를 역임하였다.
420. 《산당사고(山堂肆考)·궁실(宮室)》

在金陵. 吳大帝, 創三層樓.[422]

서하루(棲霞樓) 형주(荊州)에 있다. 송(宋) 임천강왕(臨川康王)[423] 유의경(劉義慶)이 세웠다.

在荊州. 宋臨川康王置.[424]

제운루(齊雲樓) 당(唐) 한건(韓建)[425]이 진국절도사(鎭國節度使)가 되었는데, 소종(昭宗)[426]이 그의 진(鎭)을 행차하여 이 누대에 올라 도성을 바라보면서 슬프게 노래하니 눈물이 흘렀다.

唐韓建, 爲鎭國節度使, 昭宗幸其鎭, 登樓望京師, 悲歌泣下.[427]

악양루(岳陽樓) 등자경(滕子京)[428]이 악양루(岳陽樓)를 중건(重建)하였는데, 군(郡)의 속관이 낙성일(落成日)을 아뢰자 등자경이 이르기를, "낙성을 매우 기다렸다"라 하고는 한 차례 통음(痛飮)하고 난간에 기대어 크게 10여 번을 소리 내어 울다가 그쳤다. 등자경은 결국 악주(岳州)에서 죽었다.

滕子京, 重建岳陽樓, 郡僚稟落成之日, 子京云, 落甚成待, 痛飮一場, 凭欄大慟十數聲而已. 子京果死於岳州.[429]

주변루(籌邊樓) 이덕유(李德裕)가 검남(劍南)의 서천(西川)으로 옮겨가서 이 누대를 세웠다.

李德裕徙劍南西川, 建此樓.[430]

연자루(燕子樓) 장상서(張尙書)[431]에게 혜혜(盻盻)라는 사랑하는 기생이 있었다. 상서가 죽은 뒤에 장씨(張氏)의 옛집에 연자(燕子)라는 작은 누대가 있었는데, 혜혜는 옛정을 그리워하면서 시집을 가지 않고 이 누대에서 10여 년을 외롭고 슬프게 살았다.[432]

張尙書有愛妓曰盻盻. 尙書旣沒, 張氏舊第有小樓, 名燕子, 盻盻念舊愛而不嫁, 居是樓十餘年幽獨悵然.[433]

진루(秦樓) 소사(蕭史)[434]는 통소를 잘 불었다. 진(秦) 목공(穆公)이 딸인 농옥(弄玉)을 그에게 시집보내니, 농옥(弄玉)에게 통소를 불어 봉황의 울음소리 내는 것을 가르쳤다. 목공이 그들을 위하여 봉루(鳳樓)를 지어 주어 부부가 그 안에 살게 하니, 봉황이 와서 모였다. 어느 날 저녁 모두 봉황을 따라 가버렸다.

蕭史善吹蕭. 秦穆公, 以女弄玉妻之, 敎弄玉吹蕭作鳳鳴. 公爲作鳳樓, 夫妻居其上, 鳳凰來集. 一夕皆隨鳳去.[435]

서루(書樓) 전홍정(田弘正)[436]이 누대를 짓고 책 만여 권을 모아놓았다.

田弘正造樓, 聚書萬餘卷.[437]

절루(節樓) 당대(唐代)에는 절도사(節度使)가 주

---

421. 대제(大帝): 오(吳) 초대 황제로 재위 기간은 222-251년이다.
422. 《천중기(天中記) · 누(樓)》
423. 임천강왕(臨川康王: 403-444): 남조(南朝) 송(宋) 종실(宗室)인 유의경(劉義慶)의 봉호(封號)이다.
424. 《금수만화곡(후집錦繡萬花谷後集) · 누(樓)》
425. 한건(韓建: 855-912): 당말(唐末), 오대(五代) 시기 허주(許州) 출신으로 자가 좌시(佐時)이다. 당말(唐末) 희종(僖宗) 시절에 평장사(平章事)를 역임하였고, 오대(五代) 시기에는 사도(司徒), 평장사(平章事)를 역임하였다.
426. 소종(昭宗): 당(唐) 제20대 황제로 재위 기간은 873-888년이다.
427. 《오대사(五代史) · 잡전(雜傳)》의 내용을 재구성한 것이다.
428. 등자경(滕子京: 약 991-1047): 송(宋) 하남부(河南府) 출신으로 이름이 종량(宗諒)이고 자가 자경(子京)이다. 좌사간(左司諫)을 역임하였다.
429. 《고금사문유취속집(古今事文類聚續集) · 거처부(居處部)》
430. 《고금사문유취속집(古今事文類聚續集) · 거처부(居處部)》
431. 장상서(張尙書): 이름이 장건봉(張建封)이라고 하는데, 내력이 자세하지 않다.
432. 〈연자루삼수병서(鷰子樓三首并序)〉
433. 당(唐) 백거이(白居易), 《백씨장경집(白氏長慶集) · 율시(律詩)》
434. 소사(蕭史): 전설(傳說)에 전해지는 진(秦) 목공(穆公) 시절 사람으로, 통소를 잘 불었다고 한다.
435. 《고금사문유취속집(古今事文類聚續集) · 거처부(居處部)》

현(州縣)에 들어올 때에는 절루(節樓)를 쌓아 북과 피리로 환영하였다.

唐節度使入州縣, 築節樓, 迎以鼓角.[438]

남루(南樓) 유량(庾亮)[439]이 달빛을 타고 남루(南樓)에 올랐다.

庾亮乘月, 登南樓.[440]

신기루[신루(蜃樓)] 대합(大蛤)이 숨을 토해내는 것이 누대를 이룬다. 장창종(張昌宗)[441]에게는 청탁하는 사람들이 시장과 같자, 이담(李湛)[442]이 말하기를, "이는 해시(海市)의 신기루일 뿐이다"라 하였다.

蜃吐氣, 成樓臺. 張昌宗, 請托如市, 李湛曰, 此海市蜃樓耳.[443]

하루(何樓) 조송(趙宋)의 개국 초기, 도성에 '하루(何樓)'가 있었는데, 그 아래에서 파는 것들은 가짜가 많았다. 그래서 붙여진 이름이다.

趙宋國初, 京師有何樓, 其下所賣, 多僞. 故名.[444]

녹주루(綠珠樓) 석숭(石崇)[445]에게 녹주(綠珠)라는 기생이 있었는데, 손수(孫秀)[446]가 요구하다가 얻지 못하자, 손수는 왕명을 사칭하여 석숭을 잡아들였고 녹주는 스스로 누대 아래로 투신하여 죽었다.

石崇有妓曰綠珠, 孫秀求之不得, 秀矯詔收崇, 綠珠自投樓下而死.[447]

우씨루(虞氏樓) 우씨(虞氏)의 높은 누대는 큰 길에 접해 있다. 날아가던 솔개가 마침 썩은 쥐를 떨어뜨렸는데 협객(俠客)에게 맞았다. 협객(俠客)은 그 집을 멸망시켰다.《열자(列子)》

虞氏高樓, 臨路. 飛鳶, 適墜腐鼠, 中俠客. 俠客滅其家.〈列子〉[448]

일곱 층의 누대[칠중루(七重樓)] 서역(西域) 니파라국(尼婆羅國)[449]의 궁궐 안에는 일곱 층의 누대가

---

436. 전홍정(田弘正: 746-821): 당(唐) 평주(平州) 출신으로 자가 안도(安道)이다. 동중서문하평장사(同中書門下平章事)를 역임하였다.
437. 《구당서(舊唐書)·전홍정열전(田弘正列傳)》
438. 《신당서(新唐書)·백관지(百官志)》
439. 유량(庾亮: 289-340): 동진(東晉) 영천(穎川) 출신으로 자가 원규(元規)이다. 성제(成帝) 시절에 중서령(中書令)을 역임하였다.
440. 《고금사문유취(古今事文類聚)·천도부(天道部)》에는, "庾亮鎭武昌, 諸佐史殷浩之徒, 乘月登南樓. 俄而, 不覺亮至, 將起避. 亮曰, 諸君且住. 老子於此, 興復不淺. 便據胡床, 與浩等談詠"으로 되어 있다.
441. 장창종(張昌宗: ?-705): 당(唐) 정주(定州) 출신으로 외모가 준수하여 측천무후(則天武后)에게 총애를 받았다. 무후의 말년에 형인 장역지(張易之)와 함께 정권을 농락하다가 중종(中宗)이 복위되자 살해당하였다.
442. 이담(李湛: ?-722): 당(唐) 영주(瀛州) 출신으로 자가 홍종(興宗)이다. 산기상시(散騎常侍)를 역임하였고 월국공(越國公)에 봉해졌다.
443. 《고금사문유취속집(古今事文類聚續集)·거처부(居處部)》에는, "張昌儀兄弟, 恃易之昌宗之寵, 請託如市, 甲第奢侈. 李湛曰, 此海市蜃樓比耳, 豈長久計耶. 未幾禍及"으로 되어 있다.
444. 송(宋) 증조(曾慥), 《유설(類說)·고금시화(古今詩話)》에는, "世人語虛僞者, 爲何樓. 國初京師, 有何樓, 其下所賣物, 皆濫者. 故人以此目之. 今樓已廢, 語猶相傳"으로 되어 있다.
445. 석숭(石崇: 249-300): 서진(西晉)의 부호이자 문인으로 발해(渤海) 출신이다. 시중(侍中), 형주자사(荊州刺史) 등을 역임하였다.
446. 손수(孫秀: ?-301): 서진(西晉) 낭야(琅邪) 출신으로 자가 준충(俊忠)이다. 사마륜(司馬倫)을 도와 중서령(中書令)이 되었으나 뒤에 살해되었다.
447. 《고금사문유취속집(古今事文類聚續集)·거처부(居處部)》에, "梁氏女有容貌. 石季倫以真珠三斛買之, 即緑珠也. 孫秀使人求之, 崇竟不許. 崇曰, 我爲爾得罪. 珠泣曰, 當効死於君前, 因自投於樓下而死. 秀怒乃勸趙王倫誅崇. 遂矯詔收崇及潘岳·歐陽建等, 母兄妻子, 皆被害"로 되어 있는 내용을 재구성한 것이다.
448. 《열자(列子)·설부(說符)》에, "虞氏者, 梁之富人也. 家充殷盛, 錢帛無量, 財貨無訾. 登高樓, 臨大路, 設樂陳酒, 擊博樓上, 俠客相隨而行, 樓上博者, 射明瓊張中, 反兩搶魚, 而笑. 飛鳶適墜其腐鼠而中之. 俠客相與言曰, 虞氏富樂之日久矣, 而常有輕易人之志. 吾不侵犯之, 而乃辱我以腐鼠. 此而不報, 無以立慬於天下. 請與若等戮力一志, 率徒屬, 必滅其家爲等倫. 皆許諾. 至期日之夜, 聚衆積兵, 以攻虞氏, 大滅其家"로 되어 있는 내용을 재구성한 것이다.
449. 니파라국(尼婆羅國): 네팔을 가리킨다.

지어져 있는데, 구리 기와를 얹었고 기둥에는 모두 보석이 박혀 있으며, 네 모퉁이에는 구리 그릇을 두었고 금으로 된 용의 입에서 물을 뿜어 위로 그릇 안에 들어가게 하였다.

西域尼婆羅宮中, 作七重樓, 覆銅瓦, 楹柱皆雜寶, 四隅置銅槽, 自金龍口激水, 仰注槽中.450

초도루(焦度樓) 무창(武昌) 관아의 동남쪽 자성(子城)451 위에 초도루(焦度樓)가 있다. 《남사(南史)》의 기록이다. 송(宋) 명제(明帝)452가 무릉왕(武陵王)일 때, 참군(參軍) 심유지(沈攸之)453가 병사를 일으켜 하구(夏口)에까지 이르렀다. 초도(焦度)454가 그와 힘써 싸워 성이 그 덕에 온전하였기 때문에 초도루(焦度樓)라고 하였다.

武昌府治東南子城上, 有焦度樓. 南史. 宋明帝爲武陵王時, 參軍沈攸之, 起兵至夏口. 度與力戰, 城賴以全, 呼爲焦度樓.455

백척루(百尺樓) 낙양성(洛陽城)의 서북쪽에 누대가 있는데, 높이가 100척(尺)으로 위(魏) 문제(文帝)가 조성하였다. 또 남당(南唐)의 왕이 궁 안에 백척루(百尺樓)를 세우고 군신(群臣)들을 불러서 보였는데, 소엄(蕭儼)456이 말하기를, "아래에 우물이 없는 것이 유감입니다"라 하였다. 남당의 왕이 그 까닭을 묻자 대답하기를, "경양루(景陽樓)457에 미치지 못함이 유감스러울 뿐입니다"라 하자 남당의 왕은 화를 냈고, 소엄을 서주(舒州)로 좌천시켰다.

洛陽城西北, 有樓高百尺, 魏文帝造. 又南唐王, 宮中建百尺樓, 召群臣視之, 蕭儼曰, 恨下無井. 唐主問其故, 對曰, 恨不及景陽樓耳. 唐主怒, 貶儼舒州.458

영선루(迎仙樓) 고병(高駢)459이 영선루(迎仙樓) 등을 조성하였는데, 모두 높이가 80척이었다. 금과 옥으로 장식하였으며 시녀(侍女)들은 선녀의 옷을 입혔고 새로운 음악을 작곡하여, 균천(鈞天)460을 본떠 신선과 만나기를 구하였다.

高駢造迎仙等樓, 皆高八十尺. 飾以金玉, 侍女衣羽衣, 新聲度曲, 以擬鈞天, 祈與仙接.461

학작루(鶴雀樓) 포주성(蒲州城) 위에 있다.

在蒲州城上.462

승상루(勝賞樓) 오흥(吳興)의 백빈주(白蘋洲) 북쪽에 백빈정(白蘋亭)이 있는데 당(唐) 정원(貞元)463 연간에 세웠다. 송(宋)의 태수(太守) 조군기(趙君旣)464가 이 정자를 새롭게 손보고 그 옆에 다시 누대를 세워 승상루(勝賞樓)라고 하였다.

吳興白蘋洲北, 有白蘋亭, 唐貞元中建. 宋太守趙君旣, 新此亭, 復建樓於側, 名勝賞.465

---

450. 《신당서(新唐書)·서역열전(西域列傳)》의 내용을 재구성한 것이다.
451. 자성(子城): 본성(本城) 옆의 작은 성을 가리킨다.
452. 명제(明帝): 남조(南朝) 송(宋) 제7대 황제로 재위 기간은 465-472년이다.
453. 심유지(沈攸之: ?-478): 남조(南朝) 송(宋) 오흥(吳興) 출신으로 자가 중달(仲達)이다. 형주자사(荊州刺史)를 역임하였다.
454. 초도(焦度: 423-483): 남조(南朝) 송(宋), 제(齊) 시기 남안(南安) 출신으로 자가 문속(文續)이다.
455. 《산당사고(山堂肆考)·궁실(宮室)》
456. 소엄(蕭儼): 오대(五代) 여릉(廬陵) 출신으로 급사중(給事中)을 역임하였다.
457. 경양루(景陽樓): 진(陳) 후주(後主)가 자살한 곳이다.
458. 《자치통감(資治通鑑)·후진기(後晋紀)》에, "唐主, 於宮中作高樓, 召侍臣觀之. 衆皆歎美, 蕭儼曰, 恨樓下無井. 唐主問其故, 對曰, 以此不及景陽樓耳. 唐主怒, 貶於舒州觀察使"라 하였고, 호삼성(胡三省)의 주에, "陳後主起景陽樓, 隋兵至, 自投於樓下井中. 蕭儼引亡國以諫也"라 하였다.
459. 고병(高駢: ?-887): 당(唐) 유주(幽州) 출신으로 자가 천리(千里)이다. 여러 지방의 절도사(節度使)를 역임하였다.
460. 균천(鈞天): 고대(古代)의 신화(神話)나 전설(傳說)에서, 천제(天帝)가 산다고 하는 하늘의 중앙을 가리킨다.
461. 《신당서(新唐書)·반신열전(叛臣列傳)》
462. 《산당사고(山堂肆考)·궁실(宮室)》에는, "鸛雀樓, 在蒲州城上"으로 되어 있다.
463. 정원(貞元): 당(唐) 덕종(德宗)의 연호(785-805)이다.
464. 조군기(趙君旣): 내력이 자세하지 않다.

원경루(遠景樓) 미주(眉州)의 북쪽 언덕 위에 있다. 동파(東坡)의 기문(記文)이 있다.

在眉州北塘上. 東坡有記.[466]

종유루(鍾乳樓) 태원부(太原府)에 있다. 우뚝 솟은 언덕이 있는데 모양이 마치 종유석(鍾乳石)과 같다. 그 위에 층루(層樓)를 세웠는데 유람하고 조망하기에 매우 좋다.

在太原府. 有阜屹然, 狀若鍾乳. 上建重樓, 甚宜遊眺.[467]

관가루(觀稼樓) 응천부(應天府)에 있다. 양(梁) 무제(武帝)[468]가 세웠다.

在應天府. 梁武帝建.[469]

산화루(散花樓) 도마가지(都摩訶池)의 위에 있다. 촉(蜀) 왕수(王秀)[470]가 세웠다.

在都摩訶池上. 蜀王秀所建.[471]

천침루(穿針樓) 응천부(應天府)에 있다. 제(齊) 무제(武帝)[472])가 세웠는데, 궁중에서 칠석날 이 누대에 올라 바늘을 꿰게 하였다.

在應天府. 齊武帝建, 令宮中七夕登樓穿針.[473]

격구루(擊甌樓) 파현(巴縣)에 있다. 풍개(馮介)[474]의 시에, "자리에서 구(甌: 주발)를 치니, 맑기가 옥과 같다"라 하였다.

在巴縣. 馮介詩, 座上擊甌淸似玉.[475]

빈일루(賓日樓) 등주(登州)에 있다. 옛 우이(嵎夷)[476]의 땅이다.

在登州. 古嵎夷之地.[477]

주루(酒樓) 제녕주(濟寧州)의 남쪽 성 위에 있다. 이백(李白)이 하지장(賀知章)[478]과 이곳에서 술을 마셔서 또한 이백루(李白樓)라고도 한다.

在濟寧州南城上. 李白, 與賀知章觴之於此, 亦曰李白樓.[479]

문선루(文選樓) 양양부(襄陽府)에 있다. 양(梁)의 소명태자(昭明太子)[480]가 세웠는데, 현사(賢士)인 유견오(庾肩吾)[481], 유효감(劉孝感)[482], 서방(徐防)[483],

---

465. 《산당사고(山堂肆考)·궁실(宮室)》
466. 《촉중광기(蜀中廣記)·풍속기(風俗記)》
467. 《산당사고(山堂肆考)·궁실(宮室)》
468. 무제(武帝): 남조(南朝) 양(梁) 초대 황제로 재위 기간은 502-549년이다.
469. 《경정건강지(景定建康志)·성궐지(城闕志)》
470. 왕수(王秀): 내력이 자세하지 않다.
471. 《산당사고(山堂肆考)·궁실(宮室)》
472. 무제(武帝): 남조(南朝) 제(齊) 제2대 황제로 재위 기간은 483-493년이다.
473. 《산당사고(山堂肆考)·궁실(宮室)》
474. 풍개(馮介): 내력이 자세하지 않다.
475. 《산당사고(山堂肆考)·궁실(宮室)》
476. 우이(嵎夷): 지명인 듯하나 자세하지 않다.
477. 《산당사고(山堂肆考)·궁실(宮室)》에, "山東登州府治後, 有賓日樓. 登州, 古嵎夷之地, 取書寅賓日出之義, 以爲名也"로 되어 있다.
478. 하지장(賀知章: 659-744): 당대(唐代)의 시인이자 서예가로 자가 계진(季眞)이다. 예부시랑(禮部侍郞), 비서감(秘書監) 등을 역임하였다.
479. 《산당사고(山堂肆考)·궁실(宮室)》에는, "濟寧州南城上, 有李白酒樓. 白客任城時, 縣令賀知章觴之於此"로 되어 있다.
480. 소명태자(昭明太子: 501-531): 남조(南朝) 양(梁)의 소통(蕭統)으로 자가 덕시(德施)이다. 중국 최초의 시문집인 《문선(文選)》을 편찬하였다.
481. 유견오(庾肩吾): 남조(南朝) 양(梁)의 문인이자 서예가로 자가 자신(子愼)이다. 궁체시(宮體詩)의 대표작가로 알려져 있다.
482. 유효감(劉孝感): 유효위(劉孝威)의 오류이다. 유효위(劉孝威)는 남조(南朝) 양(梁)의 문인으로 악부와 오언시를 주로 지었다.
483. 서방(徐防): 내력이 자세하지 않다.

서릉(徐陵)[484] 등 10여 인을 모아놓고 '고제학사(高齊學士)'라고 불렀다. 주(注)의 기록이다. 여기에서 글을 골랐다.[《문선(文選)》을 편찬하였다.]

在襄陽府. 梁昭明太子所建, 聚賢士庾肩吾·劉孝感·徐防·徐陵等十餘人, 號高齊學士. 注. 選於此.[485]

석양루(夕陽樓) 개봉부(開封府)에 있다.

在開封府.[486]

춘풍루(春風樓) 남창부(南昌府)에 있다. 송(宋) 황지녕(況志寧)[487]의 다음과 같은 시가 있다. "갠 날에 솜버들은 화려한 난간을 스치고, 술집의 주렴은 푸른 구름 끝에 가벼이 날리네. 봄바람에 나비 날지만 어느 곳인지를 아는지, 근심 간절한 강남에 곡조는 이미 끝났는데."

在南昌府. 宋況志寧詩. 晴日遊絲拂畫欄, 酒帘輕颺碧雲端. 春風蝴蝶知何處, 愁切江南曲已殘.[488]

팔영루(八詠樓) 금화부(金華府)에 있다. 심약(沈約)[489]이 세웠는데 〈팔영시(八詠詩)〉가 있고, 이청조(李清照)[490]의 다음과 같은 시가 있다. "천고의 풍류가 있는 팔영루(八詠樓), 강산(江山)은 뒷사람들에게 근심을 남겼구나. 물은 남국(南國)의 삼천리로 통하고, 기세는 강성(江城)의 14주(州)를 제압하네."[491]

在金華府. 沈約建, 有八詠詩, 李易[492]詩. 千古風流八詠樓, 江山留與後人愁. 水通南國三千里, 氣壓江城十四州.[493]

만권루(萬卷樓) 보정부(保定府)에 있다. 원(元)의 장수인 가보(賈輔)[494]가 세웠는데, 경전(經傳)과 자사(子史), 백가(百家), 중류(衆流), 법서(法書), 명화(名畫)로 구분하여 9등급으로 하여 그 안에 두었다. 또 학경(郝經)[495]을 맞이하여 누대의 옆에 집을 짓고 거처하게 하고 책을 주어 마음대로 보도록 하였다.

在保定府. 元首帥賈輔建, 以經傳·子史·百家·衆流·法書·名畫, 別爲九等, 置其上. 又邀致郝經, 築堂於樓側居之, 盡畀以書, 肆其觀覽.[496]

백설루(白雪樓) 안륙주(安陸州)에 있다. 아래로 한수(漢水)를 대하고 있는데 송옥(宋玉)[497]의 '양춘백설(陽春白雪)'의 뜻을 취하였다. 유빈객(劉賓客)[498]의 다음과 같은 시가 있다. "강가의 누대는 높아 12계단인데, 계단마다 두루 오르니 구름과 가지런하구나. 사람과 포구에서 이별한 지 여러 해 지났는데,

---

484. 서릉(徐陵: 507-583): 남조(南朝) 양(梁), 진(陳)의 문학가로 자가 효목(孝穆)이다. 유견오(庾肩吾)와 함께 궁체시(宮體詩)의 대표작가로 알려져 있다.
485. 《호광통지(湖廣通志)·유우지(流寓志)》
486. 《산당사고(山堂肆考)·궁실(宮室)》에는, "夕陽樓, 在開封府滎陽縣"으로 되어 있다.
487. 황지녕(況志寧): 내력이 자세하지 않다.
488. 《산당사고(山堂肆考)·궁실(宮室)》
489. 심약(沈約: 441-513): 남조(南朝) 양(梁)의 문학가이자 사학가로 자가 휴문(休文)이다. 이부상서(吏部尙書), 태자소부(太子少傅) 등을 역임하였다. 사성론(四聲論)과 팔병설(八病說)을 제기하여 근체시(近體詩) 형성의 기틀을 마련하였다.
490. 이청조(李清照: 1084-약 1151): 송(宋) 제주(齊州) 출신으로 시문(詩文), 특히 사(詞)에 뛰어났다.
491. 시제(詩題)는 〈제팔영루(題八咏樓)〉이다.
492. '李易'은 '李易安'의 오류이다. 이안(易安)은 이청조의 호이다.
493. 《송원시회(宋元詩會)·향렴(香奩)》, 《산당사고(山堂肆考)·궁실(宮室)》에는, "金華府治西, 舊有元陽樓. 南齊太守沈約建, 有八詠詩. 宋郡守馮伉, 因此詩, 更名八詠樓. 李易詩…"로 되어 있다.
494. 가보(賈輔: 1192-1254): 금(金), 원(元) 시기 기주(祁州) 출신으로 자가 원덕(元德)이다.
495. 학경(郝經: 1223-1275): 원(元) 택주(澤州) 출신으로 자가 백상(伯常)이다. 박학하였으며 한림시독학사(翰林侍讀學士)를 역임하였다.
496. 《산당사고(山堂肆考)·궁실(宮室)》
497. 송옥(宋玉: 약 B.C. 340-약 B.C. 278): 전국(戰國) 시대 초(楚)의 문인으로 사부(辭賦)에 능하였다.
498. 유빈객(劉賓客: 772-842): 당대(唐代)의 문학가이자 사상가인 유우석(劉禹錫)으로 자가 몽득(夢得)이다. 태자빈객(太子賓客)을 역임하여 유빈객(劉賓客)의 칭호가 있다. 검교예부상서(檢校禮部尙書)를 역임하였다.

하늘은 거친 들을 향해 있어 시선이 낮아지네. 찬 기운 내내 음산함을 이겨낼 수 없고, 가을 빛 더욱 쓸쓸함을 어찌할 수 없구나. 난간에서 노래는 끝났으나 수심은 다하지 않는데, 물은 그저 동으로 흐르고 달은 그저 서쪽으로 가는구나."

在安陸州. 下臨漢水, 取宋玉陽春白雪之義. 劉賓客詩. 江上樓高十二梯, 梯梯登遍與雲齊. 人從別浦經年去, 天向平蕪儘眼低. 寒色不堪長黯黯, 秋光無奈更凄凄. 闌干曲盡愁無盡, 水正東流月正西.[499]

도손루(稻孫樓) 무위주(無爲州)[500]의 대안문(大安門) 위에 도손루(稻孫樓)가 있다. 송(宋) 미불(米芾)[501]이 가을에 누대에 올랐는데, 제비들이 모이고 논에는 벼가 푸른 것이 보여 사랑스러웠다. 노농(老農)에게 물으니, "도손(稻孫)[502]입니다. 벼를 수확하고 난 뒤 비가 와서 다시 싹을 낸 것입니다"라고 하였다. 미불이 기뻐하면서 누대의 이름으로 하였다.

無爲州大安門上, 有稻孫樓. 宋米芾, 秋日登樓, 燕集, 見田中禾靑可愛. 問諸老農, 曰, 稻孫也. 稻已獲, 得雨, 復抽餘穗. 芾喜而名樓.[503]

경소루(景蘇樓) 적계현(績溪縣)의 옛 추풍당(秋風堂)에 있다. 송(宋) 소흥(紹興)[504] 연간에 읍재(邑宰)인 조훈(曹訓)이 전의 수령이었던 소철(蘇轍)의 어짊을 사모하여 그의 초상(肖像)과 지은 시를 베껴 돌에 새기고 이 누대를 세워 보관하면서 경소루(景蘇樓)라 이름을 붙였다. 또 산동(山東)의 장산현(長山縣)에 회범루(懷范樓)가 있는데, 금(金)나라 때에 세워진 것으로 범중엄(范仲淹)[505]을 사모한다는 말이다.

在績溪縣舊秋風堂. 宋紹興間, 邑宰曹訓, 慕前令蘇轍之賢, 摹其遺像, 及所爲詩, 鐫於石, 建此樓, 貯之, 名曰景蘇. 又山東長山縣, 有懷范樓, 金時建, 謂思范仲淹也.[506]

피서루(避暑樓) 후당(後唐) 장종(莊宗)[507]이 궁중이 덥고 습하여 거처할 수 없음을 근심하여 높은 누대를 지어 더위를 피하고자 하였다. 이에 궁궐 정원의 관리자인 왕윤평(王允平)으로 하여금 짓도록 하였다. 곽숭도(郭崇韜)[508]가 말하기를, "바라건대 폐하께서는 창업(創業)의 어려움을 잊지 말고 항상 하상(河上)에 계실 때처럼 하신다면, 심한 더위를 그 자리에서 시원함으로 바꾸실 수 있을 것입니다"라고 하였다. 장종(莊宗)은 말이 없었는데, 결국 윤평(允平)으로 하여금 누대를 짓도록 하였다.

唐莊宗, 患宮中暑濕不可居, 欲得高樓, 以避暑. 乃遣宮苑使王允平營之. 郭崇韜曰, 願陛下無忘創業之難, 常如河上時, 則可使繁暑坐變清涼. 莊宗默然, 竟使允平建樓.[509]

연화루(蓮花樓) 개봉부(開封府)의 성 서쪽 성곽의 문 밖에 있다. 송(宋)나라 때 사대부들이 이곳에서

---

499. 《산당사고(山堂肆考) · 궁실(宮室)》
500. 무위주(無爲州): 지금의 안휘성(安徽省) 무위현(無爲縣)이다.
501. 미불(米芾: 1051-1107): 송(宋) 태원(太原) 사람으로 자가 원장(元章)이다. 시문(詩文)을 잘하였고 서화(書畫)에 뛰어나 일가를 이루었다.
502. 도손(稻孫): 벼를 벤 뒤에 남은 줄기에서 다시 나는 벼 싹을 가리킨다.
503. 《산당사고(山堂肆考) · 궁실(宮室)》
504. 소흥(紹興): 남송(南宋) 고종(高宗)의 연호(1131-1162)이다.
505. 범중엄(范仲淹: 989-1052): 송(宋) 오현(吳縣) 출신으로 자가 희문(希文)이다. 참지정사(參知政事)를 역임하였다. 시호(諡號)는 문정공(文正公)이다.
506. 《산당사고(山堂肆考) · 궁실(宮室)》
507. 장종(莊宗): 후당(後唐) 초대 황제로 재위 기간은 923-925년이다.
508. 곽숭도(郭崇韜: ?-926): 오대(五代) 대주(代州) 출신으로 자가 안시(安時)이다. 후당(後唐) 장종(莊宗) 시절에 추밀사(樞密使), 시중(侍中) 등을 역임하였다.
509. 《오대사(五代史) · 당신전(唐臣傳)》

전별(餞別)하였다.

在開封府城西郭門外. 宋時, 士大夫於此餞別.[510]

백작루(白鵲樓) 공주(贛州) 팔경대(八境臺)의 북쪽에 백작루(白鵲樓)가 있는데, 소동파(蘇東坡)의 다음과 같은 시가 있다. "백작루(白鵲樓) 앞의 비취색이 무더기를 이루니, 영운령(縈雲嶺) 밖에 꽃이 핀 듯하구나. 친구는 마땅히 천산(千山)의 밖에 있겠으나, 매화(梅花)를 부치지 않아도 먼 데 소식이 전해지네."[511]

贛州八境臺北, 有白鵲樓, 蘇東坡詩. 白鵲樓前翠作堆, 縈雲嶺外若爲開. 故人應在千山外, 不寄梅花遠信來.[512]

용금루(湧金樓) 항주부(杭州府)의 성 서쪽에 용금루(湧金樓)가 있는데, 송(宋) 군수(郡守) 서주(徐鑄)[513]가 세웠다.

杭州府城西, 有湧金樓, 宋郡守徐鑄建.[514]

망성루(望省樓) 당(唐) 최일지(崔日知)[515]가 내외직을 두루 거쳤지만 팔좌(八座)[516]에 있어 보지 못한 것을 유감으로 생각하여, 동도(東都: 낙양)의 청사 뒤에 누각을 하나 세우고 상서성(尙書省)과 서로 마주 보이게 하고는 망성루(望省樓)라 불렀다. 또 개봉부(開封府) 서문(西門)에는 망경루(望京樓)가 있다. 당(唐) 영호도(令狐綯)[517]의 시가 있다.

唐崔日知, 歷職中外, 恨不居八座, 於東都廳後, 起一樓, 與尙書省相望, 號望省樓. 又開封府西門, 有望京樓. 唐令狐綯有詩.[518]

소경루(昭慶樓) 당(唐) 이양(李陽)[519]이 소경현(昭慶縣)의 누대에 이름을 써놓았는데, 위섬(韋蟾)[520]이 다음과 같은 희롱의 시를 남겼다. "위수(渭水)와 진천(秦川)에 눈을 씻어 밝을 텐데, 희인(希仁)은 어찌하여 시정(詩情)이 적었던가. 다만 우희(虞姬)의 남편[521]을 배웠는지, 글 쓰는 것이 겨우 성명(姓名) 쓸 줄만 알았구나."[522]

唐李陽, 題名於昭慶縣樓, 韋蟾留謔曰. 渭水秦川拂眼明, 希仁何事寡詩情. 只因學得虞姬壻, 書字纔能記姓名.[523]

월파루(月波樓) 가흥부(嘉興府) 서북쪽 성 위에 있다. 송(宋) 원우(元祐)[524] 연간에, 정해(鄭獬)[525]의

---

510. 《산당사고(山堂肆考) · 궁실(宮室)》
511. 시제(詩題)는 〈건주팔경도팔수(虔州八境圖八首)〉이고, 인용된 시는 제3수이다.
512. 《산당사고(山堂肆考) · 궁실(宮室)》
513. 서주(徐鑄): 송(宋)의 오(吳) 지역 출신으로 자가 원균(元鈞)이다. 지방관으로 치적이 많았다.
514. 《산당사고(山堂肆考) · 궁실(宮室)》
515. 최일지(崔日知): 당(唐) 활주(滑州) 출신으로 자가 자준(子駿)이다. 여러 지방관과 경조윤(京兆尹)을 역임하였다.
516. 팔좌(八座): 봉건시대(封建時代) 중앙 정부의 8종의 고급 관원을 가리킨다. 역대 제도는 시대마다 조금씩 다르다.
517. 영호도(令狐綯: 795-872): 당(唐) 경조(京兆) 출신으로 자가 자직(子直)이다. 호주자사(湖州刺史), 한림학사(翰林學士), 동중서문하평장사(同中書門下平章事) 등을 역임하였다.
518. 《태평환우기(太平寰宇記) · 하남도(河南道)》에, "城西門樓, 本無名. 唐文宗大和二年, 節度使令狐陶, 重修, 因登臨賦詩曰, 夷門一鎮五經秋, 未得朝天未免愁. 因上此樓望京國, 便名樓作望京樓"라는 기록이 있다.
519. 이양(李陽): 내력이 자세하지 않다.
520. 위섬(韋蟾): 당(唐) 경조(京兆) 출신으로 자가 은규(隱圭)이다. 공부시랑(工部侍郞), 지제고(知制誥) 등을 역임하였다.
521. '우희서(虞姬壻)'는 항우(項羽)를 지칭하는 것으로, 《전한서(前漢書) · 항적열전(項籍列傳)》에, "籍少時, 學書不成去, 學劒, 又不成去, 梁怒之, 籍曰, 書足記姓名而已, 劒一人敵, 不足學, 學萬人敵耳. 於是梁奇其意, 乃教以兵法籍"이라는 기록이 있다.
522. 시제(詩題)는 〈장락역학이양급사제명(長樂驛謔李陽給事題名)〉이다.
523. 《산당사고(山堂肆考) · 궁실(宮室)》
524. 원우(元祐): 북송(北宋) 철종(哲宗)의 연호(1086-1093)이다.
525. 정해(鄭獬: 1022-1072): 송(宋) 안주(安州) 출신으로 자가 의부(毅夫)이다. 한림학사(翰林學士), 항주자사(杭州刺史) 등을 역임하였다.

다음과 같은 시가 있다. "들 색은 산과 단절됨이 없고, 하늘 빛은 진정 물과 서로 통한다." 장백옥(張伯玉)[526]의 다음과 같은 시가 있다. "풍경은 물의 신선을 따라가는 것 같고, 물색은 은하수를 따라 돌아가는 듯하구나."

在嘉興府西北城上. 宋元祐中, 鄭獬有詩. 野色更無山斷絶, 天光眞與水相通. 張伯玉詩. 風光似逐水仙去, 物色如從雲漢歸.[527]

취원루(聚遠樓) 동파(東坡)의 〈취원루(聚遠樓)〉라는 다음과 같은 시가 있다. "끝없는 청산은 흩어져 거둘 수 없고, 구름은 달리고 물결은 말려 발을 거는 고리 사이로 들어온다. 단지 안력(眼力)으로 경계를 삼을 뿐이니, 어찌 다만 세상의 만호후(萬戶侯)에 신경 쓰리."[528]

東坡聚遠樓詩. 無限靑山散不收, 雲奔浪捲入簾鉤. 直將眼力爲疆界, 何啻人間萬戶侯.[529]

내청루(來靑樓) 송강부(松江府) 청룡강(靑龍江) 가에 있다. 원(元)의 도수감(都水監)인 임인발(任仁發)[530]이 세웠다. 양유진(楊維禛)[531]의 시가 있다.

在松江府靑龍江上. 元都水監任仁發建. 楊維禛有詩.[532]

영취루(迎翠樓) 태원부(太原府) 번치현(繁峙縣)의 시내에 있다. 옛날에는 진무각(眞武閣)이라 하였는데, 원(元)의 현윤(縣尹)이었던 이덕휘(李德輝)가 지금의 이름으로 바꿨다.

在太原府繁峙縣市中. 舊爲眞武閣, 元縣尹李德輝, 改今名.[533]

중선루(仲宣樓) 형주(荊州) 당양현(當陽縣)의 성위에 있다.

在荊州當陽縣城上.[534]

십삼루(十三樓) 13간(間)의 누대로, 항주(杭州) 서호(西湖)의 북쪽 언덕에 있다. 동파(東坡)의 〈남가자(南柯子)〉라는 다음과 같은 사(詞)가 있다. "산은 노래하는 사람의 눈썹처럼 모여져 있고, 물결은 취한 사람의 눈처럼 흐른다. 유람하는 사람들 모두 십삼루(十三樓)에 오르니, 죽서가(竹西歌)에서 옛 양주(楊州)를 노래함을 부러워하지 않네."

十三間樓, 在杭州西湖之北岸. 東坡南柯子詞. 山與歌眉斂, 波同醉眼流. 遊人都上十三樓, 不羨竹西歌吹古楊州.[535]

죽루(竹樓) 황주(黃州)에 있다.

在黃州.[536]

누대에 행차하여 잔치를 베풀다[어루사연(御樓賜宴)] 건중(建中)[537] 2년에, 덕종(德宗)[538]이 경서방추병(京西防秋兵) 1만 2,000을 보내어 관동(關東)을 지키게 할 때, 망춘루(望春樓)에 행차하여 연회를 베풀고 위로하는데, 신책군(神策軍)[539]의 장수와 사병들만은 술을 마시지 않았다. 황제가 사람을 보내 힐

526. 장백옥(張伯玉): 송(宋) 건주(建州) 출신으로 자가 공달(公達)이다. 어사(御使)를 역임하였다. 시에 뛰어나고 술을 잘하여 '장백편(張百篇)', '장백배(張百杯)'라는 별명이 있었다.
527. 《산당사고(山堂肆考)·궁실(宮室)》
528. 시제(詩題)는 〈단동년구덕흥유씨취원루시삼수(單同年求德興俞氏聚遠樓詩三首)〉이고, 인용된 시는 제2수이다.
529. 《산당사고(山堂肆考)·궁실(宮室)》
530. 임인발(任仁發): 원(元) 송강(松江) 출신으로 자가 자명(子明)이다. 절동도선위부사(浙東道宣慰副使)를 역임하였다.
531. 양유진(楊維禛): 내력이 자세하지 않다.
532. 《산당사고(山堂肆考)·궁실(宮室)》
533. 《산당사고(山堂肆考)·궁실(宮室)》
534. 《산당사고(山堂肆考)·궁실(宮室)》에는, "仲宣樓, 即荊州當陽縣城樓"로 되어 있다.
535. 《금수만화곡후집(錦繡萬花谷後集)·누(樓)》
536. 《산당사고(山堂肆考)·궁실(宮室)》에, "黃州府治西北城上, 有竹樓. 宋郡守王禹偁元之建, 自作記"라는 기록이 있다.
537. 건중(建中): 당(唐) 덕종(德宗)의 연호(780-783)이다.
538. 덕종(德宗): 당조(唐朝) 제11대 황제로 재위 기간은 780-805년이다.

책을 하니 그 장수인 양혜원(楊惠元)[540]이 대답하기를, "신 등이 칙명을 받드는 군대를 출병하게 되어 장수 장거제(張巨濟)가 경계하기를, '이번의 출정에서 크게 공명을 세우고 개선하는 날, 서로 즐기도록 하자. 만약 승리하기 전에는 술을 마시지 말라'고 하였습니다. 그래서 감히 명을 받들지 못하였습니다" 라고 하였다. 출정하게 되자 담당자들이 길에 따라 술과 먹을 것을 마련하여 놓았는데, 유독 양혜원이 인솔하는 부대만은 한 병의 술도 들지 않았다. 황제가 깊이 감탄하여, 글을 내려서 칭찬하고 위로하였다.

建中二年, 德宗發京西防秋兵萬二千, 戍關東, 御望春樓, 宴勞之, 神策將士獨不飮. 上使詰之, 其將楊惠元對曰, 臣等發奉天軍, 帥張巨濟戒之曰, 此行大建功名, 凱旋之日, 相與爲歡. 苟未捷, 勿飮酒. 故不敢奉詔. 及行, 有司緣道設酒食, 獨惠元所部, 缾罍不發. 上深嘆之, 賜書獎勞.[541]

누대에 올라 맑게 휘파람을 불다[등루청소(登樓淸嘯)] 유곤(劉琨)[542]이 진양(晉陽)[543]에서 일찍이 호족(胡族)의 기병(騎兵)에게 여러 겹으로 포위당하였다. 유곤이 이에 달빛을 타고 누대에 올라 맑게 휘파람을 불자, 적들이 듣고 모두 슬퍼하며 길게 탄식하더니 포위를 풀고 달아났다.

劉琨在晉陽, 嘗爲胡騎所圍數重. 琨乃乘月登樓淸嘯, 賊聞之, 皆悽然長嘆, 棄圍而走.[544]

누각 閣

- 《설문해자(說文解字)》에서 말하였다. 누대가 중첩된 집이 바로 각(閣)이다.
  說文曰. 樓重屋, 卽閣也.[545]

초령각(招靈閣) 한(漢) 무제(武帝)가 초령각(招靈閣)을 세웠는데, 신녀(神女)가 옥비녀를 무제에게 주자 무제는 조첩여(趙婕妤)에게 그것을 주었다. 소제(昭帝)[546] 원봉(元鳳)[547] 연간에 이르러, 궁녀들이 이 비녀를 보고 공모하여 부수려고 하여 비녀갑을 보니 흰 제비만이 보이는데 하늘로 날아가 버렸다. 후에 궁녀들은 항상 옥비녀를 만들었고, 이 때문에 이름을 '옥연차(玉燕釵)'라 하였는데, 상서로움을 말한 것이다. 또 감천궁(甘泉宮)의 서쪽에 초선각(招仙閣)을 세웠다. 당(唐) 송지문(宋之問)[548]의 시에, "의선각(儀仙閣)에서 초안을 잡는다(起草儀仙閣)"라는 구절이 있다.[549]

漢武帝起招靈閣, 有神女留玉釵與帝, 帝賜趙婕妤. 至昭帝元鳳中, 宮人猶見此釵, 共謀欲碎, 及視釵匣, 惟見白燕升天. 後宮人常作玉釵, 因名玉燕釵, 言其吉祥也. 又起招仙閣於甘泉宮西. 唐宋之問詩, 起草儀仙閣.[550]

539. 신책군(神策軍): 당대(唐代) 금군(禁軍)의 명칭이다.
540. 양혜원(楊惠元): 당(唐) 평주(平州) 출신이다. 검교공부상서(檢校工部尙書), 패주자사(貝州刺史)를 역임하였다.
541. 《자치통감(資治通鑑)·당기(唐紀)》
542. 유곤(劉琨: 271-318): 서진(西晉) 중산(中山) 출신으로 자가 월석(越石)이다. 대장군(大將軍), 태위(太尉) 등을 역임하였다.
543. 진양(晉陽): 지금의 산서성(山西省) 태원시(太原市)이다.
544. 《진서(晉書)·유곤열전(劉琨列傳)》의 내용을 재구성한 것이다.
545. 《산당사고(山堂肆考)·궁실(宮室)》[《설문해자(說文解字)·목부(木部)》에는, "說文曰. 樓重屋也"로 되어 있고 '卽閣'은 없다.
546. 소제(昭帝): 서한(西漢) 제7대 황제로 재위 기간은 B.C. 86-B.C. 74년이다.
547. 원봉(元鳳): 한(漢) 소제(昭帝)의 연호(B.C. 80-B.C. 75)이다.
548. 송지문(宋之問: ?-712): 당대(唐代)의 시인으로 자가 연청(延淸)이다. 고공원외랑(考功員外郞)을 역임하였다.
549. 시제(詩題)는 〈봉화고부리원외추야우직지작(奉和庫部李員外秋夜寓直之作)〉이다.

승원각(昇元閣) 응천부(應天府)의 서남쪽에 있다. 다른 이름으로 '와관(瓦館)'이라 한다. 양(梁)나라 시기에 세워졌는데 높이가 240장(丈)이다. 적인걸(狄仁傑)[551]의 다음과 같은 시가 있다. "구름이 흩어지니 천 리를 조망하기에 좋고, 해가 기우니 그림자는 성의 반을 뒤덮네."

在應天府西南. 一名瓦館. 梁時建, 高二百四十丈. 狄仁傑詩, 雲散便宜千里望, 日斜常占半城陰.[552]

석거각(石渠閣) 《삼보황도(三輔黃圖)》의 기록이다. 석거각(石渠閣)은 소하(蕭何)[553]가 지었다. 아래에 맷돌로 도랑을 만들어 물을 뺐는데 지금의 어구(御溝)[554]와 같다. 그 때문에 이것으로 누각의 이름을 지었다. 관문을 들어올 때 얻었던 진(秦)의 도적(圖籍)들을 보관하였는데, 성제(成帝)[555] 때에 이르기까지 또한 여기에 중요한 책들을 보관하였다.

三輔黃圖. 石渠閣, 蕭何造.下礱爲渠, 以導水, 若今御溝. 因以名閣. 藏入關時所得秦圖籍, 至成帝, 又於此藏秘書.[556]

탁수각(擢秀閣) 잠산현(潛山縣)의 북쪽에 있다. 송(宋) 진관(陳瓘)[557]이 일찍이 이곳에서 책을 읽었는데 후에 과거에 급제하였다. 황정견(黃庭堅)[558]이 그래서 이것으로 누각의 이름을 짓고 직접 그 편액(扁額)을 썼다.

在潛山縣北. 宋陳瓘, 嘗讀書于此, 後擢第. 黃庭堅, 因以名其閣, 自書其扁.[559]

사향각(四香閣) 《천보유사(天寶遺事)》의 기록이다. 당(唐) 양국충(楊國忠)[560]이 침향(沈香)[561]으로 누각을 짓고 단향목(檀香木)으로 난간을 만들었으며, 사향(麝香)과 유향(乳香)[562]으로 회를 만들어 누각의 벽을 발라, 그것을 사향각(四香閣)이라 하였다.

天寶遺事. 唐楊國忠, 用沈木爲閣,[563] 檀香爲欄檻, 以麝香乳香爲泥, 飾於閣壁, 謂之四香閣.[564]

삼서각(三瑞閣) 가정주(嘉定州) 공현(邛縣)의 서쪽에 있다. 송(宋) 보원(寶元)[565] 연간에 세워졌는데, 연(蓮), 벼[화(禾)], 지초(芝草)의 세 가지 상서로운 것이 있었기 때문이다. 가우(嘉祐)[566] 연간에 또 꼭지가 함께 달린 연과 아홉 이삭의 벼와 쌍둥이 송아지의 세 가지 상서로움이 있어 이름을 얻게 되었다.

---

550. 《산당사고(山堂肆考)·궁실(宮室)》
551. 적인걸(狄仁傑: 630-700): 당(唐) 병주(幷州) 출신으로 자가 회영(懷英)이다. 시어사(侍御史), 예주자사(豫州刺史)를 역임하였다.
552. 《산당사고(山堂肆考)·궁실(宮室)》
553. 소하(蕭何: ?-B.C. 193): 유방(劉邦)을 도와 서한(西漢)을 개국한 공신이다.
554. 어구(御溝): 궁궐을 통해 나오는 물길을 가리킨다.
555. 성제(成帝): 서한(西漢) 제10대 황제로 재위 기간은 B.C. 32-B.C. 7년이다.
556. 원(元) 유훈(劉壎), 《은거통의(隱居通議)·지리(地理)》에 '下礱爲渠'는, '其下礱石爲渠'로 되어 있다.
557. 진관(陳瓘: 1057-1124): 송(宋) 남검주(南劍州) 출신으로 자가 형중(瑩中)이다. 태학박사(太學博士), 교서랑(校書郎)을 역임하였다.
558. 황정견(黃庭堅: 1045-1105): 북송(北宋)의 시인으로 자가 노직(魯直)이다. 형식주의적인 면이 강한 강서시파(江西詩派)의 창시자로 칭해진다. 교서랑(校書郎)을 역임하였다.
559. 《산당사고(山堂肆考)·궁실(宮室)》
560. 양국충(楊國忠: ?-756): 당(唐) 포주(蒲州) 출신으로 본명은 조(釗)이다. 양귀비(楊貴妃)의 힘으로 시어사(侍御史), 재상(宰相)을 역임하였다.
561. 침향(沈香): 향나무의 이름이다.
562. 유향(乳香): 감람(橄欖)나무의 수액에서 나는 향을 가리킨다.
563. 《고금사문유취속집(古今事文類聚續集)·향다부(香茶部)》에 '沈木'은, '沈香'으로 되어 있다.
564. 《고금사문유취속집(古今事文類聚續集)·향다부(香茶部)》
565. 보원(寶元): 북송(北宋) 인종(仁宗)의 연호(1038-1039)이다.
566. 가우(嘉祐): 북송(北宋) 인종(仁宗)의 연호(1056-1063)이다.

在嘉定州邛縣西. 宋寶元間建, 有蓮·禾·芝三瑞故也. 嘉祐間, 又有竝蒂蓮·九穗禾·雙犢牛三瑞, 因名.[567]

포현각(褒賢閣) 송(宋)의 지추밀원사(知樞密院事) 오거후(吳居厚)[568]는 휘종(徽宗)[569]에게 인정을 받았는데, 사저(私邸)에 누각을 세워 하사받은 책을 보관하였다. 또 '포현지각(褒賢之閣)'이라는 네 글자를 직접 써서 내려주어 그를 총애하였다.

宋樞密吳居厚, 被徽宗遇, 爲建閣於私第, 以藏賜書. 又親書褒賢之閣四字, 以寵之.[570]

보문각(寶文閣) 송(宋)나라가 변경(汴京)에 도읍하였을 때에는, 천장(天章), 용도(龍圖), 보문(寶文), 현모(顯謨), 휘유(徽猷), 부문(敷文) 등의 여러 누각을 두어, 모두 여러 황제들의 어서(御書)를 보관하였다.

宋都汴時, 有天章·龍圖·寶文·顯謨·徽猷·敷文諸閣, 皆置以藏諸帝御書者.[571]

사륜각(絲綸閣) 중서성(中書省)에서 조서(詔書)를 담당하였기 때문에 사륜각(絲綸閣)이라 하였다.

中書職掌綸誥, 因謂絲綸閣.[572]

절계각(折桂閣) 약정현(藥亭縣) 현위(縣尉)의 청사(廳舍)에 있다. 송(宋) 우문전수찬(右文殿脩撰)인 이기(李夔)[573]가 현위(縣尉)일 때, 아들 이강(李綱)[574]이 이곳에서 태어났다. 후에 이강이 재상이 되자 이 때문에 상공각(相公閣)이라 일컫게 되었다.

在藥亭縣尉廳. 宋右文殿脩撰李夔, 爲尉時, 生子綱于此. 後綱爲相, 因呼爲相公閣.[575]

아각(阿閣) 중첩된 누각이다. 황제(黃帝) 시절에 흰 봉황이 아각(阿閣)에 둥지를 틀었다.

重閣也. 黃帝時, 白鳳巢于阿閣.[576]

봉각(鳳閣) 당(唐) 왕휘(王徽)[577]의 증조(曾祖)인 왕택(王擇)[578]의 종형제들이 모두 진사 시험에 합격하여 봉각사인(鳳閣舍人)에 이른 자가 셋이나 되자, 봉각왕씨(鳳閣王氏)라 부르게 되었다.

唐王徽曾祖王擇從昆弟, 皆擢進士第, 至鳳閣舍人者, 三, 號鳳閣王氏.[579]

유반(劉攽)[580]이 중서사인(中書舍人)에 제수된 뒤, 옛 제도를 복원하여 서성(西省)[581]에 자미각(紫薇閣)을 세울 것을 청하였다.

567.《산당사고(山堂肆考)·궁실(宮室)》

568. 오거후(吳居厚: 1038-1114): 송(宋) 홍주(洪州) 출신으로 자가 돈노(敦老)이다. 호부상서(戶部尙書), 중서문하시랑(中書門下侍郞), 지추밀원사(知樞密院事) 등을 역임하였다.

569. 휘종(徽宗): 북송(北宋) 제8대 황제로 재위 기간은 1101-1125년이다.

570.《강성명적(江城名蹟)·고고(攷古)》에, "在東湖傍. 宋樞吳君厚, 建於私第, 以藏賜書. 徽宗親書褒賢之閣四字, 以寵之. 今廢"라고 하였다.

571.《산당사고(山堂肆考)·궁실(宮室)》

572.《산당사고(山堂肆考)·궁실(宮室)》

573. 이기(李夔: 1047-1121): 송(宋) 소무(邵武) 출신으로 자가 사화(師和)이다. 화정현위(華亭縣尉), 우문전수찬(右文殿脩撰), 용도각대제(龍圖閣待制) 등을 역임하였다.

574. 이강(李綱: 1083-1140): 송(宋) 소무(邵武) 출신으로 자가 백기(伯紀)이다. 이기(李夔)의 아들로 상서좌복야겸문하시랑(尙書左僕射兼門下侍郞)을 역임하였다.

575.《산당사고(山堂肆考)·궁실(宮室)》

576.《산당사고(山堂肆考)·궁실(宮室)》

577. 왕휘(王徽: ?-890): 당(唐) 경조(京兆) 출신으로 자가 소문(昭文)이다. 호부시랑(戶部侍郞), 동중서문하평장사(同中書門下平章事)를 역임하였다.

578. 왕택(王擇): 내력이 자세하지 않다.

579.《신당서(新唐書)·왕휘열전(王徽列傳)》

580. 유반(劉攽): 송(宋) 임강군(臨江軍) 출신으로 자가 공부(貢父)이다. 중서사인(中書舍人)을 역임하였고《자치통감(資治通鑑)》편찬에 참여하였다.

581. 서성(西省): 중서성(中書省)의 별칭이다.

劉邠[582]拜中書舍人, 請復古制, 建紫薇閣於西省.[583]

기린각(麒麟閣) 소하(蕭何)가 지은 것이다. 선제(宣帝)[584]가 그 위에 곽광(霍光)[585], 장안세(張安世)[586] 등의 공신(功臣) 12인을 그려 놓도록 하였다.

蕭何所造. 宣帝圖功臣霍光張安世等十二人於上.[587]

능연각(凌烟閣) 당(唐) 태종(太宗)이 능연각(凌烟閣)에 공신 24인을 그려 놓도록 하였다.

唐太宗, 圖功臣二十四人於凌烟閣.[588]

덕종(德宗)이 일찍이 능연각(凌烟閣)에 올랐는데 좌측 벽을 보니 무너지고 벗겨져 쓴 글자가 이지러져 한 줄에 겨우 몇 자만 남아 있었다. 기록하도록 명령하면서 재상들에게 물으니 아는 자가 없었다. 장예(蔣乂)[589]를 불러 이르게 하니, 대답하기를, "이것은 성력(聖曆)[590] 연간의 시신(侍臣) 도찬(圖贊)입니다"라 하고는 황제의 앞에서 입으로 외워 보충하였는데, 한 글자도 틀리지 않았다.

德宗嘗登凌烟閣, 視左壁, 頽剝, 題文漫缺, 行纔數字. 命錄以問宰相, 無能知者. 召蔣乂至, 答曰, 此聖曆中侍臣圖贊. 帝前, 口以誦補, 不失一字.[591]

천록각(天祿閣) 유향(劉向)[592]이 천록각(天祿閣)에서 교서(校書)를 할 때, 밤이 되어 어두워졌는데도 홀로 앉아 책을 읽고 있었다. 노란 옷을 입은 어떤 노인이 청려장(青黎杖)을 짚고 누각을 두드리고 들어왔다. 지팡이의 끝을 불어 불을 붙이고 유향에게 개벽(開闢) 이전의 일들을 말하여 주었다. 유향은 이어 오행(五行)과 홍범(洪範)의 글을 받았는데, 새벽이 되자 떠나면서 말하기를, "나는 태을(太乙)[593]의 정령으로, 천제(天帝)께서 묘금(卯金)[594]의 아들 중에 박학한 자가 있다고 들으시고 내려가서 살펴보도록 하셨다"라고 하였다. 그리고서 죽첩(竹牒)으로 된 천문지리(天文地理)에 관한 책을 꺼내어 모두 그에게 주었다.

劉向校書天祿閣, 夜暗獨坐誦書. 有老人黃衣, 植青黎杖, 叩閣而進. 吹杖端烟燃, 與向說開闢以前. 向因受五行·洪範之文, 至曙而去曰, 我太乙之精, 天帝聞卯金之子, 有博學者, 下而觀焉. 乃出竹牒天文地理之書, 悉以授之.[595]

양웅(揚雄)[596]이 천록각(天祿閣) 위에서 교서(校書)하는데 사자(使者)가 양웅을 잡으러 왔다. 양웅이 천록각 위에서 뛰어내려 거의 죽을 뻔하였다.

---

582. '邠'은 '放'의 오류이다.
583. 《송사(宋史)·유반열전(劉攽列傳)》
584. 선제(宣帝): 서한(西漢) 제8대 황제로 재위 기간은 B.C. 73-B.C. 49년이다.
585. 곽광(霍光: ?-B.C. 68): 서한(西漢) 하평(河平) 출신으로 자가 자맹(子孟)이다. 대사마대장군(大司馬大將軍)을 역임하였으며 정치를 전횡하였다.
586. 장안세(張安世: ?-B.C. 62): 서한(西漢) 경조(京兆) 출신으로 자가 자유(子孺)이다. 상서령(尚書令), 대사마거기장군(大司馬車騎將軍)을 역임하였다.
587. 송(宋) 정대창(程大昌), 《잡록(雜錄)》 권2의 내용을 재구성한 것이다.
588. 《신당서(新唐書)·예문지(藝文志)》의 내용을 재구성한 것이다.
589. 장예(蔣乂: 747-821): 당(唐) 상주(常州) 출신으로 자가 덕원(德源)이다. 박학하였고 판집현원사(判集賢院事), 비서감(秘書監) 등을 역임하였다.
590. 성력(聖曆): 당(唐) 예종(睿宗)의 연호(698-700)이다.
591. 《신당서(新唐書)·장예열전(蔣乂列傳)》
592. 유향(劉向: B.C. 77-B.C. 6): 서한(西漢) 사학자이자 문학가이다. 패(沛) 출신으로 자가 자정(子政)이다. 간의대부(諫議大夫)를 역임하였고 궁중의 서적을 정리하여 《별록(別錄)》을 편찬하였다.
593. 태을(太乙): 태일(太一)로도 쓰며 북극(北極)의 신 이름이라고 한다.
594. 묘금(卯金): '유씨(劉氏)'를 가리키는 말로 '묘금도(卯金刀)'라고도 한다.
595. 《삼보황도(三輔黃圖)·각(閣)》의 내용을 재구성한 것이다.
596. 양웅(揚雄: B.C. 53-A.D.18): 서한(西漢) 유학자로 성도(成都) 출신이며 자가 자운(子雲)이다. 박학하였고 《태현경(太玄經)》, 《법언(法言)》 등을 저술하였다.

楊雄校書天祿閣上, 使者收雄. 雄從閣上自投, 幾死.597

쾌각(快閣) 황산곡(黃山谷)의 다음과 같은 시가 있다. "어리석은 자가 관사(官事)를 마치니, 쾌각(快閣)은 동서로 비 갠 뒤의 저녁 기운이다. 온 산엔 나뭇잎 지고 하늘은 먼데, 맑은 강 한 줄기에 달이 밝구나."598

山谷詩. 癡兒了却公家事, 快閣東西倚晩晴. 木落千山天遠大, 澄江一道月分明.599

만각(幔閣) 배구(裴矩)600는 수(隋) 양제(煬帝)가 비단 누대와 천막 누각을 벌려 놓았던 것을 풍자하였다.

裴矩, 諷隋煬列繒樓幔閣.601

정자와 대 亭臺

- 정(亭)은 '멈춤[정(停)]'이다. 길에서 머무는 곳이고, 사람들이 멈추고 모이는 곳이다. 〈석명(釋名)〉
  亭, 停也. 道路所舍, 人所停集也.〈釋名〉602
- 대(臺)는 '지탱함[지(持)]'이다. 흙을 쌓아 단단하고 높게 하여 스스로 지탱할 수 있음을 말하는 것이다.〈위와 같다〉
  臺, 持也. 言築土堅高, 自能持也.〈同〉603
- 흙이 높은 것을 '대(臺)'라 하고, 나무가 있는 것을 '사(榭)'라 한다.〈서경(書經) 13경주소〉
  土高曰臺, 有水曰榭.604〈書註〉605
- 중하(仲夏: 음력 5월)에는 높고 밝은 데에 사는 것이 좋고, 누대와 정자에 머무는 것이 좋다.〈월령(月令)〉
  仲夏, 可以居高明, 可以處臺榭.〈月令〉606
- 아홉 층의 누대도 흙덩이를 쌓는 데에서 시작된다.《노자(老子)》
  九層之臺, 起於累土.〈老〉607

착월정(捉月亭) 정자(亭子)는 채석산(采石山)에 있다. 세속에 전해지는 말에, 이백(李白)이 채석강(采石江)을 건너다가 술에 취해 물 가운데에서 달을 잡으려 했다고 한다. 뒷사람들이 이것으로 정자를 이름 붙였다.

亭在采石山. 世傳, 李白過采石江, 酒狂, 水中捉月. 後人, 因以名亭.608

유운정(留雲亭) 정자(亭子)는 윤주(潤州) 금산(金山)의 꼭대기에 있다. 평락부(平樂府)의 선궁령(仙

597.《고금사문유취속집(古今事文類聚續集)·거처부(居處部)》

598. 시제(詩題)는 〈등쾌각(登快閣)〉으로 전체 시는, "癡兒了却公家事, 快閣東西倚晩晴. 落木千山天遠大, 澄江一道月分明. 朱絃已爲佳人絶, 靑眼聊因美酒橫. 萬里歸船弄長笛, 此心吾與白鷗盟"이다.

599.《산곡외집(山谷外集)》 권7.

600. 배구(裴矩: ?-627): 수당(隋唐) 교체기의 강주(絳州) 출신으로 자가 홍대(弘大)이다. 박학하였고 수(隋)에서 이부시랑(吏部侍郎)을 역임하였다.《서역도기(西域圖記)》를 저술하였다.

601.《신당서(新唐書)·배구열전(裴矩列傳)》에, "諷帝悉召天下奇倡怪伎, 大陳端門前, 曳錦縠珥金琲者十余萬, 百官都人列繒樓幔閣夾道, 被服光麗"라고 하였다.

602.《석명(釋名)·석궁실(釋宮室)》

603.《석명(釋名)·석궁실(釋宮室)》

604.《서경(書經)》 13경주소에 '有水'는, '有木'으로 되어 있다.

605.《서경(書經)·주서(周書)·태서상(泰誓上)》 13경주소의 주.

606.《예기(禮記)·월령(月令)》에는, "可以居高明, 可以遠眺望, 可以升山陵, 可以處臺榭"로 되어 있다.

607.《노자(老子)·64장》

608.《산당사고(山堂肆考)·궁실(宮室)》

宮嶺)에는 상풍정(翔風亭)이 있는데, 송(宋) 추호(鄒浩)[609]가 세워서 피서하는 곳으로 삼았다.

亭在潤州金山之絶頂. 平樂府仙宮嶺, 有翔風亭, 宋鄒浩建, 以爲避暑之所.[610]

간월정(干越亭) 정자(亭子)는 여간현(餘干縣) 양각산(羊角山)에 있다. 앞에 비파주(琵琶洲)가 보이는데 당(唐) 이덕유(李德裕)가 세웠다.

亭在餘干縣羊角山. 前瞰琵琶洲, 唐李德裕建.[611]

곡분정(鵠奔亭) 정자(亭子)는 조경부(肇慶府)의 성 남쪽에 있다. 《수신기(搜神記)》를 살펴보면 다음과 같은 기록이 있다. 한(漢)나라 때, 구강(九江)의 하창(何敞)[612]이 교주자사(交州刺史)가 되어, 관할 지역을 순시하다가 고요(高要)에 이르러 이 정자에서 자게 되었다. 밤에 어떤 여인이 부르며 말하기를, "첩은 본래 광신현(廣信縣) 소씨(蘇氏)의 딸로 이름이 아가(娥嫁)입니다. 같은 현 시씨(施氏)의 아내가 되었는데 남편이 죽었습니다. 여러 가지 비단을 남겨주어, 여종과 함께 이웃 현(縣)에서 팔고 날이 저물어 이 정(亭)에서 자다가, 모두 정장(亭長)인 공수(龔壽)에게 찔려 죽었고 함께 누대 아래에 매장되었습니다"라고 하였다. 하창이 이에 시체를 파내었고 공수를 잡아들이니 공수가 죄를 모두 인정하였다. 처음에 시체를 파낼 때, 두 마리의 고니가 그 정자에서 달아나 붙여진 이름이다.

亭在肇慶府城南. 按搜神記. 漢九江何敞, 爲交州刺史, 行部至高要, 宿于此亭. 夜有女子呼曰, 妾本廣信蘇氏女, 名娥嫁. 爲同縣施氏妻, 夫死. 遺有雜繒, 偕婢鬻之旁縣, 日暮宿于此亭, 俱爲亭長龔壽刺死, 合埋樓下. 敞乃掘尸, 捕壽, 壽具伏罪. 初發尸時, 有雙鵠奔其亭, 故名.[613]

무루정(蕪蔞亭) 한(漢) 광무제(光武帝)가 계(薊)에 이르렀는데, 마침 왕자(王子) 유접(劉接)이 계(薊)에서 군대를 일으켜 왕랑(王郎)[614]에 대응하였다. 성 안이 혼란해져 광무제는 말을 재촉하여 나간 뒤에 감히 성내로 들어오지 못하여 길가에 머물며 밥을 먹었다. 무루정(蕪蔞亭)에 이르렀을 때 날씨가 심히 추웠는데, 풍이(馮異)[615]가 콩죽을 올렸다.

漢光武至薊, 會王子接, 起兵薊中, 以應王郎. 城內擾亂, 光武促駕而出, 不敢入城邑, 舍食道傍. 至蕪蔞亭時, 天寒烈, 馮異上豆粥.[616]

부용정(芙蓉亭) 정자(亭子)는 영주부(永州府) 용흥사(龍興寺) 안에 있다. 목부용(木芙蓉)이 많아 붙여진 이름이다. 유종원(柳宗元)의 시[617]가 있다.

亭在永州府龍興寺中. 多木芙蓉, 故名. 柳宗元有詩.[618]

진상정(眞賞亭) 정자(亭子)는 호주부(湖州府) 안길현(安吉縣) 서방산(西方山)의 산록에 있다. 송(宋) 건도(乾道)[619] 연간에 현령(縣令) 안정(安鼎)이 이 산에서 유람하는 꿈을 꾸었다. 후에 상방사(上方寺)

---

609. 추호(鄒浩: 1060-1111): 송(宋) 상주(常州) 출신으로 자가 지완(志完)이다. 병부시랑(兵部侍郎)을 역임하였다. 《논어해의(論語解義)》, 《맹자해의(孟子解義)》를 저술하였다.
610. 《산당사고(山堂肆考)·궁실(宮室)》
611. 《산당사고(山堂肆考)·궁실(宮室)》
612. 하창(何敞: ?-약 105): 동한(東漢) 부풍(扶風) 출신으로 자가 문고(文高)이다. 시어사(侍御史), 여남태수(汝南太守), 오관중랑장(五官中郎將) 등을 역임하였다.
613. 《수신기(搜神記)》 권16의 내용을 재구성한 것이다.
614. 왕랑(王郎: ?-24): 왕망(王莽) 말기에 성제(成帝)의 아들이라고 속여 천자에 올랐으나 광무제에게 패하였다.
615. 풍이(馮異: ?-34): 동한(東漢) 영천(潁川) 출신으로 자가 공손(公孫)이다. 광무제를 도운 공으로 양하후(陽夏侯)에 봉해지고 정서대장군(征西大將軍)을 역임하였다.
616. 《후한서(後漢書)·광무제기(光武帝紀)》의 내용을 재구성한 것이다.
617. 시제(詩題)는 〈부용정(芙蓉亭)〉이다(《유하동집(柳河東集)》 권43).
618. 《산당사고(山堂肆考)·궁실(宮室)》
619. 건도(乾道): 남송(南宋) 효종(孝宗)의 연호(1165-1173)이다.

에 갔다가 돌아오는 길에 남쪽으로 이곳을 지나게 되었는데, 전에 꿈에서 보았던 것과 다름이 없었다. 이에 정자를 세우고 이름을 '진상(眞賞)'이라 하였다. 소동파(蘇東坡)의 다음과 같은 시가 있다. "예로부터 맑은 감상을 그리워하여, 마음으로 아득한 안개 사이를 유람하였지. 만약 지금 꿈이 아니라면, 진정 이것이 여산(廬山)이리라."[620]

亭在湖州府安吉縣西方山之麓. 宋乾道間, 縣令安鼎, 夢遊此山. 後因往上方寺, 循行而南經此, 與昔所夢無異. 遂建亭, 名眞賞. 蘇東坡詩云. 自昔懷淸賞, 神遊杳靄間. 如今不是夢, 眞實是廬山.[621]

적송정(赤松亭) 정자(亭子)는 악주부(岳州府) 화용현(華容縣) 남쪽에 있다. 전해지는 말에, 한(漢)의 적송자(赤松子)[622]가 이곳을 유람하였는데, 뒷 사람들이 이 때문에 이 정자를 지었다고 한다.

亭在岳州府華容縣南. 相傳, 漢赤松子遊此, 後人爲作亭.[623]

묵묘정(墨妙亭) 소식(蘇軾) 〈묵묘정기(墨妙亭記)〉의 기록이다. 희령(熙寧)[624] 4년에 고우(高郵)[625]의 손신노(孫莘老)[626]가 오흥(吳興)의 태수가 되었는데, 그 다음 해에 청사의 북쪽, 소요당(逍遙堂)의 동쪽에 묵묘정(墨妙亭)을 짓고 경내(境內)에 있는 한(漢) 이래의 고문(古文)과 유각(遺刻)을 가져다 채워 넣었다.

蘇軾記. 熙寧四年, 高郵孫莘老守吳興, 之明年, 作墨妙亭于府第之北, 逍遙堂之東, 取境內自漢以來古文遺刻, 以實之.[627]

의과정(饐瓜亭) 하남부(河南府) 성 남쪽의 이수(伊水)를 내려다보는 곳에 의과정(饐瓜亭)이 있다. 송(宋) 여몽정(呂蒙正)[628]이 한미했을 때에, 용문(龍門)에서 공부를 하는데 오이를 파는 사람을 보고 마음속으로 먹고 싶었지만 돈이 없었다. 그 사람이 우연히 땅에 하나를 빠뜨리자 여몽정이 그것을 주워서 먹었다. 뒤에 재상이 되어 이곳에 정자를 짓고 '의과(饐瓜)'라 이름을 지어 빈천했을 때를 잊지 않음을 보였다.

河南府城南, 下臨伊水, 有饐瓜亭. 宋呂蒙正, 微時, 讀書龍門, 見賣瓜者, 意欲得之, 無錢. 其人偶遺一枚于地, 蒙正取食之. 後作相, 建亭于此, 以饐[629]瓜名, 示不忘貧賤也.[630]

해패정(解珮亭) 정자(亭子)는 안륙주(安陸州)의 성 북쪽 한수(漢水) 가에 있는데, 바로 정교보(鄭交甫)[631]가 선녀를 만나 패옥을 받은 곳이다. 또 장주(漳州) 용계현(龍溪縣) 동쪽에 유패정(留珮亭)이 있는데, 송(宋) 통판(通判) 정환(鄭渙)[632]이 교대하고 떠날 때, 군민(郡民)들이 정환을 붙들고 남아 있도록

620. 시제(詩題)는 〈초입려산삼수(初入廬山三首)〉로 이 시는 제2수이다.
621. 《산당사고(山堂肆考)·궁실(宮室)》
622. 적송자(赤松子): 적송산(赤松山)에 들어가 도를 닦은 뒤 백성들을 재난에서 구해 주었다고 한다.
623. 《산당사고(山堂肆考)·궁실(宮室)》
624. 희령(熙寧): 북송(北宋) 신종(神宗)의 연호(1068-1077)이다.
625. 고우(高郵): 지금의 강소성(江蘇省) 강도현(江都縣) 북쪽 지역이다.
626. 손신노(孫莘老): 내력이 자세하지 않다.
627. 《동파전집(東坡全集)·기(記)》
628. 여몽정(呂蒙正: 944 혹 946-1011): 송(宋) 하남(河南) 출신으로 자가 성공(聖功)이다. 이부상서(吏部尙書), 호부상서(戶部尙書), 평장사(平章事) 등을 역임하였는데 명상(名相)의 평이 있다.
629. '饐'는, 《고금사문유취후집(古今事文類聚後集)·과실부(菓實部)》에는 '一'로 되어 있다.
630. 《고금사문유취후집(古今事文類聚後集)·과실부(菓實部)》
631. 정교보(鄭交甫): 고대(古代)의 전설(傳說)에 등장하는 인물로 서주(西周)시대 사람이라고 한다. 한수(漢水) 가에서 선녀로부터 패옥을 받았다고 한다.
632. 정환(鄭渙): 내력이 자세하지 않다.

하자 패옥을 주어 이별로 삼았다. 뒷사람들이 바로 그곳에 정자를 세우고 지금의 이름으로 편액을 걸었다.

亭在安陸州城北漢江邊, 卽鄭交甫遇仙女解珮處. 又漳州龍溪縣東, 有留珮亭, 宋通判鄭渙代去, 郡人攀留渙, 留珮爲別. 後人卽地建亭, 扁今名.633

석양정(夕陽亭) 정자(亭子)는 하남부(河南府)의 성 남쪽에 있다. 진(晉)나라에서 가충(賈充)634을 보내 장안(長安)을 맡도록 하였을 때, 모든 관료들이 이곳에서 전송하는데 아침부터 시작하여 저녁이 되어서야 겨우 끝났다. 그래서 이것으로 정자를 이름 짓게 되었다.

亭在河南府城南. 晉以賈充出鎭長安, 百僚餞送于此, 自旦及暮方畢. 因以名亭.635

사두정(思杜亭) 정자(亭子)는 형주(衡州)의 성 남쪽 화광사(華光寺)에 있다. 당(唐) 두보(杜甫)가 뇌양(耒陽)에 장사 지내졌는데, 송(宋)의 군수(郡守) 유청지(劉淸之)636가 화광산(華光山)에 올라 바라보고 슬프게 느낌이 일자 마침내 정자를 짓고 '사두(思杜)'라고 편액을 걸었다.

亭在衡州城南華光寺. 唐杜甫, 葬耒陽, 宋郡守劉淸之, 登華光山望之, 慨然有感, 遂築亭, 扁曰思杜.637

몽사정(夢謝亭) 안수(晏殊)638의 《유요(類要)》639의 기록이다. 사령운(謝靈運)640은 회계(會稽) 사람인데, 그 가세(家世)가 자식에게 맞지 않아 전당(錢塘)의 두사명(杜師明)641의 집에 맡겨 키워졌다. 두사명이 전날 밤에 꿈을 꾸었는데 현인(賢人)이 자기를 찾아왔다. 새벽이 되자 사령운이 이르렀다. 후에 그래서 이것으로 정자의 이름을 짓게 되었다.

晏殊類要. 謝靈運, 會稽人, 其家世不宜子息, 乃寄養于錢塘杜師明舍. 師明先夜夢有賢人相訪. 及曉, 乃靈運至. 後因以名亭.642

찬찬정(粲粲亭) 도주(道州)의 치소(治所) 뒤에 찬찬정(粲粲亭)이 있다. 송대(宋代)에 세워졌는데, 두보(杜甫)의 〈용릉행(舂陵行)〉의 한 구절인, "빛나는 도주자사(道州刺史) 원공(元公)이여"의 뜻을 취한 것이다.643 또 흔흔정(欣欣亭)이 있는데, 백거이(白居易)의 〈도주민가(道州民歌)〉에, "노인이나 어린이나 어찌 그리 즐거운지"의 뜻을 취한 것이다.644 숙숙정(肅肅亭)이 있는데, 두보(杜甫)의 〈전배도주(餞裴道州)〉의 한 구절인 "엄숙하게 줄 지어 앉은 초연(初筵)이로다"의 뜻을 취한 것이다.645 진진정(振振

633. 《산당사고(山堂肆考)·궁실(宮室)》
634. 가충(賈充: 217-282): 위진(魏晉) 시대 평양(平陽) 출신으로 자가 공려(公閭)이다. 서진(西晉)에서 거기장군(車騎將軍), 시중(侍中)을 역임하였다.
635. 《태평환우기(太平寰宇記)·하남도(河南道)》
636. 유청지(劉淸之: 1134-1190): 송(宋) 임강(臨江) 출신으로 자가 자징(子澄)이다. 주희(朱熹)를 만나 이학(理學)에 뜻을 두었다.
637. 《산당사고(山堂肆考)·궁실(宮室)》
638. 안수(晏殊: 약 991-1055): 북송(北宋)의 사인(詞人)이다. 임천(臨川) 출신으로 자가 동숙(同叔)이다. 추밀사(樞密使)를 역임하였으며 범중엄(范仲淹), 구양수(歐陽修) 등이 그의 문하에서 나왔다.
639. 《유요(類要)》: 내력이 자세하지 않다.
640. 사령운(謝靈運: 385-433): 남조(南朝) 송(宋)의 시인으로 양하(陽夏) 출신이다. 산기상시(散騎常侍) 등을 역임하였다. 산수시(山水詩)의 대표시인으로 일컬어진다.
641. 두사명(杜師明): 내력이 자세하지 않다.
642. 《절강통지(浙江通志)·고적(古蹟)·항주부(杭州府)》에는, "晏公類要. 靈隱山畔, 舊有夢謝亭. 謝靈運父居會稽, 因不宜子息, 乃於錢塘杜明師舍寄養. 師夜夢東南有賢人來訪. 及曉, 靈運至. 故作夢謝亭"으로 되어 있다.
643. 시제(詩題)는 〈동원사군용릉행(同元使君舂陵行)〉이다. 연결되는 일부를 소개하면 다음과 같다. "粲粲元道州, 前聖畏後生. 觀乎舂陵作, 欻見俊哲情. 復覽賊退篇, 結也實國楨."
644. 연결되는 일부를 소개하면 다음과 같다. "老者幼者何欣欣, 父兄子弟始相保. 從此得作良人身, 道州民民到於今."
645. 시제(詩題)는 〈상강연전배이단공부도주(湘江宴餞裴二端公赴道州)〉이다. 연결되는 일부를 소개하면 다음과 같다. "白日

亭)이 있는데, 유종원(柳宗元)[646]의 〈문묘비(文廟碑)〉의 한 구절인, "인후(仁厚)한 설공(薛公)이여"의 뜻을 취한 것이다.[647]

道州治後, 有粲粲亭. 宋時建, 取杜甫春陵行, 粲粲元道州之意. 又有欣欣亭, 取白居易道州民歌, 老者幼者何欣欣之意. 有肅肅亭, 取杜甫餞裴道州, 肅肅秩初筵之意. 有振振亭, 取柳子文廟碑, 振振薛公之意.[648]

로로정(勞勞亭) 응천부(應天府)의 치소(治所) 서남쪽에 노로정(勞勞亭)이 있다. 오(吳)나라 시절에 세워졌는데 이백(李白)의 다음과 같은 시가 있다. "천하 사람들이 마음 아파하는 곳, 힘들게 객을 전송하는 정자로다. 봄바람도 이별의 고통을 알아, 버드나무 가지를 푸르게 하지 않는구나."[649] 또 휴휴정(休休亭)이 있는데, 〈치사(致仕)〉[650]에 보인다.

應天府治西南, 有勞勞亭. 吳時建, 李白詩. 天下傷心處, 勞勞送客亭. 春風知別苦, 不遣柳條青. 又有休休亭, 見致仕.[651]

첩취정(疊翠亭) 구강부(九江府) 성 남쪽에 첩취정(疊翠亭)이 있다. 여산(廬山)의 구첩(九疊)을 마주하고 있어서 붙여진 이름이다. 송(宋) 악비(岳飛)[652]가 세웠다.

九江府城南, 有疊翠亭. 以對廬山九疊, 故名. 宋岳飛建.[653]

망궐정(望闕亭) 애주(崖州)의 성 남쪽에 망궐정(望闕亭)이 있다. 당(唐) 이덕유(李德裕)가 애주사호(崖州司戶)로 폄적되었을 때 세웠는데, 다음과 같은 시를 남겼다. "홀로 강가 정자에 올라 도성을 바라보니, 새가 날아도 반년의 노정은 되겠구나. 푸른 산은 사람이 돌아갈까만을 염려하여, 백 번 두르고 천 번 감아 겹겹으로 성을 싸고 있구나."[654]

崖州城南, 有望闕亭. 唐李德裕, 貶崖州司戶時建, 詩云. 獨上江亭望帝京, 鳥飛猶用半年程. 青山只恐人歸去, 百匝千迴重繞城.[655]

냉천정(冷泉亭) 항주(杭州) 비래봉(飛來峯) 아래에 있다. 당(唐) 자사(刺史) 원서(元藇)가 세웠는데, 백거이(白居易)의 기문(記文)[656]이 있고 송(宋) 매순(梅詢)[657]의 시가 있다. "오래된 물길에 깊은 샘이 소리를 내는데, 푸른 절벽에 빈집을 얽었구나. 6월 되어 나들이를 기약했으니, 옷깃 헤치면서 가는 더위에 고생하네. 창 열고 맑고 얕은 물을 즐기는데, 살쩍에 부는 것이 바람인가 비인가. 백락천(白樂天)은 보이지 않는데, 안개 속의 여라는 누구에게 말을 거는가."[658]

在杭州飛來峯下. 唐刺史元藇建, 白居易記, 宋梅詢

照舟師, 朱旗散廣川. 羣公餞南伯, 肅肅秩初筵."

646. 유종원(柳宗元: 773-819): 당대(唐代) 문학가이다. 하동(河東) 출신으로 자가 자후(子厚)이다. 감찰어사(監察御使), 영주사마(永州司馬), 유주자사(柳州刺史)를 역임하였다. 산문에 뛰어나 한유(韓愈)와 쌍벽을 이루었다.

647. 비문(碑文)의 명칭은 〈도주문선왕묘비(道州文宣王廟碑)〉이다. 연결되는 일부를 소개하면 다음과 같다. "荆楚之陽, 厥服惟荒. 民鮮由仁, 帝降其良. 振振薛公, 惟德之造."

648. 《산당사고(山堂肆考)·궁실(宮室)》

649. 시제(詩題)는 〈노로정(勞勞亭)〉이다.

650. 《유원총보(類苑叢寶)·이부(吏部)》 권19에 나오는 항목이다.

651. 《산당사고(山堂肆考)·궁실(宮室)》

652. 악비(岳飛: 1103-1142): 북송(北宋)의 충신이다. 상주(常州) 출신으로 자가 붕거(鵬擧)이다. 청원군절도사(淸遠軍節度使), 태보(太保) 등을 역임하였다.

653. 《산당사고(山堂肆考)·궁실(宮室)》

654. 시제(詩題)는 〈망궐정(望闕亭)〉이다.

655. 《산당사고(山堂肆考)·궁실(宮室)》

656. 〈냉천정기(冷泉亭記)〉이다.

657. 매순(梅詢: 964-1041): 송(宋) 선주(宣州) 출신으로 자가 창언(昌言)이다. 한림시독학사(翰林侍讀學士), 급사중(給事中), 지심관원(知審官院) 등을 역임하였다.

詩. 古竇鳴幽泉, 蒼崖結虛宇. 六月期客遊, 披襟苦徂暑. 開牕弄淸淺, 吹鬢疑風雨. 不見白樂天, 煙蘿爲誰語.659

청영정(淸潁亭) 영주(潁州)의 서호(西湖) 가에 청영정(淸潁亭)이 있다. 송(宋) 안수(晏殊)가 세웠는데, 소식(蘇軾)이 일찍이 동생 소철(蘇轍)660과 이곳에서 이별하면서 쓴 시에, "이별의 눈물이 맑은 영수(潁水)에 방울져 떨어지네"라는 구절이 있다.661

潁州西湖上, 有淸潁亭. 宋晏殊建, 蘇軾嘗與弟轍別于此, 有別淚滴淸潁之句.662

과계정(過溪亭) 항주(杭州) 풍황령(風篁嶺)에 과계정(過溪亭)이 있다. 송(宋)의 승려 변재(辨才)663가 용정(龍井)에 물러나 머물면서 다시는 나가지 않았다. 동파(東坡)가 그를 방문하였을 때, 변재가 전송하느라 산마루 위에까지 이르자 좌우에서 놀라 말하기를, "원공(遠公)이 다시 호계(虎溪)를 넘었군요"라고 하였다.664 이 일로 정자를 짓고 '과계(過溪)'라고 이름을 붙였다.

杭州風篁嶺, 有過溪亭. 宋僧辨才, 退居龍井, 不復出入. 東坡訪之, 辨才送至嶺上, 左右驚曰, 遠公復過虎溪矣. 因作亭, 名過溪.665

임고정(臨皐亭) 황주성(黃州城) 남쪽에 임고정(臨皐亭)이 있다. 송(宋) 원풍(元豐)666 3년 소식(蘇軾)이 황주(黃州)에 좌천되어 임고정(臨皐亭)에 머물며 쓴 시에, "임고정(臨皐亭) 안에 한 번 정좌하였더니, 세 번이나 청명(淸明)을 지내고 새로이 화목(火木)을 바꿨네"라는 구절이 있다. 후에 진회(秦檜)667의 부친이 황주에서 벼슬살이를 하였는데, 정자 안에서 회(檜)나무가 자라자 이름을 '임고관(臨皐館)'으로 바꾸었다.

黃州城南, 有臨皐亭. 宋元豐三年, 蘇軾謫黃州, 寓居臨皐亭, 詩云. 臨皐亭中一危坐, 三越淸明新改火. 後秦檜父官于黃, 生檜于亭中, 改名臨皐館.668

연리정(連理亭) 횡주(橫州)의 강 남쪽 언덕에 연리정(連理亭)이 있다. 양세기(梁世基)669의 옛집에 나뭇결이 붙은 여지(荔枝) 한 그루가 났다. 송(宋) 신종(神宗)670의 다음과 같은 어사시(御賜詩)가 있다. "횡포강(橫浦江)의 남쪽 언덕의, 양(梁)씨 집안에 세상에 드문 현자가 나왔네. 한 그루 나뭇결이 붙은 나무, 5월의 여지(荔枝) 열린 날이네."671

橫州江南岸, 有連理亭. 梁世基舊宅, 有連理荔枝一株. 宋神宗御賜詩, 橫浦江南岸, 梁家間世賢. 一株連理木, 五月荔枝天.672

부람정(富覽亭) 정자(亭子)는 지주부(池州府) 동

---

658. 시제(詩題)는 〈냉천정(冷泉亭)〉이다.
659. 《산당사고(山堂肆考)·궁실(宮室)》
660. 소철(蘇轍: 1039-1112): 송(宋) 문학가로 자는 자유(子由)이다. 우사간(右司諫), 문하시랑(門下侍郎)을 역임하였다.
661. 시제(詩題)는 〈영주초별자유(潁州初別子由)〉이다. 연결되는 일부를 소개하면 다음과 같다. "征帆掛西風, 別淚滴淸潁. 留連知無益, 惜此須臾景. 我生三度別, 此別萬酸冷. 念子似先君, 木訥剛且靜.
662. 《산당사고(山堂肆考)·궁실(宮室)》
663. 변재(辨才): 내력이 자세하지 않다.
664. 호계삼소(虎溪三笑)의 고사를 인용한 것이다.
665. 《소시보주(蘇詩補註)·고금체시(古今體詩)》에, "辯才老師, 退居龍井, 不復出入. 余往見之, 嘗出至風篁嶺. 左右驚曰, 遠公復過虎溪矣. 辯才笑曰, 杜子美不云乎. 與子成二老來往, 亦風流. 因作亭嶺上, 名曰過溪, 亦曰二老"라는 기록이 있다.
666. 원풍(元豐): 북송(北宋) 신종(神宗)의 연호(1078-1085)이다.
667. 진회(秦檜: 1090-1155): 북송(北宋)과 남송(南宋) 교체기의 간신으로 자가 회지(會之)이다. 북송에서 어사중승(御史中丞)을, 남송에서 재상을 역임하였다. 충신들을 핍박하였고 정사를 그르쳤다.
668. 《산당사고(山堂肆考)·궁실(宮室)》
669. 양세기(梁世基): 내력이 자세하지 않다.
670. 신종(神宗): 북송(北宋) 제6대 황제로 재위 기간은 1068-1085년이다.
671. 시제(詩題)는 〈연리려지(連理荔枝)〉이다.

릉현(銅陵縣) 치소(治所)의 뒤에 있다. 송(宋) 현령(縣令) 장효장(張孝章)이 세웠는데, 다음과 같은 시가 있다. "푸른 기와, 붉은 용마루가 푸른 절벽에 접해 있어, 사방으로 작은 먼지도 앉을 곳이 없네. 산은 낮게 드리운 구름 끊어진 곳에서 솟았고, 물은 천근(天根)673이 끝난 곳으로 흘러오네."

亭在池州府銅陵縣治後. 宋縣令張孝章建, 詩云. 碧瓦朱甍接翠崖, 周迴無地着纖埃. 山從雲脚斷邊出, 水向天根盡處來.674

와준정(窪樽亭) 호주(湖州)의 현산(峴山)에 있다. 돌 그릇[석준(石樽)]이 있는데 한 말의 술을 담을 수 있다. 당(唐) 별가(別駕)675 이적지(李適之)676가 일찍이 이곳에서 물을 마셨다. 후에 안진경(顔眞卿)677이 문하생, 가족들과 자주 술병과 잔을 들고 와서 놀면서 석준(石樽)의 연회를 하였고 연구(聯句)를 모았다. 원(元) 지원(至元)678 연간에, 그 위에 정자를 세웠다.

在湖州峴山. 有石樽, 可貯斗酒. 唐別駕李適之, 嘗飮于此. 後顔眞卿及門生弟姪, 多携壺觴來遊, 作石樽宴, 集聯句. 元至元, 建亭其上.679

거개정(車蓋亭) 정자(亭子)는 덕안부(德安府) 서북쪽에 있다. 위(魏) 문제(文帝)의, "서북쪽에 뜬구름이 생기니, 우뚝한 것이 수레덮개 같구나"라는 구절680에서 취했다.

亭在德安府西北. 取魏文帝, 西北有浮雲, 亭亭若車蓋之句.681

경소정(景疏亭) 신유현(新喩縣) 서쪽 10리(里)에 경소정(景疏亭)이 있다. 송(宋) 구양국화(歐陽國華)682가 벼슬을 그만두고 돌아와 이소(二疏)683를 경모하여 이 정자를 지었다. 학사(學士) 서군평(徐君平)684의 기문(記文)이 있다.

新喩縣西十里, 有景疏亭. 宋歐陽國華致仕歸, 景慕二疏而作此亭. 學士徐君平記.685

나지정(羅池亭) 정자(亭子)는 유주성(柳州城)에 있다. 송대(宋代)에 이르러 군수 주건(朱乾)686이 그 안에 유종원(柳宗元)의 상을 새겼다.

亭在柳州城. 至宋, 郡守朱乾, 刻柳宗元像于中.687

오우정(五友亭) 정자(亭子)는 사천(四川) 남충현(南充縣)에 있다. 송(宋) 유병(游炳)688이 쓰기를, "명월(明月)과 청풍(淸風)은 도우(道友)이고, 고전(古典)과 금문(今文)은 의우(義友)이며, 고운(孤雲)과 야학(野鶴)은 자재우(自在友)이고, 괴석(怪石)과

---

672. 《산당사고(山堂肆考)·궁실(宮室)》
673. 천근(天根): 별자리 이름으로 동방칠수(東方七宿) 가운데 제3수인 저수(氐宿)이다.
674. 《산당사고(山堂肆考)·궁실(宮室)》
675. 별가(別駕): 자사(刺史)를 수행하며 주(州)를 순시하는 관원을 가리킨다.
676. 이적지(李適之: ?-746): 당(唐) 종실(宗室)로 어사대부(御史大夫), 좌상(左相)을 역임하였다.
677. 안진경(顔眞卿: 709-785): 당대(唐代)의 서예가로 자가 청신(淸臣)이다. 태자태사(太子太師)를 역임하였다.
678. 지원(至元): 원(元) 세조(世祖)의 연호(1264-1294)이다.
679. 《산당사고(山堂肆考)·궁실(宮室)》
680. 시제(詩題)는 〈잡시(雜詩)〉이다.
681. 《산당사고(山堂肆考)·궁실(宮室)》
682. 구양국화(歐陽國華): 내력이 자세하지 않다.
683. 이소(二疏): 서한(西漢)의 동해(東海) 출신인 소광(疏廣)과 소수(疏受)이다. 소광(疏廣)은 태자태부(太子太傅)로, 소수(疏受)는 태자소부(太子少傅)로 있다가 물러났다.
684. 서군평(徐君平): 내력이 자세하지 않다.
685. 《산당사고(山堂肆考)·궁실(宮室)》
686. 주건(朱乾): 내력이 자세하지 않다.
687. 《산당사고(山堂肆考)·궁실(宮室)》
688. 유병(游炳): 내력이 자세하지 않다.

유수는 오락우(娛樂友)이며, 산과(山果)와 상률(橡栗)은 상보우(相保友)이다. 이 오우(五友)는 잠시도 이 사이에 있지 않을 수 없다"라고 하였다.

亭在四川南充縣. 宋游炳題, 明月淸風爲道友, 古典今文爲義友, 孤雲野鶴爲自在友, 怪石流水爲娛樂友, 山果橡栗爲相保友. 是五友者, 無須臾不在此間也.689

양기정(兩耆亭) 신유현(新喩縣) 학관(學館)의 서쪽에 양기정(兩耆亭)이 있다. 송(宋) 주희(朱熹)가 장사(長沙)를 다스릴 때에 길이 이곳을 경유하게 되어 사악(謝諤)690과 만났다. 당시 사람들이 정자를 지어 이 일을 드러내었다.

新喩縣學西, 有兩耆亭. 宋朱熹守長沙, 道經于此, 與謝諤會. 時人作亭表之.691

십애정(十愛亭) 정자(亭子)는 평락부(平樂府) 치소(治所) 서북쪽에 있다. 송(宋) 군수 매체(梅摰)692가 세웠는데, 매체에게 〈십애시(十愛詩)〉가 있어서 그것으로 정자의 이름을 삼은 것이다. 그 시는 다음과 같다. "나는 소주(昭州)의 달을 사랑하니, 맑은 밤에 비단 누대에 든다. 시원함이 여지(荔枝)의 물가에 생기고, 서늘함이 계강(桂江)의 가을에 스민다. 부잣집 천 가구 문이 열리고, 만 리에 퍼진 뜬 구름 걷힌다. 누가 위공자(魏公子)693를 자랑하였나, 업문(鄴門)에 날아가 노닌다고."694 또 〈애사시(愛寺詩)〉, 〈애각시(愛角詩)〉, 〈애수시(愛水詩)〉, 〈애토시(愛土詩)〉, 〈애관시(愛觀詩)〉, 〈애로시(愛路詩)〉, 〈애악시(愛樂詩)〉, 〈애주시(愛酒詩)〉, 〈애과시(愛果詩)〉가 있어 모두 10수의 시이다.

亭在平樂府治西北. 宋郡守梅摰建, 因摰有十愛詩, 故以名亭. 其詩云. 我愛昭州月, 淸宵入綺樓. 涼生荔枝浦, 冷浸桂江秋. 朱戶千家啓, 浮雲萬里收. 誰誇魏公子, 飛上鄴門遊. 又有愛寺·愛角·愛水·愛土·愛觀·愛路·愛樂·愛酒·愛果, 共爲十詩.695

화사정(化梭亭) 임강부(臨江府) 동북쪽 청강진(淸江鎭)에 있다. 진(晉) 도간(陶侃)696이 뇌택(雷澤)에서 고기를 잡다가 북[사(梭)] 하나를 얻어 벽에 걸어 두었다. 하루는 천둥과 번개가 치더니 북이 마침내 용으로 변하여 날아갔다. 뒷사람들이 이 때문에 도간의 어머니 묘 옆에 정자를 지었다.

在臨江府東北淸江鎭. 晉陶侃漁于雷澤, 得一織梭, 挂壁間. 一日雷電, 梭遂化龍去. 後人因作亭于陶母墓側.697

상석정(相石亭) 길안부(吉安府) 영풍현(永豐縣) 남쪽에 상석정(相石亭)이 있다. 송(宋) 문천상(文天祥)698이 공갱(空坑)699에서 패전하여 이 산을 지날 때에 절벽의 돌을 돌아보며 축원하기를, "하늘이 만약 송(宋)에게 복을 내려주신다면, 절벽의 돌이 떨어져 길을 막기를 원하나이다"라고 하였다. 말이 끝나자 돌이 과연 떨어졌고 원(元)나라 군대는 진격할 수 없었다. 뒷사람들이 이 때문에 정자의 이름을 '상석(相石)'이라 지었다.

---

689. 《촉중광기(蜀中廣記)·명승기(名勝記)》
690. 사악(謝諤): 송(宋) 임강군(臨江軍) 출신으로 자가 창국(昌國)이다. 어사중승(御使中丞)을 역임하였다.
691. 《산당사고(山堂肆考)·궁실(宮室)》
692. 매체(梅摰): 송(宋) 성도(成都) 출신으로 자가 공의(公儀)이다. 태상박사(太常博士)를 역임하였다.
693. 위공자(魏公子): 위(魏) 문제(文帝) 조비(曹丕)를 가리킨다.
694. 시(詩)의 원제(原題)는 〈소담십애(昭潭十愛)〉이다.
695. 송(宋) 진사(陳思), 《양송명현소집(兩宋名賢小集)》 권59.
696. 도간(陶侃: 259-334): 동진(東晉) 여강(廬江) 출신으로 자가 사행(士行)이다. 형주자사(荊州刺史), 팔주제군사(八州諸軍事)를 역임하였다.
697. 《강서통지(江西通志)·고적(古蹟)》
698. 문천상(文天祥: 1236-1283): 남송(南宋) 말의 충신이자 문학가이다. 길주(吉州) 출신으로 자가 송서(宋瑞)이다. 원(元)과 끝까지 항전하였으며 우승상(右丞相), 추밀사(樞密使)를 역임하였다.
699. 공갱(空坑): 지금의 강서성(江西省) 영풍현(永豊縣) 남쪽 지역이다.

吉安府永豐縣南, 有相石亭. 宋文天祥, 兵敗空坑, 過此山時, 顧崖石, 祝曰, 天若祚宋, 願以崖石墮塞路. 言訖, 石果墮, 元兵不得進. 後人因名亭曰相石.700

천회정(天繪亭) 《이견지(夷堅志)》의 기록이다. 소주(昭州)는 장독(瘴毒)이 있는 곳이지만 산수(山水)는 상당히 맑고 아름다웠다. 군(郡)의 채마밭에 천회정(天繪亭)이라는 정자가 있는데 군수 이비(李丕)701가 금(金)의 연호(年號)와 같다는 이유로 그것을 바꾸고자 하였다.702 범(范)씨 성을 가진 자가 있어 이름을 청휘(淸暉)로 바꾸었다. 후에 이비가 쌓인 흙 속에서 돌 조각을 발견하였는데 구준(丘濬)703이 지은 기문(記文)이 있었다. 그 대략의 내용은 다음과 같다. "내가 승지(勝地)를 택하여 이 정자를 마련하고 이름을 천회(天繪)라 하니 그 경물(景物)이 자연스러움을 취한 것이다. 뒷날 모년 모월 모일에 장차 속된 자가 나타나 이름을 청휘(淸暉)로 바꿀 것이니 한 번 웃을 만한 일이다"라고 하였다. 이름을 지은 날을 살펴보니 과연 어긋나지 않았다.

夷堅志. 昭州瘴毒地, 而山水頗淸婉. 郡圃有亭曰天繪, 郡守李丕, 以與金年號同, 欲更之. 有范姓者, 爲易名淸暉. 後李視積壤中有片石, 載丘濬所作記. 其略云. 予擇勝得此亭, 名曰天繪, 取其景物自然也. 後某年某月日, 當有俗子, 易名淸暉者, 可爲一笑. 考其命名之月日, 果不差.704

만상정(萬象亭) 복주부(福州府)의 옛 치소(治所)에 만상정(萬象亭)이 있는데, 송(宋) 섭몽득(葉夢得)705이 세웠다. 부직유(富直柔)706가 쓴 시에, "장수가 경륜(經綸)의 솜씨를 약간 시험하니, 만상이 모두 지휘하는 사이로 귀결되네"라는 구절이 있다.707

福州府舊治, 有萬象亭, 宋葉夢得建. 富直柔詩云, 元戎小試經綸手, 萬象都歸指顧中.708

육권정(六勸亭) 정자(亭子)는 영국부(寧國府) 동남쪽에 있다. 송(宋) 치평(治平)709 초엽에 현령(縣令) 주경현(周景賢)이 세우고 글을 지어 백성들을 권면하였다. 그 조항에 여섯 가지가 있으니, 효제(孝弟)를 행할 것[행효제(行孝弟)], 농상(農桑)에 힘쓸 것[무농상(務農桑)], 유학(儒學)을 지향할 것[향유학(向儒學)], 청렴과 겸손을 일으킬 것[흥렴손(興廉遜)], 믿음과 행실을 숭상할 것[숭신행(崇信行)], 의약(醫藥)을 가까이 할 것[근의약(近醫藥)]이다.

亭在寧國府東南. 宋治平初, 縣令周景賢建, 作文勸民. 其條有六, 行孝弟, 務農桑, 向儒學, 興廉遜, 崇信行, 近醫藥.710

일배정(一杯亭) 정자(亭子)는 광신부(廣信府)의 성 남쪽의 누대 좌측에 있다. 송(宋) 조여우(趙汝愚)711가 군을 다스리는데 1년도 넘지 않아 정치가 이루어

---

700. 《산당사고(山堂肆考) · 궁실(宮室)》
701. 이비(李丕): 내력이 자세하지 않다.
702. 금(金) 태종(太宗)의 연호(1123-1135)가 천회(天會)로, 같은 글자는 아니다.
703. 구준(丘濬): 송(宋) 휘주(徽州) 출신으로 자가 도원(道源)이다. 전중승(殿中丞)을 역임하였다. 《주역(周易)》에 밝아 미래를 잘 예측하였다.
704. 송(宋) 나원(羅願), 《신안지(新安志) · 정수(正數)》
705. 섭몽득(葉夢得: 1077-1148): 남송(南宋) 소주(蘇州) 출신으로 자가 소온(少蘊)이다. 호부상서(戶部尙書), 상서좌승(尙書左丞) 등을 역임하였고, 《석림연어(石林燕語)》, 《석림시화(石林詩話)》를 저술하였다.
706. 부직유(富直柔: ?-1150): 송(宋) 낙양(洛陽) 출신으로 자가 계신(季申)이다. 동지원사(同知院事)를 역임하였다.
707. 시제(詩題)는 〈제만상정(題萬象亭)〉이다. 연결되는 일부를 소개하면 다음과 같다. "元戎小試經綸手, 萬象都歸指顧中. 雨罷卷簾憑爽氣, 酒酣極目送飛鴻. 明年鳳閣鸞臺上, 好寄新詩下北風."
708. 《송시기사(宋詩紀事)》 권40.
709. 치평(治平): 북송(北宋) 영종(英宗)의 연호(1064-1067)이다.
710. 《산당사고(山堂肆考) · 궁실(宮室)》
711. 조여우(趙汝愚: 1140-1196): 송(宋) 종실(宗室)로 자가 자직(子直)이다. 이부상서(吏部尙書), 지추밀원사(知樞密院事)를 역임하였다.

지고 혜택이 고루 미쳤다. 군민들이 상부사(祥符寺)의 옆에 사당을 세우고 조상(彫像)을 마련하여 그를 위해 축수(祝壽)하였다. 그러자 조여우가 좌중에 있는 객에게 잔을 따르면서 그 상을 없애도록 하고 농담 삼아 '일배정(一杯亭)'이라 이름을 지었다. "우선 살아 생전의 한 잔 술을 다할 따름이다(且盡生前一杯酒)"[712]라는 뜻을 취한 것이다.

亭在廣信府城南南臺之左. 宋趙汝愚, 爲郡未踰年, 政成惠洽, 郡人于祥符寺傍, 建祠設像, 爲之祝壽. 汝愚因觴客于中, 命撤其像, 戱名曰, 一杯亭. 取且盡生前一杯酒之義.[713]

과송정(過松亭) 정자(亭子)는 악주부(岳州府) 성 남쪽에 있다. 전해지는 말에, 신선(神仙) 여동빈(呂洞賓)[714]이 악양(岳陽)을 들르던 날, 성 남쪽 고송(古松)의 그늘에서 쉬는데 어떤 사람이 나무 끝에서 내려왔다. 여동빈이 그에게 시(詩)를 주었으니, "성 남쪽 오래된 나무의 정령만이, 신선이 지날 것임을 분명히 알았네"라고 하였다.[715] 이 때문에 정자의 이름을 '과송정(過松亭)'이라 하였다.

亭在岳州府城南. 相傳, 呂仙過岳陽日, 憇城南古松陰, 有人自木杪而下. 洞賓贈之詩, 惟有城南老樹精, 分明知道神仙過. 因名亭曰過松.[716]

비음정(飛吟亭) 전해지는 말에, 여동빈(呂洞賓)이 도성에 가서 과거에 응시하려 할 때, 악양(岳陽)에서 종리권(鍾離權)[717]을 만났는데, 선결(仙訣)[718]을 주자 결국 도성에 가지 않았다. 지금 악양(岳陽)의 비음정(飛吟亭)이 그들이 만났던 곳이다.

世傳, 呂洞賓詣京師應學, 遇鍾離翁于岳陽, 授以仙訣, 遂不復之京師. 今岳陽飛吟亭, 是其相遇處也.[719]

수장정(壽樟亭) 남강부(南康府) 건창현(建昌縣)의 치소(治所) 남쪽에 수장정(壽樟亭)이 있다. 송(宋) 항안세(項安世)[720]가 기문(記文)을 지었다. 전에 이 읍 출신의 좌사(左司) 이공무(李公懋)[721]가 조정에서 벼슬하였는데, 고종(高宗)이 장목(樟木)의 안부를 묻자 이공무가 아뢰기를, "가지와 잎이 무성하며 네 계절 항상 푸릅니다. 어떻게 주상께서는 만기(萬幾)[722]의 여가에 먼 곳의 한 그루 장목(樟木)까지 염려하시는지요? 반드시 여항의 사소한 일도 모두 위로 아뢰어질 것입니다. 혹은 대대로 벼슬한 집안을 생각하시어 어짊이 이 나무에까지 미치신 것인지요?"라고 하였다. 소정(紹定)[723] 연간에 현령(縣令) 진문손(陳文孫)이 우측에 그림을 새겨 놓았다.

南康府建昌縣治南, 有壽樟亭. 宋項安世作記. 初邑人李左司公懋, 仕于朝, 高宗問樟公安否, 懋奏, 以枝葉

---

712. 《진서(晉書) · 장한열전(張翰列傳)》에, "使我有身後名, 不如即時一盃酒"라고 하였다.
713. 《강서통지(江西通志) · 고적(古蹟)》
714. 여동빈(呂洞賓: 798-?): 당(唐) 하중(河中) 출신으로 이름이 암(嵒)이고 자가 동빈(洞賓)이다. 덕화령(德化令)을 역임하였는데 후에 종남산(終南山)에서 수도(修道)하였다. 세속에서 팔선(八仙)의 하나로 일컫는다.
715. 시제(詩題)는 〈한제(閒題)〉이다. 연결되는 일부를 소개하면 다음과 같다. "獨自行來獨自坐, 無限世人不識我. 惟有城南老樹精, 分明知道神仙過."
716. 《어정전당시(御定全唐詩) · 여암(呂巖)》
717. 종리권(鍾離權): 당(唐) 함양(咸陽) 출신으로 호가 운방선생(雲房先生), 진양자(眞陽子)이다. 세속에서 여동빈(呂洞賓)과 함께 팔선(八仙)의 하나로 일컫는다.
718. 선결(仙訣): 수도(修道)하여 신선이 되는 비결(秘訣)이다.
719. 송(宋) 나대경(羅大經), 《학림옥로(鶴林玉露)》 권1.
720. 항안세(項安世: ?-1208): 송(宋) 강릉(江陵) 출신으로 자가 평부(平父)이다. 교서랑(校書郎), 호부원외랑(戶部員外郎)을 역임하였다.
721. 이공무(李公懋): 송(宋) 남강(南康) 출신으로 자가 자면(子勉)이다. 감찰어사(監察御使)를 역임하였는데 강직함으로 이름이 있었다.
722. 만기(萬幾): 제왕이 일상적으로 처리하는 정무를 가리킨다.
723. 소정(紹定): 남송(南宋) 이종(理宗)의 연호(1228-1233)이다.

婆娑, 四時常靑. 何主上萬幾之暇, 眷眷乎遐方一樟哉. 必閭閻纖悉轉而上聞. 抑念世家, 仁及此木也. 紹定間, 縣令陳文孫, 刻圖于右.724

안락정(顔樂亭) 곡부현(曲阜縣) 안자묘(顔子廟)의 앞에 있다. 전에 버려진 우물이 있었는데, 송(宋) 교서태수(膠西太守)인 공주한(孔周翰)725이 우물을 준설하고 정자를 지어 '안락정(顔樂亭)'이라고 편액을 달았다. 사마광(司馬光)의 명문(銘文)이 있고, 소식(蘇軾)의 기문(記文)이 있으며, 정호(程顥)의 시(詩)가 있다.

在曲阜縣顔子廟前. 舊有廢井, 宋膠西太守孔周翰, 濬井及作亭, 扁曰顔樂. 司馬光有銘, 蘇軾有記, 程顥有詩.726

차경정(借景亭) 미주(眉州) 청신현(靑神縣) 치소(治所)의 뒤에 옛날에 정자가 있었다. 아래로 사가원(史家園)이 내려다보이는데, 사가원에는 아름다운 경치가 많았다. 송(宋) 황정견(黃庭堅)이 일찍이 이곳을 유람하여 '차경정(借景亭)'이라고 편액을 달고 다음과 같은 시를 남겼다. "관리가 되어 경치를 빌려도 백성들을 해치지 않으니, 마치 연못을 파서 밝은 달을 취함과 같구나."727

眉州靑神縣治後, 舊有亭. 下瞰史家園, 園多佳景. 宋黃庭堅, 嘗遊此, 扁曰借景, 因留詩云. 當官借景未傷民, 恰似鑿池取明月.728

모허대(慕許臺) 대연지(戴延之)729 《서정기(西征記)》의 기록이다. 허창성(許昌城)은 본래 허유(許由)가 살던 곳이다. 성의 동북쪽 7리(里)에 허유대(許由臺)가 있는데, 높이가 6장(丈)이고 폭이 30보(步)이다. 읍민들이 허유가 천하를 양보한 덕을 사모하여 세운 것이다.

戴延之西征記. 許昌城, 本許由所居. 城東北七里, 有許由臺, 高六丈, 廣三十步. 邑人慕許由讓德而立.730

매장대(賣漿臺) 진정부(眞定府) 조강현(棗强縣)의 북쪽에 있다. 전해지는 말에, 강태공(姜太公)이 현달하기 전에, 일찍이 이곳에서 음료를 팔았다고 한다.

在眞定府棗强縣北. 相傳, 姜太公未達時, 嘗賣漿于此.731

조한대(朝漢臺) 심회원(沈懷遠)732 《남월지(南越志)》의 기록이다. 희안현(熙安縣) 동남쪽에 언덕이 있는데 높이가 수십 장(丈)이 된다. 언덕의 서남쪽이 양장도(羊腸道)인데, 말하는 사람들이 이르기를, "위타(尉佗)733가 이곳에 올라 한(漢)을 바라보면서 예를 올려 '망한대(望漢臺)'라 하였다"라고 한다. 지금 광주부(廣州府)의 성 북쪽에 월왕대(越王臺)가 있는데 바로 이 망한대(望漢臺)이다. 송(宋) 양정수(楊廷秀)734의 다음과 같은 시가 있다. "용수(榕樹)의 나

---

724. 《명일통지(明一統志)·무주부(撫州府)》에, "壽樟亭, 在府城東北淸遠鎭禪居東山, 有樟木一幹, 圍三尋故名"이라는 기록이 있다.

725. 공주한(孔周翰): 내력이 자세하지 않다.

726. 《산당사고(山堂肆考)·궁실(宮室)》

727. 시제(詩題)는 〈청신현위청즙성두구옥작차경정하감사가원수죽종일적연료무인적우당대목록음지간희작장구봉정신유명부개경소부(靑神縣尉廳葺城頭舊屋作借景亭下瞰史家園水竹終日寂然了無人迹又當大木綠陰之間戲作長句奉呈信孺明府介卿少府)〉이다. 연결되는 일부를 소개하면 다음과 같다. "竹鋪不涴吳綾襪, 東西開軒蔭淸樾. 當官借景未傷民, 恰似鑿池取明月."

728. 《산당사고(山堂肆考)·궁실(宮室)》

729. 대연지(戴延之): 내력이 자세하지 않다.

730. 《산당사고(山堂肆考)·궁실(宮室)》

731. 《산당사고(山堂肆考)·궁실(宮室)》

732. 심회원(沈懷遠): 남조(南朝) 송(宋) 오흥(吳興)인으로 심회문(沈懷文)의 동생이다.

733. 위타(尉佗): 한(漢) 남월왕(南越王) 조타(趙佗)이다. 남해위(南海尉)를 지내 위타(尉佗)로 불려졌다.

734. 양정수(楊廷秀: 1127-1206): 송(宋) 길주(吉州) 출신으로 이름이 만리(萬里)이고 자가 정수(廷秀)이다. 태상박사(太常博士), 태자시독(太子侍讀)을 역임하였다.

무 끝 높이의 고대(古臺)를 찾으니, 아래로 푸른 바다가 옥잔처럼 보인다. 월왕(越王)이 봄바람 불 때 가무(歌舞)하던 곳인데, 오늘은 봄바람만 홀로 찾아오누나."[735]

沈懷遠南越志. 熙安縣東南, 有崗, 高數十丈. 岡西南爲羊腸道, 說者云, 尉佗登此, 望漢而朝宗, 曰望漢臺. 今廣州府城北, 有越王臺, 卽此望漢臺也. 宋楊廷秀詩. 榕樹梢頭訪古臺, 下看碧海一瓊杯. 越王歌舞春風地, 今日春風獨自來.[736]

조대(釣臺) 엄주성(嚴州城)에 있다. 동쪽과 서쪽의 두 누대가 각각 높이가 수백 장(丈)으로, 동한(東漢) 엄자릉(嚴子陵)[737]이 낚시하던 곳이다. 송(宋) 범중엄(范仲淹)의 다음과 같은 시가 있다. "한(漢)이 천하를 차지하여 영웅호걸을 망라했지만, 한 마리 숨은 기러기가 깃털을 아꼈다네. 광무제(光武帝)의 공신(功臣) 서른여섯이, 운대(雲臺)[738]에서 다투지만 조대(釣臺)만이 높구나."[739]

在嚴州城. 東西二臺, 各高數百丈, 東漢嚴子陵垂釣處. 宋范仲淹詩. 漢包六合網英豪, 一箇冥鴻惜羽毛. 世祖功臣三十六, 雲臺爭似釣臺高.[740]

무금대(撫琴臺) 노주성(瀘州城) 북쪽에 있다. 옛날에 윤길보(尹吉甫)[741]의 아들 백기(伯奇)가 계모에게 무고를 당하여 이 누대에서 거문고를 뜯으면서 〈이상조(履霜操)〉를 지어 스스로 슬퍼하였다. 복자천(宓子賤)[742]의 금대(琴臺)는 연주(兗州)의 단보(單父) 치소 북쪽에 있다. 한(漢) 사마상여(司馬相如)[743]의 금대(琴臺)는 성도부(成都府) 화양현(華陽縣) 시교(市橋)의 서쪽에 있다.

在瀘州城北. 昔尹吉甫子伯奇, 被後母譖, 于此臺撫琴, 作履霜操, 以自悲. 宓子賤琴臺, 在兗州單父治北. 漢司馬相如琴臺, 在城都府華陽縣,[744] 市橋西.[745]

현가대(絃歌臺) 동창부(東昌府) 무성현(武城縣) 서쪽 10리(里)에 있다. 위에 자유사(子游祠)가 있다.

在東昌府武城縣西一十里. 上有子游祠.[746]

금석대(金石臺) 강서(江西) 무주성(撫州城) 서쪽에 있다. 유명한 봉우리 다섯이 있는데 제1봉이 유독 높고 제5봉은 약간 작아, '금석대(金石臺)'라 이름 붙였다. 제4봉과 연속되어 있었는데 뒤에 돌섬에, 물이 그 가운데로 흘렀다.[747] 그래서 당시에, "금석대(金石臺)가 나뉘니 승상(丞相)이 나온다"라는 말이 있었다. 송(宋) 안수(晏殊)와 왕안석(王安石)이 서로 이어서 승상에 제수되자, 사람들이 보응으로

735. 시제(詩題)는 〈삼월회일유월왕대(三月晦日遊越王臺)〉이다.
736. 《산당사고(山堂肆考)·궁실(宮室)》
737. 엄자릉(嚴子陵: B.C. 37-43): 동한(東漢) 회계(會稽) 출신으로 이름이 광(光)이고 자가 자릉(子陵)이다. 광무제(光武帝) 유수(劉秀)와 동학하였는데 광무제가 즉위한 뒤 간의대부(諫議大夫)를 제수하였으나 거절하고 부춘산(富春山)에 은거하였다.
738. 운대(雲臺): 광무제(光武帝)가 여러 신하들과 정사를 논의하던 누대 이름이다.
739. 시제(詩題)는 〈조대(釣臺)〉이다.
740. 《산당사고(山堂肆考)·궁실(宮室)》
741. 윤길보(尹吉甫): 서주(西周) 선왕(宣王) 시기의 대신(大臣)으로 험윤(玁狁)의 침입을 막아내었다.
742. 복자천(宓子賤): 춘추시대 노(魯) 출신으로 이름이 부제(不齊)이고 자가 자천(子賤)이다. 공자(孔子)의 제자로 단보(單父)의 읍재가 되어 잘 다스렸다.
743. 사마상여(司馬相如: B.C. 179-B.C. 117): 서한(西漢) 성도(成都) 출신으로 자가 장경(長卿)이다. 부(賦)에 뛰어났다.
744. '城都府'는 '成都府'의 오류이다.
745. 《산당사고(山堂肆考)·궁실(宮室)》
746. 《기찬연해(記纂淵海)·군현부(郡縣部)》
747. 《대청일통지(大清一統志)·무주부(撫州府)》 주에, "在臨川縣西十五里, 有石峯如臺者五. 列於赤岡之外, 舊名五虎臺, 以形如虎峙也. 第一峯獨高, 第五峯差小, 舊與第四峯連屬, 後流水衝嚙, 分爲二色. 赭者曰金石臺, 色白在中流者曰玉石臺"라는 기록이 있다.

여긴 것이다.

在江西撫州城西. 有名峯五, 第一峯獨高, 餘[748]五峯差小, 名金石臺. 與第四峯聯屬, 後石洲水流其中. 故時有金石臺分丞相出之語. 宋晏殊·王安石, 相繼拜相, 人以爲應.[749]

청릉대(青陵臺) 봉구현(封丘縣)의 경계에 있다. 송(宋) 강왕(康王)[750]이 사인(舍人)[751] 한빙(韓憑)[752]의 아내를 빼앗으려고 누대를 쌓고 바라보았다.

在封丘縣界. 宋康王欲奪其舍人韓憑之妻, 乃築臺望之.[753]

강장대(絳帳臺) 형주(荊州) 서남쪽에 있다. 한(漢) 마융(馬融)[754]이 제자들을 가르치던 곳이다.

在荊州西南. 漢馬融, 敎授之所.[755]

응하대(凝霞臺) 《두양편(杜陽編)》[756]의 기록이다. 당(唐) 대중(大中)[757] 연간에 일본국(日本國)의 왕자가 와서 조회를 하였는데 말하기를, "본국의 동쪽 삼만 리(里)에 집진도(集眞島)가 있고, 섬 위에 응하대(凝霞臺)가 있으며, 대 위에 수담지(手譚池)가 있고, 연못 안에 옥으로 된 바둑돌이 있습니다. 제도(制度)를 따르지 않았는데도 저절로 흑(黑)과 백(白)이 분명합니다"라고 하였다.

杜陽編. 唐大中中, 日本國王子來朝云, 本國之東三萬里, 有集眞島, 島上有凝霞臺, 臺上有手譚池, 池中有玉棋子, 不由制度, 自然黑白分明.[758]

포령대(通靈臺) 왕포(王褒)[759] 《운양기(雲陽記)》의 기록이다. 구익부인(鉤弋夫人)[760]이 위에서 감천궁(甘泉宮)으로 내려와 있다가 죽었는데 시체의 향내가 10여 리(里)까지 났다. 운양(雲陽)에 장례를 지냈는데 무제(武帝)가 그녀를 그리워하여 감천궁(甘泉宮)에 통령대(通靈臺)를 지었다. 푸른 참새 한 마리가 누대 위에 이르러 항상 왕래하다가 선제(宣帝) 때가 돼서야 오지 않았다.

王褒雲陽記. 鉤弋夫人, 從上至甘泉而卒, 尸香聞十餘里. 葬雲陽, 武帝思之, 起通靈臺于甘泉宮. 有一靑雀, 集臺上, 時常往來, 至宣帝時, 乃不至.[761]

주정대(鑄鼎臺) 악주(岳州)의 군산(君山)에 헌원대(軒轅臺)가 있는데, 다른 이름으로 '주정대(鑄鼎臺)'라 한다. 황제(黃帝)가 형산(荊山)의 아래에서 솥을 만들었는데, 솥이 완성되자 용을 타고 하늘로 올라갔다. 당대(唐代) 호증(胡曾)[762]의 다음과 같은 시가 있다. "5월에 조각배로 동정(洞庭)을 지나는데, 물고기와 용이 물결을 불어 물안개가 비리다. 헌원

---

748. '餘'는 '第'의 오류이다
749. 《산당사고(山堂肆考)·궁실(宮室)》
750. 강왕(康王): 전국시대 송(宋)의 임금으로 이름이 언(偃)이다. 무도한 짓을 많이 하였다.
751. 주대(周代)에 궁중의 재정(財政)을 맡아보던 벼슬이다.
752. 한빙(韓憑): 전국시대 송(宋)나라의 대부이다.
753. 《산당사고(山堂肆考)·궁실(宮室)》
754. 마융(馬融: 79-166): 동한(東漢) 부풍(扶風) 출신으로 자가 계장(季長)이다. 경학가로서 정현(鄭玄) 등 많은 제자를 배출하였으며, 교서랑(校書郎)을 역임하였다.
755. 《호광통지(湖廣通志)·형주부(荆州府)》
756. 《두양편(杜陽編)》: 당(唐) 소악(蘇鶚)이 편찬한 책이다.
757. 대중(大中): 당(唐) 선종(宣宗)의 연호(847-859)이다.
758. 《태평광기(太平廣記)·박희(博戲)》
759. 왕포(王褒): 서한(西漢) 자중(資中) 출신으로 자가 자연(子淵)이다. 간의대부(諫議大夫)를 역임하였으며 사부(辭賦)에 뛰어났다.
760. 구익부인(鉤弋夫人): 한(漢) 무제(武帝)의 궁녀 조첩여(趙婕妤)를 가리킨다. 구익궁(鉤弋宮)에 머물러 구익부인(鉤弋夫人)이라고 칭한다. 소제(昭帝)를 낳았다.
761. 《산당사고(山堂肆考)·궁실(宮室)》
762. 호증(胡曾): 당(唐) 소주(邵州) 출신으로 호가 추전(秋田)이다. 연당령(延唐令)을 역임하였다.

(軒轅) 황제는 지금 어디에 있는가, 머리를 돌리니 파산(巴山)[763]은 갈대만 푸르다."[764]

岳州君山, 有軒轅臺, 一名鑄鼎臺. 黃帝鑄鼎荊山之下, 鼎成騎龍上昇. 唐胡曾詩. 五月扁舟過洞庭, 魚龍吹浪水雲腥. 軒轅黃帝今何在, 回首巴山蘆荻靑.[765]

획린대(獲麟臺) 충주(充州) 거야현(鉅野縣) 동남쪽에 있는데, 바로 "서쪽으로 사냥을 하다가 기린을 잡은(西狩獲麟)"[766] 곳이다. 뒷사람들이 이곳에 누대를 쌓았다.

在充州鉅野縣東南, 卽西狩獲獜[767]之所. 後人于此築臺.[768]

판호대(判虎臺) 봉양(鳳陽) 정원현(定遠縣)의 치소(治所) 뒤에 있다. 전해지는 말에, 송(宋) 포증(包拯)[769]이 현령(縣令)일 때, 호랑이가 사람을 해치자 호랑이를 잡아 누대의 앞에 묶어 놓고 판결하였다고 한다.

在鳳陽定遠縣治後. 相傳, 宋包拯爲縣令, 虎傷人, 捕虎繫于臺前, 判之.[770]

폭서대(曝書臺) 연주(兗州) 추(鄒)의 치소(治所)동남쪽에 있다. 옛날에 자사(子思)가 이곳에서 책을 햇볕에 말렸다.

在兗州鄒治東南. 昔子思, 曝書于此.[771]

동작대(銅雀臺) 임장현(臨漳縣) 치소(治所) 서쪽에 있다. 위(魏) 태조(太祖)[772]가 세웠다. 또 금호대(金虎臺)와 빙정대(氷井臺)가 있는데, 세 누대의 거리는 각각 60보(步)이고 그 위로 복도와 누각이 서로 연결되어 있다. 중앙에는 동으로 만든 큰 새가 매달려 있는데, 높이가 1장(丈) 5척(尺)으로 누각의 꼭대기에 두었다. (태조가) 임종할 때에 명을 내려, 그 위에 가는 베로 된 휘장을 치고 아침저녁으로 궁녀들로 하여금 휘장 안에서 노래하고 악기를 불면서 나의 서릉(西陵)[773]을 바라보도록 하라고 하였다. 서릉(西陵)은 장례를 지낼 곳이었다.

在臨漳縣治西. 魏太祖建. 又有金虎 · 氷井臺, 三臺相去, 各六十步, 其上, 複道 · 樓閣相通. 中央, 懸鑄大銅雀, 高一丈五尺, 置之樓頂. 臨終遺令, 施繐帳于上, 朝晡時, 使宮中歌吹帳中, 望吾西陵. 西陵, 操葬處也.[774]

금우대(金牛臺) 무진현(武進縣) 서쪽에 있다. 유송(劉宋) 원가(元嘉)[775] 말엽에, 유계지(劉季之)[776]가 이곳에서 화흠(華欽)[777]을 이기고, 소순지(蕭順之)[778]와 함께 이 누대에 올라 마른 해골들이 길에

---

763. 파산(巴山): 지금의 사천성(四川省) 파당현(巴塘縣) 동남 지역이다.
764. 시제(詩題)는 〈동정(洞庭)〉이다.
765. 《산당사고(山堂肆考) · 궁실(宮室)》
766. 공자(孔子)가 지은 《춘추(春秋)》의 마지막 구절이다. 《좌전(左傳) · 애공(哀公) · 14년》에, "春, 西狩獲麟"이라 하였는데, 두예(杜预)의 주에서 "麟者, 仁獸, 聖王之嘉瑞也. 時無明王, 出而遇獲. 仲尼傷周 道之不興, 感嘉瑞之無應, 故因魯春秋而修中興之教. 絶筆於'獲麟'之一句, 所感而作, 固所以爲終也"라고 설명하였다.
767. '獲獜'은 '獲麟'의 오류이다.
768. 《산당사고(山堂肆考) · 궁실(宮室)》
769. 포증(包拯: 999-1062): 송(宋) 여주(廬州) 출신으로 자가 희인(希仁)이다. 감찰어사(監察御使), 추밀부사(樞密副使) 등을 역임하였다. 중국 역사상 청백리의 대명사로 불린다.
770. 《산당사고(山堂肆考) · 궁실(宮室)》
771. 《산당사고(山堂肆考) · 궁실(宮室)》
772. 태조(太祖): 삼국(三國) 위(魏) 무제(武帝)를 가리킨다.
773. 서릉(西陵): 위(魏) 무제(武帝)의 능명(陵名)이다.
774. 《산당사고(山堂肆考) · 궁실(宮室)》
775. 원가(元嘉): 유송(劉宋) 문제(文帝)의 연호(424-453)이다.
776. 유계지(劉季之): 내력이 자세하지 않다.
777. 화흠(華欽): 내력이 자세하지 않다.

가로질러 있는 것을 보고 말하기를, "문왕(文王) 이래로 몇 년이 되었는가. 장차 그것을 덮을 자가 있을 것인가"라고 하였다.

在武進縣西. 劉宋元嘉末, 劉季之敗華欽于此, 與蕭順之共登此臺, 見枯骼橫道曰, 文王以來, 幾何年矣. 當復有掩之者乎.[779]

녹녀대(鹿女臺) 진주성(秦州城) 안에 있다. 옛날에 왕선옹(王仙翁)[780]이 산중에 사는데 순록(馴鹿)이 풀밭에서 여아(女兒)를 낳는 것을 보았다. 초막에 데려다 키우는데, 사슴이 와서 젖을 먹였다. 후에 16년이 지나 왕선옹이 누대를 쌓고 거기에서 살았다.

在秦州城內. 昔有王仙翁, 居山中, 見馴鹿産女於草莽中. 挈養於菴, 鹿來乳之. 後十六載, 仙翁築臺居之.[781]

사아대(飼鴉臺) 남양(南陽) 삼아로(三鴉路)의 중대산(中大山) 옆에 있다. 전해지는 말에, 한(漢) 광무제(光武帝)가 북쪽 하삭(河朔)으로 달아날 때, 이곳에 이르러 길을 잃었다. 까마귀를 얻었는데, 말 앞에서 길을 인도하였다. 이 때문에 이곳에서 그 까마귀를 길렀고 그래서 붙여진 이름이다.

在南陽三鴉路中大山側. 相傳, 漢光武, 北趨河朔, 至此失路. 得鴉, 引于馬前. 因飼之于此, 故名.[782]

희마대(戲馬臺) 희마대(戲馬臺)는 서주(徐州)의 성 동남쪽에 있다. 항우(項羽)가 일찍이 이곳에서 말을 놀렸다. 유송(劉宋)의 무제(武帝)[783]가 팽성(彭城)에 있는 9일 동안 일찍이 이 누대에 오른 적이 있다.

戲馬臺, 在徐州城東南. 項羽嘗戲馬於此. 劉宋武帝, 在彭城九日, 曾登此臺.[784]

와우대(臥牛臺) 와우대(臥牛臺)는 양양부(襄陽府) 조양현(棗陽縣)에 있다. 한(漢) 광무제(光武帝)가 일찍이 이곳에서 푸른 소를 탔다.

臥牛臺, 在襄陽府棗陽縣. 漢光武, 嘗騎靑牛于此.[785]

삼휴대(三休臺) 형주(荊州) 감리현(監利縣) 북쪽에 있다. 초(楚) 영왕(靈王)이 지은 것이다. 적왕(翟王)의 사신이 초(楚)에 이르자 왕이 자랑하고 싶어서 장화대(章華臺)에서 잔치를 베풀었는데 세 번을 쉰 두에야 그 위에 이르렀다. 그래서 삼휴(三休)라 이름을 붙였다.

在荊州監利縣北. 楚靈王所築. 翟王使使之楚, 王欲誇之, 享于章華之臺, 三休乃至其上, 故又名三休.[786]

호응대(呼鷹臺) 양양성(襄陽城) 북쪽에 있다. 한(漢) 유표(劉表)[787]는 매의 울음소리를 좋아하여 일찍이 이 누대에 올라 〈야응교곡(野鷹交曲)〉을 노래하였다. 송(宋) 소식(蘇軾)의 시에, "호응대(呼鷹臺)에 오르지 마라. 평소의 유표(劉表)를 비웃으리니"라는 구절이 있다.[788]

在襄陽城北. 漢劉表, 好鷹鳴, 嘗登此臺, 歌野鷹交曲. 宋蘇軾詩, 莫上呼鷹臺, 平生笑劉表.[789]

---

778. 소순지(蕭順之): 내력이 자세하지 않다.
779. 《산당사고(山堂肆考)·궁실(宮室)》
780. 왕선옹(王仙翁): 내력이 자세하지 않다.
781. 《어정연감류함(御定淵鑑類函)·거처부(居處部)》
782. 《산당사고(山堂肆考)·궁실(宮室)》
783. 무제(武帝): 남조(南朝) 송(宋) 초대 황제로 재위 기간은 420-422년이다.
784. 《산당사고(山堂肆考)·궁실(宮室)》
785. 《호광통지(湖廣通志)·고적지(古蹟志)》
786. 《신서(新書)·퇴양(退讓)》
787. 유표(劉表: 142-208): 동한(東漢) 산양(山陽) 출신으로 자가 경승(景升)이다. 형주자사(荊州刺史)를 역임하였다.
788. 시제(詩題)는 〈인호위운식득조자(人呼爲韻軾得鳥字)〉이다. 연결되는 일부를 소개하면 다음과 같다. "少年負奇志, 蹭蹬百憂繞. 回首英雄人, 老死已不少. 靑春還一夢, 餘年真過鳥. 莫上呼鷹臺, 平生笑劉表."
789. 《산당사고(山堂肆考)·궁실(宮室)》

향리 鄕里

- 《석명(釋名)》의 기록이다. 향(鄕)은 '향함[향(向)]'이니, 모든 사람들이 향하는 곳이다.[790] 《풍속통(風俗通)》의 기록이다. 리(里)는 '머묾[지(止)]'이니, 50가(家)가 함께 살면서 머무는 것이다.
  釋名. 鄕, 向也, 衆所向也. 風俗通. 里, 止也, 五十家共居止也.[791]
- 《주례(周禮)·대사도(大司徒)》의 기록이다. 5가(家)를 1비(比)로 하여 서로 보호하도록 하고, 5비(比)를 1려(閭)로 하여 서로 사랑하도록 하며, 5려(閭)를 1족(族)으로 하여 서로 장례지도록 하고, 5족(族)을 1당(黨)으로 하여 서로 구해주도록 하며, 5당(黨)을 1주(州)로 하여 서로 구휼하도록 하고, 5주(州)를 1린(隣)으로 하여 서로 빈례를 행하도록 한다.
  周禮大司徒. 令五家爲比, 使之相保, 五比爲閭, 使之相愛, 五閭爲族, 使之相葬, 五族爲黨, 使之相救, 五黨爲州, 使之相賙, 五州爲隣, 使之相賓.[792]
- 일명(壹命)[793]은 향리(鄕里)에서 나이로 따진다.[794]
  一命,[795] 齒于鄕里.[796]
- 리(里)에서 빈소(殯所)가 차려졌으면, 골목에서 노래하지 않는다.《곡례(曲禮)》
  里有殯, 不巷歌.〈曲禮〉[797]
- 향(鄕) 사람들이 함께 술을 마실 적에, 지팡이를 짚은 분이 나가면 따라 나가셨다.《논어(論語)》
  鄕人飮酒, 杖者出, 斯出矣.〈語〉[798]
- 향당(鄕黨)에는 나이만한 것이 없다.《맹자(孟子)》
  鄕黨莫如齒.〈孟〉[799]
- 죽거나 이사함에 향(鄕)을 벗어남이 없으니, 향전(鄕田)에 정(井)을 함께 한 자들이 나가고 들어올 때에 서로 짝하며, 지키고 망볼 때에 서로 도우며, 질병이 있을 때에 서로 부축해 주고 잡아 준다.〈위와 같다.〉
  死徙無出鄕, 鄕田同井, 出入相友, 守望相助, 疾病相扶持.〈同〉[800]
- 50세면 향(鄕)에서 봉양을 받고, 60세면 향(鄕)에서 지팡이를 짚는다.《예기(禮記)》
  五十養於鄕, 六十杖於鄕.〈禮〉[801]
- 뽕나무와 가래나무도 반드시 공경한다.《시경(詩經)》
  維桑與梓, 必恭敬止.〈詩〉[802]
- 다른 고을에 간 자는 고향 사람과 비슷한 사람만 보아도 기뻐한다.《장자(莊子)》
  適異鄕者, 見似人而喜.〈莊〉[803]
- 공자(孔子)가 향당(鄕黨)에 계실 때에는, 신실(信實)하여 말을 잘하지 못하는 것처럼 하셨다.《논어

---

790. 《석명(釋名)·석주국(釋州國)》
791. 《고금사문유취속집(古今事文類聚續集)·거처부(居處部)》
792. 《주례(周禮)·지관(地官)·대사도(大司徒)》
793. 일명(壹命): 주대(周代)에 관직을 9등급으로 하고 가장 낮은 등급을 '일명(壹命)'이라고 하였다.
794. 관직(官職)으로 위계를 정하지 않음을 가리킨다.
795. '一命'은, 《주례(周禮)·지관(地官)·당정(黨正)》에는 '壹命'으로 되어 있다.
796. 《주례(周禮)·지관(地官)·당정(黨正)》
797. 《예기(禮記)·곡례(曲禮)》
798. 《논어(論語)·향당(鄕黨)》
799. 《맹자(孟子)·공손추하(公孫丑下)》
800. 《맹자(孟子)·등문공상(滕文公上)》
801. 《예기(禮記)·왕제(王制)》
802. 《시경(詩經)·소아(小雅)·소변(小弁)》
803. 《장자(莊子)·서무귀(徐无鬼)》

(論語)》

孔子於鄕黨, 恂恂如也, 似不能言者.〈語〉804

• 공자(孔子)가 노(魯)나라를 떠날 적에 말씀하시기를, "더디고 더디다, 내 걸음이여"라고 하셨으니, 부모의 나라를 떠나는 도리이다.《맹자(孟子)》

孔子去魯曰, 遲遲吾行也. 去父母國之道也.〈孟〉805

• 단간목(段干木)806이 은거하자 서하(西河)가 아름다워졌고,807 이릉(李陵)808이 투항하자 농서(隴西)가 부끄러워졌다.

干木隱而西河美, 李陵降而隴西慚.809

마을의 사당을 속이다[광기리사(誑其里社)] 연(燕)나라 사람이 연나라에서 태어나 초(楚)나라에서 성장하였는데, 늙은 뒤에 본국으로 돌아가게 되었다. 진(晉)나라를 지나는데 동행하는 사람이 그를 속이려고 성을 가리키며 말하기를 "이것은 연나라의 성곽입니다"라고 하자 그는 슬프게 안색이 바뀌었다. 토신(土神)을 모신 사당을 가리키면서 "이것은 당신 마을의 사당입니다"라고 하자 그는 "아!"하면서 탄식하였다. 또 집을 가리키면서 "이것이 당신 아버지가 사시던 초막입니다"라고 하자 그는 곧 눈물을 글썽이며 울었다. 또 봉분(封墳)을 가리키면서 "이것이 당신 아버지의 무덤입니다"라고 하자 그 사람은 통곡하면서 그치지를 않았다. 이에 동행하는 사람이 "하하!"하고 크게 웃으면서 말하기를 "나는 아까 당신을 속였습니다. 여기는 진나라입니다"라고 하자 그 사람이 크게 부끄러워하였다. 연나라에 이르자 슬퍼하는 마음이 훨씬 적었다.《열자(列子)》

燕人生於燕, 長於楚, 及老而還本國. 過晉國, 同行者誑之, 指城曰, 此燕國之城, 其人愀然變容. 指社曰, 此若里之社, 乃喟然而歎. 指舍曰, 此若先人之廬, 乃涓然而泣. 指壟曰, 此若先人之冢, 哭不自禁. 同行者, 啞然大笑曰, 予昔紿若. 此晉國耳, 其人大慚. 及至燕悲心更微.〈列子〉810

고향에서 수레를 내리다[하거고향(下車故鄕)] 상종(常樅)811이 노자(老子)에게, "고향에 들르면 수레에서 내리는데, 그대는 그 이유를 아십니까?"라고 묻자, 노자가 대답하기를, "옛것을 잊지 않음을 일컫는 것이 아니겠는가"라고 하였다. 상종이 말하기를, "아! 그렇군요"라고 하였다.《설원(說苑)》

常樅謂老子曰, 過故鄕而下車, 子知之乎. 老子曰, 非謂其不忘故耶. 樅曰, 嘻. 是也.〈說苑〉812

걸어서 마을의 문에 들어가다[보입리문(步入里門)] 만석군(萬石君)813이 능리(陵里)로 이사하여 살았는데, 아들인 경(慶)과 다른 여러 아들들이 마을의 문에 들어서면서 종종걸음으로 집에 이르렀다.

萬石君, 徙居陵里, 慶及諸子, 入里門, 趨至家.814

장담(張湛)815이 풍익(馮翊)을 다스리다가 휴가를

---

804. 《논어(論語) · 향당(鄕黨)》

805. 《맹자(孟子) · 만장하(萬章下)》에는, "孔子之去齊, 接淅而行, 去魯曰, 遲遲. 吾行也. 去父母國之道也"로 되어 있다.

806. 단간목(段干木): 전국(戰國)시대 진(晉)나라 출신이다. 덕을 갖추고도 벼슬하지 않아 위(魏) 문후(文侯)가 찾아가자 담을 넘어 도망하였다고 한다.

807. 진(晉) 황보밀(皇甫謐)의 《고사전(高士傳)》 권중(卷中)에서, "段干木者, 晉人也. 少貧且賤, 心志不遂. 乃治清節, 遊西河, 師事卜子夏"라고 하였다.

808. 이릉(李陵: ?-B.C. 74): 서한(西漢) 농서(隴西) 출신으로 자가 소경(少卿)이다. 기도위(騎都尉)를 역임하였는데. 흉노(匈奴)와 싸우다가 투항하여 돌아오지 않았다.

809. 《고금사문유취속집(古今事文類聚續集) · 거처부(居處部)》

810. 《열자(列子) · 주목왕(周穆王)》

811. 상종(常樅): 내력이 자세하지 않다.

812. 《설원(說苑) · 경신(敬愼)》

813. 만석군(萬石君: ?-B.C. 124): 서한(西漢) 하내(河內) 출신으로 이름이 석분(石奮)이고 만석군(萬石君)은 별호이다. 한(漢) 고조(高祖)를 모셨고 태중대부(太中大夫)를 역임하였는데 공근(恭謹)한 인품으로 이름이 있었다.

얻어 평릉(平陵)으로 돌아가게 되었는데, 멀리서 마을의 문을 보고 걸어서 갔다. 주부(主簿)가 말하기를, "명부(明府)[816]께서는 지위가 높으니 스스로를 가볍게 하시면 안 됩니다"라고 하자 장담이 말하기를, "부모의 고을에서는 마땅히 예를 다해야 하거늘 무슨 가볍게 함이 있겠는가"라고 하였다.

張湛爲馮翊, 告歸平陵, 望里門而步. 主簿曰, 明府位尊, 不宜自輕. 湛曰, 父母之國, 所宜盡禮, 何輕之有.[817]

묘진경(苗晉卿)[818]이 태수가 되었다가 일찍이 호관(壺關)을 들어서는데, 멀리 현(縣)의 문이 보이자 바로 걸어서 가면서 말하기를, "공관의 문에서는 내려야 한다. 하물며 부모의 고을이겠는가"라고 하였다.

苗晉卿爲太守, 嘗入壺關, 望縣門, 輒步曰, 公門當下, 況父母邦乎.[819]

군자의 고을[군자향(君子鄕)] 왕렬(王烈)[820]은 의로운 행실로 향리에서 칭송되었다. 밭을 다투는 자들이 장차 왕렬에게 질정하려다가도 어떤 이는 길에 나섰다가 돌아가고 어떤 이는 초막을 보고 돌아갔다. 도둑질한 자가 있었는데, 형벌은 사양하지 않겠지만 왕언방(王彦方)에게 알리지 못하게 하였다. 그가 사는 곳을 '군자의 고을[군자향(君子鄕)]'이라고 하였다.

王烈, 以義行稱鄕里. 有爭田者, 將質之於烈, 或至塗而反, 有望廬而反. 有盜者, 不辭刑罰, 勿使王彦方知之. 號所居爲君子鄕.[821]

도적이 고을에 들어오지 않다[적불입향(賊不入鄕)] 위(魏) 임조(任旐)[822]는 자가 자여(子旟)로 낙안(樂安) 전창(傳昌) 사람이다. 한(漢)나라 말엽에 황건적(黃巾賊)이 일어나 전창(傳昌)에 이르렀는데, 임조의 성명을 듣고 말하기를, "일찍이 임자여(任子旟)가 천하의 현인(賢人)이라 들었다. 지금 도적이 되었지만 어떻게 그의 향리를 침범할 수 있겠는가"라고 하였다.

魏任旐, 字子旟, 樂安傳昌人. 漢末, 黃巾起到傳昌, 聞旐姓名曰, 夙聞任子旟天下賢人. 今作賊, 那可入其鄕耶.[823]

예리(穢里) 제(齊) 유회(劉繪)[824]가 남강(南康)을 다스릴 때, 상도(相都) 사람 중에 뇌(賴)씨 성을 가진 이가 있었는데 사는 마을 이름이 예리(穢里)였다. 유회가 그를 놀리면서 묻기를, "그대는 무엇이 더러워서 예리(穢里)에 사시오?"라고 하였다. 그 사람이 대답하기를, "잘 모르겠습니다만, 공자(孔子)는 무엇이 부족해서 궐리(闕里)에 살았는지요?"라고 하였다.

齊劉繪爲南康, 相都人有姓賴, 所居名穢里. 繪嘲之曰, 君有何穢而居穢里. 答曰, 未審, 孔子有何闕而居闕里.[825]

---

814. 《사기(史記)·만석장숙열전(萬石張叔列傳)》의 기록을 재구성한 것이다.
815. 장담(張湛): 동한(東漢) 부풍(扶風) 출신으로 자가 자효(子孝)이다. 태자태부(太子太傅)를 역임하였다.
816. 명부(明府): 관부(官府)의 뜻으로 군수(郡守)나 현령(縣令)을 가리킨다.
817. 《후한서(後漢書)·장담전(張湛傳)》의 내용을 재구성한 것이다.
818. 묘진경(苗晉卿: 675-765): 당(唐) 노주(潞州) 출신으로 자가 원보(元輔)이다. 좌상(左相), 태보(太保)를 역임하였다.
819. 《신당서(新唐書)·묘진경열전(苗晉卿列傳)》
820. 왕렬(王烈: 142-219): 동한(東漢) 태원(太原) 출신으로 자가 언방(彦方)이다. 의(義)로 이름이 났었다.
821. 《후한서(後漢書)·왕열전(王烈傳)》에, "王烈, 字彦方, 太原人也. 少師事陳寔, 以義行稱鄕里. 有盜牛者, 主得之, 盜請罪曰, 刑戮是甘, 乞不使王彦方知也. 烈聞而使人謝之, 遺布一端. 或問其故, 烈曰, 盜懼吾聞其過, 是有耻惡之心. 既懷耻惡, 必能改善. 故以此激之"라고 하였다.
822. 임조(任旐): 동한(東漢) 낙안(樂安) 출신으로 자가 자여(子旟)이다.
823. 《고금사문유취속집(古今事文類聚續集)·거처부(居處部)》
824. 유회(劉繪: 458-502): 남조(南朝) 제(齊) 팽성(彭城) 출신으로 자가 사장(士章)이다.
825. 《남사(南史)·유회열전(劉繪列傳)》의 내용을 재구성한 것이다.

명가리(鳴珂里) 당(唐) 장가정(張嘉貞)[826]이 재상일 때, 동생 장가우(張嘉祐)가 금오장군(金吾將軍)이 되었는데, 매번 조회에 참석할 때마다 따르고 인도하는 수레가 골목에 가득하였다. 당시에 그가 사는 마을을 '명가리(鳴珂里)'라 하였다.

唐張嘉貞爲相, 弟嘉祐爲金吾將軍, 每上朝, 軒蓋騶導盈閭. 時號所居坊曰, 鳴珂里.[827]

효제리(孝悌里) 조청헌(趙淸獻)[828]공의 마을은 고효자(故孝子)라 정표(旌表)하였는데, 태사(太師) 조청헌(趙淸獻)이 그 마을에 살면서 효제리(孝悌里)라 하였다.

趙淸獻公之里, 表曰故孝子, 太師趙淸獻居其里曰, 孝悌里.[829]

아는 사람을 쓰다[용소지(用所知)] 허윤(許允)[830]이 이부랑(吏部郞)이 되었는데, 자신의 고향 사람을 많이 썼다. 위(魏) 명제(明帝)가 호분(虎賁)[831]을 보내 그를 잡아오게 하였다. 도착한 뒤에 황제가 따져 물으니 허윤이 대답하기를, "신의 고향 사람은 신이 아는 사람들입니다"라고 하였다.

許允爲吏部郞, 多用其鄕里. 魏明帝, 遣虎賁收之. 旣至, 帝覈問之, 允對曰, 臣之鄕人, 臣所知也.[832]

해골을 청하여 고향으로 돌아가다[걸해귀리(乞骸[833]歸里)] 공우(貢禹)[834]가 글을 올려 아뢰기를, "신 공우는 보잘것없는 나이가 81살이 되고 보니, 고향에서 떨어진 것이 삼천 리(里)나 됨을 스스로 애통해하고 있습니다. 하루아침에 쓰러져 스스로 고향으로 돌아가지 못한 채, 해골은 버려지고 외로운 혼은 돌아가지 못할까 진실로 두렵습니다. 사사로운 바람을 이겨낼 수 없으니 해골(骸骨) 청하옵니다. 몸이 살아서 고향으로 돌아간다면 여한이 없겠습니다"라고 하였다.

貢禹上書曰, 臣禹犬馬之齒八十一, 自痛去家三千里. 誠恐一朝蹎仆, 不能自還, 骸骨棄捐, 孤魂不歸. 不勝私願, 乞骸骨. 及身生, 歸鄕里, 無所恨.[835]

난리를 피해 고향을 떠나다[피란거향(避亂去鄕)] 순욱(荀彧)[836]은 자가 문약(文若)이다. 동탁(董卓)의 난리에 관직을 버리고 고향으로 돌아가 마을의 어른들에게 말하기를, "영천(潁川)은 군대가 충돌하는 곳으로 빨리 떠나야 합니다"라고 하였다. 고을 사람들이 고향땅을 그리워하면서 머뭇거리는데, 마침 기주목(冀州牧)으로서 같은 군 출신인 한복(韓馥)[837]이 기마(騎馬)를 보내 맞이하도록 하였는데도, 따라

826. 장가정(張嘉貞: 669-729): 당(唐) 포주(蒲州) 출신으로 자가 가정(嘉貞)이다. 감찰어사(監察御使), 동중서문하평장사(同中書門下平章事), 중서령(中書令) 등을 역임하였다.

827. 《고금사문유취속집(古今事文類聚續集) · 거처부(居處部)》

828. 조청헌(趙淸獻: 1008-1084): 북송(北宋) 시기의 정치가인 조변(趙抃)이다. 자는 열도(閱道)이고, 청헌(淸獻)은 시호(謚號)이다. 월주(越州), 항주(杭州), 청주(靑州) 등의 지방관을 역임하면서 정치를 잘하고 행실이 검소하여 이름이 높았다.

829. 《고금사문유취속집(古今事文類聚續集) · 거처부(居處部)》

830. 허윤(許允: ?-254): 삼국(三國) 위(魏) 고양(高陽) 출신으로 자가 사종(士宗)이다. 시중(侍中), 상서(尙書), 중령군(中領軍) 등을 역임하였다.

831. 호분(虎賁): 용맹한 군사를 가리킨다.

832. 《세설신어(世說新語) · 현원(賢媛)》

833. 걸해(乞骸): '걸해골(乞骸骨)'로도 쓰며 관직에 있는 사람이 퇴직을 청하는 말이다.

834. 공우(貢禹: B.C. 124-B.C. 44): 서한(西漢) 낭야(琅邪) 출신으로 자가 소옹(少翁)이다. 간대부(諫大夫), 어사대부(御史大夫)를 역임하였다.

835. 《전한서(前漢書) · 공우전(貢禹傳)》에, "臣禹犬馬之齒八十一, 血氣衰竭, 耳目不聰明, 非複能有補益, 所謂素餐尸祿洿朝之臣也. 自痛去家三千里, 凡有一子, 年十二, 非有在家爲臣具棺槨者也. 誠恐一旦蹎仆, 氣竭, 不復自還, 洿席薦於宮室, 骸骨棄捐, 孤魂不歸. 不勝私願, 願乞骸骨, 及身生, 歸鄕里, 死亡所恨"으로 되어 있는 내용을 재구성한 것이다.

836. 순욱(荀彧: 163-212): 동한(東漢) 영천(潁川) 출신으로 자가 문약(文若)이다. 조조(曹操)의 모사(謀士)로 시중(侍中)을 역임하였다.

837. 한복(韓馥: ?-191): 동한(東漢) 영천(潁川) 출신으로 자가 문절(文節)이다. 기주목(冀州牧)을 역임하였다.

오는 이가 없었다. 순욱은 홀로 친족을 데리고 기주(冀州)로 갔다.

荀彧字文若. 董卓之亂, 棄官歸, 謂父老曰, 潁川爲兵衝, 宜亟去之. 鄕人懷土猶豫, 會冀州牧同郡韓馥, 遣騎迎之, 莫有隨者. 彧獨將宗族, 至冀州.[838]

고향에 대한 그리움이 갈수록 심해지다[향사전심(鄕思轉深)] 육기(陸機)[839]가 낙양(洛陽)에 있을 때, 갑자기 동쪽 대숲에서 술 마시던 일이 생각나서, 유보(劉寶)[840]에게 말하기를, "고향에 대한 그리움이 갈수록 심해진다"라고 하였다.《어림(語林)》

陸機在洛, 忽思東頭竹篠之飮, 語劉寶曰, 鄕思轉深矣.〈語林〉[841]

가을이 되자 순채와 농어가 생각나다[추사순로(秋思蓴鱸)] 장한(張翰)[842]은 자가 계응(季鷹)으로 오군(吳郡) 출신이다. 제왕(齊王) 사마경(司馬冏)[843]이 불러 대사마동서연(大司馬東西掾)을 삼았다. 사마경이 당시에 권병을 잡고 있었는데, 장한이 같은 군 출신의 고영(顧榮)[844]에게 떠나고자 하는 뜻을 말하자 고영이 그의 손을 잡고 말하기를, "나 역시 그대와 더불어 남산의 고사리를 뜯고 삼강(三江)의 물을 마실 것이다"라고 하였다. 장한이 가을 바람이 일어나는 것을 보고 오(吳) 지역의 고채(菰菜)와 순채국, 농어회를 그리워하면서 말하기를, "사람의 삶이란 뜻에 맞게 할 수 있는 것이 귀하니, 어찌 수천 리 밖에서 관직에 얽매어 명예와 지위를 구하겠는가"라 하고, 마침내 수레를 메워 돌아갔다. 얼마 후에 사마경이 패하자 사람들이 모두 "기미를 알았다"라고 하였다.

張翰, 字季鷹, 吳郡人. 齊王冏, 辟爲大司馬東西掾. 冏時執權, 翰謂同郡顧榮, 語欲去意, 榮執其手曰, 吾亦與子, 採南山蕨, 飮三江水耳. 翰因見秋風起, 乃思吳中菰菜·蓴羹·鱸魚膾曰, 人生貴得適志, 何能羈官數千里, 以要名爵乎. 遂命駕歸. 俄而冏敗, 人皆謂之見幾.[845]

세 개의 인끈으로 고향에서 자랑하다[삼조과향(三組夸鄕)] 한(漢) 무제(武帝)가 조서로 누선장군(樓船將軍)[846] 양복(楊僕)에게 신칙하기를, "장군(將軍)은 전마(傳馬)[847]를 타고 변방에 가시오"라고 하였다. 이로 인하여 귀가하게 되었는데, 은과 황금의 인장을 지니고 세 개의 인끈을 드리운 채 고향에서 자랑하였다. 은황(銀黃)은 인장(印章)이다. (당시에 양복은) 주작도위(主爵都尉), 누선장군(樓船將軍), 양후(梁侯)의 세 직책이었다. 그래서 세 개의 인끈이라고 하였다.

漢武帝, 以璽書, 勅責樓船將軍楊僕曰, 將軍請乘傳行塞. 因用歸家, 懷銀黃, 垂三組, 夸鄕里. 銀黃, 印也.[848] 主爵·樓船·梁侯. 故云三組.[849]

관개리(冠蓋里) 양양군(襄陽郡)의 현산(峴山)에서

838.《후한서(後漢書)·순욱전(荀彧傳)》

839. 육기(陸機: 261-303): 서진(西晉) 화정(華亭) 출신으로 자가 사형(士衡)이다. 하북대도독(河北大都督)을 역임하였고, 동생 육운(陸運)과 함께 문명(文名)을 떨쳤다.

840. 유보(劉寶): 서진(西晉) 고평(高平) 출신으로 자가 도진(道眞)이다. 이부랑(吏部郞)을 역임하였다.

841.《고금사문유취속집(古今事文類聚續集)·거처부(居處部)》

842. 장한(張翰): 서진(西晉) 오군(吳郡) 출신으로 자가 계응(季鷹)이다. 박학(博學)하였고 글에 능하였다.

843. 사마경(司馬冏: ?-303): 서진(西晉) 하내(河內) 출신으로 자가 경치(景治)이다. 제왕(齊王)에 봉해졌고 산기상시(散騎常侍)를 역임하였다.

844. 고영(顧榮: ?-312): 서진(西晉) 오군(吳郡) 출신으로 자가 언선(彦先)이다. 산기상시(散騎常侍)를 역임하였으며 육기(陸機), 육운(陸運)과 함께 '삼준(三俊)'으로 칭송되었다.

845.《진서(晉書)·문원열전(文苑列傳)》

846. 누선장군(樓船將軍): 한대(漢代) 장군의 명칭 가운데 하나이다.

847. 전마(傳馬): 역참(驛站)에서 쓰는 말을 가리킨다.

848. '銀黃印也'는,《고금사문유취속집(古今事文類聚續集)·거처부(居處部)》에는 '注. 銀, 銀印也, 黃, 金印也'으로 되어 있다.

남쪽으로 의성(宜城)에 이르기까지 백 리 남짓의 사이에 조각한 담장과 높은 집의 마을이 줄지어져 있는데, 한(漢) 선제(宣帝) 말엽에 그 사이에는 경사(卿士), 및 자사(刺史) 이천석(二千石)이 수십 명이 있었다. 같은 날 다 모였는데. 형주자사(荊州刺史)가 소속 지역을 순찰하면서 이것을 본 뒤, 현(縣)에 명을 내려 그 마을 이름을 관개리(冠蓋里)로 하도록 하였다.

襄陽郡峴山, 南至宜城百里餘, 其間, 雕墻峻宇, 閭里塡列, 漢宣帝末, 其間有卿士, 及刺史二千石數十人. 同日大會, 荊州刺史, 行部見之, 勅縣, 名其里爲冠蓋里.[850]

모절(旄節)[851]을 지니고 고향에 돌아오다[장절환향(杖節還鄕)] 후위(後魏)의 동징(董徵)[852]은 유학(儒學)으로 자주 벼슬에 올라 안주자사(安州刺史)가 되었다. 술직(述職)[853]하고 오는 길에 집에 들러 술자리를 마련하고 성대한 모임을 열었다. 그리고 말하기를, "인장(印章)을 허리에 차고 고향에 돌아오는 것을 옛날 사람들이 영광으로 칭했는데, 모절(旄節)을 지니고 고향에 돌아오니 어찌 즐겁지 않겠는가"라고 하였다. 자제(子弟)들에게 경계하여 말하기를, "이러한 부귀는 하늘로부터 내려온 것이 아니고 부지런히 공부하여 이른 것일 뿐이다"라고 하니 당시 사람들이 영예롭게 여겼다.

後魏董徵, 以儒學累遷安州刺史. 因述職過家, 置酒高會. 乃云腰龜返國, 昔人稱榮, 杖節還鄕, 云胡不樂. 誡子弟曰, 此之富貴, 匪自天降, 乃勤學所致耳. 時人榮之.[854]

군(郡)을 다스리면서 아부하지 않다[수군불아(守郡不阿)] 포증(包拯)은 합비(合肥) 출신이다. 나가서 본군(本郡)을 다스리는데, 조금도 법을 굽혀 고을의 기호에 아부하려 하지 않았다. 그래서 세속에서 점점 비방하기 시작하자 공이 이에 시를 지어 뜻을 보였다. 그중의 한 연(聯)이 다음과 같다. "곧은 줄기는 결국 마룻대가 되고, 참된 강함은 고리가 되지 않는다(直幹終爲棟, 眞剛不作鉤)"이다. 그가 정도(正道)를 지키면서 빗나가지 않음이 이와 같았다.《초계어은총화(苕溪漁隱叢話)》

包拯, 合肥人. 出守本郡, 不肯少屈法以阿鄕曲之好. 故流俗稍稍謗議, 公乃爲詩, 以見意. 其間一聯云. 直幹終爲棟, 眞剛不作鉤. 其守正不回如此.〈苕溪漁隱〉[855]

자기 고향에서 베풀지 않다[부진기향(不賑其鄕)] 중종(中宗)[856] 시절에 복야(僕射) 위원충(魏元忠)[857]이 송주(宋州)로 돌아가 귀성하려 할 때에, 황제가 백마사(白馬寺)에 행차하여 그를 전송하면서 다음과 같은 글을 지었다. "비단옷을 입고 낮에 다니는 것이 오늘에 있고, 돈을 뿌려 은혜를 베푸는 것이 진실로 이때로다"라고 하였다. 위원충이 고향에 돌아갔지만 끝내 재물을 내어 베푸는 바가 없자 의논하는 자들이 그를 비난하였다.

中宗時, 僕射魏元忠, 還宋州拜掃, 上幸白馬寺, 以送之, 制曰. 衣錦晝遊, 在乎玆日, 散金敷惠, 諒焉斯辰. 元忠至鄕, 竟無所賑施, 議者短之.[858]

제(齊)에 봉해지고 돌아와 장사 지내다[봉제반장(封

849. 《고금사문유취속집(古今事文類聚續集)·거처부(居處部)》
850. 《고금사문유취속집(古今事文類聚續集)·거처부(居處部)》
851. 모절(旄節): 황제가 장수를 임명하거나 파견할 때에 주던 기(旗)이다.
852. 동징(董徵: ?-553): 후위(後魏) 돈구(頓丘) 출신으로 자가 문발(文發)이다. 안주자사(安州刺史), 사농소경(司農少卿) 등을 역임하였다.
853. 술직(述職): 외임(外任) 관리가 조정에 가서 업무를 보고하는 것을 가리킨다.
854. 《위서(魏書)·동징열전(董徵列傳)》
855. 《어은총화전집(漁隱叢話前集)》 권26.
856. 중종(中宗): 당(唐) 제5대 황제로 재위 기간은 705-709년이다.
857. 위원충(魏元忠: ?-707): 당(唐) 송주(宋州) 출신으로 본명이 진재(眞宰)이다. 시중(侍中), 중서령(中書令) 등을 역임하였다.

齊返葬)] 《예기(禮記)·단궁(檀弓)》에서 말하였다. 태공(太公)이 영구(營丘)에 봉해지고서 5대에 이르기까지 모두 주나라로 돌아와 장사 지내졌다. 군자가 말하기를, "음악은 말미암아 생겨난 바를 즐기는 것이고, 예는 그 근본을 잊지 않는 것이다. 옛사람의 말에, 여우는 죽으면서 태어난 언덕 쪽으로 머리를 바로 향한다고 하였는데, 어진 마음이다."《예기(禮記)》

檀弓曰. 太公封于營丘, 比及五世, 皆反葬于周. 君子曰, 樂樂其所自生, 禮不忘其本. 古人有言曰, 狐死正首丘, 仁也.〈禮〉859

남쪽 음악을 연주하다[조남음(操南音)] 종의(鍾儀)860가 진(晉)나라에 잡혀 있었는데, 진후(晉侯)가 그에게 거문고를 주자 남쪽 음악을 연주하였다. 진후(晉侯)가 말하기를, "음악으로 고향 노래를 연주하니, 근본을 잊지 않은 것이다"라 하고는 마침내 풀어주었다.《춘추좌전(春秋左傳)》

鍾儀, 爲晉所縶, 晉侯與之琴, 操南音. 晉侯曰, 樂操土風, 不忘本. 遂釋之.〈左〉861

월(越)나라 노래[월음(越吟)] 장석(莊舃)862이 초(楚)나라에서 벼슬하는데, 초왕(楚王)이 말하기를, "장석은 월나라의 비천한 사람으로, 이제 초나라에 들어와 부귀해졌는데 여전히 월나라를 그리워할까?"라 하고는 사람을 시켜 가서 들어보게 하니 여전히 월나라 노래를 하고 있었다.

莊舃仕楚, 楚王曰, 舃, 越之鄙人, 今入楚富貴, 亦思越否. 使人往聽之, 猶越吟.863

고을의 인심을 많이 얻다[심득향심(甚得鄉心)] 노숙(魯肅)864은 재물을 많이 뿌려 고을사람들의 환심을 많이 얻었다. 또 진(晉)의 하기(何琦)865는 절의(節義)를 숭상하였고 풍부함과 곤궁함을 이웃들과 함께 하였다.

魯肅, 大散財貨, 甚得鄉里欣心. 又晉何琦, 尙節義, 豐約與鄉隣共之.866

고을에서 홀로 살다[색거향리(索居鄉里)] 남조(南朝)의 육양(陸襄)867은 젊어서 큰 뜻이 있었는데, 고을 사람들과 어긋나서 맞지를 않았다. 월주자사(越州刺史) 조정(趙政)868이 그 까닭을 묻자 육양이 대답하기를, "세도(世道)가 낮아지고 쇠퇴하여 이익을 추구하는 사람들이 많습니다. 이 때문에 홀로 삽니다"라고 하자, 조정이 그를 그릇으로 여겼다.

南朝陸襄, 少有大志, 與鄉里, 落落不合. 越州刺史趙政, 問之, 襄曰, 世降道衰, 人多趨利. 是以索居. 政器

---

858. 《고금사문유취속집(古今事文類聚續集)·거처부(居處部)》
859. 《예기(禮記)·단궁(檀弓)》
860. 종의(鍾儀): 춘추(春秋)시대 초(楚) 출신으로 운읍(鄖邑) 대부로 진(晉)에 포로로 잡혀갔다가 2년 만에 돌아왔다.
861. 《춘추좌전(春秋左傳)·성공(成公)·9년》에, "晉侯觀于軍府, 見鍾儀. 問之曰, 南冠而縶者, 誰也. 有司對曰, 鄭人所獻楚囚也. 使稅之. 召而弔之. 再拜稽首. 問其族. 對曰, 泠人也. 公曰, 能樂乎. 對曰, 先父之職官也, 敢有二事. 使與之琴, 操南音. 公曰, 君王何如. 對曰, 非小人所得知也. 固問之, 對曰, 其爲太子也, 師, 保奉之, 以朝于嬰齊而夕于側也. 不知其他. 公語范文子. 文子曰, 楚囚, 君子也. 言稱先職, 不背本也. 樂操土風, 不忘舊也. 稱太子, 抑無私也. 名其二卿, 尊君也. 不背本, 仁也. 不忘舊, 信也. 無私, 忠也. 尊君, 敏也. 仁以接事, 信以守之, 忠以成之, 敏以行之, 事雖大, 濟. 君盍歸之, 使合晉, 楚之成. 公從之, 重爲之禮, 使歸求成"라고 하였다.
862. 장석(莊舃): 전국(戰國)시대 월(越)나라 사람으로 초(楚)나라에 가서 집규(執珪)의 벼슬을 하였다.
863. 《고금사문유취속집(古今事文類聚續集)·거처부(居處部)》
864. 노숙(魯肅: 172-217): 삼국(三國) 오(吳) 임회(臨淮) 출신으로 자가 자경(子敬)이다. 횡강장군(橫江將軍)을 역임하였다.
865. 하기(何琦): 동진(東晉) 여강(廬江) 출신으로 자가 만륜(萬倫)이다. 낭중(郎中)을 역임하였고 효성과 인자함으로 이름이 있었다.
866. 《고금사문유취속집(古今事文類聚續集)·거처부(居處部)》
867. 육양(陸襄): 남조(南朝) 양(梁) 오군(吳郡) 출신으로 자가 사경(師卿)이다. 태자세마(太子洗馬), 탁지상서(度支尙書) 등을 역임하였다.
868. 조정(趙政): 내력이 자세하지 않다.

之.[869]

고양향(高陽鄕) 유지기(劉知幾)[870]는 자가 자현(子玄)으로, 거소현(居巢縣)의 자(子)에 봉해졌다. 마을 사람들이 그 형제 여섯이 모두 명성이 있었기 때문에 마을을 고양리(高陽里)라 하였고, 거소(居巢)라고도 하였다.

劉知幾, 字子玄, 封居巢縣子. 鄕人以其兄弟六人, 俱有名號, 鄕曰高陽里, 曰居巢.[871]

낙성향(樂城鄕) 유인궤(劉仁軌)[872]는 작위가 올라 공자(公子)가 되었고 그의 조카들도 상주국(上柱國)[873]을 받은 자가 세 명이나 되었다. 고을에서 그것을 영예로 여겨 그들이 살던 곳을 낙성향(樂城鄕) 삼주리(三柱里)라 불렀다.《백공육첩(白孔六帖)》

劉仁軌, 進爵爲公子, 及兄子受上柱國者, 三人. 州黨榮之, 號所居, 爲樂城鄕三柱里.〈孔帖〉[874]

효자향(孝子鄕) 《북사(北史)》의 기록이다. 화추(華秋)[875]는 효성으로 모친을 섬겼다. 모친상을 당하자 흙을 져다 묘를 만들고 묘의 옆에 여막을 지었다. 황제가 명을 내려 그 마을을 정표(旌表)하였다. 후에 적도(賊徒)가 일어났는데 모두가 서로 경계하기를, "효자(孝子)의 고을을 침범하지 말라"라고 하였다.

北史. 華秋事母以孝, 母喪, 負土成墳, 築廬墓側. 詔表其門閭. 後賊起, 咸相戒曰, 勿犯孝子鄕.[876]

양명향(揚名鄕) 오대(五代) 시기의 등우(鄧佑)[877]는 임강(臨江) 출신으로, 동자과(童子科)에 합격하였고, 동생 등길(鄧吉)도 삼예과(三禮科)에 합격하자, 살던 곳의 이름을 바꾸어 양명향(揚名鄕) 양수리(兩秀里)라 하였다.

五代鄧佑, 臨江人, 擢童子科, 弟吉, 擢三禮科, 改所居, 爲揚名鄕兩秀里.[878]

누덕리(累德里) 《북사(北史)》의 기록이다. 유인(紐因)[879]은 자가 효정(孝政)이다. 부모가 죽자 묘 옆에 여막을 짓고 흙을 져다 묘를 만들었다. 묘 앞에 마(麻) 한 그루가 자라나는데 그 크기가 한 아름이 되었고 겨울이나 여름이나 항상 푸르렀다. 북주(北周)의 무제(武帝)[880]가 그 마을을 정표(旌表)하고 감당령(甘棠令)을 제수하였다. 아들 유사웅(紐士雄)도 지극히 효성스러웠다. 아버지가 돌아가시자 시묘살이를 하는데 집 뜰의 홰나무가 말라죽었다가 상기(喪期)가 끝나 집에 돌아오니 홰나무가 다시 번성하였다. 북주(北周)의 무제(武帝)가 조서를 내려, 그가 살던 곳을 누덕리(累德里)로 부르도록 하였다.

北史. 紐因, 字孝政. 父母亡, 廬于墓, 負土成墳. 墳前生麻一株, 其大合拱, 冬夏常靑. 周武帝, 表其閭, 擢授甘棠令. 子士雄, 亦至孝. 父喪, 廬墓, 庭槐枯死, 服終還家, 槐復榮茂. 周文帝[881]下詔, 號所居爲累德

---

869. 《산당사고(山堂肆考)·지리(地理)》
870. 유지기(劉知幾: 661-721): 당(唐) 서주(徐州) 출신으로 자가 자현(子玄)이다. 비서소감(秘書少監), 산기상시(散騎常侍) 등을 역임하였다. 사가(史家)로서 여러 차례 역사 편찬에 참여하였다.
871. 《신당서(新唐書)·유지기열전(劉知幾列傳)》의 내용을 재구성한 것이다.
872. 유인궤(劉仁軌: 601, 혹 602-685): 당(唐) 변주(汴州) 출신으로 자가 정칙(正則)이다. 급사중(給事中), 좌상(左相) 등을 역임하였고, 악성현남(樂城縣男)에 봉해졌다.
873. 상주국(上柱國): 전쟁에서 큰 공을 세운 자에게 수여되는 관직으로, 무관(武官) 가운데 최고의 작위이다.
874. 《구당서(舊唐書)·유인궤열전(劉仁軌列傳)》
875. 화추(華秋): 수(隋) 급현(汲縣) 사람이다. 효행으로 이름이 있었다.
876. 《북사(北史)·효행열전(孝行列傳)》의 내용을 재구성한 것이다.
877. 등우(鄧佑): 내력이 자세하지 않다.
878. 《산당사고(山堂肆考)·지리(地理)》
879. 유인(紐因): 내력이 자세하지 않다.
880. 무제(武帝): 북주(北周) 제3대 황제로 재위 기간은 561-565년이다.
881. '周文帝'는, 《수서(隋書)·효의열전(孝義列傳)》에는 '고조(高祖)'로 되어 있다. 고조(高祖)는 북주(北周)의 무제(武帝)의

里.[882]

고양리(高陽里) 당(唐) 하덕인(賀德仁)[883]의 형제 여덟 명이 감방리(甘誇里)에 살았는데, 태수 왕백산(王伯山)[884]이 고양리(高陽里)로 바꾸었다.

唐賀德仁, 兄弟八人, 居甘誇里,[885] 太守王伯山, 改爲高陽里.[886]

덕정향(德政鄕) 당(唐) 함통(咸通)[887] 연간에 건창령(建昌令) 소사유(邵師裕)[888]가 덕으로 정치를 하니 읍민들이 감동하여 '덕정(德政)'으로 그 고을의 이름을 삼았다. 이웃 고을 사람들이 그를 사모하여 와서 귀의하는 이들이 많았고, 또 이름난 고을에 거처를 정하였다.

唐咸通中, 建昌令邵師裕, 爲政以德, 邑人感之, 以德政名其鄕. 隣境之人慕之, 多來歸附, 又以卜隣名鄕.[889]

정공향(鄭公鄕) 동한(東漢) 정현(鄭玄)[890]은 자가 강성(康成)이고 북해(北海) 출신으로 배우는 제자가 수천 명이었다. 북해상(北海相)이었던 공융(孔融)[891]이 정현을 매우 존경하여 고밀현(高密縣)에 명을 내려 정현을 위하여 특별하게 하나의 향(鄕)을 세우도록 하고 '정공향(鄭公鄕)'이라 하였으며, 그 마을의 문을 크게 하여 큰 수레가 다닐 수 있게 하고 '통덕문(通德門)'이라 불렀다.

東漢鄭玄, 字康成, 北海人, 學徒數千人. 國相孔融, 深敬玄, 令高密縣, 爲玄特立一鄕, 曰鄭公鄕, 開廣其門閭, 令容高車, 號, 曰通德門.[892]

광덕리(光德里) 당(唐) 박릉(博陵)의 최빈(崔邠)[893]은 형제 여섯 명이 처음 벼슬할 때부터 현달했을 때까지 함께 광덕리(光德里)의 한 집에서 살았다.

唐博陵崔邠, 兄弟六人, 自始仕至貴達, 同居光德里一宅.[894]

조원향(調元鄕) 송(宋) 이방(李昉)[895]은 자가 명원(明遠)이다. 사는 고을을 조원향(調元鄕) 병균리(秉鈞里)라 하였다.

宋李昉, 字明遠. 所居鄕曰, 調元鄕秉鈞里.[896]

이웃의 과부를 받아들이다[납린리부(納隣嫠婦)] 옛날에 안숙자(顔叔子)[897]가 일찍이 집에 혼자 있는데, 이웃의 과부가 한밤중의 폭풍우(暴風雨)를 만나 집이 무너졌다. 부인이 서둘러 건너오자 안숙자는 그녀를 들어오게 한 뒤, 촛불을 잡고 새벽까지 이르

묘호(廟號)이다.

882. 《수서(隋書)·효의열전(孝義列傳)》
883. 하덕인(賀德仁): 수당(隋唐) 시기 회계(會稽) 출신으로, 태자세마(太子洗馬)를 역임하였다.
884. 왕백산(王伯山): 수당(隋唐) 시기 파양(鄱陽) 출신으로, 회계태수(會稽太守)를 역임하였다.
885. '甘誇里'는, 《구당서(舊唐書)·문원열전(文苑列傳)》에는 '甘滂里'로 되어 있다.
886. 《구당서(舊唐書)·문원열전(文苑列傳)》
887. 함통(咸通): 당(唐) 의종(懿宗)의 연호(860-873)이다.
888. 소사유(邵師裕): 내력이 자세하지 않다.
889. 《산당사고(山堂肆考)·지리(地理)》
890. 정현(鄭玄: 127-200): 동한(東漢) 고밀(高密) 출신으로 자가 강성(康成)이다. 한대(漢代) 경학(經學)의 집대성자로 그의 학문을 정학(鄭學)이라 한다.
891. 공융(孔融: 153-208): 동한(東漢) 노국(魯國) 출신으로 자가 문거(文擧)이다. 북해상(北海相)을 역임하였다.
892. 《후한서(後漢書)·정현열전(鄭玄列傳)》의 내용을 재구성한 것이다.
893. 최빈(崔邠: 756-815): 당(唐) 패주(貝州) 출신으로 자가 처인(處仁)이다. 이부시랑(吏部侍郞)을 역임하였다.
894. 《산당사고(山堂肆考)·지리(地理)》
895. 이방(李昉: 925-996): 송(宋) 요양(饒陽) 출신으로 자가 명원(明遠)이다. 호부시랑(戶部侍郞), 중서시랑(中書侍郞) 등을 역임하였다.
896. 《산당사고(山堂肆考)·지리(地理)》
897. 안숙자(顔叔子): 전국(戰國)시대 노(魯)나라 사람으로 덕이 높았다.

도록 하였으며 촛불이 다하자 땔나무를 묶어 계속 불을 밝혔다.

昔顔叔子, 嘗獨處于室, 隣之嫠婦, 遇夜暴風雨, 至室壞. 婦人趨而至, 顔叔子納之, 使秉燭放乎旦, 而燭盡, 束薪而繼之.[898]

이웃집의 미녀를 유혹하다[도린미녀(挑隣美女)]

《진서(晉書)》의 기록이다. 사곤(謝鯤)[899]은 자가 유여(幼輿)이다. 이웃집 여인 고씨(高氏)가 미모인 것을 보고 유혹하자, 여인이 북을 던져 이 두 개가 부러졌다. 당시 사람들이 말하기를, "멋대로 하기를 그만두지 않아, 유여는 이가 부러졌다네"라고 하자 사곤은 크게 웃으면서 말하기를, "그래도 내가 노래하는 것을 그만두게 하지는 못했네"라고 하였다.

晉書. 謝鯤, 字幼輿. 見隣女高氏貌美, 挑之, 女投梭, 折其兩齒. 時人語曰, 任達不已, 幼輿折齒. 鯤長笑[900]曰, 猶不廢我嘯歌.[901]

의리(義里) 《회계전록(會稽典錄)》의 기록이다. 진효(陳囂)[902]가 백성인 기백(紀伯)과 이웃이 되었는데, 기백이 밤에 울타리를 뽑아 진효의 땅을 훔쳐 자신에게 더하였다. 진효가 그것을 보고 그가 가기를 기다린 뒤에, 몰래 울타리를 뽑아 땅 1장(丈)을 기백에게 더해 주었다. 기백이 알고 나서 부끄러워하면서 침범했던 땅을 돌려주었고 거기에다 1장(丈)을 더 물러났다. 태수 주공(周公)이 진효의 덕과 의리를 높이 여겨, 돌에 (그 내용을) 새기고 그 마을을 정표(旌表)하여 '의리(義里)'라 하였다.

會稽典錄. 陳囂, 與民紀伯爲隣, 伯夜拔藩, 竊囂地自益. 囂見之, 伺伯去後, 密拔其藩, 一丈以地益伯. 伯覺慚懼, 旣還所侵, 又却一丈. 太守周公, 高囂德義, 刻石旌其閭, 號曰義里.[903]

이웃 사람이 술을 보내 주다[인인송주(隣人送酒)]

진(晉) 도간(陶侃)은 집이 가난하였다. 어떤 벗이 찾아왔는데 도간은 정성을 다할 방법이 없었다. 그의 이웃 사람이 도간에게 말하기를, "그대의 문 앞에 높은 사람의 수레가 있는데 어찌 맞이하여 당세(當世)의 일을 논의하지 않는 것이요?"라고 물었다. 도간이 말하기를, "가난하여 예를 갖출 수가 없습니다"라고 하자, 이웃 사람이 몰래 담 위로 몰래 탁주와 닭 한 마리를 보내주어 마침내 하루 종일의 환대를 이룰 수 있었다.

晉陶侃, 家貧. 有友人見過, 侃無以致誠. 其隣人謂侃曰, 子門有長者軒車, 何不延之, 論當世事. 侃曰, 貧不能備禮耳. 隣人密于墻頭, 送濁醪隻鷄, 遂成終日之歡.[904]

부엌을 함께 쓰고 도랑을 같이 쓰다[공조동거(共竈同渠)] 당(唐) 우곡(于鵠)[905]의 다음과 같은 인거시(隣居詩)가 있다. "편벽된 골목이라 이웃이 적어, 띠풀 처마지만 즐겁게 나란히 산다. 배[리(梨)]를 찔 때 항상 부엌을 함께 쓰고, 푸성귀를 씻을 때도 도랑을 같이 쓴다. 나막신 신은 아이 보내 아침에 약을 찾고, 등불을 나누어 밤중에 책을 읽는다. 비록 도회지에 있지만, 도리어 나무하고 고기 잡는 이들과 비슷할 수 있다오."[906]

唐于鵠, 隣居詩. 僻巷隣家少, 茅簷喜竝居. 蒸梨常共

898. 《고금사문유취속집(古今事文類聚續集) · 거처부(居處部)》
899. 사곤(謝鯤: 약 281-약 323): 동진(東晉) 진군(陳郡) 출신으로 자가 유여(幼輿)이다. 예장태수(豫章太守)를 역임하였는데, 노래와 거문고에 뛰어났다.
900. '長笑'는, 《진서(晉書) · 사곤열전(謝鯤列傳)》에는 '長嘯'로 되어 있다.
901. 《진서(晉書) · 사곤열전(謝鯤列傳)》
902. 진효(陳囂): 서한(西漢) 회계(會稽) 출신이다.
903. 《고금사문유취속집(古今事文類聚續集) · 거처부(居處部)》
904. 《고금사문유취속집(古今事文類聚續集) · 거처부(居處部)》
905. 우곡(于鵠): 당대(唐代) 사람으로 시에 뛰어났다. 제부종사(諸府從事)를 역임하였다.
906. 시제(詩題)는 〈제린거(題隣居)〉이다.

竈, 澆薤亦同渠. 傳屐朝尋藥, 分燈夜讀書. 雖然在城市, 還得似樵漁.907

등불 빛을 스미게 하고, 우물을 나누어 쓰다[투등분정(透燈分井)] 송(宋) 매요신(梅堯臣)908의 〈증린거시(贈隣居詩)〉에, "벽의 틈으로 등불 빛 스미게 하고, 울타리 끝에서 우물을 나누어 쓴다"라는 구절이 있다. 서개(徐鍇)909의 〈이소보복린(李少保卜隣)〉시에, "우물이 지맥(地脈)을 나누었고, 다듬이는 함께 가을 소리를 낸다"라는 구절이 있다.

宋梅堯臣, 贈隣居詩, 壁隙透燈光, 籬根分井口. 徐鍇喜李少保卜隣詩, 井泉分地脈, 砧杵共秋聲.910

이웃에 살면서 연못을 다투다[인거쟁지(隣居爭池)] 석륵(石勒)911이 이양(李陽)912과 이웃에 살면서 삼베를 담그는 연못을 다투어 날마다 치고받았다. 귀하게 된 뒤에 이양을 불러 함께 술을 마시고 거나해지자 장난으로 이양의 팔을 끌며 웃으면서 말하기를, "내가 옛날에 그대의 주먹에 실컷 맞았고, 그대도 내 매서운 손에 많이 맞았지"라고 하였다.

石勒, 與李陽隣居, 爭漚麻池, 日相毆擊. 及貴, 乃召陽與酣讌, 引陽臂笑曰, 孤曩日厭卿老拳, 卿亦飽孤毒手.913

울타리 너머로 말을 듣다[격리청담(隔籬聽談)] 송(宋) 장경(張鏡)914이 안연지(顔延之)915와 이웃에 살았다. 안연지가 의리(義理)를 담론하고 술을 마시면서 끊임없이 떠들어대었지만 장경은 조용히 말이 없었다. 후에 장경이 손님과 담론을 하는데 안연지가 울타리 가에 호상(胡床)916을 갖다놓고 앉아서 들어보니 말의 내용이 맑고 깊었다. 안연지가 말하기를, "저기에도 사람이 있었구나"라 하고는 이로부터 다시는 술 취해 떠들지 않았다.

宋張鏡, 與顔延之隣居. 顔談義飮酒, 叫呼不絶, 而鏡靜默. 後鏡與客談, 延之從籬邊, 取胡床坐聽, 辭義淸玄. 延之曰, 彼有人焉. 由是不復酣叫.917

저택 第宅

• 택(宅)은 '고르는 것[택(擇)]'이다. 좋은 곳을 골라 집을 지음을 말하는 것이다.《석명(釋名)》

宅, 擇也. 言擇吉處而營之也.〈釋名〉918

• 집에 동서의 곁채가 있는 것을 '묘(廟)'라 하고, 동서의 곁채가 없고 방이 있는 것을 '침(寢)'이라 하며, 방이 없는 것을 '사(榭)'라고 한다.《이아(爾雅)》

室有東西廂曰, 廟, 無東西廂, 有室曰, 寢, 無室曰, 榭.〈爾雅〉919

• 집을 백 도(堵西)920로 짓고 그 문을 서남쪽으로

907.《어정전당시(御定全唐詩)》 권310.

908. 매요신(梅堯臣: 1002-1060): 송(宋) 선성(宣城) 출신으로 자가 성유(聖俞)이다. 국자감직강(國子監直講), 상서도관원외랑(尙書都官員外郞)을 역임하였다. 시인으로서 평담하고 함축적인 시를 추구하였다.

909. 서개(徐鍇): 서현(徐鉉)의 잘못이다. 서현은 송(宋) 양주(揚州) 출신으로 자가 정신(鼎臣)이다. 소학(小學)에 뛰어났다.

910.《고금사문유취속집(古今事文類聚續集)·거처부(居處部)》

911. 석륵(石勒: 274-333): 16국(十六國)시기 후조(後趙)의 건립자로 자가 세룡(世龍)이다.

912. 이양(李陽): 내력이 자세하지 않다.

913.《진서(晉書)·석륵재기(石勒載記)》

914. 장경(張鏡): 남조(南朝) 송(宋) 오군(吳郡) 출신으로 신안태수(新安太守)를 역임하였다.

915. 안연지(顔延之: 384-456): 남조(南朝) 송(宋) 임기(臨沂) 출신으로 자가 연년(延年)이다. 시부(詩賦)에 뛰어났다.

916. 호상(胡床): 접을 수 있는 간단한 의자로, 교상(交床)이라고도 한다.

917.《남사(南史)·장유열전(張裕列傳)》의 내용을 재구성한 것이다.

918.《석명(釋名)·석궁실(釋宮室)》

919.《이아(爾雅)·석궁(釋宮)》

내었다. 이곳에서 살고 이곳에서 머무니 비바람도 벗어났고 새나 쥐도 멀어졌다.〈사간(斯干)〉
築室百堵, 西南其戶. 爰居爰處, 風雨攸除, 鳥鼠攸去.〈斯干〉921

- 우뚝 솟아 날개 같으며 화살이 나는 듯하다. 새가 깜짝 놀란 듯하며 꿩이 나는 듯하다.〈위와 같다.〉
如跂斯翼, 如矢斯棘. 如鳥斯革, 如翬斯飛.〈上同〉922
- 집을 지으면서 길가는 사람과 상의하는 것과 같은지라. 이 때문에 완성을 이루지 못한다.《시경(詩經)》
如彼築室于道謀. 是用不潰于成.〈詩〉923
- 집을 지음에 이미 부지런히 담을 쌓았으면 진흙을 바르고 지붕을 이는 것과 같으며, 재재(梓材)를 만듦에 이미 부지런히 나무를 다스리고 깎았으면 단청(丹靑)을 칠함과 같다."〈재재(梓材)〉
若作室家, 旣勤垣墉, 惟其塗塈茨, 若作梓材, 旣勤樸斲, 惟其塗丹雘.〈梓材〉924
- 군자가 궁실(宮室)을 지을 때에는, 종묘(宗廟)를 우선으로 하고 마구간과 곳집을 다음으로 하고 거처할 곳을 뒤로 한다.〈곡례(曲禮)〉
君子將營宮室, 宗廟爲先, 廏庫爲次, 居室爲後.〈曲禮〉925
- 선비는 1무(畝)의 집과 벽을 두른 방이 있다.《예기(禮記)》
儒有一畝之宮, 環堵之室.〈禮〉926
- 필문(蓽門)927, 규두(圭竇)928, 봉호(蓬戶)929, 옹유(甕牖)930가 있다.《예기(禮記)》
蓽門, 圭竇, 蓬戶, 甕牖.〈禮〉931
- 도성 안의 집에는 세금을 거두지 않는다. 주(注)의 기록이다. 성 안의 집에는 세금이 없다.〈재사(載師)〉
國宅無征. 注. 城中宅, 無稅也.〈曲禮932〉933
- 자한(子罕)934이 말하기를, "우리 소인(小人)들도 모두 집이 있어 건조함과 습기, 추위와 더위를 피한다"라고 하였다.《춘추좌전(春秋左傳)》
子罕曰, 吾儕小人, 皆有闔廬, 以避燥濕寒暑.〈國語935〉936
- 공자가 이르기를, "계손(季孫)의 근심은 병풍 안에 있다"라고 하였다. 주(注)의 기록이다. 소(蕭)는 '엄숙함[숙(肅)]'을 말한다. 장(墻)은 병풍을 일컫는다. 군신(君臣)이 서로 만나는 예는 병풍에 이르러 엄숙함과 공손함을 더하므로 그것을 일러 '소

---

920. 도(堵): 담을 쌓는 계량 단위로, 1판(版)[목판(木版)]의 길이와 5판의 높이를 1도(堵)라 한다.
921. 《시경(詩經)·소아(小雅)·사간(斯干)》의 내용을 재구성한 것이다.
922. 《시경(詩經)·소아(小雅)·사간(斯干)》
923. 《시경(詩經)·소아(小雅)·소민(小旻)》
924. 《서경(書經)·주서(周書)·재재(梓材)》
925. 《예기(禮記)·곡례(曲禮)》
926. 《예기(禮記)·유행(儒行)》
927. 필문(蓽門): 대나무를 쪼개어 만든 문이다.
928. 규두(圭竇): 담을 뚫어 문 옆에 만든 곁문이다.
929. 봉호(蓬戶): 쑥대를 엮어 만든 지게문이다.
930. 옹유(甕牖): 옹기를 대어 만든 창문이다.
931. 《예기(禮記)·유행(儒行)》
932. '曲禮'는 '載師'의 오류이다.
933. 《주례(周禮)·지관(地官)·재사(載師)》
934. 자한(子罕): 춘추(春秋) 시대 송(宋)나라 출신으로 이름이 낙희(樂喜)이다. 사성(司城)을 역임하여 사성자한(司城子罕)으로 불린다.
935. '國語'는 '左傳'의 오류이다.
936. 《춘추좌전(春秋左傳)·양공(襄公)·17년》에는, "子罕聞之, 親執扑, 以行築者, 而抶其不勉者, 曰, 吾儕小人, 皆有闔廬, 以辟燥濕寒暑"로 되어 있다.

장(蕭墻)'이라고 한다.

子曰, 季孫之憂, 在蕭墻之內.[937] 注. 蕭, 言肅也. 墻, 謂屛也, 君臣相見之禮, 至屛而加肅恭焉, 謂之蕭墻.[938]

• 큰 집이 지어지자 제비와 참새가 서로 축하한다. 《회남자(淮南子)》

大廈成, 而燕雀相賀.〈淮〉[939]

• 한(漢) 고조(高祖)가 명을 내려, 제후로 식읍(食邑)을 가진 자는 큰 집을 주고, 관리로 봉록이 이천석(石)인 자는 작은 집을 받도록 하였다.《한서(漢書)》

高祖詔, 列侯食邑者, 皆賜大第室, 更二千石,[940] 受小第室.〈註〉[941]

• (집이) 갑(甲), 을(乙)의 차례가 있기 때문에 '제(第)'라 한다.〈한서(漢書) 주(注)〉

有甲乙次第, 故曰第.〈漢書〉[942]

• 작위(爵位)가 비록 제후이더라도 식읍(食邑)이 만호(戶)에 차지 않으면 '제(第)'를 지을 수 없고, 그 집이 마을에 있을 경우에는 모두 '제(第)'라 일컫지 않는다.《초학기(初學記)》

爵雖列侯, 食邑不滿萬戶, 不得作第, 其舍在里中, 皆不稱第.〈初學記〉[943]

• 높고 밝은 집은 귀신이 그 방안을 내려다본다.[양웅(揚雄) 〈해조(解嘲)〉]

高明之居, 鬼瞰其室.〈陽[944]嘲解〉[945]

• 서릿발이 기둥을 씻어 주고 옥 모래가 주춧돌을 빛낸다.〈노조(盧肇)[946]〉

霜斤沐楹, 玉沙瑩礎.〈盧肇〉[947]

• 《위료자(尉繚子)》에서 말하였다. 천자의 저택은 1,000무(畝)이고, 제후의 저택은 100무이고, 대부 이하는 마을의 집이 9무이다.

尉繚子曰. 天子宅千畝, 諸侯宅百畝, 大夫以下, 里舍九畝.[948]

공자 구택(舊宅)의 관현악(管絃樂) 소리[공택사죽(孔宅絲竹)] 노공왕(魯恭王)[949]은 궁실(宮室) 짓기를 좋아하였다. 공자의 구택(舊宅)을 헐어 그의 거처를 넓히는데, 노공왕이 공자의 마루에 오르니 사죽(絲竹)과 금석(金石)의 음악이 들리자 이에 구택을 헐지 못했다.

魯共王,[950] 好治宮室. 壞孔子舊宅, 以廣其居, 王又陞孔子堂, 聞絲竹金石之音, 乃不壞宅.[951]

아름답습니다. 그 장대함과 그 찬란함이여![미재륜환(美哉輪奐)] 진(晉) 헌문자(獻文子)[952]가 저택을 완성하자 진(晉)의 대부들이 축하를 보냈다.[발(發):

---

937. 《논어(論語)·계씨(季氏)》에는, "吾恐季孫之憂, 不在顓臾, 而在蕭墻之內也"로 되어 있다.
938. 《고금사문유취속집(古今事文類聚續集)·거처부(居處部)》
939. 《회남자(淮南子)·설림훈(說林訓)》에, "湯沐具, 而蟣虱相弔, 大廈成, 而燕雀相賀"라고 하였다.
940. '更'은 '吏'의 오류이다.
941. 《한서(漢書)·고제기(高帝紀)》에는, "爲列侯食邑者, 皆佩之印, 賜大第室. 吏二千石, 徙之長安, 受小第室"로 되어 있다.
942. 《한서(漢書)·고제기(高帝紀)》 주(注).
943. 《초학기(初學記)·거처부(居處部)》
944. '陽'은 '揚'의 오류이다.
945. 《전한서(前漢書)·양웅전(揚雄傳)》
946. 노조(盧肇): 당(唐) 원주(袁州) 출신으로 자가 자발(子發)이다. 저작랑(著作郎), 집현원직학사(集賢院直學士)를 역임하였다.
947. 노조(盧肇), 〈중수선주신흥사비명(重修宣州新興寺碑銘)〉
948. 《초학기(初學記)·거처부(居處部)》
949. 노공왕(魯恭王: ?-B.C. 128): 서한(西漢) 경제(景帝)의 다섯째 아들인 유여(劉餘)이다.
950. '共'은 '恭'의 오류이다.
951. 《전한서(前漢書)·노공왕전(魯恭王傳)》
952. 헌문자(獻文子: ?-B.C. 541): 춘추(春秋) 시기 진(晉)나라 조무(趙武)의 시호(諡號)이다. 진(晉) 평공(平公) 시절에 국정

축하하는 것이다.] 장노(張老)[953]가 말하기를, "아름답습니다. 그 장대함이여! 아름답습니다. 그 찬란함이여! 여기에서 노래하고[길례(吉禮)를 행하고], 여기에서 곡하고[상례(喪禮)를 행하고], 여기에서 국빈과 종족을 모으게 될 것입니다[연례(宴禮)를 행할 것입니다]"라고 하였다. 헌문자가 말하기를, "무(武)[954]가 여기에서 노래하고, 여기에서 곡하고, 여기에서 국빈과 종족을 모을 수 있다면, 이는 목숨을 온전히 하고 저승에 계신 조상(祖上)들을 따르는 것입니다"라고 하였다. 군자들이 이를 일러, "장로는 축사를 잘하였고, 헌문자는 축원을 잘하였다"고 하였다.《예기(禮記)》

晉獻文子, 成室, 晉大夫發(賀也)焉. 張老曰, 美哉輪焉. 美哉奐焉. 歌於斯, 哭於斯, 聚國族於斯. 文子曰, 武也, 得歌於斯, 哭於斯, 聚國族於斯, 是全要領, 以從先大夫於九原也. 君子謂之善頌善禱.〈禮〉[955]

객사(客舍)와 같이 보다[시여전사(視如傳舍)] 평은후(平恩侯) 허백(許伯)[956]이 저택에 입주하는데, 개관요(蓋寬饒)[957]가 축하하러 갔다. 술이 얼큰해지자 집을 올려다보면서 감탄하기를, "아름답도다. (그러나) 부귀는 무상하니, 소홀하면 사람(주인)이 바뀝니다. 이것(집)은 객사(客舍)와 같으니 겪어본 것이 많습니다. 오직 근신(謹愼)해야 오래갈 수 있습니다"라고 하였다.

平恩侯許伯, 入第, 蓋寬鐃賀之. 酒酣, 仰屋而歎曰, 美哉. 富貴無常, 忽則易人. 此如傳舍, 所閱多矣. 惟謹愼爲能久.[958]

집을 양보하여 형에게 주다[손택여형(遜宅與兄)] 배해(裵楷)[959]가 새 건물을 지었는데 기초와 집이 매우 아름다웠다. 이주하려 하는데 형이 마음으로 그 집을 매우 욕심내면서 입으로는 말하지 않았다. 배해가 그 뜻을 알고 바로 형에게 살도록 하였다.《별전(別傳)》

裵楷營新宅, 基宇甚麗. 當移住, 兄心甚願之, 而口不言. 楷知其意, 便使兄住.〈別傳〉[960]

문에 집을 판다고 써 놓다[제문매택(題門賣宅)] 제(齊) 유고지(庾杲之)[961]가 위(魏)나라 사신을 접대하는데, 사신이 묻기를, "백성들이 어찌하여 집집마다 문첩(門帖)[962]을 걸어놓고 집을 판다고 합니까?"라고 하자 대답하기를, "조정에서 낙양(洛陽)을 소탕하여 중국의 중원을 회복하고자 하니, 집집마다 집을 파는 것입니다"라고 하였다.

齊庾杲之, 接魏使, 使問, 百姓那得家家題門帖賣宅. 答曰, 朝廷欲掃蕩京洛, 尅復神州. 所以家家賣宅

(國政)을 좌우하였다.

953. 장노(張老): 춘추(春秋)시대 진(晉)나라 사람으로 자가 맹(孟)이다. 조무(趙武)를 도왔으며 사마(司馬)를 역임하였다.
954. 무(武): 헌문자(獻文子)의 이름으로, 자신을 가리킨다.
955. 《예기(禮記)·단궁(檀弓)》의 내용을 재구성한 것이다.
956. 허백(許伯): 안사고(顔師古)의 《한서(漢書)》 주에, "許伯, 皇太子外祖也"라고 하였다.
957. 개관요(蓋寬饒: ?-B.C. 60): 서한(西漢) 위군(魏郡) 출신으로 자가 차공(次公)이다. 사예교위(司隸校尉)를 역임하였는데 강직하고 직간을 잘하였다.
958. 《전한서(前漢書)·개관요전(蓋寬饒傳)》에, "平恩侯許伯入第, 丞相·御史·將軍·中二千石皆賀, 寬饒不行. 許伯請之, 乃往, 從西階上, 東鄕特坐. 許伯自酌曰, 蓋君後至. 寬饒曰, 無多酌我, 我乃酒狂. 丞相魏侯笑曰, 次公醒而狂, 何必酒也. 坐者皆屬目卑下之. 酒酣樂作, 長信少府檀長卿起舞, 爲沐猴與狗鬪, 坐皆大笑. 寬饒不說, 卬視屋而歎曰, 美哉. 然富貴無常, 忽則易人, 此如傳舍, 所閱多矣. 唯謹愼爲得久, 君侯可不戒哉"라고 하였다.
959. 배해(裵楷): 서진(西晉) 하동(河東) 출신으로 자가 숙칙(叔則)이다. 산기상시(散騎常侍), 시중(侍中)을 역임하였다. 박학하였고 정치의 도리를 잘 밝혔다.
960. 《고금사문유취속집(古今事文類聚續集)·거처부(居處部)》
961. 유고지(庾杲之: 441-491): 남조(南朝) 제(齊) 신야(新野) 출신으로 자가 경행(景行)이다. 상서좌승(尙書左丞)을 역임하였다.
962. 문첩(門帖): 집이나 물건을 팔기 위해 문에 걸어 놓은 패찰을 가리킨다.

耳.[963]

형에게[964] 집값을 사양하다[형사택전(兄辭宅錢)] 송(宋) 채흥종(蔡興宗)[965]의 부친인 채곽(蔡廓)[966]이 집 두 채를 세우고 동쪽 집을 형인 궤(軌)에게 주자, 궤가 돈 50만 전을 보내어 집값에 보태게 하였다. 채흥종이 모친에게 말하기를, "한집안에서는 예로부터 넉넉함과 부족함을 반드시 함께하였으니, 오늘 집값을 받으면 안 됩니다"라고 하였다.

宋蔡興宗父廓, 起二宅, 以東宅與兄軌, 軌送錢五十萬, 裨宅直. 興宗白母曰, 一家由來豐儉必共, 今日宅直不宜受也.[967]

녹야당(綠野堂) 배도(裵度)[968]가 외임(外任)으로 산남동도절도사(山南東道節度使)가 되었는데 당시에 환관인 유(孺)가 위엄을 부렸다. 배도가 다시는 경세제민(經世濟民)의 뜻을 갖지 않고 동도(東都)의 집현리(集賢里)에 집을 짓고 별장을 만들어, 따뜻한 방과 시원한 누대를 갖추고서 '녹야당(綠野堂)'이라 하였다. 그 아래에는 물결이 일었는데 배도는 촌야(村野)의 복장으로 한가롭게 백거이(白居易), 유우석(劉禹錫)[969] 등과 문장을 짓고 술잔을 들면서 밤과 낮을 다해 즐기고 세상사를 묻지 않았다. 황제는 배도가 나이는 되었지만 신명(神明)이 쇠약하지 않았음을 알고 매번 대신들이 낙양에서 오면 반드시 배도의 안부를 물었다. 문종(文宗)[970]도 다시 조서를 보내 하동(河東)의 절도사를 명하면서, "짐을 위하여 누워서라도 북문(北門)을 지켜 주는 것이 좋겠소"라고 하였으나, 얼마 지나지 않아 배도가 죽었다.

裵度出爲山南東道節度使, 時閹孺擅威. 度不復有經濟意, 乃治第東都集賢里, 作別墅, 具燠館·涼臺, 號綠野堂. 激波其下, 度野服蕭散, 與白居易·劉禹錫, 爲文章, 把酒, 窮晝夜相歡, 不問人間事. 帝知度年雖及, 神明不衰, 每大臣自洛來, 必問度安否. 文宗復詔節度河東曰, 爲朕, 臥護北門, 可也. 未幾度薨.[971]

늪을 개간하여 나무를 심다[소소종수(疏沼種樹)] 백거이(白居易)가 (황제에게) 인정을 받아서 헌종(憲宗)[972] 시절에 일마다 말하지 않는 것이 없자, 당시 사람들에게 꺼림을 받았다. 이에 글과 술에 뜻을 두고 공명(功名)을 세우려는 뜻을 버린 채, 사는 곳인 동도(東都)의 이도리(履道里)에서 늪을 개간하여 나무를 심고 돌 누대와 향산(香山)을 만들었으며 여덟 구비의 여울을 파고 스스로를 취음선생(醉吟先生)이라 불렀다.

白居易被遇, 憲宗時, 事無不言, 爲當時所忌. 乃放意文酒, 無立功名意, 於東都所居履道里, 疏沼種樹, 搆石樓·香山, 鑿八節灘, 自號醉吟先生.[973]

---

963. 《남사(南史)·유고지열전(庾杲之列傳)》
964. 문장구조상 '형이'로 해야 되겠으나, 글의 내용상 '형에게'로 번역하였다.
965. 채흥종(蔡興宗: 415-472): 남조(南朝) 송(宋) 제양(濟陽) 출신이다. 시중(侍中), 이부상서(吏部尙書), 상서우복야(尙書右僕射) 등을 역임하였다.
966. 채곽(蔡廓: 379-425): 남조(南朝) 송(宋) 제양(濟陽) 출신으로 자가 자도(子度)이다. 유유(劉裕)에게 인정받아 시중(侍中), 어사중승(御史中丞), 이부상서(吏部尙書) 등을 역임하였다.
967. 《남사(南史)·채흥종열전(蔡興宗列傳)》
968. 배도(裵度: 765-839): 당(唐) 하동(河東) 출신으로 자가 중립(中立)이다. 어사중승(御史中丞), 동중서문하평장사(同中書門下平章事) 등을 역임하였다.
969. 유우석(劉禹錫: 772-842): 당(唐) 낙양(洛陽) 출신으로 자가 몽득(夢得)이다. 태자빈객(太子賓客), 검교예부상서(檢校禮部尙書) 등을 역임하였다.
970. 문종(文宗): 당(唐) 제16대 황제로 재위 기간은 826-840년이다.
971. 《신당서(新唐書)·배도열전(裵度列傳)》
972. 헌종(憲宗): 당(唐) 제13대 황제로 재위 기간은 806-820년이다.
973. 《신당서(新唐書)·백거이전(白居易傳)》

집의 기운이 삭막하다[택기삭연(宅氣索然)] 승려인 홍법사(泓法師)가 장열(張說)[974]에게 집을 사주면서, 동북쪽 모퉁이를 파지 말라고 경계하였다. 훗날 (홍법사가) 집의 기운이 삭막한 것을 이상하게 여겨 모퉁이를 보니 1장(丈) 남짓한 세 개의 구멍이 나 있었다. 놀라서 말하기를, "그대의 부귀는 당신 1대(代)뿐이고 자식들은 아마 잘 마치지 못할 것입니다"라고 하였다. 장열이 그것을 메우려고 하니 홍법사가 말하기를, "다른 곳의 흙은 기운이 없어 지맥(地脈)과 맞지 않습니다. 비유하자면 몸에 상처가 났을 때, 다른 사람의 살을 보충해도 도움이 되지 않는 것과 같습니다"라고 하였다.

浮屠泓, 與張說市宅, 戒無穿東北隅. 他日, 怪宅氣索然, 視隅, 有三坎丈餘. 驚曰, 君富貴, 一世而已. 諸子將不終. 說將塞之, 泓師曰, 客土無氣, 與地脈不連. 譬身瘡痏, 補他肉, 無益也.[975]

빗장을 이중으로 하고 벽을 겹으로 하다[중관복벽(重關複壁)] 이임보(李林甫)[976]가 재상일 때, 원한을 맺은 자들이 많다고 스스로 여겼다. 자객(刺客)이 자신의 처소를 알아낼 것을 염려하여, 빗장을 이중으로 하고 벽을 겹으로 하였으며 벽돌담을 이어 놓고 하룻밤에도 두 번씩 옮겨 다녀, 집안사람들도 아는 이가 없었다.

李林甫爲相, 自見結怨者多. 憂刺客竊發所居, 重關複壁, 絡甃石, 一夕再徙, 家人莫知也.[977]

집을 사고 금을 얻다[매택득금(買宅得金)] 위군(魏郡)의 장분(張奮)은 본래 부자였는데, 정응(程應)에게 집을 팔았다. 정응은 온 집안사람들이 병이 나자 (다시) 하문(何文)에게 집을 팔았다. 하문이 (이사하기 전에) 먼저 혼자서 큰 칼을 가지고 저녁에 북당(北堂)의 들보 위로 올라가 있는데, 일경(一更)[978]쯤에 키가 1장(丈) 남짓하고 높은 관과 붉은 머리띠를 한 사람이 "세요(細腰)[979]야!"라고 불렀다. 세요가 대답하니, "어째서 사람의 기운이 느껴지는가?"라고 물었다. 없다고 대답하자 곧 가버렸다. 하문이 그대로 세요를 부르고, 아까 붉은 의관을 한 사람이 누구인지를 묻자 대답하기를, "금(金)인데, 서쪽 벽의 아래에 있습니다"라고 하였다. "그대는 누구인가?"라고 묻자 대답하기를, "저는 절굿공이로, 지금 부뚜막 아래에 있습니다"라고 하였다. 하문이 땅을 파서 금(金) 300근(斤)을 얻고 절굿공이를 태워 버렸다. 이로 말미암아 크게 부자가 되고 집도 편안해졌다.

魏郡張,[980] 本富, 賣宅與程應. 應擧家疾病, 賣與何文. 文先獨持大刀, 暮入北堂梁上, 一更中, 有一人長丈餘, 高冠赤幘, 呼曰細腰. 細腰應諾, 問何以有人氣. 答無, 便去. 文因呼細腰, 問向赤衣冠是誰, 答曰, 金也, 在西壁下. 問君是誰, 答云, 我, 杵也, 今在竈下. 文掘得金三百斤, 燒去杵. 由此大富, 宅遂清寧.[981]

---

974. 장열(張說: 663-731): 당(唐) 하남(河南) 출신으로 자가 도제(道濟)이다. 동중서문하평장사(同中書門下平章事), 중서령(中書令)을 역임하였다. 문장이 뛰어나 조정의 문서가 대부분 그의 손에서 나왔다.

975. 《신당서(新唐書)·방기열전(方技列傳)》의 내용을 재구성한 것이다.

976. 이임보(李林甫: ?-752): 당(唐) 종실(宗室)로 어사중승(御史中丞), 예부상서(禮部尙書), 동중서문하삼품(同中書門下三品)을 역임하였다. 겉으로는 온화하나 속으로 음험하여, 세칭 '구밀복검(口蜜腹劍)'이라 하였다.

977. 《신당서(新唐書)·간신열전(姦臣列傳)》의 내용을 재구성한 것이다.

978. 일경(一更): 저녁 7시에서 9시 사이이다. 《수신기(搜神記)》 권18에는 '三更'으로 되어 있다.

979. 세요(細腰): 절굿공이를 가리킨다.

980. '張'은, 《수신기(搜神記)》 권18에는 '張奮'으로 되어 있다.

981. 《수신기(搜神記)》 권18에, "魏郡張奮者, 家本巨富, 忽衰老財散, 遂賣宅與程應. 應入居, 擧家病疾, 轉賣隣人阿文. 文先獨持大刀, 暮入北堂中梁上, 至三更竟, 忽有一人, 長丈餘, 高冠黃衣, 升堂, 呼曰細腰. 細腰應喏, 曰, 舍中何以有生人氣也. 答曰, 無之, 便去. 須臾有一高冠靑衣者, 次之, 又有高冠白衣者, 問答並如前. 及將曙, 文乃下堂中, 如向法呼之, 問曰, 黃衣者爲誰, 曰金也. 在堂西壁下. 靑衣者爲誰, 曰錢也. 在堂前井邊五步. 白衣者爲誰, 曰銀也. 在墻東北角柱下. 汝復爲誰, 曰我杵也. 今在竈下. 及曉, 文按次掘之, 得金銀五百斤錢千萬貫, 仍取杵, 焚之. 由此大富, 宅遂清寧"으로 되어 있는 내용

집의 길흉(吉凶)을 점치다[상택길흉(相宅吉凶)] 당(唐) 승려인 홍법사(泓法師)가 이르기를, "장안(長安) 영녕방(永寧坊)의 동남쪽은 금잔지(金盞地)이고 안읍리(安邑里)의 서쪽은 옥배지(玉杯地)이다"라고 하였다. 후에 영녕(永寧)은 왕악(王鍔)[982]의 집이 되었고, 안읍(安邑)은 마수(馬燧)[983]의 집이 되었다. 후에 관직에 들어가게 되자 왕악의 집은 원홍(袁弘)[984], 및 사헌성(史憲誠)[985] 등에게 하사되었으니, 이른바 금잔이 깨져서 완성되지 못한다는 것이다. 마수의 집은 봉성원(鳳城園)이 되었으니, 이른바 옥잔이 깨져서 다시는 온전해지지 못한다는 것이다. 〈노씨잡기(盧氏雜記)〉

唐僧泓師云, 長安永寧坊東南, 是金盞地, 安邑里西, 是玉杯地. 後永寧, 爲王鍔宅, 安邑, 爲馬燧宅. 後入官, 王宅賜袁弘, 及史憲誠等, 所謂金盞破而不成. 馬燧宅爲鳳城園, 所謂玉杯破而不復完也.〈盧氏雜記〉[986]

집 주인에게 후하게 주다[후유택주(厚遺宅主)] 서현(徐鉉)[987]이 예전에 남당(南唐)에서 도성[988]으로 들어와 집을 사서 거주하는데, 연말에 옛 집주인을 보니 매우 가난하였다. 서현이 그를 불러 말하기를, "집을 팔고 손해를 보아 이렇게 된 것이 아닙니까? 내가 근래 비문(碑文)을 지어 윤필(潤筆)[989] 200천(千)[990]을 받았으니 당신에게 보상할 수 있습니다"라고 하였다. 그 주인이 굳이 사양하였으나 허락을 얻지 못했고, (서현은) 바로 측근에게 명하여 (돈을) 실어다 주도록 하였다.

徐鉉, 初自南唐入京, 市宅以居, 歲餘, 見故宅主貧甚. 鉉召之曰, 得非售宅虧價而致是也. 余近撰碑, 獲潤筆二百千, 可償爾矣. 其主堅辭不獲, 亟命左右, 輦以付之.[991]

새집에서 살고 구멍에서 지내다[소거혈처(巢居穴處)] 희령(熙寧)[992] 연간에, 옛 태사(大師)인 왕공(王公)[993]이 낙양의 도덕방(道德坊)에 집을 지었는데 매우 사치스러웠다. 중당(中堂)은 집을 올린 것이 삼 층이었는데 가장 위를 조원각(朝元閣)이라 하였다. 당시에 사마군실(司馬君實)[994]도 낙양에 있으면서 사저에 땅을 1장(丈) 남짓 파고 양실(壤室)[995]을 지었다. 두 사람이 각각 일찍이 그곳에 오르고 머문 적이 있었다. 소옹(邵雍)[996] 요부(堯夫)가 부정공(富鄭公)[997]을 만났는데 부정공이 묻기를, "낙양에 무

을 재구성한 것이다.

982. 왕악(王鍔): 오대(五代) 사람으로 전촉(前蜀)에서 벼슬하였다.
983. 마수(馬燧: 726-795): 당(唐) 여주(汝州) 출신으로 자가 순미(洵美)이다. 동중서문하평장사(同中書門下平章事), 시중(侍中)을 역임하였다.
984. 원홍(袁弘): 내력이 자세하지 않다.
985. 사헌성(史憲誠: ?-829): 당(唐) 건강(建康) 출신으로 시중(侍中)을 역임하였다.
986. 《섬서통지(陝西通志)·습유(拾遺)》
987. 서현(徐鉉: 917-992): 송(宋) 양주(揚州) 출신으로 자가 정신(鼎臣)이다. 급사중(給事中), 산기상시(散騎常侍) 등을 역임하였다. 시문(詩文)을 잘하였고 문자학(文字學)에 뛰어나 《설문해자(說文解字)》를 교정하였다.
988. 송(宋)의 도성인 변경(汴京)을 가리킨다.
989. 윤필(潤筆): 글을 써 주거나 그림을 그려 주고 받는 보수를 가리킨다.
990. 천(千): 돈의 단위로 천 전(錢)을 가리킨다.
991. 《고금사문유취속집(古今事文類聚續集)·거처부(居處部)》
992. 희령(熙寧): 북송(北宋) 신종(神宗)의 연호(1068-1077)이다.
993. 왕공(王公): 왕공신(王拱辰: 1012-1085)을 가리킨다. 송(宋) 개봉(開封) 출신으로 자가 군황(君貺)이다. 어사중승(御史中丞)을 역임하였다.
994. 사마군실(司馬君實): 송(宋) 섬주(陝州) 출신의 사마광(司馬光: 1019-1086)으로 자가 군실(君實)이다. 한림겸시독학사(翰林兼侍讀學士), 좌복야(左僕射) 등을 역임하였다. 《자치통감(資治通鑑)》을 편찬하였다.
995. 양실(壤室): 토실(土室), 또는 토굴(土窟)을 가리킨다.

슨 새로운 일이 있는가?"라고 하자 요부가 대답하기를, "근래 새집에서 사는 사람 하나와 구멍에서 지내는 사람 하나가 있다"라고 하면서 두 사람의 일로 대답하니 부정공이 이 때문에 웃음을 터뜨렸다.

熙寧間, 故大師王公, 卽洛之道德坊, 營第甚侈. 中堂起屋三層, 最上曰朝元閣. 時司馬君實, 亦在洛, 於私第穿地深丈餘, 作壤室. 二公各嘗登處其間. 邵雍堯夫, 見富鄭公, 公問, 洛中有何新事. 堯夫曰, 近有一巢居·一穴處者. 遂以二公對, 富爲發笑.[998]

집이 아름답지만 두렵다[실미가구(室美可懼)] 지양자(智襄子)[999]가 궁실을 지었는데 아름다웠다. 사줄(士茁)[1000]이 저녁때 그곳에 갔는데 지양자가 말하기를, "궁실이 아름답지요"라고 하자 사줄이 대답하기를, "아름답기는 아름답습니다만, 제 마음에는 두려움이 있습니다. 높은 산과 험한 언덕에는 초목이 자라지 못합니다. 토목(土木)이 사람을 압도하니, 그것이 사람을 편안하게 하지 못할까 두렵습니다"라고 하였다. 궁실을 완성한 지 3년 만에 지씨(智氏)는 멸망하고 말았다.〈설원(說苑)〉

智襄子爲室, 美. 士茁夕焉, 伯曰, 室美矣夫. 對曰, 美則美矣, 臣意亦有懼也. 高山峻原, 不生草木. 土木勝人, 臣懼其不安人也. 室成三年, 而智氏亡.〈說苑〉[1001]

남을 위하여 집을 지어 주다[위인기택(爲人起宅)] 극초(郄超)[1002]는 매번 고상하게 은퇴하고 싶어 하는 사람에 대해 들을 때마다, 백 만의 자금을 마련해 주었고, 또 집을 지어 주었다. 섬주(剡州)에서 대공(戴公)에게 집을 지어 주었는데 매우 정교하였다. 대공이 처음으로 가서 머물면서 가까운 이에게 편지를 보내 말하기를, "근래에 담주에 이르렀는데 마치 관사(官舍)에 들어온 것 같습니다"라고 하였다.

郄超, 每聞欲高尙隱退者, 輒爲辨百萬資, 幷爲造立居室. 在剡, 爲戴公起宅, 甚精. 戴始往居, 與所親書曰, 近至剡, 如入官舍.[1003]

집이 남에게 속하다[택속타인(宅屬他人)] 후위(後魏)의 왕춘(王椿)[1004]이 고향에 집을 지었는데 청사(廳事)가 매우 높고 웅장하였다. 왕춘이 본군(本郡)에 가서 다스리는데 사람들이 왕태원(王太原)이라 불렀다. 당시에 어떤 사람이 갑자기 말하기를, "이것은 태원왕(太原王)의 집이지 왕태원(王太原)의 집이 아니다"라고 하였다. 얼마 안 되어 이주영(爾朱榮)[1005]이 왕춘의 집에 살게 되었는데, 이주영이 태원왕(太原王)에 봉해졌다.

後魏王椿, 於鄕造宅, 廳事極高壯. 椿往爲本郡, 人呼爲王太原. 時人忽云, 此乃太原王宅, 豈王太原宅. 未幾, 爾朱榮居椿宅, 榮封太原王焉.[1006]

나무 재앙[목요(木妖)] 당(唐)은 안사(安史)의 난

996. 소옹(邵雍: 1011-1077): 송(宋) 범양(范陽) 출신으로 자가 요부(堯夫)이다. 이지재(李之才: ?-1045)에게서 〈하도(河圖)〉, 〈낙서(洛書)〉, '상수지학(象數之學)'을 배워 깨우친 것이 많았으며 '선천학(先天學)'을 주장하였다. 여러 차례 벼슬에 제수되었지만 나아가지 않았다.

997. 부정공(富鄭公): 송(宋) 낙양(洛陽) 출신의 부필(富弼: 1004-1083)로, 자가 언국(彦國)이다. 추밀사(樞密使), 중서문하평장사(中書門下平章事) 등을 역임하였다.

998. 《고금사문유취속집(古今事文類聚續集)·거처부(居處部)》

999. 지양자(智襄子): 지백(智伯)을 가리킨다.

1000. 사줄(士茁): 지백(智伯)의 가신(家臣)이다.

1001. 《설원(說苑)·귀덕(貴德)》에는, "智襄子爲室美, 士茁夕焉, 智伯曰, 室美矣夫. 對曰, 美則美矣, 抑臣亦有懼也. 智伯曰, 何懼. 對曰, 臣以秉筆事君, 記有之曰, 高山浚源, 不生草木, 松柏之地, 其土不肥, 今土木勝人, 臣懼其不安人也, 室成三年而智氏亡"으로 되어 있다.

1002. 극초(郄超): 내력이 자세하지 않다.

1003. 《산당사고(山堂肆考)·궁실(宮室)》

1004. 왕춘(王椿: 479-540): 북위(北魏) 태원(太原) 출신으로 자가 원수(元壽)이다. 태원태수(太原太守)를 역임하였다.

1005. 이주영(爾朱榮: 493-530): 북위(北魏) 북수(北秀) 출신으로 자가 천보(天寶)이다. 상서령(尙書令)을 역임하였고 태원왕(太原王)이 되었다.

으로 법도(法度)가 무너져 내신(內臣)이나 장수들이 다투어 정자, 저택을 지으면서 힘이 다해야 그만두었다. 당시에 '나무 재앙[목요(木妖)]'이라고 불렀다.《잡서(雜書)》

唐安史之亂, 法度隳弛, 內臣戎師, 競治亭館·第宅, 力窮乃止. 時號木妖.〈雜書〉[1007]

과연 좋은 집을 사다[과시가택(果市佳宅)] 당(唐) 마주(馬周)[1008]가 어사(御史)가 되었을 때, 사람을 시켜 그림을 가지고 좋은 집을 사도록 하자 많은 사람들은 그가 서생(書生) 출신이라 평소에 돈이 없다고 여겨 모두 몰래 비웃었다. 훗날 (부탁받은 사람이) 아뢰기를, "좋은 집이 있는데, 가격이 이백 만입니다"라고 하였다. (그때) 마주가 왕명을 듣게 되었고 유사(有司)가 집값을 주고 아울러 노비와 집기까지 내려주자 사람들이 그제야 깨달았다.

唐馬周, 爲御史時, 遣人以圖購佳宅, 衆以輿書生,[1009] 素無貲, 皆竊笑. 他日白, 有佳宅, 直二百萬. 周以聞詔, 有司給直, 幷賜奴婢什物. 人乃悟.[1010]

반드시 이 집을 살 것이다[필매차택(必買此宅)] 단문창(段文昌)[1011]은 재주를 지니고 세속을 오시(傲視)하면서 형초(荊楚) 사이에 영락해 있었다. 강릉(江陵)의 길가에 큰 집이 있는데, 대문이 흐르는 도랑에 걸쳐 있었다. 단문창이 개울가에서 술에 취해 신발을 벗어놓고 발을 씻으면서 혼잣말로, "내가 강릉절도사(江凌節度使)가 되어 반드시 이 집을 살 것이다"라고 하자, 듣는 이들이 모두 비웃었다. 그 뒤에 과연 형남(荊南)을 다스리게 되었고 결국 이 집을 샀다.

段文昌, 負才傲俗, 落拓荊楚間. 江陵街側, 有大宅, 門枕流渠. 文昌醉於渠上, 脫屐濯足, 自言, 我作江凌節度, 必買此宅. 聞者皆笑. 其後果鎭荊南, 遂買此宅.[1012]

촛불을 잡고 한 번 살펴보다[병촉일람(秉燭一覽)] 곽종의(郭從義)[1013]가 하양(河陽)을 다스릴 때에 낙양(洛陽)에 대저택을 지었다. 향기 나는 측백나무로 지었고 문채 나는 가래나무로 들보를 하였으며 아름다운 돌로 장식한 연못에 물을 끌어들이고 산을 높이 쌓았다. 마구간과 창고, 정자와 누각 등 갖추어지지 않은 것이 없었다. 집이 완성되는데 대략 백금(白金) 5,000정(鋌)이 들었다. 다음해에 부름을 받아 환도(還都)하게 되자, 저녁에 집에 이르러 촛불을 잡고 둘러보았다. 당시 조회(朝會)에 기한이 있어 새벽별을 무릅쓰고 떠났다. 행차가 동도(東都)에 이르렀을 때 죽었으며 가족들도 거주할 수 없었다.

郭從義, 鎭河陽, 於洛中, 造大第. 皆以香柏爲之, 文梓爲梁, 花石甃池引水, 築山磩磴. 廏庫亭閣, 無不備具. 第成, 約費白金五千鋌. 次年, 被召還都, 暮抵其第, 秉燭周覽. 時朝會有期, 侵星而出. 行至東都而卒, 家人不能居.[1014]

집을 지은 것이 완벽하고 웅장하다[치제완장(治第完壯)] 조한왕(趙韓王)이 집을 짓는데, 마도(麻擣)[1015]의 값이 1,200여 관(貫)이었으니 그 나머지는

1006.《위서(魏書)·왕춘전(王椿傳)》

1007.《고금사문유취속집(古今事文類聚續集)·거처부(居處部)》

1008. 마주(馬周: 601-648): 당(唐) 박주(博州) 출신으로 자가 빈왕(賓王)이다. 감찰어사(監察御使), 중서령(中書令) 등을 역임하였다.

1009. '輿書生'은,《고금사문유취속집(古今事文類聚續集)·거처부(居處部)》에는 '기기서생(其起書生)'으로 되어 있다.

1010.《고금사문유취속집(古今事文類聚續集)·거처부(居處部)》

1011. 단문창(段文昌: 773-835): 당(唐) 제주(齊州) 출신으로 자가 묵경(墨卿)이다. 동중서문하평장사(同中書門下平章事), 어사대부(御史大夫) 등을 역임하고 형남절도사(荊南節度使)가 되었는데 덕정으로 이름이 있었다.

1012.《고금사문유취속집(古今事文類聚續集)·거처부(居處部)》

1013. 곽종의(郭從義: 908-971): 송(宋) 태원(太原) 출신으로 하중윤(河中尹), 태자태사(太子太師) 등을 역임하였다.

1014.《고금사문유취속집(古今事文類聚續集)·거처부(居處部)》

알 만하다. 지붕을 덮는 것도 모두 나무판으로 덮개를 하고 위에 네모난 벽돌로 쌓은 뒤에 기와를 깔았는데, 지금까지도 완벽하고 웅장하다.

趙韓王治第, 麻搗, 錢一千二百餘貫, 其他可知. 蓋屋, 皆以板爲笪, 上以方塼甃之, 然後布瓦, 至今完壯.[1016]

한 번 서쪽 누대에 오르다[일등서루(一登西樓)] 승상(丞相) 진수공(陳秀公)[1017][승지(升之)]이 윤주(潤州)에 집을 짓는데 극히 웅장하여 수백 보(步)에 달하였다. 집이 이루어졌는데 공은 이미 병이 심하여, 다만 가마를 타고 한 번 서쪽 누대에 올라갔을 뿐이었다. 사람들이 그것을 일러 '세 가지 할 수 없는 것[삼부득(三不得)]'이라고 하였으니, 살 수 없고[거부득(居不得)], 팔 수 없고[매부득(賣不得)], 수리할 수 없는 것[수부득(脩不得)]이었다.《몽계필담(夢溪筆談)》

丞相陳秀公(升之), 治第于潤州, 極爲閎壯, 綿亘數百步. 宅成, 公已疾甚, 唯肩輿一登西樓而已. 人謂之三不得, 居不得, 賣不得, 脩不得.〈筆談〉[1018]

쑥대 지게문과 뽕나무 지도리[봉호상추(蓬戶桑樞)] 원헌(原憲)[1019]이 사방 1도(堵) 되는 방에 살았다. 쑥대로 만든 지게문도 완전하지 못하였고 뽕나무로 지도리를 하였으며 옹기로 창문을 하였는데, 위는 새고 아래는 축축하였으나 앉아서 거문고를 뜯으면서 노래하였다.《장자(莊子)》

原憲, 居環堵之室. 蓬戶不完, 桑以爲樞, 甕以爲牖, 上漏下濕, 坐而絃歌.〈莊〉[1020]

궁벽한 곳에 집을 마련하다[택궁벽처(宅窮僻處)] 소하(蕭何)가 전답과 집을 살 때에는 반드시 궁벽한 곳에 마련하고 담이나 집을 꾸미지 않고서 말하기를, "만약 후손들이 어질면 나의 검소함을 본받을 것이고 어질지 못하면 세도가에게 빼앗기지 않을 것이다"라고 하였다.

蕭何買田宅, 必居窮僻處, 不治垣舍曰, 令後世賢, 師吾儉, 不賢, 毋爲勢家所奪.[1021]

대략 충분한 한 곳[일구조족(一區粗足)] 하간왕(河間王) 이효공(李孝恭)[1022]이 일찍이 남에게 말하기를, "사는 곳이 꽤나 화려한데 나의 뜻이 아니다. 마땅히 별도로 한 곳을 준비하여 대략 사용에 충분하게 할 뿐이다. 내가 죽은 뒤에 자손이 재능이 있으면 지키기가 쉽고 재능이 못되어도 남에게 이용당하지 않을 것이다"라고 하였다.

河間王孝恭, 嘗謂人曰, 所居, 頗壯麗, 非吾心也. 當別營一區, 令粗足充事而已. 吾歿後, 子也才, 易以守, 不才, 不爲他人所利.[1023]

집을 가지고 무엇을 하겠습니까?[하이가위(何以家爲)] 무제(武帝)가 곽거병(霍去病)[1024]을 위하여 집을 지어 주고 둘러보게 하니 대답하기를, "흉노(匈奴)를 아직 멸망시키지 못했는데, 집을 가지고 무엇을 하겠습니까?"라고 하였다.

武帝爲霍去病治第, 令視之, 對曰, 匈奴未滅, 何以家

1015. 마도(麻搗): 마(麻)를 부수어 회(灰)와 섞은 것으로 벽에 칠하는 건축재료이다.
1016. 《몽계필담(夢溪筆談)·잡지(雜誌)》
1017. 진수공(陳秀公: 1011-1079): 송(宋) 건주(建州) 출신으로 자가 양숙(暘叔)이다. 동중서문하평장사(同中書門下平章事), 집현전대학사(集賢殿大學士) 등을 역임하였다.
1018. 《몽계필담(夢溪筆談)·잡지(雜誌)》
1019. 원헌(原憲): 춘추(春秋)시대 노(魯) 출신으로 자가 자사(子思)이다. 공자의 제자로 후에 초택(草澤)에 은거하였다.
1020. 《장자(莊子)·양왕(讓王)》에는, "原憲居魯, 環堵之室, 茨以生草, 蓬戶不完, 桑以爲樞, 而甕牖二室, 褐以爲塞, 上漏下濕, 匡坐而弦歌"로 되어 있다.
1021. 《사기(史記)·소상국세가(蕭相國世家)》
1022. 이효공(李孝恭: 591-640): 당(唐) 종실(宗室)로 예부상서(禮部尙書)를 역임하였다.
1023. 《구당서(舊唐書)·하간왕효공(河間王孝恭)》에는, "孝恭嘗悵然, 謂所親曰, 吾所居宅, 微爲宏壯, 非吾心也. 當賣之, 別營一所, 粗令充事而已. 身殁之後, 諸子若才, 守此足矣. 如其不才, 冀免他人所利也"로 되어 있다.
1024. 곽거병(霍去病: B.C. 140-B.C. 117): 서한(西漢) 하동(河東) 출신으로 표기장군(驃騎將軍)을 역임하였다.

爲.[1025]

쑥대가 집에 가득하다[봉호만택(蓬蒿滿宅)] 후한(後漢) 장중울(張仲蔚)[1026]은 쑥대가 집에 가득하였고 오직 다니는 길 하나만 열려 있었다.

後漢張仲蔚, 蓬蒿滿宅, 唯開一行徑.[1027]

작은 집의 울과 담[소택리원(小宅籬垣)] 오은지(吳隱之)[1028]가 광주자사(廣州刺史)일 때에 노순(盧循)[1029]이 남해(南海)를 침략하였고 오은지는 사로잡혔다. 한참 만에 돌아올 수 있었는데, 몇 무(畝)의 작은 집이, 울과 담은 안팎으로 기울고 띠풀집 여섯 칸은 처자식도 살게 할 수 없었다. 얼마 후에 탁지상서(度支尙書)에 제수되었다.

吳隱之, 爲廣州刺史, 盧循寇南海, 隱之爲所得. 久方得反, 數畝小宅, 籬垣側陋內外, 茅屋六間, 不容妻子. 尋拜度支尙書.[1030]

띠풀집을 짓고 살다[모사이거(茅舍以居)] 진(晉) 나함(羅含)이 환온(桓溫)의 별가(別駕)가 되었는데, 관사가 시끄럽다고 성 서쪽의 작은 모래톱에 띠풀집을 짓고 살면서, 풀을 엮어 자리를 만들고 베옷에 푸성귀로 식사를 하면서도 편안하였다.

晉羅含, 爲桓溫別駕, 以廨舍諠擾, 於城西小洲, 立茅舍以居, 織草爲席, 布衣蔬食, 晏然也.[1031]

화려함을 통절하게 책망하다[절책화미(切責華美)] 후위(後魏)의 장손도생(長孫道生)[1032]이 사공(司空)의 자리에 있는데도, 집이 초라하고 누추하였다. 나가서 지방을 다스리게 된 뒤에, 자식들이 다시 수선하고 집을 지었다. 장손도생이 돌아와 말하기를, "지금 강한 외적이 여전히 있고, 사막의 북쪽에는 혼령이 떠도는데, 내가 어떻게 화려한 집에서 편안히 지내겠는가?"라 하고 자식들을 통절하게 책망하고 집을 헐었다.

後魏長孫道生, 位司空, 第宅卑陋. 出鎭後, 子頗更脩繕起堂廡. 道生還曰, 今强寇尙在, 遊魂漠北, 吾豈可安坐華美也. 乃切責子弟, 毁宅.[1033]

와우려(蝸牛廬) 위(魏) 초선(焦先)[1034]은 자가 효연(孝然)이다. 강가에 초막을 짓고 살면서 '와우려(蝸牛廬)'라 하고 그 안에서 시를 읊조렸다. 뒤에 들불이 그것을 태워 버리자 눈 속에서 노숙하였다. 웃통을 벗고 누워 있는데, 사람들이 보니 여전하였다. 뒤에 100여 살이 되어 죽었다.

魏焦先, 字孝然. 結草廬於河間, 號蝸牛廬, 呻吟其中. 後野火燒之, 乃露寢雪中. 袒臥, 人視之, 竝如故. 後至百餘歲卒.[1035]

작은 배 안, 언덕의 거처[소선안거(小船岸居)] 제(齊) 장융(張融)[1036]이 중서랑(中書郞)이 되었다가 휴가를 받아 동쪽으로 나가는데 무제(武帝)가 어디

1025. 《한서(漢書)·위청곽거병전(衛靑霍去病傳)》에는, "上爲治第, 令視之, 對曰, 匈奴不滅, 無以家爲也"로 되어 있다.
1026. 장중울(張仲蔚): 동한(東漢) 부풍(扶風) 출신으로 은거(隱居)하면서 벼슬하지 않았다.
1027. 《고금사문유취속집(古今事文類聚續集)·거처부(居處部)》
1028. 오은지(吳隱之: ?-413): 동진(東晉) 복양(濮陽) 출신으로 자가 처묵(處黙)이다. 광주자사(廣州刺史), 광록대부(光祿大夫) 등을 역임하였다.
1029. 노순(盧循: ?-411): 동진(東晉) 범양(范陽) 출신으로 자가 우선(于先)이다. 손은(孫恩)의 봉기에 참여했다가 손은이 죽자 무리를 이끌었는데, 유유(劉裕)에게 패하여 자살하였다.
1030. 《진서(晉書)·양리열전(良吏列傳)》의 내용을 재구성한 것이다.
1031. 《산당사고(山堂肆考)·궁실(宮室)》
1032. 장손도생(長孫道生: 370-451): 북위(北魏) 대(代) 출신으로 사공(司空), 시중(侍中)을 역임하였다.
1033. 《위서(魏書)·장손도생열전(長孫道生列傳)》
1034. 초선(焦先): 삼국(三國) 위(魏) 하동(河東) 출신으로 자가 효연(孝然)이다. 한말(漢末) 혼란기에 은사(隱士)로 이름이 있었다.
1035. 《고금사문유취속집(古今事文類聚續集)·거처부(居處部)》
1036. 장융(張融: 447-497): 남조(南朝) 제(齊) 오군(吳郡) 출신으로 자가 사광(思光)이다. 사도좌장사(司徒左長史)를 역임하였다.

에 머물 것인지를 묻자 대답하기를, "신은 육지에 있자니 집이 없고 배에 거주하자니 물이 없습니다"라고 하였다. 황제가 뒤에 그의 종형인 장서(張緖)1037에게 물으니 장서가 말하기를, "장융이 근래 동쪽으로 나가 머물 곳이 없자 임시로 언덕 위에 작은 배를 만들어 놓고 머뭅니다"라고 하였다. 황제가 크게 웃었다.

齊張融, 爲中書郞, 給假東出, 武帝問住何處, 答曰, 臣陸處無屋, 舟居無水. 上後問其從兄緖, 緖曰, 融近東出, 未有居止, 權作小船岸上住. 帝大笑.1038

여관과 같다[여역려사(如逆旅舍)] 양(梁) 서면(徐勉)1039의 〈계자서(戒子書)〉에 이르기를, "우리는 청명(淸明)한 집안으로, 서쪽 지역은 이미 선무사(宣武寺)에 시주하여 다시는 사방 한 폭(幅)도 되지 못한다. (사는 곳도) 생각해 보면 또한 여관일 뿐이니, 무슨 일로 화려할 필요가 있겠는가. 항상 세상 사람들이 '이것은 내 집이다'라고 하는 것을 괴이하게 여긴다. 옛날부터 지금까지 부호들이 뒤를 이었지만, 분명코 그들은 죽었으니 도대체 누구의 집이란 것인가?"라고 하였다.

梁徐勉, 戒子書曰, 吾淸明門宅, 西邊旣施宣武寺, 不復方幅. 意謂亦逆旅舍爾, 何事須華. 常怪時人, 謂是我宅. 古往今來, 豪富繼踵, 宛其死矣, 定是誰室.1040

사저(私邸)를 넓히지 않다[불익사택(不益私宅)] 양(梁) 여승진(呂僧珍)은 대대로 광릉(廣陵)에서 살았는데 후에 출신 주(州)의 자사(刺史)가 되었다. 여승진의 옛집이 시의 북쪽에 있었는데 이전에 독우(督郵)의 관아가 있었다. 어떤 사람이 관아를 옮기고 집을 넓히라고 하자 여승진은 화를 내면서 말하기를, "어찌 관아를 옮기면서 나의 사저(私邸)를 넓힐 수 있겠는가"라고 하였다.

梁呂僧珍, 世居廣陵, 後爲本州刺史. 僧珍舊宅在市北, 前有督郵廨. 或勸徙廨, 以益宅, 僧珍怒曰, 豈可徙官廨, 以益吾私宅乎.1041

전원(田園)을 마련하지 않다[불립전원(不立田園)] 당(唐) 장가정(張嘉貞)1042은 비록 지위가 높았지만 전원(田園)을 마련하지 않았다. 항상 말하기를, "나는 재상인데 죽기 전에 어찌 굶주리고 추위에 떨 걱정이 있겠는가. 만약 쫓겨나게 되면 비록 부유하더라도 전답을 지켜내지 못할 것이다. 근래의 사대부들은 전택(田宅)을 넓히는 데에 힘을 쓰는데, 불초(不肖)한 자식들의 주색(酒色) 비용이 될 것이다. 나는 이런 일이 없을 것이다"라고 하였다.

唐張嘉貞, 雖貴不立田園. 常曰, 吾相國矣, 未死, 豈有饑寒憂. 若以譴去, 雖富, 田産猶不能保也. 近世士大夫, 務廣田宅, 爲不肖子酒食費.1043 我無是也.1044

손님들이 우산을 쓰고 나막신을 신다[객개이극(客蓋而屐)] 최언(崔郾)1045은 낮고 누추한 곳에 살아

1037. 장서(張緖): 남조(南朝) 제(齊) 오군(吳郡) 출신으로 자가 사만(思曼)이다. 산기상시(散騎常侍), 중서령(中書令)을 역임하였다.

1038. 《고금사문유취속집(古今事文類聚續集)·거처부(居處部)》

1039. 서면(徐勉: 466-535): 남조(南朝) 양(梁) 동해(東海) 출신으로 자가 수인(修仁)이다. 이부상서(吏部尙書), 시중(侍中)을 역임하였다.

1040. 《양서(梁書)·서면열전(徐勉列傳)》에는, "吾淸明門宅, 無相容處. 所以爾者, 亦復有以. 前割西邊, 施宣武寺. 既失西廂, 不復方幅. 意亦謂此逆旅舍耳, 何事須華. 常恨時人, 謂是我宅, 古往今來, 豪富繼踵, 高門甲第, 連闥洞房, 宛其死矣, 定是誰室"로 되어 있다.

1041. 《양서(梁書)·여승진열전(呂僧珍列傳)》

1042. 장가정(張嘉貞: 669-729): 당(唐) 포주(蒲州) 출신으로 자가 가정(嘉貞)이다. 감찰어사(監察御使), 동중서문하평장사(同中書門下平章事), 중서령(中書令) 등을 역임하였다.

1043. '酒食費'는, 《신당서(新唐書)·장가정열전(張嘉貞列傳)》에는 '酒色費'로 되어 있다.

1044. 《신당서(新唐書)·장가정열전(張嘉貞列傳)》

1045. 최언(崔郾: 786-836): 당(唐) 패주(貝州) 출신으로 자가 광략(廣略)이다. 한림시독학사(翰林侍讀學士), 검교이부상서

낭하(廊下)가 없었다. 장마로 진흙탕이 되면 손님들은 우산을 쓰고 나막신을 신고 밖의 자리로 갔다.

崔郾, 室處卑陋, 無步廡. 至霖淖, 則客蓋而屐, 以就列位.[1046,1047]

아름다운 집을 짓지 않다[불영미우(不營美宇)] 당(唐) 이의염(李義琰)[1048]이 재상이 되었는데도 집에 정침(正寢)이 없었다. 동생 이의진(李義璡)이 집을 지을 재목을 사서 보내주자, 이의염이 말하기를, "내가 재상이 된 것만도 스스로 부끄럽게 여기는데 오히려 아름다운 집까지 짓는다면 이는 나의 화를 재촉하는 것이다"라 하고는 끝내 허락하지 않았다. 나무가 오래되어 썩자 갖다 버렸다.

唐李義琰爲相, 宅無正寢. 弟義璡, 市堂材送之, 義琰曰, 以吾爲國相, 且自愧, 尙營美宇, 是速吾禍. 卒不許. 木久腐, 乃棄之.[1049]

겨울에 지붕을 이지 않다[동부즙옥(冬不葺屋)] 조빈(曹彬)[1050]이 사는 집은 겨우 비바람을 막을 정도였다. 무너진 처마와 구멍 난 창문이 그 근심을 감당할 수 없을 정도인데 조빈은 그곳에 살면서 편안하게 느긋하였다. 집이 부서져 자식들이 수리하고 일 것을 청하자 공이 말하기를, "때가 바야흐로 한 겨울이라 벽과 기와 사이에 온갖 벌레들이 숨어 있을 것이니 그것들의 생명을 해칠 수 없다"라고 하였다.《귀전록(歸田錄)》

曹彬所居之宅, 僅庇風雨. 敗簷疏牖, 不堪其憂, 而彬處之, 恬然自若. 堂屋敝壞, 子弟請加修葺, 公曰, 時方大冬, 墻壁瓦石之間, 百蟲所蟄, 不可傷其生.〈歸田錄〉[1051]

집이 낮고 누추하다[제택비루(第宅卑陋)] 기국공(祁國公) 두연(杜衍)[1052]은 재물을 불리지 않았다. 남도(南都)[1053]에 물러나 사는 13년 동안 집이 낮고 누추한데도 그곳에 살면서 느긋하였다. 나들이할 때에 따르는 자가 겨우 10여 명이었고 오모(烏帽)[1054], 조건(皀巾)[1055], 제포(綈袍)[1056], 혁대(革帶)의 차림이었다. 친구들이 간혹 거사(居士)의 복장에 어울린다고 하자 공이 말하기를, "늙어서 일을 그만두었는데 오히려 고사(高士)의 이름과 절개를 훔칠 수 있겠는가"라고 하였다.

杜祁公衍, 不殖貲産. 退寓南都, 凡十年, 第宅卑陋, 居之裕如. 出入, 從者纔十許人, 烏帽·皀履[1057]·綈袍·革帶. 親故或言, 宜爲居士服, 公曰, 老而謝事, 尙可竊高士名節耶.[1058]

청사(廳事)가 겨우 말머리를 돌릴 정도이다[청근선마(廳僅旋馬)] 문정공(文靖公) 이항(李沆)[1059]이

(檢校吏部尙書) 등을 역임하였다.

1046. '列位'는, 《신당서(新唐書)·최언열전(崔郾列傳)》에는 '外位'로 되어 있다.

1047. 《신당서(新唐書)·최언열전(崔郾列傳)》

1048. 이의염(李義琰: ?-688): 당(唐) 위주(魏州) 출신으로 박학다식(博學多識)하였다. 동중서문하삼품(同中書門下三品)을 역임하였다.

1049. 《신당서(新唐書)·이의염열전(李義琰列傳)》의 내용을 재구성한 것이다.

1050. 조빈(曹彬: 931-999): 송(宋) 진정(眞定) 출신으로 자가 국화(國華)이다. 추밀사(樞密使), 동평장사(同平章事) 등을 역임하였는데 청렴으로 이름이 있었다.

1051. 《귀전록(歸田錄)》 권상.

1052. 두연(杜衍: 978-1057): 송(宋) 월주(越州) 출신으로 자가 세창(世昌)이다. 추밀사(樞密使), 동평장사(同平章事), 태자소부(太子少傅) 등을 역임하였고 기국공(祁國公)에 봉해졌다.

1053. 남도(南都): 지금의 하남성(河南省) 남양시(南陽市) 지역이다.

1054. 오모(烏帽): 검은 모자로 대개 은자들이 쓴다.

1055. 조건(皀巾): 검은색의 두건이다.

1056. 제포(綈袍): 명주 도포이다.

1057. '皀履'는, 《고금사문유취속집(古今事文類聚續集)·거처부(居處部)》에는 '皀巾'으로 되어 있다.

1058. 《고금사문유취속집(古今事文類聚續集)·거처부(居處部)》

재상이 되어, 봉구문(封丘門) 안의 청사(廳事) 앞에 살 집을 지었는데 겨우 말머리를 돌릴 정도였다. 어떤 이가 그것이 너무 좁다고 말하자 공이 웃으면서 말하기를, "사는 집은 자손들에게 전하는 것인데, 이것은 재상(宰相)의 청사(廳事)로 진실로 좁지만, 대축(大祝)이 예를 받들기 위한 청사(廳事)는 아주 넓습니다"라고 하였다.

李文靖公沆, 爲相, 治居第於封丘門內廳事前, 僅容旋馬. 或言其大隘, 公笑曰, 居第當傳子孫, 此爲宰相廳事, 誠隘, 爲大祝奉禮廳事, 已寬矣.[1060]

옛집을 넓히지 않다[부증고원(不增故院)] 이소(李愬)[1061]의 형제는 공훈(功勳)이 있는 귀족으로 집을 자랑스럽게 여겼지만, 이소는 부친이 살던 옛집에 살면서 더하거나 넓히는 바가 없었다.

李愬昆弟, 勳貴, 矜室廬, 愬處父時故院, 無所增廣.[1062]

후주(後周)의 왕비(王羆)[1063]는 지위가 개부대장군(開府大將軍)에 이르렀는데도 옛집의 횡문(衡門)[1064]을 바꾸지 않았다.

後周王羆, 位開府大將軍, 舊宅不改衡門.[1065]

집을 지으려 하지 않다[불긍치제(不肯治第)] 문정공(文正公) 범중엄(范仲淹)이 항주(杭州)에 있을 때, 공이 물러날 뜻을 가졌다고 여긴 자식들이 틈을 타서 청하기를, 낙양(洛陽)에 집을 짓고 동산과 채마밭을 만들어 노년의 쉴 곳으로 하자고 하였다. 공이 말하기를, "사람이 만약 도의(道義)의 즐거움이 있다면 몸은 도외시할 수 있다. 하물며 사는 집이겠는가! 내가 올해 60을 넘겼으니 삶이 얼마 남지 않았는데, 집을 세우고 채마밭을 만들 계획을 세우다니, 또 무엇을 기대하면서 기거하겠는가. 나의 근심은 지위가 높은데도 물러나기가 어려운 데에 있지, 물러나서 살 곳이 없음을 근심하지 않는다. 또 서도(西都)의 사대부들은 동산이 마주 보이는데도 주인이라는 사람들은 항상 노닐지 못하니, 누가 내가 가서 노니는 것을 막겠는가. 어찌 반드시 나에게 소유한 뒤에라야 즐거움을 누릴 수 있겠는가. 녹봉으로 받은 나머지는 친족들에게 나누어 줄 것이다. 너희들은 내 말을 따를 것이니 염려할 것이 없다"라고 하였다.

范文正在杭州, 子弟以公有退志, 乘間, 請治第洛陽, 樹園圃, 以爲逸老之地. 公曰, 人苟有道義之樂, 形骸可外. 況居室哉. 吾今年踰六十, 生且無幾, 乃謀樹第治圃, 顧何待而居乎. 吾之所患, 在位高而艱退, 不患退而無居也. 且西都士大夫, 園林相望, 爲主人者, 莫得常遊, 而誰獨障吾遊者. 豈必有諸已而後爲樂耶. 俸賜之餘, 宜以賙宗族. 若曹遵吾言, 無以爲慮.[1066]

할아버지의 집을 보존하고자 하다[원보조택(願保祖宅)] 환현(桓玄)[1067]이 사안(謝安)의 집으로 군영(軍營)을 만들려고 하니 사안의 손자인 사혼(謝

1059. 이항(李沆: 947-1004): 송(宋) 명주(洺州) 출신으로 자가 태초(太初)이다. 참지정사(參知政事), 평장사(平章事), 상서우복야(尙書右僕射) 등을 역임하였는데 '성상(聖相)'의 칭호가 있었다.

1060. 《송사(宋史)·이항열전(李沆列傳)》

1061. 이소(李愬: 773-821): 당(唐) 농우(隴右) 출신으로 자가 원진(元眞)이다. 동중서문하평장사(同中書門下平章事), 태자소보(太子少保) 등을 역임하였다.

1062. 《신당서(新唐書)·이소열전(李愬列傳)》의 내용을 재구성한 것이다.

1063. 왕비(王羆): 후주(後周) 경조(京兆) 출신으로 자가 웅비(熊羆)이다. 형주자사(荊州刺史), 대도독(大都督) 등을 역임하였다.

1064. 횡문(衡門): 나무를 가로댄 초라한 문을 가리킨다.

1065. 《주서(周書)·왕비열전(王羆列傳)》

1066. 《송명신언행록(宋名臣言行錄前集)·범중엄문정공(范仲淹文正公)》

1067. 환현(桓玄: 369-404): 동진(東晉) 초국(譙國) 출신으로 자가 경도(敬道)이다. 형주(荊州), 강주(江州) 등의 자사를 맡으면서 세력을 키워 건강(建康)을 공격하여 403년 황제를 칭하였고 국호를 초(楚)라 하였다. 유유(劉裕)에 의해 토벌되어 달아나다 중간에서 살해되었다.

混)[1068]이 말하기를, "소백(召伯)의 인자함으로, 그 은혜가 감당(甘棠)나무에까지 미쳤는데,[1069] 문정(文靖)[1070]의 덕으로, 더구나 5무(畝)의 집도 보존하지 못하다니"라고 하였다. 환현이 이 말을 듣고 부끄러워하면서 그만두었다.

桓玄, 欲以謝安宅爲營, 其孫謝琨曰, 召伯之仁, 猶惠及甘棠, 文靖之德, 更不保五畝之宅耶. 玄聞, 慚而止.[1071]

조상의 낡은 집[선인폐려(先人敝廬)] 용문(龍門)의 왕통(王通)[1072]이 하분간(河汾間)에서 가르침을 펴면서 자주 부름을 받았지만 나가지 않았다. 양소(楊素)[1073]가 그에게 벼슬할 것을 권하자 왕통이 말하기를, "조상의 낡은 집이 있어 비바람을 피하기에 충분하고, 척박한 밭은 끼니를 잇기에 충분하며, 책을 읽고 도를 논하니 스스로 즐기기에 충분합니다. 바라건대 그대는 정도(正道)를 지켜 천하를 다스리시어, 사시(四時)가 조화롭고 농사가 풍성하도록 하십시오. 받은 것이 많아 벼슬하고 싶지 않습니다"라고 하였다.

龍門王通, 教授於河汾之間, 累徵不起. 楊素勸之仕, 通曰, 有先人之敝廬, 足以庇風雨, 薄田, 足以具饘粥, 讀書談道, 足以自樂. 願明公守正, 以治天下, 使時和歲豐通也. 受賜多矣, 不願仕也.[1074]

권신(權臣)이 뺏지 못하다[권신막탈(權臣莫奪)]

양손(楊損)[1075]이 신창리(新昌里)에 살면서 노암(路巖)[1076]의 집과 인접해 있었다. 노암이 막 재상이 되어 마구간을 바꾸고 집을 넓히려고 하자 양손이 말하기를, "지금 한 자 한 치의 땅도 선조의 유산으로 내 것이 아닌데, 어찌 권신(權臣)의 뜻을 받들 수 있겠는가. 곤궁과 영달은 명에 달려 있다"라 하고는 끝내 주지 않았다.

楊損, 居新昌里, 與路巖第接. 巖方爲相, 欲易其廄, 以廣第, 損曰, 今尺寸土, 皆先人舊貲, 非吾所有, 安可以奉權臣耶. 窮達命也. 卒不與.[1077]

재상(宰相)에게 주지 않다[재상불여(宰相弗與)]

이건(李建)[1078]의 아들 이눌(李訥)[1079]이 거처가 재상(宰相) 양수(楊收)[1080]와 인접해 있었다. (양수가 이눌의) 쓰지 않는 집을 사서 집을 넓히려고 하자 이

1068. 사혼(謝混: ?-412): 동진(東晉) 진군(陳郡) 출신으로 자가 숙원(叔源)이다. 중서령(中書令), 상서좌복야(尙書左僕射) 등을 역임하였다.

1069. 《시경(詩經)·국풍(國風)·감당(甘棠)》 주에, "召伯, 循行南國, 以布文王之政, 或舍甘棠之下, 其後, 人思其德. 故愛其樹而不忍傷也"라고 하였다.

1070. 문정(文靖): 사안(謝安)의 시호(諡號)이다.

1071. 《진서(晉書)·사혼전(謝混傳)》

1072. 왕통(王通: 584-617): 수(隋) 강주(絳州) 출신으로 자가 중엄(仲淹)이다. 하분간(河汾間)에서 제자들을 가르쳤는데 그 수가 1,000여 명에 이르렀다. 《중설(中說)》[즉, 《문중자(文中子)》]를 저술하였다.

1073. 양소(楊素: ?-606): 수(隋)나라의 정치가이자 군사가로 자가 처도(處道)이다. 수(隋) 문제(文帝) 양견(楊堅)을 도와 천하를 평정하였다. 양제(煬帝) 때에 사도(司徒)에 오르고 초국공(楚國公)에 봉해졌다.

1074. 《고금사문유취속집(古今事文類聚續集)·거처부(居處部)》

1075. 양손(楊損): 당(唐) 괵주(虢州) 출신으로 자가 자묵(子默)이다. 급사중(給事中), 경조윤(京兆尹) 등을 역임하였다.

1076. 노암(路巖: 827-874): 당(唐) 위주(魏州) 출신으로 자가 노첨(魯瞻)이다. 동중서문하평장사(同中書門下平章事), 좌복야(左僕射) 등을 역임하였다.

1077. 《구당서(舊唐書)·양손열전(楊損列傳)》의 내용을 재구성한 것이다.

1078. 이건(李建: ?-822): 당(唐) 조주(趙州) 출신으로 자가 표직(杓直)이다. 지제고(知制誥), 형부상서(刑部尙書) 등을 역임하였다.

1079. 이눌(李訥): 당(唐) 형주(荊州) 출신으로 자가 돈지(敦止)이다. 병부상서(兵部尙書), 태자태부(太子太傅) 등을 역임하였다.

1080. 양수(楊收: 816-868): 당(唐) 동주(同州) 출신으로 자가 장지(藏之)이다. 동중서문하평장사(同中書門下平章事), 형부상서(刑部尙書) 등을 역임하였다.

눌이 꾸짖으며 말하기를, "선조의 옛집을 권신(權臣)이 즐기는 곳으로 삼을 수 있겠는가"라고 하였다.

李建子訥, 居與宰相楊收接. 欲市宂舍, 以廣第. 訥叱曰, 先人舊廬, 爲權貴優笑地耶.[1081]

감히 고쳐 짓지 못하다[불감개작(不敢改作)] 한황(韓滉)[1082]은 본성이 절제가 있었고 검소하였다. 집이 전에는 낭하가 없었는데 동생 한회(韓洄)가 증축하였다. 한황이 철거하면서 말하기를, "선친께서 계셨고 우리들이 받들면서 항상 실추시킬까를 염려하였는데, 어찌 감히 고쳐서 검소의 덕을 손상시킬 수 있겠는가"라고 하였다.

韓滉性節儉. 堂先無挾廡, 弟洄增補之. 滉撤去曰, 先君容焉, 吾等奉之, 常恐失墜, 安敢改作, 以傷儉德.[1083]

문으로 긴 창이 들어올 수 있다[문용장극(門容長戟)] 진(晉) 왕준(王濬)[1084]은 마음이 넓고 큰 뜻을 지니고 있었다. 일찍이 집을 짓는데 문 앞의 길을 넓이가 수십 보(步)나 되게 만들었다. 어떤 사람이 왕준에게 물으니 말하기를, "나는 긴 창과 깃발이 들어올 수 있도록 하고자 한다"라고 하였다. 모두가 웃자 왕준이 말하기를, "진승(陳勝)[1085]이 한 말이 있으니, 제비와 참새가 어찌 고니와 기러기의 뜻을 알리오(燕雀安知鴻鵠之志)라고 했답니다"라고 하였다. 후에 꿈에 세 자루의 칼을 보았는데 익주자사(益州刺史)로 옮겼다.

晉王濬, 恢廓有大志. 嘗起宅, 開門前路廣數十步. 或問之濬, 曰, 吾欲容長戟播旗. 衆笑之. 濬曰, 陳勝有言, 燕雀安知鴻鵠之志. 後夢三刀, 遷益州刺史.[1086]

왕애(王涯)의 집을 빌다[가왕애제(假王涯第)] 당(唐) 이사도(李師道)[1087]가 개인돈 600만 전을 바쳐 위징(魏徵)의 자손을 위하여 옛집을 사주게 하자, 백거이(白居易)가 (황제에게) 아뢰기를, "위징이 재상(宰相)에 등용되자 태종(太宗)은 궁전의 목재를 써서 그의 정침(正寢)을 만들어 주셨습니다. 후손이 제대로 지키지를 못하였으나, 폐하께서 그래도 (그들이) 어진 이의 자손이니 집을 대속하여 하사하셔야 합니다. 이사도는 신하이니, 아름다움을 훔치게 해서는 안 됩니다"라고 하자 황제가 따랐다.

唐李師道, 上私錢六百萬, 爲魏徵孫, 贖故第, 白居易言, 徵任宰相, 太宗用殿材, 成其正寢. 後嗣不能守, 陛下猶宜以賢者子孫, 贖而賜之. 師道人臣, 不宜掠美. 帝從之.[1088]

송(宋) 여단(呂端)[1089]의 여러 자식들이 함께 살지 못하는 자들이 많았고 옛집은 남에게 저당 잡혀 있었다. 진종(眞宗)이 그 소식을 듣고 궁중 창고의 돈을 내어 대속해 주고 함께 살도록 하였다. 여단의 장자인 여번(呂蕃)이 말하기를, "남의 이잣돈을 꾼 것이 매우 많습니다"라고 하자 황제는 별도로 궁중 창고의 돈과 비단을 내려주어 갚게 하였다.

宋呂端諸子, 多不同處, 舊第以質於人. 眞宗聞之, 出內庫錢, 贖還之, 令其聚居. 端長子蕃言, 負人息錢甚

1081. 《신당서(新唐書) · 이눌열전(李訥列傳)》의 내용을 재구성한 것이다.

1082. 한황(韓滉: 723-787): 당(唐) 경조(京兆) 출신으로 자가 태충(太沖)이다. 동중서문하평장사(同中書門下平章事) 등을 역임하였다. 서예와 그림에 뛰어났다.

1083. 《구당서(舊唐書) · 한황열전(韓滉列傳)》의 내용을 재구성한 것이다.

1084. 왕준(王濬: 206-285): 서진(西晉) 홍농(弘農) 출신으로 자가 사치(士治)이다. 오(吳)를 멸망시키는 데 큰 공을 세우고 무군대장군(撫軍大將軍)을 역임하였다.

1085. 진승(陳勝: ?-B.C. 208): 진말(秦末) 양성(陽城) 출신으로 농민 봉기를 일으켰다.

1086. 《진서(晉書) · 왕준열전(王濬列傳)》의 내용을 재구성한 것이다.

1087. 이사도(李師道): 당대(唐代) 고구려 출신으로, 구당서(舊唐書)에 열전이 있다.

1088. 《신당서(新唐書) · 백거이열전(白居易列傳)》

1089. 여단(呂端: 935-1000): 송(宋) 유주(幽州) 출신으로 자가 이직(易直)이다. 참지정사(參知政事), 우복야(右僕射) 등을 역임하였다.

多. 帝別賜內庫金帛, 償之.[1090]

집을 판다고 방(榜)을 붙이다[표방매택(標榜賣宅)] 북제(北齊) 황보량(皇甫亮)[1091]이 사는 집은 움푹하고 아래에 있었는데, 집을 판다고 방(榜)을 붙였다. 사려는 자가 까닭을 물으니, 황보량이 대답하기를, "집 안에 물이 차면 빠지지 않고, 비가 오면 물이 침상 아래로 흐르기 때문입니다"라고 하였다. 이 때문에 집은 끝내 팔리지 않았다. 황보량의 순박하고 진실되어 꾸미지 못하는 것이 이와 같았다.

北齊皇甫亮所居宇, 洿下, 標榜賣之. 買者問其故, 亮曰, 爲宅中水滲不洩, 雨卽水流牀下. 由此, 宅終不售. 亮淳實不矯飾, 如此.[1092]

집을 지었는데 화려함이 분에 넘치다[치제화참(治第華僭)] 당(唐) 허경종(許敬宗)[1093]이 집을 지었는데 화려함이 분에 넘쳤다. 심지어 이어진 누대를 짓고 여러 기생들로 하여금 그 위에서 말을 달리게 하였다.

唐許敬宗, 營第舍, 華僭. 至造連樓, 使諸妓, 走馬其上.[1094]

부엌 庖竈

- 포(庖)는 주방이다.《설문해자(說文解字)》

  庖, 食廚也.[1095]〈說文〉[1096]

- 조(竈)는 '시작함[창(創)]'이니, 먹을 것을 창조(創造)하는 것이다.《석명(釋名)》

  竈, 創也, 創造食物也.[1097]《釋名》[1098]

- 군자는 주방을 멀리한다.《맹자(孟子)》

  君子, 遠庖廚也.〈孟〉[1099]

- 부엌신[조군(竈君)]인 선(禪)은 자가 자곽(子郭)이다. 노란 옷을 입고 머리를 풀어헤쳤다. 부뚜막 안에서 나오는데 그의 이름을 알아서 부르면 흉악(凶惡)을 제거할 수 있다.

  竈君禪,[1100] 字子郭. 衣黃衣, 披髮. 從竈中出, 知其名, 呼之, 可得除凶惡.[1101]

- 조마(竈馬)[1102]는 모양이 귀뚜라미와 같은데 부뚜막 옆에 구멍을 뚫고 산다. 세속에서 이르기를, "부뚜막에 조마가 있으면 먹을 것이 풍족할 조짐이다"라고 하였다.《유양잡조(酉陽雜俎)》

  竈馬, 狀如促織, 穴於竈側. 俗謂, 竈有馬, 足食之兆.〈雜俎〉[1103]

1090. 《산당사고(山堂肆考)·군도(君道)》
1091. 황보량(皇甫亮): 북제(北齊) 안정(安定) 출신으로 자가 군익(君翼)이다. 임성태수(任城太守)에 제수되었으나 병으로 가지 못하였다.
1092. 《산당사고(山堂肆考)·궁실(宮室)》
1093. 허경종(許敬宗: 592-672): 당(唐) 항주(杭州) 출신으로 자가 연족(延族)이다. 예부상서(禮部尙書), 시중(侍中), 중서령(中書令) 등을 역임하였다.
1094. 《신당서(新唐書)·간신열전(姦臣列傳)》
1095. '食廚也'는, 《설문해자(說文解字)·엄부(广部)》에는, '廚也'로 되어 있다.
1096. 《설문해자(說文解字)·엄부(广部)》
1097. '創也, 創造食物也'는, 《석명(釋名)·석궁실(釋宮室)》에는, '造也, 造創食物也'로 되어 있다.
1098. 《석명(釋名)·석궁실(釋宮室)》
1099. 《맹자(孟子)·양혜왕상(梁惠王上)》
1100. '竈君禪'은, 《예문유취(藝文類聚)·화부(火部)》에는 '竈君名禪'으로 되어 있다.
1101. 《예문유취(藝文類聚)·화부(火部)》
1102. 조마(竈馬): 곤충의 이름으로 조계(竈鷄)라고도 한다.

- 부엌신은 매월 그믐날마다 하늘에 올라 사람들의 죄상(罪狀)을 말한다. 큰 것[큰 죄]은 기(紀)를 뺏는다. 기(紀)라는 것은 300일이다. 작은 것은 산(算: 3일)을 뺏는다.《포박자(抱朴子)》

  竈之神, 每月晦日, 輒上天, 言人罪狀. 大者奪紀, 紀者, 三百日也, 小者奪算.〈抱朴〉[1104]
- 조형(竈陘)은 바로 지금의 부엌문의 땔감을 두는 곳이다.

  竈陘, 卽今之竈門安柴處.[1105]

음식 안에 머리카락이 있다[식중유발(食中有髮)] 요리사가 구운 고기를 올렸는데 머리카락이 거기에 감겨 있었다. 문공(文公)이 요리사를 불러 꾸짖으니, 요리사가 말하기를 "신은 세 가지 죽을 죄를 범하였습니다. 숫돌을 가져다가 칼을 가니 그 날카롭기가 명검인 간장(干將)과 같아 고기는 잘라졌는데 머리카락은 잘라지지 않았으니 신이 지은 죄의 하나입니다. 쇠꼬챙이로 고기살점을 꿰면서 머리카락을 보지 못했으니 신이 지은 죄의 두 번째입니다. 고기를 가져다 숯불이 활활 타는 화로에 구워, 살점이 모두 발개져 잘 구워졌는데도 머리카락은 태우지 못했으니 신이 지은 죄의 세 번째입니다. 당 아래에 혹시 신을 질투하는 사람이 있지는 않을까 생각됩니다"라고 하였다. 곧 사람들을 불러 문책하니, 과연 그러하였다. 이에 그 범인을 처형하였다.

宰人上炙, 髮繞之. 文公召宰人而誚之, 宰人曰, 臣有死罪三. 援礪砥刀, 利猶干將, 肉斷而髮不絶, 臣之罪一也. 援錐貫臠, 而不見髮, 臣之罪二也. 奉炙鑪炭, 肉盡赤紅炙熟, 而髮不焦, 臣之罪三也. 堂下得微有疾臣者乎. 乃召其黨而誚之, 果然. 乃誅之.[1106]

음식 안에 파리가 있다[식중유승(食中有蠅)] 양(梁) 소명태자(昭明太子)는, 음식 안에 자주 파리 같은 것이 있으면 몰래 옆에다 버렸다. 요리사가 벌을 받을까 염려하여 사람들이 볼 수 없도록 한 것이다.

梁昭明太子, 食中頻得蠅蟲之類, 密置拌邊. 恐廚人獲罪, 不令人見.[1107]

고기 굽는 자를 먹게 하다[담행자자(啖行炙者)] 고영(顧榮)[1108]은 자가 언선(彦先)이다. 고기 굽는 것이 끝나면 고기 굽는 자를 먹게 하면서 말하기를, "아마 종일 고기를 집으면서도 그 맛을 보지 못했을 것이다"라고 하였다.

顧榮, 字彦先. 輟已炙, 啖行炙者曰, 豈有終日執之, 而不知其味者耶.[1109]

주방을 감독하면서 사람을 매질하다[감주과인(監廚撾人)] 수(隋) 이원통(李圓通)[1110]은 어려서 고아가 되어 미천하였다. 문제(文帝)[1111]의 집에서 급사

1103.《유양잡조(酉陽雜俎)·인개편(鱗介篇)》에는, "竈馬, 狀如促織, 稍大脚長, 好穴於竈側. 俗言, 竈有馬, 足食之兆"로 되어 있다.

1104.《포박자(抱朴子)·미지(微旨)》에는, "月晦之夜, 竈神亦上天, 白人罪狀. 大者奪紀, 紀者三百日也. 小者奪筭, 筭者三日也"로 되어 있다.

1105.《고금사문유취속집(古今事文類聚續集)·거처부(居處部)》

1106.《한비자(韓非子)·내저설하(內儲說下)·육미(六微)》에는, "文公之時, 宰臣上炙, 而髮繞之. 文公召宰人而譙之曰, 女欲寡人之哽耶. 奚爲以髮繞炙. 宰人頓首再拜, 請曰, 有死罪三. 援礪砥刀, 利猶干將也. 切肉, 肉斷而髮不斷, 臣之罪一也. 援木而貫臠, 而不見髮, 臣之罪二也. 奉熾爐炭, 火盡赤紅, 而炙熟而髮不燒, 臣之罪三也. 堂下得無微有疾臣者乎. 公曰善. 乃召其堂下而譙之, 果然. 乃誅之"로 되어 있다.

1107.《고금사문유취속집(古今事文類聚續集)·거처부(居處部)》

1108. 고영(顧榮: ?-312): 서진(西晉) 오군(吳郡) 출신으로 자가 언선(彦先)이다. 산기상시(散騎常侍)를 역임하였으며 육기(陸機), 육운(陸運)과 함께 '삼준(三俊)'으로 칭송되었다.

1109.《진서(晉書)·고영열전(顧榮列傳)》에는, "榮與同寮宴飮, 見執炙者, 貌狀不凡, 有欲炙之色. 榮割炙啗之, 坐者問其故. 榮曰, 豈有終日執之, 而不知其味"로 되어 있다.

1110. 이원통(李圓通): 수(隋) 경조(京兆) 출신으로 형부상서(刑部尙書)를 역임하였다.

1111. 문제(文帝): 수(隋) 문제(文帝) 양견(楊堅: 541-604)으로, 재위 기간은 581-604년이다.

(給事)일을 하였는데 문제가 수국공(隋國公)이 되자[1112] 손님이 올 때마다 항상 이원통에게 명하여 주방을 감독하도록 하였다. 이원통은 성격이 엄하고 가지런하여 하인들이 조심하였다. 오직 세자(世子)의 유모(乳母)만이 총애를 믿고 그를 경시하여, 매번 (주방에) 청하는 것이 있을 때 (이원통이) 허락하지 않으면 바로 가져가 버렸다. 이원통이 크게 노하여 요리사들을 꾸짖으며 수십 대를 매질하니 황제가 좋게 여기면서 큰일을 감당할 수 있겠다고 여겼다. 후에 태부경(太府卿)의 자리에 올랐다.

隋李圓通, 少孤賤. 給事文帝家, 帝爲隋公, 每賓至, 常令圓通監廚. 圓通性嚴整, 婢僕敬憚. 惟世子乳母, 恃寵輕之, 每有干請不許, 輒持去. 圓通大怒, 叱廚人, 撾之數十, 帝善之, 以爲堪大任. 後位太府卿.[1113]

요리사가 고기를 먹다[옹인담육(饔人啖肉)] 왕문정(王文正)[1114]은 국량이 관대하여 일찍이 노여움을 보인 적이 없었다. 음식에 정결하지 못한 것이 있으면 다만 먹지 않을 뿐이었다. 하루는 자식들이 공에게 호소하기를, "주방의 고기를 요리사들이 몰래 먹어 고기가 부족하니, 그들을 혼내주십시오"라고 하였다. 공이 말하기를, "너희들은 사람마다 할당된 고기가 얼마쯤 되느냐?"라고 하니 대답하기를, "한 근입니다. 오늘 겨우 반근만 먹었으니 나머지 반은 요리사들이 먹었습니다"라고 하였다. 공이 말하기를, "한 근을 다 먹으면 배가 부르겠는가?"라고 물으니 대답하기를, "한 근을 다 먹으면 정말로 배가 부를 것입니다"라고 하였다. 공이 말하기를, "이후로는 사람마다 한 근 반으로 할당하면 되겠다"라고 하였다. 그가 남의 잘못을 들추어내지 않는 것이 모두 이와 같았다.

王文正, 局量寬厚, 未嘗見其怒. 飲食有不精潔者, 但不食而巳. 一日子弟愬于公曰, 庖肉爲饔人所私食, 肉不飽, 乞治之. 公曰, 汝輩人料肉幾何. 曰, 一斤. 今但得半斤食, 其半爲饔人所啖. 公曰, 盡一斤, 可得飽乎. 曰, 盡一斤, 固當飽. 曰, 此後, 人料一斤半, 可也. 其不發人過, 皆類此.[1115]

누런 양으로 부엌신에게 제사 지내다[황양사조(黃羊祀竈)] 후한(後漢) 음식(陰識)[1116]은 광렬황후(光烈皇后)[1117]의 전모(前母)[1118]의 오빠이다. 그 조상은 관중(管仲)에서 나왔는데, 선제(宣帝)[1119] 시절에 음자방(陰子方)이라는 자가 납일(臘日)[1120] 새벽에 밥을 하는데 부엌신이 나타났다. 음자방이 재배(再拜)하고 축복을 받아 집에 있던 누런 양(羊)으로 제사를 드렸다. 이후로 갑자기 부자가 되었는데, 음자방은 항상 말하기를, "나의 자손들은 반드시 강대(彊大)해질 것이다"라고 하였다. 3세(世)인 음식에 이르러 결국 번창하였다.

後漢陰識, 光烈皇后前母兄也. 其先, 出自管仲, 宣帝時, 陰子方者, 嘗臘日晨炊, 竈神形見. 子方再拜受慶, 家有黃羊, 因以祀之. 自後暴富, 子方常言, 我子孫必將彊大. 至識三世, 遂繁昌.[1121]

닭이 아궁이로 들어가면 흉하다[계입조흉(鷄入竈凶)] 변백옥(卞伯玉)[1122]이 동양군(東陽郡)의 군수(郡守)가 되었다. 부엌에 한창 불이 성한데 닭 한 마

1112. 북주(北周)시기에 부친의 뒤를 이어 수국공(隋國公)이 되었다.
1113. 《북사(北史) · 이원통열전(李圓通列傳)》의 내용을 재구성한 것이다.
1114. 왕문정(王文正): 내력이 자세하지 않다.
1115. 《고금사문유취속집(古今事文類聚續集) · 거처부(居處部)》
1116. 음식(陰識: ?-59): 동한(東漢) 남양(南陽) 출신으로 자가 차백(次伯)이다. 시중(侍中)을 역임하였다.
1117. 광렬황후(光烈皇后): 동한(東漢) 제4대 황제인 화제(和帝)의 황후이다.
1118. 전모(前母): 계실(繼室)의 소생 자식들이 부친의 전처(前妻)에 대해 일컫는 호칭이다.
1119. 선제(宣帝): 서한(西漢) 제8대 황제로 재위 기간은 B.C. 73-B.C. 49년이다.
1120. 납일(臘日): 음력(陰曆) 12월 8일로 납제(臘祭)를 지낸다.
1121. 《후한서(後漢書) · 음식열전(陰識列傳)》의 내용을 재구성한 것이다.

리가 멀리서 와서 아궁이로 들어갔다. 한참 뒤에 굴뚝으로 나오는데 깃털이 그을리지도 않았으며 울고 쪼는 것도 전과 같았다. 변백옥이 얼마 있다가 병들어 죽었다.

卞伯玉作東陽郡. 竈正熾火, 有鷄, 遙從口入. 良久, 乃於突而出, 毛羽不燋, 鳴啄如故. 玉尋病殞.[1123]

당 堂

• 《석명(釋名)》의 기록이다. 당(堂)은 웅장하게 높이 드러난 모습이다. 다른 말로, "당(堂)은 '마땅함[당(當)]'이고 또 '밝음[명(明)]이다"라고 하였다.

釋名. 堂, 謂堂堂高顯貌.[1124] 一云, 堂, 當也, 又明也.[1125]

희채당(戱綵堂) 송(宋) 조궤(趙屼)[1126]가 원풍(元豐)[1127] 연간에 온(溫) 지방의 부관이 되었는데, 그의 부친인 청헌공(淸獻公) 조변(趙抃)이 벼슬을 그만두고 집에서 머물게 되자, 조궤가 맞이하여 봉양하였다. 노래자(老萊子)[1128]가 채색옷을 입고 놀았던 뜻을 취하여 당호(堂號)를 지었다. 청헌공(淸獻公)의 다음과 같은 시가 있다. "내가 집안에서 쉬는 즐거움을 알만하니, 느긋하게 세월 보내며 돌아갈 것을 잊었네. 노래자(老萊子)도 우리 아이만 못하리니, 붉은 옷 입은 것이 색동옷보다 낫구나."[1129] 또 요강(廖剛)[1130]은 자가 용중(用中)인데, 여러 세대를 흰 머리로 봉양하였으니, 증조할머니가 93세이고 증조할아버지가 88세였다. 공은 그의 집 당호를 세채당(世綵堂)이라 하였고 간의(諫議) 진공(陳公) 등이 그의 시가를 전하면서 '세채집(世綵集)'이라 이름하였다.

宋趙屼, 元豐中, 爲溫倅, 其父淸獻公抃, 致仕家居, 屼迎以就養. 因取老萊子戱綵之義, 名堂. 淸獻詩云. 我憩堂中樂可知, 優游踰月意忘歸. 老萊不及吾兒少, 且着朱衣勝綵衣. 又廖剛, 字用中, 累世以華髮奉養, 曾大母年九十三, 曾大父年八十八. 公名其堂曰, 世綵. 諫議陳公等, 播之聲詩, 名世綵集.[1131]

언월당(偃月堂) 당(唐) 이임보(李林甫)가 당(堂)을 가지고 있었는데 초승달과 같이 생겨서 '언월당(偃月堂)'이라 불렀다. 매번 대신(大臣)들을 내쫓을 때마다 반드시 이 당에 머물면서 해칠 것을 생각하였다.

唐李林甫, 有堂如偃月, 號偃月堂. 每欲擯斥大臣, 必居此堂, 思中傷之.[1132]

빙옥당(氷玉堂) 당(堂)은 남강부(南康府) 치소(治所)의 뒤, 애련당(愛蓮堂)의 북쪽에 있는데, 송(宋)의 군민(郡民)으로 자가 응지(凝之)인 유환(劉渙)[1133]의 옛집이다. 소식(蘇軾)이 일찍이 말하기를,

---

1122. 변백옥(卞伯玉): 내력이 자세하지 않다.
1123. 송(宋) 유경숙(劉敬叔), 《이원(異苑)》 권4.
1124. 《석명(釋名)·석궁실(釋宮室)》
1125. 《격치경원(格致鏡原)·궁실류(宮室類)》에는, "演義. 堂, 當也, 當正向陽之屋. 又明也, 言明禮義之所"라고 하였다.
1126. 조궤(趙屼): 조변(趙抃)의 아들이라고 하는데, 내력이 자세하지 않다.
1127. 원풍(元豐): 북송(北宋) 신종(神宗)의 연호(1078-1085)이다.
1128. 노래자(老萊子): 춘추(春秋) 말기 초(楚)나라 은사(隱士)로 나이 70이 넘었는데도 색동옷을 입고 부모님 앞에서 재롱을 떨었다고 한다.
1129. 시제(詩題)는 〈유제희채당시남궤(留題戱綵堂示男屼)〉이다.
1130. 요강(廖剛: 1071-1143): 송(宋) 남검주(南劍州) 출신으로 자가 용중(用中)이다. 형부시랑(刑部侍郞), 어사중승(御史中丞) 등을 역임하였다.
1131. 《산당사고(山堂肆考)·궁실(宮室)》
1132. 《산당사고(山堂肆考)·궁실(宮室)》

"응지(凝之) 부자(父子)는 청렴결백하여 흔들리지 않았으니 얼음처럼 맑고 옥처럼 강직했다"라고 하였다. 마을 사람들이 이 때문에 당호(堂號)의 이름을 붙인 것이다. 주원회(朱元晦)[1134], 장문잠(張文潛)[1135]이 모두 기문(記文)을 지었다. 살피건대 유환의 아들은 이름이 서(恕)이고 자가 도원(道原)이다.

堂, 在南康府治後, 愛蓮堂之北, 宋郡人劉渙, 字凝之, 故居. 蘇軾嘗曰, 凝之父子, 廉潔不撓, 氷淸而玉剛. 鄕人, 因以名堂. 朱元晦·張文潛, 俱爲作記. 按渙子, 名恕, 字道原.[1136]

유미당(有美堂) 송(宋) 가우(嘉祐)[1137] 2년에, 매지(梅摯)[1138]가 용도각직학사상서이부낭중(龍圖閣直學士尙書吏部郎中)으로 항주(杭州)를 나가서 다스리게 되었는데, 인종(仁宗)[1139]이 그가 떠날 때에 시를 써주어 총애하였다. 그 처음 구절에, "그 지역은 아름다운 호수와 산이 있으니, 동남에서 최고의 주(州)로다"라고 하였다.[1140] 그래서 '유미(有美)' 두 글자를 취하여 당(堂)에 이름을 붙였다. 구양수(歐陽修)가 기문(記文)을 지었다.

宋嘉祐二年, 梅摯, 以龍圖閣直學士尙書吏部郎中, 出守于杭, 仁宗于其行也, 賜詩以寵之. 其首章云, 地有湖山美, 東南第一州. 因取有美二字, 以名堂. 歐陽修作記.[1141]

계적당(桂籍堂) 송(宋) 태종(太宗)[1142] 흥국(興國)[1143] 연간에 진사들이 과거에 합격하면 어명으로 계적당(桂籍堂)에 이름을 썼다. 이렇게 이름을 쓰게 된 출발점은 당대(唐代) 사람들이 자은사(慈恩寺)에 이름을 쓴 것이고, 이에 진사들도 자신의 이름을 쓰게 되었다.

宋太宗興國中, 進士中第, 賜題名于桂籍堂. 此題名之始, 唐人題名于慈恩寺, 乃進士自題也.[1144]

재 齋

• 《설문(說文)》의 기록이다. 재(齋)는 '깨끗함[결(潔)]'이다. 재계하여 깨끗하게 한다는 뜻을 취하여 집의 이름으로 삼은 것이다. 《두양편(杜陽編)》[1145]의 기록이다. 양(梁) 무제(武帝)[1146]가 불사(佛寺)를 세우고 소자운(蕭子雲)[1147]에게 비백서(飛白

1133. 유환(劉渙: 1000-1080): 송(宋) 균주(筠州) 출신으로 자가 응지(凝之)이다. 영상령(潁上令)을 역임하였으나 세속과 맞지 않아 여산(廬山)에 은거하였다.
1134. 주원회(朱元晦): 송(宋) 주희(朱熹)로, 원회(元晦)는 그의 자이다.
1135. 장문잠(張文潛): 송(宋) 장뢰(張耒)로, 문잠(文潛)은 그의 자이다.
1136. 《고금사문유취속집(古今事文類聚續集)·거처부(居處部)》
1137. 가우(嘉祐): 북송(北宋) 인종(仁宗)의 연호(1056-1063)이다.
1138. 매지(梅摯): 송(宋) 성도(成都) 출신으로 자가 공의(公儀)이다. 우간의대부(右諫議大夫)를 역임하였다.
1139. 인종(仁宗): 북송(北宋) 제4대 황제로 재위 기간은 1023-1063년이다.
1140. 시제(詩題)는 〈사매지(賜梅摯)〉이다. 전체 시를 소개하면 다음과 같다. "地有湖山美, 東南第一州. 剖符宣政化, 持橐輟才流. 暫出論思列, 遥分宵旰憂. 循良勤撫俗, 來暮聽歡謳."
1141. 《산당사고(山堂肆考)·궁실(宮室)》
1142. 태종(太宗): 북송(北宋) 제2대 황제로 재위 기간은 976-997년이다.
1143. 흥국(興國): 북송(北宋) 태종(太宗)의 연호(976-983)인 태평흥국(太平興國)을 가리킨다.
1144. 《산당사고(山堂肆考)·궁실(宮室)》
1145. 《두양편(杜陽編)》: 당(唐) 소악(蘇鶚)이 편찬한 책이다.
1146. 무제(武帝): 남조(南朝) 양(梁) 초대 황제로 재위 기간은 502-549년이다.
1147. 소자운(蕭子雲: 487-549): 남조(南朝) 양(梁) 남난릉(南蘭陵) 출신으로 자가 경교(景喬)이다. 시중(侍中), 국자좨주(國子祭酒) 등을 역임하였다.

書)[1148]로 가운데에 '소(蕭)'자 하나를 크게 쓰도록 하였다. 이약(李約)[1149]이 그것을 보고 재산을 갈라 사들여서 낙양(洛陽)으로 돌아가 작은 집을 하나 짓고 그것을 감상하면서 '소재(蕭齋)'라 이름을 붙였다. 후세에 '재(齋)'의 이름이 여기에서 비롯되었다. 일설에는, 한(漢) 선제(宣帝)가 재계하고 머물면서 일을 결정한 것이 이 '재(齋)'라는 이름의 기원이라고 한다.

說文. 齋, 潔也. 取其戒潔之義, 以爲室也. 杜陽編. 梁武帝, 造佛寺, 令蕭子雲, 飛白大書一蕭字于中. 李約見之, 破産買歸東洛, 建一小室, 玩之, 號蕭齋. 後世齋之名, 始此. 一說, 漢宣帝, 齋居決事, 此齋名之起也.[1150]

동재(東齋)에서 먹을 주다[동재증묵(東齋贈墨)]

《여지지(輿地志)》의 기록이다. 한(漢) 왕랑(王朗)[1151]이 회계태수(會稽太守)가 되었는데 왕숙(王肅)[1152]이 따라갔다. 군(郡)에서 동재(東齋)에 머무는데 한밤중에 여자가 땅속에서부터 나와서 조왕(趙王)의 딸이라고 칭하였다. 왕숙과 이야기를 나누다 새벽이 되어 헤어지면서 먹[묵(墨)] 한 덩어리를 주었다. 왕숙이 한창 《주역(周易)》을 주석하려고 하고 있었는데, 이로 인하여 바로 깨달아져 생각이 열리고 깨우침이 있었다.

輿地志. 漢王朗, 爲會稽太守, 王肅隨之. 郡住東齋, 中夜有女子從地出, 稱趙王女. 與肅語, 至曉別, 贈一丸墨. 肅方欲注周易, 因此便覺, 才思開悟.[1153]

장량재(長梁齋)　왕검(王儉)[1154]은 왕승건(王僧虔)[1155]의 조카이다. 장량재(長梁齋)를 지었는데 규모가 좀 지나쳤다. 왕승건이 기뻐하지 않으며 끝내 문에 들어가지 않자 왕검이 그날로 부쉈다.

王儉, 僧虔之兄子也. 作長梁齋, 制度小過. 僧虔不悅, 竟不入戶, 儉卽日毁之.[1156]

학역재(學易齋)　송(宋) 진덕수(眞德秀)[1157]가 월(越) 지역의 산에 새로운 거처가 완성되자 그 재(齋)를 '학역재(學易齋)'라 이름 붙이고 춘첩(春帖)에는, "앉아서 오(吳)와 월(越)의 두 산색(山色)을 보니, 조용히 복희(伏羲)와 문왕(文王)의 천고(千古)의 마음과 합하네(坐看吳越兩山色, 默契羲文千古心)"라고 하였다.

宋眞德秀, 越山新居成, 名其齋曰, 學易. 春帖云, 坐看吳越兩山色, 默契羲文千古心.[1158]

육유재(六有齋)　송(宋) 윤돈(尹焞)[1159]이 방 하나를 '육유재(六有齋)'라고 이름 붙였다. 장횡거(張橫渠)[1160]의, "말에는 가르침이 있고[언유교(言有敎)], 행동에는 본보기가 있으며[동유법(動有法)], 낮에는

1148. 비백서(飛白書): 서체(書體)의 하나로, 붓의 털 자국이 드러나게 쓰는 방법이다.
1149. 이약(李約): 당대(唐代) 사람으로 자가 존박(存博)이다. 병부원외랑(兵部員外郞)을 역임하였으며 서화(書畵)에 뛰어났다.
1150. 《산당사고(山堂肆考)·궁실(宮室)》
1151. 왕랑(王朗): 왕숙(王肅)의 부친으로, 내력은 자세하지 않다.
1152. 왕숙(王肅: 195-256): 위(魏)의 경학자로 자는 자옹(子雍)이다. 중령군(中領軍), 산기상시(散騎常侍) 등을 역임하였고, 경전에 주석을 단 것이 많다.
1153. 송(宋) 소이간(蘇易簡), 《문방사보(文房四譜)·묵보(墨譜)》
1154. 왕검(王儉: 452-489): 남조(南朝) 제(齊) 낭야(琅邪) 출신으로 자가 중보(仲寶)이다. 국자좨주(國子祭酒), 중서감(中書監) 등을 역임하였다.
1155. 왕승건(王僧虔: 426-485): 남조(南朝) 제(齊) 낭야(琅邪) 출신으로 시중(侍中) 등을 역임하였다. 문사(文史)를 좋아하고 음률(音律)에 밝았으며 서화(書畵)에 뛰어났다.
1156. 《남제서(南齊書)·왕승건열전(王僧虔列傳)》의 내용을 재구성한 것이다.
1157. 진덕수(眞德秀: 1178-1235): 송(宋) 건녕(建寧) 출신으로 자가 경원(景元)이다. 호부상서(戶部尙書), 한림학사(翰林學士), 참지정사(參知政事) 등을 역임하였다. 《대학연의(大學衍義)》를 저술하였다.
1158. 《산당사고(山堂肆考)·궁실(宮室)》

하는 바가 있고[주유위(晝有爲)], 밤에는 터득하는 바가 있으며[소유득(宵有得)], 쉼에는 양생함이 있고[식유양(息有養)], 봄에는 간직함이 있다[순유존(瞬有存)]"는 뜻을 취한 것이다.[1161] 또 하나의 방은 '삼외당(三畏堂)'이라고 이름을 지었다.[1162]

宋尹焞, 一室, 名六有齋. 取橫渠, 言有敎, 動有法, 晝有爲, 宵有得, 瞬有養, 息有存之意.[1163] 一室, 名三畏堂.[1164]

변소 厠

• 혼(圂)은 '측간[측(厠)]'이다. 또 '뒷간[청(圊)]이다.《설문해자(說文解字)》

圂, 厠也. 又圊也.〈說文〉[1165]

• 집을 보는 자는 침실과 사당을 두루 보고 또 뒷간에 간다. 주(注)의 기록이다. 언(偃)은 뒷간이다. 뒷간은 대소변을 본다.[1166]《장자(莊子)》

觀室者, 周於寢廟, 又適其偃焉. 注. 偃謂屛厠也. 屛厠則以偃溲.〈莊〉[1167]

• 여정(呂靜)[1168]이 말하였다. 위(楲)〈위(威)〉는 일을 보는 변기이다. 위(楲)는 변기[호자(虎子)]이다. 유(窬)는 일을 보는 것이다. 맹강(孟康)[1169]이 말하였다. 측(仄)은 일을 보는 곳이고 유(窬)는 일을 볼 때 변을 받는 것이다.

呂靜曰. 楲〈威〉, 窬褻器也. 楲, 虎子也. 窬, 行淸也. 孟康曰, 厠行淸, 窬行中受糞者也.[1170]

• 세속에서 뒷간에 가는 것을 옥두(屋頭)라 하는데, 병주(屛州) 사람들은 땅을 파서 방을 만들고 뒷간은 사는 곳의 위에 있기 때문이다.

俗命如厠, 爲屋頭, 屛州人, 鑿土爲室, 厠在所居之上故也.[1171]

뒷간의 쥐는 불결하다[측서불결(厠鼠不潔)] 이사(李斯)[1172]가 소리(小吏)일 때, 뒷간의 쥐는 불결한 것을 먹고 사람이나 개가 가까워지면 자주 놀라는 것을 보았고, 창고에 가서 창고 안의 쥐는 곡식을 먹고 사람을 보는 것도 염려하지 않음을 보고 탄식하여 말하기를, "사람의 잘나고 못난 것도 쥐와 같구나. 스스로 위치하는 곳에 달려 있다"라 하고는 순자

1159. 윤돈(尹焞: 1071-1142): 송(宋) 하남(河南) 출신으로 자가 언명(彦明)이다. 예부시랑겸시강(禮部侍郎兼侍講)을 역임하였다. 《논어해(論語解)》를 저술하였다.

1160. 장횡거(張橫渠: 1020-1077): 송(宋) 봉상(鳳翔) 출신인 장재(張載)로 자가 자후(子厚)이다. 숭문원교서(崇文院校書)를 역임하였으나 병을 핑계로 그만두고 남산에 은거하면서 독서(讀書)와 강학(講學)을 일삼았다.

1161. 《정몽(正蒙)·유덕편(有德篇)》에 나온다.

1162. 송(宋) 이유무(李幼武), 《송명신언행록(宋名臣言行錄)·윤돈(尹焞)》에, " … 一室名三畏齋, 取畏天命, 畏大人, 畏聖人之言之意"라고 하였다.

1163. '瞬有養, 息有存'은 '息有養, 瞬有存'의 오류이다.

1164. 《산당사고(山堂肆考)·궁실(宮室)》

1165. 《설문해자(說文解字)·국부(囗部)》에는, "圂, 豕厠也"로 되어 있다.

1166. 진(晋) 곽상(郭象) 《장자(莊子)·경상초(庚桑楚)》 주에서, "寢廟則以饗燕, 屛厠則以偃溲"라고 하였다.

1167. 《장자(莊子)·경상초(庚桑楚)》

1168. 여정(呂靜): 진(晉)나라 사람으로 《운집(韻集)》을 편찬하였다.

1169. 맹강(孟康): 삼국(三國) 위(魏) 안평(安平) 출신으로 자가 공휴(公休)이다. 산기시랑(散騎侍郎)을 역임하였다.

1170. 《고금사문유취속집(古今事文類聚續集)·거처부(居處部)》

1171. 《고금사문유취속집(古今事文類聚續集)·거처부(居處部)》

1172. 이사(李斯: ?-B.C. 208): 전국(戰國)시대 초(楚) 상채(上蔡) 출신으로 순자(荀子)에게 배웠다. 진시황(秦始皇) 시절에 승상(丞相)을 역임하였다.

(荀子)를 따라 배웠다.

李斯爲小吏, 見廁鼠食不潔, 近人犬數驚, 入倉, 觀倉中鼠食粟, 不見人之憂, 歎曰, 人之賢不肖, 如鼠矣. 在所自處耳. 乃從荀卿子.[1173]

뒷간에 멧돼지가 있다[측유야체(廁有野彘)] 질도(郅都)[1174]가 황제를 모시고 있었다. 가희(賈姬)가 뒷간에 갔는데 멧돼지가 뒷간 안으로 들어갔다. 황제가 질도에게 잡으라고 눈짓을 하였지만 질도는 가지 않았다. 황제가 직접 가려고 하니 질도가 엎드려 간하기를, "궁녀 하나가 죽으면 다시 궁녀 하나가 생기지만, 황제께서 스스로 가볍게 행동하신다면 태후(太后)와 종묘(宗廟)를 어떻게 하시겠습니까?"라고 하였다. 태후가 그 말을 듣고 질도에게 금을 하사하였다.

郅都侍上. 賈姬如廁, 有野彘入廁中. 上目都擊之, 都不往. 上欲自往, 都伏諫曰, 一姬死, 復一姬生, 上欲自輕, 奈太后·宗廟何. 太后聞之, 賜都金焉.[1175]

귀양 가서 뒷간을 지키다[적수측(謫守廁)] 회남왕(淮南王) 유안(劉安)[1176]이 신선의 우두머리를 뵙는데, 행동거지가 공손하지 않았다. 주관하던 자가 유안의 불경(不敬)을 아뢰어 귀양 가서 3년 동안 뒷간을 지키게 하였다.《신선기(神仙記)》

淮南王安, 謁仙伯, 坐起不恭. 主者奏安不敬, 謫守廁三年.〈神仙記〉[1177]

뒷간에서 붉은 옷을 입은 사람을 보다[측견주의(廁見朱衣)] 도간(陶侃)이 일찍이 뒷간에 갔다가 붉은 옷에 붉은 두건으로 칼을 차고 신발을 신은 사람을 보았는데 말하기를, "그대가 어르신이기 때문에 와서 알리는 것입니다. 그대는 후에 공후(公侯)가 되고 팔주(八州)의 도독(都督)에 이르실 것입니다"라고 하였다.

陶侃嘗如廁, 見一朱衣·赤幘·劍履, 曰, 以君長者故, 來報. 君後當爲公侯, 至八州都督.[1178]

뒷간의 시녀가 향(香)을 들고 있다[측비지향(廁婢持香)] 진(晉) 유식(劉寔)[1179]은 젊어서 가난하였는데, 후에 태위(太尉)의 지위에 이르러서도 항상 검소(儉素)함을 숭상하였다. 일찍이 석숭(石崇)의 집에 갔다가 뒷간에 갔는데, 매우 아름다운 비단 장막과 깔개가 있고 두 시녀가 향낭(香囊)을 들고 있는 것을 보았다. 유식이 바로 물러나와 웃으면서 석숭에게 말하기를, "잘못해서 그대의 내실에 들어갔소"라고 하자 석숭이 말하기를, "이는 뒷간일 뿐입니다"라고 하였다. 유식이 말하기를, "가난한 선비는 일찍이 이런 것을 본 적이 없습니다"라 하고는 다시 다른 뒷간으로 갔다.

晉劉寔, 少貧窶, 及後位太尉, 每崇儉素. 嘗詣石崇家, 如廁, 見有紋帳裀褥甚麗, 兩婢持香囊. 寔便退笑謂崇曰, 誤入卿內. 崇曰, 是廁耳. 寔曰, 貧士未嘗得此, 更如他廁.[1180]

석숭(石崇)은 사치와 호사로 남에게 자부하였다. 뒷간에 항상 여종 10명을 도열시켜 놓았는데, 모두 미모가 있었다. 갑전(甲煎)[1181]의 분과 심향(沈香)의 즙을 두었으며, 뒷간에 가는 사람은 모두 새 옷으로 바꿔 입도록 하였다. 손님들이 모두가 벗는 것을 부

1173.《사기(史記)·이사열전(李斯列傳)》의 내용을 재구성한 것이다.
1174. 질도(郅都): 서한(西漢) 하동(河東) 출신으로 경제(景帝) 시절에 중랑장(中郎將)을 역임하였다.
1175.《사기(史記)·혹리열전(酷吏列傳)》
1176. 유안(劉安: B.C. 179-B.C. 122): 서한(西漢) 종실(宗室)로 고조(高祖)의 손자이다.《회남자(淮南子)》를 저술하였다.
1177.《광박물지(廣博物志)·영이(靈異)》
1178.《고금사문유취속집(古今事文類聚續集)·거처부(居處部)》
1179. 유식(劉寔: 219-309): 서진(西晉) 평원(平原) 출신으로 자가 자진(子眞)이다. 상서(尙書), 대사농(大司農), 태위(太尉) 등을 역임하였다.
1180.《진서(晉書)·유식열전(劉寔列傳)》
1181. 갑전(甲煎): 향료(香料)의 이름으로, 갑향(甲香)이라고도 한다.

끄러워하는데 왕돈(王敦)[1182]은 이전 옷을 벗고 새 옷을 입는데 마음에 부끄러움이 없었다. 여러 여종들이 서로 말하기를, "이 손님은 반드시 도적이 될 것이다"라고 하였다.

石崇, 以奢豪矜物. 厠上, 常有十餘婢侍列, 皆有容色. 置甲煎粉·沈香汁, 如厠者, 皆易新衣. 客皆羞脫, 而王敦, 脫故着新, 意無怍. 諸婢相謂曰, 此客必能作賊.[1183]

왕돈이 전에 공주에게 장가들었는데, 화장실에 갔다가 옻칠한 상자에 말린 대추가 담겨 있는 것을 보았다. 본래는 코를 막기 위한 것이었는데, 왕돈은 과일로 여겨 다 먹어 버렸다. 시녀가 물이 담긴 황금 세숫대야와 조두(澡豆)[1184]가 담긴 유리그릇을 들고 있었다. (조두를) 물속에 부어서 마시니, 시녀들이 모두 입을 가리고 웃었다.《세설신어(世說新語)》

王敦初尙主, 如厠, 見漆箱盛乾棗. 本以塞鼻, 王謂是菓, 食盡. 婢擎金盤盛水, 琉璃盛澡豆. 因倒着水中而飮之, 群婢掩口.〈世說〉[1185]

뒷간에서 방상(方相)[1186]을 보다[측견방상(厠見方相)] 유익(庾翼)[1187]이 주(州)를 다스릴 때에 뒷간에 갔다가 머리는 방상(方相)과 같고 두 눈이 크고 빛이 있는 것을 보았다. 유익이 그것을 치니 땅속으로 들어갔는데, 그로 인하여 병이 나서 죽었다.

庾翼鎭州, 如厠, 見一物頭如方相, 兩眼大有光. 翼擊之, 入地, 因病而薨.[1188]

노부(鹵簿)[1189]가 뒷간으로 들어가다[노부입측(鹵簿入厠)] 송(宋) 심경지(沈慶之)[1190]가 문제(文帝)[1191] 시절에, 노부(鹵簿)를 인솔하여 뒷간으로 들어가는 꿈을 꾸었다. 생각으로 좋지 않게 여기고 있는데 해몽하는 자가 말하기를, "그대는 반드시 크게 부귀할 것입니다. 그러나 조만간에 있지는 않습니다. 노부(鹵簿)는 원래 부귀의 상징이지만 뒷간은 이른바 다음 황제이니, 그대의 부귀는 지금의 황제 시대에 있지 않음을 알 수 있습니다"라고 하였다. 심경지는 과연 효무제(孝武帝)[1192] 시대에 삼사(三事)[1193]에 올랐다.

宋沈慶之, 在文帝時, 夢引鹵簿入厠中. 意惡之, 占者曰, 君必大富貴. 然不在旦夕間. 鹵薄固是富貴容, 厠中所謂後帝也, 知君富貴不在今主. 慶之果以孝武世, 登三事.[1194]

뒷간의 신이 달마다 나오다[측신월유(厠神月遊)] 시어사(侍御史) 전의방(錢義方)[1195]이 상락제(常樂

1182. 왕돈(王敦: 266-324): 서진(西晉) 말기 사람으로 자가 처중(處仲)이다. 양주자사(揚州刺史), 진동대장군(鎭東大將軍) 등을 역임하였다.
1183.《진서(晉書)·왕돈열전(王敦列傳)》
1184. 조두(澡豆): 콩을 가루 내어 만든 비누이다.
1185.《세설신어(世說新語)·비루(紕漏)》
1186. 방상(方相): 역귀(疫鬼)를 쫓는 신의 이름이다.
1187. 유익(庾翼: 305-345): 동진(東晉) 영천(潁川) 출신으로 자가 치공(稚恭)이다. 형주자사(荊州刺史)를 역임하였다.
1188.《고금사문유취속집(古今事文類聚續集)·거처부(居處部)》
1189. 노부(鹵簿): 제왕(帝王)이 행차할 때에 따르는 의장대(儀仗隊)를 가리킨다.
1190. 심경지(沈慶之: 386-465): 남조(南朝) 송(宋) 출신으로 자가 홍선(弘先)이다. 시중(侍中), 태위(太尉) 등을 역임하였다.
1191. 문제(文帝): 남조(南朝) 송(宋) 제3대 황제로 재위 기간은 424-453년이다.
1192. 효무제(孝武帝): 남조(南朝) 송(宋) 제4대 황제로 재위 기간은 454-464년이다.
1193. 삼사(三事): 삼공(三公)을 가리킨다. 삼공은 시대마다 다른데 주대(周代)에는 태사(太師), 태부(太傅), 태보(太保)를, 서한(西漢)에서는 승상(丞相)[대사도(大司徒)], 태위(太尉)[대사마(大司馬)], 어사대부(禦史大夫)[대사공(大司空)]를, 동한(東漢)에서는 태위(太尉), 사도(司徒), 사공(司空)을 삼공(三公)으로 하였다. 당송(唐宋)시기에는 동한(東漢)의 제도를 따랐다.
1194.《고금사문유취속집(古今事文類聚續集)·거처부(居處部)》
1195. 전의방(錢義方): 내력이 자세하지 않다.

第)에 있는데 밤에 뒷간에 갔다가 갑자기 쑥대머리에 푸른 옷을 입은 사람 몇 명이 다가오는 것을 보았다. 전의방을 핍박하면서 말하기를, "너는 곽등(郭登)1196이 아니냐?"라고 물었다. 그렇다고 하자, "나는 뒷간의 신인데 매달 나와서 순시한다"라고 하였다.〈속유괴록(續幽怪錄)〉

侍御史錢義方, 居常樂第, 夜如廁, 忽見蓬頭青衣數人來. 逼義方曰, 汝非郭登. 曰然, 余乃廁神, 每月出巡.〈續幽怪錄〉1197

촛농이 무더기를 이루다[촉루성퇴(燭淚成堆)] 구준(寇準)1198이 등주(鄧州)를 다스리는데, 어려서부터 부귀하여 등불을 켠 적이 없었다.[촛불만 켰다는 뜻이다.] 더구나 밤에 연회와 연극을 좋아하였고 침실에도 촛불을 켠 채 새벽까지 이르렀다. 매번 관직을 마치고 떠난 뒤에 사람들이 관사(官舍)에 가서 뒷간을 보면, 촛농이 바닥에 떨어져 왕왕 무더기를 이뤘다.

寇準知鄧州, 自少年富貴, 不點燈. 尤好夜宴劇, 雖寢室, 亦然燭達旦. 每罷官去後, 人至官舍, 見廁溷間, 燭淚在地, 往往成堆.1199

뒷간에 가서 귀신을 만나다[여측우귀(如廁遇鬼)] 어떤 승랑(丞郎)1200이 말 위에서 속이 급해져 서둘러 한 빈집에 들어갔다. 곧바로 뒷간에 갔는데, 큰 우목(優穆)1201이 빈 집을 지키고 있었다. 말 위에 오르려 하자 목우(穆優)가 홀연 다가와 말하기를, "시랑(侍郎)께서는 훗날에도 속이 급해지면 언제든지 오십시오"라고 하였다.

有丞郎, 馬上內逼, 急詣一空宅. 徑登溷軒, 乃大優穆刀綾空屋也.1202 將上馬, 穆優忽至曰, 侍郎, 他日內逼, 請光訪.1203

뒷간에 가는 시[등혼시(登溷詩)] 정사맹(程師孟)1204이 홍주(洪州)를 다스릴 때, 정당(正堂)1205을 짓고 스스로 그것을 좋아하여 가지 않는 날이 없었다. 시를 지었는데, "매일 아무리 바빠도 반드시 한 번은 이르고, 밤이 깊어도 늘상 등불을 켜고 온다네"라고 하였다. 이원규(李元規)1206가 웃으면서 말하기를, "이것은 바로 뒷간에 가는 시이다"라고 하였다.

程師孟知洪州, 作正堂, 自愛之, 無日不到. 作詩曰. 每日更忙須一到, 夜深長是點燈來. 李元規笑曰, 此自登溷詩也.1207

유영(柳永)1208의 사(詞)에, "오늘밤은 어디에서 술을 깰 것인가. 버드나무 언덕에 새벽바람 불고 달이 남아 있는 곳이리"라고 하였다. 어떤 사람이 아름다운 구절이라고 하자 동파(東坡)가 웃으면서 말하기를, "이것은 뱃사공이 뒷간에 가는 것일 뿐이다"

1196. 곽등(郭登): 내력이 자세하지 않다.
1197. 《고금사문유취속집(古今事文類聚續集)·거처부(居處部)》
1198. 구준(寇準: 962-1023): 송(宋) 화주(華州) 출신으로 자가 평중(平仲)이다. 참지정사(參知政事), 급사중(給事中), 삼사사(三司使) 등을 역임하였다.
1199. 송(宋) 유청지(劉清之), 《계자통록(戒子通錄)·변지록(辨志錄)》
1200. 승랑(丞郎): 좌우승(左右丞), 육조시랑(六曹侍郎) 등의 시종관(侍從官)의 벼슬이다.
1201. 우목(優穆): 같은 문장에서 뒤에는 또 '목우(穆優)'라 하여 일정하지 않다. 아마 귀신의 명칭인 듯하다.
1202. '刀綾'은, 《천중기(天中記)·측(廁)》에는 '刁陵'으로 되어 있다.
1203. 《천중기(天中記)·측(廁)》
1204. 정사맹(程師孟: 1009-1086): 송(宋) 소주(蘇州) 출신으로 자가 공벽(公辟)이다. 여러 주(州)의 지방관을 역임하였는데 선정(善政)을 베풀었다.
1205. 정당(正堂): 정사를 처리하는 청사를 가리킨다.
1206. 이원규(李元規): 내력이 자세하지 않다.
1207. 《고금사문유취속집(古今事文類聚續集)·거처부(居處部)》
1208. 유영(柳永: 약 987-1053): 송(宋) 사인(詞人)으로 자가 경장(景莊)이다. 만사(慢詞)의 창시자로 일컬어진다.

라고 하였다.

柳永詞云, 今宵酒醒何處. 楊柳岸曉風殘月. 或以爲佳句, 東坡笑曰, 此梢工登溷處耳.1209

원포 園圃

• 《설문(說文)》의 기록이다. 원(園)은 과일을 심고, 포(圃)는 채소를 심는다.

說文. 園植果, 圃植菜.1210

• 구원(丘園)에서 꾸민다.《주역(周易)》

賁于丘園.〈易〉1211

• 즐거운 저 동산.

樂彼之園.1212

• 내 동산을 넘어오지 말라.

無踰我園.1213

• 북쪽 동산에서 논다.

遊于北園.1214

• 버들가지를 꺾어 채마밭에 울타리 친다.

折柳樊圃.1215

• 구월(九月)에는 장포(場圃)를 다진다.〈모두《시경(詩經)》이다.〉

九月築場圃.〈竝詩〉1216

• 원포(園圃)에서 초목(草木)을 기른다.

園圃, 毓草木.1217

• 장인(場人)은 장포(場圃)를 담당한다.〈모두《주례(周禮)》이다.〉

場人, 掌場圃.〈并周禮〉1218

• 《회남자(淮南子)》에서 말하였다. 강가의 마을에서 사람들이 물을 길어 동산에 대어도 강물은 줄어들지 않았다.

淮南子曰. 臨江之鄕, 其人汲水, 以漑其園, 江水不減也.1219

• 또《회남자(淮南子)》에서 말하였다. 산에 맹수(猛獸)가 있어 나무들이 그 때문에 잘리지 않고, 동산에 독충이 있어 명아주 잎과 콩 잎이 그 때문에 뜯기지 않는다.

又曰. 山有猛獸, 林木爲之不斬, 園有螫蟲, 藜藿爲之不採.1220

• 번지(樊遲)가 채마밭 가꾸는 것을 배우기를 청하자, 공자(孔子)가 말씀하기를, "나는 늙은 밭농사꾼만 못하다"라고 하였다.《논어(論語)》

樊遲, 請學爲圃, 子曰, 吾不如老圃.〈語〉1221

물동이를 안고 밭에 물을 주다[포옹관원(抱甕灌園)] 자공(子貢)이 한수(漢水)의 남쪽을 지나다가

1209. 《고금사문유취속집(古今事文類聚續集)·거처부(居處部)》
1210. 《설문해자(說文解字)·국부(囗部)》에는, "園, 所以樹植果也, 圃, 所以種菜曰圃"로 되어 있다.
1211. 《주역(周易)·비(賁)》에, "六五, 賁于丘園, 束帛戔戔, 吝, 終吉"이라고 하였다.
1212. 《시경(詩經)·소아(小雅)·학명(鶴鳴)》에, "樂彼之園, 爰有樹檀"이라고 하였다.
1213. 《시경(詩經)·국풍(國風)·장중자(將仲子)》에,"將仲子兮, 無踰我園"이라고 하였다.
1214. 《시경(詩經)·국풍(國風)·사철(駟驖)》에, "遊于北園, 四馬旣閑"이라고 하였다.
1215. 《시경(詩經)·국풍(國風)·동방미명(東方未明)》에, "折柳樊圃, 狂夫瞿瞿"라고 하였다.
1216. 《시경(詩經)·국풍(國風)·칠월(七月)》에, "九月築場圃, 十月納禾稼"라고 하였다.
1217. 《주례(周禮)·천관(天官)·대재(大宰)》
1218. 《주례(周禮)·지관(地官)·장인(場人)》에는, "場人, 掌國之場圃, 而樹之果蓏珍異之物, 以時斂而藏之"로 되어 있다.
1219. 《회남자(淮南子)·정신훈(精神訓)》
1220. 《회남자(淮南子)·설산훈(說山訓)》
1221. 《논어(論語)·자로(子路)》에는, "樊遲, 請學稼, 子曰, 吾不如老農. 請學爲圃, 曰, 吾不如老圃"로 되어 있다.

한 노인이 땅에 굴을 파고 물동이를 안고 우물에서 물을 길어다 밭에 물을 주는 것을 보았다. 자공이 말하기를, "여기에 기계가 있는데 하루 백 고랑을 물댈 수 있습니다. 물을 끌어올리는 것이 뽑아 올리듯 하는데 그 이름을 용두레라고 합니다"라고 하자, 노인이 대답하기를, "나도 이것을 알고 있지만 부끄러워서 쓰지 않는 것이오"라고 하였다.

子貢過漢陰, 見一丈人, 鑿隧, 抱甕汲井, 取水而灌園. 子貢曰, 有機於此, 日浸百畦. 挈水若抽, 名曰桔槔. 丈人曰, 吾知之, 恥而不爲.[1222]

밭의 푸성귀를 뽑아 버리다[발원규(拔園葵)] 공의휴(公儀休)[1223]가 노(魯)나라에 재상이 되면서 밭의 푸성귀를 뽑아 버렸고 베를 짜던 아내를 내쫓았다. 또 물고기를 좋아했지만 물고기를 받지 않았다.

公儀休相魯, 拔園葵, 去織婦.[1224] 又嗜魚, 不受魚.[1225]

뜰을 내다보지 않다[불규원(不窺園)] 동중서(董仲舒)[1226]는 장막을 내리고 책을 읽으면서 3년 동안 집의 뜰을 내다보지 않았다. 후한(後漢) 법진(法眞)[1227]은 대택(大澤)에 은거하면서 학문을 강론하였는데 여러 해가 지나도 원포(園圃)에 대해 묻지 않았다.

董仲舒, 下帷講誦, 三年不窺於舍園.[1228] 後漢法眞, 隱居大澤, 講論術藝, 歷年不問園圃.[1229]

집에 돌아가 채소밭에 물을 주다[귀가관원(歸家灌園)] 오우(吳祐)[1230]가 교동후상(膠東侯相)으로 옮겼는데, 당시에 제북(濟北) 대굉(戴宏)[1231]의 부친이 현승(縣丞)이 되어 대굉이 나이 열여섯으로 따라갔다. 현승의 관사에서 오우가 뜰을 산책할 때마다 항상 글 읽는 소리가 들리자 매우 기특하게 여겼고, 그와 벗이 되었다. 대굉은 결국 유학자(儒學者)들의 스승이 되었고 동하(東夏)에 이름이 알려졌다. 하간상(河間相)이 되었는데 스스로 그만두고 집에 돌아가 다시는 벼슬하지 않고, 밭의 채소에 물을 주면서 경서를 가르쳤다. 나이 98세에 죽었다.

吳祐, 遷膠東侯相, 時濟北戴宏父, 爲縣丞, 宏年十六從. 在丞舍, 祐每行園, 常聞諷讀之音, 甚奇之, 與爲友. 宏卒成儒宗, 知名東夏. 爲河間相, 因自免歸家, 不復仕, 灌園蔬以經書敎授. 年九十八卒.[1232]

진중자(陳仲子)는 자가 자종(子終)으로 제(齊)나라 사람이다. 초왕(楚王)이 그의 어짊을 듣고 사신을 보내어 모셔오게 하고 재상으로 삼으려고 하였다. 진중자가 들어가 그의 아내에게 알리니 아내가 말하기를, "그대는 좌우에 거문고와 책을 두고, 삼을 표백하고 신을 짜서 살면서, 욕심 없이 자연의 이치대

1222. 《장자(莊子) · 천지(天地)》에, "子貢南遊於楚, 反於晉, 過漢陰, 見一丈人, 方將爲圃畦, 鑿隧而入井, 抱甕而出灌, 搰搰然用力甚多而見功寡. 子貢曰, 有械於此, 一日浸百畦, 用力甚寡而見功多, 夫子不欲乎. 爲圃者, 仰而視之曰, 奈何. 曰, 鑿木爲機, 後重前輕, 挈水若抽, 數如泆湯, 其名爲槔. 爲圃者, 忿然作色而笑曰, 吾聞之吾師, 有機械者, 心有機事, 有機事者, 必有機心. 機心存於胸中, 則純白不備, 純白不備, 則神生不定, 神生不定者, 道之所不載也. 吾非不知, 羞而不爲也"로 되어 있는 내용을 재구성한 것이다.

1223. 공의휴(公儀休): 전국(戰國)시대 노(魯)나라 출신으로 목공(穆公) 시절에 재상(宰相)을 역임하였는데 청렴으로 이름이 있었다.

1224. 《사기(史記) · 순리열전(循吏列傳)》의 내용을 재구성한 것이다.

1225. 《신서(新序) · 절사(節士)》의 내용을 재구성한 것이다.

1226. 동중서(董仲舒: B.C. 197-B.C. 104): 서한(西漢) 광천(廣川) 출신으로, 《춘추(春秋)》에 뛰어났고 경제(景帝) 시절에 박사가 되었다. 《춘추번로(春秋繁露)》를 저술하였다.

1227. 법진(法眞: 100-188): 동한(東漢) 부풍(扶風) 출신으로, 은거하면서 학문에 정진하여 대유(大儒)로 통했다.

1228. 《전한서(前漢書) · 동중서전(董仲舒傳)》

1229. 《후한서보일(後漢書補逸) · 법진(法眞)》

1230. 오우(吳祐): 동한(東漢) 진유(陳留) 출신으로 자가 계영(季英)이다. 교동후상(膠東侯相), 제상(齊相) 등을 역임하였다.

1231. 대굉(戴宏): 동한(東漢) 제북(濟北) 출신으로 자가 원양(元襄)이다. 학문이 깊었으며 주천태수(酒泉太守)를 역임하였다.

1232. 《후한서(後漢書) · 오우전(吳祐傳)》

로 사니 즐거움이 그 안에 있습니다. 사마(四馬)를 매고 기마(騎馬)가 연이어 따르더라도 편안한 곳은 무릎을 넣는 데에 불과한데, 초(楚)나라의 근심을 지니는 것이 좋겠습니까?"라고 하였다. 이에 사신을 물리치고 마침내 함께 도망하여 남의 집 채마밭에 물을 주었다.

陳仲子, 字子終, 齊人也. 楚王聞其賢, 遣使聘之, 欲以爲相. 仲子入告其妻, 妻曰, 夫子左琴右書, 辟纑織屨, 恬淡無爲, 樂在其中矣. 結駟連騎, 所安不過容膝, 而懷楚國之憂, 可乎. 于是謝使者, 遂相逃而爲人灌園.[1233]

가마를 타고 정원에 들어가다[견여입원(肩輿入園)] 진(晉) 왕헌지(王獻之)[1234]는 고상하고 구애됨이 없었다. 일찍이 오군(吳郡)을 지나다가 고벽강(顧辟疆)[1235]이 좋은 정원을 가지고 있다는 말을 듣고, 전에 서로 알지 못하는데도 가마를 타고 곧바로 들어갔다. 고벽강이 마침 식객(食客)을 만나고 있었는데 왕헌지는 두루 둘러보기를 마치도록 옆에 사람이 없는 듯이 하였다. 고벽강이 하나하나 지적하며 책망하기를, "주인에게 오만한 것은 예가 아니고, 신분이 높다고 선비에게 교만한 것은 도리가 아닙니다. 이 두 가지를 잘못하였으니 상대할 바가 되지 못합니다"라고 하였다. 종이 바로 문 밖으로 쫓아내었지만 왕헌지는 태연하게 개의하지 않았다.

晉王獻之, 高邁不羈. 嘗經吳郡, 聞顧辟疆有名園, 初不相識, 乘平肩輿徑入. 辟疆方會食客, 獻之游歷旣畢, 傍若無人. 辟疆數之曰, 傲主人, 非禮也, 以貴驕士, 非道也. 失是二者, 不足齒之. 俉耳便驅出門, 獻之傲如也, 不以屑意.[1236]

수차(水車)로 밭에 물을 대다[번거관원(翻車灌園)] 위(魏) 마균(馬鈞)[1237]은 재주 있는 관리로 세상에 뛰어났다. 도성에 살면서 땅을 마련하여 밭을 가꾸는데 뿌려 줄 물이 없자 수차(水車)를 만들어 아이를 시켜 물을 돌려 밭에 뿌리게 하였다.

魏馬鈞, 巧宦絶世. 居京師, 有地爲園, 而無水以灌, 乃作車, 令兒童轉水灌園.[1238]

또 기록이 있다. 부현(傅玄)[1239]선생이 수차(水車)를 만들었는데, 그 효과가 백 배나 되었다.

又曰. 傳玄先生, 作翻車, 其功百倍.[1240]

밭에 물을 주고 이익을 거두다[관원수리(灌園收利)] 상수(向秀)[1241]가 여안(呂安)[1242]과 북양(北陽)에서 밭에 물을 주어 남은 이익을 거두어 술값과 밥값으로 하였다.

向秀與呂安, 灌園於北陽, 收其餘利, 以供酒食之費.[1243]

후원(後園)에 약(藥)을 심다[종약후원(種藥後園)]

1233.《산당사고(山堂肆考)·지리(地理)》

1234. 왕헌지(王獻之: 344-386): 동진(東晉) 사람으로 왕희지(王羲之)의 아들이다. 건위장군(建威將軍), 중서령(中書令) 등을 역임하였다. 부친과 함께 서예에 뛰어나 '이왕(二王)'이라고 불렸다.

1235. 고벽강(顧辟疆): 내력이 자세하지 않다.

1236.《진서(晉書)·왕헌지열전(王獻之列傳)》

1237. 마균(馬鈞): 삼국(三國) 위(魏) 부풍(扶風) 출신으로 자가 덕형(德衡)이다. 급사중(給事中)을 역임하였는데, 손재주가 뛰어나 지남차(指南車), 수차(水車) 등의 성능을 개선하였다.

1238.《고금사문유취속집(古今事文類聚續集)·거처부(居處部)》

1239. 부현(傅玄: 217-278): 서진(西晉) 북지(北地) 출신으로 자가 휴혁(休奕)이다. 산기상시(散騎常侍), 사예교위(司隸校尉) 등을 역임하였다.

1240. 진(晉) 부현(傅玄),《부자(傅子)·부록(附錄)》

1241. 상수(向秀: 약 227-272): 서진(西晉) 하내(河內) 출신으로 자가 자기(子期)이다. 황문시랑(黃門侍郎), 산기상시(散騎常侍) 등을 역임하였다.

1242. 여안(呂安: ?-262): 삼국(三國) 위(魏) 동평(東平) 출신으로 자가 중제(仲悌)이다. 혜강(嵇康)과 함께 사마소(司馬昭)에게 피살되었다.

1243.《고금사문유취속집(古今事文類聚續集)·거처부(居處部)》

소탐(蘇耽)[1244]이 일찍이 문과 뜰을 없애자 많은 손님들이 왔다. 소탐이 모친에게 아뢰기를, "사람들이 저를 불러 가보니, 이미 후원(後園)의 매화나무 아래에 약을 심어 놓아 온갖 병을 치료할 수 있습니다. 한 잎이 한 사람을 낫게 하니 이 약을 팔면 봉양을 하고도 남을 것입니다"라고 하였다.

蘇耽, 嘗除門庭, 有衆賓來. 耽告母曰, 人招耽去, 已種藥著後園梅樹下, 可治百病. 一葉愈一人, 賣此藥, 過足供養.[1245]

밭을 매다가 금을 얻다[서원득금(鉏園得金)] 관녕(管寧)[1246]과 화흠(華歆)[1247]이 밭에서 김을 매는데 땅에 금 덩어리가 있는 것을 발견하였다. 관녕은 호미로 쳐내는 것이 기와나 돌과 다르지 않았고, 화흠은 집어서 던졌다. 사람들이 이것으로 우열을 정하였다.

管寧·華歆, 園中鉏菜, 見地有片金. 管揮鉏, 與瓦石不異, 華捉而擲之. 人以此定優劣.[1248]

환제(桓帝)[1249] 시절에, 패국(沛國) 대익(戴翼)[1250]이 밭을 매다가 황금 인장(印章)을 얻었다.

桓帝時, 沛國戴翼,[1251] 鋤園, 得黃金印.[1252]

금곡원(金谷園) 석숭(石崇)의 금곡원시(金谷園詩) 서문(序文)의 기록이다. 내가 별장을 가지고 있는데, 금곡원의 골짜기에 있다. 높은 곳도 있고 낮은 곳도 있으며, 맑은 샘과 무성한 숲, 과일 나무와 대나무, 측백나무, 약초 등 두루 갖추어지지 않은 것이 없다. 또 물 항아리, 물고기 연못, 토굴(土窟)이 있어 눈을 즐겁게 하고 마음을 기쁘게 하는 도구로 삼는다.

石崇金谷詩序曰. 余有別廬, 在金谷澗中. 或高或下, 有淸泉·茂林·衆果·竹栢·藥草之屬, 莫不畢備. 又有水碓·魚池·土窟, 以爲娛目歡心之備矣.[1253]

정원 관리인이 채소를 팔다[원정매채(園丁賣菜)] 유원경(柳元景)[1254]이 상서령(尙書令)일 때, 남쪽 언덕에 수십 무(畝)의 정원이 있었다. 정원 관리인이 채소를 팔아 3만 전을 벌어 주인집으로 보내자 유원경이 말하기를, "내가 이 정원을 세운 것은 채소를 심어 집안에서 먹는 것에 대려고 한 것뿐인데, 더구나 팔아서 돈을 취하는 것은 백성의 이익을 뺏는 것이다"라 하고는 돈을 정원 관리인에게 주었다.

柳元景爲尙書令, 南岸有數十畝菜園. 守園人, 賣菜得錢三萬, 送宅, 元景曰, 我立此園, 種菜以供家中啖耳, 乃復賣以取錢, 奪百姓之利耶. 以錢給守園者.[1255]

온공(溫公)이 독락원(獨樂園)을 세웠는데, 정원 관리인인 여직(呂直)이 본성이 우직하여 공이 '직(直)'으로 이름을 지어 주었다. 봄철에 사람들이 동산에 와서 유람을 하니 관리인이 차와 탕을 팔아 만 전을 벌었다. 정원을 닫는 날 주인에게 주려고 나누더니 어느 날 와서 공에게 바쳤다. 공이 말하기를, "이것은 원래 네 돈이다. 가져가는 것이 좋겠다"라

1244. 소탐(蘇耽): 내력이 자세하지 않다.
1245. 《예문유취(藝文類聚)·산업부(産業部)》
1246. 관녕(管寧: 158-241): 삼국(三國) 위(魏) 북해(北海) 출신으로 자가 유안(幼安)이다. 태중대부(太中大夫)를 역임하였다.
1247. 화흠(華歆: 157-231): 삼국(三國) 위(魏) 평원(平原) 출신으로 자가 자어(子魚)이다. 상서령(尙書令), 사도(司徒), 태위(太尉) 등을 역임하였다.
1248. 《세설신어(世說新語)·덕행(德行)》
1249. 환제(桓帝): 동한(東漢) 제11대 황제로 재위 기간은 147-167년이다.
1250. 대익(戴翼: ?-166): 동한(東漢) 패국(沛國) 출신이다.
1251. '戴翼'은, 《후한서(後漢書)·환제기(桓帝紀)》에는 '戴異'로 되어 있다.
1252. 《후한서(後漢書)·환제기(桓帝紀)》
1253. 《고금사문유취속집(古今事文類聚續集)·거처부(居處部)》
1254. 유원경(柳元景: 406-465): 남조(南朝) 송(宋) 하동(河東) 출신으로 자가 효인(孝仁)이다. 시중(侍中), 표기대장군(驃騎大將軍) 등을 역임하였다.
1255. 《남사(南史)·유원경열전(柳元景列傳)》

고 하였다. 두 번 세 번 남겨 놓고 가려 하자 공이 화를 내니, 결국 가지고 가면서 돌아보고 말하기를, "다만 돈을 좋아하지 않는 자라는 것을 밝혀 드리겠습니다"라고 하였다. 10여 일 뒤에 공이 정원 안에 한 채의 새 정자가 새로 지어진 것을 보고 물으니, 바로 전에 받지 않았던 만 전으로 지은 것이었다.

溫公營獨樂園, 園子呂直, 性愚, 公以直名之. 春時人遊園, 園子得茶湯錢十千. 閉園日, 與主人分之, 一日來納公. 公曰, 此自汝錢, 可持去. 再三欲留, 公怒, 遂持之, 顧曰, 只端明不愛錢者. 後十許日, 公見園中新創一井亭, 問之, 乃前不受十千所創也.[1256]

장간지(張柬之)의 원포(園圃)를 사지 않다[불시장원(不市張園)] 장간지(張柬之)[1257]가 양양(襄陽)에 원포(園圃)를 가지고 있었는데, 조왕(曹王) 이고(李皐)[1258]가 산남동도절도(山南東道節度)가 되어 그것을 사려고 하였다. 마이(馬彝)[1259]가 간하기를, "한양(漢陽)[1260]은 중흥(中興)의 공이 있어 지금 남긴 업적이 백세(百世)에까지 보존될 것인데, 어떻게 그 자손들에게 팔도록 하겠습니까?"라고 하자 고(皐)가 사과하기를, "본관(本官)이 말을 실수하여 그대에게 부끄러움이 되었소. 그대가 아니었더라면 어떻게 이런 말을 들을 수 있었겠소"라고 하였다.

張柬之有園圃在襄陽, 曹王皐, 爲山南東道節度, 將市取之. 馬彝諫曰, 漢陽有中興功, 今遺業, 當百世共保, 奈何使其子孫鬻乎. 皐謝曰, 主吏失詞, 以爲君羞. 微君, 安得聞此.[1261]

채소를 도둑질해도 따지지 않다[도소불문(盜蔬不問)] 제(齊) 범원염(范元琰)[1262]이 집이 가난하여 채소를 기르는 것으로 직업을 삼았다. 일찍이 어떤 사람이 자기의 배추를 도둑질하는 것을 보자 범염원이 급히 달아나 그가 부끄러워하는 마음이 일도록 하였다. 혹은 도랑을 건너 자신의 죽순을 도둑질하는 자가 있었는데, 범염원이 나무를 잘라 다리를 놓아주어 건너가게 하자 도둑이 크게 부끄러워하였다.

齊范元琰, 家貧, 以園蔬爲業. 嘗見人盜其菘, 元琰遽走, 欲起其愧恥. 或有涉溝盜其筍者, 元琰伐木爲橋, 以度之, 盜者大慚.[1263]

하수(何隨)[1264]가 집에서 대나무 밭을 가꾸는데, 어떤 사람이 대순을 도둑질하였다. 하수가 길을 가다가 우연히 보고는 도둑이 두려움을 느낄까 염려되어, 대나무밭으로 달아나다가 그의 발을 다쳐 신발을 끌면서 천천히 걸어서 돌아왔다.

何隨家養竹園, 人盜其筍. 隨行遇見, 恐盜者覺怖, 走竹傷其足, 挈履徐步而歸.[1265]

소요원(逍遙園) 서안부(西安府) 동산곡(東山曲)에 있다. 당(唐) 소요공(逍遙公) 위사립(韋嗣立)[1266]이

1256. 《고금사문유취속집(古今事文類聚續集)·거처부(居處部)》
1257. 장간지(張柬之: 625-706): 당(唐) 양주(襄州) 출신으로 자가 맹장(孟將)이다. 감찰어사(監察御使)를 역임하였고, 중종(中宗)을 복위시킨 뒤에 중서령(中書令)이 되었다.
1258. 이고(李皐: 733-792): 당(唐) 종실(宗室)로 자가 자란(子蘭)이다. 부친을 이어 조왕(曹王)을 계승하였다. 여러 지방의 절도사(節度使)를 역임하였는데 근검하였고 지혜로웠다.
1259. 마이(馬彝): 당(唐) 기주(岐州) 출신으로 호남판관(湖南判官)을 역임하였는데, 강직함으로 이름이 있었다.
1260. 한양(漢陽): 장간지(張柬之)의 봉호(封號)이다.
1261. 《구당서(舊唐書)·이고열전(李皐列傳)》
1262. 범원염(范元琰: 442-511): 남조(南朝) 제량(齊梁) 시기 오군(吳郡) 출신으로 자가 백규(伯珪)이다. 효성스럽고 공손함으로 이름이나 조정에서 여러 차례 불렀으나 나가지 않았다.
1263. 《남사(南史)·은일열전(隱逸列傳)》
1264. 하수(何隨): 내력이 자세하지 않다.
1265. 《태평어람(太平御覽)·자산부(資産部)》
1266. 위사립(韋嗣立: 654-719): 당(唐) 정주(鄭州) 출신으로 자가 연구(延構)이다. 시랑(侍郞), 동중서문하삼품(同中書門下三品), 국자좨주(國子祭酒) 등을 역임하였다.

세웠고 장열(張說)이 기문(記文)을 지었다.

在西安府東山曲. 唐逍遙公韋嗣立置, 張說爲之記.[1267]

파사원(婆娑園) 송(宋) 최구(崔鷗)[1268]는 자가 덕부(德符)이다. 선화(宣和)[1269] 말엽 시어사(侍御史)에 제수되었는데, 연질(攣疾)[1270] 때문에 벼슬을 그만두고 몇 무(畝)의 동산을 일구고 파사원(婆娑園)이라 불렀다. 남양부(南陽府) 겹현(郟縣)에 있다.

宋崔鷗, 字德符. 宣和末, 除侍御史, 以攣疾致仕, 治園數畝, 號婆娑園. 在南陽府郟縣.[1271]

유성원(流星園) 박주(亳州)의 동쪽 천정궁(天靜宮)의 비(碑)에 별이 부딪히더니 동산으로 흘렀다. 노자(老子)가 이로 인하여 태어나서 붙여진 이름이다.

亳州東天靜宮碑, 有星突流于園. 老子因而誕生, 故名.[1272]

이구원(離垢園) 유혜비(劉慧斐)[1273]와 장효수(張孝秀)[1274]가 동림사(東林寺)에 은거하였는데, 유혜비가 산의 북쪽에 동산을 하나 일구고 '이구원(離垢園)'이라 이름을 붙였다. 당시 사람들이 그를 이구선생(離垢先生)이라 일컬었다.

劉慧斐·張孝秀, 隱居東林寺, 慧斐, 于山北搆一園, 名離垢. 時人稱爲離垢先生.[1275]

동리원(東籬園) 양(梁) 하점(何點)[1276]은 대대로 불교를 믿으면서 동리원(東籬園)에 살았는데 공덕장(孔德璋)[1277]이 그를 위해 집을 지어 주었다. 예장왕(豫章王) 의(嶷)가 수레를 타고 하점을 찾아갔는데, 하점은 뒷문으로 도망갔다. 동산에는 변충정공(卞忠貞公)[1278]의 무덤이 있는데, 하점이 무덤가에 꽃을 심어놓고 매번 술을 들 때면 반드시 잔을 올렸다. 살피건대 이 동산은 응천부(應天府) 동리문(東籬門)의 밖에 있다. 충정(忠貞)은 진(晉) 변호(卞壺)의 시호(謚號)이다.

梁何點, 世信佛, 居東籬園, 孔德璋爲築室. 豫章王嶷, 命駕造點, 點從後門遁去. 園有卞忠貞塚, 點植花塚側, 每擧酒必酹之. 按, 此園在應天府東籬門外. 忠貞, 晉卞壺謚.[1279]

천추원(千秋園) 하남(河南) 영보현(靈寶縣)에 있는데, 지금의 구전촌(舊田村)이 그것이다. 송(宋) 범진(范鎭)[1280]의 다음과 같은 시가 있다.[1281] "예로부터 도림(桃林)은 한(漢)나라 재상의 동산으로, 지금까지 집이 있어 전촌(田村)이라 불린다. 파란 산과

1267. 《산당사고(山堂肆考)·지리(地理)》
1268. 최구(崔鷗): 내력이 자세하지 않다.
1269. 선화(宣和): 북송(北宋) 휘종(徽宗)의 연호(1119-1125)이다.
1270. 연질(攣疾): 손발이 오그라들어 펴지지 않는 병이다.
1271. 《산당사고(山堂肆考)·지리(地理)》
1272. 《산당사고(山堂肆考)·지리(地理)》
1273. 유혜비(劉慧斐: 478-536, 혹 537): 남조(南朝) 양(梁) 팽성(彭城) 출신으로 자가 문선(文宣)이다. 여산(廬山) 동림사(東林寺)에 은거하였다.
1274. 장효수(張孝秀: 481-522): 남조(南朝) 양(梁) 남양(南陽) 출신으로 자가 문일(文逸)이다. 여산(廬山) 동림사(東林寺)에 은거하였는데, 불경(佛經)에 정통하였다.
1275. 《양서(梁書)·처사열전(處士列傳)》
1276. 하점(何點: 437-504): 남조(南朝) 양(梁) 여강(廬江) 출신으로 자가 자석(子晳)이다. 평생 독신으로 은거하였는데, 공치규(孔稚珪) 등과 막역(莫逆)한 사이였다.
1277. 공덕장(孔德璋: 447-501): 남조(南朝) 제(齊) 산음(山陰) 출신인 공치규(孔稚珪)로 자가 덕장(德璋)이다. 남군태수(南郡太守), 산기상시(散騎常侍) 등을 역임하였다. 유명한 〈북산이문(北山移文)〉을 지었다.
1278. 변충정공(卞忠貞公): 진대(晉代) 사람인 변호(卞壺)로 자가 망지(望之)이다. 상서령(尙書令)을 역임하였다.
1279. 《산당사고(山堂肆考)·지리(地理)》
1280. 범진(范鎭: 1008-1089): 송(宋) 성도(成都) 출신으로 자가 경인(景仁)이다. 한림학사(翰林學士)를 역임하였다. 《신당서(新唐書)》 편찬에 참여하였다.
1281. 시제(時題)는 〈전천추원(田千秋園)〉이다.

푸른 물이 여전히 남아 있으니, 단지 역사에 공적만 남은 것이 아니로다."

在河南靈寶縣, 今舊田村, 是也. 宋范鎭詩. 自古桃林漢相園, 至今有舍號田村. 蒼山綠水依然在, 不獨靑編事業存.1282

낙천원(樂天園) 백낙천(白樂天)이 일찍이 말하기를, "우리집은 이도방(履道坊)에 있는데, 5무(畝)의 택지와 10무의 동산에 연못 하나와 대나무 천 그루가 있는 곳이 바로 그곳이다.

樂天嘗云, 吾第, 在履道坊, 五畝之宅, 十畝之園, 有水一池, 有竹千竿, 卽此.1283

봉성원(奉誠園) 당(唐) 마수(馬燧)의 아들 마창(馬暢)1284이 집안에 있던 큰 살구를 두문장(竇文場)1285에게 선물하니 두문장이 덕종(德宗)에게 올렸다. 덕종이 일찍이 본 적이 없던 것이라 괴이하게 여겨 물었고, 중사(中使)1286로 하여금 마창의 살구나무를 봉쇄하도록 하였다. 마창이 그래서 집을 바쳤고, 봉성원(奉誠園)이 되었다.

唐馬燧之子暢, 以第中大杏, 餉竇文場, 文場以進德宗. 德宗未嘗見, 怪問之, 令中使封暢杏樹. 暢因進宅,1287 爲奉誠園.1288

100전(錢)에 오이를 얻다[백전취과(百錢取瓜)] 당(唐)의 황제가 4월에 오이 생각이 났다. 명숭엄(明崇儼)1289이 도술(道術)이 있었는데, 마침내 100전(錢)을 요구하여 떠났다. 잠시 후에 오이를 바치면서 말하기를, "구씨(緱氏) 노인의 밭에서 구했습니다"라고 하였다. 황제가 노인을 불러 물으니 대답하기를, "오이 하나를 묻어놓았다가 잃어버렸는데, 땅속에서 100전을 얻었습니다"라고 하였다.

唐主, 四月憶瓜. 明崇儼有道術, 遂索百錢以往. 須臾以瓜獻曰, 得之緱氏老人圃中. 帝召老人問焉, 對曰, 埋一瓜失之, 土中得百錢.1290

양(羊)이 채소밭을 밟다[양답채원(羊踏菜園)] 어떤 사람이 항상 채소만 먹다가 우연히 양고기를 먹었는데, 꿈에 오장(五臟)의 신(神)이 말하기를, "양(羊)이 채소밭을 다 밟는구나"라고 하였다.《계안록(啓顔錄)》

有人常食蔬, 忽食羊, 夢五臟神曰, 羊踏破菜園.〈啓顔錄〉1291

마을 村莊

- 촌(村)은 '교외[서(墅)]'이다.《설문해자(說文解字)》
  村, 墅也.〈說文〉1292
- 장(莊)이라는 것은 보관하고 모인다는 뜻을 취한 것이다. 별장(別莊)을 일컬어 '장(莊)'이라 한다.
  莊者, 取藏聚之義. 呼別業爲莊.1293

1282.《산당사고(山堂肆考)·지리(地理)》
1283.《구당서(舊唐書)·백거이열전(白居易列傳)》에는, "十畝之宅, 五畝之園, 有水一池, 有竹千竿"으로 되어 있다.
1284. 마창(馬暢): 당(唐) 여주(汝州) 출신으로 식재(殖財)에 뛰어났다.
1285. 두문장(竇文場): 당(唐)의 환관(宦官)으로 덕종(德宗)의 총애를 받아 권세가 대단하였다. 표기대장군(驃騎大將軍)을 역임하였다.
1286. 중사(中使): 궁중에서 파견하는 사자(使者)를 가리키는데, 대개 환관(宦官)들이 맡는다.
1287. '暢因進宅'은,《산당사고(山堂肆考)·지리(地理)》에는 '暢懼因進宅'으로 되어 있다.
1288.《산당사고(山堂肆考)·지리(地理)》
1289. 명숭엄(明崇儼: ?-679): 당(唐) 낙주(洛州) 출신으로 정간대부(正諫大夫)를 역임하였다.
1290.《신당서(新唐書)·방기열전(方技列傳)》
1291.《유설(類說)·계안록(啟顔錄)》
1292.《설문해자(說文解字)》에는 위의 기록이 보이지 않는다.《산당사고(山堂肆考)·지리(地理)》에 보인다.
1293.《산당사고(山堂肆考)·지리(地理)》에는, "莊者, 取藏聚之義. 唐人, 呼別業爲莊"으로 되어 있다.

황엽촌(黃葉村) 송(宋) 고종(高宗)이 다음과 같은 시를 지어서, 통제(統制)[1294] 유한신(劉漢臣)[1295]에게 주어 조명사(潮鳴寺)안의 돌에 새기게 하였다. "들판의 물은 줄었다 불어난 흔적 역력하고, 성근 나무들 기울고 넘어진 곳에 서릿발이 섰네. 조각배와 노 하나로 어디를 향하는가, 강남(江南) 황엽촌(黃葉村)에 있는 집이라네." 절이 항주(杭州) 경춘문(慶春門) 밖에 있는데, 고종(高宗)이 남도(南渡)하여 절에 머물 때 강의 파도소리를 듣고 금(金)의 군사가 추격하여 이른 것으로 여겨 놀랐다. 얼마 후 그 까닭을 물었고 지금의 절 이름을 하사하였다.

宋高宗, 作詩, 賜統制劉漢臣, 勒石潮鳴寺中. 野水參差落漲痕, 疏林欹倒出霜根. 扁舟一棹向何處, 家在江南黃葉村. 寺在杭州慶春門外, 高宗南渡, 駐蹕寺中, 聞江濤聲, 以爲金兵追至, 駭之. 已而, 問知其故, 遂賜寺今名.[1296]

복파촌(伏波村) 복파촌(伏波村)은 부풍현(扶風縣)에 있다. 한(漢) 마복파(馬伏波)[1297]장군의 고거(故居)이다.

伏波村, 在扶風縣. 漢馬伏波將軍故居.[1298]

소군촌(昭君村) 왕장(王嬙)[1299]은 자가 소군(昭君)이다. 섬주(陝州)에서 태어나서, 주(州)에 소군촌(昭君村)이 있다. 이 마을에서는 여아(女兒)를 낳으면 반드시 얼굴에 뜸을 뜬다. 백락천(白樂天)의 다음과 같은 시가 있다. "지난 일의 경계를 본받지 말 것이니, 뒷날에 원통함을 끼칠까 두렵다. 지금까지 마을 여인들의 얼굴엔, 뜸을 뜬 자리가 흉터가 되었구나."[1300]

王嬙, 字昭君. 生於陝州, 州有昭君村. 村中, 凡生女, 必灸其面. 白樂天詩. 不效往者戒, 恐貽來者冤. 至今村女面, 燒灼成瘢痕.[1301]

유권촌(由拳村) 여항현(餘杭縣)에 유권산(由拳山)이 있고, 옆에 유권촌(由拳村)이 있는데, 등지(藤紙)[1302]가 난다. 《수신기(搜神記)》의 기록이다. 진시황(秦始皇)이 동쪽으로 순수를 하는데, 기운을 살피는 자가 말하기를, "500년 후에 강동(江東)에 천자(天子)의 기운이 있습니다"라고 하자 진시황은 죄수 20만 명을 동원하여 그 땅을 파서 웅덩이를 만들고, 나쁜 이름을 지어 표시하도록 하였다. 그래서 유권촌(由拳村)이라고 하였다.

餘杭縣, 有由拳山, 傍有由拳村, 出藤紙. 搜神記. 秦始皇東巡, 望氣者曰, 五百年後, 江東有天子氣. 始皇令囚徒二十萬人, 掘汚其地, 表以惡名. 故曰由拳.[1303]

오성촌(五城村) 오성촌(五城村)은 휴녕현(休寧縣)에 있다. 옛날에 큰 무덤 두 개가 있었는데, 진(晉)나라 사람 중에 그것을 발굴한 자가 있었다. 쇠로 된 관(棺)이 두께가 2척(尺)이나 되었는데, 관이 깨지자마자 바로 번개치고 비가 오면서 어두워졌다. 사람들이 무서워서 그만두었다.

五城村, 在休寧縣. 古有二大墳, 晉人有發之者. 鐵棺

1294. 통제(統制): 송대(宋代)에 세운 무관(武官)의 관명으로 작전 수행 시에 제장(諸將)을 총괄하는 직책이다.
1295. 유한신(劉漢臣): 내력이 자세하지 않다.
1296. 《산당사고(山堂肆考)·지리(地理)》
1297. 마복파(馬伏波: B.C. 14-49): 동한(東漢) 부풍(扶風) 출신인 마원(馬援)으로 자가 문연(文淵)이다. 농서태수(隴西太守)를 역임하였고 변방을 안정시킨 공이 있다.
1298. 《산당사고(山堂肆考)·지리(地理)》
1299. 왕장(王嬙): 서한(西漢) 원제(元帝) 시절의 궁녀로 흉노의 선우인 호한야(呼韓邪)에게 시집갔던 왕소군(王昭君)의 이름이다.
1300. 시제(詩題)는 〈과소군촌(過昭君村)〉이다.
1301. 《산당사고(山堂肆考)·지리(地理)》
1302. 등지(藤紙): 옛날에 등나무 껍질로 만들었던 종이로, 절강(浙江)의 섬계(剡溪), 여항(餘杭) 등의 지역에서 난다.
1303. 《송서(宋書)·부서지(符瑞志)》의 내용을 재구성한 것이다.

厚二尺, 棺纔破, 便雷雨晦冥. 人懼乃止.1304

낙성촌(落星村) 낙성촌(落星村)은 봉상부(鳳翔府) 미현(郿縣) 오장원(五丈原)에 있다. 바로 장성(長星)1305이 제갈량(諸葛亮)의 군영에 떨어진 곳이다.

落星村, 在鳳翔府郿縣五丈原. 卽長星, 墜諸葛亮營處.1306

동학촌(董學村) 하간부(河間府) 경주(景州)의 서남쪽 광천진(廣川鎭)에 동가리(董家里)가 있다. 다른 이름으로 '동학촌(董學村)'이라고 하는데 바로 동중서(董仲舒)가 공부하던 곳이다. 주소명(朱紹明)1307의 다음과 같은 시가 있다. "벼와 기장 자라는 연이은 마을의 이름은 예와 같은데, 옛터는 거칠어지고 풀들만이 봄을 맞네. 강도(江都)에서 재상이 되던 날 슬프게 생각하노니, 고상한 풍도는 천고에 누가 다시 짝하리."

河間府景州西南, 廣川鎭有董家里. 一名董學村, 卽仲舒讀書處. 朱紹明詩. 連村禾黍名猶昔, 故址荒蕪草自春. 慨想江都爲相日, 高風千古更誰倫.1308

누상촌(樓桑村) 누상촌(樓桑村)은 탁주(涿州) 서남쪽에 있는데, 바로 한(漢) 고조(高祖)의 고거(故居)이다. 동남쪽 모퉁이에 뽕나무가 있는데, 높이가 5장(丈) 남짓이고 수레 덮개처럼 생겼다. 사람들이 그것을 기이하게 여겨, 그 마을을 누상촌(樓桑村)이라 불렀다.

樓桑村, 在涿州西南, 卽漢先主故居. 東南隅有桑, 高五丈許, 如車蓋. 人異之, 因號其里曰, 樓桑村.1309

매수촌(買愁村) 매수촌(買愁村)은 경주부(瓊州府) 임고현(臨高縣) 남쪽에 있다. 송(宋) 호전(胡銓)1310의 다음과 같은 시가 있다. "북쪽으로 갈 때는 항상 문희현(聞喜縣)을 그리워하고, 남쪽으로 올 때는 매수촌(買愁村)에 들어오는 것이 두렵다. 만리(萬里)의 머나먼 길에 분주하다보니, 들풀 거칠고 안개 낀 속에서 가슴만 미어지는구나."1311

買愁村, 在瓊州府臨高縣南. 宋胡銓詩. 北往常思聞喜縣, 南來怕入買愁村. 區區萬里天涯路, 野草荒烟正斷魂.1312

주진촌(朱陳村) 서주(徐州) 고풍현(古豐縣)의 깊은 산중에, 사람들의 풍속이 순박한 한 마을에서는, 오직 주(朱)씨와 진(陳)씨의 두 성씨만이 살면서 대대로 혼인을 하여, 주진촌(朱陳村)이라는 이름이 붙었다. 소동파(蘇東坡)의 다음과 같은 시가 있다. "어느 해에 화가의 손을 빌려, 주(朱)씨와 진(陳)씨의 혼인(婚姻) 그림을 그렸는가? 듣자하니 한 마을에 오직 두 성씨뿐이라서, 집안에 최(崔)씨와 노(盧)씨를 불러들이지 않는다네."1313

徐州古豐縣, 深山中, 民俗淳質一村, 惟朱陳兩姓, 世爲婚姻, 名朱陳村. 蘇東坡詩. 何年顧倩丹青手, 畫作朱陳嫁娶圖. 聞道一村惟兩姓, 不將門戶買崔盧.1314

서호촌(西湖村) 서호촌(西湖村)은 효감현(孝感縣) 서쪽에 있다. 송(宋) 태조(太祖)가 한미했을 때에 갈증으로 시골 노파의 집에서 술을 찾았다. 노파가 술을 가지고 와서 말하기를, "전매기관의 금지가 너무

1304. 《산당사고(山堂肆考)·지리(地理)》
1305. 장성(長星): 별 이름으로 혜성(彗星)의 일종이다.
1306. 《산당사고(山堂肆考)·지리(地理)》
1307. 주소명(朱紹明): 내력이 자세하지 않다.
1308. 《산당사고(山堂肆考)·지리(地理)》
1309. 《산당사고(山堂肆考)·지리(地理)》
1310. 호전(胡銓: 1102-1180): 송(宋) 길주(吉州) 출신으로 자가 방형(邦衡)이다. 병부시랑(兵部侍郞) 등을 역임하였다.
1311. 시제(詩題)는 〈매수촌(買愁村)〉이다.
1312. 《산당사고(山堂肆考)·지리(地理)》
1313. 시제(詩題)는 〈진계상소축주진촌가취도(陳季常所畜朱陳村嫁娶圖)〉이다.
1314. 《산당사고(山堂肆考)·지리(地理)》

엄한데 이것은 몰래 빚은 것이니 바라건대 비밀로 해주십시오"라고 하였다. 돈을 주었으나 받지 않았다. 후에 태조(太祖)가 등극하고서 특별히 서호촌(西湖村)의 술 금지를 관대하게 하였다.

西湖村, 在孝感縣西. 宋太祖微時, 因渴索酒於村嫗家. 嫗持酒以進言, 榷禁甚嚴, 此私釀, 幸密之. 與金不受. 後太祖登極, 特寬西湖村酒禁.[1315]

오교장(午橋莊) 당(唐) 배진공(裴晉公)[1316]의 오교장(午橋莊) 소아피(小兒陂)는 무성한 풀이 동산에 가득하였다. 공이 항상 몇 무리의 양떼를 몰아 그 위에서 방목하게 하면서 말하기를, "향기로운 풀은 정이 많은데, 양떼들 덕분에 화장을 하는구나"라고 하였다. 살피건대 이 오교장은 뒤에 송(宋) 장제현(張齊賢)[1317]이 취하였다.

唐裴晉公, 午橋莊小兒陂, 茂草盈園. 公每使驅數群羊, 散牧其上曰, 芳草多情, 賴此粧點. 按此莊, 後爲宋張齊賢所得.[1318]

두숙(竇塾) 주(周) 간의대부(諫議大夫) 두우균(竇禹鈞)[1319]의 고거(故居)이다. 장전(莊田)의 남쪽에 의숙(義塾) 40여 칸을 세우고 책 수천 권을 모아놓은 뒤, 학식 있는 학자들을 예우하여 선생님으로 맞이하였다. 사방에서 배움에 뜻이 있는 자들이 소식을 듣고 스스로 이르렀는데 가난하여 필요한 것을 공급할 수 없는 이들을 모두 돌봐 주었다.

周諫議大夫竇禹鈞故居也. 莊南, 建義塾四十餘楹, 聚書數千卷, 禮文儒, 延置師席. 凡四方有志於學者, 聽其自至, 貧無供需者, 咸資之.[1320]

이효장(二孝莊) 서한(西漢)의 효자(孝子)였던 채순(蔡順)[1321]과 동영(董永)[1322]이 살던 곳이다.

西漢孝子, 蔡順 · 董永所居.[1323]

자손에게 경계하는 글[〈계자손기(戒子孫記)〉[1324]]

이덕유(李德裕)[1325] 평천(平泉)[1326]을 꾸민 것은 선친의 뜻에 따른 것이다. 내가 선친이신 태사(太師) 충의공(忠懿公)[1327]을 모시고 따라다니면서 밖에서 14년을 지내는 동안, 회계산(會稽山)에 올랐고 우혈(禹穴)[1328]을 찾았으며, 초택(楚澤)[1329]을 지나고 무산(巫山)에 제사 지냈으며, 원강(沅江)과 상강(湘江)을 유람하고, 형산을 구경하였다. 충의공(忠懿公)께서는 매번 배를 매어두고 밝게 살펴보셨는데, 마음에 느끼시는 바가 있어 반드시 쓸쓸하게 멀리 상념

1315. 《산당사고(山堂肆考) · 지리(地理)》
1316. 배진공(裴晉公): 배도(裵度)의 봉호(封號)이다.
1317. 장제현(張齊賢: 943-1014): 송(宋) 조주(曹州) 출신으로 자가 사량(師亮)이다. 참지정사(參知政事), 동중서문하평장사(同中書門下平章事), 사공(司空) 등을 역임하였다.
1318. 《산당사고(山堂肆考) · 지리(地理)》
1319. 두우균(竇禹鈞): 오대(五代) 후주(後周) 출신으로 자가 어양(漁陽)이다. 우간의대부(右諫議大夫)를 역임하였다. 검소하면서 베풀기를 잘하였다.
1320. 《산당사고(山堂肆考) · 지리(地理)》
1321. 채순(蔡順): 동한(東漢) 여남(汝南) 출신으로 자가 군중(君仲)이다. 효행으로 이름이 높았다.
1322. 동영(董永): 전설(傳說)에 등장하는 효자인데, 동한(東漢) 천승(千乘) 출신이라고 한다.
1323. 《기찬연해(記纂淵海) · 군현부(郡縣部)》
1324. 원 제목은 〈평천산거계자손기(平泉山居戒子孫記)〉이다.
1325. 이덕유(李德裕: 787-850): 당(唐) 말기의 정치가로 자는 문요(文饒)이다. 재상 이길보(李吉甫)의 아들로 병부상서(兵部尙書), 중서문하평장사(中書門下平章事) 등을 역임하였다.
1326. 평천(平泉): 이덕유가 낙양(洛陽)에 세운 정원의 이름이다.
1327. 충의공(忠懿公): 이덕유의 부친 이길보(李吉甫: 758-814)의 시호(諡號)이다. 이길보는 당대(唐代) 지리학자(地理學者)로 자는 홍헌(弘憲)이다. 태상박사(太常博士), 동중서문하평장사(同中書門下平章事)를 역임하였다. 《원화군현도지(元和郡縣圖志)》를 편찬하였다.
1328. 우혈(禹穴): 전해지는 말에, 회계산 위에 동굴이 있는데 우(禹)임금이 책을 보관한 곳이라고 한다.
1329. 초택(楚澤): 운몽택(雲夢澤)을 가리킨다.

에 잠기셨으니, 마음을 두신 것은 이천(伊川)[1330]에 있으셨다. 일찍이 다음과 같은 시를 지으셨다. "용문산(龍門山)[1331] 남악(南嶽)은 이천(伊川)의 언덕을 감싸, 풀과 나무, 사람과 안개가 눈에 어른거린다. 바로 북주(北州)에서는 배와 대추 익을 무렵인데, 꿈속에서 혼은 가을날의 고향 동산에 이르는구나." 내가 마음으로 이 시에 감동되어 이수(伊水)와 낙수(洛水) 사이에 물러나 있고자 하는 뜻을 지니게 되었다. 전에 금릉(金陵)을 다스릴 때,[1332] 용문산(龍門山)에서 교(喬) 거사(居士)의 고거(故居)를 얻었는데, [교(喬) 거사(居士)가] 천보(天寶)[1333] 말엽에 땅을 피해 멀리 떠나 있던 곳이다. 수양산(首陽山)의 작은 봉우리에 아직도 고사리가 남아 있고,[1334] 산양현(山陽縣)의 옛길에 대나무 숲이 남아 있다.[1335] 내가 이에 가시나무와 잡초를 제거하고 여우와 승냥이를 몰아낸 뒤에, 비로소 반고(班固)가 말한 은자의 집[반생지택(班生之宅)[1336]]을 세우니, 점차 응거(應璩)[1337]의 은거지를 이루어 간다. 또 강남(江南)의 진귀한 나무와 기이한 돌을 얻어 정원 가에 세우니, 평소에 마음먹었던 것이 여기에서 채워지게 되었다.

내가 일찍이 생각하기에, 벼슬하고 은거하는 것은 올바른 도를 얻는 것이 귀하고, 나아가고 물러가는 것은 때를 잃지 않는 것이 귀하니, 자고로 뛰어난 사람들도 유감을 남긴 경우가 많다. 현조(玄祖)[1338]는 주하사(柱下史)에 몸을 숨겼고,[1339] 유하혜(柳下惠)는 옥리(獄吏)로 있으면서 덕을 길렀으며, 한대(漢代)의 병만용(邴曼容)은 벼슬이 육백석(六百石)을 넘지 않아, 끝내 모욕이나 위태로움이 없었으니 따라갈 수 없다. 월(越)의 범려(範蠡)[1340]는 은둔의 도리로 문종(文鍾)을 격발시켰고, 유후(留侯)[1341]는 황로(黃老)에 의탁하여 세속을 떠났으니 또한 그 다음이다. 범저(範雎)[1342]는 채택(蔡澤)의 한 마디 말에 감동을 받아 초연히 멀리 떠났고, 등우(鄧禹)[1343]는 공신(功臣)들이 패망하는 경우가 많은 것을 보고 명예와 권세를 버리고 멀리하였으니, 또 그 다음이다. 하물며 나 같은 경우는 해바라기처럼 자신의 발을 지킬 만한 지혜도 없고,[1344] 기러기를 처분함에 울지 못하는 환난이 있으니,[1345] 비록 천석(泉石)에 대한 그리움이 있었으나 아득히 돌아갈 기약이 없었다. 이 숲과 거처를 남겨 후대에 전해 주노니, 평천(平

1330. 이천(伊川): 이수(伊水)로, 낙양(洛陽)의 동남쪽을 흐른다.
1331. 용문산(龍門山): 낙양(洛陽)의 동남쪽에 있는 산 이름이다.
1332. 이덕유가 절서관찰사(浙西觀察使), 진해군절도사(鎮海軍節度使)를 지낸 것을 가리킨다.
1333. 천보(天寶): 당(唐) 현종(玄宗)의 연호(742-756)이다.
1334. 상대(商代)에 고죽군(孤竹君)의 두 아들인 백이(伯夷)와 숙제(叔齊)가 수양산(首陽山)에서 고사리를 먹다가 죽은 고사를 가리킨다.
1335. 삼국(三國) 시기 위(魏)의 혜강(嵇康)이 산양현(山陽縣)에서 산도(山濤), 완적(阮籍) 등, 즉 죽림칠현(竹林七賢)과 교유하던 죽림(竹林)을 가리킨다.
1336. 반생지택(班生之宅): 후한(後漢) 반고(班固)가 지은 〈유통부(幽通賦)〉에, "終保己而貽則兮, 里上仁之所廬"라고 하였다.
1337. 응거(應璩): 삼국(三國)시대 위(魏)나라 사람으로, 낙수(洛水)의 물가에 집을 짓고 집 주변의 아름다운 경치를 시문으로 칭송하였다.
1338. 현조(玄祖): 노자(老子)를 가리킨다.
1339. 노자(老子)가 주(周) 왕실의 도서관리인인 주하사(柱下史)가 되었던 것을 가리킨다.
1340. 범려(範蠡): 춘추(春秋) 시기 월왕(越王) 구천(勾踐)의 모신(謀臣)으로 구천을 도와 오를 이기자 즉시 은거하여 몸을 온전히 하였다.
1341. 유후(留侯): 한(漢) 고조(高祖)의 모신(謀臣)인 장량(張良)의 봉호(封號)로, 자가 자방(子房)이다. 만년에 황로신선(黃老神仙)의 술법을 닦으며 은거하였다.
1342. 범저(範雎): 전국(戰國)시대에 진(秦)나라 재상을 역임하였다.
1343. 등우(鄧禹): 동한(東漢)시대 사람으로, 광무제(光武帝)와 가까웠다. 대사도(大司徒)를 역임하였는데 항상 관직과 명리(名利)를 떠나고자 하였다.

泉)을 파는 자는 나의 자손이 아니고 평천의 나무 한 그루 돌 하나를 남에게 주는 자는 좋은 자식이 아니다. 내가 죽은 뒤에 권세가에 빼기게 된다면 조상이 명한 것[나의 이 말]을 가지고 울면서 하소연하는 것이 나의 뜻이다. 《시경(詩經)》에 이르기를, "뽕나무와 가래나무도 반드시 공경한다"라고 하였으니,[1346] 아버지가 심은 것이기 때문임을 말한 것이다. 옛날에 주(周)나라 사람들이 소백(召伯)을 그리워하여 그가 쉬던 나무까지도 사랑하였고,[1347] 근대(近代)의 설령군(薛令君)[1348]은 중서성(中書省)에서 선친이 걸터앉았던 돌을 보면 반드시 줄줄 눈물을 흘리지 않는 적이 없었다고 하는데, 너희들이 본받지 않을 수 있겠는가. 오직 언덕이 골짜기가 되고, 골짜기가 구릉이 된 뒤에나 끝나야 될 것이다.

經始平泉, 追先志也. 吾隨侍先太師忠公, 在外十四年, 上會稽, 探禹穴, 歷楚澤, 祭巫山, 遊沅湘, 望衡嶠. 忠公每維舟清眺, 意有所感, 必悽然遐想, 屬在伊川. 嘗賦詩曰. 龍門南嶽盡伊原, 草樹人煙目所存. 正是北州梨棗熟, 夢魂秋日到郊園. 吾心感是詩, 有退居伊·洛之志. 前守金陵, 於龍門得喬居士故居, 天寶末, 避地遠遊. 首陽微岑, 尚有薇蕨, 山陽舊徑, 唯餘竹林. 吾乃廢荊莽, 驅狐狸, 始立班生之宅, 漸成應叟之地. 又得江南珍木奇石, 列於庭際, 平生素懷, 於此足矣. 吾嘗以爲出處者, 貴得其道, 進退者, 貴不失時, 古來賢達, 多有遺恨. 至於玄祖, 潛身於柱史, 柳惠, 養德於士師, 漢代邴曼容, 官不過六百石, 終無辱殆, 不可及矣. 越蠡激文牛以肥遁, 留侯托黃老以辭世, 亦其次焉. 範雎感蔡澤一言, 超然高謝, 鄧禹見功臣多敗, 委遠名勢, 又其次也. 矧如吾者, 於葵無衛足之智, 處雁有不鳴之患, 雖有泉石, 杳無歸期. 留此林居, 貽厥後代, 鬻平泉者, 非吾子孫也, 以平泉一樹一石與人者, 非佳子弟也. 吾百年之後, 爲權勢所奪, 則以先人所命, 泣而告之, 此吾志也. 詩曰, 維桑與梓, 必恭敬止. 言其父所植也. 昔周人之思召伯, 愛其所憩之樹, 近代薛令君於禁省中, 見先祖所據之石, 必泫然流涕, 汝曹可不慕之. 唯岸爲谷, 谷爲陵, 然後已焉, 可也.[1349]

절과 도관(道觀) 寺觀

• 《사물기원(事物紀原)》의 기록이다. 한(漢) 명제(明帝)[1350] 시절에 섭마등(攝摩騰)과 축법란(笁法蘭)이 처음으로 서역(西域)에서 백마(白馬)에 불경(佛經)을 싣고 왔다. 처음에 홍려시(鴻臚寺)에 머물었는데 마침내 이 '시(寺)'라는 이름을 취하여 백마사(白馬寺)를 창건하였다.

事物紀原. 漢明帝時, 攝摩騰·笁法蘭, 始自西域, 以白馬馱經來. 初止鴻臚寺, 遂取此寺名, 刱白馬寺.[1351]

1344. 《춘추좌전(春秋左傳)·성공(成公)·17년》에, "仲尼曰, 鮑莊子之知不如葵, 葵猶能衛其足"이라고 하여, 공자는 자신을 위태롭게 한 포장자(鮑莊子)가 해를 따르면서 자신의 발을 보호하는 해바라기만도 못하다고 하였다.
1345. 《장자(莊子)·산목(山木)》에, "夫子出於山, 舍於故人之家. 故人喜, 命豎子殺雁而烹之. 豎子請曰, 其一能鳴, 其一不能鳴, 請奚殺. 主人曰, 殺不能鳴者"라고 하여, 능력이 없어서 해를 당하는 예로 든 것이다.
1346. 《시경(詩經)·소아(小雅)·소반(小弁)》
1347. 《시경(詩經)·국풍(國風)·감당(甘棠)》 주에, "召伯, 循行南國, 以布文王之政, 或舍甘棠之下, 其後, 人思其德. 故愛其樹而不忍傷也"라고 하였다.
1348. 설령군(薛令君): 설원초(薛元超)이다. 《구당서(舊唐書)·설원초열전(薛元超列傳)》에, "中書省有一磐石, 初, 道衡爲內史侍郎, 嘗踞而草制, 元超每見此石, 未嘗不泫然流涕"라고 하여 아버지에 대한 그리움을 묘사하였다.
1349. 《고금사문유취속집(古今事文類聚續集)·거처부(居處部)》
1350. 명제(明帝): 후한(後漢) 제2대 황제로 재위 기간은 58-75년이다.

백마사(白馬寺) 천축국(天竺國)에 초리(招提)라는 절[가람(伽藍)]이 있는데, 이곳의 대부호가 자신의 재물을 탐하는 국왕을 싫어하였다. 장차 그것[절]을 훼손시키려 할 때에, 흰 말 한 마리가 탑을 돌면서 슬프게 울자 바로 훼손을 멈췄다. 이 후로 초리사(招提寺)라는 이름을 백마사(白馬寺)로 바꾸었다.

天竺國, 有伽藍名招提, 其處大富, 有惡國王利其財. 將毁之, 有一白馬, 繞塔悲鳴, 卽停毁. 自後, 改招提爲白馬.1352

설두사(雪竇寺) 봉화현(奉化縣) 서북쪽의 설두산(雪竇山) 안에 절이 있다. 당대(唐代)에 세워졌고 송(宋) 순우(淳祐)1353 연간에, '응몽명산(應夢名山)'이라는 큰 글자의 어서(禦書) 네 자가 내려졌다.

奉化縣西北, 雪竇山中, 有寺. 唐時建, 宋淳祐中, 賜禦書應夢名山四大字.1354

진공사(眞空寺) 태주부(台州府) 서남쪽에 있다. 송(宋) 이보(李輔)1355의 다음과 같은 시가 있다. "푸른 산의 구름을 거두어 가니, 산도 좋고 구름 또한 좋구나. 부러운 산 아래 승려여, 구름을 보느라 늙는 줄도 모르네."1356

在台州府西南. 宋李輔詩. 括蒼山上雲, 山好雲亦好. 可憐山下僧, 看雲不知老.1357

금산사(金山寺) 윤주(潤州) 금산(金山) 위에 있다. 당대(唐代)에 어떤 승려가 일을 마치고 절을 건립하였는데, 어느 날 갑자기 강가에서 금 몇 일(鎰)을 얻었다. 글을 올려 황제에게 아뢰니, 금산사(金山寺)라는 이름을 하사하였다. 또 호광(湖廣) 무창부(武昌府) 흥국주(興國州)의 북쪽에 은산사(銀山寺)가 있는데, 소식(蘇軾)이 이중람(李仲覽)1358과 함께 이곳에 들렀다가 '철벽(鐵壁)'이라는 두 글자를 썼는데 세속에 전해지기를 '은산철벽(銀山鐵壁)'이라고 하였다.

在潤州金山上. 唐有頭佗, 斷手以建伽藍, 忽一日, 江邊獲金數鎰. 表聞, 因賜名金山寺. 又湖廣武昌府興國州北, 有銀山寺, 蘇軾與李仲覽, 過此, 書鐵壁二字, 世傳以爲銀山鐵壁.1359

철탑사(鐵塔寺) 절이 응천부(應天府) 서북쪽 언덕 위에 있다. 유송(劉宋) 시기에 세워졌는데, 전면에 두 개의 철탑(鐵塔)이 있어 이름이 지어진 것이다. 또 양주성(楊州城)의 안에 석탑사(石塔寺)가 있는데, 옛 이름은 목란원(木蘭院)으로, 당왕(唐王) 이파(李播)1360가 시를 지은 곳이다. 송대(宋代)에 석탑사(石塔寺)로 바꾸었다.

寺在應天府西北岡上. 劉宋時建, 前有二鐵塔, 因名. 又楊州城內, 有石塔寺, 舊名木蘭院, 卽唐王播題詩處. 宋改曰石塔寺.1361

학림사(鶴林寺) 윤주(潤州) 황학산(黃鶴山) 위에 있는데, 옛 이름은 죽림사(竹林寺)이다. 유송(劉宋) 고조(高祖)가 한미했을 때에 항상 홀로 강당(講堂)에 누워 있었는데, 위에 오색(五色)의 용 무늬가 있

1351. 《산당사고(山堂肆考) · 궁실(宮室)》
1352. 《산당사고(山堂肆考) · 궁실(宮室)》[《천중기(天中記) · 부도명의(浮圖名義)》에, "昔外國王, 欲滅佛法, 宣令毁壞塔寺, 次招提寺. 忽有一白馬, 從西方來, 繞塔悲鳴, 騰躍空中, 或復下地. 一日一夜, 鳴聲不絶, 以事啓王, 王卽勅停, 已毁之塔, 並更修復. 由此, 白馬大法更興, 因改招提以爲白馬. 故諸寺之號, 亦取是名焉"이라고 하였다.]
1353. 순우(淳祐): 남송(南宋) 이종(理宗)의 연호(1241-1256)이다.
1354. 《산당사고(山堂肆考) · 궁실(宮室)》
1355. 이보(李輔): 내력이 자세하지 않다.
1356. 시제(詩題)는 〈제진공각(題真空閣)〉이다.
1357. 《산당사고(山堂肆考) · 궁실(宮室)》
1358. 이중람(李仲覽): 내력이 자세하지 않다.
1359. 《산당사고(山堂肆考) · 궁실(宮室)》의 내용을 재구성한 것이다.
1360. 이파(李播): 내력이 자세하지 않다.
1361. 《산당사고(山堂肆考) · 궁실(宮室)》

었다. 등극하게 되자 지금의 이름으로 바꾸었다. 이섭(李涉)[1362]의 〈제사중승실(題寺中僧室)〉이라는 시가 있다.[1363] "종일토록 취해 자느라 정신이 흐릿하더니, 홀연 봄이 간다 소리를 듣고 억지로 산에 올랐네. 죽원에 들러 스님을 만나 이야기하다 보니, 그런대로 뜬 인생에서 한나절의 한가로움을 얻었네."

在潤州黃鶴山上, 舊名竹林寺. 劉宋高祖, 微時, 常獨臥講堂, 上有五色龍章. 及登極, 改今名. 李涉題寺中僧室詩. 終日昏昏醉夢間, 忽聞春盡強登山. 因過竹院逢僧話, 偸得浮生半日閑.[1364]

낙성사(落星寺) 황산곡(黃山穀)의 다음과 같은 시가 있다. "별이 떨어진 곳에 땅을 파고 깊이 집을 지으니, 용도각(龍圖閣)[1365]의 노인이 와서 시를 짓는다. 가는 비가 산을 덮은 중에 객은 오래도록 앉아 있는데, 긴 강은 하늘과 닿아 있고 돛배는 느리다. 한가히 쉬는 방은 맑고 향기로워 세상과 떨어져 있고, 도화(圖畵)는 뛰어난데 아는 사람이 없다. 벌집 같은 방들은 각각 창문이 열려 있고, 곳곳에 차 끓이는 것은 등나무 가지로다."[1366] 살피건대 남강부(南康府) 팽려호(彭蠡湖) 서북쪽에 낙성호(落星湖)가 있고, 호수 안에 작은 산이 있다. 전해지는 말에, 별이 물에 떨어져서 변한 것이라고 한다.[1367] 또 진(陳) 왕승변(王僧辯)[1368]이 낙성만(落星彎)에서 후경(侯景)[1369]을 격파하였다고 하고, 송대(宋代)에 이르러 맹태후(孟太后)가 낙성사에 들렀는데 배가 뒤집혀 익사한 궁인(宮人)이 수십 명이었지만 오직 태후(太后)의 배만이 잘못이 없었다고 하는데, 모두 이곳이다.

黃山穀詩. 落星開土深結屋, 龍閣老翁來賦詩. 小雨藏山客坐久, 長江接天帆到遲. 宴寢淸香與世隔, 畫圖妙絶無人知. 蜂房各自開戶牖, 處處煮茶藤一枝. 按南康府彭蠡湖西北, 有落星湖, 湖有小山. 相傳, 星墜水所化. 又陳王僧辯, 破侯景於落星彎. 及宋孟太后, 過落星寺, 舟覆, 宮人溺死者, 十數, 惟太后舟, 無虞, 皆此處也.[1370]

장간사(長干寺) 금릉(金陵) 취보문(聚寶門) 밖에 있다. 오(吳) 적오(赤烏)[1371] 연간에 강거국(康居國)[1372]의 이승(異僧)이 제자들을 이끌고 장간리(長干里)에 이르러 띠집을 짓고 도를 닦았는데, 여래(如來)의 사리(舍利)를 가져올 수 있었다. 손권(孫權)이 탑을 세워 주고 받들었으며 절의 이름을 건초사(建初寺)라 하였는데, 이것이 실로 강남(江南)의 탑사(塔寺)의 기원이다. 양대(梁代)에 장간사(長干寺)라 이름을 붙였고, 송대(宋代)에는 이름을 천희사(天禧寺)로 바꾸었다. 명조(明朝) 영락(永樂)[1373] 초엽에 옛것을 철거하고 확충하여 대보은사(大報恩寺)라는 이

1362. 이섭(李涉): 당(唐) 낙양(洛陽) 출신으로 태학박사(太學博士)를 역임하였다.

1363. 원래의 시제(詩題)는 〈제학림사승실(題鶴林寺僧室)〉이다.

1364. 《산당사고(山堂肆考) · 궁실(宮室)》

1365. 용도각(龍圖閣): 송대(宋代) 관각(官閣)의 이름으로, 태종(太宗)의 어서(禦書), 전적(典籍), 도화(圖畵) 등을 보관하였고 담당 관원(官員)을 두었다.

1366. 시제(詩題)는 〈제낙성사(題落星寺)〉 사수(四首)이고 인용된 시는 제3수이다.

1367. 송(宋) 구양민(歐陽忞), 《여지광기(輿地廣記) · 강남동로(江南東路)》에는, "有廬山彭蠡湖洛星石, 昔有星墜, 水化爲石"으로 되어 있다.

1368. 왕승변(王僧辯: ?-555): 남조(南朝) 양(梁) 태원(太原) 출신으로 자가 군재(君才)이다. 후경지란(侯景之亂)을 토벌한 공으로 태위(太尉), 거기대장군(車騎大將軍) 등을 역임하였다.

1369. 후경(侯景: 503-552): 북조(北朝) 북위(北魏) 회삭(懷朔) 출신으로 자가 만경(萬景)이다. 이른바 후경지란을 일으켜 양(梁) 간문제(簡文帝)를 폐위하고 자립하여 한(漢)을 세웠다.

1370. 《산당사고(山堂肆考) · 궁실(宮室)》

1371. 적오(赤烏): 오(吳) 대제(大帝)의 연호(238-250)이다.

1372. 강거국(康居國): 한위(漢魏)시기 서역(西域)에 있던 나라 이름으로 당대(唐代)에는 강국(康國)이라고 하였다.

1373. 영락(永樂): 명(明) 성조(成祖)의 연호(1403-1424)이다.

름을 하사하였다. 살피건대 취보문(聚寶門) 밖에 대장간(大長干), 소장간(小長干)이라는 지명이 있는데, 절은 그 중간에 있다. 강동(江東) 사람들은 산 언덕 사이를 간(干)이라 한다.

在金陵聚寶門外. 吳赤烏間, 有康居國異僧, 領徒至長干里, 結茅行道, 能致如來舍利. 孫權爲建塔奉焉, 名寺曰建初, 實江南塔寺之始. 梁名長干寺, 宋改名天禧. 明朝永樂初, 徹其舊而斥大之, 賜名大報恩寺. 按聚寶門外, 地名有大長干·小長干, 寺在其中也. 江東人, 謂山隴之間曰干.[1374]

대과사(大果寺) 남강부(南康府) 건창현(建昌縣) 치소(治所) 동쪽에 있다. 당(唐) 대력(大曆)[1375] 연간에 세워졌다. 절에 배나무가 있는데 크기가 말[두(斗)]만 하여 붙여진 이름이다.

在南康府建昌縣治東. 唐大曆間建, 因寺有梨樹, 大如斗, 故名.[1376]

상부사(祥符寺) 남강현(南康縣) 치소(治所) 동북쪽에 있다. 송대(宋代)에 세웠는데, 고을 사람인 종복(鍾福)[1377]이 여기에서 학업을 닦으면서, 직접 작은 소나무를 심었다. 어느 날 밤에 꿈을 꾸었는데, 붉은 옷에 검은 관을 쓴 사람이 말하기를, "소나무 둘레가 세 자가 될 때, 그대는 과거에 합격할 것이다"라고 하였다. 뒤에 30이 되어 처음으로 과거에 합격하고, 남쪽으로 돌아와 소나무를 보니 과연 꿈꾼 내용과 같았다.

在南康縣治東北. 宋時建, 邑人鍾福, 肄業於此, 手植小松. 一夕夢, 朱衣玄冠者, 告曰, 松圍三尺, 子當策名. 後三十始登科, 南歸視松, 果如所夢.[1378]

상궁사(湘宮寺) 유송(劉宋) 우원(虞願)[1379]이 산기상시(散騎常侍)일 때, 명제(明帝)[1380]가 상궁사(湘宮寺)를 세웠는데 많은 돈을 들여 지극히 화려하였다. 또 장엄(莊嚴)한 탑을 세우는데 10층(層)을 세울 수 없자 나누어 두 개의 탑을 각각 5층으로 세웠다. 황제가 말하기를, "그대는 상궁사(湘宮寺)에 가보셨는가? 내가 이 절을 세운 것은 큰 공덕(功德)이오"라고 하자 우원이 말하기를, "폐하께서 이 절을 세운 것은 모두 백성들이 자식을 팔고 아내를 맡긴 돈으로 지은 것이니, 부처가 만약 지각이 있다면 마땅히 슬퍼하고 안타까워하여 죄가 탑보다도 높을 텐데 무슨 공덕이 있겠습니까"라고 하였다. 황제가 화가 나서 사람들을 시켜 궁전에서 끌어내게 하였다.

劉宋虞願, 爲散騎常侍, 明帝起湘宮寺, 費極奢侈. 又起莊嚴刹, 十層不可立, 分爲兩刹, 各五層. 帝曰, 卿至湘宮寺未. 我起此寺, 是大功德. 願曰, 陛下起此寺, 皆是百姓賣兒貼婦錢所爲, 佛若有知, 當慈悲哀湣, 罪高浮圖, 何功德之有. 帝怒, 使人驅曳下殿.[1381]

계주사(戒珠寺) 월주(越州) 계주사(戒珠寺)는 바로 왕희지(王羲之)의 집이다. 세연지(洗硯池)가 있는데, 물이 항상 검은색이다.

越州戒珠寺, 卽王羲之宅也. 有洗硯池, 水常黑色.[1382]

예천사(醴泉寺) 절이 추평현(鄒平縣) 횡당산(黌堂山) 아래에 있다. 송(宋) 범중엄(範仲淹)이 (이 절에

1374. 《산당사고(山堂肆考)·궁실(宮室)》
1375. 대력(大曆): 당(唐) 대종(代宗)의 연호(766-779)이다.
1376. 《산당사고(山堂肆考)·궁실(宮室)》
1377. 종복(鍾福): 내력이 자세하지 않다.
1378. 《강서통지(江西通志)·잡기(雜記)》에는, "宋大中祥符間, 南康士鍾福, 肄業於祥符禪寺. 嘗手植一小松. 偶夜夢朱衣元冠, 告曰, 松圍三尺, 子當策名. 寤而惡之, 累擧不第. 垂三十年登科, 南歸視松, 一如所夢, 松高百餘尺"으로 되어 있다.
1379. 우원(虞願: 426-479): 남조(南朝) 송(宋) 회계(會稽) 출신으로 자가 사공(士恭)이다. 산기상시(散騎常侍), 정위(廷尉) 등을 역임하였다.
1380. 명제(明帝): 남조(南朝) 송(宋) 제7대 황제로 재위 기간은 465-472년이다.
1381. 《자치통감(資治通鑑)·송기(宋紀)·태종명황제하(太宗明皇帝下)》
1382. 《산당사고(山堂肆考)·궁실(宮室)》

서) 공부할 때에, 일찍이 움 속에 은(銀)이 담겨 있는 것을 보았지만 취하지 않았다. 후에 승려가 절을 수리할 자금을 구하자 공이 은을 꺼내 필요에 공급하도록 하였다.

寺在鄒平縣釁堂山下. 宋範仲淹, 讀書時, 嘗見窖銀覆之, 不取. 後僧求修寺資, 公使發銀, 適周於用.[1383]

한산사(寒山寺) 소주성(蘇州城) 서쪽 10리 풍교(楓橋)의 옆에 있다. 당(唐) 장계(張繼)[1384]의 〈풍교야박(楓橋夜泊)〉이라는 시가 있다.[1385] 또 무창(武昌)에 한계사(寒溪寺)가 있다. 전에 도간(陶侃)이 광주자사(廣州刺史)일 때에 물고기를 잡는 자가 바다에서 금(金)으로 된 문수상(文殊像)을 건졌는데 아육왕(阿育王)[1386]이 만든 것으로, 도간이 무창(武昌)의 한계사(寒溪寺)에 보냈다. 도간이 강주(江州)를 다스리게 되어 불상을 맞이하여 강주로 가져오게 하였는데, 열 사람의 힘을 합해도 움직일 수 없었고 배를 나란히 하여 실었으나 배가 번번이 가라앉자 결국 그만두었다. 그 뒤에 동림사(東林寺)가 이루어지고 혜원(慧遠)[1387]이 조용히 부르니 문수상이 선뜻 스스로 이르렀고, 혜원이 전각을 세워 모셨다.

在蘇州城西十里, 楓橋之傍. 唐張繼, 有楓橋夜泊詩. 又武昌, 有寒溪寺. 初陶侃刺廣州, 有漁者, 得金文殊像於海上, 乃阿育王所造也, 侃送諸武昌寒溪寺. 及侃督江州, 使迎像來江州, 積十力, 不能動, 比入舟, 舟輒沒, 遂巳. 其後, 東林寺成, 慧遠默籲之, 像泠然自至, 慧遠爲建閣, 以事之.[1388]

고산사(鼓山寺) 송(宋) 조여우(趙汝愚)[1389]의 다음과 같은 시가 있다. "여러 해 분주하다 보니 속세에 싫증났더니, 오늘 올라 보니 정말로 상쾌하구나. 강의 달은 흐르는 물을 따라가지 않는데, 하늘에서 부는 바람은 항상 바다 물결을 보내오네." 주문공(朱文公)이 이 시 가운데 '천풍해도(天風海濤)'라는 글자를 따서 편액을 썼고, 엄차산(嚴次山)[1390]의 〈수룡음(水龍吟)〉이 있어 벽에 썼다.

宋趙汝愚詩. 幾年奔走厭塵埃, 此日登臨亦快哉. 江月不隨流水去, 天風常送海濤來. 朱文公, 摘詩中天風海濤字, 題扁, 嚴次山有水龍吟, 題於壁.[1391]

안국사(安國寺) 당(唐) 헌종(憲宗)[1392] 원화(元和)[1393] 연간에 토돌승최(吐突承璀)[1394]가 공덕사(功德使)[1395]들을 인솔하여 안국사(安國寺)를 성대하게 수리하고 성덕비(聖德碑)를 세울 것을 아뢰었다. 먼저 누각을 세우고 학사(學士)들에게 글을 지을

1383. 《산당사고(山堂肆考) · 궁실(宮室)》

1384. 장계(張繼: ?-약 779): 당(唐) 양양(襄陽) 출신의 시인으로 자가 의손(懿孫)이다. 그의 시는 조탁하지 않아 풍격이 자연스럽다.

1385. 《산당사고(山堂肆考) · 궁실(宮室)》에 장계(張繼)의 〈풍교야박(楓橋夜泊)〉과 송(宋) 손적(孫覿)의 시를 다음과 같이 싣고 있다. "月落烏啼霜滿天, 江楓漁火對愁眠. 姑蘇城外寒山寺, 夜半鐘聲到客船. 又宋孫覿詩. 白首重來一夢中, 青山不改舊時容. 烏啼月落橋邊寺, 欹枕猶聞半夜鐘."

1386. 아육왕(阿育王): 불멸(佛滅) 후 100년에 마갈타국을 다스렸던 왕으로, 왕위에 오르기 위해 형제들을 죽였는데 후에 이를 참회하여 8만 4,000개의 탑을 세웠다고 한다.

1387. 혜원(慧遠: 334-416): 동진(東晉)의 승려로 속성(俗姓)이 가(賈)이다. 스승 도안(道安)에게서 반야학(般若學)을 공부하였고 여산(廬山)에서 수도하면서 정토종(淨土宗)을 열었다.

1388. 《산당사고(山堂肆考) · 궁실(宮室)》

1389. 조여우(趙汝愚: 1140-1196): 송(宋) 종실(宗室)로 자가 자직(子直)이다. 이부상서(吏部尙書), 지추밀원사(知樞密院事)를 역임하였다.

1390. 엄차산(嚴次山): 송(宋) 소무(邵武) 출신인 엄인(嚴仁)으로 차산(次山)은 그의 자이다. 사작(詞作)에 뛰어났다.

1391. 《산당사고(山堂肆考) · 궁실(宮室)》

1392. 헌종(憲宗): 당(唐) 제13대 황제로 재위 기간은 806-820년이다.

1393. 원화(元和): 당(唐) 헌종(憲宗)의 연호(806-820)이다.

1394. 토돌승최(吐突承璀: ?-820): 당(唐) 민(閔) 출신으로 토돌(吐突)은 복성이고 자가 인정(仁貞)이다.

1395. 공덕사(功德使): 승려(僧侶), 도사(道士), 여관(女官) 등을 관리하던 관직명이다.

것을 청하면서, 만 민(緡)의 돈을 보수로 주려고 하였다. 황제가 이강(李絳)[1396]에게 짓도록 하니 이강이 말하기를, "요(堯), 순(舜), 우(禹), 탕(湯)이 일찍이 비를 세워 스스로 성덕(聖德)을 말하지 않았습니다. 오직 진시황(秦始皇)만이 돌에 새겨 높이 자신을 칭송하였습니다. 폐하께서는 무엇을 본받으시고자 하는지 모르겠습니다. 또 절을 수리한 아름다움을 서술하는 것이 어찌 성덕을 빛내는 것이 되겠습니까"라고 하였다. 황제가 비각을 끌어서 넘어뜨리라고 하니 토돌승최가 비각이 커서 끌어내릴 수가 없다고 하였다. 황제가 언성을 높여 말하기를, "소를 많이 써서 끌어 내려라"라고 하였다. 토돌승최가 감히 말하지 못하고 소 100마리를 써서 끌어내려 마침내 무너뜨렸다.

唐憲宗元和中, 吐突承璀領功德使, 盛修安國寺, 奏立聖德碑. 先搆樓, 請學士撰文, 欲以萬緡酬之. 上命李絳爲之, 絳言, 堯舜禹湯, 未嘗立碑, 自言聖德. 惟秦始皇刻石, 高自稱述. 未審陛下欲何所法. 且敍修寺之美, 豈所以光聖德耶. 上命曳倒碑樓, 承璀言, 樓大不可曳. 上厲聲曰, 多用牛, 曳之. 承璀不敢言, 乃用百牛曳之, 遂倒.[1397]

오진사(悟眞寺)　남전(藍田) 옥윤산(玉潤山)에 오진사(悟眞寺)가 있다. 고승(高僧)이 여기에서 열반경(涅槃經)을 쓰니 뭇 비둘기들이 공중에서 날아와 물을 물어다 연적을 채웠다.

藍田玉潤山, 有悟眞寺. 高僧於此寫涅槃經, 群鴿自空中飛來, 銜水添硯.[1398]

국청사(國淸寺)　절은 태주부(台州府) 대태현(大台縣) 북쪽 10리에 있다. 옛 이름은 천태사(天台寺)인데 뒤에 국청사(國淸寺)라고 이름을 붙였다. 수(隋) 양제(煬帝)가 지의선사(智顗禪師)[1399]를 위하여 세웠다. 당(唐) 승려 일행선사(一行禪師)[1400]가 일찍이 이곳에서 산학(算學)을 공부하였다. 두순학(杜荀鶴)[1401]의 다음과 같은 시가 있다. "한 번 천태사(天台寺)에 이르니, 높고 낮은 곳에 따라 경치가 새롭다. 스님과 함께 바위 위에 앉으니, 여행객들이 바닷가를 거니는 것이 보인다. 들의 모습은 사람들 밭 갈기 끝냈고, 산자락에서는 파도치는 소리가 울리네. 바쁜 와중에 한가로운 곳에 오르니, 나도 모르게 한가로운 정취가 생기네."[1402]

송(宋) 안수(晏殊)의 《유요(類要)》의 기록이다. 제주(齊州)의 영암사(靈巖寺), 형주(荊州)의 옥천사(玉泉寺), 윤주(潤州)의 누하사(樓霞寺), 태주(台州)의 국청사(國淸寺)를 세상에서 사절(四絶)이라 일컫는다. 또 용마사(龍馬寺)가 평량부(平涼府) 경주(涇州) 장무진(長武鎭)에 있다. 송(宋) 태조(太祖)가 한미했을 때 이 절의 수엄(守嚴)이라는 승려를 만났는데, 태조의 골상(骨相)을 특이하게 여겨 몰래 화공(畫工)으로 하여금 절의 벽에 그려 놓도록 하였다.

寺在台州府大台縣北十里. 舊名天台, 後名國淸. 隋煬帝, 爲智顗禪師建. 唐僧一行禪師, 嘗於此學算. 杜荀鶴詩. 一到天台寺, 高低景旋生. 共僧巖上坐, 見客海

1396. 이강(李絳): 당(唐) 찬황(贊皇) 출신으로 자가 심지(深之)이다. 중서시랑(中書侍郞), 동중서문하평장사(同中書門下平章事) 등을 역임하였다.

1397. 《자치통감(資治通鑑)·당기(唐紀)·헌종소문장무대성지신효황제상지상(憲宗昭文章武大聖至神孝皇帝上之上)》

1398. 《산당사고(山堂肆考)·궁실(宮室)》

1399. 지의선사(智顗禪師: 538-597): 수(隋)의 승려로 영주(潁州) 출신이다. 자가 덕안(德安)이고 속성(俗姓)은 진(陳)이다. 천태산(天台山)에서 수도하면서 천태종(天台宗)을 창시하였고, 《법화현의(法華玄義)》 등을 저술하였다.

1400. 일행선사(一行禪師: 673, 혹 683-727): 당(唐)의 승려로 위주(魏州) 출신이며 속성(俗姓)은 장(張)이다. 역법(曆法)과 음양오행(陰陽五行)에 밝아, 《대연력(大衍曆)》, 《칠정장력(七政長曆)》 등을 저술하였다.

1401. 두순학(杜荀鶴: 846-904, 혹 907): 당(唐) 지주(池州) 출신으로 자가 언지(彦之)이다. 한림학사(翰林學士), 지제고(知制誥) 등을 역임하였다.

1402. 시제(詩題)는 〈등천태사(登天台寺)〉이다.

邊行. 野色人耕破, 山根浪打驚.[1403] 忙時向閑處, 不覺有閑情. 宋晏殊類要, 齊州靈巖·荊州玉泉·潤州棲霞·台州國淸, 世稱四絶. 又龍馬寺, 在平涼府涇州長武鎭. 宋太祖微時, 嘗遇此寺僧守嚴者, 異其骨, 陰使畫工圖於寺壁.[1404]

안당(雁堂) 《석씨요람(釋氏要覽)》[1405]의 기록이다. 비사리(毗舍離)[1406]국에서 큰 숲에 부처를 위하여 집을 지었다. 모양이 안(雁)자와 같은데, 일체가 다 갖추어져 있어 안당(雁堂)이라 이름을 붙였다. 또 《서역기(西域記)》[1407]의 기록이다. 옛날에 어떤 비구승(比丘僧)이, 무리 지은 기러기들이 날아가는데 갑자기 한 마리의 기러기가 떨어져서 죽는 것을 보았다. 많은 사람들이 말하기를, "이 기러기는 경계(警戒)를 내려주는 것이다. 마땅히 그 덕을 드러내야 한다"라고 하였다. 이에 기러기를 묻고 탑을 세우고 안탑(雁塔)이라 이름을 붙였다.

釋氏要覽. 毗舍離, 於大林, 爲佛作堂. 形如雁字, 一切具足, 因名雁堂. 又西域記. 昔有比丘, 見群雁飛翔, 忽有一雁, 投下自殞. 衆曰, 此雁垂戒, 宜旌彼德. 於是, 瘗雁建塔, 遂名雁塔.[1408]

용정사(龍井寺) 국일대사(國一大師)[1409]가 사냥꾼의 인도로 경산(徑山)[1410]의 중첩된 산 서쪽에서 위봉(危峯)의 북쪽에 이르렀는데, 흰 옷을 입은 노인이 앞으로 나와 절하고 대사를 청하여 산 정상에 올랐다. 오봉(五峯)의 사이로 들어가더니 말하기를, "바라건대 (저는) 이곳을 떠나 대사께서 머물 곳으로 하겠습니다"라 하고는 큰 연못을 가리키면서 대사에게 이르기를, "우리 집은 이 연못을 없애면 장차 물이 마를 것입니다. 샘을 하나 남겨 놓아 헐어버리지 않으시면 감사하겠습니다. 저는 앞으로 가끔 와서 대사를 보호해 드리겠습니다"라고 하였다. 말이 끝나자마자 구름과 안개가 끼면서 어두워지더니 비바람이 갑자기 일었다. 다음날 아침 날이 개었는데 연못의 물은 모두 말랐지만 오직 하나의 샘만이 남아 있었다. 그것을 용정(龍井)이라 일컫는다.

國一大師, 因獵者導, 自徑山重岡之西, 至於危峯之北, 有素衣老人, 前而致拜, 請師登山絶頂. 入五峯之間曰, 願捨此地, 爲師立錫之所. 因指大湫, 謂師曰, 吾家若去此湫, 當涸, 留一水穴, 幸勿墟之. 我將時至而衛師. 言訖, 雲霧晦冥, 風雨驟作. 及明旣霽, 湫水盡涸, 惟一穴尙存, 謂之龍井.[1411]

도림사(道林寺) 당(唐) 위섬(韋蟾)[1412]의 다음과

1403. '驚'은, 《어정전당시(禦定全唐詩)》 권691에는 '鳴'으로 되어 있다.

1404. 《산당사고(山堂肆考)·궁실(宮室)》

1405. 《석씨요람(釋氏要覽)》: 내력이 자세하지 않다.

1406. 비사리(毗舍離): 광엄성(廣嚴城)이라 번역되는, 중인도에 있던 나라 이름이다. 부처가 유마힐(維摩詰), 장자자(長者子) 등을 이곳에서 교화하였다.

1407. 《서역기(西域記)》: 《대당서역기(大唐西域記)》의 약칭으로, 당승(唐僧) 현장(玄奘)이 629년에서 645년까지 인도에 다녀온 내용을 기록한 여행기이다.

1408. 《산당사고(山堂肆考)·궁실(宮室)》

1409. 국일대사(國一大師): 당대(唐代)의 승려 법흠(法欽)으로, 속성은 주씨(朱氏)이다. 대종(代宗)이 국일(國一)이라는 호를 내렸다.

1410. 경산(徑山): 절강성(浙江省) 여항현(餘杭縣) 서북쪽에 있는 산이름으로, 기슭에 임제종(臨濟宗)의 도량인 능인흥성만수사(能仁興聖萬壽寺)가 있다.

1411. 《어선당송시순(禦選唐宋詩醇)》 권33에, "徑山山門事狀曰, 徑山, 乃天目東北峰也. 中有徑路, 以通天目. 故謂之徑山. 有大師諱法欽, 吳郡崑山人. 初隱此山, 有素衣老人, 前致拜曰, 我, 龍也. 自師到此, 吾屬五百, 皆不安息. 我將挈歸天目, 願捨此地, 爲師立錫之所, 師許之. 乃請師登山絶頂, 入五峰之閒, 中有大湫. 指謂師曰, 吾家若去此湫, 當漲, 留一穴水, 愼勿堙之. 我將時至, 衛師焉. 今此一穴尙存, 謂之龍井"으로 되어 있다.

1412. 위섬(韋蟾): 당(唐) 경조(京兆) 출신으로 자가 은규(隱珪)이다. 어사중승(禦史中丞), 형부시랑(刑部侍郞), 상서좌승(尙書左丞) 등을 역임하였다.

같은 시가 있다. "돌문은 멀리 창오(蒼梧)[1413]의 들에 접해 있고, 가을 색은 쓸쓸하게 이비(二妃)[1414]의 외로움을 더하네. 넓은 불전은 수많은 산골 사이에 우뚝하고, 긴 낭하는 1,000개의 바위 아래 구불구불하네. 조용히 들으니 숲속을 나는 새의 염불 소리요, 자세히 보니 벽의 글씨는 말이 지고 온 불경이로다. 따뜻한 해가 무지개 들보를 비스듬히 비추고, 촉촉한 안개는 원앙(鴛鴦) 기와를 덮었네."[1415]

唐韋蟾詩. 石門迥接蒼梧野, 愁色陰深二妃寡. 廣殿崔嵬萬壑間, 長廊詰曲千巖下. 靜聽林飛念佛鳥, 細看壁書馱經馬. 暖日斜明螮蝀梁, 濕煙散冪鴛鴦瓦.[1416]

총소관(叢霄觀) 《동현경(洞玄經)》에서 말하였다. 중황노군(中黃老君)[1417]이 말하기를, "그대는 이미 몸을 감추는 것을 알았으니 또한 장차 총소관(叢霄觀)에서 천지(天地)의 부모(父母)의 집과 오성십이루(五城十二樓)[1418]의 참된 비결을 알 것이다.

洞玄經曰. 中黃老君曰, 子旣知身藏, 又當知天地父母之家, 五城十二樓, 眞秘於叢霄之觀.[1419]

옥국관(玉局觀) 노군(老君)[1420]이 장도릉(張道陵)[1421]과 함께 성도(成都)에 이르러 설경(說經)하던 곳이다. 다리가 굽은 옥상(玉床)이 땅에서 솟아나와 관(觀)의 이름을 붙인 것이다.

老君與張道陵, 至成都, 說經處. 局腳玉床, 自地而出, 故以名觀.[1422]

승진관(昇眞觀) 무이산(武夷山)의 제16(第十六) 승정원화동천(昇貞元化洞天)이다. 옛날에 무이군(武夷君)[1423]이라는 신선(神仙)이 이곳에 내려와 지선(地仙)들을 총괄하면서 이곳에 집을 지었다.

武夷山, 第十六昇貞元化洞天. 昔有神仙降此, 曰武夷君, 統錄地仙, 授館於此.[1424]

숭도관(崇道觀) 당(唐) 최상서비(崔尙書碑)의 기록이다. 천태산(天台山)은 높이가 1만 8,000장(丈)이고 둘레가 800리(里)이다. 그 산은 여덟 겹인데 네 면이 한결같다. 중간에 금정궁(金庭宮)이라는 동천(洞天)이 있는데, 바로 왕자진(王子晉)[1425]이 수도하던 곳이다. 당대(唐代)에 연사(鍊師)[1426] 사마승정(司馬承禎)[1427]이 거주하여 숭도관(崇道觀)이라고 이름을 하사하였다.

唐崔尙書碑. 天台山, 高一萬八千丈, 周回八百里. 其山八重, 四面如一. 中有洞天, 號金庭宮, 卽王子晉修

1413. 창오(蒼梧): 순(舜)임금이 죽었다는 산의 이름이다.
1414. 이비(二妃): 순(舜)임금의 두 왕비인 아황(娥皇)과 여영(女英)을 가리킨다. 죽어서 상수(湘水)의 신(神)이 되었다고 한다.
1415. 시제(詩題)는 〈악록도림사(嶽麓道林寺)〉이다.
1416. 《산당사고(山堂肆考)·궁실(宮室)》
1417. 중황노군(中黃老君): 내력이 자세하지 않다.
1418. 오성십이루(五城十二樓): 고대(古代)의 신화(神話)나 전설(傳說)에 등장하는, 신선이 사는 곳이다. 나아가 선계(仙界)를 일컫는다.
1419. 명(明) 서원태(徐元太)《유림(喩林)·학업문(學業門)》
1420. 노군(老君): 노자(老子)를 가리키는 말로 태상노군(太上老君)의 간칭(簡稱)이다.
1421. 장도릉(張道陵: ?-156): 본명이 장릉(張陵)으로 사천(四川) 곡명산(鵠鳴山)에서 도를 배워 오두미교(五鬥米敎)를 창시하였다.
1422. 《산당사고(山堂肆考)·도교(道敎)》의 내용을 재구성한 것이다.
1423. 무이군(武夷君): 고대(古代)의 전설(傳說)에 등장하는, 무이산(武夷山)의 신선이다.
1424. 《고금사문유취전집(古今事文類聚前集)·선불부(仙佛部)》
1425. 왕자진(王子晉): 춘추(春秋)시대 주(周) 영왕(靈王)의 태자로 왕자교(王子喬)로도 불린다. 도사(道士) 부구생(浮丘生)과 숭산(嵩山)으로 들어가 수도하였고, 30년 후에 구씨산(緱氏山)에서 승천(昇天)하였다고 한다.
1426. 연사(鍊師): 도사(道士)를 높여 부르는 칭호이다.
1427. 사마승정(司馬承禎: 647-735): 당대(唐代) 도사(道士)로 자가 자미(子微)이고 법호가 도은(道隱)이다. 천태산(天台山)에 머물며 천태백운자(天台白雲子)라 자호(自號)하였다. 서법에 뛰어나 《노자(老子)》 석경(石經)을 썼다.

道之處. 唐時, 司馬鍊師承禎居焉, 賜名崇道觀.[1428]

현도관(玄都觀) 유우석(劉禹錫)이 둔전원외랑(屯田員外郎)으로 나가서 연주(連州)를 지키다가 낭주사마(朗州司馬)로 폄적되었다. 11년이 지나 도성으로 불려 돌아가는 길에 현도관(玄都觀)을 들렀다. 도사(道士)가 복숭아를 심었는데 노을과 같이 매우 무성함을 보고 〈희증간화제군자(戲贈看花諸君子)〉라는 시[1429]를 지었는데 다음과 같다. "자주색 밭두둑에 붉은 먼지가 얼굴을 스쳐오니, 꽃구경하고 돌아온다 말하지 않을 이 없겠네. 현도관(玄都觀) 안에 천 그루 복숭아는, 모두 내가 떠나간 뒤에 심은 것이리." 얼마 지나지 않아 다시 참소를 당해 외지로 나가 다스리게 되었다. 14년이 지나 다시 낭중(郎中)이 되어 다시 이 도관을 들르게 되었는데, 쓸어 버린 듯이 다시는 한 그루도 남아 있지 않았고, 단지 새삼 덩굴과 귀리만이 봄바람에 흔들릴 뿐이었다. 다시 〈현도관시(玄都觀詩)〉[1430]를 지었는데 다음과 같다. "백 무(畝)의 뜰이 반은 이끼이고, 복숭아꽃 깨끗이 사라진 곳에 푸성귀만 꽃피웠네. 복숭아를 심었던 도사(道士)는 어디로 가고, 전번의 나만 이제 다시 왔는가."

劉禹錫, 以屯田員外郎, 出牧連州, 貶朗州司馬. 居十一年, 召還京師, 過玄都觀. 見道士植桃, 甚盛若霞, 作戲贈看花諸君子詩. 紫陌紅塵拂面來, 無人不道看花迴. 玄都觀裏桃千樹, 盡是劉郎去後栽. 未幾又被讒出牧. 居十四年, 復入爲郎中, 重遊此觀, 蕩然無復一株, 惟兎葵燕麥, 動搖春風耳. 復作玄都觀詩. 百畝庭中半是苔, 桃花淨盡菜花開. 種桃道士歸何處, 前度劉郎今又來.[1431]

1428. 《산당사고(山堂肆考)·궁실(宮室)》

1429. 시제(詩題)는 〈자랑주지경희증간화제군자(自朗州至京戲贈看花諸君子)〉이다.

1430. 시제(詩題)는 〈재유현도관절구(再遊玄都觀絶句)〉이다.

1431. 《산당사고(山堂肆考)·궁실(宮室)》

【유원총보 권 08】

제왕문(帝王門)

제왕 帝王

• 제(帝)는 천자[혹은 하늘]에 대한 호(號)이다. 왕(王)은 사람에 대한 칭호이다. 황(皇)은 매우 빛난다는 것이다.《형덕고(刑德考)》

帝者, 天號也. 王者, 人稱也. 皇者, 煌煌也.〈刑德考〉[1]

• 황제는 그 뿌리를 얻은 것이고, 왕은 그 꽃을 얻은 것이며, 패자(霸者)는 그 붙은 가지를 얻은 것이다.《두위의(斗威儀)》[2]

帝者, 得其根荄. 王者, 得其英華. 霸者, 得其附枝.〈斗威儀〉[3]

• 바른 기(氣)는 황제가 되고, 사이에 있는 기(氣)는 신하가 되고, 빼어난 기(氣)는 사람이 되었다.《춘추연공(春秋演孔)》[4]

正氣爲帝, 間氣爲臣, 秀氣爲人.〈春秋演孔〉[5]

• '王'이란 가는 것[往]이다. 사람들이 옮겨 향하는 바이며, 사람들이 즐겨 귀의하는 바이다.《춘추고요(春秋考曜)》[6]

王者, 往也. 人所輸向, 人所樂歸.〈春秋考耀〉[7]

• 제왕(帝王)이란 호(號)이다. 호란 공(功)의 표지(標識)이다. 공을 표(表)하고 덕을 밝히는 바로써 신하를 호령하는 것이다.《백호통(白虎通)》[8]

帝王者, 號也. 號者, 功之表也. 所以表功明德, 號令臣下者也.〈白虎通〉

• '君'이란 무리[群] 지음이다. 천하의 만물을 무리 짓게 하고 그 해로운 것을 덜어 내는 자를 일러 군[君: 임금]이라 한다.《한시외전(韓詩外傳)》

君者, 群也. 群天下萬物而除其害者謂之君.〈韓詩外傳〉[9]

• 전일(專一)함을 밝히는 자는 황(皇)이고, 도(道)를 살펴 아는 자는 제(帝)이며, 덕(德)에 통달한 자는 왕(王)이고, 도모하면 얻고 싸우면 이기는 자는 패자(霸者)이다.《관자(管子)》

明一者皇, 察道者帝, 通德者王, 謀得兵勝者霸.〈管子〉[10]

• 영명한 임금이 그 신하를 제어하는 데는 두 가지 권병(權柄)이 있을 뿐이다. 이 두 가지는 형(刑)과 덕(德)이다. 살육하는 것을 형이라 하고, 포상하는 것을 덕이라 한다.《한비자(韓非子)》

明王制其臣下者, 二柄而已矣. 二者, 刑德也. 殺戮之謂刑[11], 慶賞之謂德.〈韓子〉[12]

• 동중서(董仲舒)가 말하였다. 옛사람 가운데 문자를 만든 자가 세 획을 두고 그 가운데를 연결한 것을 '王'자(字)라고 하였다. 세 획은 천지인(天地人)이며, 가운데를 연결한 것은 그 도(道)에 통달한다는 것이다.

董子曰. 古之人造文字者, 三畫而連其中謂之王. 三畫, 天地人也, 連中者, 通其道也.[13]

---

1. 《예문유취(藝文類聚)》 권11.
2. 《두위의(斗威儀)》: 정식 명칭은 《예두위의(禮斗威儀)》이다.
3. 《예문유취(藝文類聚)》 권11.
4. 《춘추연공(春秋演孔)》: 정식 명칭은 《춘추연공도(春秋演孔圖)》이다.
5. 《예문유취(藝文類聚)》 권11.
6. 《춘추고요(春秋考曜)》: 정식 명칭은 《춘추고령요(春秋考靈曜)》이다.
7. 《어정연감류함(御定淵鑑類函)》 권40.
8. 《백호통(白虎通)》: 정식 명칭은 《백호통의(白虎通義)》이며 《백호통덕론(白虎通德論)》이라고도 한다.
9. 《어정연감류함(御定淵鑑類函)》 권40.
10. 《관자(管子)》 권6.
11. "殺戮之謂刑" 앞에 "何謂刑德. 曰"이 생략되었다.
12. 《한비자(韓非子)·이병(二柄)》

• 공자(孔子)가 "상(商)아! 너는 임금이 임금인 까닭을 아느냐?"라고 하자 자하(子夏)가 말하기를, "물고기는 물을 잃으면 죽지만 물은 물고기를 잃어도 여전히 물이 됩니다"라고 하였다. 공자가 말하기를, "상은 알고 있구나"라 하였다.《시자(尸子)》

孔子曰, 商汝知君之爲君乎. 子夏曰, 魚失水則死, 水失魚猶爲水也. 子曰, 商知之矣.《尸子》[14]

• 《회남자(淮南子)》에서 말하였다. 제자(帝者)는 태일(太一)[15]을 본받고 왕자(王者)는 음양(陰陽)을 본받으며, 패자(霸者)는 사시(四時)를 본뜨고 군자(君者)는 육률(六律)[16]에 응한다.

淮南子曰. 帝者體太一, 王者法陰陽, 霸者則四時, 君者應六律.[17]

• 임금은 천하의 눈으로 보고 천하의 귀로 들으며, 천하의 지혜로써 생각하고 천하의 힘으로써 움직인다. 기쁘다고 (공이 없는 자에게) 상을 주지 아니하고, 노엽다고 (무고한 자에게) 벌을 주지 아니한다.

人主者, 以天下之目視, 以天下之耳聽, 以天下之智慮, 以天下之力動. 喜不以賞賜, 怒不以罪誅.[18]

• 만물(萬物)을 처음으로 생기게 하는 것은 하늘이며, 그것을 길러 자라게 만드는 것은 사람이다. 하늘이 생기게 한 만물을 잘 기르고 자라게 하되, 그 생성(生成)의 도(道)에 어긋나지 않게 하는 자를 일러 천자(天子)라 한다.《여씨춘추(呂氏春秋)》

始生之者, 天也. 養成之者, 人也. 能養天之所生而爲天子.〈呂氏春秋〉[19]

• 오제(五帝)는 도(道)를 우선으로 하고 덕(德)을 뒤로 했기 때문에 덕이 그보다 더 왕성할 수가 없었고, 삼왕(三王)은 덕(德)을 우선으로 하고 왕업(王業)을 뒤로 했기 때문에 왕업이 그보다 더 적절할 수가 없었으며, 오패(五霸)는 왕업을 우선으로 하고 군사력(軍事力)을 뒤로 했기 때문에 군사력이 그보다 강할 수가 없었다.《여씨춘추(呂氏春秋)》

五帝先道而後德, 故德莫盛焉. 三王先德而後事, 故事莫切焉. 五霸先事而後兵, 故兵莫强焉.〈仝上〉

• 《제왕세기(帝王世紀)》의 기록이다. 신(神)과 화합하는 자는 황(皇)이라 칭하고, 덕(德)이 천지와 합치되는 자는 제(帝)라 칭하며, 인(仁)과 의(義)가 합치되는 자는 왕(王)이라 칭한다.

帝王世紀. 化合神者, 稱皇. 德合天地者, 稱帝. 仁義合者, 稱王.[20]

• 《육도(六韜)》에서 말하였다. 왕자(王者)의 도(道)는 용(龍)의 머리와 같아 높은 데 거하면서 멀리 바라보고, 깊이 보고 자세히 듣는데 그 형상은 보이나 그 정을 숨긴다. 하늘처럼 높아 다할 수가 없어야 하고, 강처럼 깊어 잴 수가 없어야 한다.

六韜曰. 王者之道, 如龍之首, 高居遠望, 深視而審聽, 神其形而散其情, 若天高而不可極, 若川深而不可測.[21]

---

13. 《춘추번로(春秋繁露)》 권17.
14. 《예문유취(藝文類聚)》 권11.
15. 태일(太一): 태을(太乙)로도 불리는 천신(天神) 이름이다. 천신(天神) 가운데 위대한 존재로 호천상제(昊天上帝), 천황대제(天皇大帝)라고도 한다.
16. 육률(六律): 12율(十二律) 가운데 양성(陽聲)에 속하는 여섯 가지 소리, 곧 황종(黃鍾), 태주(大蔟), 고선(姑洗), 유빈(蕤賓), 이칙(夷則), 무역(無射)을 가리킨다.
17. 《회남자(淮南子)·본경훈(本經訓)》
18. 《회남자(淮南子)·주술훈(主術訓)》에는, "人主者, 以天下之目視, 以天下之耳聽, 以天下之智慮, 以天下之力爭. 是故, 號令能下究, 而臣情得上聞, 百官脩通, 羣臣輻輳. 喜不以賞賜, 怒不以罪誅"로 되어 있다.
19. 《여씨춘추(呂氏春秋)·맹동기(孟冬紀)》에는, "能養天之所生而爲天子"가 "能養天之所生而勿攖之謂之天子"로 되어 있다. 번역은 원전에 의거하였다.
20. 《예문유취(藝文類聚)》 권11.
21. 《육도(六韜)》에는, "夫王者之道, 如龍首, 高居而遠望, 深視而審聽. 示以形, 隱其情. 若天之高, 不可極也. 若淵之深, 不可

• 황(皇)이란 하늘과 사람의 총화(總和)이며, 아름답고 위대한 것에 대한 칭호이다.

皇者, 天人之總, 美大之稱.[22]

• 《역위(易緯)》의 기록이다. 제(帝)는 천자[혹은 하늘]에 대한 호(號)이다. 덕(德)이 천지(天地)와 짝하고, 관위(官位)를 사사로이 하지 않기에 그를 칭하여 제(帝)라 하는 것이다.

易緯. 帝者, 天號也. 德配天地, 不私公位, 稱之曰帝.[23]

• 천자(天子)란 하늘과 땅을 부모로 삼아 사람을 기르는 지존(至尊)에 대한 칭호이다.

天子者, 父天母地以養人, 至尊之號也.[24]

• 《여씨춘추(呂氏春秋)》의 기록이다. 제(帝)란 천하 사람들이 따르는 바이고, 왕(王)이란 천하 사람들의 가(서 의지하)는 바이다.

呂氏春秋. 帝者天下之所適, 王者天下之所往也.[25]

• 《육자(陸子)》의 기록이다. (세상을 다스릴 적에) 삼황(三皇)은 옷소매를 늘어뜨리고 팔짱을 끼고 있었고, 오제(五帝)는 손을 드리우고 있었으며, 요(堯)임금과 순(舜)임금은 말고삐를 당기고 있었으며, 우(禹)임금과 탕(湯)임금은 수레를 치달리고 있었다.

陸子. 三皇垂拱, 五帝垂手. 唐虞按轡, 禹湯馳轅.[26]

• 《백호통(白虎通)》의 기록이다. 삼황(三皇)은 걷고 있었고, 오제(五帝)는 달리고 있었으며, 삼왕(三王)은 치달리고 있었고, 오패(五覇)는 질주하고 있었다.

白虎通. 三皇步, 五帝驟[27], 三王馳, 五覇鶩.[28]

• 《여씨춘추(呂氏春秋)》의 기록이다. 덕(德)이 쇠퇴(衰退)하고 세상이 어지러워진 연후에 천자(天子)는 천하에서 이로움을 취하고[천하로써 자기에게 이롭게 하고], 국군(國君)은 나라에서 이로움을 취한다[나라로써 자기에게 이롭게 한다].

呂氏春秋. 德衰世亂然後, 天子利天下, 國君利國.[29]

• 나는 용(龍)이 하늘에 있다 함은 대인(大人)이 일어난다는 것이다.《주역(周易)》

飛龍在天, 大人造也.〈易〉[30]

• 성인(聖人)이 일어나야 만물이 보인다.〈주역(周易)〉

聖人作而萬物覩.〈上同〉[31]

• 제왕(帝王)의 자리를 차지하여 오래지 않아[병이 되지 않으니] 빛나게 될 것이다.《주역(周易)·이괘(履卦)》

履帝位而不疚, 光明也.〈履〉

• 대인(大人)은 밝은 것을 이어받아 사방을 비추게 한다.《주역(周易)·이괘(離卦)》

大人以繼明照四方.〈離〉

• 성인(聖人)의 큰 보배를 지위(地位)라고 한다. 어떻게 지위를 지키는가? 인(仁)으로 한다. 어떻게 사람들을 모으는가? 재물로 한다.《주역(周易)》

聖人大寶曰位. 何以守位, 曰仁. 何以聚人, 曰財.〈易〉[32]

• 조계(阼階)[33]를 밟아 제사에 임하여서는 안의 일

測也"로 되어 있다.

22. 《초학기(初學記)》 권9.
23. 《초학기(初學記)》 권9.
24. 《초학기(初學記)》 권9에는, "至尊之號也" 앞에 "繼天治物, 改政一統, 各得其宜"가 있다.
25. 《여씨춘추(呂氏春秋)》 권15에는, "帝也者, 天下之適也, 王也者, 天下之往也"로 되어 있다.
26. 《천중기(天中記)》 권11에는, "三皇垂策, 而五帝繫手, 唐虞按轡, 禹湯馳轅"으로 되어 있다.
27. 《백호통(白虎通)》에는, '驟'가 '趨'로 되어 있다.
28. 《백호통(白虎通)》 권상.
29. 《여씨춘추(呂氏春秋)》 권20.
30. 《주역(周易)·건괘(乾卦)》
31. 《주역(周易)·건괘(乾卦)》

에 대해서는 '효왕(孝王) 아무개'라 일컫고 밖의 일에 대해서는 '사왕(嗣王) 아무개'라 일컫는다. 《예기(禮記)·곡례(曲禮)》

踐阼, 臨祭祀, 內事曰孝王某, 外事曰嗣王某.〈曲禮〉

용(龍)이 구택(舊宅)에서 자맥질하다[용잠구택(龍潛舊宅)] 당(唐)의 흥성사(興聖寺) 구택(舊宅)을 (무덕) 원년에 통의궁(通義宮)으로 삼았다. 무덕(武德)[34] 6년에 고조(高祖)가 이곳에 거둥하여 여러 신하들에게 크게 연회를 베풀고, 이웃 마을의 어른들을 불러 만나고는 차등을 두어 하사품을 내렸다. 정관(貞觀)[35] 원년에 곧바로 고조를 위한 궁전(宮殿)으로 만들었다.

唐興聖寺舊宅, (武德)元年以爲通義宮. 六年高祖臨幸, 大宴群臣, 引見隣里父老, 頒賜有差. 正[36]觀元年, 立爲高祖寢室.[37]

고향에 거둥하다[임행고향(臨幸故鄕)] 당(唐)나라 정관(貞觀)[38] 15년에 병주(幷州)[39]의 승려와 도사, 노인들이 표(表)를 올려, 태원(太原)[40]을 왕업(王業)이 비롯된 곳으로 여기며 내년에 태산(泰山)에 올라 봉선(封禪)을 마친 이후에 시기를 봐서 거둥해 주기를 원한다고 하였다. 주상이 연회를 베풀고는 조용히 말하기를, "날던 새도 고향을 지날 때면 오히려 주저하며 배회하는 법인데, 하물며 짐(朕)이 태원에서 의병을 일으켜 마침내 천하를 평정하고, 또 소싯적에 놀며 유람하던 곳이라 진실로 잊을 수 없는 바임에랴! 태산에서 봉선의 예(禮)가 끝나면 혹 공들과 더불어 만날 수 있기를 바라노라"라고 하였다.

唐正[41]觀十五年, 幷州僧道老人等抗表, 以太原王業所因, 明年登封已後, 願時幸. 上賜宴從容謂曰, 飛鳥過故鄕, 猶躑躅徘徊. 況朕於太原起義兵, 遂定天下, 復小遊觀, 誠所不忍[42]. 岱禮若畢, 或冀與公等相見.[43]

비룡(飛龍)의 상서로움[비룡지서(飛龍之瑞)] 현종(玄宗)이 잠저(潛邸)[44]에 있을 때 송왕(宋王) 등과 더불어 흥경리(興慶里)에 함께 살자, 당시 사람들이 오왕자(五王子) 댁이라 불렀는데 본디는 융경방(隆慶坊)이라고 하였다. 경룡(景龍)[45] 말엽에 집 안에서 용지(龍池)[46]가 솟아나오자 기색을 살피던 자기 이르기를, "천자(天子)의 기색이 있다"고 하였다. 중종(中宗)이 자주 그 연못에 거둥하여 배를 띄우라 명하고 거듭 코끼리를 치달리게 하여 기운을 밟아 눌렀다. (그러나) 마침내 용이 날아오른 땅이 되었으니 이 연못으로 인하여 흥경궁(興慶宮)을 세웠던 것이다. 현종이 개원(開元)[47] 10년에 노주(潞州)[48]로 거

---

32. 《주역(周易)·계사(繫辭)》
33. 조계(阼階): 관혼상제 때에 주인이 손님을 맞는 동쪽 섬돌.
34. 무덕(武德): 당(唐) 고조(高祖)의 연호(618-626)이다.
35. 정관(貞觀): 당(唐) 태종(太宗)의 연호(627-649)이다.
36. '正'은 '貞'의 오자이다.
37. 《고금사문유취(古今事文類聚)·전집(前集)》 권20.
38. 정관(貞觀): 당(唐) 태종(太宗)의 연호(627-649)이다.
39. 병주자사(幷州): 지금의 하북성(河北省) 중부 지역에 있었던 주(州) 이름.
40. 태원(太原): 지금의 산서성(山西省) 분하(汾河) 상류 지역에 있었던 군(郡) 이름.
41. '正'은 '貞'의 오자이다.
42. 《고금사문유취(古今事文類聚)》에는, '忍'이 '忘'으로 되어 있다.
43. 《고금사문유취(古今事文類聚)·전집(前集)》 권20.
44. 잠저(潛邸): 나라를 세우거나 임금이 된 사람이 임금이 되기 전의 시기 또는 그 시기에 살던 집을 일컫는 말.
45. 경룡(景龍): 당(唐) 중종(中宗)의 연호(707-710)이다.
46. 용지(龍池): 원래는 우물이 있던 자리였는데 우물이 넘쳐나 못이 되자 용의 형상을 닮은 구름이 자주 목도되어 '龍池'라는 이름을 붙이게 된 것이라 한다.
47. 개원(開元): 당(唐) 현종(玄宗)의 연호(713-741)이다.

등하였다가 구택(舊宅)을 고쳐 비룡원(飛龍院)으로 하였다.

玄宗在潛邸, 與宋王等同居于興慶里, 時人號曰五王子宅, 本名隆慶坊. 及景龍末, 宅內有龍池涌出. 望氣者云, 有天子之氣. 中宗數幸其池, 命泛舟仍馳象踏氣以厭之. 竟爲飛龍之地, 因是池立興慶宮. 元宗[49]開元十年幸潞州, 改舊宅爲飛龍院.[50]

절을 세우고 이름을 하사하다[건사석명(建寺錫名)] 서경(西京)의 응천사(應天寺)가 있는 곳은 본래 후당(後唐)[51]의 협마영(夾馬營)[52]이었다. 대중상부(大中祥符) 2년에 태조(太祖)[53]가 탄생한 곳이어서 절을 세우고 절 이름을 하사하였던 것이다.

西京應天寺, 本後唐夾馬營. 大中祥符二年, 以太祖誕聖之地, 建寺錫名.[54]

넋도 패현(沛縣)을 그리워하리라[혼백사패(魂魄思沛)] 한(漢) 고조(高祖)가 패현(沛縣)에 들러 노래를 지어 강개하고 마음 아파하며 말하기를, "나그네는 고향을 그리워하는 법이니, 내가 죽은 후엔 넋도 오히려 패현을 즐거워하겠지요. 패현을 탕목읍(湯沐邑)[55]으로 삼고 이곳의 백성들을 원상회복하여 대대로 납세와 복역을 부여하는 일이 없게 하겠소"라고 하였다.

漢高過沛, 作歌, 慷慨傷懷曰, 遊子思故鄕, 吾萬歲後, 魂魄猶樂沛也. 其以沛爲湯沐邑, 復其民, 世世無所與.[56]

늘 호현(鄠縣)과 두현(杜縣)을 노닐다[상유호두(常遊鄠杜)] 한(漢) 선제(宣帝)가 황제의 증손(曾孫)으로 있을 적에 협사(俠士)들과 노닐거나 닭싸움, 말 달리기를 좋아하였다. (또) 선대(先代)의 여러 능묘(陵墓)를 자주 오르내리고 삼보(三輔) 일대를 두루 돌아다녔는데 일찍이 연작현(蓮勺縣)의 염전 밭[57]에서 곤욕을 치르기도 하였다. 더욱이 호현(鄠縣)과 두현(杜縣) 일대를 즐겨 노닐었으며, 늘 하두현(下杜縣)에 있었다.

漢宣帝爲皇曾孫, 喜遊俠鬪鷄走馬. 數上下諸陵, 周徧三輔, 嘗困蓮勺鹵中. 尤樂鄠杜之間, 率常在杜下.[58]

아름다운 기운이 빽빽하다[가기울총(佳氣鬱葱)] 《후한서(後漢書) · 광무기(光武紀)》의 기록이다. 애초에 아뢴 자였던 소백아(蘇伯阿)가 용릉(舂陵)[59]의 기색(氣色)을 살폈을 때는 (아름다운 기운이) 빽빽하였다.

光武紀. 初謁者蘇伯阿, 望舂陵氣, 鬱鬱葱葱.[60]

제왕(帝王)의 스승[제왕지사(帝王之師)] 황제(黃帝)는 풍후(風后)를 사사(師事)하였고, 전욱(顓頊)

---

48. 노주(潞州): 지금의 산서성(山西省)에 있었던 주(州) 이름.
49. "元宗"은 "玄宗"을 달리 칭하는 말이다.
50. 《고금사문유취(古今事文類聚) · 전집(前集)》 권20.
51. 후당(後唐): 923년에 이존욱(李存勖)이 후량(後梁)을 멸하고 낙양(洛陽)을 도읍지로 하여 세운 나라. 936년에 후진(後晉)의 석경당(石敬瑭)에게 망하였다.
52. 협마영(夾馬營): 지금의 하남성(河南省) 낙양(洛陽) 동북쪽에 있었던 지명.
53. 태조(太祖): 송(宋) 태조 조광윤(趙匡胤)을 지칭한다.
54. 《고금사문유취(古今事文類聚) · 전집(前集)》 권20.
55. 탕목읍(湯沐邑): 주대(周代) 제후(諸侯)들이 천자(天子)를 뵐 때 머물며 목욕재계하도록 하기 위해 제공하였던 봉지(封地)를 가리키던 데서 유래하여 목욕재계를 위한 곳이라는 뜻으로 쓰이게 된 말이다.
56. 《고금사문유취(古今事文類聚) · 전집(前集)》 권20.
57. 연작현(蓮勺縣)은 현(縣) 이름이다. 이 현에는 소금이 나는 못이 있었다고 한다.
58. 《고금사문유취(古今事文類聚) · 전집(前集)》 권20. "杜下"는 "下杜"의 잘못이다. 《한서(漢書)》 권8 참조.
59. 용릉(舂陵): 후한(後漢)의 광무제(光武帝)가 태어난 곳이다.
60. 《고금사문유취(古今事文類聚) · 전집(前集)》 권20. 《후한서(後漢書)》 권1에는, "後望氣者蘇伯阿爲王莽使至南陽, 遙望見舂陵郭, 唶曰, 氣佳哉. 鬱鬱葱葱然"으로 되어 있다.

은 노팽(老彭)을 사사하였으며, 제곡(帝嚳)은 축융(祝融)을 사사하였고, 요(堯)임금은 무성(務成)을 사사하였으며, 순(舜)임금은 기후(紀后)를 사사하였고, 우(禹)임금은 묵여(墨如)를 사사하였으며, 탕(湯)임금은 이윤(伊尹)을 사사하였고, 문왕(文王)과 무왕(武王)은 강상(姜尙)을 사사하였으며, 주공(周公)은 서수(庶秀)를 사사하였고, 공자(孔子)는 노담(老聃)을 사사하였다. 이 열한 명의 군주(君主)는 모두 성인(聖人)이었지만 오히려 배우고 묻고자 하였던 것이다.《잠부론(潛夫論)》

黃帝師風后, 顓頊師老彭, 帝嚳師祝融, 堯師務成, 昭舜師紀后, 禹師墨如, 湯師伊尹, 文武師姜尙, 周公師庶秀, 孔子師老聃. 此十一君, 皆聖人也, 猶待學問. 〈潛夫論〉[61]

혹자가 이르기를, "황제(黃帝)는 역목(力牧)을 사사하였고, 전욱(顓頊)은 규도(樛圖)를 사사하였으며, 제곡(帝嚳)은 적송자(赤松子)를 사사하였다. 요(堯)임금은 군주(君疇)에게서 배우고, 순(舜)임금은 무성(務成)에게서 배웠으며, 우(禹)임금은 서왕국(西王國)에게서 배웠다"라고 하였다.

或云, 黃帝師力牧, 顓頊師樛圖, 帝嚳師赤松子. 堯學於君疇, 舜學於務成, 昭禹學於西王國.[62]

풍읍(豊邑)과 패현(沛縣)의 친구[풍패고인(豊沛故人)] 패공(沛公)이 막 기병(起兵)하였을 적에 관상을 보는 사람이 풍읍(豊邑)과 패현(沛縣)의 저자에 들어가 말하기를, "제후에 봉해질 사람이 많군"이라 하였다. 노관(盧綰)은 고조(高祖)와 더불어 풍읍에서 함께 살았다.

沛公初起, 相工入豊沛之市云, 多封侯之人. 盧綰與高祖同居豊邑.[63]

미천하였던 시절에 장기와 바둑을 두다[미시박혁(微時博奕)] 진준(陳遵)의 조부(祖父) 진수(陳遂)는 자(字)가 장자(長子)이다. 선제(宣帝)가 미천하였던 시절에 그와 더불어 연고가 있어 서로 따르며 장기와 바둑을 두었는데 자주 졌다. 선제가 즉위하였을 때 진수는 태원(太原)[64]의 태수(太守)가 되었다. 이에 조서(詔書)를 내려 말하기를, "태수는 관품(官品)이 높고 녹봉이 후하니 장기(빚)에 대한 보상이 될 수 있을 것이오"라고 하였다.

陳遵祖父遂, 字長子. 宣帝微時與有故, 相隨博奕, 數負. 及宣帝卽位, 遂爲大太原太守. 乃賜璽書曰, 太守官尊祿厚, 可以償博矣.[65]

떠돌이별이 성좌(星座)를 범하다[객성범좌(客星犯座)] "성문(星門)"에 보인다.

見星門.

일찍이 함께 공부하다[상동연석(嘗同硯席)] 유홍(劉弘)은 자(字)가 홍계(弘季)이다. 어려서 남양(南陽)에 집을 두고 있었는데 광무제(光武帝)와 함께 영안리(永安里)에 살았다. 또 동갑인데다 함께 공부를 하였다.

劉弘, 字弘季. 少家南陽, 與光武同居永安里. 又同年共硯席.[66]

광무제(光武帝)가 애초에 장안(長安)에서 공부하였는데 남양(南陽)에서 오가자니 쓸 돈이 부족하였다. 함께 공부하던 사람인 한자(韓子)와 더불어 돈을 모아 나귀를 사서 시종으로 하여금 빌려 주어 제공(諸公)의 비용에 보탬이 되게 하였다.

光武, 初學長安, 往來南陽, 資用乏. 與同舍生韓子合

61.《잠부론(潛夫論)》 권1.
62.《고금사문유취(古今事文類聚)·전집(前集)》 권20.
63.《고금사문유취(古今事文類聚)·전집(前集)》 권20.
64. 태원(太原): 지금의 산서성(山西省) 분하(汾河) 상류 지역에 있었던 군(郡) 이름.
65.《고금사문유취(古今事文類聚)·전집(前集)》 권20.《한서(漢書)》 권92에는, "字長子, 宣帝微時與有故, 相隨博弈, 數負進. 及宣帝即位, 用遂, 稍遷至太原太守, 乃賜遂璽書曰, 制詔太原太守, 官尊祿厚, 可以償博進矣"로 되어 있다.
66.《고금사문유취(古今事文類聚)·전집(前集)》 권20.

錢買驢, 令從僦以給諸公之費.[67]

광무제(光武帝)가 장안(長安)에서 공부하고 있을 때에 주우(朱祐)에게 들리자 주상[광무제]을 머물게 하고는 시강(侍講)토록 하였는데 (광무제와 더불어) 밤이 다하도록 얘기를 나누었다. 광무제가 즉위하고서 주우의 집에 거둥하여 묻기를, "내가 강의한 것을 잊지 않을 수 있겠소?"라 하자 주우가 말하기를, "감히 잊지 않을 것입니다"라고 하였다.

光武學長安時, 過朱祐, 留上侍講, 竟夕談話. 及帝登位, 幸祐第問曰, 得無忘我講乎. 祐曰, 不敢.[68]

광무제(光武帝)와 오한(吳漢)은 백수향(白水鄕)에서 함께 살았다.

光武與吳漢, 同居白水鄕.[69]

장하(張賀)를 위하여 무덤 지키는 이를 두다[위치수총(爲置守冢)] 장안세(張安世)의 형 장하(張賀)가 액정령(掖庭令)이 되어 선제(宣帝)를 거두어 길렀다. (선제는) 후일 장하를 위하여 무덤을 지킬 30가구를 두었다.

張安世兄賀爲掖庭令, 收養宣帝. 後爲賀置守冢三十家.[70]

흰머리로 서로 만나다[백수상견(白首相見)] 설진(薛振)은 자(字)가 원초(元超)이며 설수(薛收)의 아들이다. 고종(高宗)이 원초에게 말하기를, "내가 옛적에 동궁(東宮)에 있을 적에는 경(卿)과 함께 젊은이였는데 어느새 이미 30년이 지나, 경과 더불어 흰머리로 서로 만나게 되었구려. 역사책을 두루 살펴본들 흰머리가 되도록 함께한 자가 몇 사람이나 되겠소?"라고 하였다.

薛振, 字元超, 收之子. 高宗謂元超曰, 我昔在春宮, 與卿俱少壯, 倏忽已三十年, 與卿白首相見. 歷觀書傳, 共白首者幾人.[71]

자미원(紫微垣) 별자리에 작은 별[제원소성(帝垣小星)] 태조(太祖)와 태종(太宗)이 잠저(潛邸)에 있을 때 조한왕(趙韓王)과 함께 장안(長安)을 유람하고 있었다. 이때에 진단(陳摶)이 노새를 타고 가다가 만나게 되자 노새에서 내려 크게 웃느라 두건과 비녀가 하마터면 떨어질 뻔하였다. 왼손으로는 태조를 잡고 오른손으로는 태종을 당기며 말하기를, "서로 따르며 저자에서 술을 마시는 게 어떻겠소?"라 하자 태조와 태종이 말하기를, "조학구(趙學究)와 더불어 세 사람이 함께 유람하고 있었으니 (그와 함께 한다면 괜찮습니다)"라고 하였다. 진단이 조한왕을 매우 오랫동안 흘겨보다가 천천히 말하기를, "좋소! 좋소! 그가 아니면 이 황제들과 함께 할 수 없을 테니"라고 하였다. 이미 술집에 들어갔을 때 (지쳐) 다리를 절뚝거리던 조한왕이 우연히 자리 오른쪽에 앉자 진단이 노하여 말하기를, "자미제원(紫微帝垣)[72]에서 작은 별 하나가 문득 윗자리를 차지했으니 가당하겠소?"라 하고는 그를 물리치더니 황제들의 왼쪽에 앉게 하였다.《상산야록(湘山野錄)》

祖宗居潛, 與趙韓王遊長安. 時陳摶乘一騾遇之, 下騾大笑, 巾簪幾墜. 左手握太祖, 右手挽太宗曰, 可相從市飮乎. 祖宗曰, 與趙學究三人竝游.[73] 睥睨韓王甚久, 徐曰, 也得, 也得. 非渠不可與此帝. 既入酒舍, 韓王

---

67. 《고금사문유취(古今事文類聚) · 전집(前集)》 권20.
68. 《고금사문유취(古今事文類聚) · 전집(前集)》 권20. 이 부분은 "상동연석(嘗同硯席)"이라는 제목과는 동떨어진 내용이다. 《고금사문유취(古今事文類聚)》에는 제목이 "상류강론(嘗留講論)"으로 되어 있다. 참고로 《동관한기(東觀漢記) · 주우전(朱祐傳)》에서는 "祐嘗留上, 須講竟乃談話"라고 하였다.
69. 《고금사문유취(古今事文類聚) · 전집(前集)》 권20.
70. 《고금사문유취(古今事文類聚) · 전집(前集)》 권20.
71. 《고금사문유취(古今事文類聚) · 전집(前集)》 권20.
72. 자미제원(紫微帝垣): 큰곰자리를 중심으로 170개의 별로 이루어진 별자리를 가리키는 말이다. 간단히 자미(紫微) 혹은 제원(帝垣)이라고도 하며 보통 자미원(紫微垣)으로 부른다. 태미원(太微垣)·천시원(天市垣)과 더불어 삼원(三垣)이라 하며, 천자(天子)의 자리에 비유되는 별자리이다.

脚跛, 偶坐席右, 陳怒曰, 紫微帝垣, 一小星輒據上次, 可乎. 斥之使居帝左.〈湘山野錄〉74

부명 符命75

- 《춘추잠담파(春秋潛潭巴)》에서 말하였다. 신사(神祠)가 울면 그 마을에 성인(聖人)이 있다. 그 울부짖음[노하여 우는 것이다]에 백성들이 귀의한다.
春秋潛潭包76曰, 里社鳴, 此里有聖人, 其响[鳴之怒也.]百姓歸之.77

- 요(堯)임금이 정사를 맡아 보게 되자 성대한 빛이 황하(黃河)에서 나오고 아름다운 기운이 사방을 채웠으며 용마(龍馬)가 짐승껍질을 물고 나왔는데 붉은 도상(圖象)에 초록빛을 띠고 있었다. 짐승껍질은 거북의 등과 유사하였으며 오색이었고 뭇별들의 분도(分度)와 두정(斗政)78의 도수(度數), 제왕(帝王)의 연대(年代)를 예시한 기록과 흥망(興亡)의 수(數)가 있었다.《상서중후(尚書中候)》
帝堯卽政, 榮光出河, 休氣四塞, 龍馬銜甲, 赤文綠色. 甲似龜背, 五色, 有列星之分, 斗政之度. 帝王紀錄79, 興亡之數.〈尙書中候〉80

- 백우(伯禹)가 말하기를, "신(臣)이 하백(河伯)81을 보았더니 얼굴이 길고 사람 머리에 물고기의 몸을 하고 있었습니다. 물에서 나와 말하기를, '나는 황하(黃河)의 정령(精靈)이오'라 하고는 신에게 하도(河圖)82를 주었습니다"라고 하였다.《상서중후(尙書中候)》
伯禹曰, 臣觀河伯, 面長, 人首魚身. 出水曰, 吾河精也. 授臣河圖.〈同〉83

- 천을(天乙)84이 동쪽으로 낙수(洛水)를 바라보았더니 세 개로 나뉜 구슬이 (하늘에서) 내려오고 누런 물고기가 다시 뛰더니 나와서 화하여 검은 옥이 되었다. 적륵(赤勒)이 말하기를, "검은 정기의 천을이 신의 복을 받았으니 걸왕(桀王)을 쳐서 이기리라"라고 하였다.《상서중후(尙書中候)》
天乙85東觀乎雒, 降三分璧, 黃魚復躍, 出化爲黑玉.86 赤勒曰, 玄精天乙, 受神福, 伐桀克.〈同〉87

- 적작(赤雀)88이 붉은 편지를 물고 풍호(酆鄗)와 창호(昌户)에 들어왔기에 절하고서 머리를 조아리고

---

73. "與趙學究三人竝游" 다음에 "可當同之"가 생략되었다.
74. 《고금사문유취(古今事文類聚)·전집(前集)》 권20. 《상산야록(湘山野錄)》에는 "非渠不可與此帝" 이하가, "非渠不得預此席. 既入酒舍, 韓王足疲, 偶坐席左, 陳怒曰, 紫微帝垣一小星, 輒據上次, 不可. 斥之使居席右"로 되어 있다.
75. 부명(符命): 하늘이 제왕(帝王)이 될 만한 사람에게 내리는 상서로운 징조.
76. '包'는 '巴'의 오자이다.
77. 《예문유취(藝文類聚)》 권10.
78. 두정(斗政): 보통 '斗正'으로 적는데 '斗'는 두성(斗星) 곧 이십팔수(二十八宿)의 여덟째 별자리 별자리이며 '正'은 정성(井星), 곧 스물두째 별자리를 가리키는 말이다. 여기서는 이십팔수(二十八宿)를 지칭하는 말로 쓰였다.
79. "紀錄"은 "錄紀"의 잘못이다. '錄'은 '籙'의 뜻이다.
80. 《예문유취(藝文類聚)》 권11.
81. 하백(河伯): 물을 맡아 다스린다는 신. 하신(河神).
82. 하도(河圖): 복희씨(伏羲氏) 때에 황하(黃河)에서 용마(龍馬)가 지고 나왔다는 쉰다섯 점으로 된 그림. 동서남북 중앙으로 일정한 수로 나뉘어 배열되어 있으며 낙서(洛書)와 함께 주역(周易)의 기본 이치가 되었던 것이다.
83. 《예문유취(藝文類聚)》 권11.
84. 천을(天乙): 탕(湯)임금.
85. "天乙" 다음에 "在亳, 諸鄰國襁負歸德"이 생략되었다.
86. 《예문유취(藝文類聚)》 권12에는, "黃魚復躍, 出化爲黑玉"이 "黃魚雙躍, 出濟于壇, 化爲黑玉"으로 되어 있다.
87. 《예문유취(藝文類聚)》 권12.

가장 요긴한 것을 받들었더니, "희창(姬昌)[89]은 창제(蒼帝)[90]의 아들"이라는 것이었다.

赤雀銜丹書入酆昌, 拜稽首受最[最要者也]曰, 姬昌, 蒼帝子.[91]

• 여상(呂尙)[92]이 반계(磻溪)[93]에서 낚시를 하다가 반원형(半圓形)의 구슬을 얻었는데 거기에는, "희성(姬姓)이 천명(天命)을 받고 여씨(呂氏)가 천자(天子)의 깃발[다스림이다]을 도울 것이다"라는 말이 새겨져 있었다.

呂尙釣磻溪, 得玉璜, 刻曰, 姬受命, 呂佐旌.[理也][94]

• 무왕(武王)이 맹진(孟津)[95]에서 강을 건너려니 흰 물고기가 왕이 탄 배에 뛰어 들어왔는데 길이가 세 자였으며 "文王"이라는 글자가 있었다.〈위의 글과 아울러 《중후(中候)》에 보인다.〉

武王渡孟津, 白魚躍入王船, 長三尺, 有文王字.〈竝中候〉[96]

• 《낙서령준청(雒書靈准聽)》에서 말하였다. 순(舜)임금이 제위(帝位)를 받자 봉황이 춤을 추고 황룡(黃龍)이 감응하였으며, 주초(朱草)가 돋아나고 명협(蓂莢)이 무성하였다. 서왕모(西王母)가 백익(伯益)[97]에게 지도(地圖)를 주었다.

雒書靈准聽曰. 舜受終, 鳳皇儀, 黃龍感, 朱草生, 蓂莢滋. 西王母授益地圖.[98]

• 《상서선기검(尙書璇璣鈐)》에서 말하였다. 우(禹)임금이 용문산(龍門山)을 개척하느라 쌓인 돌을 치워 통하게 하고 있을 때 검은 홀(笏)이 나왔는데 거기에, "연희옥(延喜玉)[99]은 (왕이) 덕을 받았기에 하늘이 차고 다니도록 하사하는 것이다"라고 새겨져 있었다.

尙書璇璣鈐曰, 禹開龍門, 導積石, 玄圭出, 刻曰, 延喜玉, 受德, 天賜佩.[100]

• 주왕(紂王) 시절에 오성(五星)이 방성(房星)[101]에 모였다. 방성이란 창신(蒼神)[102]의 정령(精靈)이므로 주(周)나라가 갑자기 흥성하게 되었다.《춘추원명포(春秋元命包)》

紂之時, 五星聚於房. 房者蒼神之精, 周據而興.〈元命包〉

• 한(漢)나라 원년(元年)[103]에 오성(五星)이 동쪽의 정성(井星)[104] 자리에 모여 세성(歲星)[105]을 따

---

88. 적작(赤雀): 전설상의 상서로운 새.
89. 희창(姬昌): 주문왕(周文王). '姬'는 성(姓)이고 이름이 '昌'이다.
90. 창제(蒼帝): 동방(東方)을 주관한다는 신(神) 이름.
91. 《고미서(古微書)》 권4에는, "赤雀銜丹書入酆鄗, 止於昌户. 乃拜稽首受最曰, 姬昌, 蒼帝子"로 되어 있다.
92. 여상(呂尙): 본명은 강상(姜尙)이다. 그의 선조가 여(呂)나라에 봉해져서 여상(呂尙)으로도 불렸으며 달리 태공망(太公望), 강태공(姜太公)으로 불리기도 하였다. 주(周)나라 문왕(文王)의 초빙을 받아 그의 스승이 되고, 무왕(武王)을 도와 상(商)나라 주왕(紂王)을 멸망시켜 천하를 평정하였으며, 그 공으로 제(齊)나라에 봉해졌다.
93. 반계(磻溪): 위수(渭水)의 지류인 반계천(磻溪川). 일찍이 여상(呂尙)이 이곳에서 낚시를 했다고 한다.
94. 《예문유취(藝文類聚)》 권10.
95. 맹진(孟津): 지금의 하남성(河南省) 맹진현(孟津縣) 동북쪽의 황하(黃河) 가에 있었던 나루 이름.
96. 《예문유취(藝文類聚)》 권10에는, "武王發渡于孟津, 中流, 白魚躍入王船, 王俯取魚, 長三尺, 有文王字"로 되어 있다.
97. 백익(伯益): 순(舜)임금의 신하로 동이부락(東夷部落)의 수령이었으며 우(禹)임금의 치수(治水)에 공이 있어 우임금이 제위를 주려고 하자 기산(箕山)에 숨어들었다고 한다.
98. 《예문유취(藝文類聚)》 권11.
99. 연희옥(延喜玉): '延喜'는 옥으로 만든 홀(笏)이름이다.
100. 《예문유취(藝文類聚)》 권11.
101. 방성(房星): 이십팔수(二十八宿)의 넷째 별자리에 있는 별들. 말의 수호신으로 불리기도 한다.
102. 창신(蒼神): 이십팔수(二十八宿) 가운데 동쪽의 일곱 별자리를 이르는 말. 창룡(蒼龍)이라고도 한다.
103. 원년(元年): 한(漢) 고조(高祖) 원년을 가리킨다.
104. 정성(井星): 이십팔수(二十八宿)의 스물두째 별자리의 별들.

랐다.

漢元年[106], 五星聚東井, 從歲星也.[107]

- 광무제(光武帝)가 밤에 태어났는데 그 무렵에 붉은 빛이 있어 집안이 모두 밝았다. 왕장(王長)이 점을 쳐서 말하기를, "이는 좋은 일이다. 그러나 말할 수 없다"라고 하였다. 이해에 가화(嘉禾)[108]가 있었는데 줄기 하나에 이삭이 9개 달렸으며, 현(縣)의 경내(境內)에 크게 풍년이 들었다. 이로 인하여 이름을 '秀'라고 하였다.

光武夜生, 時有赤光, 室中盡明. 王長卜之曰, 此善事, 不可言. 是歲有嘉禾, 一莖九穗, 縣界大豊熟, 因名曰秀.[109]

- 《진서(晉書)》에서 말하였다. 태안(太安)[110] 연간에 목성(木星)과 토성(土星), 수성(水星)과 금성(金星) 네 별이 견우성(牽牛星)과 직녀성(織女星) 사이에 모였다. 후에 중종(中宗)이 양주(揚州)에서 즉위하였다.

晉書曰. 太安中, 木土水金四星聚於牛女之間. 後中宗卽位於楊州.[111]

- 진(晉)나라 천복(天福)[112] 연간에 양절(兩浙)[113]의 아이들이 모여 놀 때 다들 '趙'자(字)로 어조사(語助辭)를 삼았는데 이를테면 '得'을 '趙得'이라 하고 '可'를 '趙可'라고 하여 말에 '趙'자를 겸하지 않은 것이 없었다. 진나라 말엽에 이르러 조연수(趙延壽)[114]가 고귀하고 번창하게 되자 절강(浙江) 지역 사람들이 필시 참언(讖言)[115]에 응한 것이라고 하였다. 조연수가 북쪽 오랑캐에게 붙잡혔을 때 요언(謠言)이 더욱 성하였는데 태조(太祖)는 과연 제위(帝位)를 선양(禪讓)받게 되었다.

晉天福中兩浙兒童聚戲, 率以趙字爲語助, 如言得曰趙得, 可曰趙可, 語言無不以趙字兼之者. 及晉末, 趙延壽貴盛, 浙人謂必應讖. 延壽爲北虜所縶, 而謠言益盛, 太祖果受禪.[116]

- 《무창기(武昌記)》에서 말하였다. 손권(孫權)이 번산(樊山)[117]에서 사냥을 하다가 한 노파를 만났더니 말하기를, "사냥에서 뭘 잡았소?"라고 하였다. 대답하기를, "단지 표범 한 마리만 잡았습니다"라 하였더니 노파가 말하기를, "어째서 그 꼬리를 세우지 않는 거요?"라 하고는 갑자기 보이지 않았다. 이로 인하여 번산에 노파를 위한 사당을 세웠다.[118]

武昌記曰. 孫權獵於樊山, 見一姥, 問獵何得. 答曰, 只得一豹. 姥曰, 何不豎其尾. 忽不見. 因立樊姥廟.

---

105. 세성(歲星): 목성(木星)으로, 12년에 주천(周天)을 한 바퀴 돈다. 목성이 도는 길을 12등분하여 한 해를 표시하였기 때문에 세성(歲星)이라고 한다.
106. "元年" 다음에 "冬十月"이 생략되었다.
107. 《예문유취(藝文類聚)》 권10.
108. 가화(嘉禾): 낟알이 많고 큰 벼.
109. 《예문유취(藝文類聚)》 권10에 인용된 《동관한기(東觀漢記)》의 기록을 재구성한 것이다.
110. 태안(太安): 진(晉) 혜제(惠帝)의 연호(302-303)이다.
111. "楊州"는 "揚州"의 잘못이다. 《예문유취(藝文類聚)》 권10에는, "太安中, 歲鎭辰太白四星聚於牛女之間, 後中宗即位於揚州也"로 되어 있다.
112. 천복(天福): 후진(後晉) 고조(高祖)의 연호(936-942)이다.
113. 양절(兩浙): 절동(浙東)과 절서(浙西).
114. 조연수(趙延壽): 송(宋) 태조(太祖) 조광윤(趙匡胤). '延壽'는 개명 전의 이름이다.
115. 참언(讖言): 앞일의 길흉화복에 대하여 예언하는 말.
116. 《문헌통고(文獻通考)》 권310.
117. 번산(樊山): 지금의 호북성(湖北省) 악성시(鄂城市) 서쪽에 있는 산 이름.
118. 《예문유취(藝文類聚)》 권10.

기운에 순응함 應運

- 태호씨(太皞氏)는 용(龍)을 수호신으로 삼아 관직의 이름을 나타냈기 때문에 용사(龍師)가 된다.
  太皞氏以龍紀官, 故爲龍師.[119]
- 염제(炎帝)는 불[火]을 수호신으로 삼았기 때문에 화사(火師)가 되며 '火'를 (관직의) 이름으로 삼았다.
  炎帝以火紀官[120], 故火師而火名.[121]
- 황제(黃帝)는 구름[雲]을 수호신으로 삼았기 때문에 운사(雲師)가 되며 '雲'을 (관직의) 이름으로 삼았다.
  黃帝以雲紀官[122], 故爲雲師而雲名.[123]
- 소호(少昊) 지(摯)가 임금으로 옹립되자 봉황새가 때마침 이르렀기 때문에 새[鳥]를 수호신으로 삼아 조사(鳥師)가 되며 '鳥'를 (관직의) 이름으로 삼았다.
  少昊摯之立也, 鳳鳥適至, 故紀於鳥, 爲鳥師而鳥名.[124]
- 전욱(顓頊) 이래로는 (인간에게서) 먼 것을 수호신으로 삼지 못하여 이에 가까운 것을 수호신으로 삼았다. (임금은) 백성만 거느리게 되어 백성의 일로써 관명을 삼았으니, 그것은 인간 밖의 것을 부릴 능력이 없었기 때문이다.
  自顓頊以來, 不能紀遠, 乃紀於近. 爲民師而命以民事, 則不能改[125]也.[126]
- 탕(湯)임금이 금부(金符)[127]와 제록(帝籙)[128]을 받았는데 흰 이리가 갈고리를 물고 은(殷)나라 조정에 들어왔다.
  湯受金符帝籙, 白狼銜鉤入殷朝.[129]
- 한(漢)나라는 요(堯)임금의 세운(世運)을 이어 제왕(帝王)의 운기(運氣)가 이미 성하였으며, 백사(白蛇)를 베어 부명(符命)을 나타내고, 깃발은 적색을 숭상하였으니 화덕(火德)에 부합하여 자연스럽게 서로 응하게 되어 천명(天命)의 정통(正統)을 얻게 되었다.
  漢承堯運, 德祚已盛, 斷蛇著符, 旗幟尙赤, 協于火德, 自然之應, 得天統矣.[130]
- 소호(少昊)는 궁상(窮桑)에 읍(邑)을 두고 있다가 제위(帝位)에 올라 곡부(曲阜)를 도읍으로 하였다. 그리하여 간혹 그를 일러 '궁상'이라고도 한다.
  少昊邑于窮桑, 以登帝位, 都曲阜. 故或謂之窮桑.[131]
- 전욱(顓頊)에게 성스러운 덕이 있었다. 아버지 창의(昌意)는 비록 황제(黃帝)의 적자(嫡子)였지만

---

119. 《주례집설(周禮集說)》 권수(卷首)·상(上).
120. '官'은 불필요하게 덧보태진 글자이다.
121. 《춘추좌씨전(春秋左氏傳)·소공(昭公)·17년》. '故' 다음에 '爲'가 누락되었다.
122. '官'은 불필요하게 덧보태진 글자이다.
123. 《춘추좌씨전(春秋左氏傳)·소공(昭公)·17년》
124. 《춘추좌씨전(春秋左氏傳)·소공(昭公)·17년》
125. '改'는 '故'의 오자이다.
126. 《춘추좌씨전(春秋左氏傳)·소공(昭公)·17년》
127. 금부(金符): 부명(符命). 하늘이 임금이 될 자에게 내렸다는 상서로운 부절(符節). 이것으로 하늘로부터 명(命)을 받았다는 징표로 삼았다고 한다.
128. 제록(帝籙): 금부(金符)와 마찬가지로 천제(天帝)가 내리는 부명(符命)이다.
129. 《예문유취(藝文類聚)》 권12.
130. 《한서(漢書)》 권1.
131. 《예문유취(藝文類聚)》 권11에 수록된 "소호금천씨(少昊金天氏)" 항목의 내용을 요약하여 기술한 것이다.

덕이 용렬하여 약수(若水)에서 귀양살이를 하였으며 제후였다. 전욱이 태어났는데 나이 열 살에 소호(少昊)를 돕고 열둘에 관례(冠禮)를 치렀으며 스물에 제위(帝位)에 등극하였다.

顓頊有聖德. 父昌意, 雖黃帝之嫡, 以德劣降居若水, 諸侯. 及顓頊生, 十年而佐少昊, 十二而冠, 二十登帝位.[132]

- 제곡(帝嚳)에게 성스러운 덕이 있었다. 나이 열다섯에 전욱(顓頊)을 도왔고 서른에 제위(帝位)에 등극하였다.

  帝嚳[133]有聖德. 十五佐顓頊, 三十而登帝位.[134]

- 요(堯)임금은 열다섯 살에 소호(少昊) 지(摯)를 도와 당(唐)나라에 봉해져 제후가 되었다. 신장(身長)이 10자였으며, 일찍이 천상(天上)을 꿈꾸었던 까닭에 나이 스물에 제위(帝位)에 등극하였다.

  帝堯十五而佐帝摯, 受封於唐, 爲諸侯. 身長十尺, 嘗夢天上之故, 年二十而登帝位.[135]

- 탕(湯)임금이 걸왕(桀王)을 추방하고 박(亳) 땅으로 돌아가자 3,000 제후들이 크게 모였다. 탕임금이 천자의 옥새(玉璽)를 취하여 천자(天子)의 자리 왼쪽에 놓고 자리로 돌아가 절을 두 번 하고 제후의 지위를 따랐다. 탕임금이 말하기를, "저기는 천자의 자리입니다. 도(道)가 있는 자라면 그 자리에 처(處)할 수 있을 것입니다. 무릇 천하는 일가(一家)의 소유가 아니라 도가 있는 자가 소유할 수 있는 것입니다. 그러므로 천하란 오직 도가 있는 자만이 다스릴 수 있으며, 오직 도가 있는 자만이 처할 수 있는 것입니다"라고 하였다. 탕임금이 이것으로 세 번 사양하자 3,000의 제후 어느 누구도 감히 자리로 나아가지 못하였다. 그런 연후에 탕임금이 천자의 지위에 나아갔다.

  湯放桀而歸於亳, 三千諸侯大會. 湯取天子之璽, 置之於天子之座左, 復而再拜, 從諸侯之位. 湯曰, 此天子之位, 有道者可以處之矣. 夫天下非一家之有也, 有道者之有也, 故天下者, 唯有道者理之, 唯有道者宜處之. 湯以此三讓, 三千諸侯, 莫敢卽位, 然後湯卽天子之位.[136]

- 신농씨(神農氏) 시절에 하늘에서 곡식이 쏟아지자 신농씨가 밭을 갈고 이들을 심었으며, 질그릇을 만들고 도끼를 주조하고, 보습과 호미를 만들어 김을 매었다. 그것으로 초목이 우거진 황무지를 개간한 연후에 오곡(五穀)이 흥성하였으며 그것으로 나무 과실과 화초 과실을 도울 수 있게 되었다.

  神農之時, 天雨粟, 神農耕而種之, 作陶冶斤斧, 爲耜鉏耨. 以墾草莽, 然後五穀興, 以助果蓏實.[137]

- 신농씨(神農氏)는 달리는 짐승 (고기)로는 오래도록 백성을 기르기 어렵다고 여겼는데 이에 먹을 수 있는 것을 구하게 되었다. 온갖 초목의 열매를 맛보고, 짜고 쓴 맛을 살피고서 백성들에게 곡식 먹는 법을 가르치게 되었다.

  神農以爲走禽難以久養民, 乃求可食之物. 嘗百草實, 察鹹苦之味, 敎民食穀.[138]

---

132. 《어정연감류함(御定淵鑑類函)》 권49.
133. "帝嚳" 뒤에 "姬姓也"가 생략되었다.
134. 《어정연감류함(御定淵鑑類函)》 권49.
135. 《어정연감류함(御定淵鑑類函)》 권49.
136. 《어정연감류함(御定淵鑑類函)》 권49.
137. 《어정연감류함(御定淵鑑類函)》 권49.
138. 《어정연감류함(御定淵鑑類函)》 권49.

제왕의 탄생 聖誕

- 아기 낳을 그 달이 차다.《시경(詩經)》
  誕彌厥月.〈詩〉[139]
- 오백 년이면 왕 노릇을 할 사람이 일어나는 일이 반드시 있을 것이다.《맹자(孟子)》
  五百年, 必有王者興.〈孟〉[140]
- 혹자가 묻기를, "오백 년이면 성인(聖人)이 나온다는데 그런 일이 있었습니까?"라 하기에, "요(堯)임금과 순(舜)임금, 우(禹)임금은 군신(君臣) 사이였지만 동시대를 살았고, 문왕(文王)과 무왕(武王), 주공(周公)은 부자 사이였지만 함께 처했다. 탕(湯)임금과 공자(孔子)는 수백 년의 간극을 두고 태어났다. 지나간 것으로 인하여 올 것을 미루어보면 비록 천 대(代)라도 또한 알 수 있는 것이다"라고 하였다.
  或問, 五百歲而聖人出, 有諸. 曰, 堯舜禹, 君臣也, 而竝. 文武周公, 父子也, 而處. 湯孔子數百年而生. 因往以推來, 雖千世亦可知也.[141]

요광성(瑤光星)[142]이 달을 꿰다[요광관월(瑤光貫月)] 요광성(瑤光星)이 무지개처럼 달을 꿰었을 때 더없이 희었는데 궁실 그윽한 방안의 여추(女樞)를 감응시켜 흑제(黑帝) 전욱(顓頊)을 낳게 하였다.
瑤光如蜺貫月, 正白, 感女樞於幽房之宮, 生黑帝顓頊.[143]

발자국을 밟고 아이를 낳다[이적이생(履迹而生)] 수인씨(燧人氏) 시절에 큰 발자국이 뇌택(雷澤)에서 나왔는데 화서(華胥)가 이를 밟고 성기(成紀)에서 포희씨(庖犧氏)를 낳았다.《세기(世紀)》
燧人之世有大迹出雷澤, 華胥履之, 生庖犧氏於成紀.〈世紀〉[144]

제곡(帝嚳)의 정비(正妃)였던 강원(姜嫄)이 춘분(春分) 무렵 제비가 오는 날에 교매(郊禖)[145]의 제사를 올리는 데 따라갔다가 큰 발자국을 보았는데, 이를 밟고는 후직(后稷)을 낳았다.《세기(世紀)》
帝嚳元妃姜嫄, 以春分玄鳥至之日, 從祀郊禖, 見大迹, 履之, 而生后稷.〈世紀〉[146]

무지개가 화저(華渚)[147]에 흐르다[홍류화저(虹流華渚)] 큰 별이 무지개처럼 내려와 화저(華渚)에 흐르자 여절(女節)이 감응하여 백제(白帝) 금천씨(金天氏)를 낳았다.《감응록(感應錄)》
大星如虹下流華渚, 女節感而生白帝金天氏.〈感應錄〉[148]

번갯불이 북두성(北斗星)을 두르다[전요두추(電繞斗樞)] 신농씨(神農氏) 말엽에 소전씨(少典氏)가 부보(附寶)에게 장가를 들었는데 큰 번갯불 빛이 북두성(北斗星)을 두르며 교외에 비치는 것을 보았다. 이에 감응된 부보가 스무 달을 잉태하고 있다가 수구(壽丘)에서 황제(黃帝)를 낳았다.《세기(世紀)》
神農氏之末, 少典氏娶附寶, 見大電光繞北斗樞星, 照郊. 感附寶, 孕二十月, 生黃帝於壽丘.〈世紀〉[149]

열넉 달 만에 아이를 낳다[십사월생(十四月生)] 요

139. 《시경(詩經)·소아(小雅)·생민(生民)》
140. 《맹자(孟子)·공손추하(公孫丑下)》
141. 《양자법언(揚子法言)》 권6.
142. 요광성(瑤光星): 북두칠성(北斗七星)의 일곱 번째 별 이름.
143. 《고금사문유취(古今事文類聚)·전집(前集)》 권19.
144. 《고금사문유취(古今事文類聚)·전집(前集)》 권19.
145. 교매(郊禖): 제왕(帝王)이 아들을 얻으려고 교외(郊外)에서 신에게 올리는 제사.
146. 《고금사문유취(古今事文類聚)·전집(前集)》 권19.
147. 화저(華渚): 전설상의 지명.
148. 《고금사문유취(古今事文類聚)·전집(前集)》 권19.

(堯)임금의 어머니 경도(慶都)가 나가서 산과 강을 구경하고 있을 때 갑자기 써늘한 바람이 불더니 적룡(赤龍)이 경도와 교합(交合)을 하게 되었는데 열넉 달을 잉태하고 있다가 요임금을 낳았다.

堯母慶都, 出觀山河, 奄然陰風, 赤龍與慶都合, 孕十四月, 生堯.[150]

구익부인(鉤弋夫人)[151] 조첩여(趙婕妤)가 임신한 지 열넉 달 만에 소제(昭帝)를 낳았다. 주상이 (해산한 곳의) 그 문(門)을 명명하여 요모문(堯母門)이라 하였다.

鉤弋夫人趙婕妤妊身十四月, 生昭帝.[152] 上命其門曰, 堯母門.[153]

북두성(北斗星)에 감응하여 아이를 낳다[감추성생(感樞星生)] 순(舜)임금의 어머니는 북두성의 정기(精氣)에 감응하여 순임금을 낳았다.《상서제명험(尙書帝命驗)》

舜母感樞星之精而生舜.〈尙書帝命驗〉[154]

악등(握登)이 무지개를 보고 생각으로 감응하여 순(舜)임금을 낳았다.《시함신무(詩含神霧)》

握登見虹, 意感而生舜.〈詩含神霧〉[155]

유성(流星)이 묘성(昴星)[156]을 꿰다[유성관묘(流星貫昴)] 수기(脩己)가 산행을 하다가 유성(流星)이 묘성(昴星)을 꿰는 것을 보고 생각으로 감응하였는데 오싹하게 가슴이 터지더니 우(禹)임금을 낳았다.《묵자(墨子)》

脩己, 山行見流星貫昴, 意感, 慄然胸坼而生禹.〈墨子〉[157]

새알을 삼키고 임신하다[탄을이잉(呑乙而孕)] 제곡(帝嚳)의 소비(少妃)[158]인 유융씨(有娀氏) 부족의 딸 간적(簡狄)이 춘분(春分) 무렵 제비가 오는 날에 교매(郊禖)의 제사를 올렸다. 어떤 제비가 알을 낳기에 간적이 삼켰더니 임신이 되어 설(契)을 낳았다.

帝嚳少妃有娀氏女簡狄, 以春分玄鳥至之日, 祀于高禖. 有玄鳥遺卵, 簡狄呑之, 孕, 生契.[159]

흰 기운이 달을 꿰다[백기관월(白氣貫月)] 탕(湯)임금의 어머니 부도(扶都)가 흰 기운이 달을 꿰는 것을 보고는 생각으로 감응하여 탕임금을 낳았다.《시함신무(詩含神霧)》

湯母扶都, 見白氣貫月, 意感而生湯.〈詩含神霧〉[160]

꿈에 신(神)과 만나다[몽여신우(夢與神遇)] 고조(高祖)의 어머니 온(媼)이 일찍이 큰 연못가 언덕에서 휴식을 취하다가 꿈에 신(神)과 만났는데 (바로) 이때에 천둥이 치고 번갯불이 번쩍이더니 날이 어두컴컴해졌다. 아버지 태공(太公)이 가서 보았더니 교룡(交龍)이 (부인의 몸) 위에 있는 것이 보였다. 얼마 후에 임신을 하여 마침내 고조를 낳았다.

高祖母媼, 嘗息大澤之陂, 夢與神遇, 時雷電晦冥, 父太公往視, 見交龍於上, 已而有娠, 遂產高祖.[161]

149.《고금사문유취(古今事文類聚) · 전집(前集)》 권19.
150.《고금사문유취(古今事文類聚) · 전집(前集)》 권19.
151. 구익부인(鉤弋夫人): 한(漢) 무제(武帝)의 비(妃)이자 소제(昭帝)의 어머니.
152. "生昭帝" 다음에 "上曰, 昔堯十四月生"이 생략되었다.
153.《고금사문유취(古今事文類聚) · 전집(前集)》 권19.
154.《고금사문유취(古今事文類聚) · 전집(前集)》 권19.
155.《고금사문유취(古今事文類聚) · 전집(前集)》 권19.
156. 묘성(昴星): 이십팔수(二十八宿)의 열여덟째 별자리의 별들.
157.《고금사문유취(古今事文類聚) · 전집(前集)》 권19. 사고전서본(四庫全書本)《묵자(墨子)》에는 우(禹)임금의 탄생 설화와 관계되는 기록이 보이지 않는다.
158. 소비(少妃): 보통은 제후(諸侯)의 첩(妾)을 가리키나 여기서는 제곡(帝嚳)의 둘째 부인이라는 뜻으로 쓰였다.
159.《고금사문유취(古今事文類聚) · 전집(前集)》 권19.
160.《고금사문유취(古今事文類聚) · 전집(前集)》 권19.
161.《고금사문유취(古今事文類聚) · 전집(前集)》 권19.

꿈에 해가 가슴에 들다[몽일입회(夢日入懷)] 경제(景帝)의 왕황후(王皇后)가 해가 가슴에 들어오는 꿈을 꾸었는데 7월 7일에 의란전(猗蘭殿)에서 무제(武帝)를 낳았다.《무제고사(武帝故事)》

景帝王后夢日入懷, 以七月七日生武帝於猗蘭殿.〈武帝故事〉162

붉은 빛이 집을 비추다[적광조실(赤光照室)] 광무제(光武帝)가 건평(建平)163 원년 12월 갑자일 밤에 제양(濟陽)의 현사(縣舍)에서 태어날 무렵에 붉은 빛이 집을 비추고 있었다. 광무제가 태어날 때 가화(嘉禾)가 있어 줄기 하나에 이삭이 9개 달렸으며, 현(縣)의 경내(境內)가 크게 풍년이 들었다. 이로 인하여 이름을 '秀'라 하였다.《동관한기(東觀漢紀)》

光武以建平元年十二月甲子夜, 生於濟陽縣舍, 有赤光照室. 光武生時有嘉禾, 一莖九穗, 縣境大熟, 因名秀.〈東觀漢紀〉164

구름과 용의 상서로움[운룡지서(雲龍之瑞)] 당(唐) 태종(太宗)이 무공(武功)의 별관(別館)에서 태어났는데 당시에 상서로운 구름이 보이더니 몇 리(里)에 걸쳐 가득 차 그들먹하였으며, 위로는 하늘에 잇닿아 있었다. 용(龍) 두 마리가 별관 문 밖의 물속에서 놀다가 사흘이 지나자 갔다.

唐太宗生於武功之別館, 時有慶雲見, 瀰漫數里, 上屬於天. 二龍戲於館門之外水中, 經三日乃去.165

해를 꿈꾸고 임신하다[몽일이신(夢日而娠)] 태조(太祖)의 어머니 소헌황후(昭憲皇后)가 일찍이 해가 가슴에 들어오는 꿈을 꾸고 임신하여 저녁 햇살이 비치는 집 안에서 태조를 낳았다.

太祖母昭憲皇后, 嘗夢日入懷而娠, 生之夕光照室中.166

신(神)이 해를 받드는 꿈을 꾸다[몽신봉일(夢神捧日)] 태종(太宗)의 어머니 소헌황후(昭憲皇后)가 신인(神人)이 해를 받들어 가슴에 놓는 꿈을 꾸었는데 마침내 임신이 되어 붉은빛이 가득한 집에서 태종을 낳았다.

太宗母昭憲皇后, 夢神人捧日置于懷, 遂有娠, 生帝赤光滿室.167

해가 옷자락에 떨어지는 꿈을 꾸다[몽일추거(夢日墜裾)] 인종황제(仁宗皇帝)의 어머니 장의황후(章懿皇后) 이씨(李氏)가, 일찍이 두 개의 해가 하늘에 있다가 그중 하나가 갑자기 떨어져 옷자락으로 받드는 꿈을 꾸었는데 이로부터 태기가 있게 되었다.

仁宗皇帝母章懿皇后李, 嘗夢二日在天, 其一忽墜, 以裾承之, 自是有娠.168

맨발의 신선을 꿈꾸다[몽적각선(夢赤脚仙)] 장의이후(章懿李后)가 홀연 꿈을 꾸었는데 깃옷을 입은 한 선비가 맨발로 공중으로부터 내려와 말하기를, "그대의 아들을 위하여 온 것이라오"라 하였다. 당시에 주상에게 아직 후사(後嗣)가 없었기에 듣고서 크게 기뻐하였더니 말하기를, "마땅히 그대를 위하여 그 일을 이루어 주겠소"라고 하였다. 이날 저녁에 황제의 시침(侍寢)에 불려가 태기가 있더니 이듬해에 소릉(昭陵)에서 (인종을) 낳아 기르게 되었다. 그런데 어릴 적에 매번 버선과 신발을 신겨 주면 곧바로 재빨리 벗어버리고는 늘 맨발로 걸어다니자 궁궐 안에서는 모두 '맨발의 신선'으로 불렀다. 맨발의 신선은 득도(得道)하였던 옛날의 이군(李君)이다.

162.《고금사문유취(古今事文類聚)·전집(前集)》권19.
163. 건평(建平): 한(漢) 애제(哀帝)의 연호(B.C. 6)이다.
164.《고금사문유취(古今事文類聚)·전집(前集)》권19.
165.《고금사문유취(古今事文類聚)·전집(前集)》권19. 여기에는 제목이 "경운지서(慶雲之瑞)"로 되어 있다.
166.《고금사문유취(古今事文類聚)·전집(前集)》권19.
167.《고금사문유취(古今事文類聚)·전집(前集)》권19.
168.《고금사문유취(古今事文類聚)·전집(前集)》권19.

章懿李后, 忽夢一羽衣之士, 跣足從空而下云, 來爲汝子. 時上未有嗣, 聞之大喜, 云, 當爲汝成之. 是夕, 召幸有娠, 明年誕育昭陵, 而幼年每穿履韈, 卽亟令脫去, 常徒步, 禁中皆呼爲赤脚仙人. 赤脚仙人, 蓋古之得道李君也.169

붉은빛이 하늘에 비치다[적광조천(赤光照天)] 수주(秀州)의 외과의(外科醫) 장호(張浩)가 스스로 말하기를, "젊어서 군적(軍籍)에 예속되어 일찍이 덕청(德淸)의 갑관(閘官)170이 되었는데 하루는 해질 무렵에 교외로 나가 가흥현(嘉興縣)에 들렀다가 갑자기 승청(丞廳)에서 붉은빛이 하늘에 비치는 것을 보게 되었다. 회록(回祿)171이 아닌가 의심하고 재빨리 들어가 살펴보았더니 조현승(趙縣丞)의 집사람이 때마침 몸을 풀어 사내아이를 낳았으니 이분이 효종(孝宗)을 낳으신 것이다"라고 하였다.《휘진록(揮塵錄)》

秀州外醫張浩自云, 少隷軍籍, 嘗爲德淸閘官, 一日晩出郊, 過嘉興縣, 忽覩丞廳赤光照天. 疑爲回祿, 亟入視之, 乃趙縣丞之室適免娠, 得雄, 是誕育孝宗也.〈揮塵錄〉172

제왕의 나이 聖壽

- 다섯 가지 복은 그 첫째가 오래 사는 것이다.《서경(書經)》

五福, 一曰壽.〈書〉173

- 아무런 탈 없이 오래 사시기를!《시경(詩經)》

萬壽無疆.〈詩〉174

- 군자께서 만년토록 그대의 큰 복 누리시기를!《시경(詩經)》

君子萬年, 介爾景福.〈詩〉175

- 남산(南山)의 무궁함처럼《시경(詩經)》

如南山之壽.〈詩〉176

- 그러므로 큰 덕이 있는 사람은 반드시 그 천수(天壽)를 누린다.《중용(中庸)》

故大德必得其壽.177《中庸》

- 하늘이 황제(皇帝)를 내리셨으니 하늘과 수명(壽命)이 나란하기를!178〈한유(韓愈)의 글〉

天錫皇帝, 與天齊壽.〈韓文〉179

- 황제(黃帝)는 (나이가) 110세(歲), 소호(少昊)는 100세, 전욱(顓頊)은 98세, 제곡(帝嚳)은 100세, 요(堯)임금은 118세, 순(舜)임금은 110세, 우(禹)임금과 탕(湯)임금은 모두 100세, 문왕(文王)은 97세, 무왕(武王)은 93세였다.

黃帝百十歲, 少昊百歲, 顓帝九十八歲, 帝嚳百歲,

---

169. 《고금사문유취(古今事文類聚)·전집(前集)》 권19.
170. 갑관(閘官): 갑문(閘門)을 관리하는 관리(官吏).
171. 회록(回祿): 전설상의 화신(火神).
172. 《고금사문유취(古今事文類聚)·전집(前集)》 권19.
173. 《서경(書經)·홍범(洪範)》
174. 《시경(詩經)·빈풍(豳風)·칠월(七月)》
175. 《시경(詩經)·대아(大雅)·기취(旣醉)》
176. 《시경(詩經)·소아(小雅)·천보(天保)》
177. "必得其壽" 앞에 "必得其位, 必得其祿, 必得其名"이 생략되었다.
178. 《오백가주창려문집(五百家注昌黎文集)》 권1에 실린 〈원화성덕시(元和聖德詩)〉의 시구(詩句)이다.
179. 《고금사문유취(古今事文類聚)·전집(前集)》 권20.

堯帝百十八歲, 帝舜百十歲, 禹湯皆百歲, 文王九十七歲, 武王九十三歲.180

• 문왕(文王)이 무왕(武王)에게 말하기를, "너는 어떤 꿈을 꾸었느냐?"라 하자 무왕이 대답하기를, "꿈에 상제(上帝)께서 제게 이[齒]를 9개 주셨습니다"라고 하였다. 문왕이 말하기를, "옛날에 나이를 말할 때에 '령(齡)'이라 하였으니 나는 100년을 살고 너는 90년을 산다는 뜻이니 내가 너에게 (나이) 셋을 주겠다"라고 하였다.

文王謂武王曰, 汝何夢矣. 對曰, 夢帝與我九齡. 文王曰, 古者謂年齡也, 我百, 爾九十, 吾與爾三焉.181

제왕의 학문 聖學

• 《서경(書經)》의 기록이다. 사람의 마음은 위태롭기만 하고, 도(道)를 향하는 마음은 미약하기만 하니, 오직 정신을 하나로 모아 성실한 마음으로 중정(中正)의 도리를 지켜야 하오.

書. 人心惟危, 道心惟微, 惟精惟一, 允執厥中.182

• 오직 배움에 있어서는 뜻을 겸손하게 하여야 하고, 힘써 언제나 기민하게 배우시면 그 닦은 데 대한 결실을 맺을 것입니다. 진실로 이와 같은 뜻을 품으면 그 몸에 도가 쌓일 것입니다. 가르치는 것은 배우는 것의 반이니 처음부터 끝까지 언제나 배움에 힘쓰면 그 덕이 깨닫지 못하는 사이에 닦아질 것입니다.

惟學遜志, 務時敏, 厥修乃來. 允懷于玆, 道積于厥躬. 惟斅學半, 念終始典學, 厥德修罔覺.183

• 《시경(詩經)》의 기록이다. 아름다운 문왕께서는, 아아! 끊임없이 힘써 공경하셨네.

詩. 穆穆文王. 於緝熙敬止.184

• 나날이 이루고 다달이 나아가, 빛나고 밝아지도록 계속하여 배우다.

日就月將. 學有緝熙于光明.185

• 《맹자(孟子)》의 기록이다. 탕(湯)임금이 이윤(伊尹)에게 배운 후에 그를 신하로 삼았기 때문에 수고하지 않고도 왕 노릇을 할 수 있었다.

孟子. 湯之於伊尹, 學焉而後臣之, 故不勞而王.186

• 《신서(新序)》의 기록이다. 자하(子夏)가 애공(哀公)을 대하고서 말하기를, "황제(黃帝)는 대진(大眞)에게서 배웠고, 전욱(顓頊)은 녹도(錄圖)에게서 배웠으며, 제곡(帝嚳)은 적송자(赤松子)에게서 배웠고, 요(堯)임금은 군주(君疇)에게서 배웠으며, 순(舜)임금은 무성(務成)에게서 배웠고, 우(禹)임금은 서왕국(西王國)에게서 배웠으며, 탕(湯)임금은 성자백(成子伯)에게서 배웠고, 문왕(文王)은 시자사(時子思)에게서 배웠으며, 무왕(武王)은 괵숙(虢叔)에게서 배웠습니다"라고 하였다.

新序. 子夏對哀公曰, 黃帝學于大眞, 顓帝學于錄圖, 帝嚳學于赤松, 堯學于君疇, 舜學于務成, 昭禹學于西王國, 湯學于成子伯, 文王學于時子思, 武王學于

---

180. 《고금사문유취(古今事文類聚) · 전집(前集)》 권20.
181. 《예기(禮記) · 문왕세자(文王世子)》에 실린, "文王謂武王曰, 女何夢矣. 武王對曰, 夢帝與我九齡. 文王曰, 女以爲何也. 武王曰, 西方有九國焉, 君王其終撫諸. 文王曰, 非也, 古者謂年齡, 齒亦齡也, 我百, 爾九十. 吾與爾三焉"을 생략하여 기술한 것이다. 문왕은 97세로 생을 마치고, 무왕은 93세로 생을 마쳤다.[文王九十七乃終, 武王九十三而終.]
182. 《서경(書經) · 대우모(大禹謨)》
183. 《서경(書經) · 열명하(說命下)》
184. 《시경(詩經) · 대아(大雅) · 문왕(文王)》
185. 《시경(詩經) · 주송(周頌) · 경지(敬之)》
186. 《맹자(孟子) · 공손추하(公孫丑下)》

虢叔.[187]

육경(六經)을 표창(表彰)하다[표창육경(表章六經)] 반고(班固)가 말하였다. 한(漢) 고조(高祖)가 난리를 다스려 바른 데로 되돌리고, 문제(文帝)와 경제(景帝)가 백성을 기르는 데 힘썼지만, 고대의 예악(禮樂)과 문물(文物)을 살피는 데 이르러서는 아직도 부족한 것이 많았다. 효무제(孝武帝)가 막 즉위하여 탁월하게 백가(百家)를 물리치고 육경(六經)을 표창(表彰)하였다.

班固曰. 漢高帝撥亂反正, 文景務在養民, 至于稽古禮文之事, 猶多闕焉. 孝武初立, 卓然罷黜百家, 表章六經.[188]

예관(倪寬)이 무제(武帝)를 만나 경학(經學)을 말하자 주상이 말하기를, "나는 애초에 《상서(尙書)》를 질박한 학문으로 여겨 좋아하지 않았는데 예관의 얘기를 듣고 보니 (볼 만하겠구려!)"라고 하였다. 이에 예관에게 한 편을 전수받았다.

倪寬見武帝語經學, 上曰, 吾始以尙書爲樸學, 弗好, 及聞寬說[189], 乃從受一篇.[190]

오경(五經)을 강론(講論)하다[강론오경(講論五經)] 한(漢) 선제(宣帝)는 동해군(東海郡)의 복중옹(澓中翁)에게서 《시경(詩經)》을 전수받았으며, 나이 열여덟에 《논어(論語)》와 《효경(孝經)》을 사사(師事)하여 전수받았다. 감로(甘露)[191] 3년에는 여러 유생들에게 조서를 내려 석거각(石渠閣)에서 (오경의) 이동(異同)을 강론하게 하였다. 소망지(蕭望之) 등이 (의론을) 평하여 아뢰자 주상이 친히 황제의 직권으로 그 자리에서 결정하였다.

漢宣帝受詩于東海澓中翁, 年十八師受論語孝經. 甘露三年, 詔諸儒[192]異同於石渠閣. 蕭望之等平奏, 上親稱制臨決.[193]

경전의 이치를 강론하다[강론경리(講論經理)] 광무제(光武帝)가 자주 공경(公卿)과 낭장(郞將)을 불러 경전의 이치를 강론하게 하였는데 한밤중이 되어서야 침소에 들었다. 번준(樊準)의 소(疏)에서, "광무제께서 중간에서 일어나시어 창을 던져 두고 육예(六藝)를 익히고, 말을 쉬게 하고 도(道)를 논하셨습니다"라고 하였다.

光武數召公卿郞將, 講論經理, 夜分乃寢. 樊準疏. 光武中興, 投戈講藝, 息馬論道.[194]

사경(四經)에 아울러 통하다[겸통사경(兼通四經)] 명제(明帝)가 황태자(皇太子)였을 적에 《상서(尙書)》를 익혀 스승의 법도를 갖추고서 환영(桓榮)에게서 《상서》를 전수받고 사경(四經)에 아울러 통하였다. 대의(大義)를 요약하여 거론하고 여러 책들을 두루 보아 학술에 보탬이 되게 하였는데, 즉위한 후로 친히 학교(學校)에 임하여 양로(養老)와 걸언(乞言)[195]의 예를 행하자 여러 유자들이 경전(經典)을 잡고 어려운 대목을 물었다.

明帝爲皇太子, 治尙書, 備師法, 受書於桓榮, 兼通四經, 略擧大義, 博觀群書, 以助術學, 及卽位, 躬臨辟雍, 行養老乞言之禮, 諸儒執經問難.[196]

오경(五經)을 강의(講議)하다[강의오경(講議五經)]

---

187. 《산당사고(山堂肆考)》 권33. 《신서(新序)·잡사(雜事)》에는, "黃帝學乎大眞, 顓頊學乎綠圖, 帝嚳學乎赤松子, 堯學乎尹壽, 舜學乎務成跗, 禹學乎西王國, 湯學乎威子伯, 文王學乎鉸時子斯, 武王學乎郭叔"으로 되어 있다.
188. 《한서(漢書)·무제기(武帝紀)》
189. "及聞寬說" 다음에 "可觀"이 누락되었다.
190. 《한서(漢書)·유림전(儒林傳)》
191. 감로(甘露): 한(漢) 선제(宣帝)의 연호(B.C. 53-B.C. 50)이다.
192. "諸儒" 다음에 '講'이 누락되었다.
193. 《산당사고(山堂肆考)》 권33. 《한서(漢書)·소제기(昭帝紀)》에 보이는 내용을 요약하여 기술한 것이다.
194. 《산당사고(山堂肆考)》 권33.
195. 걸언(乞言): 교훈이나 길잡이가 될 말이나 가르침을 달라고 청하는 일.

장제(章帝)가 유가(儒家)의 학술에 큰 뜻을 두었는데 《고문상서(古文尙書)》와 《춘추좌씨전(春秋左氏傳)》을 특별히 좋아하였다. 건초(建初)[197] 4년에 박사(博士)와 의랑(議郎)[198] 및 여러 유자(儒者)들을 소집하여 백호관(白虎觀)에 모이게 한 뒤 오경(五經)의 이동(異同)을 강론(講論)하고 《백호의주(白虎議奏)》 1편을 짓게 하였다.

章帝隆意儒術, 特好古文尙書左氏傳. 建初四年, 召博士議郎及諸儒, 會白虎觀, 講論五經同異, 作白虎議奏一篇.[199]

옛것을 좋아하고 도(道)를 즐기다[호고락도(好古樂道)] 화제(和帝)는 효성스럽고 유순한데다 총명하였으며, 관후(寬厚)하고 온화하면서 인자하였다. 애초에 《상서(尙書)》를 익히고 전적(典籍)들을 아울러 보았는데 옛것을 좋아하고 도(道)를 즐겼으며 비추어보지 않는 바가 없었다. 오경(五經)의 뜻이 다르거나 전적의 뜻이 다르면 동관(東觀)[200]에 행차하여 책들을 열람하였다.

和帝孝順聰明, 寬和仁孝. 初治尙書, 兼覽書傳, 好古樂道, 無所不照. 以五經義異, 書傳意殊, 幸東觀, 覽書林閱篇籍.[201]

경술(經術)에 전일(專一)하다[예정경술(銳情經術)] 당(唐) 태종(太宗)이 몸에는 동개[202]를 띠고 있었지만 경술(經術)에 전일(專一)하였으며, 왕부(王府)에 문학관(文學館)을 열고 명유(名儒) 18명을 불러 학사(學士)로 삼았다. 즉위한 뒤에는 홍문관(弘文館)을 설치하고, 학사들을 모두 이끌어 교대로 숙직을 서며 고금(古今)의 서적을 토론하게 하였다.

唐太宗身屬[203]櫜鞬, 銳情經術, 卽王府開文學館, 召名儒十八人爲學士. 旣卽位, 置弘文館, 悉引學士, 更番直宿, 討論古今文籍.[204] 詔天下家藏孝經.[205]

전적(典籍)에 유의(留意)하다[유의분전(留意墳典)] 당(唐) 헌종(憲宗)이 전적(典籍)에 관심을 가지고서 전대(前代)의 흥망(興亡)과 득실(得失)을 기록한 책을 매번 보고 그 말을 모두 세 번 반복하였다. 또 전대 군신(君臣)의 사적(事迹)들을 모아 병풍에 적었다.

唐憲宗留意墳典, 每覽前代興亡得失之書, 皆三復其言. 又集前代君臣事迹, 書于屛風.[206]

손에서 책을 놓지 아니하다[수불석권(手不釋卷)] 송(宋) 태조(太祖)가 애초에 후주(後周)의 장수였을 적에 군중(軍中)에 있을 때라도 손에서 책을 놓지 않았다. 간간이 진기한 책이 있으면 천금(千金)도 아까워하지 않고 구매하였다. 현덕(顯德)[207] 초엽에 후주의 세종(世宗)을 따라 회(淮) 지역을 평정할 때에 그를 참소하는 자가 있어 말하기를, "조광윤(趙匡胤)은 사사로이 무거운 수레 몇 대를 가지고 있습니다"라고 하였다. 세종이 사람을 시켜 살펴보게 하였더니 과연 그러하여 끌고 들어오게 하여 면전에서 그것을 열었더니 오직 책 수천 권이 있을 뿐이었다. 세

196. 《예문유취(藝文類聚)》 권12와 《산당사고(山堂肆考)》 권33에 보이는 내용을 조합하여 기술한 것임.
197. 건초(建初): 후한(後漢) 장제(章帝)의 연호(76-83)이다.
198. 의랑(議郎): 한대(漢代)에 설치하였던 관직의 하나로 고문(顧問)과 응대(應對) 등의 일을 담당하였다.
199. 《산당사고(山堂肆考)》 권33.
200. 동관(東觀): 한(漢)나라 때에 궁중에서 저작(著作)·장서(藏書) 등의 일을 맡아보던 곳.
201. 《어정연감류함(御定淵鑑類函)》 권52.
202. 동개: 활과 화살을 꽂아 넣어 등에 지도록 만든 물건. 흔히 가죽으로 만드는데, 활은 반만 들어가고 화살은 아랫부분만 들어가도록 만든다.
203. '屬'은 임의로 보태진 글자이다.
204. 《산당사고(山堂肆考)》 권33.
205. 《산당사고(山堂肆考)》 권33. 이 부분은 제목이 "조장효경(詔藏孝經)"으로 되어 있다.
206. 《산당사고(山堂肆考)》 권33.
207. 현덕(顯德): 후주(後周) 태조(太祖)의 연호(954)이다.

종이 이상하게 여기고는 또 말하기를, "경(卿)은 바야흐로 장수가 되었으니 갑옷을 튼튼하게 하고 병기(兵器)를 날카롭게 하는 것이 마땅하거늘 책으로 무엇을 하겠다는 거요?"라고 하였다. 태조(太祖)가 머리를 조아리고 말하기를, "신(臣)이 기묘한 계책으로 위로 성스러운 덕(德)을 도울 수 없기 때문입니다. 책을 모으는 까닭은 견문을 넓히고 지혜로운 생각을 더하고자 하는 것입니다"라 하자 세종이, "좋소"라고 하였다.

宋太祖初爲周將時, 雖在軍中, 手不釋卷. 間有奇書, 不悋千金購之. 顯德初, 從周世宗平淮, 有譖之者, 曰, 趙匡胤私有重車數乘. 世宗遣人察之, 果然令引入, 面開之, 惟書數千卷. 世宗異之, 且曰, 卿方爲將帥, 當堅甲利兵, 何用書爲. 太祖頓首曰, 第[208]無奇謀上贊聖德. 所以聚書者, 欲廣聞見, 增智慮也. 世宗曰, 善.[209]

태조(太祖)가 송기(宋琪)에게 말하기를, "짐(朕)이 천성적으로 책 읽기를 좋아하여 책만 열면 이로운 것이 많은데, 전대(前代)의 흥망을 매번 보며 경계해야 할 것으로 삼고자 하오"라고 하였다. 한가한 날이 되면 매번 시독(侍讀)을 여쭈었는데 여문중(呂文仲)은 경전의 뜻으로, 시서(侍書)[210] 왕저(王著)는 필법(筆法)으로, 갈단(葛湍)은 문자학(文字學)으로 모셨다.

太祖謂宋琪曰, 朕性喜讀書, 開卷有益, 每見前代廢興, 以爲鑑戒. 每暇日則問侍讀, 呂文仲以經義, 侍書王著以筆法, 葛湍以字學.[211]

주문공(朱文公)이 말하기를, "태조(太祖)가 언어(言語)와 문자(文字)의 학문을 하지 않아 마음이 곧바로 요순(堯舜)과 합치될 수 있었다는 것은 옳다"라고 하였다.

朱文公謂太祖不爲言語文字之學, 而方寸之地直與堯舜合, 是也.[212]

경술(經術)에 유의(留意)하다[유의경술(留意經術)]

인종(仁宗)이 일상적으로 처리하는 정무(政務)에서도 경술(經術)에 유의(留意)하여 비록 춥거나 더워도 그치지 않았다.

仁宗萬幾之下, 留意經術, 雖寒暑不輟.[213]

(인종이) 경력(慶曆)[214] 5년에 이영각(邇英閣)에 거둥하였더니 《시경(詩經)》의 〈비풍편(匪風篇)〉을 강론하면서, "누가 물고기를 삶을까? 가마솥을 씻으리라"라고 하기에 황제가 말하기를, "노자(老子)가, '큰 나라를 다스릴 때는 마치 작은 생선을 삶듯이 하라'고 하였는데 이것과 같은 것이오?"라고 하였다. 정도(丁度)가 대답하기를, "물고기를 삶는 것이 번잡하면 (물고기가) 바스러지고, 백성 다스리는 것이 번잡하면 (백성들이) 흩어지게 됩니다"라고 하였다.

慶曆五年, 幸邇英閣, 講詩匪風篇曰, 誰能亨魚, 漑之釜鬵. 帝曰, 老子謂治大國如烹小鮮, 與此同否. 丁度對曰, 烹魚煩則碎, 治民煩則散.[215]

인종(仁宗)이 왕증(王曾)에게 말하기를, "두 '한서(漢書)'의 문사(文辭)의 온아(溫雅)함에는 《당서(唐書)》가 끝내 미치지 못할 것이오"라고 하였다. 왕증이 물러가자 재상(宰相)이 말하기를, "주상께서 경사(經史)를 열람하시어 전대(前代) 저술의 체(體)

208. '第'는 '臣'의 오자이다.
209. 《산당사고(山堂肆考)》 권33.
210. 시서(侍書): 제왕(帝王)을 모시며 문서(文書)를 관장하던 관원(官員). 한림원(翰林院)의 속관(屬官)이었다.
211. 《산당사고(山堂肆考)》 권33.
212. 《산당사고(山堂肆考)》 권33. 《송대사기강의(宋大事記講義)》 권3에서는, "朱文公曰, 太祖不爲言語文字之學, 而方寸之地正大光明, 直與堯舜之心合, 信哉, 斯言"이라고 하였다.
213. 《산당사고(山堂肆考)》 권33에는, "宋仁宗天聖四年, 王旦曰, 陛下萬幾之下, 留意經術, 雖寒暑不輟"로 되어 있다.
214. 경력(慶曆): 북송(北宋) 인종(仁宗)의 연호(1041-1048)이다.
215. 《산당사고(山堂肆考)》 권33.

를 아시고, 또 그것을 잘 평하셨습니다. 예로부터 글을 좋아했던 군주라도 유의(留意)하는 것이 아직 여기까지 미치지 못하였습니다"라고 하였다.

仁宗謂王曾曰, 兩漢書文辭溫雅, 唐書終不及也. 曾退, 相謂曰, 上閱經史, 見前代述作之體, 且善評之. 自昔好文之主, 未嘗留意及此.[216]

경계할 것이 중지(中止)하는 데 있다[계재중지(戒在中止)] 영종(英宗)이 일찍이 근신(近臣)들에게 말하기를, "무릇 학문의 도(道)는 경계할 것이 중지(中止)하는 데 있다"라고 하였다. 그리하여 일을 보는 것이 끝나면 밥상 올리는 것도 기다리지 않고 곧바로 경연(經筵)으로 모시게 했던 것이다.

英宗嘗謂侍臣曰, 凡學之道, 戒在中止. 故視事畢, 不俟進食, 即御經筵.[217]

바람이 불거나 비가 내려도 바꾸지 않다[풍우불역(風雨不易)] 신종(神宗)은 총명하고 명철하였는데 매번 경사(經史)를 논할 때면 사람의 의표(意表)를 찔렀다. 이영각(邇英閣)에서 강독(講讀)을 할 때면 바람이 불거나 비가 내려도 바꾸지 않았으며, 궁궐 안에서 책을 볼 때면 간혹 한밤중까지 이르기도 하였다. 하루는 손사공(孫思恭)이 모시고서 《맹자(孟子)》를 강론하고 있었는데, '도와주는 사람이 가장 많은 경우에는 천하가 순종하고, 도와주는 사람이 가장 적은 경우에는 친척마저 배반한다'는 대목에 이르러, 손사공이 고금의 '도움'과 '순종'의 일은 광범하게 인용하였으나 친척이 배반한 것에 대해서는 언급하지 않았다. 황제가 돌아보며 말하기를, "미자(微子)는 주왕(紂王)의 당내친(堂內親)인데 제기(祭器)를 안고 주(周)나라로 달아난 것은 친척이 배반한 것이 아니겠소?"라고 하자 손사공이 재배(再拜)하고는 명석함을 칭찬하고 탄복하였다.

神宗聰明英睿[218], 每論經史, 出人意表. 邇英講讀, 風雨不易, 禁中觀書, 或至夜分. 一日, 孫思恭侍讀講孟子, 至多助之至, 天下順之, 寡助之至, 親戚畔之[219], 思恭泛引古今助順之事, 而不及親戚畔之者. 帝顧曰, 微子紂之諸父, 抱祭器而奔周, 非親戚畔之耶. 思恭再拜, 稱服明睿.[220]

오로지 글자만 보다[유간문자(惟看文字)] 철종(哲宗) 시절에 기거사인(起居舍人) 왕암수(王巖叟)가 시강(侍講)으로 인하여 아뢰기를, "폐하(陛下)께서는 퇴조(退朝)하신 뒤 일이 없으시면 무엇으로 소일을 하십니까?"라고 하였다. 황제가 말하기를, "오로지 글자만 본다오"라고 하기에 대답하기를, "폐하께서 책 읽기를 즐거움으로 삼으시니 천하에 매우 다행스런 일입니다"라고 하였다.

哲宗時, 起居舍人王巖叟, 因侍講奏曰, 陛下退朝無事, 何以消日. 帝曰, 惟看文字. 對曰, 陛下以讀書爲樂, 天下幸甚.[221]

밤에 《상서(尙書)》를 읽다[야독상서(夜讀尙書)] 고종(高宗)이 평상시에 궁궐 안에서 스스로 일과를 두어 밤에 《상서(尙書)》를 읽었는데 대체로 이경(二更)이 되어서야 끝냈다.

高宗居常, 禁中自有日課, 夜讀尙書, 率二鼓, 乃罷.[222]

하루에 한 권(卷)을 끝내다[일진일권(日盡一卷)] 효종(孝宗)이 시강(侍講)하는 관원에게 말하기를, "《삼조보훈(三朝寶訓)》 시강이 언제 편(篇)을 마치게 되오? 짐은 선왕(先王)들의 모훈(謨訓)[223]을 듣는 것이 즐거우니 비록 하루에 한 권(卷)을 끝내더라도

216. 《산당사고(山堂肆考)》 권33.
217. 《산당사고(山堂肆考)》 권33.
218. "聰明英睿" 다음에 "聖學高遠"이 생략되었다.
219. 《맹자(孟子)·공손추하(公孫丑下)》. 원문에는 "寡助之至, 親戚畔之, 多助之至, 天下順之"로 되어 있다.
220. 《산당사고(山堂肆考)》 권33.
221. 《산당사고(山堂肆考)》 권33.
222. 《산당사고(山堂肆考)》 권33에는 "宋高宗曰, 朕居常, 禁中自有日課, 夜讀尙書, 率二鼓, 乃罷"로 되어 있다.

또한 많은 것이 아닐 거요"라고 하였다.

孝宗謂講官曰, 進講三朝寶訓, 幾時終篇. 朕樂聞祖宗謨訓, 雖日盡一卷, 亦未爲多.[224]

경사(經史)를 시강(侍講)하다[진강경사(進講經史)]

이종(理宗)이 태학(太學)에 임하고자 숭화당(崇化堂)으로 거둥하여 좨주(祭酒) 조헌(曹獻)에게 명하여《예기(禮記)》의〈대학(大學)〉편을 강론하게 하였다. 단평(端平) 원년에 진덕수(眞德秀)에게 조서를 내려《대학연의(大學衍義)》를 시강(侍講)하게 하였으며, 가희(嘉熙) 원년에는 경연(經筵)에 조서를 내려 주희(朱熹)의《통감강목(通鑑綱目)》을 시강하게 하였다.

理宗臨太學, 御崇化堂, 命祭酒曹獻, 講禮記大學篇. 端平元年, 詔眞德秀, 進講大學衍義. 嘉熙元年, 詔經筵, 進講朱熹通鑑綱目.[225]

제왕의 덕 帝德

- 《일주서(逸周書)》에서 말하였다. 문왕(文王)이 호(鎬)에 있으면서 태자(太子) 발(發)을 불러 말하기를, "내 몸은 늙었다. 내가 너에게 말을 하리니, 내가 보전하고 있는 것과 내가 지키고 있는 것을 자손들에게 전해 주어라. 나는 덕을 두텁게 하고 은혜를 넓게 하였으며, 교만하거나 사치하지도 않았고 허영을 부리지도 않았다. 어린 소에게 짐을 지우지 않고, 어린 말을 달리게 하지 않았다. 선비들이 그 의당함을 잃지 않게 하고, 만물이 그 성정(性情)을 잃지 않게 하였으며, 천하가 때를 잃지 않게 하여 온갖 바탕이 이루어지게 하였다. 온갖 바탕이 이미 이루어지면 길러서 사람을 위하게 하되 천하가 그 이로움을 누려도 덕(德)을 뻐기지 않는 것, 이를 일러 대인(大仁)이라고 한다."라고 하였다.

  周書[226]曰. 文王在鎬, 召太子發曰, 我身老矣. 吾語汝, 我所保與我所守, 傳之子孫. 吾厚德而廣惠, 不爲驕侈, 不爲泰靡. 童牛不服, 童馬不馳. 士不失其宜, 萬物不失其性, 天下不失時, 以成萬材. 萬材已成, 牧以爲人, 天下利之而勿德, 是謂大仁.[227]

- 《대대례기(大戴禮記)》에서 말하였다. 옛날에 우(禹)임금이 밭을 가는 사람을 보고 오우(五耦)로 예를 갖추고, 작은 마을을 지나갈 때 수레에서 내려 걸었던 것은, 덕(德)을 갖춘 선비가 있었기 때문이다.

  大戴禮曰. 昔者, 禹見耕者, 五耦而式. 過十室之邑則下, 爲秉德之士存焉.[228]

- 《예함문가(禮含文嘉)》[229]에서 말하였다. 복희씨(伏羲氏)의 덕(德)이 위아래로 넉넉해지자 하늘이 날짐승과 길짐승의 무늬로 응하고, 땅이 거북 등의 글로 응하였다. 복희씨가 이에 그 상(象)을 본받아 역(易)을 만들었다.

  禮含文嘉曰. 伏羲德洽上下, 天應以鳥獸文章, 地應以龜書. 伏羲乃則象作易.

- 《백호통(白虎通)》[230]에서 말하였다. 왕 노릇을 하는 자가 하늘을 받들고 이치를 따르는 까닭에 길상의 징조가 덕에 응하여 이르는 것이다. 덕이 하늘에 미치면 북두성(北斗星)과 북극성(北極星)이 밝

---

223. 모훈(謨訓): 뒤의 임금에게 계(戒)가 되는 가르침.
224. 《산당사고(山堂肆考)》 권33.
225. 《산당사고(山堂肆考)》 권55와 권33에 보이는 내용을 묶어 서술한 것이다.
226. "周書"는 "逸周書"를 가리킨다.
227. 《예문유취(藝文類聚)》 권12.
228. 《대대례기(大戴禮記)·증자제언하(曾子制言下)》
229. 《함문가(含文嘉)》: 한대(漢代)에 엮어진《예기(禮記)》의 위서(緯書)로 간단히《함문가(含文嘉)》라고도 한다.

아지고, 해와 달이 빛나며, 감로(甘露)가 내린다. 덕이 땅에 미치면 가화(嘉禾)가 생겨나고, 명협(蓂莢)[231]이 일어난다. 덕이 조수(鳥獸)에 이르면 봉황이 날고, 난새가 춤을 추며, 기린이 이르고, 여우는 꼬리가 아홉이 되며, 흰 꿩이 내려오고, 백록(白鹿)이 나타난다. 덕이 산과 언덕에 이르면 상서로운 구름이 피고, 지초(芝草)의 열매가 무성해지며, 언덕에서는 흑색의 단사(丹砂)가 나오고, 산에서는 보기(寶器)와 산거(山車)[232]가 나오며, 연못에서는 신마(神馬)가 나온다. 덕이 못과 샘물에 이르면 황룡(黃龍)이 나타나고, 예천(醴泉)[233]이 솟구치며, 황하(黃河)에서는 용도(龍圖)가 나오고, 낙수(洛水)에서는 귀서(龜書)가 나오며, 강에서는 큰 조개가 나오고, 바다에서는 이름난 구슬이 나온다. 덕이 팔방(八方)에 이르면 상서로운 바람이 불어온다.

白虎通曰. 王者承天順理, 故符瑞應德而至.[234] 德及天, 卽斗極明, 日月光, 甘露降. 德至地, 卽嘉禾生, 蓂莢起. 德至鳥獸, 卽鳳皇翔, 鸞鳥舞, 麒麟臻, 狐九尾雉白首白鹿見.[235] 德至山陵, 卽景雲出, 芝實茂, 陵出黑丹, 山出器車, 澤出神馬. 德至淵泉, 卽黃龍見, 醴泉涌, 河出龍圖, 雒出龜書, 江出大貝, 海出名珠, 德至八方, 卽祥風至.[236]

• 《한비자(韓非子)》에서 말하였다. 옛날에 문왕(文王)이 낙수(洛水)의 서쪽에 있는 기름진 땅 사방 천 리를 바칠 것이니 포락형(炮烙刑)[237]을 풀어달라고[없애달라고] 청하자 세상 사람들이 모두 기뻐하였다.

韓子曰. 昔文王請入雒西地赤壤之國方千里, 以解炮烙之刑, 天下皆說.[238]

• 《여씨춘추(呂氏春秋)》에서 말하였다. 주(周)나라 문왕(文王)이 사람을 시켜 못을 파게 하였는데 거기서 죽은 사람의 뼈가 나왔다. 담당 관리가 이를 문왕에게 보고하였다. 문왕이 말하기를, "다시 장사 지내 주어라"라고 하였다. 담당 관리가 말하기를, "이 뼈는 연고자(緣故者)가 없습니다"라고 하자 문왕이 말하기를, "천하를 가진 자는 천하의 주인이요, 한 나라를 가진 자는 한 나라의 주인이다"라 하고는 마침내 담당 관리에게 명하여 옷과 관(棺)을 갖추어서 다시 그를 장사 지내게 하였다. 천하 사람들이 이 이야기를 듣고는, "왕은 현명한 사람이다. 은혜가 삭은 뼈에까지 미치고 있으니"라고 하였다.

呂氏春秋曰. 周文王使人相地[239], 得死人之骸. 吏以聞于文王, 文王曰, 更葬之. 吏曰, 此無主矣. 文王曰, 有天下者, 天下之主也. 有一國者, 一國之主也.[240] 遂令吏以衣冠[241]更葬之. 天下聞之曰, 文王賢矣, 澤及髊骨.[242]

---

230. 《백호통(白虎通)》: 중국 후한(後漢)시대 반고(班固)가 편찬한 경서(經書)로 정식 명칭은 《백호통의(白虎通義)》이며 《백호통덕론(白虎通德論)》이라고도 한다.
231. 명협(蓂莢): 중국 요임금 때 났었다는 전설상의 상서로운 풀.
232. 산거(山車): 제왕에게 덕이 있고 천하가 태평하면 나타난다는 전설상의 수레.
233. 예천(醴泉): 중국에서 태평할 때에 단물이 솟는다고 하는 샘.
234. 《백호통의(白虎通義)》에는, "王者承天順理, 故符瑞應德而至"가 "王者承天順理, 調和陰陽, 陰陽和, 萬物序, 休氣充塞, 故符瑞竝臻, 皆應德而至"로 되어 있다.
235. 《백호통의(白虎通義)》에는, "狐九尾雉白首白鹿見"이 "狐九尾, 白雉降, 白鹿見"으로 되어 있다. 번역은 원전을 따른다.
236. 《예문유취(藝文類聚)》 권98. 이 부분은 《백호통의(白虎通義)》의 기록을 요약한 것이다.
237. 포락형(炮烙刑): 불에 달구어 지지는 형벌.
238. 《한비자(韓非子) · 난이(難二)》
239. "相地"는 "扣池"의 오자이다.
240. "一國之主也" 다음에 "今我非其主也"가 생략되었다.
241. '冠'은 '棺'의 오자이다.

• 《제왕세기(帝王世紀)》에서 말하였다. 신농씨(神農氏)에게 성스러운 덕이 있어 비로소 천하에 곡식 심는 것을 가르쳤다. 그리하여 호(號)를 '神農氏'로 하였다. 제후(諸侯) 숙사씨(夙沙氏)가 반란을 일으켜 명(命)대로 행하지 않았으며, 기문(箕文)이 간언을 하자 그를 죽였다. 염제(炎帝)가 물러나 덕을 닦으니 숙사(夙沙)의 백성들이 스스로 그 임금을 치고 염제에게 귀의하였다.

帝王世紀曰. 神農氏有聖德, 始敎天下種穀, 故號神農氏. 諸侯夙沙氏叛不用命, 箕文諫而殺之. 炎帝退而修德, 夙沙之民自攻其君而歸炎帝.243

• 《제왕세기(帝王世紀)》에서 또 말하였다. 무왕(武王)이 맹진(孟津)으로부터 주(周)나라로 돌아오다가 더위 먹은 사람을 보자 왕이 직접 왼손으로 끌어안고 오른손으로 그에게 부채질하였다.

又曰. 武王自孟津還及于周, 見暍人, 王自左擁而右扇之.244

• 《서경(書經)》의 기록이다. 밝은 왕께서 신중하게 덕을 펴시니 사방의 미개인들이 모두 와 신하되기를 원합니다.

書. 明王愼德, 四夷咸賓.245

• 《서경(書經)》에서 또 말하였다. 공손하고 총명하고 우아하고 신중하며 온유하였고, 진실로 공손하고 사양하여 빛이 온 세상에 미치므로 위로는 하늘과 아래로는 땅이 감동하였다.《서경(書經)·요전(堯典)》

又曰. 欽明文思安安, 允恭克讓, 光被四表, 格于上下.〈堯典〉

• 깊디깊고 어질며 우아하고 명석하였다. 부모에 대하여 온화하고 공손하게 효도하며 진지하고 착실하여 형제간에 우애 있게 지냈으니, 그의 숨은 덕은 위로 하늘에까지 들렸다.《서경(書經)·순전(舜典)》

濬哲文明. 溫恭允塞, 玄德升聞.〈舜典〉

• 《시경(詩經)》의 기록이다. 그 명성 크게 하시어, 그 덕이 더욱 밝으셨네. 더욱 밝고 더욱 선하시어, 더욱 어른스럽고 더욱 임금다웠네.

詩. 貊其德音, 其德克明. 克明克類, 克長克君.246

군주가 행해야 할 도리 君道

• 《주역(周易)》에서 말하였다. 위대한 임금이 명령을 내려 새 나라를 열고 가업을 계승한다.

易曰. 大君有命, 開國成家.247

• 《예기(禮記)》에서 말하였다. 예(禮)란 임금이 나라를 다스리는 큰 수단이다. 정치란 임금이 몸을 간직하는 곳이다.

記曰. 禮者, 君之大柄也. 政者, 君之所以藏身也.248

• 《등석서(鄧析書)》에서 말하였다. 임금이 된 자는 늘 동지(冬至)의 볕과 하지(夏至)의 그늘과 같아야 만물이 그에게 귀의하게 되는 것이지 억지로 그렇

242. 《여씨춘추(呂氏春秋)》 권15. "周文王使人抇池, 得死人之骸, 吏以聞於文王, 文王曰, 更葬之. 吏曰, 此無主矣. 文王曰, 有天下者, 天下之主也, 有一國者, 一國之主也. 今我非其主也. 遂令吏以衣棺更葬之. 天下聞之曰, 文王賢矣, 澤及髊骨, 又況於人乎."

243. 《어정연감류함(御定淵鑑類函)》 권50.

244. 《어정연감류함(御定淵鑑類函)》 권50.

245. 《서경(書經)·여오(旅獒)》

246. 《시경(詩經)·대아(大雅)·황의(皇矣)》

247. 《주역(周易)·사괘(師卦)》

248. 《예기(禮記)·예운(禮運)》. 두 단락은 연속된 글이 아니다.

게 하도록 해서는 안 된다. (그렇게 하면) 쓰러져 누워 있더라도 공(功)은 저절로 이루어지며, 한가롭고 편안하게 지내도 정사(政事)는 저절로 다스려진다.

鄧析書曰. 爲君者, 常若冬至之陽, 夏至之陰, 萬物歸之, 莫之使也. 偃卧而功自成, 優游而政自治.[249]

• 《등석서(鄧析書)》에서 또 말하였다. 임금이 된 자는 모습을 감추고 그림자를 숨겨야 하며, 사람들 아래서는 사사로움이 없어야 한다. 눈을 가리고 귀를 막는 것을 만백성들은 두려워하고 떤다. 명분을 좇아 실질을 구하고[名實相符하도록 하고], 법도를 살펴 일을 세워 이루는 것, 이를 일러 영명한 군주라고 한다.

又曰. 爲君者, 滅形匿影, 群下無私. 掩目塞耳, 萬民恐震. 循名責實, 案法立成, 是謂明主.[250]

• 손경자(孫卿子)[251]가 말하였다. 임금은 배[舟]이며 백성은 물이다. 물은 배를 다니게 할 수도 있지만 또한 배를 엎을 수도 있다.

孫卿子曰. 君, 舟也. 庶人, 水也. 水能行舟, 亦能覆舟.[252]

• 손경자(孫卿子)가 또 말하였다. 임금이란 '뜻[義]'이다. 뜻이 바르면 임금은 바르게 된다. 임금은 대야이며, 물은 백성이다. 대야가 반듯하면 물도 반듯해지고, 대야가 둥글면 물도 둥글게 된다.

又曰. 君者, 義也. 義正則君正. 君者, 盤也, 水者, 民也. 盤方則水方, 盤圓則水圓.[253]

• 《시자(尸子)》에서 말하였다. 공자(孔子)가 자하(子夏)에게 말하기를, "너는 임금에 대하여 알고 있느냐?"라고 하였다. 자하가 말하기를, "물고기가 물을 잃으면 죽지만 물은 물고기를 잃어도 여전히 물입니다"라 하자 공자가 말하기를, "상(商)아! 너는 알고 있구나"라고 하였다.

尸子曰. 孔子謂子夏曰, 汝知君乎. 子夏曰, 魚失水則死, 水失魚猶爲水也. 孔子曰, 商汝知之.[254]

• 《시자(尸子)》에서 또 말하였다. 해가 우물 안에 있으면 멀리 비출 수 없고, 눈이 발아래에 있으면 그것으로 볼 수가 없다. 임금에게 나라가 있는 것은 하늘에 해가 있는 것과 같은데 거하는 곳이 높지 않다면 밝게 볼 수가 없고, 존엄하지 않다면 원대해질 수가 없다.

又曰. 日在井中, 不能燭遠. 目在足下, 不能以視. 君之有國, 猶天之有日, 居不高則不明視, 不尊則不遠.[255]

• 《여씨춘추(呂氏春秋)》에서 말하였다. 강이나 샘이 깊으면 물고기나 자라가 그곳으로 몰리고, 군주가 현명하면 호걸(豪傑)들이 그에게로 나아간다.

呂氏春秋曰. 泉[256]深則魚鼈歸之[257], 人君賢則豪傑赴[258]之.[259]

• 《여씨춘추(呂氏春秋)》에서 또 말하였다. 백성들이 군주에 대한 것은 도장이 도장밥에 대한 것과 같다.

249. 《어정연감류함(御定淵鑑類函)》 권122.
250. 《어정연감류함(御定淵鑑類函)》 권122.
251. 손경자(孫卿子): 순경(荀卿), 순황(荀況), 곧 순자(荀子)이다. '荀'을 '孫'으로 적게 된 것은 한선제(漢宣帝)의 이름자를 피휘(避諱)한 때문이다.
252. 《태평어람(太平御覽)》 권620. 《순자(荀子) · 왕제(王制)》에는, "君者, 舟也, 庶人者, 水也. 水則載舟, 水則覆舟"로 되어 있다.
253. 《태평어람(太平御覽)》 권620. 사고전서본(四庫全書本) 《순자(荀子)》에는 보이지 않는 내용이다.
254. 《어정연감류함(御定淵鑑類函)》 권122. "汝知君乎"가 "商汝知君之爲君乎"로 된 전적(典籍)이 많다.
255. 《어정연감류함(御定淵鑑類函)》 권122.
256. '泉' 앞에 '水'가 생략되었다.
257. 이 구절 뒤에 "樹木盛則飛鳥歸之, 庶草茂則禽獸歸之"가 생략되었다.
258. 《여씨춘추(呂氏春秋)》에는 '赴'가 '歸'로 되어 있다.
259. 《여씨춘추(呂氏春秋)》 권2.

모가 난 도장으로 누르면 모 난 형상이 찍히고, 둥근 도장으로 누르면 둥근 형상이 찍힌다. 만일 오곡(五穀)의 종자를 땅에 심는다면 필히 그 종류에 따라 100배가 되도록 길러야 할 것이니 이것이 오제(五帝)와 삼왕(三王)에게 적이 없었던 까닭이다.

又曰. 人之於上也, 若璽之於塗也. 抑之以方則方, 以圓則圓. 若五種之地, 必應其類而蕃息百倍, 此五帝三王之所以無敵也.260

- 《여씨춘추(呂氏春秋)》에서 또 말하였다. 제(齊)나라 환공(桓公)은 관중(管仲)과 포숙아(鮑叔牙)에게 감화되었고, 진(晉)나라 문공(文公)은 구범(舅犯)과 극언(郤偃)에게 감화되었으며, 초(楚)나라 장왕(莊王)은 손숙오(孫叔敖)와 심윤증(沈尹蒸)에게 감화되었고, 오(吳)나라 (왕) 합려(闔閭)는 오원(伍員)과 문지의(文之儀)에게 감화되었으며, 월(越)나라 왕인 구천(勾踐)은 범려(范蠡)와 대부종(大夫種)에게 감화되었다. 이 다섯 명의 군주(君主)는 감회된 것이 도리에 맞았다. 그리하여 제후(諸侯)의 패자(覇者)가 될 수 있었던 것이다.

又曰. 齊桓公染於管仲鮑叔, 晉文公染於舅261犯郤偃, 楚莊王染於孫叔敖沈尹蒸, 吳闔閭染於伍員父262之儀, 越勾踐染於范蠡大夫種. 此五君者所染當, 故霸諸侯.263

- 《여씨춘추(呂氏春秋)》에서 또 말하였다. 선왕(先王)은 자기가 가지지 않은 것을 운용함이 마치 자기가 가진 것처럼 하였는데 (이는) 군주의 도(道)에 통달했기 때문이다. 군주(의 도)라는 것은 허(虛)에 처(處)하여 소박하고 질박하며 지혜를 가지지 않는 것이므로 능히 많은 사람의 지혜를 사용할 수가 있다. (지혜가) 능한 것이 없으므로 많은 사람의 재능을 사용할 수가 있다. 무위(無爲)할 수가 있으므로 많은 사람의 위(爲)를 사용할 수가 있다.

又曰. 先王用非其有, 如已之有, 通乎君道者也. 君者, 處虛素服而無智, 故能使衆智也. 無能264, 故能使衆能也. 無爲265, 故能使衆爲也.266

- 하늘처럼 덮어 주고 땅처럼 용납(容納)하라. 한 사람이 은혜를 입으면 덕이 크지 않고, 만 사람이 은혜를 입으면 덕이 적지 않다.《회남자(淮南子)》

蓋之如天, 容之如地. 一人被之而不褒, 萬人蒙之而不褊.〈淮南子〉267

- 덕이 있는 군주는 (자기가) 즐기는 바로써 백성을 즐겁게 하고, 덕이 없는 군주는 (자기가) 즐기는 바로써 자신을 즐겁게 한다.《후한서(後漢書)》

有德之君, 以樂樂民, 無德之君, 以樂樂身.〈後漢書〉268

- 윗사람 노릇을 잘 할 수 있는 자는 나무를 타듯이 하고, 재주를 잘 쓰는 자는 바다를 건너듯이 한다.《관자(管子)》

能爲上者, 若緣木, 善用才者, 如濟海.〈管子〉269

---

260. 《여씨춘추(呂氏春秋)》 권19.
261. 《여씨춘추(呂氏春秋)》에는 '舅'가 '咎'로 되어 있다.
262. '父'는 '文'의 오자이다.
263. 《여씨춘추(呂氏春秋)》 권2.
264. "無能" 앞에 "智反"이 누락되었다.
265. "無爲" 앞에 "能執"이 누락되었다.
266. 《여씨춘추(呂氏春秋)》 권25.
267. "蓋之如天, 容之如地"는 《춘추좌씨전(春秋左氏傳)·양공(襄公)·14년》에 보이는 내용이며, "一人被之而不褒, 萬人蒙之而不褊"은 《회남홍렬해(淮南鴻烈解)》 권9에 보이는 내용이다.
268. 《후한서(後漢書)》 권48에는, "有德之君, 以所樂樂人, 無德之君, 以所樂樂身"으로 되어 있다.
269. 《북당서초(北堂書鈔)》 권29에서, "能爲上者, 若緣木"은 《공자가어(孔子家語)》의 기록으로, "善用才者, 如濟海"는 《관자(管子)》의 기록으로 밝히고 있지만 사고전서본(四庫全書本) 해당 서책에서는 확인되지 않는다.

하늘을 공경하다 敬天

• 《시경(詩經)》의 기록이다. 하늘의 노여움을 공경하여 감히 장난치며 즐기지 말고, 하늘의 변심을 공경하여 감히 멋대로 행동하지 말기를! 넓은 하늘은 밝고 밝아 그대 가는 곳 지켜보고, 넓은 하늘은 밝고 밝아 그대 노는 것을 지켜보리라.

詩. 敬天之怒, 無敢戲豫. 敬天之渝, 無敢馳驅. 昊天曰明, 及爾出王. 昊天曰旦, 及爾游衍.[270]

• 이 문왕께서는 삼가고 조심하며, 하늘을 밝게 섬겨, 마침내 많은 복을 품게[누리게] 되셨네.

維此文王, 小心翼翼. 昭事上帝, 聿懷多福.[271]

• 나는 일찍부터 밤늦게까지 하늘의 위엄을 두려워하네.

我其夙夜, 畏天之威.[272]

• 공경하고 공경하라. 하늘은 오직 밝으시고, 하늘의 명은 간직하기 쉽지 않으니, 높고 높아 위에 있다고 말하지 말라. 일마다 오르내리시며, 날마다 감시하고 계신다네.

敬之敬之, 天維顯思. 命不易哉, 無曰高高在上, 陟降厥士, 日監在玆.[273]

재앙을 두려워하다 懼災

일식(日食)이 있자 과실을 생각하다[일식사과(日食思過)] 한(漢) 문제(文帝) 시절에 일식(日食)이 있자 황제가 여러 신하들에게 말하기를, "임금이 부덕(不德)하면 하늘이 그에게 재앙을 보여 제대로 다스리지 못함을 경계시키오. 짐(朕) 아래에서 중생(衆生)을 다스려 기를 수 없어 하늘이 삼광(三光)[274]의 밝은 빛에 누를 입힌 것이니 부덕함이 큰 것이오. 여러분들은 짐의 과실(過失)을 생각하되 내 지식과 견문이 미치지 못하는 부분까지 짐에게 알려 주기 바라오"라고 하였다.

漢文帝時日食, 帝謂群臣曰, 人主不德, 則天示之災, 以戒不治. 朕下不能治育群生, 上以累三光之明, 不德大矣. 其悉思朕之過失, 及知見之所不及, 以告朕.[275]

광무제(光武帝가)가 조서를 내려 말하기를, "내 덕이 각박하여 재앙을 부르는 데 이르러, 견책(譴責)을 해와 달로 보이니 무릇 무슨 말을 하겠는가? 지금 바야흐로 허물[잘못]을 생각하고 있나니 그 허물[재앙]이 소멸되기만을 바라노라. 일을 맡은 자에게 명령하나니, 각기 직임(職任)을 닦아 법도를 받들어 따르고, 이 백성에게 은혜를 베풀라. 온 관원(官員)들은 각기 봉사(封事)[276]를 올리되, 꺼리는 바가 없도록 하라. 그 글을 올리는 자들은 성스러움을 말해서는[찬미의 말을 해서는] 안 된다"라고 하였다.

---

270. 《시경(詩經)·대아(大雅)·판(板)》
271. 《시경(詩經)·대아(大雅)·대명(大明)》
272. 《시경(詩經)·대아(大雅)·아장(我將)》
273. 《시경(詩經)·주송(周頌)·경지(敬之)》
274. 삼광(三光): 해와 달과 별 세 가지를 이르는 말. 별은 북두칠성을 가리키는 경우가 많다.
275. 《산당사고(山堂肆考)》 권34. 《한서(漢書)·문제기(文帝紀)》의 내용을 요약하여 정리한 것이다.
276. 봉사(封事): 밀봉(密封)한 상주문(上奏文).

光武詔曰, 吾德薄致災, 謫見日月[277], 夫何言哉. 今方念愆, 庶消厥咎. 其令有司, 各脩職任, 奉遵法度, 惠玆元元. 百僚各上封事, 無有所諱. 其上書者, 不得言聖.[278]

눈도 내리지 않고 비도 내리지 않다[무설무우(無雪無雨)] 화제(和帝)가 조서를 내려 말하기를, "해마다 풍년이 들지 않아 백성들의 곳간이 비고, 경사(京師)에 작년 겨울에 눈이 내리지 않더니 올봄에도 단비가 내리지 않아, 백성들이 이리저리 떠돌아다니느라 길에서 곤욕을 치르고 있다. 짐(朕)이 가슴이 아프고 머리가 지끈거리지만 어떻게 조처해야 할지를 알지 못하겠다. 자주 유사(有司)에게 조서를 내려 어진 관리 뽑기에 힘쓰라 하였나니, 위아래가 마음을 한가지로 하면 어쩌면 거의 치유될 수 있을진저!"라고 하였다.

和帝詔曰, 比年不登, 百姓虛匱, 京師去冬無宿雪, 今春無澍雨, 黎民流離, 困于道路. 朕痛心疾首, 靡知所濟. 數詔有司, 務擇良吏, 上下同心, 庶或有瘳.[279]

혜성(彗星)이 보이자 덕을 닦다[혜견수덕(彗見修德)] 정관(貞觀)[280] 8년에 허수(虛宿)[281]와 위수(危宿)[282] 사이에 혜성(彗星)이 나타나 저수(氐宿)[283]까지 지나가더니 100여 일이 지나서야 사라졌다. 황제가 여러 신하를 방문하였더니 우세남(虞世南)이 말하기를, "옛날 제경공(齊景公) 시절에 혜성이 나타나자 경공이 안영(晏嬰)에게 물었더니 안영이 대답하기를, '공(公)께서는 연못을 파면 깊지 않을까 걱정하고, 돈대나 정자를 지을 때면 높지 않을까 걱정하며, 형벌을 집행할 때면 엄중하지 않을까 걱정하십니다. 이 때문에 하늘이 혜성을 보여 경계시키는 것입니다'라 하자 경공이 두려워하며 덕을 닦았다고 합니다. 지금 폐하께서 공(功)이 높다 하여 스스로 뻐기지 않고, 태평시절이 오래되었다 하여 스스로 교만해지지 않는다면 혜성이 비록 보인다 하더라도 걱정할 것이 못됩니다"라고 하였다. 황제가 말하기를, "내가 나이 열여덟에 의병을 일으키고, 스물넷에 천하를 평정하였으며, 서른이 못 되어 제위(帝位)에 올랐기 때문에 이를 자부하며 뻐기고 천하의 선비들을 대수롭지 않게 여겼소. 하늘이 이변(異變)을 보이는 것은 이 때문일 텐데 내가 어찌 경계하지 않을 수 있겠소?"라고 하였다.

貞觀八年, 星孛于虛危, 歷氐, 餘百日[284], 帝訪群臣, 虞世南對曰, 昔齊景公時, 彗見, 公問晏嬰, 對曰, 公穿池沼畏不深, 起臺榭畏不高, 刑罰畏不重, 是以天見彗爲戒, 景公懼而脩德, 今願陛下, 勿以功高而自矜, 勿以太平久而自驕, 彗雖見, 未足憂. 帝曰, 吾年十八, 擧義兵, 二十四, 平天下, 未三十, 卽大位, 故負而矜之, 輕天下士. 上天見變, 其爲是乎. 吾何得不戒耶.[285]

송(宋) 태종(太宗) 시절에 혜성이 동쪽 정성(井星)[286] 근처에 출현하자 조서를 내려 말하기를, "짐(朕)이 몸을 희생(犧牲)으로 삼아 맹렬한 불 속에서 타더라도 하늘의 견책(譴責)에 답하여 사죄하기엔 부족하리라. 마땅히 경(卿) 등과 더불어 형법(刑法)과 정사(政事)의 과실(過失)을 살피고 농사의 어려움을 생각하여, 사물을 근심하고[아껴 쓰고] 백성을

277. "謫見日月" 다음에 "戰栗恐懼"가 생략되었다.
278. 《후한서(後漢書)·광무제기(光武帝紀)》
279. 《후한서(後漢書)·효화효상제기(孝和孝殤帝紀)》에 보이는 내용을 요약하여 기술한 것이다.
280. 정관(貞觀): 당(唐) 태종(太宗)의 연호(627-649)이다.
281. 허수(虛宿): 이십팔수(二十八宿)의 열한째 별자리.
282. 위수(危宿): 이십팔수(二十八宿)의 열두째 별자리.
283. 저수(氐宿): 이십팔수(二十八宿)의 셋째 별자리.
284. '餘百日' 다음에 '而滅'이 생략되었다.
285. 《산당사고(山堂肆考)》 권34. 《구당서(舊唐書)》 권72에 보이는 내용을 요약하여 기술한 것이다.
286. 정성(井星): 이십팔수(二十八宿)의 스물두째 별자리의 별들.

편안케 하여, 하늘의 보우(保佑)를 빌고 백 번 절을 하여 비를 기원하리라"라고 하였다.

宋太宗時, 彗出東井, 詔曰, 朕以身爲犧牲, 焚於烈火, 亦未足以答謝天譴. 當與卿等審刑政之闕失, 思[287]稼穡之艱難, 恤物安人, 以祈玄祐, 百拜禱雨.[288]

경력(慶曆)[289] 2년 5월에 크게 가물다가 정해일(丁亥日) 밤에 비가 내리자 재상(宰相)이 입궐하여 경하하였다. 주상이 말하기를, "어젯밤에 짐(朕)이 문득 가느다란 우레 소리를 듣고 일어나, 뜰에 맨발로 서서 하늘을 우러러 백배(百拜)를 하며 비가 오기를 빌었더니 얼마 되지 않아 비가 내렸소. 짐과 빈(嬪)의 어의(御衣)가 모두 젖었지만 감히 피해갈 수 없었소. 이에 조서를 내려 내 죄를 책망하고, 잠자리를 피하고 반찬을 줄이려고 하였지만 또 헛된 이름을 부풀려 꾸미는 일에 가까울까봐 걱정했다오. 이른 아침부터 밤늦게까지 마음을 정성되게 하여 몰래 비는 것이 선(善)이 되는 것만 못하겠지요"라고 하였다.

慶曆二年五月大旱, 丁亥夜, 雨, 宰相入賀. 上曰, 昨夜朕忽聞微雷, 因起露立于庭, 仰天百拜以禱, 須臾雨至. 朕及嬪御衣皆沾濕, 不敢避去. 比欲下詔罪己, 避寢減膳, 又恐近于崇飾虛名. 不若夙夜精心, 密禱爲善爾.[290]

네 가지 과실(過失)로 자기를 책망하다[사실죄기(四失罪己)] 고종(高宗) 건염(建炎)[291] 3년 6월에 오래도록 비가 내리자 (주상이) 네 가지 과실(過失)로 자기를 책망하는 조서를 내렸는데 첫째는 나라를 경륜(經綸)하는 대략(大略)에 어둡다는 것이었고, 둘째는 재난을 평정하는 원대한 도모에 어둡다는 것이었으며, 셋째는 사람을 편안하게 하는 덕이 없다는 것이었고, 넷째는 신하를 부리는 권병(權柄)에 과실이 있다는 것이었다. 다시 낭관(郎官) 이상의 관원들에게 조서를 내려 실정(失政)을 말하라고 하였다.

高宗建炎三年六月久雨, 詔以四失罪己. 一曰昧經邦之大略, 二曰昧戡難之遠圖, 三曰無綏人之德, 四曰失馭臣之柄. 復詔郎官以上, 言闕政.[292]

사흘이 되자 곡식이 사라지다[삼일곡망(三日穀亡)]

《여씨춘추(呂氏春秋)》의 기록이다. 탕(湯)임금 시절에 어떤 곡식이 뜰에 돋아났는데 저녁에 돋더니 아침이 되자 크기가 한 아름이 되었다. 사관(史官)이 그 까닭을 점쳐보기를 청하니 탕임금이 말하기를, "내가 듣기로 서물(瑞物)은 복(福)에 앞서 오는 것인데 서물을 보고도 선을 행하지 않으면 복이 오지 않으며, 요얼(妖孼)[293]은 화(禍)에 앞서 오는 것인데 요얼을 보았더라도 선행을 하면 화가 이르지 않는다고 한다"라고 하였다. 이에 아침 일찍부터 정사(政事)를 보기 시작하여 저녁 늦게 퇴근하고, 아픈 사람을 위문(慰問)하고 죽은 사람을 애도하며 백성들을 진정시키고 달랬더니 사흘이 되자 곡식이 사라졌다.

呂氏春秋. 成湯之時, 有穀生於庭, 昏生, 至旦而大合拱. 史請卜其故, 湯曰[294], 吾聞祥者福之先也. 見祥而爲不善, 則福不至. 妖者禍之先也, 見妖而爲善, 則禍不至. 於是早朝晏退, 問疾弔喪, 鎭撫百姓, 三日而穀亡.[295]

사방의 들에서 땅이 진동하다[사교지동(四郊地動)]

287. '思'는 임의로 보태진 글자이다.
288. 《송사(宋史)·본기(本紀)》. "百拜禱雨"는 《송사》의 기록이 아니다.
289. 경력(慶曆): 북송(北宋) 인종(仁宗)의 연호(1041-1048)이다.
290. 《산당사고(山堂肆考)》 권34에 보이는, "百拜禱天"이라는 제하(題下)의 내용을 간략히 정리한 것이다.
291. 건염(建炎): 남송(南宋) 고종(高宗)의 연호(1127-1130)이다.
292. 《산당사고(山堂肆考)》 권34.
293. 요얼(妖孼): 괴이한 물건이나 일, 현상 등을 일컫는 말.
294. 《여씨춘추(呂氏春秋)》에는, '湯曰'이 '湯退卜者曰'로 되어 있다.
295. 《여씨춘추(呂氏春秋)·계하기(季夏紀)》

《한시외전(韓詩外傳)》에서 말하였다. 문왕(文王)이 몸 져 자리에 누운 지 닷새가 되자 땅이 진동하여 사방의 들로 나가지 못하게 되었다. 유사(有司)가 청하여 말하기를, "땅이 진동하는 것은 임금님 때문이니 청컨대 (거처를) 옮기십시오"라고 하였다. 문왕이 말하기를, "어떻게 옮긴단 말이오?"라 하였더니 유사가 대답하기를, "일을 일으켜 대중(大衆)을 동원하여 도읍(都邑)의 성곽(城郭)을 증축하면 그리로 옮겨 가실 수 있습니다"라고 하였다. 문왕이 말하기를, "하늘이 요얼을 보이는 것은 그것으로 있는 죄를 벌하려는 것이오. 또 일을 일으켜 대중을 동원하는 것은 내 죄를 무겁게 하는 것이라오"라고 하였다. 이에 그 대우(待遇)와 녹질(祿秩)을 신중히 하고, 그 사령(辭令)을 삼가 하자 얼마 되지 않아 병이 나았다.

韓詩外傳曰. 文王寢疾, 五日而地動, 不出四郊. 有司請曰, 地之動, 爲人主也, 請移之. 文王曰, 奈何. 對曰, 興事動衆, 以增國城, 其可移之. 文王曰, 天之見妖以伐有罪. 又興事動衆, 是重吾罪也. 於是謹其禮秩, 飭其辭令, 無幾何而疾止.[296]

조종을 본받다 法祖

• 《서경(書經)》의 기록이다. 선왕들이 이루어 놓은 본보기를 살피면 영원히 허물이 없을 것이다.

書. 監于先王成憲, 其永無愆.[297]

• 《시경(詩經)》의 기록이다. 이렇게 앞으로 밝히시어 그 선왕조의 업적을 이으면 아아, 만년토록 하늘의 복을 받으리라.

詩. 昭兹來許, 繩其祖武, 於萬斯年. 受天之祜.[298]

• 문왕의 법도를 본받아 매일 사방을 편안하게 하면 [잘 다스리면]

儀式刑文王之典, 日靖四方.[299]

• 문왕을 본받으면 온 세상이 믿고 따르리라.

儀刑文王, 萬邦作孚.[300]

• 허물도 없고 실수도 없이, 모두 옛 선왕의 법도를 따르네.

不愆不忘, 率由舊章.[301]

• 이 소자는 일찍부터 밤늦게까지 공경하고 있나이다. 아아, 두 분 왕이시여! 차례로 이으신 것을 잊지 않겠나이다.

維予小子, 夙夜敬止. 於乎皇王, 繼序思不忘.[302]

인종(仁宗)에게서 본보기를 취하다[취법인종(取法仁宗)] (송의) 국자감승(國子監丞) 장계(張戒)가 거의 8천자가 되는 글을 올리자 고종(高宗)이 재상(宰相)과 중신(重臣)들에게 말하기를, "장계의 말에, 짐(朕)이 인종(仁宗)과 같은 수성(守成)[303]의 덕(德)은 있지만 태조(太祖)와 같은 창업(創業)의 뜻은 알지 못한다고 하였는데 이 말은 진실로 옳소이다. 짐이 인종께서 재위(在位)한 42년을 보았더니 덕이 백성들 마음에 흡족하여 오늘에 이르도록 천하 사람들

296. 《한시외전(韓詩外傳)》 권3에 보이는 내용을 요약하여 정리한 것이다.
297. 《서경(書經)·열명하(說命下)》
298. 《시경(詩經)·대아(大雅)·하무(下武)》
299. 《시경(詩經)·주송(周頌)·아장(我將)》
300. 《시경(詩經)·대아(大雅)·문왕(文王)》
301. 《시경(詩經)·대아(大雅)·가락(假樂)》
302. 《시경(詩經)·주송(周頌)·민여소자(閔予小子)》
303. 수성(守成): 조상들이 이루어 놓은 일을 이어서 지키는 것.

이 그것을 칭송하고 있소. 짐이 요(堯)임금, 순(舜)임금, 문왕(文王), 무왕(武王)과 같은 분들을 마음으로 우러러 사모하기 때문에, 정론(政論)을 세우거나 사람을 쓰는 일에 직면하면 짐이 늘 좌우에 두고 아침저녁으로 본보기로 삼고자 하오. 태조께서 훌륭한 무예와 용맹으로 창업한 것에 이르러서는 짐이 미치지 못하는 바이오"라고 하였다.

國子監丞張戒上書幾八千言, 高宗謂宰執曰, 戒言, 朕有仁宗守成之德, 而不知太祖創業之志, 此言良是. 朕見仁宗在位四十二年, 德洽民心, 至今天下誦之. 朕心仰慕如堯舜文武, 故當立政用人之事, 朕常置在左右, 朝夕爲法. 至於太祖以神武創業, 朕不及也.[304]

도덕을 그대로 좇아서 행하다[준행도덕(遵行道德)] 당(唐) 헌종(憲宗)이 일찍이 태종(太宗)과 현종(玄宗)의 성대(盛大)함을 칭송하면서 근신(近臣)들에게 말하기를, "짐이 두 황제의 도덕(道德)과 풍조(風操)와 비슷하게 하여 종묘(宗廟)에 부끄러움이 안 되었으면 하는데 어떻게 하면 여기에 이를 수 있겠소?"라 하였더니 학사(學士) 이강(李絳)이 대답하기를, "폐하께서 진실로 몸을 바르게 하여 자신에게 힘을 쓰실 수 있다면 도덕을 그대로 좇아서 행하십시오. 대신(大臣)들과 말을 나눌 때에는 공경스럽고 신실하게 하시되 소인배들이 끼어들지 못하게 하십시오. 현자(賢者)와 교유하실 때에는 친근하고 예의를 갖추시되 못난 사람들이 끼지 못하게 하십시오. 이렇게 하시면 조종(祖宗)과 덕이 합치되어 중흥(中興)이라 부를 수 있게 될 것이니 무슨 요원(遙遠)함이 있겠습니까?"라고 하였다.

唐憲宗嘗稱太宗玄宗之盛, 謂近臣曰, 朕欲庶幾二祖之道德風烈, 不爲宗廟羞, 何行而至此乎. 學士李絳對曰, 陛下誠能正身勵色[305], 遵行道德. 與大臣言, 敬而信, 無使小人參焉. 與賢者游, 親而禮, 無使不肖與焉. 如是, 可與祖宗合德, 號稱中興, 夫何遠之有.[306]

〈정관정요(貞觀政要)〉를 병풍에 쓰다[병서정요(屛書政要)] 당(唐) 선종(宣宗)이 일찍이 태종(太宗)이 엮은《금경록(金鏡錄)》을 학사(學士) 영호도(令狐綯)에게 주어 읽(어 주)게 하였는데, '난세(亂世)는 아닌 게 아니라 못나고 어리석은 자에게 일을 맡긴 데서 비롯되고, 치세(治世)는 아닌 게 아니라 충성스럽고 어진 자에게 일을 맡긴 데서 비롯된다'고 한 대목에 이르자 주상이 읽기를 멈추게 하고 말하기를, "무릇 태평(太平)에 이르기를 추구한다면 마땅히 이 말을 으뜸으로 삼아야 할 것이오"라고 하였다. 또 〈정관정요(貞觀政要)〉를 병풍에 써서 매번 안색을 바르게 하고 손을 공손하게 잡고는 읽었다.

唐宣宗嘗以太宗所撰金鏡錄, 授學士令狐綯, 使讀之, 至亂未嘗不任不肖, 治未嘗不任忠賢, 上止之曰, 凡求致太平, 當以此言爲首. 又書貞觀政要于屛風, 每正色拱手而讀之.[307]

전인(前人)의 공업(功業)을 계승하다[소계전렬(紹繼前烈)] 진종(眞宗)이 유신(儒臣)들에게 말하기를, "짐(朕)은, 태조(太祖)와 태종(太宗)께서 쇠퇴한 풍속을 크게 변화시키고 유학(儒學)을 숭상하여, 세상에 전해 사람을 가르친 것은 실로 깊은 뜻이 있는 것이라 생각하오. 짐이 훌륭하신 임금들의 교훈을 삼가 따르며 전인(前人)의 공업(功業)을 계승한다면 배우는 자들을 거의 경계시킬 수 있을 것이오. 선왕(先王)의 법률과 제도는 손바닥에서 가리키는 것과 같으니 누가 어렵다고 하겠소?"라고 하였다.

眞宗謂儒臣曰, 朕念太祖太宗丕變淳[308]俗, 崇尙斯文,

304.《산당사고(山堂肆考)》권34.

305. '色'은 '己'의 오자이다.

306.《산당사고(山堂肆考)》권34.《신당서(新唐書)》권152에 보이는 내용을 요약하여 기술한 것이다.

307.《산당사고(山堂肆考)》권34.

308. '淳'은 '衰'의 오자이다.

垂世敎人, 實有深旨. 朕謹遵聖訓, 紹繼前烈, 庶警學者. 先王成憲, 猶指諸掌, 孰曰難哉.309

가법(家法)을 다 실천하다[진행가법(盡行家法)]

여대방(呂大防)이 철종(哲宗)에게 말하기를, "본조(本朝)가 120년 동안 밖으로 일이 없었던 것은 대개 조종(祖宗)께서 세우신 가법(家法)이 더없이 훌륭하였기 때문입니다"라고 하였다. 이로 인하여 사친(事親)과 사장(事長), 치내(治內) 대외척(待外戚), 상검(尙儉), 근신(勤身), 상례(尙禮), 관인(寬仁) 등 팔법(八法)을 소(疏)로 적고 진언(進言)하기를, "이는 모두 조종의 가법으로 태평(太平)에 이를 수 있는 것이니, 폐하께서는 멀리 전대(前代)를 본받을 필요 없이 그저 가법만 다 실천하신다면 천하를 다스릴 수 있을 것입니다"라고 하였다.

呂大防言于哲宗曰310, 本朝百二十年中外無事, 蓋由祖宗所立家法最善故也. 因疏其事親事長治內待外戚尙儉勤身尙禮寬仁八法以進曰, 此皆祖宗家法, 所以致太平者, 陛下不須遠法前代, 但盡行家法, 足以治天下.311

현자를 예우하다 禮賢

- 윗사람으로서 아랫사람을 공경하는 것을 일러 어진 이를 높이는 것이라 한다.

  孟子曰, 用上敬下謂之尊賢.312

- 주공(周公)이 말하기를, "나만 못한 사람이라면 나는 그와 더불어 함께하지 않겠다. 나에게 누를 끼칠 것이기 때문이다. 나와 비슷한 사람이라면 나는 그와 더불어 함께하지 않겠다. 나에게 도움이 되지 않을 것이기 때문이다"라고 하였다. 오직 현자만이 반드시 자기보다 현명한 사람과 함께 한다. 현자와 더불어 함께하려면 예(禮)로써 그를 대우하여야 한다.《여씨춘추(呂氏春秋)》

  周公曰, 吾不如者, 吾不與處, 累我者也. 與吾齊者, 吾不與處, 無益我者也. 惟賢者, 必與賢於己者處. 賢者之可得與處也, 禮之也.〈呂氏春秋〉313

- 곽외(郭隗)가 말하기를, "제왕(帝王)의 신하는, 그 명분은 신하이지만 그 실제는 스승입니다. 왕자(王者)의 신하는, 그 명분은 신하이지만 그 실제는 손님입니다. 또 패자(霸者)의 신하는, 그 명분은 신하이지만 그 실제는 포로입니다. 지금 왕께서 동쪽으로 얼굴을 돌려 눈짓으로 지휘하여 부리며 오만하게 신하를 구하신다면, 하인의 재질을 지닌 사람들이 올 것입니다. 또 남쪽으로 얼굴을 돌려 조정에 임해 정사를 들으며 읍양(揖讓)의 예를 잃지 않고 신하를 구한다면, 신하의 재질을 지닌 사람들이 올 것입니다. 서쪽으로 고개를 돌려 동등한 예로 서로 마주하되, 얼굴빛을 낮추고 기세를 업지 않고 선비를 구한다면, 벗의 재질을 지닌 사람들이 올 것입니다. 북쪽으로 고개를 돌려 겸손한 모습으로 머뭇거리는 듯 물러서서 신하를 구하신다면, 스승의 재질을 지닌 사람들이 올 것입니다"라고 하였다.《설원(說苑)》

  郭隗曰, 帝者之臣, 其名, 臣也, 其實, 師也. 王者之臣, 其名, 臣也, 其實, 友也. 霸者之臣, 其名, 臣也,

---

309. 《산당사고(山堂肆考)》 권34.
310. "呂大防言于哲宗曰"이 "宋哲宗嗣位, 日以進學爲益, 呂大防上言"으로 되어 있다.
311. 《산당사고(山堂肆考)》 권34. 《송사(宋史)》 권340에 실린 내용을 요약하여 정리한 것이다.
312. 《맹자(孟子)·만장하(萬章下)》
313. 《여씨춘추(呂氏春秋)》 권62. "吾不如者"는 "不如吾者"의 잘못이다.

其實, 賓也. 危國之臣, 其名, 臣也, 其實, 虜也. 今王將東面, 目指氣使以求臣, 則厮役之材至矣. 南面聽朝, 不失揖讓之禮以求臣, 則人臣之材至矣. 西面等禮相亢, 下之以色, 不乘勢以求臣, 則朋友之材至矣. 北面拘指, 逡巡而退以求臣, 則師傅之材至矣.《說苑》[314]

• 평진후(平津侯)[315] 자신이 포의(布衣)로 재상(宰相)이 되자 이에 동각(東閣)[316]을 개방하여 객관(客館)을 마련하고는 천하의 선비들을 초청하였다. 그 객관의 첫 번째는 흠현관(欽賢館)이라고 하였는데 큰 현자(賢者)를 기다리기 위한 것이었다. 그 다음은 교재관(翹材館)이라고 하였는데 큰 재주꾼을 기다리기 위한 것이었다. 그 다음은 접사관(接士館)이라 하였는데 나라의 선비를 기다리기 위한 것이었다. 덕이 있어 보좌(輔佐) 업무를 맡길 만하거나 음양(陰陽)을 도와 다스릴 수 있는 자는 흠현관에 머물렀다. 재주가 있어 구열(九列)의 장군(將軍)으로 녹봉이 이천석인 이를 감당할 수 있는 자는 교재관에 머물렀다. 약간의 선행과 한 방면의 재능이 있는 자는 접사관에 머물렀다. 평진후 자신의 살림살이가 넉넉하지 않았지만 받은 녹봉으로 그들을 받들어 대접하였다.

平津侯自以布衣爲宰相, 乃開東閣營客館, 以招天下之士. 其一曰欽賢館以待大賢, 次曰翹材館以待大才, 次曰接士館以待國士. 其有德任毗贊, 佐理陰陽者, 處欽賢之館. 其有才堪九列將軍二千石者, 居翹材之館. 其有一介之善一方之藝, 居接士之館. 而躬自菲薄, 所得俸祿以奉待之.[317]

• 《전국책(戰國策)》에서 말하였다. 정곽군(靖郭君)[318]은 제모변(齊貌辯)을 잘 대해 주었다. 제모변은 사람됨이 결점이 많아 식객들이 좋아하지 않았다. 사위(士尉)가 정곽군에게 간언(諫言)을 하였으나 정곽군이 듣지 않자 사위는 사직(辭職)하고는 떠나 버렸다. 맹상군(孟嘗君)이 또 은밀하게 간언을 하였더니 정곽군이 크게 화를 내면서 말하기를, "너희 무리를 멸(滅)하고 우리 집을 깨어라! 만일 식객 가운데 제모변과 마음 맞아 할 자가 있다면, 나는 사양하지 않고 그를 위해 주리라"라 하였다. 이에 그를 상등(上等) 객실(客室)에 머물게 하고는 장남(長男)에게 모시라 하고 아침저녁으로 식사를 올리게 하였다.

戰國策云. 靖郭君善齊貌辯. 齊貌辯之爲人也多疵, 門人弗說. 士尉以證靖郭君, 靖郭君不聽, 士尉辭而去. 孟嘗君又竊以諫, 靖郭君大怒曰, 剗而類, 破吾家. 苟可慊齊貌辯者, 吾無辭爲之. 於是舍之上舍, 令長子御之[319], 旦暮進食.[320]

• 《전략(典略)》에서 말하였다. 범려(范蠡)는 초(楚)의 완(宛) 땅 사람인데 머리를 풀어헤치고 거짓으로 미친 척하였다. 문종(文種)이 완 땅의 수령(守令)이 되자 관리를 보내 절하고서 뵙고 말하기를, "선비에게 어질고 성스러운 자질이 있으니, 필히 거짓으로 미친 척하는 뜻이 있겠지요"라 하고는 수레를 메워 돌아갔다.

典略云. 范蠡, 楚宛人, 被髮佯狂. 文種爲宛令, 遣吏奉謁曰, 士有賢聖之資, 必有佯狂之義, 駕車而往.[321]

---

314. 《설원(說苑)》 권1.
315. 평진후(平津侯): 한(漢)의 공손홍(公孫弘).
316. 동각(東閣): 재상(宰相)이 빈객(賓客)을 접대하던 공관(公館).
317. 《서경잡기(西京雜記)》 권4.
318. 정곽군(靖郭君): 맹상군(孟嘗君)의 아버지인 전영(田嬰).
319. '之'는 임의로 보태진 글자이다.
320. 《전국책(戰國策)·제책(齊策)》
321. 《전략(典略)》의 정식 명칭은 《회계전략(會稽典略)》이며, 여기에 실린 부분은 《태평어람(太平御覽)》 권473에 수록된 내

•《국어(國語)》의 기록이다. 범려(范蠡)가 왕에게 하직인사를 하며 말하기를, "왕께서는 면려(勉勵)하십시오. 신(臣)은 다시는 월(越)나라에 들어오지 않을 것입니다"라고 하였다. 마침내 가벼운 배를 타고 오호(五湖)에 뜨더니 그 끝 간 바를 아무도 알지 못하게 되었다. 왕이 화공(畵工)에게 명하여 재질이 좋은 금(金)으로 범려의 초상을 그리게 하고는 아침마다 그에게 예를 취하였다.

國語. 范蠡辭於王曰, 君王勉之, 臣不復入於越國矣. 遂乘輕舟以浮于五湖, 莫知其所終極. 王命工以良金寫范蠡之狀, 而朝禮之.322

•《설원(說苑)》에서 말하였다. 노(魯)나라 사람들이 비(鄪) 땅을 공격하려 하자, 증자(曾子)가 비 땅의 임금에게 하직인사를 하면서 말하기를, "떠나가렵니다. 적들이 물러간 이후에 다시 오겠습니다. 청컨대 잠시나마 저의 집에 개나 돼지들이 들어가지 못하게 해 주십시오"라 하자 비 땅의 임금이 말하기를, "과인(寡人)이 선생께 잘 대해 주었다는 것을 들어보지 못한 사람이 없을 겁니다. 지금 노나라가 우리를 공격하고 있는데도 선생께서는 나를 (버리고) 떠나시는데 내가 어찌 선생의 집을 지켜 드릴 수가 있겠습니까?"라고 하였다. 노나라 사람들이 과연 비 땅을 쳐들어와서는 열 가지 죄목을 헤아렸는데 그 가운데 아홉 가지가 증자가 간언(諫言)한 것이었다. 노나라 군대가 물러가자 비 땅의 임금이 다시 증자의 집을 수리해 놓고 나서 그를 맞이하였다.

說苑云. 魯人攻鄪, 曾子辭于鄪君曰, 請出, 寇罷而後復來. 請姑毋使狗豕入吾舍. 鄪君曰, 寡人之於先生也, 人無不聞. 今魯人攻我而先生去我, 我胡守先生之舍. 魯人果攻鄪而數之罪十, 而曾子之所爭者九. 魯師罷, 鄪君復修曾子之舍而後迎之.323

•《전국책(戰國策)》에서 말하였다. 왕두(王斗) 선생이 궁문(宮門)으로 나아가 제(齊)나라의 선왕(宣王)을 만나려고 하였더니 선왕이 시종(侍從)에게 분부하여 맞아들이게 하였다. 왕두가 말하기를, "제가 종종걸음으로 다가가 왕을 뵈면 권세 가진 자를 좋아하는 것이 되고, 왕께서 종종걸음으로 다가오셔서 저를 만나시면 어진 선비를 좋아하는 것이 될 것입니다. 왕께서는 어떻게 하시겠습니까?"라고 하였다. 시종이 돌아가 선왕에게 보고하자 선왕이 말하기를, "선생께서는 서둘지 마시오. 과인(寡人)이 모시러 가겠소"라고 하였다. 선왕이 이로 인하여 종종걸음으로 나가 왕두를 궁문에서 맞이하였다.

戰國策云. 先生王斗造門而欲見齊宣王, 宣王使謁者延入. 王斗曰, 斗趨見王, 爲好勢. 王趨見斗, 爲好士. 於王何如. 使者還報, 王曰, 先生徐之, 寡人請從. 宣王因趨而迎之於門.324

•《설원(說苑)》의 기록이다. 주공(周公)이 천자(天子)를 섭정(攝政)한 지 7년, 포의(布衣)의 선비임에도 주공이 예물을 갖추어 스승으로 찾아뵌 이가 12명이었다. 궁벽한 동네 허름한 집에서 살지만 먼저 찾아가서 뵌 이가 49명, 때때로 훌륭하다고 천거된 이가 100명, 가르침이 될 만한 의견을 제시해 준 선비가 1,000명, 관직에 있으면서 주공을 조회(朝會)하고 의견을 말한 이가 1만 명이 되었다.

說苑. 周公攝天子位七年, 布衣之士, 執贄所師見者十二人, 窮巷白屋所先見者四十九人, 時進善者百人, 敎士者千人, 官朝者萬人.325

《설원(說苑)》에서 말하였다. 제(齊)나라 환공(桓公)

용을 요약하여 기술한 것이다.

322. 《국어(國語) · 월어하(越語下)》에 보이는 내용을 요약하여 기술한 것이다.

323. 《설원(說苑)》 권8.

324. 《전국책(戰國策) · 제책(齊策)》

이 정료(庭燎)[326]를 설치하였던 것은 선비들이 찾아와 만나기를 바랐던 때문인데, 1년이 지나도록 선비들이 오지 않았다. 이때에 동야(東野)의 비루한 사람 가운데 구구법(九九法)으로 환공을 만나게 된 이가 있었다. 환공이 말하기를, "구구법이 어찌 만날 만한 것인가?"라고 하자 비루한 사람이 말하기를, "신(臣)은 구구법을 알현할 만한 것으로 여기는 것이 아닙니다. 무릇 구구법은 보잘것없는 재능인데 주군(主君)께서 오히려 이를 예우해 주신다면, 하물며 구구법보다 훌륭한 것이야 말할 필요가 있겠습니까?"라고 하였다. 환공이 "좋소"라 하고는 이로 인해 그를 예우해 주었더니 한 달쯤 되자 사방의 선비들이 서로 손을 잡고 몰려왔다.

說苑云. 齊桓公設庭燎, 爲士之欲造見者, 朞年而士不至. 於是東野鄙人有以九九之術見. 桓公曰, 九九何足以見乎. 鄙人對曰, 臣非以九九爲之以見也. 夫九九薄能, 而君猶禮之, 況賢於九九乎. 桓公曰, 善. 乃因禮之, 朞月四方之士, 相携而竝至.[327]

- 《신서(新序)》의 기록이다. 진(晉)의 평공(平公)이 서하(西河)에 배를 띄워 놓고 강 가운데로 흘러가다가 탄식하며 말하기를, "아아! 어떻게 어진 선비를 얻어 그와 더불어 이 즐거움을 함께할꼬?"라고 하였다. 뱃사람 고상(固桑)이 평공에게로 나아가 말하기를, "주군(主君)의 말씀이 지나치셨습니다. 무릇 (이름난) 검(劍)은 월(越) 땅에서 생산되고, 구슬은 장강(長江)과 한수(漢水)에서 나며, 옥(玉)은 곤산(崑山)에서 납니다. 이 세 보배는 모두 발이 없어도 (주군에게) 온 것입니다. 지금 주군께서 진실로 선비를 좋아하신다면 어진 선비들이 오게 될 것입니다"라고 하였다.

新序. 晉平公浮西河, 中流而歎曰, 嗟呼. 安得賢士與共此樂者. 船人固桑進對曰, 君言過矣. 夫劍産於越, 珠産江漢, 玉産崑山, 此三寶者, 皆無足而至. 今君苟好士, 則賢士至矣.[328]

- 《포박자(抱朴子)》에서 말하였다. 나무를 잘 쓰는 자는 나무의 두께로 하는 것이 아니라 (나무가) 복잡하게 뒤섞여 있어도 구름에 닿을 듯한 재목감을 지목할 수 있으며, 사람을 잘 쓰는 자는 명성과 품행으로 하는 것이 아니라 (누군가의 재주가) 드러나지 않았어도 (그로 하여금) 세상을 다스릴 재주를 남기게 할 수 있다.

抱朴子曰. 善用木者, 不以膚寸之, 盤節而捐[329]干雲之梓. 善用人者, 不以名行之, 不著而遺治世之才.[330]

- 《예기(禮記)》의 기록이다. 진사(進士) 가운데 현명한 자를 논평하여 왕에게 보고한다. 논의가 결정된 연후에 관직을 맡기고, 벼슬이 정해진 연후에 작위를 주며, 일을 맡긴 연후에 녹봉을 준다.

禮記. 論進士之賢者, 以告于王. 論定然後官之, 位定[331]然後爵之, 任事然後祿之.[332]

- 《주역(周易)》의 기록이다. 띠 풀의 뿌리를 뽑으니 서로 엉켜 있다. 함께 가면 (길하다.)

易. 拔茅茹, 以其彙, 征.[333]

- 기러기가 공중으로 날아간다. 그 깃을 의식(儀式)

---

325. 《설원(說苑)》 권8.
326. 정료(庭燎): 나라에 큰일이 있을 때에, 밤중에 입궐하는 신하를 위하여 대궐의 뜰에 피우던 화톳불.
327. 《설원(說苑)》 권8에 보이는 내용을 요약하여 기술한 것이다.
328. 《신서(新序)·잡사(雜事)》
329. '捐'은 '指'의 오자이다.
330. 《산당사고(山堂肆考)》 권34. 사고전서본(四庫全書本) 《포박자(抱朴子)》에는 보이지 않는 내용이다.
331. '定'은 '官'의 오자이다.
332. 《예기(禮記)·왕제(王制)》에는, "論進士之賢者, 以告於王而定其論. 論定然後官之, 任官然後爵之, 位定然後祿之"로 되어 있다.
333. 《주역(周易)·태괘(泰卦)》

에 쓸 수 있으리라.
鴻漸于陸, 其羽可爲儀.[334]

- 《서경(書經)》의 기록이다. 임금은 현인이 아니면 다스리지 못하고, 현인은 임금이 아니면 녹을 먹지 못한다.
書. 惟后非賢不乂, 惟賢非后不食.[335]
- 덕성이 밝은 사람을 천거하되 숨어 지내는 사람과 천한 사람을 가리지 마시오.
明明揚側陋.[336]
- 초야에 어진 이가 묻혀 있지 않다.
野無遺賢.[337]
- 널리 현철한 사람을 구하다.
敷求哲人.[338]
- 널리 뛰어나고 어진 인재를 구하다.
旁求俊彦.[339]
- 마침내 위대한 성인을 구하다.
聿求元聖.[340]
- 오직 어진 이를 보배롭게 여기시면 가까운 사람들이 편안하게 될 것입니다.
所寶惟賢, 則邇人安.[341]
- 《시경(詩經)》의 기록이다. 아름다운 덕을 구하다.
詩. 我求懿德.[342]
- 많은 어진 선비들 있으니 문왕(文王)께서는 마음 편안하시리라.
濟濟多士, 文正以寧.[343]
- 즐거우신 우리 님은 나라의 빛!
樂只君子, 邦家之光.[344]
- 《설원(說苑)》의 기록이다. 임금으로서 천하를 편안히 다스리고 아름다운 명성을 드리우려면 반드시 어진 이를 높이고 (스스로를) 선비보다 낮추어야 한다.
說苑. 人君之欲平治天下而垂榮名者, 必尊賢而下士.[345]

황금대(黃金臺)를 쌓다[축황금대(築黃金臺)] 연(燕)나라 소왕(昭王)이 역수(易水) 동남쪽에 황금대(黃金臺)를 쌓고 천하의 선비를 초청하였으며 곽외(郭隗)를 사사(師事)하였다.
燕昭于易水東南, 築黃金臺, 以延天下之士,[346] 師事郭隗.[347]

나라에서 탁월한 인재가 되게 할 수 있다[가사절국(可使絶國)] 원봉(元封)[348] 원년(元年)에 조서를 내려 말하기를, "대개 보통을 뛰어넘는 공업(功業)을 있게 하려면 보통을 뛰어넘는 사람을 기다려야 한다. 그런 까닭에 말은 간혹 말발굽을 치달려 (하루에) 천 리를 가기도 하고, 선비는 간혹 세속의 보잘

334. 《주역(周易)·점괘(漸卦)》
335. 《서경(書經)·열명하(說命下)》
336. 《서경(書經)·요전(堯典)》
337. 《서경(書經)·대우모(大禹謨)》
338. 《서경(書經)·이훈(伊訓)》
339. 《서경(書經)·태갑상(太甲上)》
340. 《서경(書經)·탕고(湯誥)》
341. 《서경(書經)·여오(旅獒)》
342. 《시경(詩經)·주송(周頌)·시매(時邁)》
343. 《시경(詩經)·대아(大雅)·문왕(文王)》
344. 《시경(詩經)·소아(小雅)·백화(白華)》
345. 《설원(說苑)》 권8.
346. 《산당사고(山堂肆考)》 권34.
347. 《능천집(陵川集)》 권33에서, "昭王王思得賢臣, 以雪國恥, 乃築宮, 師事郭隗, 以招徠四方賢士"라고 하였다.
348. 원봉(元封): 한(漢) 무제(武帝)의 연호(B.C. 110-B.C. 105)이다.

것없는 평가를 등에 지고서도 공명을 세우기도 한다. 무릇 수레를 뒤집는 말이나 아무 거리낌 없이 제멋대로인 선비 또한 주인이 부리는 데 달려 있을 뿐이다. 주(州)나 군(郡)에서 백성을 살피는 관리(官吏)와 백성들 가운데 보통 사람들과 달리 넉넉한 재주가 있어 장상(將相)이 될 만한 사람 및 나라에서 탁월한 인재가 되게 할 수 있는 자들에게 (나라를 위해 일을 하라고) 영(令)을 내리노라"라고 하였다.

元封元年, 詔曰, 蓋有非常之功, 必待非常之人, 故馬或奔踶而致千里, 士或有負俗之累而立功名. 夫泛駕之馬, 跅弛之士, 亦在御之而已. 其令州郡察吏民有茂材異等, 可爲將相及使絶國者.349

추천하지 않는 자는 벌을 주리라[죄불거자(罪不擧者)] 원삭(元朔)350 원년(元年)에 조서를 내려 말하기를, "일을 집행하는 관원(官員)에게 엄하게 고하나니 청렴(淸廉)한 자와 효자(孝子)를 추천하되 혹 군(郡) 전체에 이르러 한 사람도 천거(薦擧)하는 이가 없다면 이는 교화(敎化)가 아래로 관철되지 못한 것이며, 품행(品行)을 쌓은 군자가 임금에게 들리도록 하는 데 막힌 것이다. 녹봉 이천석(石) (이상)인 관원과 의논하되 추천하지 않는 자는 벌을 주리라"라고 하였다.

元朔元年, 詔曰, 朕351詔執事, 興廉擧孝, 或至闔郡而不薦一人, 是化不下究, 而積行之君子壅於上聞也. 其議二千石, 不擧者罪.352

관서(官署)의 수레를 타고 오게 하다[견예공거(遣詣公車)] 건무(建武)353 7년에 조서를 내려 말하기를, "근래에 음양(陰陽)의 기운이 뒤섞이고 어긋나 해와 달이 일식(日蝕)이 생기는 데 다다르게 되었다. 백성들에게 과실(過失)이 있다면 (그 책임은) 나 한 사람에게 있는 것이다. 삼공(三公)과 구경(九卿), 사예(司隸)와 주(州)의 자사(刺史)는 현량(賢良)한 사람과 방정(方正)한 사람을 각기 한 사람씩 천거하되 관서(官署)의 수레를 타고 오게 하라"라고 하였다.

建武七年, 詔曰, 比陰陽錯謬, 日月薄蝕. 百姓有過, 在予一人.354 公卿司隸州牧擧賢良方正各一人, 遣詣公車.355

오직 현자(賢者)를 얻는 데에 달렸다[유재득현(唯在得賢)] 당(唐) 고종(高宗)이 근신(近臣)들에게 말하기를, "천하의 넓이는 오직 현자(賢者)를 얻는 데에 달렸을 뿐이오. 경(卿)들의 '사람 씀'은 모습과 자취를 많이 살피고, 친지(親知)를 피해야 한다는 것을 수호하며, 심한 경우에는 취하지 않기도 하오. 기해(祁奚)356가 자식을 천거한 것이 미담(美談)이 되는즉 경들도 자식이나 조카가 재주가 있으면 모름지기 관례(慣例)에 따라 추천하도록 하오"라고 하였다.

唐高宗謂侍臣曰, 四海之廣, 唯在得賢. 卿等用人, 多存形迹, 護避親知, 甚爲不取. 祁奚擧子, 以爲美談, 卽使卿等兒姪有才, 須依例進擧.357

친히 여러 선비를 뽑다[친선다사(親選多士)] 송(宋) 태종(太宗)이 옹희(雍熙)358 연간에 숭정전(崇政殿)에서 천거된 선비들을 친히 시험하면서 비로소 삼갑

349.《한서(漢書)·무제기(武帝紀)》. 이 조서는 원봉(元封) 원년이 아니라 5년에 내려진 것이다.
350. 원삭(元朔): 한(漢) 무제(武帝)의 연호(B.C. 128-B.C. 123)이다.
351. '朕'은 '深'의 오자이다.
352.《한서(漢書)·무제기(武帝紀)》에 실린 조서를 요약하여 기술한 것이다. "其議二千石, 不擧者罪"가 "其與中二千石禮官博士議, 不擧者罪"로 되어 있다.
353. 건무(建武): 후한(後漢) 광무제(光武帝)의 연호(25-55)이다.
354. "在予一人" 다음에 "大赦天下"가 생략되었다.
355.《후한서(後漢書)·광무제기(光武帝紀)》
356. 기해(祁奚): 춘추(春秋) 시대 진(晉)나라의 대부(大夫)로 공평무사한 인재 천거로 이름이 높았다.
357.《산당사고(山堂肆考)》 권34.
358. 옹희(雍熙): 북송(北宋) 태종(太宗)의 연호(984-987)이다.

(三甲)[359]으로 나누었다. 경림원(瓊林苑)에 연회를 베풀고 시(詩)로 그들을 어여삐 여겼는데 마침내 (이것이) 정해진 법식(法式)이 되었다. 태종이 근신(近臣)들에게 말하기를, "짐(朕)이 친히 여러 선비를 뽑을 때는 거의 배고픔도 갈증도 잊은 듯하였소. 초야(草野)에 남은 현자(賢者)들이 없기를 바란다오"라고 하였다.

宋太宗雍熙中, 親試貢士于崇政殿, 始分三甲. 錫宴瓊林苑, 寵之以詩, 遂爲定制. 謂侍臣曰, 朕親選多士, 殆若[360]饑渴, 庶野無遺賢.[361]

재주와 품행이 있는 자를 각기 천거하다[각거재행(各擧才行)] 영종(英宗)이 재상(宰相)에게 말하기를, "관각(館閣)에서 기른 우수한 인재들 가운데 근래에 사람을 뽑아서 내보내 일을 시키려고 하였는데, 가(可)한 자가 없었으니 인재가 결핍된 것이 아니오?"라고 하였다. 또 말하기를, "경들이 짐(朕)을 위하여 재주와 품행이 있고 겸하여 선한 자 몇 명을 각기 천거해 준다면 비록 친척이나 세가(世家)의 사람이라도 꺼리지 않겠소. 짐이 마땅히 직접 가부(可否)를 살필 것이오"라고 하였다.

英宗謂輔臣曰, 館閣所以育俊才, 比欲選人出使, 無可者, 豈乏才耶. 又曰, 卿等爲朕各擧才行兼善者數人, 雖親戚世家勿嫌. 朕當親閱可否.[362]

명단을 두고 병풍에 적다[치적서병(置籍書屛)] 송(宋)의 고종(高宗)이 재상(宰相)과 중신(重臣)들에게 말하기를, "짐(朕)이 생각하기에, 백성을 편안하게 하는 방법은 과오를 없게 하는 것이오. 감사(監司)와 군수(郡守)를 뽑을 때는 시종관(侍從官)더러 공개 천거하게 하되, 여전히 인원수를 제한하지 않고 중서성(中書省)에 명단을 두는 것이 좋을 것이오. 그러면 짐 또한 병풍에 적어 자리 좌우에 두도록 하겠소"라고 하였다.

宋高宗謂宰執曰, 朕思安民之道, 無過. 擇監司郡守, 可令侍從公擧, 仍不限員數, 中書置籍. 朕亦書之屛風, 置諸左右.[363]

백성을 사랑하다 愛民

곤궁한 백성에게 뜻을 더하다[가지궁민(加志窮民)] 사서(史書)[364]에서 말하였다. 요(堯)임금은 천하에 전심(專心)하면서 가난한 백성들에게 뜻을 더하였다. 한 백성이 굶주리면 "내가 그를 굶긴 것"이라 하였고, 한 백성이 추위에 떨면 "내가 그를 춥게 한 것"이라 하였으며, 한 백성에게 죄가 있으면 "내가 그를 죄에 빠지게 한 것"이라 하였다. 그래서 상(賞)을 주지 않아도 백성들은 권면(勸勉)하게 되었고, 벌(罰)을 내리지 않아도 백성들은 다스려지게 되었다.

史云. 唐堯存心于天下, 加志于窮民. 一民饑, 則曰我饑之也. 一民寒, 則曰我寒之也. 一民有罪, 則曰我陷之也. 故不賞而民勸, 不罰而民治.[365]

은택(恩澤)이 삭은 뼈에까지 미치다[택급고골(澤及

359. 삼갑(三甲): 송(宋) 태평흥국(太平興國) 8년부터 진사전시(進士殿試) 후에 일갑(一甲), 이갑(二甲), 삼갑(三甲) 3등으로 나누었는데 이를 합하여 칭하는 말이 삼갑(三甲)이다.

360. '若'은 '忘'의 오자이다.

361. 《송사(宋史)·지(志)》에 수록된 내용을 요약하여 기술한 것이다.

362. 《송사(宋史)·지(志)》에 수록된 내용을 요약하여 기술한 것이다.

363. 《산당사고(山堂肆考)》 권34.

364. 《자치통감외기(資治通鑑外紀)》를 가리킨다.

365. 《산당사고(山堂肆考)》 권34.

枯骨)] 《신서(新序)》의 기록이다. 주(周)나라 문왕(文王)이 영대(靈臺)를 만드느라 땅을 파다가 죽은 사람의 뼈가 나왔다. 문왕이 말하기를, "다시 장사지내 주어라"라고 하였다. 담당 관리가 말하기를, "이 뼈는 연고자(緣故者)가 없습니다"라고 하자 문왕이 말하기를, "천하를 가진 자는 천하의 주인이요, 한 나라를 가진 자는 한 나라의 주인이니 과인(寡人)이 진실로 그 주인이다"라 하고는 옷과 관(棺)을 갖추어서 그를 장사 지내게 하였다. 천하 사람들이 이 이야기를 듣고는, "서백(西伯)의 은택(恩澤)이 삭은 뼈에까지 미쳤으니 하물며 사람에게야 말할 필요가 있겠는가?"라고 하였다.

新序. 周文王作靈臺, 掘地得死人骨. 王曰, 更葬之. 吏曰, 此無主矣. 文王曰, 有天下者, 天下之主. 有一國者, 一國之主, 寡人固其主矣. 以衣棺葬之. 天下聞之曰, 西伯澤及枯骨, 況于人乎.[366]

상(喪)이 있으면 요역(徭役)을 부과하지 말라[유상물요(有喪勿繇)] 한(漢)나라 선제(宣帝) 지절(地節)[367] 4년에 조서를 내려 말하기를, "백성들이 흉사(凶事)를 당했을 때 요역(徭役)이 장례(葬禮)를 치르지도 못하게 하여 효자의 마음을 아프게 하였다. 이제부터는 조부모나 부모의 상을 당한 자에게는 요역(徭役)을 부과하지 말아, 장례를 잘 치러 자손(子孫)의 도리를 다할 수 있게 하라"라고 하였다.

漢宣帝地節四年, 詔曰, 百姓遭凶, 而繇使不得葬, 傷孝子心. 自今, 有大父母父母喪者勿繇, 使得送終, 以盡子道.[368]

가속(家屬)이 없는 자에게 곡식을 지급하다[무가급곡(無家給穀)] 건무(建武)[369] 6년에 조서를 내려 말하기를, "홍수(洪水)와 한발(旱魃), 해충(害蟲)이 재해가 되어, 백성들이 일용(日用)할 것이 결핍되고, 스스로 생활을 해갈 수 없게 되었음에 서글피 이를 불쌍히 여기노라. 군국(郡國)에서 곡식을 가지고 있는 자에게 명하노니, 고령(高齡)의 노인과 환과고독(鰥寡孤獨) 및 위중한 병자와 신체 허약자, 가속(家屬)이 없는 자와 스스로가 살아갈 수 없는 자들에게 한(漢)나라 율(律)에 따라 관(官)의 곡식을 지급하도록 하라"고 하였다.

建武六年, 詔曰, 水旱蝗蟲爲災, 人用困乏, 無以自贍, 惻然憫之. 其命郡國有穀者, 給稟高年鰥寡孤獨及篤廢[370]無家屬貧不能自存者, 如律.[371]

아이들에게 관(官)의 곡식을 지급하다[늠급영아(稟給嬰兒)] 장제(章帝) 원화(元和)[372] 2년에, 아이들로 친속(親屬)이 없는 자들과 자식이 없어 봉양을 받을 수 없는 자들에게 관(官)의 곡식을 지급하라고 조서를 내렸다.

章帝元和二年, 詔嬰兒無親屬者及無子不能養者, 稟給之.[373]

죽은 이를 장사 치르고 살아 있는 사람을 돌려받다[장사속생(葬死贖生)] 정관(貞觀)[374] 5년에 황금과 비단을 돌궐(突厥)에 내려 남녀 8만 명을 돌려받았다. 또 사신(使臣)을 보내 고려(高麗)로 가게 하여 (죽은) 전사(戰士)를 장사 치르게 하였다. 19년에 여러 군(軍)에 포로로 잡혀 있던 고려 백성 1만 4,000명

---

366. 《신서(新序)·잡사(雜事)》의 기록을 요약하여 기술한 것이다.
367. 지절(地節): 한(漢) 선제(宣帝)의 연호(B.C. 69-B.C. 66)이다.
368. 《산당사고(山堂肆考)》 권34. 《송서(宋書)》 권15에 수록된 내용을 요약하여 기술한 것이다.
369. 건무(建武): 후한(後漢) 광무제(光武帝)의 연호(25-55)이다.
370. '廢'는 '癃'의 오자이다.
371. 《산당사고(山堂肆考)》 권34. 《후한서(後漢書)·광무제기(光武帝紀)》에 수록된 내용을 요약하여 기술한 것이다.
372. 원화(元和): 후한(後漢) 장제(章帝)의 연호(84-86)이다.
373. 《산당사고(山堂肆考)》 권34.
374. 정관(貞觀): 당(唐) 태종(太宗)의 연호(627-649)이다.

을 돌려보냈다.

貞觀五年, 以金帛賜突厥, 贖回男女八萬口. 又遣使詣高麗, 葬戰士. 十九年, 贖諸軍所虜高麗民一萬四千口.[375]

사람들이 부귀해지도록 하고자 하다[욕인부귀(欲人富貴)] 태종(太宗)이 근신(近臣)들에게 말하기를, "만일 벼와 기장을 추수(秋收)하지 못하면 백성들은 국가(國家)의 소유(所有)가 되지 못하오. 짐(朕)이 일찍이 천하의 사람들이 모두 부귀해지도록 하고자 하였나니, 요역(徭役)을 경감(輕減)시키고 세금 부과를 가볍게 하되, 백성들로 하여금 그 농사를 마음대로 하게 하면 넉넉하게 될 것이고, 예의와 겸양을 돈독하게 행하여 사람들로 하여금 젊은이는 어른을 공경하게 하고 지어미는 지아비를 공경하게 하면 귀하게 될 것이오. 천하로 하여금 모두 그러하게 한다면 짐이 음악을 듣지 않고 사냥을 하지 않아도 즐거움은 그 안에 있을 것이오"라고 하였다.

太宗謂侍臣曰, 若禾黍不收, 則兆庶非國家所有. 朕嘗欲天下之人, 皆富貴, 惟省徭役, 薄賦斂, 令比屋之人, 恣其耕稼, 如此則富矣. 敦行禮讓, 使人少敬長妻敬夫, 如此則貴矣. 令天下皆然, 朕不聽管絃, 不從田獵, 樂在其中矣.[376]

등에 볼기를 치는 것을 금하다[금태배(禁笞背)] 태종(太宗)이 《명당침구도(明堂鍼灸圖)》를 보다가 사람은 오장(五臟)의 실마리가 모두 등에 붙어 있는 것을 알고 이제부터는 죄수의 등에 볼기를 치지 말라는 조서를 내렸다.

太宗覽明堂鍼灸圖[377], 人五臟之系咸附于背, 詔自今毋得笞囚背.[378]

절장법(折杖法)[379]을 제정(制定)하다[정절장(定折杖)] 송(宋) 태조(太祖)가 일찍이 이전(二典)[380]을 읽다가 탄식하며 말하기를, "요(堯)임금과 순(舜)임금이 사흉(四凶)[381]을 벌하실 때 그저 추방(追放)의 형벌만 따랐을 뿐인데 어째서 요즘의 법망(法網)은 엄밀(嚴密)한 것일까?"라고 하였다. 그리하여 절장법(折杖法)을 제정(制定)하였는데 유형(流刑), 도형(徒刑), 장형(杖刑), 태형(笞刑)의 형량(刑量)을 체감(遞減)하는 것이었다. 오직 탐관(貪官)의 기시형(棄市刑)[382] 만큼은 일찍이 관대하게 대하지 않았다.

宋太祖嘗讀二典, 嘆曰, 堯舜之罪四凶, 止從投竄, 何近代法網之密耶. 故定爲折杖法, 以遞減流徒杖笞之刑. 惟贓吏棄市, 則未嘗貰.[383]

쌀을 내어 굶주린 자에게 진대(賑貸)하다[출미대기(出米貸饑)] 주(周)나라 세종(世宗) 시절에 회남(淮南)에 기근이 들자 백성들에게 쌀을 진대(賑貸)하라고 명하였다. 혹자가 말하기를, "백성들이 가난하여 아마 상환(償還)하지 못할 것입니다"라 하자 세종이 말하기를, "백성은 내 자식이다. 자식이 거꾸로 매달려 있는데 어찌 애비가 그들을 위해 풀어주지 않을 수 있겠느냐? 어찌 그들더러 반드시 갚으라고 책망할 수 있겠느냐?"라고 하였다.

周世宗時, 淮南饑, 命以米貸之. 或曰, 民貧恐不能償. 世宗曰, 民吾子也. 安有子倒懸, 而父不爲之解哉. 安在責其必償也.[384]

---

375. 《산당사고(山堂肆考)》 권34.
376. 《산당사고(山堂肆考)》 권34.
377. 《명당침구도(明堂鍼灸圖)》: 정식 명칭은 《명당공혈도(明堂孔穴圖)》이다.
378. 《산당사고(山堂肆考)》 권34.
379. 절장법(折杖法): 오형(五刑) 가운데 유형(流刑), 도형(徒刑), 장형(杖刑), 태형(笞刑)의 4형에 대하여 형벌을 경감할 수 있게 제도화한 것. '절장'이란 4형을 모두 장형으로 환산하여 경감하는 것을 의미한다.
380. 이전(二典): 《서경(書經)》의 〈요전(堯典)〉과 〈순전(舜典)〉을 가리킨다.
381. 사흉(四凶): 순(舜)임금 때의 네 사람의 악인(惡人)인 공공(共工) 환두(驩兜), 삼묘(三苗), 곤(鯀)을 일컫는 말.
382. 기시형(棄市刑): 사람들이 많이 모인 곳에서 죄인의 목을 베고 그 시체를 길거리에 버리던 형벌.
383. 《산당사고(山堂肆考)》 권34. 《송사(宋史)·본기(本紀)》의 내용을 요약하여 기술한 것이다.

무소뿔을 부수어 병을 치료하다[쇄서료질(碎犀療疾)] 송(宋)나라 인종(仁宗) 시절에 경사(京師)에 큰 돌림병이 들자 황제가 무소뿔 두 개를 내어 태의국(太醫局)에 분부하기를, 약(藥)에 섞되 그 하나는 빈민들에게 내리라고 하였는데 바로 통천서(通天犀)[385]였다. 내시(內侍)가 남겨두었다가 어대(御帶)로 만들기를 청하니 황제가 말하기를, "이것으로 짐(朕)의 허리띠를 만드는 것이 어찌 약으로 만들어 백성들의 병을 치료하는 것만 하겠는가?"라 하고는 곧바로 그것을 부수라고 명하였다.

宋仁宗時, 京師大疫, 帝出犀角二株, 付水[386]醫局和藥. 賜貧民其一, 通天犀也. 內侍請留以爲御帶, 帝曰, 以爲朕帶, 孰若爲藥以療民疾, 立命碎之.[387]

노는 밭으로 백성을 부양(扶養)하다[한전양민(閑田養民)] 천성(天聖)[388] 7년에 거란(契丹)에 기근이 들었다. 유민(流民)들이 국경(國境) 위에까지 이르자 황제가 말하기를, "모두 내 자식들이다"라 하고는 당주(唐州)와 등주(鄧州)의 노는 밭을 주어 그들을 부양(扶養)하라는 조서를 내렸다. 또 지나가는 자들에게 음식을 제공하라고 명하였다.

天聖七年, 契丹饑. 流民至境上, 帝曰, 皆吾赤子也. 詔給唐鄧州閑田, 以養之. 仍令所過給食.[389]

광혜창(廣惠倉)을 설치하다[치광혜창(置廣惠倉)] 가우(嘉祐)[390] 2년에 모든 주(州)에 광혜창(廣惠倉)을 설치하라는 조서를 내렸다. 애초에 전국에서 몰수한 절호(絶戶)[391]의 전지(田地)를 관부(官府)가 자발적으로 팔았는데 이 무렵에 이르러 한기(韓琦)가 남겨두고 팔지 말기를 청하였다. 사람을 모집하여 농사짓게 하되 그 조세를 받아 별도로 창고를 만들어 저장해두었다가, 주(州)와 현(縣)의 노인과 어린 가장, 가난하거나 병들어 스스로 살아갈 수 없는 자들에게 공급하게 한 것을 일러 광혜창이라 한다.

嘉祐二年, 詔諸州置廣惠倉. 初, 天子[392]沒入戶絶田, 官自鬻之, 至是韓琦請留勿鬻. 募人耕, 而收其租別爲倉貯之, 以給州縣之老幼貧疾不能自存者, 謂之廣惠倉.[393]

정사에 부지런하다 勤政

- 《서경(書經)》의 기록이다. 밝으신 임금께서는 하늘의 도를 받들어 따르시고, 나라를 세워 도읍을 베푸시고, 천자와 제후들의 법도를 세워 대부와 관장들로 하여금 받들게 하시고, 안일함과 즐거움을 좇지 않으시면 그것으로써 백성을 다스릴 수 있습니다.

  書. 明王奉若天道, 建邦設都. 樹后王君公, 承以大夫師長. 不惟逸豫, 惟以亂民.[394]

---

384. 《산당사고(山堂肆考)》 권34.
385. 통천서(通天犀): 상하(上下)가 관통하는 무소의 뿔. 뿔의 길이는 24cm가 넘고 물이 잘 묻지 않으며 허리띠 장식이나 약용으로 쓴다.
386. '水'는 '太'의 오자이다. '水'가 '太'로 된 판본도 있다.
387. 《산당사고(山堂肆考)》 권34.
388. 천성(天聖): 북송(北宋) 인종(仁宗)의 연호(1023-1031)이다.
389. 《산당사고(山堂肆考)》 권34.
390. 가우(嘉祐): 북송(北宋) 인종(仁宗)의 연호(1056-1063)이다.
391. 절호(絶戶): 자손이 끊어져 상속자가 없는 집안. 혹은 그런 집.
392. '子'는 '下'의 오자이다.
393. 《산당사고(山堂肆考)》 권34. 《송사(宋史)·지(志)》의 기록을 요약하여 기술한 것이다.

• 무릇 우리가 새로 세운 나라는 옳지 않은 법을 따르게 하지 않을 것이며, 방자하고 방탕하게 나아가지 못하게 할 것이다. 각자가 그들의 법도를 지킴으로써 하늘의 훌륭한 명을 이어 받들도록 하라.
凡我造邦, 無從匪彝, 無卽慆淫. 各守爾典, 以承天休.395

• 안일과 환락을 오래 즐기지 않으면 이에 백성은 잘 다스려질 것이다.
無康好逸豫, 乃其乂民.396

• 엄숙하고 공손하고 경건하고 어려워하였으며, 하늘의 명을 스스로 헤아렸으며, 백성을 다스림에는 공경하고 두려워하여 감히 편히 노는 데에 빠지지 아니하였다.
嚴恭寅畏, 天命自度, 治民祗懼, 不敢荒寧.397

몸소 본업(本業)을 제창하다[궁친본사(躬親本事)] 한(漢) 문제(文帝)가 진(秦)나라의 어지러운 법을 없애고, 몸소 본업(本業)을 제창하며 사치스럽고 말단적인 일을 폐하여, 천하를 편안하게 하고 뭇 생명을 잘 자라게 하였다.
漢文帝, 除秦亂法, 躬親本事, 廢去淫末, 以安海內, 以育群生.398

한밤중이 되어 잠들다[야분내매(夜分乃寐)] 광무제(光武帝)는 매일 아침에 조회(朝會)를 보았으며, 해가 기울어야 정사(政事)를 끝냈다. 한밤중이 되어 잠자리에 들며 말하기를, "내 스스로가 이것을 즐기니 피곤하지가 않다"라고 하였다.
光武, 每旦視朝, 日昇399乃罷. 夜分乃寐曰, 我自樂此, 不爲疲也.400

깊은 밤에 바야흐로 잠들다[심야방침(深夜方寢)] 당(唐) 태종(太宗)이 배적(裴寂)에게 말하기를, "근래에 글을 올려 일을 말하는 자들이 많아 짐(朕)이 모두 벽에 붙여놓아 드나들며 살펴볼 수 있게 하였소. 다스림의 도(道)를 자주 생각하느라 간혹 깊은 밤에야 바야흐로 잠들기도 한다오. 공(公)들 또한 마땅히 업무를 각별하고 부지런히 처리하여 짐의 이런 뜻에 어울리게 해 주시오"라고 하였다.
唐太宗謂裴寂曰, 比多上書言事者, 朕皆黏之屋壁, 得出入省覽. 數思治道, 或深夜方寢. 公輩亦當恪勤職業, 副朕此意.401

정사(政事)가 바르고 엄숙하다[정사수칙(政事脩飭)] 당(唐) 문종(文宗)은 다스리는 일에 전념하였는데 매번 연영전(延英殿)에서 재상(宰相)을 접견하느라 늘 물시계가 11각(刻)이 되어서야 퇴근하였다. 무릇 관리(官吏)에게 벼슬을 제수(除授)할 때는 필히 불러서 보거나 찾아서 물었는데 그 능력의 여부를 친히 살폈다. 그리하여 태화(太和) 초엽에 정사(政事)가 바르고 엄숙하였는데 '청명(淸明)'으로 호칭하였다.
唐文宗, 銳意圖402治, 每延英對宰臣, 率漏下十一刻, 乃退. 凡除吏必召見訪問, 親察其能否. 故太和之初, 政事脩飭, 號爲淸明.403

일을 강론(講論)하는 것이 정말 즐겁다[강사심락(講事甚樂)] 당(唐) 헌종(憲宗)이 일찍이 한여름에

394. 《서경(書經)·열명중(說命中)》
395. 《서경(書經)·탕고(湯誥)》
396. 《서경(書經)·강고(康誥)》
397. 《서경(書經)·무일(無逸)》
398. 《산당사고(山堂肆考)》 권34.
399. '昇'은 '仄'의 오자이다.
400. 《후한서(後漢書)·광무제기(光武帝紀)》의 기록을 요약하여 기술한 것이다.
401. 《자치통감(資治通鑑)》 권192.
402. 《신당서(新唐書)》에는, '圖'가 '於'로 되어 있다.
403. 《신당서(新唐書)·본기(本紀)》의 기록을 요약하여 기술한 것이다.

이강(李絳)을 불러 연영전(延英殿)에서 접견하였다. 황제가 흘린 땀이 옷을 적시자 이강이 종종걸음으로 나가려고 하였는데 황제가 말하기를, "경(卿)과 더불어 일을 강론(講論)하는 것이 정말 즐겁다오"라고 하였다.

唐憲宗嘗盛夏, 召李絳對延英殿. 帝汗浹衣, 絳欲趨出, 帝曰, 與卿講事, 乃甚樂也.[404]

해가 중천에 떠도 식사를 하지 못하다[일중미식(日中未食)] 송(宋) 태종(太宗)은 매일 아침에 일을 처리하였는데 해가 중천에 떠도 식사를 하지 못하였다. 일찍이 근신(近臣)들에게 말하기를, "천하의 일을 매일매일 듣고 처리하여도 오히려 당(唐)나라 말엽의 여러 황제들이 대개 외부와 접촉을 하지 않은 경우에도 미치지 못하는 것은 어째서인가?"라고 하였다.

宋太宗, 每旦決事, 日中未食. 嘗語近臣曰, 天下事日日聽斷, 尙恐不及唐末諸帝多深居, 何也.[405]

산가지를 섬돌에 던지다[투첨계석(投籤階石)] 진(陳) 문제(文帝)는 포의(布衣)에서 일어났기에[평민 출신이기에] 백성의 질고(疾苦)를 (잘) 알고 있었다. 매일 밤마다 시각을 알리는 관원(官員)으로 물시계를 살펴 산가지를 대궐에 전하는 자에게 경계시키기를, 산가지를 섬돌 위에 던져 쨍그랑 하는 소리를 내도록 하였다. "내가 비록 잘 수는 있겠지만, 나로 하여금 놀라 깨어나게 하려는 것"이라 하였다. (그의) 자강불식(自强不息)이 이와 같았다.

陳文帝起自布衣, 知百姓疾苦. 每夜, 勅鷄人伺漏傳籤于殿者, 令投籤于階石上, 鎗[406]然有聲. 吾雖得眠[407], 亦令驚覺. 自强如此.[408]

간언을 받아들이다 納諫

- 《서경(書經)》의 기록이다. 나무가 먹줄을 따르면 바르게 되고, 임금은 간언을 따르면 성군(聖君)이 됩니다.

  書. 惟木從繩則正, (惟)后從諫則聖.[409]
- 충성스런 간언을 좇아 선한 일을 어기는 일이 없었다.

  從諫弗咈.[410]
- 말이 당신의 마음에 거슬리는 것이 있으면 반드시 그것에 도에 맞는지를 생각해 보라.

  有言逆于汝心, 必求諸道.[411]
- 여러 사람에게 의논하여 자기의 뜻을 버리고 남을 따르다.

  稽于衆, 舍己從人.[412]
- 《주역(周易)》의 기록이다. 군자는 허(虛)한 것으로 사람을 받아들인다.

  易. 君子以虛受人.[413]

404. 《신당서(新唐書)》 권152의 기록을 요약하여 기술한 것이다.
405. 《산당사고(山堂肆考)》 권35에 실린 "日中未食"조의 기록을 요약하여 기술한 것이다.
406. '鎗'은 '槍'의 오자이다.
407. "吾雖得眠" 앞에 '云'자가 생략되었다.
408. 《남사(南史)·진본기(陳本紀)》의 기록을 요약하여 기술한 것이다.
409. 《서경(書經)·열명상(說命上)》
410. 《서경(書經)·이훈(伊訓)》
411. 《서경(書經)·태갑하(太甲下)》
412. 《서경(書經)·대우모(大禹謨)》
413. 《주역(周易)·함괘(咸卦)》

북을 설치하고 판목(板木)을 세우다[치고입목(置鼓立木)] 도당(陶唐)의 기록이다. 요(堯)임금은 감히 간언(諫言)을 할 수 있는 북을 설치하여 천하 백성이 그 (하고 싶은) 말을 다할 수 있게 하였으며, 비방을 할 수 있는 판목(板木)을 세워 천하 백성이 그 허물을 공격할 수 있게 하였다.

唐紀. 堯置敢諫之鼓, 使天下得盡其言, 立誹謗之木, 使天下得攻其過.[414]

종(鐘)을 매달아놓고 선비를 기다리다[현종대사(懸鐘待士)] 하(夏)나라의 기록이다. 우(禹)임금은 종(鐘)과 북, 경쇠, 목탁, 노도(路鼗)[415]를 매달아놓고서 사방의 선비를 기다리며 말하기를, "과인(寡人)을 도(道)로 가르칠 자는 북을 치고, 의(義)로써 깨우쳐 줄 자는 종을 치고, 일로써 고할 자는 목탁을 두드리고, 근심을 말할 자는 경쇠를 두드리고, 소송(訴訟)이 있는 자는 노도를 흔들라"라고 하였다.

夏紀. 大禹懸鐘鼓磬鐸鞀, 以待四方之士. 曰, 敎寡人以道者擊鼓, 諭以義者擊鐘, 告以事者振鐸, 語以憂者擊磬, 有獄訟者搖鞀.[416]

위왕(威王)의 세 등급의 상(賞)[위왕삼상(威王三賞)] 제(齊)나라 위왕(威王)이 영(令)을 내려 말하기를, "면전(面前)에서 과인(寡人)을 꺾을 수 있는 자는 상급(上級)의 상(賞)을 받고, 글을 올려 간언(諫言)을 하는 자는 중급의 상을 받고, 시정(市井) 및 조정(朝廷)에서 비방하거나 의론하여 (과인에게) 들리도록 하는 자는 하급의 상을 받게 될 것이다"라고 하였다.

齊威王令下曰, 有能面折寡人者, 受上賞, 獻書諫者, 受中賞. 謗議於市朝而聞者, 受下賞.[417]

양군(梁君)이 말[言]을 사냥하다[양군렵언(梁君獵言)] 양군(梁君)이 사냥을 갔다가 흰 기러기 떼를 보고 쏘려고 하였다. 길에 보행자가 있어 그들을 멈추게 하였으나 멈추지 않아 기러기 떼가 놀라게 되었다. 이에 화가 나 보행자를 쏘려고 하니 공손룡(公孫龍)이 간언(諫言)하기를, "옛날 제(齊)나라 경공(景公) 시절에 날이 크게 가물었는데 점을 쳐보니 마땅히 사람으로[사람을 희생으로 삼아] 제사를 지내면 비가 올 것이라고 하였습니다. 경공이 당(堂) 아래로 내려가 머리를 조아리고 말하기를, '내가 비를 간구(懇求)하는 것은 백성들을 위함인데 지금 나더러 사람으로 제사를 지내게 한다면 어찌 (그 뜻이) 백성을 위하는 데에 있겠습니까?'라 하였는데 말이 채 끝나지도 않아 하늘에서 큰 비가 내렸습니다. 지금 주군(主君)께서 기러기 때문에 사람을 쏘려고 하시니 이는 주군께서 이리나 호랑이와 다를 바 없는 것입니다"라고 하였다. 양왕(梁王)이 마침내 공손룡의 손을 잡고는 함께 수레에 올랐다. 돌아가서 말하기를, "다행이었소. 남들은 사냥에서 짐승을 얻지만 나는 사냥에서 훌륭한 말[言]을 얻었으니!"라고 하였다.

梁君獵見白雁群, 欲射之. 道有行者, 梁君止之, 不止, 雁群駭. 因怒欲射行者, 公孫龍諫曰, 昔齊景公時, 天大旱, 卜曰, 當以人祠乃雨. 公下堂頓首曰, 凡吾所以求雨者, 爲民也. 今使吾以人祠, 惡在其爲民耶. 言未卒而天大雨. 今君以雁故而欲射人, 是主君無異于狼虎也. 梁王遂援龍手, 與上車. 歸曰, 幸哉. 人獵得禽獸, 吾獵得善言也.[418]

수레를 멈추고 말을 받다[지련수언(止輦受言)] 한

414. 《산당사고(山堂肆考)》 권35.

415. 노도(路鼗): 몸통이 긴 작은 북 두 개를 십자형으로 자루에 꿴 것으로, 각 북의 허리 양쪽에 가죽 끈을 매달아 자루를 돌릴 때마다 끈이 북에 부딪혀 소리를 내도록 한 것.

416. 《산당사고(山堂肆考)》 권35.

417. 《춘추전국이사(春秋戰國異辭)》 권38에서는, "齊威王出令曰, 能面刺寡人過者, 受上賞. 上書諫者, 受中賞, 謗議於市朝聞寡人之耳者, 受下賞. 於是齊國大治"라고 하였다.

418. 《산당사고(山堂肆考)》 권35.

(漢)나라 문제(文帝) 시절에 매번 조회에 갈 때마다 시종관(侍從官)이 상소문을 올렸다. (그때마다 문제는) 아닌 게 아니라 수레를 멈추고 그 말을 받았는데, 말이 쓸 만한 것이 못되면 그냥 두고 쓸 만한 것이면 채택하였다.

漢文帝時, 每朝, 郎從官[419]上書疏. 未嘗不止輦受其言, 言不可用置之, 言可用采之.[420]

방사(方士)들을 내쫓다[파출방사(罷黜方士)] 한(漢) 무제(武帝) 정화(征和)[421] 4년에 대홍려(大鴻臚) 전천추(田千秋)가 말을 올리기를, "방사(方士)로 신선을 말하는 자가 매우 많지만 두드러진 공로가 없습니다. 신(臣)이 청하건대 모두 물리쳐 보내시기 바랍니다"라고 하자 주상이 말하기를, "대홍려의 말이 옳소"라고 하였다. 이에 방사로 신선을 모시는 사람들을 모두 내쫓았다.

漢武帝征和四年, 大鴻臚田千秋上言曰, 方士言神仙者甚衆, 而無顯功. 臣請皆罷斥遣之. 上曰鴻臚言是也. 于是悉罷黜方士候神人者.[422]

온언박(溫彦博)을 질책한 것을 후회하다[회책언박(悔責彦博)] 당(唐)나라 태종(太宗)이 태상소경(太常少卿) 조효손(祖孝孫)더러 궁궐의 사람들에게 음악을 가르치게 하였는데 뜻에 차지 않자 황제가 그를 질책하였다. 온언박(溫彦博)과 왕규(王珪)가 간언(諫言)하기를, "조효손은 고아한 선비입니다. 그더러 궁궐의 사람들을 가르치게 하시고서 또 이어 그를 질책하시니 신(臣)들은 적이 그래서는 안 되는 것이라 여깁니다"라고 하였다. 황제가 노하여 말하기를, "짐(朕)은 경(卿)들을 마음속에 두고 있었는데 아랫사람에게 붙어 윗사람을 깔보니 조효손을 위하여 유세(遊說)하는 거요?"라고 하였다. 온언박은 절하고 사죄하였으나 왕규는 절도 하지 않고 말하기를, "폐하께서 충직(忠直) 때문에 신들을 질책하시는데 신들이 말한 바가 어찌 사사롭고 굽은 것이겠습니까? 이는 폐하가 신들을 저버리는 것이지 신들이 폐하를 저버린 것이 아닙니다"라고 하였다. 황제가 묵묵히 있다가 쉬었다. 이튿날 황제가 방현령(房玄齡)에게 말하기를, "간언을 받아들이는 것이 정말 어렵소. 짐이 온언박과 왕규를 질책했다가 지금은 후회하고 있소이다"라고 하였다.《자치통감(資治通鑑)》

唐太宗使太常少卿祖孝孫敎宮人音樂, 不稱旨, 帝責之. 溫彦博與王珪諫曰, 孝孫雅士, 乃使之敎宮人, 又從而責之, 臣竊以爲不可. 帝怒曰, 朕寘卿等于心腹, 乃附下罔上, 爲孝孫遊說耶. 彦博拜謝. 王珪不拜曰, 陛下責臣以忠直, 臣所言豈私曲耶. 此乃陛下負臣, 非臣負陛下. 帝默然而罷. 明日帝謂房玄齡曰, 納諫誠難, 朕責溫彦博王珪, 今則悔之.〈資治通鑑〉[423]

동도(東都)로의 거둥을 그만두다[파행동도(罷幸東都)] 당(唐)나라 경종(敬宗)이 동도(東都)로 거둥하려고 할 때 대신(大臣)들이 간절히 간언(諫言)하였으나 받아들이지 않았다. 배도(裴度)가 조용히 아뢰기를, "나라가 별도의 도읍(都邑)을 세운 것은 본디 순행(巡行)에 대비한 것입니다. 난리(亂離)가 난 이래로 궁전(宮殿)과 성궐(城闕), 각 군(軍)의 영루(營壘)가 황폐해지고 무너진 것이 아직 다스려지지 않았으니 일신(一新)을 기다린 연후에 행차하심이 가당합니다. 창졸간이라 준비가 없게 되면 담당 관원(官員)들 또한 죄를 짓게 되는 것입니다"라 하자 황제가 말하기를, "여러 신하들이 짐(朕)에게 간언한 것은 여기에 미치지 못했소"라 하였다. 이로 인하여 거둥을 그만두게 되었다.

419.《사기(史記)》에는, '從官'이 '郎官'으로 되어 있다.

420.《사기(史記)》권101.

421. 정화(征和): 한(漢) 무제(武帝)의 연호(B.C. 92-B.C. 89)이다.

422.《산당사고(山堂肆考)》권35.

423.《산당사고(山堂肆考)》권35.

唐敬宗幸東都, 大臣切諫, 不納. 裴度從容奏云, 國家建別都, 本備巡行. 自艱難以來, 宮闕署屯荒地[424]不治, 須假一新, 然後可行. 倉卒無備, 有司且得罪矣. 帝曰, 群臣諫朕不及此. 因爲止行.[425]

정씨(鄭氏) 여식의 책봉(冊封)을 멈추다[정책정녀(停冊鄭女)] 당(唐)나라 태종(太宗) 시절에 정인기(鄭仁基)의 여식(女息)이 아름답고도 재능이 뛰어나 황후(皇后)[426]가 그녀를 세워 충화(充華)[427]로 삼기를 청하였다. 책봉(冊封)하는 문서(文書)가 이미 갖추어졌는데 누군가가 말하기를 그녀는 이미 청혼(請婚)을 수락한 상태라고 하였다. 위징(魏徵)이 간언(諫言)하기를, "폐하께서 대사(臺榭)[428]에 처하시면 백성들에게 집이 있기를 원하실 것이고, 고량진미(膏粱珍味)[429]를 드시면 백성들이 배불리 먹기를 원하실 것이며, 빈어(嬪御)[430]를 돌아보시면 백성들에게 집사람이 있기를 원하실 것입니다. 지금 듣자니 정씨의 여식이 이미 약혼을 하였는데 폐하께서 그녀를 취하신다면 어찌 백성의 부모가 된 자의 뜻이 되겠습니까?"라고 하였다. 황제가 스스로의 허물을 통감하고 곧바로 책봉(冊封)을 멈추라는 조서를 내렸다.

唐太宗時, 鄭仁基息女美而才, 皇后請建爲充華. 典冊已具, 或言其已許聘矣. 魏徵諫曰, 陛下處臺榭, 則欲民有棟宇. 享膏粱, 則欲民有飽食. 顧嬪御, 則欲民有室家. 今聞鄭女已約婚, 陛下取之, 豈爲民父母之意哉. 帝痛自咎責[431], 卽詔停冊.[432]

곧바로 왕씨(王氏)의 여식[여자]을 내보내다[입견왕녀(立遣王女)] 송(宋)나라 인종(仁宗) 시절에 왕덕용(王德用)이 두 여식[여자]을 바치자 왕소(王素)가 이를 거론(擧論)하였다. 주상이 웃으면서 말하기를, "짐(朕)은 진종(眞宗)의 아들이고 경(卿)은 왕단(王旦)의 아들이오. 대대로 다져온 오랜 정의(情誼)가 있어 다른 사람과는 비할 바가 아니지요. 왕덕용이 두 여식을 바쳤고 이미 짐의 좌우에 있으니 어떻게 하겠소?"라고 하였다. 왕소가 말하기를, "신(臣)이 우려하는 것은 바로 그녀들이 폐하의 좌우에 있다는 것입니다"라고 하였다. 주상이 즉각 궁중 관원(官員)에게 명을 내려 그녀들을 내보내게 하였다. 왕소가 말하기를, "폐하께서 이미 신의 말을 버리지 않으셨는데 어찌 그리도 빠르신지요?"라 하자 주상이 말하기를, "짐이 만일 그 사람들이 미련이 남아 행하려고 하지 않는 모습을 보게 된다면 아마 짐 또한 내보낼 수 없을 것이기 때문이오"라고 하였다. 얼마 후에 궁중 관원이 궁녀들이 이미 내동문(內東門)을 나갔다고 아뢰자 주상이 그제야 몸을 일으켰다.

宋仁宗時, 王德用進二女, 王素論之. 上笑曰, 朕眞宗子, 卿王旦子, 有世舊, 非他人比. 德用進女, 然已在朕左右, 奈何. 素曰, 臣之憂正恐在陛下左右耳. 上立命宮官遣女. 素曰, 陛下旣不棄臣言, 亦何遽也. 上曰, 朕若見其人留戀不肯行, 恐亦不能出矣. 頃之, 宮官奏宮女已出內東門, 上乃起.[433]

향(香)을 사르며 소(疏)를 읽다[분향독소(焚香讀疏)] 당(唐)나라 선종(宣宗)이 규간(規諫)[434]을 즐겨 들었는데 무릇 간관(諫官)이 일을 논한 것이 진실로

---

424. '地'는 '圮(비)'의 오자이다.
425. 《산당사고(山堂肆考)》 권35. 《신당서(新唐書)》 권173의 기록을 요약하여 기술한 것이다.
426. 황후(皇后): 황후(皇后) 장손씨(長孫氏)를 가리킨다.
427. 충화(充華): 여관(女官) 이름.
428. 대사(臺榭): 높고 크게 세운 누각이나 정자.
429. 고량진미(膏粱珍味): 고량(膏粱). 기름진 고기와 좋은 곡식으로 만든 맛있는 음식.
430. 빈어(嬪御): 빈첩(嬪妾). 제왕(帝王)의 첩.
431. '責'은 임의로 보태진 글자이다.
432. 《산당사고(山堂肆考)》 권35. 《신당서(新唐書)》 권97의 기록을 요약하여 기술한 것이다.
433. 《산당사고(山堂肆考)》 권35. 《송명신언행록(宋名臣言行錄)·후집(後集)》 권4의 기록을 요약하여 기술한 것이다.

이치에 합당하면 늘 뜻을 굽혀 따랐다. 대신(大臣)이 상소한 글을 보면 반드시 향(香)을 사르고 손을 씻고는 읽었다.

唐宣宗樂聞規諫, 凡諫官論事, 苟合于理, 常屈意從之. 得大臣疏章, 必焚香盥手讀之.[435]

그림을 보고 오래도록 탄식하다[관도장우(觀圖長吁)] 송(宋)나라 신종(神宗) 시절에 동북(東北) 지방이 크게 가물자 직언(直言)을 구하는 조서를 내렸다. 정협(鄭俠)이 유민도(流民圖)를 올리고 소(疏)로 아뢰자 황제가 반복해서 그림을 보고 서너 차례 길게 탄식을 하더니 소매에 넣어 내전(內殿)으로 들었으나 이날 밤에 잠을 이루지 못하였다. 이튿날에 마침내 개봉부(開封府)에 명을 내려 신법(新法)을 살피게 하더니 그 가운데 불편한 것 도합 열여덟 가지를 그만두게 하였다.

宋神宗時, 東北大旱, 詔求直言. 鄭俠上流民圖, 疏奏, 帝反覆觀圖, 長吁數四, 袖以入內. 是夕, 寢不能寐. 翌日, 遂命開封, 體勘新法, 不便者凡十八事, 罷之.[436]

촛대를 잡고 소(疏)를 읽다[병촉독소(秉燭讀疏)] 송(宋)나라 효종(孝宗) 시절에 주문공(朱文公)이 봉사(封事)를 올렸는데 소(疏)가 들어갔을 때는 밤 물시계가 7각(刻)이 되었는데 황제가 이미 침전(寢殿)에 들었다가 재빨리 일어나 촛대를 잡고 끝까지 읽었다. 이튿날 서태을궁(西太乙宮) 주관(主管) 겸 숭정전설서(崇政殿說書)에 제수(除授)하였다. 공(公)이 애써 사양하자 이에 비각수찬(秘閣修撰) 봉사(奉祠)로 하였다.

宋孝宗時, 朱文公進封事, 疏入, 夜漏下七刻, 帝已就寢, 亟起秉燭, 讀之終篇. 明日, 除主管西太乙宮兼崇政殿說書. 公力辭, 乃以秘閣修撰奉祠.[437]

조서(詔書)에 붓질을 하여 일을 완료하다[도조침사(塗詔寢事)] 당(唐)나라 왕악(王諤)이 권신(權臣)과 근신(近臣)들에게 뇌물을 써서 재상(宰相)을 겸하고자 하였다. (주상이) 은밀히 상서문하(尙書門下)에 조서를 내려 말하기를, "왕악은 재상을 겸할 만하다"라고 하였다. 이번(李藩)이 갑작스럽게 붓을 집더니 '宰相'자(字)를 지우고 그 좌측에 '불가(不可)'라고 적어 다시 이를 아뢰었다. 재상 권덕여(權德輿)가 아연실색하며 말하기를, "'불가'한 사유가 있으면 응당 별도로 만들어 아뢸 일이지 어찌 조서에 붓으로 칠을 했는가?"라 하자 이번이 말하기를, "상황이 긴박했습니다. 오늘을 넘기면 안 되겠기에…"라고 하였다. 오래지 않아 일이 마무리될 수 있었다.

唐王諤[438]賂權近, 求兼宰相. 密詔尙書門下曰, 諤可兼宰相. 李藩遽取筆滅宰相字, 書其左曰不可, 還奏之. 宰相權德輿失色曰, 有不可, 應別爲奏, 何以筆塗詔耶. 藩曰, 勢迫矣, 出今日便不可. 旣而事得寢.[439]

비늘을 거슬러도 연회를 베풀다[영린설연(嬰鱗設宴)] 당(唐)나라 고조(高祖)는 매번 두정륜(杜正倫), 우세남(虞世南) 등과 일을 논한 것이 뜻에 맞았는데 황제가 그들을 위해 연회석을 마련해 놓고 두정륜 등을 불러 말하기를, "내가 듣기로 신룡(神龍)은 길들여 따르게 할 수 있으나 턱 아래에 거슬러 난 비늘이 있어 이를 거스르는 자는 죽으며, 임금에게도 또한 그것이 있다 하오. 경(卿)들이 내 비늘을 거스르면서 착오가 없도록 도와주고 있으니 짐(朕)이 어찌 위태로워 망할 일이 있으리라 염려하겠소? 이로 인해 경들의 지극한 뜻을 생각하였기에 술을 들며 서로 즐기자고 하는 것이오"라고 하였다.

434. 규간(規諫): 옳은 도리나 이치로써 제왕의 잘못을 고치도록 말하는 일이나 그러한 간언(諫言).
435. 《산당사고(山堂肆考)》 권35.
436. 《산당사고(山堂肆考)》 권35.
437. 《산당사고(山堂肆考)》 권35에 수록된 "秉燭讀疏"조(條)를 요약하여 기술한 것이다.
438. '諤'은 '鍔'의 오자이다.
439. 《산당사고(山堂肆考)》 권35. 《신당서(新唐書)》 권169의 기록을 요약하여 기술한 것이다.

唐高祖, 每與杜正倫虞世南等論事稱旨, 帝爲設宴具, 召正倫等, 謂曰, 我聞神龍可擾而馴, 然頷下有逆鱗, 嬰者死, 人君亦有之. 卿屬犯吾鱗, 裨闕失, 朕豈慮有危亡哉. 因思卿至意, 故擧酒以相樂耳.440

친히 좋은 홀(笏)을 고르다[친택량홀(親擇良笏)] 당(唐) 토돌승최(吐突承璀)가 군중(軍中)에 황제를 위하여 성정비(聖政碑)를 세우려고 하였다. 농석(礱石)이 글을 청하자 내상(內相) 이강(李絳)이 아뢰어 말하기를, "대인(大人)은 천지(天地)와 더불어 그 덕이 합치되므로 비를 세워 덕을 적는 일이 없습니다. 천하에 웃음거리를 남기게 될까 걱정입니다"라고 하였다. 헌종(憲宗)이 처음에는 매우 노하였으나 이강의 말이 끝나지 않아 마침내 크게 깨달아 이강에게 중서사인(中書舍人)을 제수(除授)하였다. 이튿날, 면전에서 자줏빛 옷과 금어대(金魚袋)441를 하사하고 또 친히 좋은 홀(笏)을 골라 그에게 내려주었다. 그리고는 면려(勉勵)하며 말하기를, "그대는 마땅히 이 마음을 바꾸는 일이 없도록 하오"라고 하였다.

唐吐突承璀, 欲于軍中爲帝立聖政碑. 礱石請文, 內相李絳奏言, 大人與天地合其德, 無立碑紀德之事. 恐貽笑天下. 憲宗初甚怒, 絳語不已, 卒大開悟, 除絳中書舍人. 翌日, 面賜紫衣金魚, 又親擇良笏, 賜之. 因勉曰, 爾當無易此心.442

절검 節儉

- 《주서(周書)》에서 말하였다. 문왕(文王)이 호(鄗) 땅에 있을 때 태자(太子) 발(發)을 불러 말하기를, "노송나무로 기둥을 삼고 띠 풀로 이엉을 삼으며 백성을 위해 비용을 아끼라"고 하였다.

  周書曰, 文王在鄗, 召太子發曰, 吾栝柱而茅茨, 爲人愛費.443

- 《묵자(墨子)》에서 말하였다. 요(堯)임금의 당(堂) 높이는 세 자였으며, 흙 계단은 세 계단, 띠로 인 이엉은 잘라 손질하지도 않았다.

  墨子曰, 堯堂高三尺, 土階三等, 茅茨不翦.444

- 《시자(尸子)》에서 말하였다. 사람들이 말하기를, 천하(天下)에 거하는 자는 요대(瑤臺)445가 9층(層)이지만 요(堯)임금은 허술한 초가집이었다. 보불(黼黻)이 9종(種)이지만 요임금은 큰 폭의 베만 사용하였다. 궁중(宮中)에 삼시(三市)446가 있지만 요임금은 들판에 (평상의 거처가 없이) 살았다고 한다.

  尸子曰, 人言居天下者447, 瑤臺九累, 而堯白屋. 黼黻九種, 而堯大布. 宮中三市448, 而堯鶉居.449

- 《회남자(淮南子)》에서 말하였다. 사람이 천자(天子)가 되기를 좋아하는 것은 이목(耳目)의 욕망을 다하고 신체를 편하게 하는 데 적당하기 때문이다.

---

440. 《산당사고(山堂肆考)》 권35. 《신당서(新唐書)》 권106의 기록을 요약하여 기술한 것이다.
441. 금어대(金魚袋): 공신 등 특별히 하사받은 사람이 관복을 입을 때 차던 붕어 모양의 금빛 주머니.
442. 《산당사고(山堂肆考)》 권31.
443. 《어정연감류함(御定淵鑑類函)》 권51.
444. 《어정연감류함(御定淵鑑類函)》 권51. 사고전서본(四庫全書本) 《묵자(墨子)》에는 이 대목이 보이지 않는다.
445. 요대(瑤臺): 아름다운 옥(玉)으로 섬돌을 만든 누대 혹은 화려한 장식을 한 누대.
446. 삼시(三市): 해가 기울 때 열리는 시장인 대시(大市)와 아침에 열리는 조시(朝市), 저녁에 열리는 석시(夕市)를 일컫는 말. 궁전의 규모가 성대함을 설명하기 위해 언급한 말이다.
447. 《어정연감류함(御定淵鑑類函)》에는, "人言居天下者"가 "人君之有天下者"로 되어 있다.
448. '市'는 '市'의 오자이다.
449. 《어정연감류함(御定淵鑑類函)》 권51.

지금 높은 돈대와 층으로 된 정자는 사람들이 아름답게 여기는 것이나 요(堯)임금은 질박한 서까래를 깎지도 않고 서까래 끝에 칠도 하지 않았다. 진수성찬은 사람들이 훌륭하게 여기는 것이나 요임금은 피로 지은 거친 밥에 명아주나 콩잎 국을 먹었다. 무늬가 있고 수를 놓은 호백구(孤白毬)는 사람들이 좋아하는 것이나 요임금은 베옷으로 몸을 가리고 사슴 가죽옷으로 추위를 막았다. 삶을 기르는 도구가 두터워 더하지 않았던 것이다.

淮南子曰. 人之所以樂爲天子[450]者, 以其窮耳目之欲. 而適躬體之便也. 今高臺層榭, 人之所麗也, 而堯采椽[451]不斲, 斥題[452]不枅. 珍怪奇味, 人之所美也, 而堯糲粱之飯, 藜藿之羹. 文錦狐白, 人之所好也, 而堯布衣掩形, 鹿裘禦寒. 養生之具, 厚不加增.[453]

• 무제(武帝)가 동방삭(東方朔)에게 말하기를, "내가 백성들을 교화시키고 싶은데 무슨 방법이 있겠소?"라고 하자 동방삭이 말하기를, "원컨대 가까운 효문황제(孝文皇帝) 시절의 일을 말씀드리도록 하겠습니다. 그 당시의 노인들이 모두 듣고 본 바입니다만, 존귀(尊貴)하기로는 천자(天子)가 되고, 부유하기로는 천하를 가지셨음에도 몸에는 익제(弋綈)[454]를 걸치고, 발에는 혁석(革舃)[455]을 신었으며, 가죽으로 검에 띠를 두르고, 왕골과 부들로 자리를 만들었으며, 글을 올리는 주머니를 모아 대궐의 휘장으로 삼았습니다"라고 하였다.

武帝問東方朔曰, 吾欲化民, 豈有道乎. 朔對曰, 願近述孝文皇帝之時, 當世耆老皆聞見之, 貴爲天子, 富有四海, 身衣弋綈, 足履革舃, 以韋帶劍, 莞蒲爲席[456], 集上書囊爲殿帷.[457]

• 절약하여 제도로써 재물을 상하게 하지 않고 백성을 해롭게 하지 않는다.《주역(周易)》

節以制度, 不傷財, 不害民.〈易〉[458]

• 순황(荀況)이 말하였다. 나라를 풍족하게 하는 방법은, 절약해서 쓰고 백성들이 넉넉하도록 해 주며, 그 남는 것은 잘 저축하여 두는 것이다. 절약하여 쓰는 것은 예(禮)로써 하고 백성들이 넉넉하도록 해 주는 일은 정치로써 한다.

荀況曰, 足國之道, 節用裕民, 而善臧其餘. 節用以禮, 裕民以政.[459]

• 《논어(論語)》의 기록이다. (우임금은 평상시의) 의복은 (거칠고) 나쁘게 하셨으나 폐슬(蔽膝)[460]과 면류관에서는 아름다움을 이루셨다.

論語. 惡衣服, 而致美乎黻冕.[461]

• 《서경(書經)》의 기록이다. 문왕은 허름한 옷을 입고 편히 해 주는 일과 밭일에 종사하였다.

書. 文王卑服, 卽康功田功.[462]

• 한(漢) 문제(文帝)는 재위하면서 절검(節儉)을 몸소 행하였다.

---

450. 《회남자(淮南子)》에는 "天子"가 "人主"로 되어 있다.
451. 《회남자(淮南子)》에는 "采椽"이 "樸桷"으로 되어 있다.
452. 《회남자(淮南子)》에는 "斥題"가 "素題"로 되어 있다.
453. 《회남자(淮南子)·정신훈(精神訓)》. 《회남자(淮南子)》에는 "養生之具, 厚不加增"이 "養性之具, 不加厚而增之"로 되어 있다.
454. 익제(弋綈): 거칠고 투박한 흑색의 직물(織物). '弋'은 '黓(익: 검다는 뜻)'과 뜻이 통한다.
455. 혁석(革舃): 생가죽으로 만든 신발.
456. "莞蒲爲席" 다음에 "兵木無刃, 衣縕無文"이 생략되었다.
457. 《한서(漢書)》 권65의 기록을 요약하여 기술한 것이다.
458. 《주역(周易)·절괘(節卦)》
459. 《순자(荀子)·부국(富國)》
460. 폐슬(蔽膝): 조복(朝服)이나 제복(祭服)을 입을 때 앞에 늘여 무릎을 덮는 것. 헝겊이나 가죽으로 만들었다.
461. 《논어(論語)·태백(泰伯)》
462. 《서경(書經)·무일(無逸)》

漢文帝, 在位, 躬行節儉.[463]

- 경제(景帝)는 황금(黃金)과 주옥(珠玉) 채취를 금하였다.

  景帝禁采黃金珠玉.

- 광무제(光武帝)가 대신(大臣)들에게 조서를 내려 먼 나라에서 온 진귀한 먹을거리를 받지 말라고 하였다.

  光武詔大官, 勿受遠國珍羞.[464]

병풍에 아로새긴 것을 미워하다[병오각루(屛惡刻鏤)] 장제(章帝)가 남방으로 순행(巡行)하며 여남군(汝南郡)에 들렀는데 태수(太守) 하창(何敞)에게 조각을 한 병풍이 있었다. 황제가 기뻐하지 않으며 시중(侍中) 황향(黃香)에게 명하여 거기에, '예스럽고 전아(典雅)한 것은 농사에 힘쓰게 하지만, 아로새긴 것은 백성들을 아프게 한다. 충(忠)은 절검(節儉)을 다하는 데 있으며, 의(義)는 일신을 수양하는 데 있다'라는 명문(銘文)을 적으라 하였다. 이로 말미암아 하창은 두려워하는 마음을 가지게 되었다.

章帝南巡, 過汝南郡, 太守何敞, 有刻鏤屛風. 帝不悅[465], 命侍中黃香, 銘之曰, 古典務農, 雕鏤傷民. 忠在竭節, 義在脩身. 由是敞有懼心.[466]

누각을 조성하는 비용을 아끼다[영각석비(營閣惜費)] 정관(貞觀)[467] 2년에 공경(公卿)들이 아뢰기를, "늦여름 달에는 대사(臺榭)에 처하실 수 있으니 누각을 하나 조성하기를 청합니다"라고 하였다. 황제가 말하기를, "낭비(浪費)가 진실로 많을 터인데 어찌 백성의 부모된 자의 도리겠소?"라 하고는 끝내 허락하지 않았다.

貞觀二年, 公卿奏曰, 季夏之月, 可以處臺榭, 請營一閣. 帝曰, 糜費良多, 豈爲民父母之道也. 竟不許.[468]

치두구(雉頭裘)[469]를 불사르다[분치두구(焚雉頭裘)] 진(晉)나라 무제(武帝) 시절에 태의(太醫) 사마정거(司馬程據)가 치두구(雉頭裘)를 바치자 대궐 앞에서 그것을 불태우라고 명령하였다. 황제의 소[牛]에 쓰던 푸른 실 노끈이 끊어지자 푸른 마(麻)로 만든 노끈으로 그것을 대신하라는 조서를 내렸다.

晉武帝時, 太醫司馬程據, 獻雉頭裘, 命焚之于殿前. 御牛靑絲紖斷, 詔以靑麻代之.[470]

푸른 명주로 휘장을 삼다[청련위유(靑練爲帷)] 진(晉)나라 원제(元帝)는 성품이 간략하고 검소하며 담담하고 순박하였는데 유사(有司)가 태극전(太極殿)의 넓은 방에 꿰맨 휘장을 베풀자고 아뢰자 황제가 말하기를, "한(漢)나라 문제(文帝)가 글을 올리는 주머니를 모아 휘장으로 삼았던 것을 짐(朕)이 마땅히 본받을 것이오"라고 하였다. 마침내 겨울에는 푸른 베를 베풀고, 여름에는 푸른 명주를 베풀어 휘장을 삼으라고 명하였다.

晉元帝性簡儉沖素, 有司奏太極殿廣室施絳帳, 帝曰, 漢文集上書囊爲帷, 朕當效. 遂令冬施靑布, 夏施靑練爲帷.[471]

거친 베로 만든 옷을 남기다[유납(留衲)] 송(宋)나라 고조(高祖)가 미천한 신분일 때 거친 베로 만든 적삼과 두루마기가 있었는데 경황후(敬皇后)가 손

---

463. 《삼국지(三國志)·위지(魏志)》
464. 《후한서(後漢書)》 권4의 내용을 요약하여 기술한 것이다.
465. '帝不悅' 앞에 '爲帝張設'이 생략되었다.
466. 《산당사고(山堂肆考)》 권35에 실린 내용을 요약하여 기술한 것이다.
467. 정관(貞觀): 당(唐) 태종(太宗)의 연호(627-649)이다.
468. 《산당사고(山堂肆考)》 권35에 수록된 내용을 요약하여 기술한 것이다.
469. 치두구(雉頭裘): 꿩 머리의 깃털로 짜서 만든 가죽옷.
470. 《진서(晉書)·제기(帝紀)》에 실린 내용을 요약하여 기술한 것이다.
471. 《진서(晉書)·제기(帝紀)》에 실린 내용을 요약하여 기술한 것이다.

수 만든 것이었다. 이미 존귀하게 되고 나서 회계공주(會稽公主)에게 분부하기를, "후세에 교만하고 사치스러워 절제하지 못하는 자가 있으면 이것을 그에게 보여 주도록 해라"라고 하였다. 효무제(孝武帝)가 고조가 살던 음실(陰室)[472]을 헐어 그 자리에 옥촉전(玉燭殿)을 세우고는 여러 신하들과 구경하였다. 침상(枕床) 머리에는 흙으로 만든 가리개가 있었고, 벽 위에는 칡으로 만든 등잔통과 마(麻)로 만든 파리채가 있었다. 시중(侍中) 원의(袁顗)가 이로 인해 고조의 검소한 덕을 성대하게 칭송하자 황제가 말하기를, "시골 노인네가 이 정도를 얻었으면 이미 지나친 것"이라고 하였다.

宋高祖微時, 有衲[473]布衫襖, 臧[474]皇后手所作也. 既貴, 以付會稽公主曰, 後世有驕奢不節者, 以比示之. 至孝武帝壞高祖所居陰室, 於其處起玉燭殿, 與群臣觀之. 牀頭有土障, 壁上掛葛燈籠, 麻蠅拂. 侍中袁顗, 因盛稱高祖儉素之德. 帝曰, 田舍翁得此, 已爲過矣.[475]

쇠[鐵]로 바꾸어 쓰다[개용철란(改用鐵欄)] 제(齊)나라 고제(高帝)는 성품이 맑고 검소하였다. 후궁(後宮)의 기물과 난간 가운데 동(銅)으로 장식이 된 것을 쇠[鐵]로 바꾸게 하였다. 내전(內殿)에는 빛깔이 누런 깁으로 휘장을 베풀고, 궁인(宮人)들에게는 자줏빛 가죽 신발을 신게 하였는데 매번 말하기를, "나로 하여금 천하를 10년간 다스리게 한다면 마땅히 황금과 흙이 같은 값이 되도록 하리라"라고 하였다.

齊高帝性清儉. 後宮器物欄檻以銅爲飾者, 改用鐵. 內殿施黃紗帳, 宮人着紫皮裘[476]履, 每曰, 使我治天下十年, 當使黃金與土同價.[477]

용뇌향(龍腦香)을 쓰지 않다[불용용뇌(不用龍腦)] 당(唐)나라 선종(宣宗)은 성품이 검소한 것을 숭상하였다. 이보다 앞서 (황제가) 궁중에서 거둥할 때면 용뇌향(龍腦香)이나 울금향(鬱金香)을 땅에 뿌렸는데 이 황제에 이르러 모두 허락하지 않자 당시 사람들이 선종을 한(漢)나라 문제(文帝)에 견주었다.

唐宣宗性尙儉素. 先是, 宮中行幸, 卽以龍腦鬱金香藉之于地. 至是帝皆不許, 時人方之漢文帝.[478]

쟁기와 보습에 장식을 없애다[뇌사거식(耒耜去飾)] 당(唐)나라 숙종(肅宗)이 적전(籍田)[479]에서 밭갈이를 하다가 쟁기와 보습에 조각과 문식(文飾)이 있는 것을 보고 말하기를, "농구(農具)는 농사짓는 사람들이 잡는 것이라 (그 뜻이) 소박함에 있는 것이거늘 어찌 문식을 귀하게 여기겠소?"라 하고는 명령을 내려 조각과 문식을 치우게 하였다.

唐肅宗耕籍田, 因閱耒耜, 有雕刻文飾, 曰, 田器, 農人執之, 在于朴素, 豈貴文飾乎. 乃命撤之.[480]

옷자락은 넓고 큰 것을 경계한다[의계관대(衣戒寬大)] 당(唐)나라 문종(文宗)이 정월대보름에 등불을 구경할 적에 여러 공주(公主)들이 아울러 연회(宴會)에 나왔다. 연안공주(延安公主)의 옷자락이 넓고 크자 곧바로 돌려보내고는 부마(駙馬) 두한(竇澣)에게 죄를 기다리게 하였는데 두 달 치의 하사금을 삭탈하라는 조서를 내렸다.

---

472. 음실(陰室): 제왕(帝王)이 생전에 살던 집.
473. '衲'이 '納'으로 된 판본도 있다.
474. '臧'은 '敬'의 오자이다.
475. 《산당사고(山堂肆考)》 권35. 《송서(宋書)》 권71에 수록된 내용을 요약하여 기술한 것이다.
476. '裘'는 임의로 보태진 글자이다.
477. 《산당사고(山堂肆考)》 권35. 《남제서(南齊書)·본기(本紀)》에 수록된 내용을 요약하여 기술한 것이다.
478. 《산당사고(山堂肆考)》 권35.
479. 적전(籍田): 제왕(帝王)이 몸소 농민을 두고 농사를 짓던 논밭. 그 곡식으로 신에게 제사를 지냈다.
480. 《산당사고(山堂肆考)》 권35. 《구당서(舊唐書)·지(志)·예의(禮儀)》에 수록된 내용을 요약하여 기술한 것이다.

唐文宗元夕, 觀燈, 諸公主竝赴宴. 延安公主衣裾寬大, 卽時遣歸, 駙馬竇澣待罪, 詔奪兩月賜錢.[481]

공주(公主)를 가르쳐 경계시키다[교계공주(敎戒公主)]　송(宋)나라 태조(太祖)는 성품이 절도가 있고 검소하였다. 궁중에 갈대 발[簾]을 드리웠으며, 가장자리는 푸른 베를 사용하였고, 평상으로 입는 옷은 거듭 세탁을 하였다. 위국(魏國)의 장공주(長公主)가 저고리를 물총새 깃으로 장식을 하자 다시는 사용하지 못하도록 경계시켰다. 황녀(皇女) 영녕공주(永寧公主)가 일찍이 수(繡)를 붙이고 물총새 깃을 베푼 저고리를 입자 황제가 말하기를, "물총새 깃은 값이 비싼 것이다. 백성들에게 이(利)를 좇아 생(生)을 상하게 하는 풍조가 스며 널리 퍼진다면 (이는) 실로 너로 말미암는 것이리라. 나는 천하의 넉넉함으로 궁전(宮殿)을 모두 황금과 옥으로 장식하는 것에 역량을 또한 쓸 수가 있다. 다만 천하를 위하여 재물을 지켜야 한다는 것을 염려할 뿐이다"라고 하였다.

宋太祖性節儉. 宮中垂葦簾, 緣用靑布, 常服之衣, 澣濯至再. 魏國長公主襦飾翠羽, 戒勿復用. 皇女永寧公主, 嘗衣貼繡鋪翠襦, 帝曰, 翠羽價高. 小民逐利傷生浸廣, 實汝之由. 我以四海之富, 宮殿悉用金玉爲飾, 力亦可辦. 但念爲天下守財耳.[482]

요강을 부수다[쇄닉기(碎溺器)]　송(宋)나라 태조(太祖)가 촉주(蜀主) 맹창(孟昶)의 보배로 장식한 요강을 보자 곧바로 부수며 말하기를, "너는 칠보(七寶)로 이것을 장식했으니 마땅히 무슨 그릇에 음식을 넣어 두겠느냐? 한 짓이 이와 같은데 망하지 않기를 어찌 바랄 수 있겠느냐?"라고 하였다.

宋太祖見蜀主孟昶寶裝溺器, 卽碎之曰, 汝以七寶飾此, 當以何物[483]貯食. 所爲如此, 不亡何待.[484]

구운 양고기를 요구하지 않다[불색소양(不索燒羊)]　송(宋)나라 인종(仁宗)이 근신(近臣)들에게 말하기를, "어제 잠을 자지 못해 배가 고팠는데 익힌 양고기를 먹고 싶은 생각이 들었소"라 하자 근신들이 말하기를, "어째서 요구하시지 않으셨습니까?"라고 하였다. (인종이) 말하기를, "마침내 관례가 될까 걱정하였기 때문이오. 어찌 하룻밤의 허기를 참지 못해 까닭 없는 살생을 이끌 수가 있겠소?"라고 하였다. 혹자(或者)가 대합조개 28매를 바쳤는데 매당 1,000전(錢)이었다. (인종이) 말하기를, "한 번 젓가락 내리자고 대합조개 28매를 허비하는 일을 나는 감당하지 못하겠다"라 하고는 마침내 그 헌상(獻上)을 받지 않았다.

宋仁宗語近臣曰, 昨因不寐而饑, 思食燒羊. 近臣曰, 何不索取. 曰, 恐遂爲例. 何不忍一夕之饑, 而啓無窮之殺. 或獻蛤蜊二十八枚, 枚千錢. 曰, 一下筯費二十八, 吾不堪也. 遂不受其獻.[485]

상을 하사하다
賞賜

- 《설문해자(說文解字)》의 기록이다. 상(賞)은 공이 있는 자에게 내리는 것이다. '賜'란 수여함이고 은혜를 베풂이다.

  說文. 賞, 賜有功也. 賜也者, 命也, 惠也.

481. 《산당사고(山堂肆考)》 권35. 《구당서(舊唐書) · 본기(本紀)》에 수록된 내용을 요약하여 기술한 것이다.
482. 《산당사고(山堂肆考)》 권35에 수록된 내용을 요약하여 기술한 것이다.
483. 《송사(宋史) · 본기(本紀)》에는, '物'이 '器'로 되어 있다.
484. 《산당사고(山堂肆考)》 권35. 《송사(宋史) · 본기(本紀)》에 수록된 내용을 요약하여 기술한 것이다.
485. 《산당사고(山堂肆考)》 권35.

• 《서경(書經)》의 기록이다. 공이 많은 사람에게는 힘써 상을 내리셨습니다.

書. 功懋懋賞.486

• 명을 잘 받드는 사람은 조상의 위패 앞에서 상을 받을 것이다.

用命賞于祖.487

• 공이 많으면 후한 상이 있을 것이다.

功多有厚賞.488

• 《춘추좌씨전(春秋左氏傳)》의 기록이다. 옛날에 다스리던 사람이 이르기를, "상 주기를 권하고 형벌 내리기를 두려워하였으며, 상은 봄여름으로 시행하였습니다. 장차 상을 주려고 할 때 그들을 위하여 반찬을 더 많이 차렸는데, 반찬을 더 많이 차리게 되면 풍성하게 내릴 수가 있었습니다. 이것으로 그 상 주기를 권하였음을 알 수 있습니다"라고 하였다.

春秋傳. 古之理人云, 勸賞而畏刑, 賞以春夏. 將賞爲之加膳, 加膳則飫賜. 此所以知其勸賞也.489

• 하늘에는 비와 이슬이 있어 만물을 낳아 기를 수 있다. 성인(聖人)이 이것을 체득하여 상을 내리는 의전(儀典)이 있게 되었다.

天有雨露, 生育萬物. 聖人體之, 則有慶賞之典.490

• 무른 상을 내리는 일은 아랫사람을 기쁘게 하고 대중을 부릴 수 있는 것이다.《환범(桓範)》491

夫賞賜者, 以悅下使衆.〈桓範〉492

• 《춘추좌씨전(春秋左氏傳)》의 기록이다. 상은 나라의 의전(儀典)이다. 상을 준다는 기록이 이미 맹부(盟府)493에 간직되고 있으니. 폐지할 수가 없는 것이다.

傳. 賞, 國之典也. 藏在盟府, 不可廢也.494

• 상과 벌에 법도가 없으니, 어떻게 악을 막고 선을 권장할 것인가?

賞罰無章, 何以沮勸.495

• 선행을 하면 상을 준다.

善則賞之.496

• 현능한 자가 되기를 권하다.

以勸能者.497

• 《관자(管子)》의 기록이다. 반드시 얻음이 있는 문을 열어두라는 것은 상 내리기를 분명히 하라는 것이다.

管子. 開必得之門, 信慶賞也.498

• 크나큰 덕을 표창하지 않으면 선행을 권하는 도(道)가 이지러진 것이고, 크나큰 근면에 상을 내리지 않는다면 공(功)에 보답하는 은전(恩典)이 폐해진 것이다.

大德不旌, 則勸善之道缺矣. 大勤不賞, 則報功之典廢矣.499

• 《춘추좌씨전(春秋左氏傳)》의 기록이다. 상을 분에

---

486. 《서경(書經)·중훼지고(仲虺之誥)》
487. 《서경(書經)·감서(甘誓)》
488. 《서경(書經)·태서(泰誓)》
489. 《좌전(左傳)·양공(襄公)·이십육년(二十六年)》에는, "古之治民者, 勸賞而畏刑, 恤人不倦, 賞以春夏, 刑以秋冬. 將賞爲之加膳, 加膳則飫賜, 此所以知其勸賞也"로 되어 있다.
490. 《산당사고(山堂肆考)》 권37.
491. 《환범(桓範)》의 정식 명칭은 《환범세요론(桓範世要論)》이다.
492. 《북당서초(北堂書鈔)》 권19.
493. 맹부(盟府): 맹약(盟約)의 문서 보존을 관장하던 관부(官府).
494. 《좌전(左傳)·양공(襄公)·십일년(十一年)》
495. 《좌전(左傳)·양공(襄公)·이십칠년(二十七六)》
496. 《좌전(左傳)·양공(襄公)·십사년(十四年)》
497. 《좌전(左傳)·양공(襄公)·이십일년(二十一六)》
498. 《관자(管子)·목민(牧民)》에는, "開必得之門者, 信慶賞也"로 되어 있다.

넘치게 하면 옳지 못한 자에게까지 미치게 될까 염려스럽습니다.

左傳. 賞僭, 則懼及淫人.500

• 《춘추좌씨전(春秋左氏傳)》의 기록이다. 무릇 공훈이 있는 자에게는 의식(儀式)에 쓰는 그릇을 수여한다. '撫'는 수여함이다.

傳. 夫有勳者, 撫之以彝器. 撫, 授也.501

• 《문자(文子)》의 기록이다. 상을 잘 주는 자는 비용은 적게 들이면서도 권유하는 것은 많다. 그러기에 성인이 한 사람에게 상을 주어도 천하 사람들이 달려간다. 이 때문에 지극한 상은 비용이 들지 않는 것이다.

文子. 善賞者, 費少勸多, 故聖人賞一人, 而天下趨之. 是以至賞不費也.502

• 《예기(禮記)》의 기록이다. 신하가 역량과 능력을 다하여 나라에 공을 세우면 임금은 반드시 작위(爵位)와 봉록(俸祿)으로 그에게 보답한다. 그리하여 예에는 답하지 않음이 없다고 하는 것이다. 윗사람이 거저 아랫사람에게서 (공을) 취하지 않음을 말하는 것이다.

禮. 臣下竭力盡能, 以立功於國, 君必報之以爵祿, 故曰, 禮無不答. 言上之不虛取于下也.503

• 《월령(月令)》의 기록이다. 상 내리기를 마침내 거행하였는데 부당함이 없었다.

月令. 慶賜遂行, 無有不當.

• 《예기(禮記)》의 기록이다. 천자(天子)가 음악을 만든 것은 그것으로 제후 가운데 덕이 있는 자에게 상으로 주기 위한 것이었다.

禮. 天子之爲樂也, 以賞諸侯有德者也.504

• 《주례(周禮)》의 기록이다. 사훈(司勳)은 땅을 상으로 주는 법을 관장하여 그 공로에 등급을 매긴다.

周禮. 司勳掌賞地, 以等其功.505

• 《주례(周禮)·천관(天官)·대부(大府)》의 기록이다. 폐여(幣餘)506를 부여할 때는 쓰임새를 넉넉하게 한다.

大府. 以507幣餘之賦, 以待賜予.

• 구식(九式)508을 행하는 재물의 절약을 균일하게 한다. 여덟째는 골고루 나누어 주는 의식이다. '式'은 재물 사용의 절도(節度)를 이른다. '匪'는 나눔이고 '頒'은 줌이니 여러 신하들에게 나누어 줌을 말하는 것이다.

以九式均節財用. 八曰匪頒之式, 式謂財用之節度也. 匪, 分也, 頒, 賜也. 謂分賜群臣.509

• 《관자(管子)》의 기록이다. 포상을 분명하게 하면 비용이 들지 않고, 형벌을 분명하게 하면 포악해지지 않는다. 포상과 형벌은 덕을 밝히는 지극함이다.

---

499. "大德不旌, 則勸善之道缺矣"은 《백공육첩(白孔六帖)》 권49에 보이지만 이하의 글은 출처가 확인되지 않는다.

500. 《좌전(左傳)·양공(襄公)·이십육년(二十六年)》

501. 《좌전(左傳)·소공(昭公)·십오년(十五年)》에는, "夫有勳而不廢, 有績而載, 奉之以土田, 撫之以彝器"로 되어 있다. "撫, 授也"는 주석에 보이는 내용이다.

502. 《백공육첩(白孔六帖)》 권49.

503. 《예기(禮記)·연의(燕義)》에는, "臣下竭力盡能以立功於國, 君必報之以爵祿, 故臣下皆務竭力盡能以立功. 是以國安而君寧. 禮無不答, 言上之不虛取於下也"로 되어 있다.

504. 《예기(禮記)·악기(樂記)》

505. 《주례(周禮)·하관(夏官)·사훈(司勳)》. '掌' 다음에 '六鄕'이 누락되었다.

506. 폐여(幣餘): 사신에게 내리는 예물.

507. 《주례(周禮)·천관(天官)·대부(大府)》에는 '以'자가 없다.

508. 구식(九式): 대재(大宰)가 행하는 9가지 의식. 첫째는 제사하는 의식, 둘째는 손님을 접대하는 의식, 셋째는 상례를 치르는 의식, 넷째는 음식이나 의복이 만들어졌을 때의 의식, 다섯째는 기능공이 기물을 만들었을 때의 의식, 여섯째는 선물을 주고받는 의식, 일곱째는 소나 말에게 먹이는 곡식을 절약하는 의식, 여덟째는 골고루 나누어 주는 의식, 아홉째는 연회에서 나누어 주는 의식이다.

509. 이 부분은 《주례(周禮)·천관(天官)·대재(大宰)》에서 두 구절을 취한 것이며 "式謂" 이하는 그 주(注)에 보이는 내용이다.

管子. 明賞不費, 明刑不暴. 賞罰, 明德之至也.[510]

• 《회남자(淮南子)》의 기록이다. 충신이 임금을 섬기는 데는 공을 헤아려 상을 받고 구차하게 얻지 않으며, 힘을 헤아려 관직을 받되 작록(爵祿)을 탐하지 않는다. 그가 할 수 있는 것은 받아 사양하지 않는다.

淮南子. 忠臣之事君也, 計功而受賞, 不爲苟得, 量[511]力而受官, 不貪爵祿. 其所能者, 受之勿辭也.[512]

• 《춘추좌씨전(春秋左氏傳)》의 기록이다. 정치하는 자는 사사로운 공로에 상을 주지 않고 사사로운 원한에 벌을 주지 않는다.

左傳. 爲政者, 不賞私勞, 不罰私惡.[513]

• 《한비자(韓非子)》의 기록이다. 상(賞)은 신의(信義)를 귀하게 여긴다.

韓非子. 賞者, 貴信.[514]

• 《여씨춘추(呂氏春秋)》의 기록이다. 상(賞)이 소중하게 다루어지면 백성들이 (선한 방향으로) 옮겨간다.

呂氏春秋. 賞重則民移.[515]

• 《삼략(三略)》의 기록이다. 군대에 포상이 없으면 병사들이 나아가지 않는다.

三略. 軍無賞, 士不往.[516]

• 상이란 병사들이 죽는 바이다.

賞者, 士之所死.[517]

• 군자는 작은 말로써 큰 녹을 받지 않고, 큰 말로써 작은 녹을 받지 않는다. 녹은 상이다.

君子不以小言受大祿, 不以大言受小祿. 祿, 賞也.[518]

예악(禮樂)을 하사하다[사례악(賜禮樂)] 성왕(成王)은 주공(周公)이 천하에 큰 공훈이 있는 것으로 여겨 이 때문에 주공을 곡부(曲阜)에 봉하였는데, 노공(魯公)에게 명하여 대대로 주공을 천자(天子)의 예와 음악으로 제사 지내게 하였다.

成王以周公爲有勳勞于天下, 是以封周公于曲阜[519], 命魯公世世祀周公以天下[520]之禮樂.[521]

융족(戎族)과 평화롭게 지내게 된 데에 대해 상을 내리다[상화융(賞和戎)] 진(晉)나라 군주(君主)가 악기(樂器)와 악공(樂工)의 반을 위강(魏絳)에게 하사하면서 말하기를, "그대가 과인(寡人)을 가르쳐 여러 융족(戎族) 및 적인(狄人)들과 평화롭게 지내게 되었고, 8년 동안 아홉 번이나 제후들과 회합(會合)하였는데 음악의 어울림처럼 조화(調和)되지 않은 적이 없었소. 그대에게 그것[악기와 악공]을 즐기기를 청하오"라고 하였다. 위강은 이에 비로소 금석(金石) 악기를 가지게 되었다.

晉侯以樂之半賜魏絳[522]曰, 子敎寡人和諸戎狄, 八年之中, 九合諸侯, 如樂之和, 無所不諧, 請與子樂之. 魏絳於是乎始有金石之樂.[523]

---

510. 《관자(管子)》 권4.
511. 《회남자(淮南子)》에는 '量'이 '積'으로 되어 있다.
512. 《회남자(淮南子)·인간훈(人間訓)》
513. 《좌전(左傳)·소공(昭公)·오년(五年)》
514. 《북당서초(北堂書鈔)》 권30. 사고전서본(四庫全書本) 《한비자(韓非子)》에는 이 대목이 확인되지 않는다.
515. 《여씨춘추(呂氏春秋)》 권14.
516. 《북당서초(北堂書鈔)》 권115.
517. 《삼략직해(三略直解)》 권상.
518. 《예기(禮記)·표기(表記)》. "祿, 賞也"는 주(注)에 보이는 내용이다.
519. "曲阜" 다음에 "地方七百里, 革車千乘"이 생략되었다.
520. '天下'는 '天子'의 오자이다. 아래도 같다.
521. 《예기(禮記)·명당(明堂)》
522. '絳'은 '絳'의 오자이다.
523. 《좌전(左傳)·양공(襄公)·십일년(十一年)》에 수록된 내용을 요약하여 기술한 것이다.

호숙(壺叔)에게 뒤에 상을 주다[후상호숙(後賞壺叔)] 진(晉) 문공(文公)의 천한 신하인 호숙(壺叔)이 말하기를, "주군(主君)께서 세 차례에 걸쳐 논공행상을 하셨지만 저에게는 미치지 않았습니다"라 하자 문공이 말하기를, "인의(仁義)로 나를 이끌어 주고 덕과 은혜로 나를 막아 주었으면 이 사람은 상급의 상을 받았다. 행동으로 나를 보좌하였으면 이 사람은 다음 상을 받았으며, 활과 돌의 위험을 무릅쓰고 땀을 흘리는 말과 같은 노고가 있었으면 이 사람은 또 그 다음 상을 받았다. 만일 힘으로 나를 섬기기는 하였지만 내 잘못을 보완해 주지는 못하였으면 그 사람은 하급의 상을 받았다. 삼등(三等)의 상을 다 내린 뒤에는 또 그대에게도 미치게 될 것이다"라고 하였다. 진나라 사람들이 이 말을 듣고 모두들 기뻐하였다.

晉文公賤臣壺叔曰, 君三行賞不及臣. 公曰, 夫道我以仁義, 防我以德惠, 此受上賞. 輔我以行[524], 此受次賞. 矢石之難, 汗馬之勞, 此復受次賞. 若以力事我而補[525]吾缺者, 此受下賞. 三賞之後, 且及子. 晉人聞之, 皆悅.[526]

만세(萬世)의 공적[만세지공(萬世之功)] 진(晉)나라 군주(君主)가 귀국하여 논공행상을 하였는데 호언(狐偃)이 으뜸이었다. 혹자(或者)가 말하기를, "성복(城濮)의 일은 선진(先軫)의 책모(策謀)였습니다"라 하자 문공(文公)이 말하기를, "성복의 일로 말하자면 호언은 나에게 신뢰를 잃지 말라고 했고, 선진은 '군대의 일은 이기는 것을 으뜸으로 삼는다'고 하였소. 나는 그것[선진의 책모]을 써서 승리를 획득하였소. 그러나 이것은 한때의 이로움이고 호언의 말은 만세(萬世)의 공적인데, 어떻게 한때의 이로움이 만세의 공적을 뛰어넘을 수 있겠소? 이 때문에 호언을 앞에 둔 것이오"라고 하였다.

晉侯歸國, 行賞, 狐偃爲首. 或曰, 城濮之事, 先軫之謀. 文公曰, 城濮之事, 偃說我毋失信. 先軫曰, 軍事勝爲右, 吾用之以勝. 然此一時之利, 偃言萬世之功, 奈何以一時之利而加萬世功乎. 是以先之.[527]

1,000호(戶)의 읍(邑)[천실지읍(千室之邑)] 진(晉)나라 군주(君主)[528]가 환자(桓子)[529]에게 적인(狄人)의 신하가 차지하고 있던 1,000호(戶)의 땅을 상으로 주었다. 또 사백(士伯)[530]에게 과연(瓜衍)[531]의 고을을 상으로 주며 말하기를, "내가 적인의 땅을 얻은 것은 그대의 공이오. 그대가 아니었다면 나는 백씨(伯氏)를 잃었을 것이오.[532]"라고 하였다.

晉侯賞桓子狄臣千室. 亦賞士伯以瓜衍之縣. 曰, 吾獲狄土, 子之功也. 微子, 吾喪伯氏.[533]

상을 꺼려 말을 하지 않다[탄상불언(憚賞不言)] 진왕(晉王) 침(沈)이 예주(豫州)로 천도하고 하교(下敎)하여 말하기를, "장리(長吏)[534]의 가부(可否)를 진술하고 백성들이 근심하는 바를 말하는 자에게는 상(賞)이 있을 것이며, 자사(刺史)의 득실을 말하면

524. "輔我以行" 다음에 "卒以成立"이 생략되었다.
525. '補' 앞에 '無'자 누락되었다. 번역은 《사기(史記)》 원문에 의거하였다.
526. 《사기(史記) · 진세가(晉世家)》. 글자에 약간의 출입이 있다.
527. 《사기(史記) · 진세가(晉世家)》.
528. 군주(君主): 경공(景公)을 가리킨다.
529. 환자(桓子): 경공(景公)의 형 순임보(荀林父).
530. 사백(士伯): 사정자(士貞子).
531. 과연(瓜衍): 지금의 산서성(山西省) 효의현(孝義縣) 북쪽 일대.
532. 순임보(荀林父)가 필(邲) 싸움에서 패한 뒤 책임을 지고 죽겠다고 했을 때 경공(景公)이 허락했으나 적인(狄人)들과의 전투에서 대승하자 용서한 일을 두고 한 말이다.
533. 《춘추좌씨전(春秋左氏傳) · 선공(宣公) · 15년》
534. 장리(長吏): 주현(州縣) 장관(長官)의 보좌관을 가리키는 말. 때로 고관(高官)의 뜻으로 쓰이기도 한다.

상을 배로 할 것이다"라고 하였다. 주부(主簿) 저벽(褚碧)이 말하기를, "윗사람이 좋아하면 아랫사람이 호응하게 되는데 지금 상으로 교시(敎示)하셨으니 올곧은 선비들은 상을 꺼려 말을 하지 않을 것이고 재물을 탐하고 이(利)에 눈이 먼 자들이 재리(財利)를 바래 함부로 거론하게 될 것입니다"라 하자 진왕 침이 이를 따랐다.

晉王沈遷豫州, 下敎曰, 能陳長吏可否, 說百姓所患者, 有賞. 言刺史得失, 倍賞. 主簿褚碧曰, 上好下應, 今示以賞, 恐拘介之士, 憚賞不言, 貪昧之人, 慕利而妄擧. 沈從之.[535]

공(功)을 가상하게 여겨 돈을 하사하다[가공사전(嘉功賜錢)] 제융(祭肜)은 요동태수(遼東太守)가 된 지 30년에 따로 보관해 둔 여벌의 옷도 없었다. 세조(世祖)가 그 공(功)을 가상하게 여겨 백만 전(錢)을 하사하였는데 제융이 임종할 적에 아들에게 말하기를, "나는 나라의 은혜를 입고서도 미미한 공적도 세우지 못하였다. 공도 없이 상을 받을 수 없으니 내가 죽은 후에 너는 (내가) 받은 하사품을 모두 장부로 적어 (조정에) 올리고, 네 자신은 전인(前人)의 행실을 본받아 (나라를 위하여) 죽도록 해라"라고 하였다.

祭肜爲遼東太守三十年, 衣無副儲. 世祖嘉其功, 賜錢百萬, 肜臨終謂子曰, 吾蒙國恩, 而微績不立. 不可無功受賞, 吾死後, 汝悉簿上所得賜物, 身效死前行.[536]

차고 있던 칼을 하사하다[사패도(賜佩刀)] 당(唐) 태종(太宗)이 말하기를, "정관(貞觀)[537] 이전에 무공(武功)을 통해 천하를 평정하고 천하의 혼돈 상태에 빗장을 지른 것은 방현령(房玄齡)의 공(功)이며, 정관 이후에 충직(忠直)한 간언(諫言)을 들여 짐(朕)의 과실을 바로잡아 주고 나라를 길이 이롭게 한 것은 위징(魏徵)이라오. 비록 옛날 명신이라 한들 어찌 이보다 나을 수 있겠는가?"라고 하였다. 이로 인해 차고 있던 칼을 풀어 두 사람에게 하사하였다.

唐太宗曰, 貞觀以前, 由武功定天下, 間關草昧, 玄齡功也. 貞觀以後, 納忠諫, 正朕違, 國家長利, 魏徵而已. 雖古名臣, 何以加. 因解佩刀, 以賜二人.

궁정(宮廷)에서 말을 타다[승마정중(乘馬廷中)]

당(唐)나라 왕군곽(王君廓)이 유주(幽州)를 진무(鎭撫)할 적에 돌궐(突厥)을 쳐서 포로 2,000명을 베고 말 50필을 획득하였는데 조회(朝會)에 들어가자 황제가 타던 말을 하사하고는 직접 궁정(宮廷)에서부터 타고 나가도록 하였다.

唐王君廓鎭幽州, 擊突厥, 俘斬二千, 獲馬五十匹, 入朝, 帝賜所乘馬, 令自廷中乘以出.[538]

비단을 하사하다[사견백(賜絹帛)] 진(晉)나라 장화(張華)가 오(吳)나라를 평정할 계책으로 비단 100필을 하사받았다.

晉張華, 以平吳之計, 賜絹百匹.[539]

당(唐)나라 굴돌통(屈突通)이 설인고(薛仁杲)를 평정하였을 때 진귀한 보배가 산처럼 쌓여 있었으나 홀로 취한 바가 없었다. (이에) 특별히 비단 1,000단(段)을 하사하였다.

唐屈突通, 平薛仁杲, 珎寶山積, 獨無所取. 特賜綵千段.[540]

태종(太宗)이 낙양궁(洛陽宮)을 수리하려고 할 때 장현소(張玄素)가 글을 올려 일을 그만두라며 극력 간언(諫言)을 하자 비단 200필을 하사하였다.

---

535. 《진서(晉書)》 권39에 수록된 내용을 재구성한 것이다.
536. 《후한서(後漢書)》 권50에 수록된 내용을 재구성한 것이다. 《후한서》에는, "身效死前行"이 "身自詣兵屯, 效死前行"으로 되어 있다.
537. 정관(貞觀): 당(唐) 태종(太宗)의 연호(627-649)이다.
538. 《신당서(新唐書)》 권92에 수록된 내용을 재구성한 것이다.
539. 《산당사고(山堂肆考)》 권37.
540. 《신당서(新唐書)》 권89에 수록된 내용을 재구성한 것이다.

太宗治洛陽宮, 張玄素上書, 極諫罷役, 賜綵二百匹.541

예약수(倪若水)가 해오라기와 비오리의 포획(捕獲)에 대하여 간언(諫言)을 하자 (주상이) 손수 조서를 내려 답하기를, "생각이 충성스럽고 곧아 매우 위로가 되고 기쁘오. 비단 40단(段)을 하사하여 이로써 지극한 말에 보답하려고 하오"라고 하였다.

倪若水諫捕鵁鶄鸂鶒, 手詔答曰, 言念忠讜, 深用慰喜. 賜帛四十段, 用答至言.542

상하(常何)가 마주(馬周)를 천거(薦擧)하자 (주상이) 어떻게 사람을 (잘) 알았을까 라고 여기며 비단 300필을 하사하였다.

常何薦馬周, 以何知人, 賜帛三百匹.543

태묘(太廟)544의 제기(祭器)를 하사하다[사청묘기(賜淸廟器)] 당(唐)나라 이각(李珏)이 우승유(牛僧孺)의 비문(碑文)545을 짓자 특별히 태묘(太廟)의 제기(祭器) 6점을 하사하였는데 모두 도금(鍍金)을 하고 옥으로 장식하여 옛날에 만든 것과 같았다. 또 선포(宣布)하여 말하기를, "경(卿)이 정성스럽고 충성스러웠기에 이것을 써서 이별에 임해 주는 것이오"라고 하였다.

唐李玨作牛僧孺碑, 特賜淸廟器六事, 皆範金飾玉, 如古時製, 且宣曰, 以卿精忠, 用以贶別.546

돈을 하사하여 집을 속환(贖還)547하게 하다[사금속제(賜金贖第)] 송(宋)나라 여단(呂端)의 여러 아들들이 많이들 옛집에서 함께 거처하지 못하고 남에게 인질(人質)로 잡혀 있었다. 황제가 내고(內庫)548의 돈을 내어 속환(贖還)하여 그들이 모여 살 수 있게 하였다. 여단의 장남 여번(呂蕃)의 말에, 남에게 이자를 무는 돈도 매우 많이 지고 있다고 하자 황제가 특별히 내고의 황금과 비단을 하사하여 그로 하여금 상환하게 하였다.

宋呂端諸子549, 多不同處舊第, 以質于人. 帝出內庫錢, 贖還之, 令其聚居. 端長子蕃言, 負人息錢甚多, 帝別賜內庫金帛, 俾償之.550

집을 하사하다[사제(賜第)] 이성(李晟)이 흉악한 무리들을 쓸어버리자 (주상이) 여악(女樂) 1부(部)551와 영숭리(永崇里)의 집 한 채를 하사하였다. 이성이 집에 입주하자 경조(京兆)에서는 휘장을 제공하였으며, 교방(敎坊)에서는 악기를 두드리고 불며 그를 환영하면서 길을 이끌었다.

李晟蕩夷凶慝, 賜女樂一部永崇里第一區. 晟入第, 京兆供帳, 敎坊鼓吹迎導之.552

또 혼감(渾瑊)은 누번군왕(樓煩郡王)을 거쳐 함녕군왕(咸寧郡王)이 되어 대녕리(大寧里)의 갑급(甲級) 주택을 하사받았다.

541. 《구당서(舊唐書)》 권75에 수록된 내용을 재구성한 것이다.
542. 《구당서(舊唐書)》 권185에 수록된 내용을 재구성한 것이다.
543. 《구당서(舊唐書)》 권74에 수록된 내용을 재구성한 것이다. 《구당서》에는, "以何知人"이 "帝以常何擧得其人"으로 되어 있다.
544. 태묘(太廟): 제왕(帝王)의 조상 위패를 두던 사당. 주(周)나라 이후 천자(天子)는 7묘(廟), 제후(諸侯)는 5묘를 베풀었다.
545. 비문(碑文): 그 명칭은 《고승상태자소사증태위우공신도비명(故丞相太子少師贈太尉牛公神道碑銘)》이며 《전당문(全唐文)》에 실려 있다.
546. 《산당사고(山堂肆考)》 권37.
547. 속환(贖還): 돈이나 물건 따위로 대갚음을 하고 어떤 것을 도로 찾아오는 일.
548. 내고(內庫): 황궁(皇宮)의 부고(府庫).
549. 《산당사고(山堂肆考)》에는, "宋呂端諸子"이 "宋眞宗, 祥符三年, 贖呂端第, 賜其家. 端諸子"로 되어 있다.
550. 《산당사고(山堂肆考)》 권37.
551. 여악(女樂) 1부(部): '女樂'은 궁중에서 연회를 베풀 때에 악기를 타고 노래를 부르는 여기(女妓)나 그들의 노래를 일컫는 말인데 '部'는 바로 그들의 구성단위이다. 1부는 통상 8명이다.
552. 《구당서(舊唐書)·본기(本紀)》에 수록된 내용을 재구성한 것이다.

又渾瑊, 由樓煩郡王, 徙咸寧, 賜大寧里甲第.553

하간왕(河間王) 이효공(李孝恭)이 보공석(輔公祏)을 토벌하여 그를 사로잡아 강남(江南) 지역이 평정되자 갑급(甲級) 주택 한 채와 여악(女樂) 2부(部)를 하사받았다.

河間王孝恭, 討輔公祏, 生擒之, 江南平, 賜甲第一區女樂一554部.555

옥(玉)으로 장식한 띠와 비단으로 만든 도포[옥대금포(玉帶錦袍)] 오대(五代) 당(唐)의 군주(君主)가 애초에 음악을 듣고 교방사(敎坊使) 등에게 옥(玉)으로 장식한 띠와 비단으로 만든 도포를 하사하였다. 사홍조(史弘肇)에게 가서 사례(謝禮)하자 사홍조가 노하여 말하기를, "사병(士兵)으로 나라를 위하여 토벌에 나선 자들도 두루 하사받은 게 아직 없는데 너희들은 무슨 공이 있다고 감히 이런 것들을 받느냐?"라 하고는 하사받은 것을 모두 취하여 관부(官府)로 되돌려 보냈다.

五代唐主始聽樂, 賜敎坊使等玉帶錦袍. 往謝史弘肇, 弘肇怒曰, 健兒爲國征討者, 未有徧賜, 爾曹何功, 敢當此乎. 悉取所賜還官.556

제후로 봉하고 관작을 주다 封爵

• 옛날에 황제(黃帝)가 만국(萬國)을 나누어 건립하였는데 요순(堯舜) 시대에 이르러 달리 오등작(五等爵)으로 삼았으니 공후백자남(公侯白子男)이 그것이다. 《서경(書經)·우서(虞書)》에서 이른바 "다섯 가지 홀(笏)을 모으고", "다섯 가지 옥(玉)을 닦았다"는 것은 바로 그 제도를 가리킨다. 하(夏)나라는 요순시대와 같았다. 은(殷)나라 제도로는 천자(天子)의 기(畿)는 사방 1,000리, 공(公)과 후(侯)는 100리, 백(伯)은 70리, 자(子)와 남(男)은 50리였다.

昔黃帝, 分建萬國. 至于唐虞, 別爲五等, 曰公侯白子男, 則虞書所謂輯五瑞, 修五玉, 是其制也. 夏與唐虞同. 殷制, 天子之畿方千里, 公侯百里, 伯七十里, 子男五十里.557

• 주(周)나라의 제도로 왕(王)에 봉해진 자는 (천자의) 후손이었다. 무릇 공이 있는 제후는 큰 경우엔 땅이 사방 500리가 되었는데, 후(侯)는 400리, 백(伯)은 300리, 자(子)는 200리, 남(男)은 100리였다.

周制, 封王者後. 凡有功之諸侯, 大者地方五百里, 侯四百里, 伯三百里, 子二百里, 男百里.558

• 무릇 제후의 세자(世子)는 봉국(封國)을 세습하였으며, 대부(大夫)는 작위를 세습하지 않았다. 덕(德)으로 사람을 부리면 작위로 공(功)을 치하하였다. 아직 작위를 내리지 않았을 때는 천자의 원사(元士)559에 준하여 그 나라[封國]의 군(君)으로 삼았다.

凡諸侯世子世國, 大夫不世爵. 使人以德, 爵以功. 未賜爵, 視天子之元士, 以君其國.560

• 진(秦)나라의 제도로 작위 20등급은 공로에 따라

553.《신당서(新唐書)》 권155에 수록된 내용을 간략히 요약하여 기술한 것이다.
554. '一'은 '二'의 오자이다.
555.《구당서(舊唐書)》 권60에 수록된 내용을 간략히 요약하여 기술한 것이다.
556.《신오대사(新五代史)》 권30.
557.《통전(通典)》 권31.
558.《통전(通典)》 권31.
559. 원사(元士): 주대(周代)에 천자에게 직속된 사(士)를 칭하던 말. 제후의 사와 구별하기 위해 원사라고 하였다 한다.

상으로 내리는 것이었다. 20등이 철후(徹侯), 19등이 관내후(關內侯)였다. 유소(劉昭)가 말하기를, "관내후에게는 사(土)가 없었으며, 소재한 현(縣)에서 기식(寄食)하였고, 백성들이 내는 세금이 얼마간 주어졌다"라고 하였다.

秦制, 爵二十等以賞功勞. 二十徹侯, 十九關內侯.[561] 劉昭曰, 關內侯無土, 寄食在所縣, 民租多少.[562]

• 한(漢)나라가 일어나 두 등급의 작위를 세웠는데 바로 왕(王)과 후(侯)이다. 황제의 자제이면서 봉(封)해져 왕(王)이 된 자는 기실 옛날 제후(諸侯)이다. 그리하여 그들을 일러 후왕(侯王)이라 하였다. 왕의 자제이면서 봉해져 후(侯)가 된 자를 일러 제후라 하였다. 여러 신하들 가운데 황족과는 다른 성씨이면서 공에 따라 봉해진 자를 일러 철후(徹侯)라 하였다. (제후는) 큰 경우라도 일만(一萬) 가구를 넘지 않았으며, 작은 경우에는 오륙백 호(戶)였다. 옛날에는 땅만 나누었지 백성은 나누지 않았는데 한대(漢代)부터 백성을 나누기 시작하였다.

漢興, 設爵二等, 曰王, 曰侯. 皇子而封爲王者, 其實古諸侯也. 故謂之諸侯王. 王子弟封爲侯者, 謂之諸侯. 群臣異姓以功封者, 謂之徹侯. 大者不過萬家, 小者五六百戶.[563] 古分土而無分民, 自漢始分民.[564]

• 한초(漢初)에 공을 논하여 제후에 봉한 자는 모두 143명이었다. 큰 경우에는 현(縣)을 식읍(食邑)으로 받고, (작은 경우에는) 향정(鄕亭)을 식읍으로 받았으며, 자기가 식읍을 받는 곳의 관리와 백성들을 신하로 삼을 수 있었다. 식읍 내에 사는 자들은 세금 외에 매 호당 1년에 다시 200전(錢)을 바쳤다.

漢初, 論功封列侯者, 凡百四十有三人. 大者食縣, 食鄕亭[565], 得臣其所食吏民.[566] 食邑者除租, 每戶一歲更輸錢二百.[567]

• 후한(後漢)의 작위 또한 두 등급이었다. 폐부(肺腑)[568] 및 공주(公主)의 자손과 선대(先代) 제후(諸侯)의 묘를 받드는 자는 또 외제후(猥諸侯)가 되었다. 명제(明帝)는 사성소후(四姓小侯)[569]를 위하여 학교를 열고 오경(五經)을 가르치는 학관(學官)을 두었다.

後漢爵亦二等. 以肺腑及公主子孫或奉墳墓, 亦爲猥諸侯. 明帝爲四姓小侯開立學校, 置五經師.[570]

• 헌제(獻帝)가 조조(曹操)를 봉하여 비정후(費亭侯)로 삼았는데 정후(亭侯) 제도는 이로부터 시작되었다.

獻帝封曹操爲費亭侯, 亭侯之制, 自此始也.[571]

• 당(唐) 왕조에는, 국왕(國王), 군왕(郡王), 국공(國公), 군공(郡公), 개국군공(開國郡公), 현공(縣公), 개국후(開國侯), 백(伯), 자(子) 등 총 9등작(等爵)이 있었다.

唐有國王郡王國公郡公開國郡公縣公開國侯伯子,

560. 《통전(通典)》 권31.
561. 《통전(通典)》 권31에는 1등까지의 작위 명칭이 소개되고 있다.
562. 《후한서(後漢書)》 권38.
563. "小者五六百戶" 다음에 "以爲差降"이 생략되었다.
564. 《통전(通典)》 권31.
565. "食鄕亭" 앞에 "小者"가 누락되었다.
566. 《통전(通典)》 권31.
567. 《어정연감류함(御定淵鑑類函)》 권118.
568. 폐부(肺腑): 제왕(帝王)의 종실(宗室)과 근친(近親).
569. 사성소후(四姓小侯): 동한(東漢) 명제(明帝)의 외척인 번(樊), 곽(郭), 음(陰), 마(馬) 네 성씨의 자제들을 일컫는 말.
570. 《통전(通典)》 권31에 보이는 내용을 요약하여 기술한 것이다.
571. 《통전(通典)》 권31.

凡九等.[572]

- 《주역(周易)》의 기록이다. 내 좋아하는 벼슬이 있어 내 너와 더불어 나누어 가질 것이다.

周易. 我有好爵, 吾與爾縻之.[573]

- 《서경(書經)》에서 말하였다. 작위(爵位)는 악덕한 사람에게 내리지 마시고 오직 현인에게 내리십시오.

書曰, 爵罔及惡, 德惟其賢.[574]

- 《주례(周禮)》의 기록이다. 공(公)은 환규(桓圭)[575]를 잡고, 후(侯)는 신규(信圭)[576]를 잡고, 백(伯)은 궁규(躬圭)[577]를 잡고, 자(子)는 곡벽(穀璧)[578]을 잡고, 남(男)은 포벽(蒲璧)[579]을 잡는다.

周禮. 公執桓圭[580], 侯執信圭, 伯執躬圭, 子執穀璧, 男執蒲璧.[581]

- 《일주서(逸周書)》에서 말하였다. 능히 (선행을) 대중에게 옮기고 백성과 더불어 함께하는 자를 일러 공(公)이라 한다. 능히 이름을 세우고 만물을 자라게 하여[백성들에게 교화를 시행하여] 하늘과 더불어 도(道)를 구현하는 자를 일러 후(侯)라 한다. 뭇 백성들을 구제하고 때때로 일을 일으키는 자를 일러 백(伯)이라 한다.

逸周書曰, 能移[582]於衆, 與百姓同, 謂之公. 能樹名生物, 與天道俱, 謂之侯. 齊衆時作, 謂之伯.[583]

- 《백호통(白虎通)》에서 말하였다. 왕자(王者)가 즉위하여 먼저 어진 자를 봉(封)하는 것은 백성을 염려하는 일이 급하기 때문이다. 그리하여 땅과 지경을 나누는 것은 제후를 위한 것이 아니고, 관부(官府)를 설치하는 것은 경대부(卿大夫)를 위한 것이 아니라 모두 백성을 위한 것이다.

白虎通曰. 王者卽位, 先封賢者, 憂民之急也. 故列土分疆, 非爲諸侯, 張官設府, 非爲卿大夫, 皆爲民也.[584]

- 《관자(管子)》에서 말하였다. (상으로 내리는) 작위(爵位)가 높지 않거나 봉록(俸祿)이 많지 않으면 더불어 어려운 일을 도모하거나 위험을 무릅쓰지 않는데 (군주의) 그 방법으로는 그들에게 (만족을) 요구할 수 없기 때문이다. 이 때문에 선왕(先王)들이 수레와 복식(服飾)의 법을 제작한 것은 귀천(貴賤)을 드러내기 위한 것이었지 그 아름다움을 추구하기 위한 것이 아니었다. 작위와 봉록을 설정한 것은 등급 제도를 지키기 위한 것이었지 그 볼거리를 추구하기 위한 것이 아니었다. 군자(君子)는 도(道)로 밥을 먹게 하고, 소인(小人)은 힘으로 밥을 먹게 하였다.

管子曰. 爵不尊祿不重者, 不與圖難犯危, 以其道爲未可以求之也. 是故先王制軒冕, 足以著貴賤, 不求

---

572. 《통전(通典)》 권31에서는, "隋開皇中, 制國王郡王國公郡公縣公侯伯子男, 凡九等"이라 하였으며 직접적으로 당(唐) 왕조를 언급하지는 않았다.
573. 《주역(周易)·중부괘(中孚卦)》 '縻'는 '靡'의 오자이다.
574. 《서경(書經)·열명중(說命中)》
575. 환규(桓圭): 공작(公爵)이 소지하는, 무환자나무로 장식을 한 길이 9치의 홀(笏).
576. 신규(信圭): 후작(侯爵)이 소지하는, 상아로 사람 모양의 형상을 만들어 장식을 한 길이 7치의 홀(笏).
577. 궁규(躬圭): 백작(伯爵)이 소지하는, 상아로 사람 모양의 형상을 만들어 장식을 한 길이 7치의 홀(笏). 신규(信圭)와는 머리 부분이 다르다.
578. 곡벽(穀璧): 자작(子爵)이 소지하는, 곡식으로 장식을 한 길이 5치의 홀(笏).
579. 포벽(蒲璧): 남작(男爵)이 소지하는, 부들로 장식을 한 길이 5치의 홀(笏).
580. "公執桓圭" 앞에 "王執鎭圭"가 있다.
581. 《주례(周禮)·춘관(春官)·대종백(大宗伯)》
582. '移'자 다음에 '善'이 누락되었다.
583. 《어정연감류함(御定淵鑑類函)》 권118.
584. 《백호통의(白虎通義)》 권상(卷上).

其美. 設爵祿, 足以守其服, 不求其親[585]. 使君子食於道, 小人食於力.[586]

- 《회남자(淮南子)》에서 말하였다. 작록(爵祿)은 신하의 재갈과 고삐이다.

淮南子曰. 爵祿者, 人臣之銜轡也.[587]

- 《환제요략(環濟要略)》에서 말하였다. 작위(爵位)에는 다섯 등급이 있다. '공(公)'이란 사사로움[혹은 남]이 없는 것이다. 그리하여 문아(文雅)하지 않으며, 사적(私的)인 것도 공적(公的)인 것이 된다. '백(伯)'은 잡음[把]이다. '파(把)'는 정사(政事)를 잡는다는 것이다. '자(子)'는 기름[孶]이다. '자(孶)'는 아랫사람을 구휼(救恤)한다는 말이다. '남(男)'은 맡김[任]이다. '임(任)'은 정사를 다스리되 왕명(王命)을 받고 군주(君主)를 위한다는 것이다.

環濟要略曰. 爵有五等. 公者無人[588]也, 故文背, ㄙ爲公. 伯, 把也. 把, 持政事也. 子猶孶. 孶, 恤下之稱也. 男, 任也. 任, 治政事, 受王命爲君也.[589]

- 《백호통(白虎通)》의 기록이다. 반드시 제후(諸侯)를 봉하는 것은 어째서인가? 백성을 소중히 여기는 지극함이기 때문이다. 선악(善惡)은 나란히 있어도 알기 쉬운 까닭에 현자(賢者)를 택하여 봉하며, 그로 하여금 그 백성을 다스리게 하고, 그 덕을 드러나게 하며, 그 재능을 다하게 한다. 위로는 천자(天子)를 높이는 것으로써 울타리가 되는 신하, 덧방나무가 되는 신하로 칭해지며, 아래로는 자식처럼 백성을 기르는 것으로써 그 도(道)를 베풀어 행한다.

白虎通. 必封諸侯何. 重民之至也. 善惡比而易知, 故擇賢而封, 使治其民, 以著其德, 極其才. 上以尊天子, 稱藩輔, 下以子養百姓, 施行其道.[590]

- 《진서(晉書)》의 기록이다. 주(周)나라의 도(道)가 흥성하자 세 성인(聖人)[591]이 법을 제정하였는데, 작위(爵位)를 세운 것이 5등급이었으며, 제후(諸侯)로 봉한 것이 800이었다. 친한 이를 친하게 대하여 나라를 세운 것은 주공(周公)더러 노(魯)나라에 집을 짓게 한 것이고, 어진 이를 어질게 대하여 덕(德)을 기린 것은 태공(太公)을 제(齊)나라에 봉한 것이다.

晉書云, 周道[592]興隆, 三聖制法, 立爵五等, 封國八百. 親親建國, 則周公宅魯[593], 賢賢表德, 則太公封齊.[594]

- 《사기(史記)》의 기록이다. 작위(爵位)에 봉(封)하는 맹서(盟誓)에서 말하기를, "설사 황하(黃河)가 허리띠처럼 가늘어지고 태산(泰山)이 숫돌처럼 작아지더라도, 봉국(封國)은 영원히 안녕(安寧)할 것이고, 까마득한 후손들에게까지 이르게 될 것이다"라고 하였다.

史記. 封爵之誓曰, 使黃河如帶, 泰山若礪. 國以永寧, 爰及苗裔.[595]

---

585. '親'은 '觀'의 오자이다.
586. 《관자(管子)·법법(法法)》
587. 《회남자(淮南子)·주술훈(主術訓)》
588. 《어정연감류함(御定淵鑑類函)》 권118에는, '人'이 '私'로 되어 있다.
589. 《예문유취(藝文類聚)》 권51.
590. 《백호통의(白虎通義)》 권상(卷上).
591. 세 성인(聖人): 문왕(文王), 무왕(武王), 주공(周公).
592. 《천중기(天中記)》에는 '道'가 '室'로 되어 있다.
593. '周公宅魯' 뒤에 '康叔啓衛'가 생략되었다.
594. 《천중기(天中記)》 권30. 사고전서본(四庫全書本) 《진서(晉書)》에서는 이 대목이 확인되지 않는다. 《한서(漢書)》 권14에서, "三聖制法, 立爵五等, 封國八百"이라는 기록과 "親親賢賢, 褒表功德"이라는 유관 기록이 확인된다.
595. 《사기(史記)·고조공신후자년표(高祖功臣侯者年表)》

• 《주례(周禮)》의 기록이다. 구의(九儀)[596]의 명령으로 작은 나라와 큰 나라의 지위를 바로잡는다. 일명(一命)으로 직책을 받고, 재명(再命)으로 제사용 의복을 받고, 삼명(三命)으로 지위를 받고, 사명(四命)으로 제기(祭器)를 받는다. 오명(五命)으로 법칙을 내리고, 육명(六命)으로 관작(官爵)을 내리고, 칠명(七命)으로 국가를 내리고, 팔명(八命)으로 제후의 목(牧)을 일으키고, 구명(九命)으로 제후의 백(伯)[597]을 일으킨다.

周禮. 以九儀之命正邦國之位. 一命受職, 再命受服, 三命受位, 四命受器, 五命賜則, 六命賜官, 七命賜國, 八命作牧, 九命作伯.[598]

• 《백호통(白虎通)》의 기록이다. 조정(朝廷)에서 사람에게 작위(爵位)를 주는 것은 사인(私人)으로서 관직을 주는 것이 아님을 보이는 것으로, 여러 사람과 그것을 공유한다는 뜻이 된다. 제후를 묘당(廟堂)에서 봉하는 것은 자기가 독단적으로 하는 것이 아님을 보이는 것이다. 법도를 밝히는 것은 모두 조상이 제정한 바이니 일을 거행할 때면 반드시 고하는 것이다.

白虎通. 爵人於朝者, 示不私人以官, 與衆共之義也. 封諸侯於廟者, 示不自專也. 明法度, 皆祖之制也, 擧事必告焉.[599]

• 《예기(禮記)》의 기록이다. 제후에 봉하는 일을 여름으로 하는 것은 어째서인가? 양기(陽氣)가 길러지는 까닭에 제후를 봉하여 어짊을 기르는 것이다. 인군(人君)을 봉하여 세우는 것은 양덕(陽德)의 성대함이다.

禮記[600]. 封諸侯以夏何. 陽氣盛養, 故封諸侯, 盛養賢也. 封立人君, 陽德之盛者.[601]

• 제후에게 공(功)이 있으면 땅을 더해 주는데 놀리는 땅을 취하여 그에게 더해 준다. 제후에게 죄가 있으면 땅을 삭감하는데 삭감한 땅은 놀리는 땅으로 귀속시킨다.

諸侯有功則益地, 取閑田而益之. 有罪則削地, 削地歸之閑田.

• 천자(天子)의 조정에 참여하지 못하고 제후에게 부속되는 것을 부용(附庸)이라 한다.

不合於天子, 附於諸侯, 曰附庸.[602]

• 성왕(成王)이 비로소 직접 정사(政事)에 임하자 주공(周公)을 태사(太師)로 삼고, 백금(伯禽)을 노(魯)나라에 봉하였다. 부자(父子)가 함께 명(命)을 받을 때면 주공은 앞에서 절을 하고 노공(魯公)은 뒤에서 절을 하였다.

成王始躬政事, 以周公爲太師, 封伯禽于魯. 父子竝命, 周公拜於前, 魯公拜於後.[603]

• 《백호통(白虎通)》의 기록이다. 왕 노릇을 하는 자가 애초에 제부(諸父)[604]와 형제(兄弟)를 (제후로) 봉한 것은 자기와 더불어 재물(財物)을 공유한다는 뜻을 보인 것이다.

白虎通. 王者始封諸父昆弟, 示與己共財之義.[605]

공신(功臣)을 봉하다[봉공(封功)] 《주례(周禮)》의 기록이다. 사훈(司勳)은 육경(六卿)[606]에게 땅을 상

596. 구의(九儀): 귀천(貴賤)과 상하(上下)의 품계(品階)를 바로잡는 의식.
597. 백(伯): 제후 가운데 패자(覇者)를 가리키는 말이다.
598. 《주례(周禮)·춘관(春官)·대종백(大宗伯)》
599. 《백호통의(白虎通義)》 권상(卷上).
600. 《예기(禮記)》는 《백호통의(白虎通義)》의 잘못이다.
601. 《백호통의(白虎通義)》 권상(卷上).
602. 《예기(禮記)·왕제(王制)》
603. 《예문유취(藝文類聚)》 권12.
604. 제부(諸父): 아버지와 같은 항렬의 당내친.
605. 《백호통의(白虎通義)》 권상(卷上)에는, "王者始起封諸父昆弟, 與己共財之義"로 되어 있다.

으로 주는 법을 관장하여 그 공로에 등급을 매긴다. 왕에게 공로가 있으면 훈(勳)이라 하고, 국가에 공로가 있으면 절(切)이라 하고, 사업에 공로가 있으면 노(勞)라 하고, 다스림에 공로가 있으면 역(力)이라 하고, 전쟁에 공로가 있으면 다(多)라고 한다. 무릇 공로가 있는 자는 그 이름을 왕의 태상(太常)[607]에 적는다.

周官. 司勳掌[608]六卿賞地之法, 以等其功焉. 王功曰勳, 國功曰功[609], 事功曰勞, 治功曰力, 戰功曰多. 凡有功者銘書於王之太常.[610]

《사기(史記)》의 기록이다. 공훈(功勳)에는 5품이 있는데 덕으로 종묘를 세우고 사직을 안정시킨 것을 일러 훈(勳)이라 하고, 말로 나라를 굳건히 한 것을 일러 노(勞)라 하고, 무력을 사용하여 공을 세운 것을 일러 공(功)이라 하고, 공로의 등급을 밝히는 것을 일러 벌(伐)이라 하고, 오랫동안 정무를 맡아보는 것을 일러 열(閱)이라 한다.

史記. 功有五品, 以德立宗廟定社稷曰勳, 以言(曰)勞, 用力曰功, 明其等曰伐, 積日曰閱.[611]

《한서(漢書)》의 기록이다. 고조(高祖)의 공신으로 제후에 봉해진 자의 자손 가운데 교만하여 법에 걸린 자들이 많았다. 무제(武帝) 원수(元狩)[612] 연간에 다시 소하(蕭何)의 증손인 소경(蕭慶)을 찬후(酇侯)에 봉하였다. 성제(成帝)는 다시 소하를 계승하게 하게 하였으며, 애제(哀帝)와 평제(平帝) 시절에는 조참(曹參)과 주발(周勃)의 후손을 복권시켰다.

漢書. 高祖功臣侯者, 子孫驕逸, 多陷法禁. 孝武元狩中, 復封蕭何曾孫慶爲酇侯. 成帝復紹蕭何, 而哀平之時, 復曹參周勃之後.[613]

원강(元康)[614] 4년에 근흡(靳翕)과 하후영(夏侯嬰), 진평(陳平), 장량(張良), 주발(周勃) 등 118인의 후손을 세워 조서를 내려 작위를 주고 집안을 복권시켰다.

元康四年, 立靳翕夏侯嬰陳平張良周勃等一百一十八人後, 詔爵復家也.[615]

분양(汾陽)에 봉해지다[봉분양(封汾陽)] 이광필(李光弼)의 군사가 패하여 하양(河陽)을 지키지 못하자 하중(河中)의 군사가 난을 일으켜 그 장수인 이국정(李國貞)을 죽였다. 마침내 곽자의(郭子儀)를 기용하여 분양군왕(汾陽郡王)으로 승진시켜 봉하고 강주(絳州)로 나가 진무(鎭撫)하게 하였다. 곽자의는 이국정을 죽인 난적의 우두머리인 왕원진(王元振) 등 수십 명을 사로잡아 모조리 죽였다. 그러자 모든 진(鎭)에서 다 법을 받들었다.

李光弼兵敗, 河陽失守, 河中軍亂, 殺其帥李國貞. 遂用郭子儀, 進封汾陽郡王, 出鎭絳州. 子儀擒其殺國貞賊首王元振等數十人, 竝誅之. 諸鎭悉皆奉法.[616]

함녕(咸寧)에 봉해지다[봉함녕(封咸寧)] 혼감(渾瑊)의 아버지 석지(釋之)는 쌓은 전공(戰功)이 많아 영삭군왕(寧朔郡王)에 이르렀다. 덕종(德宗)이 봉천

---

606. 육경(六卿): 주(周)나라 때에 둔, 육관(六官)의 우두머리. 천관(天官) 대총재(大塚宰), 지관(地官) 대사도(大司徒), 춘관(春官) 대종백(大宗伯), 하관(夏官) 대사마(大司馬), 추관(秋官) 대사구(大司寇), 동관(冬官) 대사공(大司空)을 이른다.
607. 태상(太常): 해와 달을 그린 천자의 기(旗).
608. '掌' 다음에 '六鄕'이 누락되었다.
609. '國功曰功' 다음에 '民功曰庸'이 누락되었다.
610. 《주례(周禮)·하관(夏官)·사훈(司勳)》
611. 《사기(史記)·고조공신후자연표(高祖功臣侯者年表)》
612. 원수(元狩): 한(漢) 무제(武帝)의 연호(B.C. 122-B.C. 117)이다.
613. 《한서(漢書)·고혜고후문공신표(高惠高后文功臣表)》
614. 원강(元康): 한(漢) 선제(宣帝)의 연호(B.C. 65-B.C. 62)이다.
615. 《예문유취(藝文類聚)》 권51.
616. 《구당서(舊唐書)》 권126에 보이는 내용을 요약하여 기술한 것이다.

(奉天)으로 거둥하자 혼감이 집안의 젊은이들을 이끌고서 주차(朱泚)를 막았다. 도적들이 평정되자 함녕군왕(咸寧郡王)에 봉해졌다.

渾瑊父釋之, 積戰功, 至寧朔郡王. 德宗幸奉天, 瑊率家人子弟, 以拒朱泚. 賊平, 封咸寧郡王.617

북평(北平)에 봉해지다[봉북평(封北平)] 마수(馬燧)가 젊었을 때 책을 읽다가 책을 던져 두고 탄식하며 말하기를, "대장부라면 마땅히 세상에 공을 세워 천하를 구제해야지 어찌 고지식하게 일개 유학자가 되어야겠는가!"라고 하였다. 주차(朱泚)의 난에서 공을 세워 북평군왕(北平郡王)에 봉해졌다.

馬燧少讀書, 輟卷歎曰, 丈夫當建功於代, 以濟四海, 安能矻矻爲一儒哉. 朱泚之亂, 以功封北平郡王.618

향정(鄕亭)에 봉해지기를 원하다[원봉향정(願封鄕亭)] 광무제(光武帝)가 공신(功臣)을 봉하며 각자 좋아하는 곳을 말하게 하자 여러 장수들이 모두 풍요로운 읍(邑)이나 아름다운 현(縣)을 차지하려 했는데 오직 정침(丁綝)만이 고향에 봉해지길 원하며 말하기를, "옛날에 손숙오(叔孫敖)가 그의 자식에게 신칙하기를, 봉지를 받으려면 반드시 척박한 땅을 받으라고 하였습니다. 지금 저는 능력이 부족하고 공도 미약하여 향정후(鄕亭侯)를 얻으면 만족하겠습니다"라고 하였다.

光武封功臣, 令各言所樂, 諸將皆占豊邑美縣, 惟丁綝願封本鄕曰, 昔叔孫敖勅其子, 受封必受墝埆之地. 今綝能薄功微, 得鄕亭侯, 足矣.619

광무제(光武帝)가 경단(景丹)을 역양후(櫟陽侯)에 봉하며 말하기를, "부귀해지고도 고향으로 돌아가지 않으면 비단옷을 입고 밤에 다니는 것과 같소. 그래서 경(卿)을 그곳에 봉했을 따름이오"라고 하였다.

光武封景丹櫟陽侯曰, 富貴不歸故鄕, 如衣繡夜行, 故以封卿耳.620

안풍(安豊)에 봉해지다[봉안풍(封安豊)] 조서에서 말하기를, "두융(竇融)은 마음가짐이 충성스럽고 효성스러우며, 약자를 돕고 위급한 이를 구제하였다. 배반한 오랑캐 외효(隗囂)를 미워하여 다섯 군(郡)의 정예병을 통솔하고 독려했는데 병사들이 칼날에 피를 묻히기도 전에 오랑캐가 와해되었기에 짐(朕)은 그를 매우 훌륭하게 여긴다. 그리하여 안풍후(安豊侯)에 봉하노라"라고 하였다.

詔曰, 竇融, 執志忠孝, 扶微救危. 仇疾反虜隗囂, 率勵五郡精兵, 兵不血刃, 而虜土崩瓦解, 朕甚嘉之. 封爲安豊侯.621

제후에 봉해질 관상[봉후상(封侯相)] 관상을 보는 자가 반초(班超)에게 일러 말하기를, "생김새가 제비턱622에 호랑이 머리라 날아다니며 고기를 먹으니 만 리의 땅을 다스릴 제후의 관상이다"라고 하였다.

相者謂班超曰, 生燕頷虎頭, 飛而食肉, 萬里侯相也.623

《남사(南史)》의 기록이다. 관상쟁이가 여승진(呂僧珍)을 가리켜 말하기를, "이 아이는 특출한 명성이 있을 것이며 제후에 봉해질 관상이다"라고 하였다.

南史. 相工指呂僧珍曰, 此兒有奇聲, 封侯相也.624

송(宋)나라 명제(明帝)가 이안인(李安仁)을 지목

---

617. 《구당서(舊唐書)》 권134의 기록을 요약하여 기술한 것이다.
618. 《구당서(舊唐書)》 권134의 기록을 요약하여 기술한 것이다.
619. 《후한서(後漢書)》 권37의 기록을 요약하여 기술한 것이다.
620. 《후한서(後漢書)》 권22의 기록을 요약하여 기술한 것이다.
621. 《전후한문(全後漢文)·봉두융위안풍후조(封竇融爲安豊侯詔)》
622. 제비턱: 밑이 두툼하고 널찍하게 생긴 턱. 또는 그런 턱을 가진 사람을 비유적으로 이르는 말.
623. 《후한서(後漢書)》 권47.
624. 《남사(南史)》 권56.

하며 말하기를, "경(卿)은 얼굴이 네모져 '田'자(字)와 같으니 제후에 봉해질 관상이다"라고 하였다.

宋明帝目李安仁曰, 卿面方如田, 封侯相也.[625]

어려서 제후에 봉해지다[유소봉후(幼小封侯)] 수(隋)나라 이숭(李崇)은 아버지 이현(李賢)의 공훈으로 회락현후(迴樂縣侯)에 봉해졌다. 당시에 나이가 아직 어렸는데 친족들이 그를 축하하자 이숭은 홀로 눈물을 흘렸다. 이현이 괴이하게 여겨 그 까닭을 물었더니 대답하기를, "나라에 공도 없이 어린 나이에 제후에 봉해졌으니 마땅히 주상의 은혜에 보답을 해야 하겠기에 아버지를 끝까지 봉양할 수 없어 이 때문에 슬퍼하는 것입니다"라고 하였다. 이현이 이로 말미암아 그를 크게 기특하게 여겼다.

隋李崇, 以父賢勳, 封迴樂縣侯. 時年尙少, 親族相賀, 崇獨泣. 賢怪而問之, 對曰, 無勳於國, 而幼小封侯, 當報主恩, 不得終於養, 是以悲耳. 賢由是大奇之.[626]

제후에 봉해질 상서로움[봉후지서(封侯之瑞)] 왕경(王敬)이 소시 적에 사냥을 나갔더니 새의 머리처럼 생긴 벌레들이 그의 몸에 모여 있었다. 그것을 떼어내고 털어 버리자 털어 버린 곳에 온통 피가 흘러내렸다. 왕경은 그것을 안 좋게 여겼는데 도사가 말하기를, "이는 제후에 봉해질 길조(吉兆)이다"라고 하였다. 후에 중안현자(重安縣子)[627]에 봉해졌다.《남제서(南齊書)》

王敬則少時射獵, 有蟲如鳥頭集其身, 摘去乃脫, 脫處皆流血. 敬則惡之, 道士曰, 此封侯之瑞. 後封重安縣子.〈齊書〉[628]

---

625. 《남사(南史)》 권46.
626. 《수서(隋書)》 권37에 수록된 내용을 재구성한 것이다.
627. 현자(縣子): 爵位 이름. 현백(縣伯)이라고도 함.
628. 《남제서(南齊書)》 권26에 수록된 내용을 재구성한 것이다.

역대(歷代)

서한(西漢)에서 송(宋)에 이르기까지 제왕(帝王)이 재위(在位)한 연수(年數) 및 연호(年號)를 간략히 기술한다. 훔쳐서 참칭한 나라는 다 기록할 수 없어 큰 것만 말미에 간략히 적어 둔다.

自西漢至宋, 略記帝王享國年數及年號. 僭竊之國, 不能盡記, 略敘大者于末端.

서한 西漢

고조(高祖) 성(姓)은 유(劉), 이름은 방(邦)이며 재위(在位) 기간은 12년이다.

姓劉名邦, 在位十二年.

혜제(惠帝) 이름은 영(盈)이며 재위 기간은 7년이다.

盈, 七年.

문제(文帝) 이름은 항(恒)이며 재위 기간은 23년이다.

恒, 二十三年.

경제(景帝) 이름은 계(啓)이며 재위 기간은 16년이다.

啓, 十六年.

무제(武帝) 이름은 철(徹)이며 재위 기간은 54년이다. 처음으로 연호(年號)를 세웠다.

건원(建元): B.C. 140-B.C. 135
원광(元光): B.C. 134-B.C. 129
원삭(元朔): B.C. 128-B.C. 123
원수(元狩): B.C. 122-B.C. 117
원정(元鼎): B.C. 116-B.C. 111
원봉(元封): B.C. 110-B.C. 105
태초(太初): B.C. 104-B.C. 101
천한(天漢): B.C. 100-B.C. 97
태시(太始): B.C. 96-B.C. 93
정화(征和): B.C. 92-B.C. 89
후원(後元): B.C. 88-B.C. 87

徹, 五十四年. 始建年號. 建元 元光 元朔 元狩 元鼎 元封 太初 天漢 太始 征和 後元

소제(昭帝) 이름은 불릉(弗陵)이며 재위 기간은 13년이다.

시원(始元): B.C. 86-B.C. 81
원봉(元鳳): B.C. 80-B.C. 75
원평(元平): B.C. 74

弗陵, 十三年. 始元 元鳳 元平

선제(宣帝) 이름은 병이(病已)인데 순(詢)으로 개명하였으며 재위 기간은 25년이다.

본시(本始): B.C. 73-B.C. 70
지절(地節): B.C. 69-B.C. 66
원강(元康): B.C. 65-B.C. 62
신작(神爵): B.C. 61-B.C. 58
오봉(五鳳): B.C. 57-B.C. 54
감로(甘露): B.C. 53-B.C. 50
황룡(黃龍): B.C. 49

病已, 改名詢, 二十五年. 本始 地節 元康 神爵 五鳳 甘露 黃龍

원제(元帝) 이름은 석(奭)이며 재위 기간은 16년이다.

초원(初元): B.C. 48-B.C. 44
영광(永光): B.C. 43-B.C. 39
건소(建昭): B.C. 38-B.C. 34
경녕(竟寧): B.C. 33

奭, 十六年. 初元 永光 建昭 竟寧

성제(成帝) 이름은 오(驁)이며 재위 기간은 26년이다.

건시(建始): B.C. 32-B.C. 29
하평(河平): B.C. 28-B.C. 25
양삭(陽朔): B.C. 24-B.C. 21

홍가(鴻嘉): B.C. 20-B.C. 17
영시(永始): B.C. 16-B.C. 13
원연(元延): B.C. 12-B.C. 9
수화(綏和): B.C. 8-B.C. 7

驁, 二十六年. 建始 河平 陽朔 鴻嘉 永始 元延 綏和

애제(哀帝) 이름은 흔(欣)이며 재위 기간은 6년이다.

건평(建平): B.C. 5-B.C. 3
원수(元壽): B.C. 2-B.C. 1

欣, 六年. 建平 元壽

평제(平帝) 이름은 기자(箕子)인데 간(衎)으로 개명하였으며 재위 기간은 5년이다.

원시(元始): 1-5

箕子, 改名衎, 五年. 元始

유자(孺子) 재위 기간은 2년이다.

二年.

동한 東漢

세조광무(世祖光武) 이름은 수(秀)이며 재위 기간은 33년이다.

건무(建武): 25-55
중원(中元): 56-57

秀, 三十三年. 建武 中元

명제(明帝) 이름은 양(陽)인데 장(莊)으로 개명하였으며 재위 기간은 18년이다.

영평(永平): 58-75

陽, 改名莊, 十八年. 永平

장제(章帝) 이름은 훤(炟)이며 재위 기간은 13년이다.

건초(建初): 76-83
원화(元和): 84-86
장화(章和): 87-88

炟, 十三年. 建初 元和 章和

화제(和帝) 이름은 조(肇)이며 재위 기간은 17년이다.

영원(永元): 89-104
원흥(元興): 105

肇, 十七年. 永元 元興

상제(殤帝) 이름은 륭(隆)이며 재위 기간은 8개월이다.

연평(延平): 106

隆, 八月. 延平

안제(安帝) 이름은 우(祜)이며 재위 기간은 19년이다.

영초(永初): 107-113
원초(元初): 114-119
영녕(永寧): 120
건광(建光): 121
연광(延光): 122-125

祜, 十九年. 永初 元初 永寧 建光 延光

순제(順帝) 이름은 보(保)이며 재위 기간은 19년이다.

영건(永建): 126-131
양가(陽嘉): 132-135
영화(永和): 136-141
한안(漢安): 142-143
건강(建康): 144

保, 十九年. 永建 陽嘉 永和 漢安 建康

충제(沖帝) 이름은 병(炳)이며 재위 기간은 3개월이다.

영가(永嘉): 145

炳, 三月. 永嘉

질제(質帝) 이름은 찬(纘)이며 재위 기간은 1년 반이다.

본초(本初): 146

纘, 一年半. 本初

환제(桓帝) 이름은 지(志)이며 재위 기간은 21년이다.

건화(建和): 147-149

화평(和平): 150

원가(元嘉): 151-152

영흥(永興): 153-154

영수(永壽): 155-157

연희(延熹): 158-166

영강(永康): 167

志, 二十一年. 建和 和平 元嘉 永興 永壽 延熹 永康

영제(靈帝) 이름은 굉(宏)이며 재위 기간은 22년이다.

건녕(建寧): 168-171

희평(熹平): 172-177

광화(光和): 178-183

중평(中平): 184-189

宏, 二十二年. 建寧 熹平 光和 中平

헌제(獻帝) 이름은 협(協)이며 재위 기간은 31년이다.

초평(初平): 190-193[629]

흥평(興平): 194-195

건안(建安): 196-220[630]

協, 三十一年. 初平 興平 建安

촉한 蜀漢

소열제(昭烈帝)[소열(昭烈)] 이름은 비(備)이며 재위 기간은 3년이다.

장무(章武): 221-223

備, 三年. 章武

후제(後帝) 이름은 선(禪)이며 재위 기간은 41년이다.

건흥(建興): 223-237

연희(延熙): 238-257

경요(景耀): 258-263

염흥(炎興): 263-264

禪, 四十一年. 建興 延熙 景耀 炎興

고조(高祖)로부터 후제(後帝)까지는 총 26세(世) 469년인데 여후(呂后) 8년과 왕망(王莽) 15년, 경시(更始) 2년이 안에 있다.

自高祖至後帝, 凡二十六世, 四百六十九年, 呂后八年, 王莽十五年, 更始二年在中.

서진 西晉

무제(武帝) 성은 사마(司馬), 이름은 염(炎)이며 재위 기간은 26년이다.

태시(泰始): 265-274

함녕(咸寧): 275-279

태강(太康): 280-289[631]

姓司馬, 名炎, 二十六年. 泰始 咸寧 太康

혜제(惠帝) 이름은 충(衷)이며 재위 기간은 17년이다.

영희(永熙): 290

원강(元康): 291-299

영강(永康): 300

영녕(永寧): 301

태안(太安): 302-303

영흥(永興): 304-305

---

629. 이보다 앞서 189년에 영한(永漢)이라는 연호를 사용하였다.

630. 220년에 연강(延康)이라는 연호도 사용하였다.

631. 290년에 태희(太熙)라는 연호를 사용하였다.

광희(光熙): 306

衷, 十七年. 永熙 元康 永康 永寧 太安 永興 光熙

회제(懷帝) 이름은 치(熾)이며 재위 기간은 6년이다.

영가(永嘉): 307-313

熾, 六年. 永嘉

민제(愍帝) 이름은 업(業)이며 재위 기간은 4년이다.

건흥(建興): 313-316

業, 四年. 建興

동진 東晉

원제(元帝) 이름은 예(睿)이며 재위 기간은 6년이다.

건무(建武): 317

태흥(大興): 318-321

영창(永昌): 322

睿, 六年. 建武 大興 永昌

명제(明帝) 이름은 소(紹)이며 재위 기간은 3년이다.

태녕(太寧): 323-325

紹, 三年. 太寧

성제(成帝) 이름은 연(衍)이며 재위 기간은 17년이다.

함화(咸和): 326-334

함강(咸康): 335-342

衍, 十七年. 咸和 咸康

강제(康帝) 이름은 악(岳)이며 재위 기간은 2년이다.

건원(建元): 343-344

岳, 二年. 建元

목제(穆帝) 이름은 담(聃)이며 재위 기간은 17년이다.

영화(永和): 345-356

승평(升平): 357-361

聃, 十七年. 永和 升平

애제(哀帝) 이름은 비(丕)이며 재위 기간은 4년이다.

융화(隆和): 362

흥녕(興寧): 363-365

丕, 四年. 隆和 興寧

제혁(帝奕)[632] 재위 기간은 6년이다.

태화(太和): 366-371

六年. 太和

간문제(簡文帝) 이름은 욱(昱)이며 재위 기간은 9개월이다.

함안(咸安): 371-372

昱, 九月. 咸安

효무제(孝武帝) 이름은 창명(昌明)이며 재위 기간은 24년이다.

영강(寧康): 373-375

태원(太元): 376-396

昌明, 二十四年. 寧康 太元

안제(安帝) 이름은 덕종(德宗)이며 재위 기간은 22년이다.

융안(隆安): 397-401

원흥(元興): 402-404

의희(義熙): 405-418

德宗, 二十二年. 隆安 元興 義熙

공제(恭帝) 이름은 덕문(德文)이며 재위 기간은 2년이다.

원희(元熙): 419-420

德文, 二年. 元熙

무제(武帝)로부터 공제(恭帝)까지는 총 15세 155년이다.

自武帝至恭帝, 凡十五世, 一百五十五年.

632. 진(晉)의 해서공(海西公)을 가리킨다.

송 宋

고조(高祖) 성은 유(劉), 이름은 유(裕)이며 재위 기간은 3년이다.

영초(永初): 420-422

姓劉, 名裕, 三年. 永初

영양왕(營陽王) 이름은 의부(義符)이며 재위 기간은 2년이다.

경평(景平): 423-424

義符, 二年. 景平

문제(文帝) 이름은 의륭(義隆)이며 재위 기간은 30년이다.

원가(元嘉): 424-453

義隆, 三十年. 元嘉

효무제(孝武帝) 이름은 준(駿)이며 재위 기간은 11년이다.

효건(孝建): 454-456

대명(大明): 457-464

駿, 十一年. 孝建 大明

폐제(廢帝) 이름은 자업(子業)이며 재위 기간은 1년이다.

경화(景和): 465[633]

子業, 一年. 景和

명제(明帝) 이름은 욱(彧)이며 재위 기간은 8년이다.

태시(泰始): 465-471

태예(泰豫): 472

彧, 八年. 泰始 泰豫

폐제(廢帝) 이름은 욱(昱)이며 재위 기간은 5년이다.

원휘(元徽): 473-477

昱, 五年. 元徽

순제(順帝) 이름은 준(準)이며 재위 기간은 3년이다.

승명(昇明): 477-479

準, 三年. 昇明

고조(高祖)로부터 순제(順帝)까지는 총 8세 59년이다.

自高祖至順帝, 凡八世, 五十九年.

제 齊

고조(高祖) 성은 소(蕭), 이름은 도성(道成)이며 재위 기간은 4년이다.

건원(建元): 479-482

姓蕭, 名道成, 四年. 建元

무제(武帝) 이름은 색(賾)이며 재위 기간은 11년이다.

영명(永明): 483-493

賾, 十一年. 永明

폐제(廢帝)[634] 이름은 소업(昭業)이며 재위 기간은 1년이다.

융창(隆昌): 494

昭業, 一年. 隆昌

폐제(廢帝)[635] 이름은 소문(昭文)이며 재위 기간은 4개월이다.

연흥(延興): 494

昭文, 四月. 延興

명제(明帝) 이름은 란(鸞)이며 재위 기간은 5년이다.

건무(建武): 494-497

영태(永泰): 498

鸞, 五年. 建武 永泰

---

633. 같은 해에 이 연호에 앞서 영광(永光)이라는 연호도 사용하였다.
634. 울림왕(鬱林王)이라고도 한다.
635. 해릉왕(海陵王)이라고도 한다.

동혼후(東昏侯) 이름은 보권(寶卷)이며 재위 기간은 2년이다.

영원(永元): 499-501

寶卷, 二年. 永元

화제(和帝) 이름은 보륭(寶隆)이며 재위 기간은 1년이다.

중흥(中興): 502

寶隆, 一年. 中興

고조(高祖)로부터 화제(和帝)까지는 총 7세 23년이다.

自高祖至和帝, 凡七世, 二十三年.

양 梁

무제(武帝) 성은 소(蕭), 이름은 연(衍)이며 재위 기간은 48년이다.

천감(天監): 502-519

보통(普通): 520-526

대통(大通): 527-528

중대통(中大通): 529-534

대동(大同): 535-545

중대동(中大同): 546

태청(太淸): 547-549

姓蕭, 名衍, 四十八年. 天監 普通 大通 中大通 大同 中大同 太淸

간문제(簡文帝) 이름은 강(綱)이며 재위 기간은 3년이다.

대보(大寶): 550-551

綱, 三年. 大寶

원제(元帝) 이름은 역(繹)이며 재위 기간은 3년이다.

승성(承聖): 552-554

繹, 三年. 承聖

경제(敬帝) 이름은 방지(方智)이며 재위 기간은 3년이다.

소태(紹泰): 555[636]

方智, 三年. 紹泰

무제(武帝)로부터 경제(敬帝)까지는 총 4세 55년이다.

自武帝至敬帝, 凡四世, 五十五年.

진 陳

고조(高祖) 성은 진(陳), 이름은 패선(霸先)이며 재위 기간은 3년이다.

영정(永定): 557-559

姓陳, 名霸先, 三年. 永定

문제(文帝) 이름은 천(蒨)이며 재위 기간은 7년이다.

천가(天嘉): 560-565

천강(天康): 566

蒨, 七年. 天嘉 天康

임해왕(臨海王) 이름은 백종(伯宗)이며 재위 기간은 2년이다.

광대(光大): 567-568

伯宗, 二年. 光大

선제(宣帝) 이름은 욱(頊)이며 재위 기간은 14년이다.

태건(大建): 569-582

頊, 十四年. 大建

후주(後主) 이름은 숙보(叔寶)이며 재위 기간은 7년이다.

636. 양(梁) 경제(敬帝)는 소태(紹泰) 외에 556년에서 557년 사이에 태평(太平)이라는 연호를 사용하였다.

지덕(至德): 583-586
정명(禎明): 587-589
叔寶, 七年. 至德 禎明
고조(高祖)로부터 후주(後主)까지는 총 5세 55년이다.
自高祖至後主, 凡五世, 五十五年.

수 隋

문제(文帝) 성은 양(楊), 이름은 견(堅)이며 재위 기간은 24년이다.
개황(開皇): 581-600
인수(仁壽): 601-603
姓楊, 名堅, 二十四年. 開皇 仁壽
양제(煬帝) 이름은 광(廣)이며 재위 기간은 12년이다.
대업(大業): 605-617
廣, 十二年. 大業
공제(恭帝) 이름은 유(侑)이며 재위 기간은 반년이다.
의녕(義寧): 617-618
侑, 半年. 義寧
문제(文帝)로부터 공제(恭帝)까지는 총 3세 38년이다.
自文帝至恭帝, 凡三世, 三十八年.

당 唐

고조(高祖) 성은 이(李), 이름은 연(淵)이며 재위 기간은 9년이다.
무덕(武德): 618-626
姓李, 名淵, 九年. 武德
태종(太宗) 이름은 세민(世民)이며 재위 기간은 23년이다.
정관(貞觀): 627-649
世民, 二十三年. 貞觀
고종(高宗) 이름은 치(治)이며 재위 기간은 34년이다.
영휘(永徽): 650-656
현경(顯慶): 656-661
용삭(龍朔): 661-663
인덕(麟德): 664-666
건봉(乾封): 666-668
총장(總章): 668-670
함형(咸亨): 670-674
상원(上元): 674-676
의봉(儀鳳): 676-679
조로(調露): 679-680
영륭(永隆): 680-681
개요(開耀): 681
영순(永淳): 682-683
홍도(弘道): 683
治, 三十四年. 永徽 顯慶 龍朔 獜德 乾封 總章 咸亨 上元 儀鳳 調露 永隆 開耀 永淳 弘道
중종(中宗) 이름은 현(顯)인데 철(哲)로 개명하였다. 즉위한지 2개월 만에 측천무후(則天武后)가 폐위시켰으며 (유배되어) 균주(均州)에서 1년, 방주(房州)에서 13년을 살았다. 환궁(還宮)하여 태자(太子)가 되어 7년을 지내고 복위(復位)하여 6년을 군림하였으니 총 27년이 소요된 것이다.
사성(嗣聖): 684
신룡(神龍): 705-706
경룡(景龍): 707-710
顯, 改名哲. 卽位二月, 武后廢之, 居均州一年, 在房

州十三年. 還爲太子七年, 復位六年, 通二十七年. 嗣聖 神龍 景龍

예종(睿宗) 이름은 단(旦)이다. 황제가 된 것이 7년, 주(周)[637]의 황태자가 된 것이 9년, 상왕(相王)[638]에 봉해진 것이 10년, 복위(復位)된 것이 3년이었다.

경운(景雲): 710-712

태극(太極): 712[639]

旦. 爲帝者七年, 爲周嗣者九年, 封相王者十年, 復位三年. 景雲 太極

현종(玄宗) 이름은 융기(隆基)이며 재위 기간은 45년이다.

선천(先天): 712-713

개원(開元): 713-741

천보(天寶): 742-756

隆基, 四十五年. 先天 開元 天寶

숙종(肅宗) 이름은 여(璵)인데 형(亨)으로 개명하였으며 재위 기간은 7년이다.

지덕(至德): 756-758

건원(乾元): 758-760

상원(上元): 760-761

보응(寶應): 762-763

璵, 改名亨, 七年. 至德 乾元 上元 寶應

대종(代宗) 이름은 숙(俶)인데 예(豫)로 개명하였으며 재위 기간은 17년이다.

광덕(廣德): 763-764

영태(永泰): 765-766

대력(大曆): 766-779

俶, 改名豫, 十七年. 廣德 永泰 大曆

덕종(德宗) 이름은 괄(适)이며 재위 기간은 26년이다.

건중(建中): 780-783

흥원(興元): 784

정원(貞元): 785-805

适, 二十六年. 建中 興元 貞元

순종(順宗) 이름은 송(誦)이며 재위 기간은 8개월이다.

영정(永貞): 805

誦, 八月. 永貞

헌종(憲宗) 이름은 순(純)이며 재위 기간은 15년이다.

원화(元和): 806-820

純, 十五年. 元和

목종(穆宗) 이름은 항(恒)이며 재위 기간은 4년이다.

장경(長慶): 821-824

恒, 四年. 長慶

경종(敬宗) 이름은 담(湛)이며 재위 기간은 2년이다.

보력(寶曆): 825-826

湛, 二年. 寶曆

문종(文宗) 이름은 함(涵)인데 앙(昂)으로 개명하였으며 재위 기간은 14년이다.

대화(大和): 827-835

개성(開成): 836-840

涵, 改名昂, 十四年. 太和 開成

무종(武宗) 이름은 전(瀍)인데 염(炎)으로 개명하였으며 재위 기간은 6년이다.

---

637. 주(周): 측천무후가 일시적으로 사용하였던 국호인 대주(大周)를 가리킨다. 예종은 어머니인 측천무후에 의해 제위에 올랐다가 대주의 황태자로 강등되었다.

638. 상왕(相王): 정식 명칭은 안국상왕(安國相王)이다.

639. 예종이 재위에 있거나 물러나 있을 시기에는 경운(景雲)과 태극(太極)이라는 연호 외에도 문명(文明)[684], 광택(光宅)[684], 수공(垂拱)[685-688], 영창(永昌)[689], 재초(載初)[690], 천수(天授)[690-692], 여의(如意)[692], 장수(長壽)[692-694], 연재(延載)[694], 증성(證聖)[695], 천책만세(天冊萬歲)[695], 만세등봉(萬歲登封)[696], 만세통천(萬歲通天)[696-697], 신공(神功)[697], 성력(聖曆)[698-700], 구시(久視)[700], 대족(大足)[701], 장안(長安)[701-704], 신룡(神龍)[705], 당륭(唐隆)[710], 연화(延和)712], 선천(先天)[712-713] 등의 연호가 있었다.

회창(會昌): 841-846

瀍, 改名炎, 六年. 會昌

선종(宣宗)　이름은 이(怡)이며 재위 기간은 13년이다.

대중(大中): 847-859

怡, 十三年. 大中

의종(懿宗)　이름은 온(溫)인데 최(漼)로 개명하였으며 재위 기간은 14년이다.

함통(咸通): 860-873

溫, 改名漼, 十四年. 咸通

희종(僖宗)　이름은 현(儇)이며 재위 기간은 15년이다.

건부(乾符): 874-879

광명(廣明): 880

중화(中和): 881-884

광계(光啓): 885-887

문덕(文德): 888

儇, 十五年. 乾符 廣明 中和 光啓 文德

소종(昭宗)　이름은 걸(傑)인데 민(敏)으로 개명하였으며 또 엽(曄)으로 고쳤다. 재위 기간은 16년이다.

용기(龍紀): 889

대순(大順): 890-891

경복(景福): 892-893

건녕(乾寧): 894-897

광화(光化): 898-900

천복(天復): 901-903

천우(天祐): 904

傑, 改名敏, 又改曄. 十六年. 龍紀 大順 景福 乾寧 光化 天復 天祐

소선제(昭宣帝)　이름은 조(祚)인데 축(柷)으로 개명하였으며 재위 기간은 4년이다. 연호는 여전히 천우(天祐)로 칭하였다.

祚, 改名柷, 四年. 仍稱天祐

고조(高祖)로부터 소선제(昭宣帝)까지는 총 20세 390년이다. 무후(武后) 16년이 안에 있다.

自高祖至昭宣, 凡二十世, 三百九十年, 武后十六年在中.

양 梁

태조(太祖)　성은 주(朱), 이름은 온(溫)인데 전충(全忠)으로 개명하였으며 또 황(晃)으로 개명하였다. 재위 기간은 6년이다.

개평(開平): 907-910

건화(乾化): 911-912

姓朱, 名溫, 改全忠, 又改晃. 六年. 開平 乾化

균왕(均王)　이름은 우정(友貞)이며 재위 기간은 11년이다.

정명(貞明): 915-920

용덕(龍德): 921-923

友貞, 十一年. 貞明 龍德

총 2세 17년이다.

凡二世, 十七年.

당 唐

장종(莊宗)　이름은 존욱(存勖)이며 재위 기간은 3년이다.

동광(同光): 923-926

存勖, 三年. 同光

명종(明宗)　이름은 사원(嗣源)이며 재위 기간은 8년이다.

천성(天成): 926-929

장흥(長興): 930-933

嗣源, 八年. 天成 長興

민제(閔帝) 이름은 종후(從厚)이며 재위 기간은 수개월이다.

응순(應順): 934

從厚, 數月. 應順

폐제(廢帝) 이름은 종가(從珂)이며 본래 성은 왕(王)이다. 재위 기간은 3년이다.

청태(淸泰): 934-936

從珂, 本姓王. 三年. 淸泰

총 4세로 세 성씨[640]였으며 14년이다.

凡四世, 三姓, 十四年.

진 晉

고조(高祖) 성은 석(石), 이름은 경당(敬瑭)이며 재위 기간은 8년이다.

천복(天福): 936-942

姓石, 名敬瑭, 八年. 天福

출제(出帝) 이름은 중귀(重貴)이며 재위 기간은 5년이다.

개운(開運): 944-946[641]

重貴, 五年. 開運

총 2세 12년이다.

凡二世, 十二年.

한 漢

고조(高祖) 성은 유(劉), 이름은 지원(知遠)이며 재위 기간은 2년이다.

건우(乾祐): 948[642]

姓劉, 名知遠, 二年. 乾祐

은제(隱帝) 이름은 승우(承祐)이며 재위 기간은 2년이다.

承祐, 二年.

총 2세 4년이다.

凡二世, 四年.

주 周

태조(太祖) 성은 곽(郭), 이름은 위(威)이며 재위 기간은 3년이다.

광순(廣順): 951-953

姓郭, 名威, 三年. 廣順

세종(世宗) 이름은 영(榮)이며 성은 시(柴)이다. 재위 기간은 6년이다.

현덕(顯德): 954-959

榮, 姓柴, 六年. 顯德

공제(恭帝) 이름은 종훈(宗訓)이며 재위 기간은 반년이다.

宗訓, 半年.

640. 장종(莊宗)의 뒤를 이은 명종(明宗)은 애초에 대북(代北: 山西省)에 근거지를 둔 호인(胡人)의 후예였는데 진왕(晉王) 이극용(李克用)의 양자가 되어 이사원(李嗣源)이라 하였다. 그리하여 폐제(廢帝) 왕종가(王從珂)와 더불어 세 성씨라고 한 것이다.

641. 이 연호에 앞서 943년에는 천복(天福)이라는 연호를 습용(襲用)하였다.

642. 이 연호에 앞서 947년에는 후진(後晉) 출제(出帝)의 연호인 개운(開運)을 습용(襲用)하였다.

총 3세로 두 성씨였으며 (존속 기간은) 10년이다.
凡三世, 二姓, 十年.

송 宋

태조(太祖) 성은 조(趙), 이름은 광윤(匡胤)이며 재위 기간은 17년이다.

건륭(建隆): 960-962

건덕(乾德): 963-967

개보(開寶): 968-976

姓趙, 名匡胤, 十七年. 建隆 乾德 開寶

태종(太宗) 이름은 광의(匡義)인데 경(炅)으로 개명하였으며 재위 기간은 21년이다.

태평흥국(太平興國): 976-983

옹희(雍熙): 984-987

단공(端拱): 988-989

순화(淳化): 990-994

지도(至道): 995-997

匡義, 改名炅, 二十一年. 太平興國 雍熙 端拱 淳化 至道

진종(眞宗) 이름은 원간(元侃)인데 항(恒)으로 개명하였으며 재위 기간은 25년이다.

함평(咸平): 998-1003

경덕(景德): 1004-1007

대중상부(大中祥符): 1008-1016

천희(天禧): 1017-1021

건흥(乾興): 1022

元侃, 改名恒, 二十五年. 咸平 景德 大中祥符 天禧 乾興

인종(仁宗) 이름은 정(禎)이며 재위 기간은 42년이다.

천성(天聖): 1023-1031

명도(明道): 1032-1033

경우(景祐): 1034-1037

보원(寶元): 1038-1039

강정(康定): 1040

경력(慶曆): 1041-1048

황우(皇祐): 1049-1053

지화(至和): 1054-1055

가우(嘉祐): 1056-1063

禎, 四十二年. 天聖 明道 景祐 寶元 康定 慶曆 皇祐 至和 嘉祐

영종(英宗) 이름은 종실(宗實)인데 서(曙)로 개명하였으며 재위 기간은 4년이다.

치평(治平): 1064-1067

宗實, 改名曙, 四年. 治平

신종(神宗) 이름은 욱(頊)이며 재위 기간은 18년이다.

희령(熙寧): 1068-1077

원풍(元豊): 1078-1085

頊, 十八年. 熙寧 元豊

철종(哲宗) 이름은 후(煦)이며 재위 기간은 15년이다.

원우(元祐): 1086-1093

소성(紹聖): 1094-1097

원부(元符): 1098-1100

煦, 十五年. 元祐 紹聖 元符

휘종(徽宗) 이름은 길(佶)이며 재위 기간은 26년이다.

건중정국(建中靖國): 1101

숭녕(崇寧): 1102-1106

대관(大觀): 1107-1110

정화(政和): 1111-1117[643]

643. 이 연호에 이어 1118년에는 중화(重和)라는 연호를 사용하였다.

선화(宣和): 1119-1125

佶, 二十六年. 建中靖國 崇寧 大觀 政和 宣和

흠종(欽宗) 이름은 환(桓)이며 재위 기간은 2년이다.

정강(靖康): 1126-1127

桓, 二年. 靖康

남송 南宋

고종(高宗) 이름은 구(構)이며 재위 기간은 36년이다.

건염(建炎): 1127-1130

소흥(紹興): 1131-1162

構, 三十六年. 建炎 紹興

효종(孝宗) 이름은 백종(伯宗)인데 신(眘)으로 개명하였으며 재위 기간은 27년이다.

융흥(隆興): 1163-1164

건도(乾道): 1165-1173

순희(淳熙): 1174-1189

伯宗, 改名신(眘), 二十七年. 隆興 乾道 淳熙

광종(光宗) 이름은 돈(惇)이며 재위 기간은 5년이다.

소희(紹熙): 1190-1194

惇, 五年. 紹熙

영종(寧宗) 이름은 확(擴)이며 재위 기간은 30년이다.

경원(慶元): 1195-1200

가태(嘉泰): 1201-1204

개희(開禧): 1205-1207

가정(嘉定): 1208-1224

擴, 三十年. 慶元 嘉泰 開禧 嘉定

이종(理宗) 이름은 여거(與莒)인데 귀성(貴誠)으로 개명하였으며 또 윤(昀)으로 개명하였다. 재위 기간은 40년이다.

보경(寶慶): 1225-1227

소정(紹定): 1228-1233

단평(端平): 1234-1236

가희(嘉熙): 1237-1240

순우(淳祐): 1241-1256

보우(寶祐): 1253-1258

개경(開慶): 1259

경정(景定): 1260-1264

與莒, 改名貴誠, 又改昀. 四十年. 寶慶 紹定 端平 嘉熙 淳祐 寶祐 開慶 景定

도종(度宗) 이름은 맹계(孟启)인데 자(孜)로 개명하였으며 또 기(禥)로 개명하고 또 헌(獻)으로 개명하였다. 재위 기간은 10년이다.

함순(咸淳): 1265-1274

孟启, 改名孜, 又改禥, 又改獻. 十年. 咸淳

공제(恭帝)[644] 이름은 현(㬎)이며 재위 기간은 2년이다.

덕우(德祐): 1275-1276

㬎, 二年. 德祐

단종(端宗)[645] 이름은 하(昰)이며 재위 기간은 3년이다.

경염(景炎): 1276-1278

昰, 三年. 景炎

제병(帝昺)[646] 재위 기간은 2년이다.

상흥(祥興): 1278-1279

二年. 祥興

고조(高祖)로부터 제병(帝昺)까지는 총 18세 326년이다.

自太祖至帝昺, 凡十八世, 三百二十六年.

644. 영국공(瀛國公)이라고도 한다.
645. 익왕(益王)이라고도 한다.
646. 위왕(衛王)이라고도 한다.

위(魏) 문제(文帝)는 성이 조(曹), 이름이 비(丕)이다.
文帝, 姓曹, 名丕.
명제(明帝)는 이름이 예(叡)이다.
明帝, 叡.
소릉여공(邵陵厲公)은 이름이 방(芳)이다.
邵陵厲公, 芳.
고귀향공(高貴鄕公)은 이름이 모(髦)이다.
高貴鄕公, 髦.
진류왕(陳留王)은 이름이 환(奐)이다.
陳留王, 奐.
총 5세 46년이며 진(晉)나라에게 망하였다.
凡五世, 四十六年, 亡于晉.

오(吳) 대제(大帝)는 성이 손(孫), 이름이 권(權)이다.
大帝, 姓孫, 名權.
회계왕(會稽王)은 이름이 량(亮)이다.
會稽王, 亮.
경제(景帝)는 이름이 휴(休)이다.
景帝, 休.
오정후(烏程侯)는 이름이 호(皓)이다.
烏程侯, 皓.
총 4세 59년이며 진(晉)나라에게 망하였다.
凡四世, 五十九年, 亡于晉.

북위(北魏) 열조(烈祖)는 성이 탁발(拓拔), 이름이 규(珪)이다. 동진(東晉) 효무제(孝武帝) 시절에 황제라 칭하였다.
烈祖, 姓拓拔, 名珪. 稱帝於東晉孝武之世.
태종(太宗)은 이름이 사(嗣)이다.
太宗, 嗣.
세조(世祖) 태무제(太武帝)는 이름이 도(燾)이다.
世祖太武帝, 燾.
고종(高宗)은 이름이 준(濬)이다.
高宗, 濬.
헌문제(獻文帝)는 이름이 홍(弘)이다.
獻文帝, 弘.
고조(高祖) 효문제(孝文帝)는 이름이 굉(宏)인데 성씨를 원(元)으로 고쳤다.
高祖孝文帝, 宏, 改姓元.
선무제(宣武帝)는 이름이 원각(元恪)이다.
宣武帝, 恪.
효명제(孝明帝)는 이름이 후(詡)이다.
孝明帝, 詡,
효장제(孝莊帝)는 이름이 자유(子攸)이다.
孝莊帝, 子攸.
절민제(節閔帝)는 이름이 공(恭)이다.
節閔帝, 恭.
고조(高祖)로부터 여기까지가 149년인데 나누어져 동위(東魏)와 서위(西魏)가 되었다.
自烈祖至是, 百四十九年, 而分爲東魏西魏.

서위(西魏) 효무제(孝武帝)는 이름이 수(脩)이다.
孝武帝, 脩.
문제(文帝)는 이름이 보거(寶炬)이다.
文帝, 寶炬.
폐주(廢主)는 이름이 흠(欽)이다.
廢主, 欽.
공제(恭帝)는 이름이 곽량(廓梁)이며, 경제(敬帝) 시절에 주(周)나라에게 선양(禪讓)하였다.
恭帝, 廓梁, 敬帝時禪干周.
총 4세 23년이다.
凡四世, 二十三年.

동위(東魏) 효정제(孝靜帝)는 이름이 선견(善見)인데 양(梁) 간문제(簡文帝) 시절에 제(齊)나라에게 선양하였다. 나라를 세운 지 17년 만이었다.
孝靜帝, 善見, 梁簡文帝時禪于齊. 建國十七年.
후주(後周) 효민제(孝閔帝)는 성이 우문(宇文), 이름이 각(覺)으로 안정공(安定公) 우문태(宇文泰)의 아들이다.
孝閔帝, 姓宇文, 名覺, 安定公泰之子.
명제(明帝)는 이름이 육(毓)이다.
明帝, 毓.
무제(武帝)는 이름이 옹(邕)이다.
武帝, 邕.
선제(宣帝)는 이름이 윤(贇)이다.
宣帝, 贇.
정제(靜帝)는 이름이 천(闡)이며, 수(隋)나라에게 선양하였다.
靜帝, 闡, 禪于隋.
총 5세 25년이다.
凡五世, 二十五年.

북제(北齊) 문선제(文宣帝)는 성이 고(高), 이름이 양(洋)으로 고환(高歡)의 아들이다.
文宣帝, 姓高, 名洋, 歡之次子.
제남왕(濟南王)은 이름이 은(殷)이다.
濟南王, 殷.
효소제(孝昭帝)는 이름이 연(演)이다.
孝昭帝, 演.
무성제(武成帝)는 이름이 담(湛)이다.
武成帝, 湛.
후주(後主)는 이름이 위(緯)이며, 진(陳) 선제(宣帝) 시절에 주(周)나라에게 망하였다.
後主, 緯, 陳宣帝時亡于周.
총 5세 28년이다.
凡五世, 二十八年.

남당(南唐) 이승(李昇)은 서온(徐溫)의 양자가 되었을 적에 이름을 지고(知誥)라 하였으나 오(吳)나라의 선양을 받고는 성(姓)을 이씨로 되돌리고 이름을 '승(昇)'으로 고쳤다. 당(唐)나라 (황족)의 후예라고 스스로 이르더니 국호를 '당'이라 하였다. 아들 이경(李璟)에게 제위(帝位)를 전하였으나 손자 이욱(李煜)에 이르러 송(宋)나라에게 망하였다.
李昇爲徐溫養子, 名知誥, 受吳禪, 復姓李氏, 更名昇. 自謂唐後, 國號唐. 傳子璟, 至孫煜, 亡于宋.
총 39년이다.
凡三十九年.

요(遼) 태조(太祖)는 이름이 아보기(阿保機)로 성이 야율(耶律)이며, 양(梁)나라 균왕(均王) 시절에 황제라 칭하였다.
太祖, 阿保機, 姓耶律, 梁均王時稱帝.
태종(太宗)은 이름이 덕광(德光)이다.
太宗, 德光.
세종(世宗)은 이름이 올욕(兀欲)이다.
世宗, 兀欲.
목종(穆宗)은 이름이 술율(述律)이다.
穆宗, 述律.
경종(景宗)은 이름이 현(賢)이다.
景宗, 賢.
성종(聖宗)은 이름이 융서(隆緖)이다.
聖宗, 隆緖.
흥종(興宗)은 이름이 종진(宗眞)이다.
興宗, 宗眞.
도종(道宗)은 이름이 홍기(弘基)이다.
道宗, 弘基.
말주(末主)는 이름이 천조(天祚)인데, 송(宋)나라 휘종(徽宗) 시절에 금(金)나라에게 망하였다.
末主, 天祚, 宋徽宗時亡于金.
총 9세 190년이다.
凡九世, 一百九十年.

금(金) 태조(太祖)는 이름이 아골타(阿骨打)로 성이 완안(完顏)이며, 송(宋)나라 휘종(徽宗) 시절에 황제라 칭하였는데 이름을 '민(旻)'으로 고쳤다.
太祖阿骨打, 姓完顏, 宋徽宗時稱帝, 改名旻.
태종(太宗)은 이름이 성민종단(晟閔宗亶)이다.

太宗, 晟閔宗亶.

해릉왕(海陵王)은 이름이 양(亮)이다.

海陵王, 亮.

세종(世宗)은 이름이 부(裒)이다.

世宗, 裒, 改名雍.

장종(章宗)은 이름이 경(璟)이다.

章宗, 璟.

동해후(東海侯)는 이름이 윤제(允濟)이다.

東海侯, 允濟.

선종(宣宗)은 이름이 순(珣)이다.

宣宗, 珣.

애종(哀宗)은 이름이 수서(守緖)이다.

哀宗, 守緖.

총 9세 117년이다.

凡九世, 一百十七年.

원(元) 태조(太祖)는 이름이 철목정(鐵木貞)으로 성이 기악온(奇渥溫)이며, 송(宋)나라 영종(寧宗) 시절에 황제라 칭하였다.

太祖, 鐵木貞, 姓奇渥溫, 宋寧宗時稱帝.

태종(太宗)은 이름이 와활태(窩闊台)이다.

太宗, 窩闊台.

정종(定宗)은 이름이 귀유(貴由)이다.

定宗, 貴由.

헌종(憲宗)은 이름이 몽가(蒙哥)이다.

憲宗, 蒙哥.

세조(世祖)는 이름이 홀필렬(忽必烈)이며 재위 기간은 35년이다.

중통(中統): 1260-1263

지원(至元): 1264-1294

世祖, 忽必烈, 三十五年. 中統 至元

성종(成宗)은 이름이 철목이(鐵木耳)이며 재위 기간은 13년이다.

원정(元貞): 1295-1296

대덕(大德): 1297-1307

成宗, 鐵木耳, 十三年. 元貞 大德

무종(武宗)은 이름이 해산(海山)이며 재위 기간은 5년이다.

지대(至大): 1308-1311

武宗, 海山, 五年. 至大

인종(仁宗)은 이름이 애육려발력팔달(愛育黎拔力八達)이며 재위 기간은 9년이다.

황경(皇慶): 1312-1313

연우(延祐): 1314-1320

仁宗, 愛育黎拔力八達, 九年. 皇慶 延祐

영종(英宗)은 이름이 석덕팔랄(碩德八剌)이며 재위 기간은 4년이다.

지치(至治): 1321-1323

英宗, 碩德八剌, 四年. 至治

태정제(泰定帝)는 이름이 야손철목아(也孫鐵木兒)이며 재위 기간은 5년이다.

태정(泰定): 1324-1327

치화(致和): 1328

泰定帝, 也孫鐵木兒, 五年. 泰定 致和

명종(明宗)은 이름이 화세랄(和世瑓)이며 재위 기간은 8개월이다. 연호를 고치는 데 미치지 못하였다.

明宗, 和世瑓, 八月. 未及改元

문종(文宗)은 이름이 도첩목이(圖帖穆爾)이며 재위 기간은 5년이다.

천력(天曆): 1328-1329

지순(至順): 1330-1332

文宗, 圖帖穆爾, 五年. 天曆 至順

영종(寧宗)은 이름이 의린질반(懿璘質班)이며 재위 기간은 1개월가량이다.

寧宗, 懿璘質班, 月餘.

순제(順帝)는 이름이 타환첩목이(妥懽帖睦爾)이며 재위 기간은 36년이다.

원통(元統): 1333-1334

지원(至元): 1335-1340

지정(至正) : 1341-1368

順帝, 妥懽帖睦爾, 三十六年. 元統 至元 至正

태조(太祖)로부터 순제(順帝)까지는 총 14세 163년이며, 소정통(紹正統)은 89년이다.

自太祖至順帝, 凡十四世一百六十三年, 紹正統八十九年.

문헌목록

* 이 목록은 《유원총보》에 인용된 문헌에다 간략히 서지사항을 곁들인 것이다. 그러나 널리 알려진 경서류(經書類)와 사서류(史書類), 제자백가류(諸子百家類)의 서적은 여기에 포함시키지 않았다.

《역(易)》=《주역(周易)》
《중(中)》=《중용(中庸)》
《시(詩)》=《시경(詩經)》
《논(論)》=《논어(論語)》
《노(老)》=《노자(老子)》
《장(莊)》=《장자(莊子)》
《사(史)》=《사기(史記)》

- 《가화(嘉話)》=《가화록(嘉話錄)》 : 당(唐)의 유우석(劉禹錫)이 지은 필기소설집(筆記小說集).
- 《감우전(感遇傳)》=《신선감우전(神仙感遇傳)》 : 당(唐)의 두광정(杜光庭)이 지은 소설집(小說集).
- 《개원천보유사(開元天寶遺事)》 : 촉(蜀)의 왕인유(王仁裕)가 민간에 전해져 오던 고사(故事)를 모아 만든 책이라 하나 사실(史實)을 전한 것이 아니라 현종(玄宗) 시대[곧 開元, 天寶 연간]에 대한 동경에서 나온 풍문과 설화 모음집이라 할 수 있다.
- 《건강실록(建康實錄)》 : 당(唐)의 허숭(許嵩)이 엮은 건강(建康) 일대의 지방지(地方志).
- 《건착도(乾鑿度)》 : 정식 명칭은 《주역건착도(周易乾鑿度)》이며 《주역(周易)》의 위서(緯書)이다.
- 《격치경원(格致鏡原)》 : 청(淸)의 진원룡(陳元龍)이 지은 필기류(筆記類)의 책이다.
- 《고금사문류취(古今事文類聚)》 : 본집(本集)은 송(宋)의 축목(祝穆)이, 외집(外集)은 원(元)의 부대용(富大用)이 엮은 유서(類書)이다.
- 《고금주(古今注)》 : 진(晉)의 최표(崔豹)가 지은 책으로 그 당시와 그 이전 시기의 각종 사물(事物)에 대하여 해설하고 전석(詮釋)한 것이다.
- 《고령요(考靈曜)》 : 《상서(尙書)》 위서(緯書) 가운데 하나로 지금은 일실되었고, 집본이 《고미서(古微書)》에 전한다.
- 《고미서(古微書)》 : 명(明)의 손곡(孫穀)이 엮은 책으로 주로 위서류(緯書類)를 집록(輯錄)한 것이다.

• 《고사전(高士傳)》: 진(晉)의 황보밀(皇甫謐)이 지은, 요순(堯舜) 이래로 한위(漢魏)에 이르는 은사(隱士)들의 전기(傳記)를 다룬 책이다.
• 《곤학잡록(困學雜錄)》: 원(元)의 선우추(鮮于樞)가 지은 필기류(筆記類)의 책이다.
• 《공총자(孔叢子)》: 공자(孔子) 이하 자사(子思)·자고(子高)·자순(子順) 등 공씨(孔氏) 집안의 언행을 모아 놓은 것으로 공자(孔子)의 8세손인 공부(孔鮒)가 지은 것이라 하나 후인의 위작(僞作)이다.
• 《관령내전(關令內傳)》: 《수서(隋書)·경적지(經籍志)》에, "귀곡선생찬(鬼谷先生撰)"으로 되어 있지만 내력이 자세하지 않다.
• 《괄지지(括地志)》: 당대(唐代)의 위왕(魏王) 이태주(李泰主)가 엮은 대형 지리서(地理書)이다.
• 《광아(廣雅)》: 위(魏)의 장읍(張揖)이 엮은 소학류(小學類)의 책이다.
• 《금수만화곡(錦繡萬花谷)》: 편자를 알 수 없는 송대(宋代)의 유서(類書)이다.
• 《기찬연해(記纂淵海》: 송(宋)의 반자목(潘自牧)이 엮은 유서(類書)이다.
• 《남강기(南康記)》: 진(晉)의 등덕명(鄧德明)이 지은 남강군(南康郡)과 우도(雩都) 일대의 지방지(地方志).
• 《남부신서(南部新書)》: 송(宋)의 전이(錢易)가 지은 책인데 당(唐)과 오대(五代)의 고사(故事)를 기록한 것이다.
• 《냉재야화(冷齋夜話)》: 송(宋)의 혜홍(惠洪)이 지은, 필기(筆記)와 시화(詩話)가 섞인 책인데 논시(論詩)를 위주로 하고 있다.
• 《담원(談苑)》: 송(宋)의 공평중(孔平仲)이 지은 필기류(筆記類)의 책이다.
• 《담원제호(譚苑醍醐)》: 명(明)의 양신(楊愼)이 지은 훈고서(訓詁書).
• 《당문수(唐文粹)》: 송(宋)의 요현(姚鉉)이 지은 당나라 문장 선집이다.
• 《동명기(洞冥記)》: 한(漢)의 곽헌(郭憲)이 지은 것으로 전해지는 소설로 《한무제별국동명기(漢武帝別國洞冥記)》라고도 한다.
• 《동성부로전(東城父老傳)》: 당(唐)의 진홍(陳鴻)이 지은 전기소설집(傳奇小說集)이다.
• 《동파전집(東坡全集)》: 북송(北宋) 소식(蘇軾)의 저작 총집으로 명말(明末)에 간행되었다.
• 《두양잡편(杜陽雜編)》: 당(唐)의 소악(蘇鶚)이 지은 필기소설집(筆記小說集)이다.
• 《두위의(斗威儀)》=《예두위의(禮斗威儀)》: 한대(漢代)에 엮어진 《예기(禮記)》의 위서(緯書).
• 《명황잡록보유(明皇雜錄補遺)》: 《명황잡록(明皇雜錄)》과 함께 당(唐)의 정처회(鄭處晦)가 지은 필기류의 책이다.
• 《몽계필담(夢溪筆談)》: 송(宋)의 심괄(沈括)이 지은 필기류(筆記類)의 책으로 송(宋)나라 과학사(科學史) 연구의 중요한 자료로서 후세에 공헌한 바가 크다.
• 《몽화록(夢華錄)》=《동경몽화록(東京夢華錄)》: 송(宋)의 맹원로(孟元老)가 엮은 책으로 북송(北宋)의 수도였던 개봉부(開封府)의 풍모(風貌)를 추억하여 기술한 것인데 풍속과 상업 등 귀족과 서민의 생활상 전반을 두루 다루고 있어 사료적인 가치가 매우 크다.
• 《문견후록(聞見後錄)》: 송(宋)의 소박(邵博)이 지은 필기류의 책이다.
• 《문자(文子)》: 노자(老子)의 제자인 문자(文子)가 지은 것으로 전해지는 책으로 《통현진경(通玄眞經)》으로 불리기도 한다. 《노자(老子)》, 《장자(莊子)》, 《열자(列子)》와 더불어 도가(道家) 사대경전(四大經典)의 하나

이다.

- 《문창잡록(文昌雜錄)》 : 송(宋)의 방원영(龐元英)이 엮은 역사(歷史) 필기류(筆記類)의 책이다.
- 《박물지(博物志)》 : 서진(西晉)의 장화(張華)가 엮은 책으로 선인(仙人)과 괴수(怪獸)에 대한 이야기가 대부분이나 자연(自然)에 관한 사항도 있다.
- 《박오경이의보유(駁五經異義補遺)》 : 《박오경이의(駁五經異義)》와 함께 한(漢)의 정현(鄭玄)이 지은 경학(經學) 관련 도서인데 주로 허신(許愼)의 견해를 비판한 것이다.
- 《반자진시화(潘子眞詩話)》 : 황정견(黃庭堅)의 제자였던 북송(北宋)의 반순(潘淳 : 潘惇이라고도 함)이 엮은 시화집(詩話集). '子眞'은 그의 자이다.
- 《백공육첩(白孔六帖)》 : 당(唐)의 백거이(白居易)가 지은 일종의 유서(類書)인 《육첩(六帖)》에 송(宋)의 공전(孔傳)이 《후육첩後六帖)》을 더하여 엮은 책이다.
- 《백집(白集)》=《백씨장경집(白氏長慶集)》 : 당대(唐代) 백거이(白居易)의 시문집인데 '長慶'은 당(唐)나라 목종(穆宗) 장경(長慶) 연간에 간행되었기 때문에 붙여진 것이다.
- 《백호통(白虎通)》=《백호통의(白虎通義)》=《백호통덕론(白虎通德論)》 : 동한(東漢)의 반고(班固)가 편찬한 책이다. 장제(章帝) 시절에 군유(群儒)가 백호관(白虎觀)에 모여 오경(五經)의 이동(異同)을 담론한 것을 편집한 것이다.
- 《법서요록(法書要錄)》 : 당(唐) 장언원(張彥遠)이 엮은, 서법(書法)에 관계되는 논저(論著)의 총집(總集)이다.
- 《별록(別錄)》 : 유향(劉向)이 비서성(秘書省)에서 경전(經傳)을 교감한 뒤에 편목(篇目)을 나누어 대의(大意)를 기술한 책으로 중국 목록학(目錄學)의 비조로 일컬어진다.
- 《별아(別雅)》 : 청(淸)의 오옥진(吳玉搢)이 지은 《이아(爾雅)》 계통의 사서류(辭書類)이다.
- 《보전(寶典)》=《옥촉보전(玉燭寶典)》 : 수(隋)의 두태경(杜台卿)이 엮은 필기류(筆記類)의 책이다.
- 《북당서초(北堂書鈔)》 : 당(唐)의 우세남(虞世南)이 엮고 명(明)의 진우모(陳禹謨)가 보주(補註)한, 현존하는 중국 최고(最古)의 유서(類書)이다.
- 《비아(埤雅)》 : 송(宋)의 육전(陸佃)이 지은 책으로, 여러 사물의 명의(名義)를 밝혔는데 특히 이름을 얻게 된 연유를 캔 것이 많다. 책명은 《이아(爾雅)》를 보충한다는 뜻이다.
- 《사물기원(事物紀原)》 : 송(宋)의 고승(高承)이 엮은 책으로 사물의 기원(起源)을 논한 것이다.
- 《산당사고(山堂肆考)》 : 명(明)의 팽대익(彭大翼)이 엮은 유서(類書)이다.
- 《산서(山書)》 : 청(淸)의 손승택(孫承澤) 이 엮은 지리서(地理書)이다.
- 《산해경(山海經)》 : 하(夏)나라 우왕(禹王) 또는 백익(伯益)이 지었다고 하나 전국시대 이후에 지어진 것으로 보이는 중국 최고(最古)의 지리서(地理書)이다. 원래는 23권이었다고 하나 전한(前漢) 말기에 유흠(劉歆)이 교정(校定)한 18편만 전해지고 있다.
- 《삼략직해(三略直解)》 : 명(明)의 유인(劉寅)이 엮은 《삼략(三略)》의 주해서(注解書)이다.
- 《삼수소독(三水小牘)》 : 당(唐)의 황보매(皇甫枚)가 지은 전기소설집(傳奇小說集)이다.
- 《상서중후(尙書中候)》 : 한대(漢代)에 엮어진 《상서(尙書)》의 위서(緯書).
- 《서경잡기(西京雜記)》 : 진(晉)의 갈홍(葛洪)이 전한(前漢) 시대의 잡사(雜事)를 기록한 책이다.

- 《서응도(瑞應圖)》 : 한대(漢代)의 손씨(孫氏)가 지은 것으로 전해지는 위서(緯書).
- 《석명(釋名)》 : 후한(後漢)의 유희(劉熙)가 지은 책으로 같은 음을 가진 말로 어원을 설명한 것이다. 분류방법은 《이아(爾雅)》와 같으나 소리가 비슷한 말은 의미에도 많은 관련이 있다고 여기는 성훈(聲訓)의 입장에서 해설한 것이다.
- 《석씨요람(釋氏要覽)》 : 북송(北宋)의 석도성(釋道誠)이 엮은, 승려들과 수도(修道)에 관한 생활 지침 등을 다룬 책이다.
- 《선실지(宣室志)》 : 당(唐) 장독(張讀)이 편찬한 책으로, 귀신(鬼神)의 일을 기록한 것이다.
- 《설문(說文)》=《설문해자(說文解字)》 : 동한(東漢)의 허신(許愼)이 지은 자서(字書)로, 총 9,353자가 수록되어 있다. 처음으로 한자(漢字)를 부수(部首)에 따라 배열하고, 육서(六書)에 입각하여 자형(字形)과 자원(字源)을 분석하였다.
- 《세시광기(歲時廣記)》 : 송(宋)의 진원정(陳元靚)이 지은 세시류(歲時類)의 책이다.
- 《소서(素書)》 : 한(漢)의 황석공(黃石公)이 엮은 것으로 전해지는 병서(兵書)이다.
- 《소설(小說)》 : 남조(南朝) 양(梁)의 은운(殷芸)이 지은 소설집으로 육조(六朝)의 문헌학(文獻學) 방면에 중요한 가치를 지니고 있는 책이다.
- 《속제해기(續齊諧記)》 : 양(梁)의 오균(吳均)이 지은 지괴소설집(志怪小說集)이다. 《제해기(齊諧記)》는 유송(劉宋)의 동양무의(東陽無疑)가 지은 것이다.
- 《송고승전(宋高僧傳)》 : 《대송고승전(大宋高僧傳)》이라고도 하며 송(宋)의 찬녕(贊寧)이 칙명에 따라 편찬한 책으로 당(唐) 태종(太宗)으로부터 송(宋) 태종(太宗)에 이르는 시기의 고승들에 대한 전기(傳記)를 다루었다.
- 《송략(宋略)》 : 남조(南朝) 양(梁)의 배자야(裴子野)가 엮은, 유송(劉宋)의 역사서로 전서(全書)는 산일되고 그 일부가 《통전(通典)》과 《문원영화(文苑英華)》 등에 보인다.
- 《수신기(搜神記)》 : 위진(魏晉)의 간보(干寶)가 엮은, 괴이전설(怪異傳說)을 집대성한 책이다.
- 《습유기(拾遺記)》 : 진(晉)의 왕가(王嘉)가 지은 지괴서(志怪書)이다.
- 《시자(尸子)》 : 전국시대(戰國時代) 초(楚)나라 시교(尸佼)가 엮은, 도가(道家)와 법가(法家) 사상이 뒤섞여 있는 책이다.
- 《시화총구(詩話總龜)》 : 송(宋)의 완열(阮閱)이 엮은 시화총집(詩話總集)이다.
- 《신안지(新安志)》 : 송(宋)의 나원(羅願)이 지은 신안(新安) 일대의 지방지(地方志).
- 《신이경(神異經)》 : 한(漢)의 동방삭(東方朔)이 지은 소설이라 하나 진(晉)나라 이후의 위작(僞作)이다.
- 《양자법언(揚子法言)》 : 전한말(前漢末)의 양웅(揚雄)이 《논어(論語)》의 체재를 모방하여 문답체로 구성한 사상서(思想書)이다.
- 《양한박문(兩漢博聞)》 : 송(宋)의 양간(楊侃)이 엮은 양한(兩漢) 시기의 잡사(雜史).
- 《어선당송시순(禦選唐宋詩醇)》 : 청(淸)의 건륭제(乾隆帝)가 엮은 당송(唐宋) 시기의 시선집(詩選集).
- 《어은총화(漁隱叢話)》 : 송(宋)의 호자(胡仔)가 엮은 시화총집(詩話總集)이다.
- 《어은총화후집(漁隱叢話後集)》 : 《어은총화전집(漁隱叢話前集)》과 함께 송(宋)의 호자(胡仔)가 엮은 시화총집(詩話總集)이다.

•《어정연감유함(禦定淵鑑類函)》: 청(淸) 강희제(康熙帝)의 칙령에 따라 장영(張英)과 왕사정(王士禎) 등이 편찬한 유서(類書)이다.
•《업중기(鄴中記)》: 진(晉)의 육홰(陸翽)가 엮은 재기류(載記類)의 역사서(歷史書).
•《여산기(廬山記)》: 송(宋)의 진순유(陳舜兪)가 여산의 지리환경과 명승고적 및 옛사람들의 제시(題詩) 등을 모아 엮은 책이다.
•《역림(易林)》: 한(漢)의 초연수(焦延壽)가 지은《주역(周易)》에 관한 책이다.
•《역비후(易飛候)》: 한대(漢代)의 경방(京房)이 지은《주역(周易)》의 위서(緯書)로 정식 명칭은《주역비후(周易飛候)》이다.
•《역아(易雅)》: 송(宋)의 조여매(趙汝楳)가 지은《주역(周易)》에 관한 책이다.
•《역위(易緯)》:《주역(周易)》 위서(緯書)의 하나.
•《역전(易傳)》: 한대(漢代)의 경방(京房)이 지은《주역(周易)》의 위서(緯書)로 정식 명칭은《경씨역전(京氏易傳)》이다.
•《연번로(演繁露)》: 송(宋)의 정대창(程大昌)이 지은 책으로《정씨연번록(程氏演繁錄)》이라고도 하는데 격물치지(格物致知)를 종지(宗旨)로 삼아 삼대(三代)에서 송대(宋代)에 이르는 시기의 잡다한 일을을 기록한 것이다.
•《열녀전(列女傳)》: 한(漢)의 유향(劉向)이 지은, 현모(賢母)·양처(良妻)·열녀(烈女)·투부(妬婦)의 전기(傳記)를 다룬 책이다.
•《열이전(列異傳)》: 진(晉)의 장화(張華)가 엮은 것으로 전해지는 신괴류(神怪類)에 관한 책이다.
•《영릉기(零陵記)》: 송(宋)의 도악(陶岳)이 엮은 영주(永州) 일대의 지리지(地理志)이다.
•《영외록이(嶺外錄異)》: 유송(劉宋)의 유창(劉昶)이 이문(異聞)과 잡사(雜事)를 수집하여 엮은 책이다.
•《예문유취(藝文類聚)》: 당(唐) 구양순(歐陽詢)이 엮은 유서(類書)이다.
•《오경통의(五經通義)》: 한(漢)의 유향(劉向)이 지은, 오경(五經)에 대한 주석서이다.
•《옥지당담회(玉芝堂談薈)》: 명(明)의 서응추(徐應秋)가 엮은 책으로 기존의 필기(筆記類)와 소설(小說)을 채록하여 여러 가지 일을 고증(考證)한 책이다.
•《운급칠첨(雲笈七籤)》: 송(宋)의 장군방(張君房)이 지은, 도교(道敎) 교리를 종합한 책으로《소도장(小道藏)》이라고도 한다.
•《월절서(越絶書)》: 오월(吳越)의 역사와 지리를 기록한 엮은이를 알 수 없는 한대(漢代)의 책인데《월절(越絶)》,《월록(越錄)》,《월기(越記)》 등으로도 불린다.
•《유괴록(幽怪錄)》: 당(唐)의 우승유(牛僧孺)가 지은 소설집인데 애초의 제목은《현괴록(玄怪錄)》이었으나 송인(宋人)들이《유괴록》으로 고쳐 불렀다.
•《유명록(幽明錄)》: 남조(南朝) 송(宋) 유의경(劉義慶)이 편찬했다고 전해지는 지괴소설집이다. 원서는 이미 없어졌고 노신(魯迅)의《고소설구침(古小說鉤沈)》에 일문(逸文) 260 항목이 집록되어 있다.
•《유설(類說)》: 송(宋)의 증조(曾慥)가 고래(古來)의 문언소설(文言小說)을 모아 엮은 총집이다.
•《유양잡조(酉陽雜俎)》: 당(唐)의 단성식(段成式)이 지은 필기류의 책으로 당대(唐代) 사회를 연구하는 데 있어 귀중한 사료가 되고 있다.

• 《육도(六韜)》: 중국 고대 병학(兵學)의 최고봉인 '무경칠서(武經七書)' 가운데 하나. '도(韜)'는 화살을 넣는 주머니, 싸는 것, 수장(收藏)하는 것을 말하며, 변하여 깊이 감추고 나타내지 않는다는 뜻에서 병법의 비결을 의미한다.
• 《육첩(六帖)》: 당(唐)의 백거이(白居易)가 지은 일종의 유서(類書)로 오늘날의 고사성어집(故事成語集)과 유사하다.
• 《익부기구전(益部耆舊傳)》: 삼국(三國) 촉(蜀)의 진수(陳壽)가 지은 촉(蜀)나라 인물들에 대한 전기(傳記)이다.
• 《장력(長曆)》: 삼국시대(三國時代)의 오서정(吳徐整)이 엮은 역서(曆書)이다.
• 《장루기(粧樓記)》: 남당(南唐)의 장필(張泌)이 엮은 책 이름.
• 《전략(典略)》=《회계전략(會稽典略)》: 위(魏)의 어환(魚豢)이 지은 것으로 전해지는 회계(會稽) 일대의 지방지(地方志).
• 《제동야어(齊東野語)》: 송(宋)의 주밀(周密)이 지은 필기류의 책으로 송원(宋元) 교체기의 조정(朝廷) 대사(大事)를 주로 다룬 것이다.
• 《제왕세기(帝王世纪)》: 진(晉)의 황보밀(皇甫謐)이 지은 책으로 역대 제왕의 세계(世系)와 연대(年代) 및 사적(事跡)을 적은 일종의 역사서이다.
• 《제지기(齊地記)》: 진(晉)의 안모(安模)가 지은 제(齊)나라 일대의 역사와 지리, 풍속들을 정리하여 엮은 책이다.
• 《조야첨재(朝野僉載)》: 당(唐)의 장작(張鷟)이 당대(唐代) 조야(朝野)의 유사(遺事)와 일문(軼聞)을 엮은 책이다.
• 《주비산경(周髀算經))》: '산경십서(算經十書)'의 하나로 중국 최고(最高)의 산서(算書)이자 역서(曆書)이다. 주대(周代)에 그 원형(原形)이 이루어졌다고 하나 지은이는 알 수 없다.
• 《주사(麈史)》: 송(宋)의 왕득신(王得臣)이 지은 필기류(筆記類)의 책인데 시화(詩話)와 함께 문장을 논한 것이 많다.
• 《주역괘서론(周易卦序論)》: 진(晉)의 양예(楊乂)가 《주역(周易)》의 괘(卦)와 그 순서에 관하여 논한 책이다.
• 《지림(志林)》=《동파지림(東坡志林)》: 송(宋)의 소식(蘇軾)이 원풍(元豊)에서 원부(元符) 연간에 이르는 20여 년 사이에 지은 잡설(雜說) 및 사론(史論) 등을 모아 놓은 책이다.
• 《지정집(至正集)》: 원(元)의 허유임(許有壬)이 지은 별집류(別集類)의 책이다.
• 《진고(眞誥)》: 양(梁)의 도홍경(陶弘景)이 지은 책으로, 신선(神仙)들이 비결(秘訣)을 전수한 일을 기록하였다.
• 《집이기(集異記)》: 당(唐)의 설용약(薛用弱)이 지은 전기소설집(傳奇小說集)이다. 일명 고이기(古異記)라고도 한다.
• 《찬요(纂要)》=《양원제찬요(梁元帝纂要)》: 남조(南朝)의 양원제(梁元帝)가 엮은 잡서류(雜書類)의 책이다.
• 《척언(摭言)》=《당척언(唐摭言)》: 오대(五代)의 왕정보(王定保)가 엮은 필기소설집(筆記小說集)으로 당대(唐代) 시인(詩人)과 문사(文士)들의 유문일사(遺聞逸事)를 수록한 것이다.

- 《천중기(天中記)》 : 명(明)의 진요문(陳耀文)이 엮은 유서(類書)이다.
- 《청이록(淸異錄)》 : 송(宋)의 도곡(陶穀)이 수당(隋唐)과 오대(五代)시기의 책에서 천문(天文), 지리(地理), 초목(草木) 등과 관련한 사항들을 채록(採錄)한 것이다.
- 《초학기(初學記)》 : 당(唐)의 서견(徐堅) 등이 편찬한 유서(類書)로 고금(古今)의 시문(詩文)을 전거(典據)로 하고 있다는 점이 특기할 만하다.
- 《춘추감정부(春秋感精符)》 : 《춘추(春秋)》의 위서(緯書) 가운데 하나이다. 지금은 없어졌고 집본(輯本)이 《고미서(古微書)》에 전한다.
- 《춘추고요(春秋考曜)》 : 정식 명칭은 《춘추고령요(春秋考靈曜)》이며 《춘추(春秋)》의 위서(緯書)이다.
- 《춘추번로(春秋繁露)》 : 한(漢)의 동중서(董仲舒)가 《춘추공양전(春秋公羊傳)》을 근거로 하여 《춘추(春秋)》의 뜻을 밝힌 책이다.
- 《춘추설제사(春秋說題辭)》 : 《춘추(春秋)》의 위서(緯書) 가운데 하나이다.
- 《춘추연공(春秋演孔)》 : 송균(宋均)이 지은 것으로 전해지는, 《춘추(春秋)》의 위서(緯書)로 정식 명칭은 《춘추연공도(春秋演孔圖)》이다.
- 《춘추원명포(春秋元命苞)》 : 《춘추(春秋)》의 위서(緯書) 가운데 하나이다. 지금은 없어졌고 집본(輯本)이 《고미서(古微書)》와 《옥함산방집일서(玉函山房輯逸書)》에 전한다.
- 《침구갑을경(鍼灸甲乙經)》 : 진(晉)의 황보밀(皇甫謐)이 지은 의서(醫書)이다. 줄여서 《갑을경(甲乙經)》으로 칭하기도 한다.
- 《태평광기(太平廣記)》 : 북송(北宋)의 이방(李昉) 등이 칙찬(勅撰)한 소설(小說) 총집이다.
- 《태평어람(太平禦覽)》 : 애초의 이름은 《태평총류(太平總類)》이며 줄여 《어람(御覽)》이라고도 한다. 송(宋) 태종(太宗)의 명에 따라 이방(李昉) 등이 편찬한 유서(類書)로 977년에 착수하여 983년에 완성시킨 1,000권에 달하는 방대한 책이다.
- 《태현경(太玄經)》 : 서한(西漢)의 양웅(揚雄)이 《주역(周易)》을 모방하여 지은 것으로, 천지 만물의 기원과 그 공덕을 논하였다.
- 《통전(通典)》 : 당대(唐代)의 두우(杜佑)가 엮은 책으로 태고에서부터 당대까지의 전장제도(典章制度)의 변천 등을 다룬 것이다.
- 《풍속통(風俗通)》=《풍속통의(風俗通義)》 : 후한(後漢)의 응소(應劭)가 지은 책으로 당시 사람들의 풍속에 대한 잘못된 인식을 바로잡으려고 사물을 고증하고 논술한 것이다.
- 《하도(河圖)》=《하도괄지상도(河圖括地象圖)》 : 옛날에 우(禹)임금이 치수를 할 때 얻었다고 하는 지리서(地理書)이다. 오늘날 전해지는 것은 명(明)의 손곡(孫穀)이 잔결(殘缺)을 《고미서(古微書)》에 집록(輯錄)한 것이다.
- 《한부명담(翰府名談)》 : 《송사(宋史) · 예문지(藝文志)》에 의하면 유부(劉斧)의 저서로 되어 있으나 원서는 전하지 않고 각종 시화류에 그 잔문(殘文)이 보인다.
- 《한의(漢儀)》 : 한(漢)의 채질(蔡質)이 엮은 한(漢)나라 의례(儀禮)에 관한 책이다.
- 《함문가(含文嘉)》 : 한대(漢代)에 엮어진 《예기(禮記)》의 위서(緯書)로 정식 명칭은 《예함문가(禮含文嘉)》이다.

- 《해내십주기(海內十洲記)》 : 한(漢)의 동방삭(東方朔)이 지었다고 하나 육조(六朝) 사람의 위작(僞作)이다. 십주(十洲)의 소재지와 산물 등을 기술한 책이다.
- 《혁상신서(革象新書)》 : 원(元)의 조우흠(趙友欽)이 지은 천문산술서(天文算術書)이다.
- 《협제유고(夾漈遺稿)》 : 송(宋)의 정초(鄭樵)가 지은 별집류(別集類)의 책이다.
- 《형초세시기(荊楚歲時記)》 : 양(梁)의 종름(宗懍)이 지은 세시기인데 현존하는 중국 세시기 중에서 가장 오래된 것으로 초나라 특유의 세시뿐만 아니라 일반적인 풍습도 기술되어 있다.
- 《환범(桓範)》=《환범세요론(桓範世要論)》 : 위(魏)의 환범(桓範)이 지은 책으로 《군서치요(群書治要)》에 그 일부인 〈정요론政要論)〉 14편(篇)이 실려 있다.
- 《황제내경소문(黃帝內經素問)》 : 진한대(秦漢代)에 지어진 의서(醫書)이다. 황제(黃帝)가 그의 신하이자 명의(名醫)인 기백(岐伯)과 문답하는 형식으로 내용을 기술하였다.
- 《회계전록(會稽典錄)》 : 진(晉)의 우예(虞預)가 지은 회계(會稽) 일대의 지방지(地方志)로 명(明)의 도종의(陶宗儀)가 편찬한 《설부(說郛)》에 집록되어 있다.
- 《후산시화(後山詩話)》 : 송(宋)의 진사도(陳師道)가 지은 시화집(詩話集)이다.
- 《후청록(侯鯖錄)》 : 송(宋)의 조령치(趙令畤)가 엮은 책으로 당(唐) · 오대(五代)의 시사(詩詞)와 문장(文章) 및 이와 유관한 일사(軼事)를 기록한 것이다.

Abstract

Yuwonchongbo(類苑叢寶)

Translated and Annotated by
Seoug-Do Heo, Chang-Hwan Kim, Sung-Wee Kang

Yuwonchongbo, edited by Kim Yuk (金堉), a scholar during the reign of King Injo (仁祖) of the Joseon (朝鮮) dynasty, is a set of encyclopedias composed of 47 volumes. It contains the essence of hundreds of major Chinese books. *Yuwonchongbo* is divided into 25 sections: The Way of Heaven, the Time of Providence, the Way of the Earth, Kings, Government Post, Yibu (吏部), Hobu (戶部), Yebu (禮部), Byungbu (兵部), Hyungbu (刑部), Human Duties, Humanity, Personnel, Literature, Brush and Chinese Ink, Royal Seal, Precious Treasures, Cloth and Silk, Instruments, Food, Official Outfits, Grain, Trees and Plants, Birds and Beasts, and Insects and Fish. It is actually 27sections when one includes Sai (四夷: barbarians) and Shingwi (神鬼: Sprits) that are attached to the Appendix. Thus we can say *Yuwonchongbo* contains all the human affairs and the world of Nature.

The most distinct characteristic of *Yuwonchongbo* is that its items and references were chosen from a Korean viewpoint by a Korean. In addition, though *Yuwonchongbo* was modeled after a Chinese encyclopedia, *Shiwenleiju* (事文類聚), it omitted messy parts and supplemented some necessary parts and corrected mistakes on the basis of some famous books such as *Yiwenleiju*(藝文類聚), *Tangleihan*(唐類函), *Tianzhongji*(天中記), *Santangsikao*(山堂肆考), and *Yunfuqunyu* (韻府群玉). Also, it was convenient to read since it functionedas both a dictionary and an encyclopedia. Thus the completeness of the book was much improved.

The reason that we translated *Yuwonchongbo* into Korean is not because it has any historical value as one of the first encyclopedias, but because it is representative from the aspectsof the form and content. As the book has already been recognized as a treasure for a long time, it is believed that the book will function as a necessary tool for present-day scholars.

발간사

'한국학'에 대한 관심과 요구가 국내외에서 높아지고 있다. 한국학을 전공으로 하는 학과도 생겨나고 한국학 연구자들의 국제학술대회도 종종 접하게 된다. 한국사회가 짧은 시기에 보여 준 역동적인 변화에 대한 학문적 관심이 나라 안팎으로 증대된 결과일 것이다. 한국의 역사와 문화, 사회적 경험이 점점 더 많은 연구자들의 관심대상으로 되고 있다는 사실은 매우 반가운 일이다.

한국학이란 고정된 분과학문 체계 내의 한 부분영역이 아니라 다양한 분과학문들이 함께 참여하는 학제적 연구의 성격을 지닌다. 한국학은 과거의 전통에 깊은 관심을 갖지만 현재의 문제들에도 주목하며 미래의 전망을 모색하는 작업도 포함한다. 인문학적 논의와 사회과학적 관심은 물론이고 자연과학적 문제의식과 예술적 시각이 함께 어우러지는 곳이다. 당연히 한국학은 국내의 연구자들이 자신의 특수성만을 부각시키는 폐쇄적인 장이 아니라 전 세계의 학자들이 자유롭게 참여하는 지적 토론의 공간이다. 한국을 대상으로 한 다양한 연구를 지원하며 진지한 논의와 지적 실험을 뒷받침하는 것이야말로 한국학의 가장 중요한 역할이라 할 것이다.

이런 의미에서 한국학은 한국의 문화와 역사적 경험을 전 인류의 문화유산과 역사적 경험의 한 부분으로 바라보는 전 지구적 시각을 요구받고 있다. 한국학은 한국사회의 경험을 연구하되, 그것을 21세기 세계사적 과제들과 더불어 사고함으로써 새로운 문명적 대안을 모색하는 전 지구적 논의에 적극적으로 동참하는 작업이 되어야 한다. 이런 종합적이고 개방적인 연구의 집적을 통해서만 한국의 특수성만을 절대화하는 오류에서 벗어나면서 동시에 서구의 눈으로 한국을 대상화, 타자화하는 오리엔탈리즘적 지역학의 한계도 극복할 수 있는 길이 열릴 것이다.

한국의 학문 발전에 큰 책임을 지고 있는 서울대학교는 한국학의 바람직한 발전을 위해 적극적인 역할을 하고자 한다. 이를 위해 별도의 연구기금을 마련하여 '한국학 장기기초연구 지원사업'을 추진하고 이 사업의 결과물들을 모아 연구총서, 자료총서, 모노그래프를 출간하기로 했다. 서울대학교 교수진의 연구역량과 진지한 문제의식들이 결집됨으로써 한국학의 연구수준이 더욱 높아지고 내용이 보다 풍부해질 것을 믿고 있다. 이 연구사업이 해를 거듭할수록 한국사회에 대한 이해가 깊어짐은 물론이고 한국의 경험을 통해 세계 학계의 시각과 논의도 더욱 풍성해질 것을 기대해 마지않는다.

2003년 8월

서울대학교 규장각한국학연구원 한국학연구사업위원회

저자 약력

김육(金堉)
조선 인조(仁祖) · 효종(孝宗) 때의 문신이자 학자로 본관이 청풍(淸風)이며 자는 백후(伯厚), 호는 잠곡(潛谷), 시호는 문정(文貞)이다. 효종이 즉위(1649)하자 대사헌(大司憲)을 거쳐 우의정(右議政)이 되어 실록청(實錄廳) 총재관(總裁官)으로 《인조실록(仁祖實錄)》의 편찬을 주재하였다. 저서로는 그의 시문을 모은 《잠곡유고(潛谷遺稿)》와 《잠곡별고(潛谷別稿)》, 《잠곡유고보유(潛谷遺稿補遺)》, 《잠곡속고(潛谷續稿)》가 전한다. 일반 저술로는 《유원총보(類苑叢寶)》 외에도 《황명기략(皇明紀略)》, 《종덕신편(種德新編)》, 《송도지(松都誌)》, 《천성일록(天聖日錄)》, 《청풍세고(淸風世稿)》, 《조천일기(朝天日記)》, 《기묘록(己卯錄)》, 《잠곡필담(潛谷筆談)》, 《당삼대가시집(唐三大家詩集)》 등이 있다.

역주자 약력

허성도(許成道)
서울대학교 중어중문학과를 졸업하고 동대학원에서 석사학위와 박사학위를 받았다. 현재 서울대학교 중어중문학과 교수로 재직하고 있다. 저서로는 《쉽게 배우는 중국어 입문》, 《현대 중국어 어법의 이해》, 《현대 중국어학 개론》, 《현대 중국어 어법론》, 《중국어 작문과 어법》, 《공자도 모르는 게 있고 장자도 후회할 때 있다 1 · 2》 등이 있으며 역서로 《현대 중국어학 개론》(原書名《現代漢語》, 胡裕樹 원저), 《현대 중국어 어법론》(原書名《語法》, 胡裕樹 원저) 등이 있다.

김창환(金昌煥)
서울대학교 사범대학 불어교육과를 졸업하였다. 민족문화추진회(현 고전번역원) 국역연수원에서 기본 한문을 공부한 뒤에 서울대학교 대학원 중어중문학과에서 중국고전문학 전공으로 석사학위와 박사학위를 받았다. 서울대학교 사범대학 중국어교사특별양성과정에서 초빙교수와 서울대학교 인문대학 중국어문학연구소에서 책임연구원을 역임하였으며 서울대학교 중어중문학과에서 강의하고 있다. 저서로는 《도연명의 사상과 문학》, 《중국의 역대 명문 24선》, 《중국어 유래어휘 사전》 등이 있고 역서는 《장자(내편)》 등이 있다.

강성위(姜聲尉)
서울대학교 중어중문학과를 졸업하고 동대학원에서 석사학위와 박사학위를 받았다. 현재 안동대학교 퇴계학연구소 책임연구원으로 있으면서 해동문집연구소 부소장을 맡고 있다. 저서로는 《감비약(減肥藥) 처방전》, 《중국시(中國詩)와 시인(詩人)》, 《고적 · 잠참시선(高適 · 岑參詩選)》, 《한문사서(漢文辭書)한글음순색인(音順索引)》, 《사조시선(謝朓詩選)》, 《강서시파(江西詩派)》, 《두보율시(杜甫律詩)》(공저), 《산성마을 농사꾼 이야기》(공저) 등이 있고 역서로는 《두보 지덕연간시 역해》(공역), 《난세》(전3권, 原題: 官場現形記)(공역), 《양진당실기(養眞堂實記)》(국역본), 《내산유고(內山遺稿)》(국역본) 등이 있다.

서울대학교 규장각한국학연구원 한국학자료총서

1 古代國語 語彙標記 漢字의 字別 用例 研究 | 송기중

2 한국철학자료집: 불교편 1 – 삼국과 통일신라의 불교사상 | 허남진 외 편역

3 한국철학자료집: 불교편 2 – 고려시대의 불교사상 | 심재룡 외 편역

5 서울대학교 중앙도서관 고문헌자료실 소장 『경제문고』 해제집 | 권태억 외

6 한글본 이언 연구 | 민현식

7상 원문 교주 구운몽 | 원작 김만중, 교주 김병국

7하 현대역 구운몽 | 원작 김만중, 옮김 김병국

8 해방 이후 한국기업의 진화 I: 1976～2005년간의 통계의 구축과 기초분석 | 이근 외

9 해방 이후 한국기업의 진화 II: 1956～1977년간의 통계의 구축과 기초분석 | 이근 외

10 서울대학교박물관소장 식민지시기 유리건판 | 이문웅 · 강정원 · 신일 편

11 풍자 우화 그리고 계몽담론 | 권영민

12 한국근현대문학의 프랑스문학수용 | 이건우 외

14-1 유원총보역주 1 | 허성도 · 김창환 · 강성위 역주